《中国文化》三十年精要选编 //08 // 刘梦溪主编

# 明清文化思潮

北京时代华文书局

图书在版编目（CIP）数据

明清文化思潮 / 刘梦溪主编 . -- 北京 : 北京时代华文书局 , 2024.3
ISBN 978-7-5699-4022-0

Ⅰ . ①明… Ⅱ . ①刘… Ⅲ . ①文化思潮－研究－中国－明清时代 Ⅳ . ① K248.03

中国版本图书馆 CIP 数据核字 (2021) 第 001853 号

MING-QING WENHUA SICHAO

出 版 人：陈　涛
选题策划：余　玲
项目统筹：余　玲
责任编辑：余荣才　薛　芊
特约编辑：李唯靓
文字校订：李飞跃
责任校对：初海龙
装帧设计：程　慧
责任印制：訾　敬

出版发行：北京时代华文书局 http://www.bjsdsj.com.cn
北京市东城区安定门外大街 138 号皇城国际大厦 A 座 8 层
邮编：100011　电话：010-64263661　64261528
印　　刷：北京盛通印刷股份有限公司
开　　本：787 mm×1092 mm　1/16　　成品尺寸：175 mm×260 mm
印　　张：48　　字　　数：878 千字
版　　次：2024 年 3 月第 1 版　　印　　次：2024 年 3 月第 1 次印刷
定　　价：328.00 元

# 目　录

# 前　记

《中国文化》是国内唯一的一家在北京、香港、台湾同时以繁体字印行的高端学术刊物，是为了回应二十世纪八十年代的“文化热”，于1988年筹办，1989年创刊。“深研中华文化，阐扬传统专学，探究学术真知，重视人文关怀”，是办刊的宗旨，以刊载名家名篇著称，是刊物的特色。三十年来，海内外华文世界的第一流的学术人物，鲜有不在《中国文化》刊载高文佳构者。了解此刊的行内专家将“它厚重，它学术，它名士，它低调，它性情”，视作《中国文化》的品格。

《中国文化》是经文化部会同国家新闻出版署核准的有正式期刊号的学术期刊，国内统一刊号为CN11-2603/G2，国际标准刊号为ISSN1003-0190，系定期出刊的连续出版物，每年推出春季号、秋季号两期。创刊以来已出版54期，总字数逾2000万，为国内外学界人士一致所认可。本刊选篇衡文，着眼学术质素，以创获卓识、真才实学为依凭，既有老辈学者的不刊之说，也有学界新秀的出彩之论。杜绝门户成见，不专主一家，古典品格与现代意识兼具、修绠汲古和开源引流并行。提倡从现代看传统，从世界看中国，刻刻不忘本民族的历史地位。

《中国文化》怀有深切的文化关怀，1988年12月撰写的《创刊词》写道：“《中国文化》没有在我国近年兴起的文化热的高潮中与读者见面，而是当文化热开始冷却，一般读者对开口闭口大谈文化已感觉倦怠的情势下创刊，也许反而是恰逢其时。因为深入的学术研究不需要热,甚至需要冷,学者的创造力量和人格力量,不仅需要独立,而且常常以孤独为伴侣。”《创刊词》又说:“与学界一片走向世界的滔滔声不同,我们想,为了走向世界,首先还须回到中国。明白从哪里来,才知道向哪里去。文化危机的克服和文化重建是迫在眉睫的当务之急。如果世界同时也能够走向中国,则是我们的私心所愿,创办本刊的目的即在于此。”这些话,在当时的背景下,多少带有逆势惊世的味道。所以创刊座谈会上,李泽厚说:“金观涛要走向未来,刘梦溪要走向过去,我都支持。”

《中国文化》对中国经学、诸子学等四部之学的深入研究给予特别重视;对甲骨学、敦煌学、简帛学、考古学等世界性专学和显学给予特别重视;对宗教信仰与文化传播的整理与研究给予特别重视;对中国文化发生学和各种不同文化圈的参证比较给予特别重视。学术方法上提倡宏观与微观结合、思辨与实证结合、新学与朴学结合。

《中国文化》创刊以来开辟诸多学术专栏,主要有“文史新篇”“专学研究”“古典新义”“旧学商量”“文化与传统”“经学与史学”“文物与考古”“学术史论衡”“宗教信仰与文化传播”“古代科技与文明”“明清文化思潮”“现代文化现象”“文学的文化学阐释”“中国艺术与中国文化”“国学与汉学”“域外学踪”“学人寄语”“学林人物志”“文献辑存”“旧京风物”“人文风景”“序跋与书评”等。丰富多样的栏目设置,可以涵纳众多领域的优秀成果,一期在手,即能见出刊物的整体面貌和当时国内外学界的最新景况。

《中国文化》由中国艺术研究院主办,文化部主管,《中国文化》杂志社编辑出版。中国文化研究所创所所长、文史学者刘梦溪担任主编,礼聘老辈硕学和海内外人文名家姜亮夫、缪钺、张舜徽、潘重规、季羡林、金克木、周一良、周策纵、饶宗颐、柳存仁、周有光、王元化、冯其庸、汤一介、庞朴、张光直、李亦园、李泽厚、李学勤、裘锡圭、傅璇琮、林毓生、金耀基、汪荣祖、杜维明、杨振宁、王蒙、范曾、龚育之等为学术顾问,形成阵容强大的学术支持力量。

现在,当《中国文化》创刊三十周年之际,为总结经验、汇聚成果、交流学术、留住历史,特编选“《中国文化》三十年精要选编”,共分十二个专题,厘定为十二卷,分别是:

一　中国文化对人类未来可有的贡献

二　三教论衡

三　经学和史学

四　甲骨学、简帛学、敦煌学、考古学

五　学术史的视域

六　旧学商量

七　思想与人物

八　明清文化思潮

九　现代文化现象

十　信仰与民俗

十一　古代科技与文化传播

十二　艺文与审美

第一卷《中国文化对人类未来可有的贡献》，直接用的是国学大师钱穆先生最后一篇文章的原标题，该文首发于台湾《联合报》，经钱夫人胡美琦先生授权，大陆交由《中国文化》刊载。此文于 1991 年秋季号刊出后，引起学界热烈反响，季羡林、蔡尚思、杜维明等硕学纷纷著文予以回应，杜维明称钱穆先生的文章为"证道书"。第一卷即围绕此一题义展开，主要探讨中国文化的特质、价值取向和对人类的普世意义，包括总论、分论、与其他文化系统比较研究及对未来的展望。

第二卷《三教论衡》，是对中国文化的主干——儒、释、道三家思想的深入研究。

第三卷《经学和史学》，是对传统学术的经史之学的专题研究。

第四卷《甲骨学、简帛学、敦煌学、考古学》，是对学术史的专学和显学部分所做的研究，此一领域非专业学者很难置喙。

第五卷《学术史的视域》，是中国学术史研究的优选专集。

第六卷《旧学商量》，是就中国学术各题点的商榷讨论。

第七卷《思想与人物》，是对中国文化最活跃的部分思想和人物的专论。

第八卷《明清文化思潮》和第九卷《现代文化现象》，是研究中国历史两个关键转变期的文化的时代特征和思想走向。

第十卷《信仰与民俗》，集中研究中国文化的精神礼俗，很多文章堪称“绝活”。

第十一卷《古代科技与文化传播》，是《中国文化》杂志特别关注的学术领域，三十年来刊载的这方面的好文章，很多都精选在这里了。

第十二卷《艺文与审美》，是对古今艺术、文学，包括书法、绘画、艺文理论等审美现象的研究。

每一卷都是中国文化的一个重大研究专题。由于作者大都是大师级人物，或者声望显赫的国内外一流学者以及成就突出的中青年才俊，使得每个专题的研究都有相当的学术深度，学者们一个一个的个案研究，往往具有领先性和突破性。虽然，“《中国文化》三十年精要选编”是《中国文化》杂志三十年来优秀成果的选编，也可以视作近三十年我国学术界中国文化研究成果的一次汇总。

“《中国文化》三十年精要选编”是中国艺术研究院的资助课题，由主编刘梦溪和副研究员周瑾协同编选，经过无数次拟题、选目、筛选、调整，再拟题、再选目、再筛选、再调整，前后二十余稿，花去不知多少时间，直至 2021 年 9 月，终于形成十二卷的最后选目定篇。

最后，需要感谢北京时代华文书局和陈涛社长、宋启发总编辑对此书的看重，特别是余玲副总编的眼光和魄力，如果不是她的全力筹划，勇于任责，此书的出版不会如此顺利。美编程慧，编辑丁克霞、李唯靓也是要由衷感谢的，她们尽心得让人心疼，而十二卷大书的精心设计，使我这样一个不算外行的学界中人除了赞许已别无他语。真好。

刘梦溪

2022 年 4 月 28 日时在壬寅三月二十八识于京城之东塾

# 朱元璋所删《孟子》章句

## 夜读抄

邵燕祥

关于朱元璋删《孟子》，并且不让他陪祀孔庙的事，我最早是从高旅先生的文史随笔中读到的，但一直不得其详。约略知道删去的有“民贵君轻”和“土芥寇仇”之论，这是凭猜想也会意识到势在必删的。但究竟一共删了多少章句？

陈乐民《过眼小辑》一书[①]，有一则笔记回答了这个问题。他引录了容肇祖《明太祖的〈孟子节文〉》[②]一文，其中说：“今北平图书馆，藏有洪武二十七年刊《孟子节文》一部，可见所删八十五条内容如何。”容先生把所删字句的起讫都写明了。陈先生这回照录下来。他说，这些文字曾抄录一过。一日湘人朱尚同来访，谈及《孟子》，因以示朱元璋删《孟子》事，并撕下笔录付之。此系补抄云云。

惜乎容先生当年所记等于只是个目录，好在《孟子》书到处都有，正不必再去国家图书馆乞阅。乐民兄能把目录抄下来，我何惮逐一查对乎？

数了一下，删节处不足八十五条，我想容先生又做了一些删节吧。仅此也已得窥朱洪武的内心世界，他怕的是什么，忌讳的是什么。容先生没有按照传世的《孟子》书中顺序，而是分类标出所禁的意旨，也许这正是《孟子节文》原来的体例。

---

① 中国人民大学出版社，2007 年版，为目前已出的“陈乐民徜徉集”三卷之一。

② 《读书与出版》二卷四期，1947 年 4 月上海生活书店刊。

下面依次据杨伯峻《孟子译注》[3]找出所删原文照抄如下。

## 一、标明“尊民抑君之禁止”的

如《尽心篇》,删“民为贵”以下十字:

民为贵,社稷次之,君为轻。

《梁惠王篇》,删“左右皆曰贤”至“然后可以为民父母”:

左右皆曰贤,未可也;诸大夫皆曰贤,未可也;国人皆曰贤,然后察之;见贤焉,而后用之。左右皆曰不可,勿听;诸大夫皆曰不可,勿听;国人皆曰不可,然后察之;见不可焉,然后去之。左右皆曰可杀,勿听;诸大夫皆曰可杀,勿听;国人皆曰可杀,然后察之;见可杀焉,然后杀之。故曰,国人杀之也。如此,然后可以为民父母。

《离娄篇》,删“桀纣之失天下”至“兽之走圹也”:

桀纣之失天下也,失其民也;失其民者,失其心也。得天下有道:得其民,斯得天下矣;得其民有道:得其心,斯得民矣;得其心有道:所欲与之聚之,所恶勿施尔也。民之归仁也,犹水之就下,兽之走圹也。

《万章篇》,删“太誓曰”四句:

《太誓》曰,“天视自我民视,天听自我民听”,此之谓也。

---

③ 中华书局,1960年版。

“天与贤，则与贤”十二句：

（万章问曰：“人有言：‘至于禹而德衰，不传于贤，而传于子。’有诸？”孟子曰：“否，不然也。”）天与贤，则与贤；天与子，则与子。昔者，舜荐禹于天，十有七年，舜崩，三年之丧毕，禹避舜之子于阳城，天下之民从之，若尧崩之后不从尧之子而从舜也。

## 二、标明“人民批评统治者之禁止”的

《尽心篇》，删“吾今而后”七句：

吾今而后知杀人亲之重也：杀人之父，人亦杀其父；杀人之兄，人亦杀其兄。然则非自杀之也，一间耳。

《离娄篇》，删“君之视臣如手足”六句：

君之视臣如手足，则臣视君如腹心；君之视臣如犬马，则臣视君如国人；君之视臣如土芥，则臣视君如寇雠。

《梁惠王篇》，删“邹与鲁哄”至“死其长矣”：

邹与鲁哄。穆公问曰：“吾有司死者三十三人，而民莫之死也。诛之，则不可胜诛；不诛，则疾视其长上之死而不救，如之何则可也？”

孟子对曰：“凶年饥岁，君之民老弱转乎沟壑，壮者散而之四方者，几千人矣；而君之仓廪实，府库充，有司莫以告，是上慢而残下也。曾子曰：‘戒之戒之！出乎尔者，反乎尔者也。’夫民今而后得反之也。君无尤焉！君行仁政，斯民亲其上，死其长矣。”

同上，删“古之人与民皆（偕）乐”至“岂能独乐哉”：

古之人与民偕乐，故能乐也。《汤誓》曰：“时日害（曷）丧，予及女（汝）偕亡。”民欲与之偕亡，虽有台池鸟兽，岂能独乐哉？

## 三、标明“人民要求生存之禁止”的

《梁惠王篇》，删“无恒产而有恒心者”至“然而不王者未之有也”：

无恒产而有恒心者，惟士为能。若民，则无恒产，因无恒心。苟无恒心，放辟邪侈，无不为已。及陷于罪，然后从而刑之，是罔民也。焉有仁人在位罔民而可为也？是故明君制民之产，必使仰足以事父母，俯足以畜妻子，乐岁终身饱，凶年免于死亡；然后驱而之善。故民之从之也轻。

今也制民之产，仰不足以事父母，俯不足以畜妻子；乐岁终身苦，凶年不免于死亡。此惟救死而恐不赡，奚暇治礼义哉？

王欲行之，则盍返其本矣：五亩之宅，树之以桑，五十者可以衣帛矣。鸡豚狗彘之畜，无失其时，七十者可以食肉矣。百亩之田，勿夺其时，八口之家可以无饥矣。谨庠序之教，申之以孝悌之义，颁白者不负戴于道路矣。老者衣帛食肉，黎民不饥不寒，然而不王者未之有也。

## 四、标明“人民批评政治之禁止”的

《梁惠王篇》，删“庖有肥肉”至“使斯民饥而死也”：

庖有肥肉，厩有肥马，民有饥色，野有饿莩，此率兽而食人也。兽相食，且人恶之；为民父母，行政，不免于率兽而食人，恶在其为民父母也？仲尼曰：

“始作俑者，其无后乎！”为其象人而用之也。如之何其使斯民饥而死也？

《尽心篇》，删“不信任（仁）贤”四句：

不信仁贤，则国空虚；无礼义则上下乱，无政事则财用不足。

同上，删“不仁而得国者”四句：

不仁而得国者，有之矣；不仁而得天下者，未之有也。

《离娄篇》，删“恭者不侮人”六句：

恭者不侮人，俭者不夺人。侮夺人之君，惟恐不顺焉，恶得为恭俭？恭俭岂可以声音笑貌为哉？

《万章篇》，删“伯夷目不视恶色”十七句：

伯夷目不视恶色，耳不听恶声。非其君不事，非其民不使。治则进，乱则退。横政之所出，横民之所止，不忍居也。思与乡人处，如以朝衣朝冠坐于涂炭也。当纣之时，居北海之滨，以待天下之清也。故闻伯夷之风者，顽夫廉，懦夫有立志。

## 五、标明“人民反对苛敛之禁止”的

《尽心篇》，删“有布缕之征”七句：

有布缕之征，粟米之征，力役之征。君子用其一，缓其二。用其二而民有殍，用其三而父子离。

同上，删“古之为关者”四句：

古之为关也，将以御暴；今之为关也，将以为暴。

## 六、标明“反对内战之论之禁止”的

《离娄篇》，删“征地以战”七句：

争地以战杀人盈野，争城以战杀人盈城，此所谓率土地而食人肉，罪不容于死。故善战者服上刑，连诸侯者次之，辟草莱、任土地者次之。

《尽心篇》，删“有人曰”六句：

有人曰：“我善为陈（阵），我善为战。”大罪也。国君好仁，天下无敌焉。

同上，删“孟子曰：不仁哉”十七句：

孟子曰：“不仁哉，梁惠王也！仁者，以其所爱及其所不爱，不仁者，以其所不爱及其所爱。”

公孙丑问曰：“何谓也？”“梁惠王以土地之故，糜烂其民而战之，大败。将复之，恐不能胜，故驱其所爱子弟以殉之，是之谓以其所不爱及其所爱也。”

《梁惠王篇》，删“今夫天下之人牧”八句：

今夫天下之人牧，未有不嗜杀人者也。如有不嗜杀人者，则天下之民皆引领而望之矣。诚如是也,民归之,由水之就下,沛然谁能御之?

《告子篇》,删“不教民而用之”六句:

(鲁欲使慎子为将军。孟子曰:)不教民而用之,谓之殃民。殃民者,不容于尧舜之世。一战胜齐遂有南阳,然且不可。

## 七、标明“谴责官僚政治之禁止”的

《告子篇》,删“今之事君者”二十一句:

今之事君者皆曰:“我能为君辟土地,充府库。”今之所谓良臣,古之所谓民贼也。君不乡(向)道,不志于仁,而求富之,是富桀也。“我能为君约与国,战必克。”今之所谓良臣,古之所谓民贼也。君不乡(向)道,不志于仁,而求为之强战,是辅桀也。由今之道,无变今之俗,虽与之天下,不能一朝居也。

《离娄篇》,删“惟仁者宜在高位”十句:

是以惟仁者宜在高位。不仁而在高位,是播其恶于众也。上无道揆也,下无法守也,朝不信道,工不信度,君子犯义,小人犯刑,国之所存者幸也。(上下文略)

## 八、标明“仁政救民之说之禁止”的

《滕文公篇》,删“民之为道也”至“可坐而定也”:

民之为道也，有恒产者有恒心，无恒产者无恒心。苟无恒心，放辟邪侈，无不为已。及陷乎罪，然后从而刑之，是罔民也。焉有仁人在位罔民而可为也？是故贤君必恭俭礼下，取于民有制。阳虎曰："为富不仁矣，为仁不富矣。"

夏后氏五十而贡，殷人七十而助，周人百亩而彻，其实皆什一也。彻者，彻也；助者，藉也。龙子曰："治地莫善于助，莫不善于贡。"贡者，校数岁之中以为常。乐岁，粒米狼戾，多取之而不为虐，则寡取之；凶年，粪其田而不足，则必取盈焉。为民父母，使民盻盻然，将终岁勤动，不得以养其父母，又称贷而益之，使老稚转乎沟壑，恶在其为民父母也？夫世禄，滕固行之矣。《诗》云："雨我公田，遂及我私。"惟助为有公田。由此观之，虽周亦助也。

设为庠序学校以教之。庠者，养也；校者，教也；序者，射也。夏曰校，殷曰序，周曰庠；学则三代共之，皆所以明人伦也。人伦明于上，小民亲于下。有王者起，必来取法，是为王者师也。

诗云："周虽旧邦，其命惟新。"文王之谓也。子力行之，亦以新子之国！

使毕战问井地。

孟子曰："子之君将行仁政，选择而使子，子必勉之！夫仁政，必自经界始。经界不正，井地不均，谷禄不平，是故暴君污吏必慢其经界。经界既正，分田制禄可坐而定也。"

《公孙丑篇》，删"且王者之不作"至"惟此时为然"：

且王者之不作，未有疏于此时者也；民之憔悴于虐政，未有甚于此时者也。饥者易为食，渴者易为饮。孔子曰："德之流行，速于置邮而传命。"当今之时，万乘之国行仁政，民之悦之，犹解倒悬也。故事半古之人，功必倍之，惟此时为然。

同上，删“得百里之地而君之”六句：

（伯夷、伊尹于孔子之所同）得百里之地而君之，皆能以朝诸侯，有天下；行一不义，杀一不辜而得天下，皆不为也。

《梁惠王篇》，删“若杀其父兄”八句：

（今燕虐其民，王往而征之，民以为将拯己于水火之中也，箪食壶浆以迎王师。）若杀其父兄，系累其子弟，毁其宗庙，迁其重器，如之何其可也？天下固畏齐之强也，今又倍地而不行仁政，是动天下之兵也。

《滕文公篇》，删“其君子实玄黄于篚”至“何畏焉”：

其君子实玄黄于篚以迎其君子，其小人箪食壶浆以迎其小人；救民于水火之中，取其残而已矣。《太誓》曰：“我武维扬，侵于之疆，则取于残，杀伐用张，于汤有光。”不行王政云尔；苟行王政，四海之内皆举首而望之，欲以为君；齐楚虽大，何畏焉？

## 九、标明“败坏善良风俗当由君主负责之说之禁止”的

《离娄篇》，删“至（君）仁，莫不仁”之句：

君仁，莫不仁；君义，莫不义。

同上，删“夫国群（君）好仁”四句：

夫国君好仁，天下无敌。今也欲无敌于天下而不以仁，是犹执热而不以

濯也。

同上,删“人有恒言”六句:

人有恒言,皆曰:“天下国家。”天下之本在国,国之本在家,家之本在身。

同上,删“夫人必自侮”六句:

夫人必自侮,然后人侮之;家必自毁,而后人毁之;国必自伐,而后人伐之。

《公孙丑篇》,删“仁则荣”十七句:

仁则荣,不仁则辱;今恶辱而居不仁,是犹恶湿而居下也。如恶之,莫如贵德而尊士,贤者在位,能者在职;及是时,明其政刑。虽大国,必畏之矣。《诗》云:“迨天之未阴雨,绸缪牖户。今此下民,或敢侮予?”

最后,容肇祖先生无奈地写道:“至如‘齐人有一妻一妾两处室者’三十四句亦被删去。则是抨击虚伪,亦不能许可之列矣。”按:“齐人有一妻一妾”这个有趣的小故事,长达三十四句,我就不移录了。不过,我想,朱元璋要删去它,显然并不是不满于齐人的吹牛皮、骗老婆,以意逆志,当是齐人在东郭坟地间行乞,这触了朱皇帝早年行迹的忌讳,不管怎么说,做乞儿的经历都不是值得夸耀的。

陈乐民先生在笔记最后附笔说:“《孟子》中有些话十分精彩,《论语》里没有这类话。固然不必把‘民贵君轻’之类的话与近代思想妄作比附,但它是时代特点的反映,所以才有‘百家争鸣’。先秦的这段‘自由空气’,没有舆论一律的束缚,诸子百家说话都没有太大的顾忌。那时也没有‘新闻检查官’,所以孟子敢这样说。”孟子本人绝不会想到,一千多年之后,他的言论会碰上一个皇帝的亲自检查和删削。孟子地下有知,他却应该庆幸,若不是在先秦“百家争鸣”之世,而赶上朱元璋治下,怕有“剥皮楦草”的酷刑等着他呢。

今天的读者浏览上面的删节,以后遇到有人在什么场合讲孔孟,于其讲《论语》后讲不讲《孟子》,就可知其回避的是什么,于其讲《孟子》时,讲什么不讲什么,就可知其导向,是依着孟轲先生的原意来如实介绍呢,还是遵循明太祖的旨意了。然乎?

2007 年 4 月 1 日

【邵燕祥　作家,诗人】

原文刊于《中国文化》2007 年 01 期

# 明初政治转型和科举制度的确立

毛佩琦

**提　要:**明朝一建立,就宣布实行科举。但明太祖朱元璋并不相信科举中式者的实际能力,习惯从争战和事功中选任官员,不久就停止了科举。但随着国家稳定和从武力开国到文臣治国的转型,科举又被恢复。其后,发生靖难之役,朱棣夺位,明朝的铨选制度又小有曲折,而由于文治转型的最终完成,科举制度也最终得以确立。

**关键词:**明初　政治转型　科举制度

明代科举制度之完善,为前代所无。而明代科举制度确立却有一个过程,对此前人多有论述。本文注意到,这个过程是与明代初年的政治转型相联系的。明朝从武功开国到文治立国,经过种种较量和调整,最终导致了文官制度的全面完善。科举制度的确立就是在这个过程中实现的。

## 一

朱元璋起事之初,所用人才随地而出,并无制度,识于军中或投靠从征、征辟实用人才是其常态。朱元璋身边人才特盛，武将徐达、常遇春、汤和都是随朱元璋起于草野，自不待论，谋臣李善长以及朱升、陶安、刘基、宋濂等也都是投奔或征辟而来。在朱元璋的事业有了一定规模后，制度建设日益受到重视。更多的读书人投到他的军中，加快了制度建设的进程。元至正二十四年（龙凤十年，甲辰，1364）三月，朱元璋自立为吴王，开国在即，他对中书省臣下达指示，广泛征召人才，他说："自古圣帝明王建邦设都，必得贤士大夫相与周旋，以成至治。今土宇日广，文武并用，卓荦奇伟之才岂无之？或隐于山林，或藏于士伍，非在上者开导引拔之，则在下者无以自见。自今有能上书陈言，敷宣治道，或武略出众，参军及都督府具名以闻。若其人虽不能文章而识见可取，许诣阙面陈其事，吾将试之。其郡县官年五十以上者，虽练达政事而精力既衰。宜令有司选民间俊秀，年二十五以上，资性明敏有学识才干者，辟赴中书与年老者参用之。"①时当百业待举，急需人才。"立国之初，致贤为急"。②

不久，吴元年（元至正二十七年，1367）三月，朱元璋下令设文武科取士，令曰：

> 盖闻上世帝王创业之际，用武以安天下，守成之时，讲武以威天下。至于经纶抚治，则在文臣。二者不可偏用也……兹欲上稽古制，设文武二科，以广求天下之贤。其应文举者，察其言行以观其德，考之经术以观其业，试之书算骑射以观其能，策以经史时务以观其政事。应武举者先之以谋略，次之以武艺，俱求实效，不尚虚文。然此二者必三年有成，有司预为劝谕民间秀士及智勇之人，以时勉学，俟开举之岁充贡京师。其科目等第各有出身。③

此令应视为正式开设科举的准备。朱元璋并不食言。洪武元年明朝建国，在学士刘基等的赞翊下，科举选士于洪武三年五月举行。我们现在可以看到的《开科举诏》是翰林待制王祎所拟写的：

---

① 《明太祖实录》卷十四，甲辰三月庚午。线装书局影印本，第一册，第 57 页。
② 同上，十一月庚申朔，第 63 页。
③ 《明太祖实录》卷二十二，吴元年三月丁酉。同上，第 93 页。

汉唐及宋科举取士，各有定制，然但求辞章之学，而未求六艺之全。至于前元，依古设科，待士甚优，而权要之官，每纳奔竞之人，辛勤岁月，辄窃仕禄。所得资品，或居举人之上。其怀才抱德之贤，耻于并进，其甘隐山林而不起。风俗之弊，一至于此。

今朕一统中国，外抚四夷，方与斯民共享升平之治，所虑官非其人，有伤吾民，愿得贤能君子而用之。自洪武三年为始，特设科举，以起怀才抱德之士，务在经明行修，博古通今，文质得中，名实相称。其中选者，朕将亲策于庭，观其学识，品其高下，而任之以官。果有才学出众者，待以显擢，使中外文臣皆由科举而选，非科举者毋得与官。敢有游食奔竞之徒，坐以重罪。以称朕责实求贤之意。於戏，设科取士，必得于全才；任官唯贤，庶可成于治道。④

王祎代写王言，科举选才，目的是官得其人，学得其用，抑制奔竞之徒，以达于治道。宋濂写的《京畿乡闱纪录序》中明确指出“天下可以马上得，不可以马上治”，国家要实现从马上得天下到下马治天下的转折，实现从武功建国到文官治国的转折，必须要改变用人的随意性，建立完善铨选制度，实行科举以取士制度：

昊天有成命，皇天受之，谓天下可以马上得，不可以马上治。于是大兴文教，宠异四方，乃洪武三年夏五月，以科目选士，诏内外之官，胥此焉出。阅三月，畿甸之士将集试于京府。⑤

本科京畿乡试担任考试官员的有：“前御史中丞臣（刘）基、今治书侍御史臣（秦）裕伯……翰林侍读学士臣（詹）同”，还有“弘文馆学士臣（睢）稼、起居注臣（乐）韶凤、尚宝丞臣（吴）潜、国史臣（宋）濂佐其事”。本科考试，还带有尝试性，因为“兵后学废，不敢求备于人”。参加本科京畿乡试的共“一百三十有三，在选者过

④ 王祎：《开科举诏》，《明经世文编》卷四，王忠文公集。中华书局，1962年6月第1版，1987年3月第2次印刷，第一册，第30页。

⑤ 宋濂：《庚戌京畿乡闱纪录序》，《明经世文编》卷一，宋学士文集一。同前，第一册，第10页。

半焉”⑥。这次考试,可谓盛事。自元末以来,“天下弗靖者几二十年,干戈相寻,曾无宁日”,诗书礼义已经远离了大众的视线,读书人无得展其技,士君子无得尽其用。宋濂不禁感慨一番:“今得以涵濡文化,而囿于诗书礼乐之中者,果谁之赐欤?是知帝德广被,其大难名,不可一言而尽也。”几乎是感激涕零了。⑦

本年合诸省之士会试,凡二百人,中试者百二十人。中试的比例很大。

洪武四年的会试是初次,还没有形成什么固定的程序,日期安排也有些临时性。当时朱元璋正“值驾将幸临濠,二月壬申始竣会闱事,癸酉即廷试,甲戌传胪,即日谢恩,趋青宫听注授,写职名为丸,分拈之。(见宋潜溪集中)时尚未定干支期及观政选官等法也。即名数多寡亦随酌裁”⑧。本科会试,取中一百二十名,由朱元璋亲自策问于奉天殿,擢吴伯宗为第一,一时称盛。当时,天下初定,百废待举,各方面急需人才。朱元璋下令“各行省连试三年”,而且举人不用参加会试,直接到京城等候选派。

据记载,洪武三年六月,京师及各省开乡试,曾规定三场中试者后十日,以五事试之,曰骑、射、书、算、律。骑观其驰驱便捷,射观其中之多寡,书通于六书,算通于六法,律观其决例。⑨ 不知实行情况如何。而且,即使是中了进士,朱元璋也对他们不放心,因为他们“未练事”,于是“令行监察御史事,用久任御史一员与偕,厚赐遣之。新旧二御史同巡方”⑩。为的是对其进行历练。可以看出朱元璋重视实际能力的态度。洪武五年,开始实行监生历事的制度⑪,下令监生分拨在京各衙门历练事务。三个月考核引奏,勤谨者送吏部赴选,仍令历事,遇有缺官挨次取用。平常者再历,才力不及者送监读书,奸懒者发充吏。⑫

同时,在学校中,他也要求学生不能仅仅学习文艺。祁州学校的“卧碑”记载,在洪武八年所颁的学校程式中规定:六艺以律、御、礼、易、诗、书为一科,训导

⑥ 此据宋濂《乡闱纪录序》。《明史纪事本末》补遗卷二《开设科举》“旧试者乡举百二十三人,中式者七十二人”。中华书局,1977年2月第1版,第四册,第1525页。

⑦ 同前宋濂《乡闱纪录序》。

⑧ 黄景昉:《国史唯疑》卷一,上海古籍出版社,2002年6月第1版,第15页。

⑨ 陈登原:《国史旧闻》卷四十八,引“太祖实录(据日知余卷一六)”。

⑩ 《国史唯疑》卷一,同前,第16页。

⑪ 《明史》卷六十九,选举志,中华书局,1974年4月第1版,第六册,第1683页。

⑫ 《明会典》卷二二〇,国子监,拨历。中华书局,影印万有文库本,第1094页。

二员教之;乐、射、算为一科,训导二员教之。可以看出,在朱元璋用人思想的影响下,学校教育发生的变化。时人叹曰:“三代以下,无此学政。”⑬至洪武二十五年二月,朱元璋仍有类似的命令:“命学校生员兼习射与书数之法。射于朔望习于射圃,树鹄置射位,初三十步,加至九十步。每耦二人,各挟四矢,以次相继,长官主射,升降揖让皆有节文。中者饮之以爵。书以楷法日五百字。数习九章之法,务在精通,俟其科贡兼考之。”⑭这些都是与科举并行的措施。可见,当时虽开科举,但仍看重实际能力。同时,此时科举虽设,而荐举不废,《明史》说,“两途并用,亦未尝畸重轻”。⑮ 其实,毋宁说,此时朱元璋仍然重视荐举而轻视科举,对科举没有多大信心。

## 二

草野出身的朱元璋,虽然在身边儒士的怂恿下开设了科举,但他并不认为科举真的可以得到实用人才。他身边的人才大多并非由于科举而被识别。科举重文辞,无法检验实际能力。以朱元璋成功的经验,跟随他起义建国的大多没有经过科举,是在实践中历练选拔的。尽管朱元璋规定要对考生的实际能力进行考试,但以科举选拔人才仍与朱元璋的理想相去太远。嘉靖间刑部尚书郑晓回顾说:“圣祖开科,诏务求博古通今之士,乃所试仅有判语及一二时务策,生徒竟未识。《大明律》所云‘时务尽掇述括帖’,以故士乏通今之学……只历朝纪年及后姓陵名,知者亦鲜。”⑯朱元璋要求的是能做事的人,但他发现科举“所取多后生少年,能以所学措诸行事者寡”,并不好用。因而,科举的好景不长,不久他就宣布“罢科举不用”⑰。事在洪武六年二月,也即该当下一科考试之前。朱元璋谕

---

⑬ 《国史旧闻》卷四十八。陈登原说:“此与荐举为重、科举为轻并无二致。”中华书局,1980 年 2 月第 1 版,第三分册,第 215 页。

⑭ 《明太祖实录》卷二一六,洪武二十五年二月甲子。同前,第二册,第 265 页。

⑮ 《明史》卷七十一,选举三。同前,第七册,第 1713 页。

⑯ 郑晓:《今言》卷一,第七十四。中华书局,1984 年 5 月第 1 版,第 40 页。

⑰ 《明史》卷七十,选举二。同前,第七册,第 1696 页。

中书省臣曰：

> 朕设科举，以求天下贤才，务得经明行修、文质相称之士，以资任用。今有司所取，多后生少年，观其文辞，若可与有为，及试用之，能以所学措诸行事者甚寡。朕以实心求贤，而天下以虚文应朕，非朕求贤求实之意也。今各处科举宜暂停罢。⑱

这不是一个轻易做出的决定。朱元璋同时"别令有司察举贤才，必以德行为本，而文艺次之。庶几天下学者知所向方，而士习归于务本"⑲。自此科举停止了十一年之久，任官复行征辟荐举之法。⑳

为什么停止科举？仅仅是因为所选后生少年之文艺"不能措诸行事"吗？科举自隋唐设立以来，行之已久，取士以文艺为重，已不是新闻。刘基、宋濂、王祎这些人也只是按照成法给太祖建议，而无法改变科举制度的致命缺陷。朱元璋好像感到上当了。但是，为什么他不考虑对科举考试的方法和内容进行改革，而是干脆废止了科举考试？其实，太祖所不喜者殆不止于此，连同这些建议实行科举的儒士们，太祖对他们也无太多好感。朱元璋也用了一些非武人，比如李善长、胡惟庸，他们位至宰相，爵列公侯，但他们实在算不得儒士。真正的儒士在朱元璋那里是得不到亲近和实心委任的。试看，洪武三年十一月，学士刘基被赐归老青田㉑，洪武四年八月国子司业宋濂曾以咏诗进谏被谪官㉒，后终因其子坐罪被遣戍而死。朱元璋的这一做法也与他的出身和当时的形势有关。朱元璋的经验告诉他，在实际历练中才可以养成人才。就当时的形势而言，天下初定，漠北不靖，云南未平，战事未止，国家还没有完全走上文治的轨道。明朝以武功立国，

---

⑱ 《明太祖实录》卷七十九，洪武六年二月。同前，第一册，第 386 页。

⑲ 同上。

⑳ 《明史纪事本末》卷十四，开国规模。同前，第一册，第 209 页。

㉑ 朱元璋赐刘基《归老青田诏书》在洪武三年十一月，见《刘基集》附录五。浙江古籍出版社，1999 年 12 月第 1 版，第 660 页；《明史》卷十六，刘基本传记刘基赐归在洪武四年。同前，第 12 册，第 3781 页；《明通鉴》系其事于四年三月。中华书局，1959 年 4 月第 1 版，1980 年 7 月第 2 次印刷，第一册，第 268 页。

㉒ 《明通鉴》卷四，洪武四年八月，濂以议孔子祀典被谪。[考异]曰：一日，朱元璋观外国所献海冬青，宋濂等应制赋诗，濂有"自古戒禽荒"之句，朱元璋不悦。被谪实原于此。同前，第 283 页。

仍处于草创时期，用人以武为重。太祖还脱不开以武力打天下的习气，甚至，在推行文教时，朱元璋也任用从战场上下来的武臣：

> 国初，李曹公文忠掌国子监，梅都尉殷摄视山东学，徐魏公辉祖奉命帅礼部、翰林院官，谒国雍、试诸生文艺，并一时文武才。[23]

朱元璋并不太看得上只会读书的书生。在洪武朝廷上，仍以武臣为重。这种习惯做法一直影响了很长时间。正如后来成化二年进士曾官浙江右参政的陆容所评论的：

> 国朝建置之初，一切右武。如五军都督，官高六部尚书一阶。在外都司卫所，比布政司，府州官亦然……故国初委任权力，重在武臣，事无不济。[24]

洪武中，大臣为三公者皆开国功臣，三孤亦无备员。如刘伯温、汪广洋，宁封伯爵，而不以公孤加之，其慎重可知矣。永乐中惟姚广孝为少师，洪熙、宣德以至正统间，亦不过蹇文定公义、夏忠靖公原吉、黄忠宣公福、黄文简公淮数人，及内阁三杨公而已。[25]

在选用人才上，明太祖仍带有很大的随意性。在有需要的时候，只要他看中了，就可以提拔任用，没有任何章法可言。荐举和征辟是网罗人才的主要手段。“明始建国，首以人才为务，征辟四方，宿儒群集阙下，随其所长而用之。”确也网罗了不少人才[26]。但是，因为用人急迫，各地贡举人员往往过滥。《皇明制书》规定：“凡各州县，每岁于所辖隅厢乡都内，选拔容止端谨、无过人才一名，申送布政司考核，转行按察司核考，堪充岁贡，开坐考过词语，差人送部。应有贤良方正及山林岩穴隐逸之士，并通晓经书儒士、秀才、孝廉，俱各访求到官。审无过犯违碍，不拘名数，差人伴送到部。或内外官员人等，检举人才、秀才，即便行移原籍官

---

[23] 黄景昉《国史唯疑》卷一。上海古籍出版社，2002 年 6 月第 1 版，第 7 页。

[24] 陆容《菽园杂记》卷三。中华书局，1985 年 5 月第 1 版，第 31 页。

[25] 同上，第 35 页。

[26] 《明史》卷一三七，刘三吾等传赞。中华书局，1974 年 4 月第 1 版，第 13 册，第 3960 页。

司起取赴部。”[27]“时中外大小臣工皆得推举,下至仓、库、司、局诸杂流,亦令举文学才干之士。其被荐而至者又令转荐。以故山林岩穴,草茅穷居,无不获自达于上,由布衣而登大僚者不可胜数。”[28]因此出现了很奇特的现象:徐兴祖以厨艺授光禄卿,杜安道以栉工授太常卿,王兴宗以皂隶授布政司使,金忠以卜术官至兵部尚书,袁珙以相术至太常少卿,蒯祥、蒯义以木工官至工部侍郎,而陆祥以石工官至工部右侍郎。[29] 既然出身底层的游方僧人可以做皇帝,那么朱元璋认为他的用人也没有什么不妥。与名门仕宦之家相比,朱元璋更相信草野之士的“淳正”。

还有一件事,在洪武十三年废除丞相之后,朱元璋自称“政有未周,化有未洽”,“人主以一身统御天下,不可无辅臣”,决定设立四辅官,“若尧舜匪咨四岳,政事不免于壅蔽”。于是,洪武十五年(1382)七月,他征召儒士王本等人入京,九月十九(丙午)任命他们分别担任春官、夏官。这是设立四辅官之始。四辅官“必欲德合天人,均调四时,以臻至治”。但是,这些“昨为庶民,今辅朕以掌民命”的草野之士[30],并不能对朱元璋寄予的厚望给以满意的回答。地位高、能力强的人可能会威胁皇权,地位低、无能力的人又不能做事。因此他破格征召这些无名之辈作为辅臣。与丞相相比,他们的权力固然小了,地位固然低了,然而他们既无治国经邦的谋略,也无建立事功的能力。朱元璋设立的所谓“四辅官”,只配备了春官、夏官,设置四辅官的事从此就不再提了。朱元璋只好把已聘任的春官、夏官打发回家。朱元璋的个人经历和对权力的欲望深刻影响了他的用人政策。科举取士一度被轻视乃至被排除盖源于此。

士人们对朱元璋的做法大不以为然。洪武九年,平遥县学训导叶伯巨上书批评时政,在论到取士的情况时说:“其始也,朝廷取天下之士,网罗捃摭,务无余逸,有司敦迫上道,如捕重囚。比到京师,而除官多以貌选,所学或非其所用,所用或非其所学。”[31]在已经建国,天下安定之后,官僚队伍如此冒滥,士人咸以为耻辱。学士解缙对太祖用人的批评更为严厉:

---

[27] 《皇明制书》诸司职掌,吏部之卷三,贡举。线装书局,2010 年 1 月第 1 版,第 1 册,第 450—451 页。
[28] 《明史》卷七十一,选举三。中华书局,1974 年 4 月第 1 版,第 6 册,第 1712 页。
[29] 《国史旧闻》第三分册,[五六二]明初科举与荐举。中华书局,1980 年 2 月第 1 版,第 214 页。
[30] 《明太祖实录》卷一二三,洪武十三年九月戊申。同前,第一册,第 567 页。
[31] 《明史》卷一百三十九,叶伯巨传。同前,第 13 册,第 3991 页。

吴印以钟山寺主僧，拔官布政，尝上章言事特蒙眷。副使张梦养气凌之，罪至死。必印才有过人者，然贻衣冠玷甚矣。解缙疏：椎埋负贩之庸，朝捐刀镊，暮绾组符。虽云立贤无方，亦盍忱询有德？[32]

## 三

问题在于，荐举不能保证有效地选拔人才。虽然制书规定了“如将鄙陋不堪之人一概朦胧滥举，原举官吏，依贡举非人例问罪”，但选人没有明确的标准，荐举的各种名目无法严格考核，又由于朝廷急于用人，而皇帝催促急迫，致使良莠不齐，率被荐举。而所设“贤良方正”“孝弟力田”等科所取士，“列诸郡县，多不举职”。因此，朱元璋不能不下令对被荐举的人员以考试来加以选拔。朱元璋谕刑部尚书开济：“秀才今征至数千人，宜严试受职。”开济等条议，以经明行修、工习文辞、通晓四书、人品俊秀、言有条理、晓达治道等六科，对各地荐举来的人员，进行考试。六科备者为上，三科以上为中，三科以下为下[33]。朱元璋接受了开济的建议。事在洪武十五年。进入太平时期，不再有人才涌出的随机性，确立养育选拔人才的制度势在必行。

洪武十五年八月，朱元璋下诏决定恢复科举：“诏礼部设科举取士。令天下学校期三年试之，著为定制。”[34]洪武十七年（甲子 1384 年）三月，朱元璋命礼部颁行科举成式，凡三年大比，子午卯酉年乡试，辰戌丑未年会试。乡试八月举行，会试第二年二月举行。[35] 此后终洪武之世，三年一举，未尝间断。本年应天府乡试中式者二百二十九人，第二年会试（乙丑，十八年）录取进士达四百七十二人

---

[32] 《国史唯疑》卷一。同前，第 10 页。

[33] 《国史旧闻》引张燧《千百年眼》卷二。同前，第 215 页；《明史》卷一三八，开济传。同前，第 13 册，第 3977 页。

[34] 《明太祖实录》卷一四七，洪武十五年八月丁丑朔。同前，第二册，第 31 页。

[35] 《明太祖实录》卷一百六十，洪武十七年三月朔。同前，第二册，第 77 页。

之多,至二十四年(辛未)会试,仅取三十一人。[36] 与当年吏部奏荐举当除官者"多至三千七百余人,其少者亦至一千九百余人"相比,差距还是很大的。[37]

洪武十五年,朱元璋决定恢复科举时,国内的形势已经发生了很大的变化。洪武四年,汤和、廖永忠伐蜀,明升投降,夏政权灭亡;洪武七年,李文忠、蓝玉大败元兵,明送还元皇子买的里巴剌;洪武八年,北元的最后一员悍将扩廓帖木儿病卒;洪武十年,命政事启皇太子裁决奏闻,朱元璋已经为权力过渡作准备;洪武十三年,左丞相胡惟庸以谋反罪被诛,废中书省罢丞相,分大都督府为五军都督府;洪武十四年,傅友德、蓝玉、沐英征云南,元梁王自杀,云南平。同时,明朝的各项制度也在陆续确定或颁行。可以说这时天下逐渐安定下来,已经具备了全面走向文治的条件。洪武十四年,朱元璋借建立太学之碑再次高张"崇文",就不是偶然的了。这年夏天,朱元璋诏谕群臣曰:"王者受命,武功文德,相继成治。定天下以武,治不以武也,其崇文乎?"[38]这时恢复科举就在必然的情理之中。

到洪武二十六年举行乡试,已经是恢复科举后的第四科了,时任汉中府教授的方孝孺,被征聘为京府乡试分考。他在《应天乡试小录后序》中声张"大敷文治"。他写道:"圣天子受天命,作四海九州主。神武既昭,大敷文治。闵前代习俗陋而事功卑也,建学树师,更定制度,举俊茂之才而作新之,复设科目,登进其贤能,以备任使。"[39]洪武二十九年(丙子),方孝孺主持应天乡试,他在《京闱小录后序》中写道:"圣天子有天下,群士景从,海宇宴宁。然圣心犹以为未也。大设学以陶钧士类,而收之以科举……为士者幸生乎今,其必识天命之当然,知其生之不偶然,效所知,竭所能,以抚安宗社黎民于无穷,如成周多士,为邦家之基,斯善矣!"[40]其立意同样在于以文治致国家之久安。科举成为全面走向文治的重要标志。

另外,作为人才培养的一翼,学校的普遍建立和完善,也是促使科举恢复的

---

[36] 《国史唯疑》卷一。同前,第 15 页。

[37] 《明史》卷七十一,选举三。同前,第七册,第 1713 页。

[38] 《国子监通志》卷十,附录奉议大夫翰林学士宋讷奉敕撰《大明敕建太学之碑》。线装书局,《天一阁藏明代政书珍本丛刊》第 12 册,2010 年 1 月第 1 版,第 229 页。

[39] 方孝孺:《逊志斋集》卷十二,《应天府乡试小录序》。上海商务印书馆四部丛刊初编缩印明刊本,第二册,第 294 页。

[40] 方孝孺:《逊志斋集》,《京闱小录后序》。同前,第 295 页。

一个因素。

明代的学校制度是有史以来最为完备的。京师有国子学(洪武十五年后改称国子监),地方有府州县学。在荐举、科举之外,各级学校的学生一直是官员队伍的重要来源。明太祖鉴于元朝以吏治国,最终乱政亡国,而其本人早年在乡里又深知胥吏之害,所以他宁可使用各级学校学生也不愿意使用吏员。明建国之初,一些国子生可以在试用后直接任命为行省参政、按察司佥事、知府、主事、给事中、御史等官员;可以分教郡县,可以奉命巡行出使,可以参与丈量田土,编制鱼鳞图册,可以奉命监察官员。开设科举后,朱元璋以"吏员心术已坏,不许入试"。[41] 洪武三年的《开科举诏》曾规定"中外文臣皆由科举而选,非科举者毋得与官",洪武十七年,科举恢复后,这一规定得到了更多的落实。从此"科举必由学校"[42],国子监学生优秀的可以被选拔参加科举考试。洪武十八年、二十一年、二十四年会试,国子生多名列前茅。科举可以从学校中得到稳定的可用人才,学校的完善必定促进科举的持续进行和制度确立。

## 四

洪武三十一年闰五月乙酉,明太祖朱元璋辞世。大明江山由皇太孙朱允炆继承。朱元璋在世时一再说吾当乱世,用重典,子孙后世不得效仿。他用重典扫平了荆棘坎坷,要留给子孙后世一个太平江山。继承者循规蹈矩,做个太平天子就可以国祚绵长了。然而,这位皇太孙比其祖父设定的还要理想化。他一反乃祖所为,要彻底实行文治。在即位诏中,他说:"永惟宽猛之宜,诞布维新之政。"[43]"宽猛之宜"是什么?分明指乃祖宽猛不得其宜,失之于猛,而要以宽纠之。维新又向何方?端看以"建文"为年号,就可明白。虽然洪武年间曾经多次

---

[41] 《国史唯疑》。同前,第 36 页。

[42] 《明史》卷六十九,选举一。同前,第 1675 页。

[43] 《国榷》卷十一,戊寅洪武三十一年引。中华书局,1958 年 12 月第 1 版,1988 年 6 月第 2 次印刷,第 1 册,第 787 页。

声称“文治”“崇文”，但从武功开国到文治建国的过渡还没有充分完成。而这一过渡是任何继任者都必须完成的。建文帝一即位就申明他的文治之道，实在太正常不过了。宽仁和文治成为建文帝执政的标的。

科举是文治的必然要求，以艺文取士，以文官治国，是守成之君的必然国策。洪武后期科举制度已经固定了下来，但荐举并未全废。建文帝则可以彻底实现“中外文臣皆由科举而选，非科举者毋得与官”的原则。为了彰显崇文，建文帝于即位第二年的三月就到太学亲祭万世师表的孔子。当时，距上科乡试已届三年，例当开科，于是本年八月乡试就依原例举行了。被称为读书种子的方孝孺，于建文帝即位一个月后就从汉中教授被召为翰林院博士，次年又迁侍讲学士。他在《京闱小录后序》中写道：

> 皇帝既即位，大诏纪今年元为建文，春三月上丁，车驾幸太学，亲祀先师孔子，拜跽盥献，咸用享庙社礼。缙绅聚观，以为崇文祗圣之典古所未有。风行万方，小大咸喜悦，皆思自奋以进庸于世。秋八月，天下当大比，太学及畿内士集于京府者，千五百人……屏芜黜陋，选擢俊良，盖去者几十之八，而登名于籍者，二百十四人。非难之也，盖以上初取士，天下后世将于是观盛美焉，而不敢弗慎也。
>
> 昔太祖高皇帝创业绍正统之三年，即兴科举。至十七年甲子而益盛。历四举而至于兹……今高皇帝垂宪于前，皇上嗣之，尊右文教而士競劝，得才视昔有加，其为万世计可谓至矣。将见仁人君子为时并出，辅成宽大之化，养育黎民，登于太和，以传祚于无穷，讵不盛哉！㊹

“尊右文教”，“辅成宽大”，是其主旨。

建文帝的新政分纠猛和崇文两个方面进行。前者，建文帝实行宽政，减少刑狱，而且录用了那些在洪武中被废误的功臣子弟，有些量罪不当者也被召还。后者，他提高了文臣的地位，六部尚书秩登一品，读书种子方孝孺，洪武乙丑（十八

㊹ 方孝孺：《逊志斋集》卷十二，《京闱小录后序》。同前，第296页。

年)科榜眼练子宁、探花黄子澄,进士卓敬、齐泰;洪武甲戌(二十七年)科榜眼景清、洪武丁丑(三十年)科春榜榜眼尹昌隆被委以重任,日侍左右。从洪武的右武轻文,到建文的右文轻武,这是任何朝代都要面临的转折。但是,这却让早已伺机待起的燕王朱棣抓到了把柄。燕王造反夺位,是朱元璋分封政策留下的后患。在朝廷而言,面对众多强势的亲王,势必削藩;在燕王而言,是削也反不削也反。问题在于都要拿出适当的借口。朝廷说燕王意欲谋反,故非削不可;燕王则说,朝中有奸人,诱使皇帝变乱祖宗成法,故要起兵清除奸人为朝廷扫除祸乱。燕王打出的旗号是清除奸人"左班文臣",以恢复祖宗旧制。他宣称是左班文臣乱了朝政,致使天子罹难,而朝政之所以乱,是因为他们改变了祖宗成法,削除藩王,提高文臣的地位都是与祖制不合的。燕王起兵檄中说,祖宗遗命不得立丞相,而今朝中却有六丞相。[45] 他指的是尚书位列一品,地位等同于丞相。他攻击建文帝的兵部尚书齐泰等人的说辞,"《皇明祖训》不会说话,只是用新法便"。建文的政策成为燕王朱棣起兵造反的借口。燕王与地位式微的武人和被削夺的亲王结成联盟,最终推翻了专一依靠文臣,一心推行文治的皇帝。[46]

建文帝的文治进程被打断了,一切似乎又回到了洪武开国时期。其原因在于燕王要标榜一切恢复祖宗旧制,还在于燕王夺位又形同一次以武力开国。

登大位后的朱棣在用人上又回到了类似朱元璋开国时的某些随意性。

永乐朝六卿共十七人,其中

国子监太学生八人:夏原吉、宋礼、赵羾、吕震、金纯、方宾、黄福、李庆

进士五人:蹇义、郭资、郑赐、刘观、刘镌

荐举一人:李至刚

征召一人:郁新

善书一人:陈洽

行伍一人:金忠

当然,这些人多是洪武年间留下而迎附朱棣的,不过,从中还是可以看出他

---

[45] 《奉天靖难记》卷二,王崇武注本。国风出版社,1975 年 11 月影印 1948 年 4 月版"中研院"历史语言研究所专刊之二十七,第 101 页。

[46] 说详拙文《建文新政和永乐"继统"》,载《中国史研究》1982 年第 2 期。

的用人与建文帝的不同。另外,朱棣主张小人亦可用,因此,六卿中有才无德的小人不在少数[47]。直到明末,明成祖之用人,仍然受到訾议。崇祯时的阁臣黄景昉说:“永乐元年,定万寿节宴百官礼,在京僧道官大兴隆寺住持,得与文武四品以上同宴奉天殿内。草昧法粗略不可训,岂经姚恭靖裁酌耶?”[48]

但是,朱棣已经不能回到太祖开国时代。朱元璋留下了一套完整可行的制度,号称恢复祖宗旧制的他不能不继续走向洪武末年开始的文治之路。他抨击建文帝的重用文臣,而他也不能不标榜文治。开始,人们对这个马上得天下的皇帝还没看清,以为他必定喜武。永乐元年,山东一男子投其所好,向他进献阵图。没想到却遭到了他的训斥:“天下无事,惟当修养斯民,修礼乐,兴教化,岂复当言用兵?”[49]而且他一再声称:“为治之道,在宽猛适中,礼乐刑政,施有其序……朕以菲德继承大统,仰思圣谟,夙夜祗服,惟欲举贤才,兴礼乐,施仁政,以忠厚为治。”[50]朱棣做了一系列令人瞩目的文治盛事,编纂《四书五经性理大全》,编纂《永乐大典》,选用学士随侍,值内阁参与机务,最具代表性。开科举取士就是题中应有之意了。

永乐二年甲申首开科举,礼部奏请会试选士之数,朱棣问:“洪武中所选几何?”礼部尚书李至刚回答说:“各科不同,多者四百七十余人,少者三十人。”朱棣说:“朕即位初,取士姑准其多者,后不为例。”“科举是国家取人才第一路,不可滥。”[51]本科取士四百七十二人,皇帝的策试题目竟是制礼作乐:“朕惟欲考三《礼》之文,补乐书之阙,定黄钟之律,极制作之盛,皆圣人治道所当论也。”[52]好大喜功的朱棣,在文治上也是空前的。永乐甲申科开了一个二甲人员再试和落榜者送文渊阁继续读书的先例:朱棣命“第一甲曾棨等为翰林院修撰,周述、周孟简俱为编修。仍命择第二甲文学优等杨相等五十六人及善书者汤流等十人俱为

---

[47] 朱鸿:《明成祖与永乐政治》第四章,明成祖的治术。台湾师范大学历史研究所专刊(17),第158页。台湾师范大学历史研究所1988年编印。

[48] 《国史唯疑》卷二。同前,第34页。

[49] 《明太宗实录》,永乐元年闰十一月癸酉。同前,第二册,第544页。

[50] 《明太宗实录》,永乐元年九月丙子。同前,第二册,第530页。

[51] 《明太宗实录》卷二八,永乐二年二月乙酉。同前,第二册,第554页。

[52] 《明太宗实录》卷二九,永乐二年三月壬寅朔。同前,第二册,第556页。

翰林院庶吉士，俾仍进学。擢第三甲方昶等二十人为行人司行人，余于诸司观政。”[53]终永乐一朝二十二年，会试共举行八科，前后总共录取一千八百四十人。其间皇帝北巡、迁都都没有受到影响。永乐七年礼部会试，适逢朱棣巡幸北京，诏中式者陈遂等四十八人寄监读书，永乐九年，朱棣还京师，才举行廷试。永乐十三年、十六年，朱棣在北京，会试就在北京举行[54]。永乐十九年，迁都北京，就于当年三月举行会试[55]。杨荣记其事云：

> 永乐辛丑，实皇上正大统之二十年，先是，上巡狩北京，营建都邑，至是告成。春正月元日，乃御奉天殿受朝，万国来同，景命维新，而是岁适当会试贡士之期。领乡荐而萃京师者三千人，礼部拔其尤者二百二人。三月望日，上临轩策试，越二日，以曾鹤龄为第一，刘矩次之，裴伦又次之，赐进士及第，余赐进士出身有差。揭黄榜于长安门外，公卿大夫及士庶人，咸谓都邑肇建，而人才汇进如此，夫岂偶然哉！[56]

永乐二十二年七月庚寅（十七日），朱棣死在北征回途的榆木川。这位马上来马上去的皇帝却被谥为文皇帝。这一“文”字，一指其文治有绩，一指其守成有方吧。

即位的仁宗皇帝朱高炽，与乃父政见不同。对父皇的出漠北、平安南、出使西洋、迁都北京，一概皆反，但以宽仁尚文著名。可惜，朱高炽寿命不永，只在位十个月就病故了，连一届科举也没赶上。但他关注南北方士人录取数额的平衡，留下了南六北四的遗嘱。即位的宣德皇帝擅文艺，在一片升平中力行文治。在位十年间，举丁未、庚戌、癸丑三科，中式者共三百人。仁宣的意图在于控制录取的人数，以保证“量才称任”[57]。同时，援永乐甲申先例，三科进士共选二十八人为庶吉士，读书翰林。又虑副榜或遗才，命即文渊阁复试之，得二十四人，赐冠带

---

[53] 《明太宗实录》卷二九，永乐二年三月己酉。同上，第556页。
[54] 《明太宗实录》卷一九八，永乐十六年三月辛亥朔、甲寅。同前，第三册，第386页。
[55] 《明太宗实录》卷二三五，永乐十九年三月癸酉、丁丑。同前，第三册，第441页。
[56] 杨荣：《文敏集》卷九，四库明人文集。上海古籍出版社，1991年11月第1版，第1240—1242页。
[57] 《明宣宗实录》，宣德三年三月丙戌。同前，第四册，第258页。

给教官俸,俾肄业国子。黄景昉推断,"既三科合选,似有官者亦得与试"[58]。史云:"王道无旦夕之效,礼乐必百年而兴。"[59]科举制度到仁宣以后日臻缜密、完善,成为后世之圭臬。即明人对本朝的科举制也盛赞不已:

> 唐时举进士,自状头以下,皆以势力游扬得之。以摩诘之才,不难作梨园弟子以干公主;及其末也,裴思谦紫衣怀阉竖之刺,求状元及第而试官不敢违。奔竞之风于斯极矣。武陵之荐杜牧,黄裳之访尹枢,虽怜才之盛心,而终非公慎之懿矩也。至于宋而渐密矣,然犹有玉山之援故人,子瞻之私方叔也。至国朝而禁令益严。二百年来,法度至公至慎者,独此一途耳。[60]
>
> 唐时士子入试,皆遍谒公卿,投贽行卷,主司典试亦必广访名流,旁搜寒畯。如王起放榜,先问宰相所欲;沈绚主春闱,承其母命与宗人及第。牛庶锡贽卷,萧昕要令首拔;至于郑薰错认颜标,虽被冬烘之诮,亦不失为激劝之盛心也。宋初举人被黜者,犹得击登闻鼓声冤,上命重试,必多见收。当时谓之还魂秀才。盖其法网犹宽,疑议亦少。至国朝而禁令之严极矣。

明朝到仁宣时期全面完成了从开国奠基向守成的过渡,实现了政治的转型,史称仁宗"使天假之年,涵濡休养,德化之盛,岂不与文景比隆哉"[61]!又称,宣德即位以后,"吏称其职,政得其平,纪纲修明,仓廪充羡,闾阎乐业,岁不能灾。盖明兴至是历年六十,民气渐舒,蒸然有太平之象矣。"[62]这段时期被称为"仁宣致治",是少有的稳定繁荣时期,向文治转型推动了科举制的完善,科举制又成为支持向文治转型的基础。

【毛佩琦　中国人民大学历史系教授】

原文刊于《中国文化》2016年02期

---

[58] 《国史唯疑》卷二。同前,第50页。
[59] 《明史纪事本末》卷二十八,仁宣致治,"谷应泰曰"。同前,第二册,第441页。
[60] 谢肇淛:《五杂组》卷十四,事之部二。上海书店,2009年4月第1版,第287页。
[61] 《明史》卷八,仁宗本纪,赞。同前,第一册,第112页。
[62] 《明史》卷九,宣宗本纪,赞。同前,第一册,第125页。

# 礼坏与不仁的朝代

## 略论朱明王朝败亡的几个远因

郭伟川

## 引 言

封建时代，礼治的建立，目的是确保君主的最高统治，维护社会秩序，并作为个人自处及人与人之间相处之道，而且有相应的规制仪式。周初实行的分封制度与周礼的制定是相辅相成的，目的就在于确保周天子作为天下共主的地位。至春秋战国之世，孔子鉴于"礼坏乐崩"，乱世无序，因此提出"克己复礼"，其所欲复之礼即为"周礼"，并作为自己终身践履的目标。如齐景公问政，孔子以"君君、臣臣、父父、子子"礼治之说应之①。"君君、臣臣"是国家的关系，"父父、子子"则是家庭的关系，"齐家"与"治国"，正是儒家学说的两大要旨。针对春秋战国之际诸侯不尊周天子的礼坏之局，孔子强调"尊尊"的观念，重点在于"尊君抑臣"，所以其作《春秋》的目的，在于明体正名，用于约束诸侯的僭越，以护周室。这点司马迁看得很清楚，他说："故吴楚之君自称王，而《春秋》贬之曰'子'。践土之会，实召周天子，而《春秋》讳之曰'天王狩于河阳'。推此类以绳当世……

① 《史记·孔子世家》。

《春秋》之义行，则天下乱臣贼子惧焉。”[②]

孔子鼓吹复礼以尊上，但亦倡行仁说以爱下，其“泛爱众，而亲仁”[③]，正是其博爱思想之体现。拙作《略论体与仁及大一统观》曾论及：

> 周礼定出了一套等级制度，派生名位尊卑的观念，这是社会的客观存在。笔者认为，礼之制备，一般而言，是为臣民特别是为庶人和奴隶而设的，以规定他们必须“尊上”。但是仅有“尊上”而无“爱下”，失却制衡，其结果就加强了统治者的特权，滋长他们骄纵之心……所以礼备而且宜其适中，孔子提出“仁”的观念加以制衡，目的就是要统治者懂得“爱人”，也即恤民，这样整个社会制度和观念就会较趋完美。[④]

春秋战国之际，由于国多，为臣者大有回旋余地，盖“良禽择木而栖”，转事他国者，等闲事耳。因此君与臣的关系，还保持相当客气的成分，甚至处于相对平等的地位。如孟子告齐宣王曰：“君之视臣如手足，则臣视君如腹心；君之视臣如犬马，则臣视君为国人；君之视臣如草芥，则臣视君为寇雠。”[⑤]

笔者认为，中国礼制的建立，关键在秦汉。秦始皇横扫六合，建立大一统之体制。刘邦击败项羽取而代之。于是汉承秦制，但又有所不同，因汉初实行的是封建与郡县并行之政治双轨制。诸王之乱危及汉天子之地位，故汉儒大力宣扬礼治思想，强调“尊君抑臣”，俾维护以皇帝为主体的中央集权制度。所谓“强本干，弱枝叶，尊卑明”[⑥]。司马迁论秦制可取之处，亦恰恰在于“悉内六国礼仪，采择其善，虽不合圣制，其尊君抑臣，朝廷济济，依古以来”[⑦]。

在君主制的大一统封建极权国家，且鼓吹“尊君抑臣”之礼制，臣与士已绝无讨价还价之余地，因已别无可栖之木，唯有任人鱼肉了。秦始皇之公然坑儒，

---

② 《史记·孔子世家》。

③ 《论语·学而》。

④ 郭伟川：《南阳集》，深圳海天出版社 1993 年版。

⑤ 《孟子·离娄下》。

⑥ 《史记·汉兴以来诸侯王年表》。

⑦ 《史记·礼书第一》。

缘其已成为有恃无恐之独夫。汉承秦制,复经叔孙通、陆贾、贾谊之倡扬君权,尤其董仲舒“天人之策”之议,大树“君权神授”之帜,把皇帝的地位推上天际。“三纲五常”中之“君为臣纲”,汉礼对君臣之定位,影响了往后二千年的中国封建社会。自此“士气卑而主势崇”⑧,此乃时势使然,同时,也是儒士为了维护国家大一统之封建礼制,说得漂亮些,是一种自我牺牲的精神,但事实上,亦是甘为附庸的奴性心理所驱使,是自我作践。他们冀求境况好受点,唯有期诸“明主”与“贤君”施仁政。贾谊就曾要求汉文帝须爱护大臣:“礼貌大臣,而厉其节也。”⑨然而,礼制上的“尊君抑臣”,是客观存在的硬性规定,所以“犯上”和“欺君”是死罪;而君主的行仁是主观的,他们稍微宽厚就是格外开恩。这就是西汉之后,中国二千余年封建社会君臣关系的大致情形。但一般而言,许多开国皇帝与宰相的关系还是甚为相得的。如萧何相汉,刘邦对他的倚重,始终不衰;魏征辅唐,李渊、世民父子对其优礼有加,言听计从;而宋太祖、宋太宗两朝对赵普的重用,史留佳话。唯有那个出身赤贫、当过和尚、颇有痞子作风的朱元璋,因缘际会地做了皇帝之后,为了其子孙安稳地承继江山和朱家万万年的一统基业,不惜有计划地长期大规模屠杀文武大臣,包括那些冒着生命危险为他打江山的朋友、弟兄和亲子侄,制造无数惨绝人寰的冤狱血案。纳天下于己袖,视大臣如家奴;废千余年之相制,集宇内极权于一身;以苛严礼制加诸阙下,而自己与子孙又屡违君礼;一言不合,即妄加杀戮,自古人君之不仁,未有如斯之极者!然而,诚如孔子所言:“人而不仁,如礼何!”⑩朱明王朝虽有森严礼制的保障,但不施仁政,最终都莫能逃避灭亡的命运。

## 一、明太祖之嗜杀与手定苛制是明代为政不仁之根源

朱元璋翦灭群雄,建立初基之后,处心积虑的一件事,就是如何巩固他的朱

---

⑧ 胡翰:《尚贤》,《全明文》第二册,上海古籍出版社 1994 年版。
⑨ 《汉书・贾谊传》。
⑩ 《论语・八佾》。

家王朝，预防别人谋取他的江山。洪武七年八月十二日的《存恤诏》中，即流露他心中的这种忧虑：

> 君天下者，所以为民也。但君思治而民乖，民欲乐而君昏，臣稀贤而不法，君或懦而臣刚，此古今所难也。⑪

朱元璋对自己的政治威慑力和铁腕手段是充满信心的。其所恐者乃子若孙继位处于“君或懦而臣刚”之境地，以致江山不保。太子朱标和皇孙允炆先后一再劝他行仁政，被其视为懦弱，加深了他的忧虑。他决心知难而进，克服“此古今所难”之事。自此之后，那些为他开国立基的文臣武将便成为他必欲除之而后快的心腹之患。

洪武七年秋九月，贵妃薨，元璋“敕礼官以定仪，诏翰林稽诸古典。三日而后来奏，人各以《周礼》《仪礼》定式。所云父在为母服期年，若庶母则无服”⑫。元璋大怒，斥诸大臣为“迂儒俗士，果不识时务”，“今之迂儒，只知其一，不知其二，是古非今，昭然矣”，“迂儒茫然哉，朕观宫生之君好内，山林之士任为，股肱爪牙暴贵其身，致君牵制文义，优游不断。国之危亡，非迂儒者谁！”⑬朱元璋借贵妃之丧礼大做文章，左一句“迂儒”，右一句“迂儒”，甚至将亡国之罪名妄加他们身上，并且咬牙切齿地痛骂“股肱爪牙暴贵其身”。这便成为他后来断股肱、斩爪牙、诛戮功臣的理论根据。他这些暗伏杀机的话，冠冕堂皇地刊布在《孝慈录序》上，时在洪武七年十一月一日。⑭

朱元璋的这些话是很令人寒心的，他对儒士的态度，以立国为分界点，可谓前后判若两人。

犹记草创之初，徐达往取镇江，元璋令其专访名儒秦从龙，致愿见之意。“即令侄文正、甥李文忠，以币聘至应天，以笔书漆简，问答甚密。从龙又荐陈

---

⑪ 《全明文》第一册，上海古籍出版社 1992 年版。
⑫ 《全明文》第一册，上海古籍出版社 1992 年版。
⑬ 《全明文》第一册，上海古籍出版社 1992 年版。
⑭ 《全明文》第一册，上海古籍出版社 1992 年版。

遇，遇不受官而尊宠之，逾于勳戚。”[15]自元至正十六年（1356）渡江克金陵之后，更表现重道尊儒，求才若渴，其礼贤下士之美名，令天下儒士闻风响应，如李善长、陶安、安思颜、李梦庚、郭景祥、侯元善、杨元杲、阮宏道、孔克仁、王恺、乐凤、夏煜、毛骐、王濂、汪河等，皆一时才俊，元璋江南行中书省中，“燕见无时，敷陈治道”[16]。又聘刘基、宋濂、章溢、叶琛，并谦恭地说：“吾为天下屈四先生。”[17]下婺州后，又召吴沈、许元、叶瓒玉、胡翰、汪仲山、李公常、金信、徐孳、童冀、戴良、吴履、张起敬等，“会食省中，日令三人进讲经史”[18]。朱元璋利用他们为他夺取天下出谋划策，同时塑造仁君的形象，以争取民心。朱元璋之能够击败各路豪雄，诸儒之归附效力，实为重要因素之一。然而，一俟江山既得，大局甫定，即翻脸不认人，大骂迂儒误国，及后果横加斧钺，大兴文字狱，进行灭绝人性的诛戮。《廿二史札记》卷三十六大字标题说“明祖重儒”，实是欲用时则重，功成后即诛。面对这个行伍出身而又阴险毒辣的暴君，儒士真是秀才遇着兵，有理说不清了。

根据上文之考证，笔者认为，朱元璋决心动手铲除功臣的念头，在洪武七年（1374）已经形成。屠刀所及，不仅文臣遭难，而且那些为他拼命争天下的昔日心腹将领，亦成为他重点诛戮的对象。就在翌年，即洪武八年三月，他首先将功勋卓著的心腹将领、德庆侯廖永忠赐死。廖永忠为什么会成为朱元璋首先开刀的目标呢？这是因为他知道朱元璋太多不可告人的秘密，其中的一件，就是元至正二十六年十二月，即小明王龙凤十二年（1366），作为臣子的朱元璋，表示欲迎君上小明王韩林儿来建康（按：时小明王居滁州），而暗命廖永忠船至瓜步（今江苏六合南，江边）将小明王沉死江中。[19] 元璋这种弑君篡位大逆不道之举，在他满口仁义道德，以圣主自命者的心中，不啻是挥之不去之阴影。观其于小明王被害后，自此“不再提龙凤的话，连当年镇江西城的打败东吴纪功碑，因为有龙凤年号，也摧毁了。文书上的龙凤史料，更是销毁得一干二净。元璋死后所编的

[15] 《廿二史札记》。
[16] 《廿二史札记》。
[17] 《廿二史札记》。
[18] 《廿二史札记》。
[19] 权衡《庚申外史》、朱权《通鉴博论》、高岱《鸿猷录宋事始末》、潘柽章《国史考异》十六，引自吴晗：《朱元璋传》。

《明太祖实录》,不提元璋和龙凤臣属关系一字。这一段历史被埋没、被曲解了几百年,成为最有启发性的历史公案”⑳。吴晗先生的这段话,可谓为诛心之论!所以,在历史上,从礼制的角度,朱元璋实实在在是一个弑君篡位的乱臣贼子。面对这一罪恶历史的知情人和被指使者廖永忠,元凶之心,其可安乎!故廖永忠之死,乃为必然之事,而且成为首诛之功臣。朱元璋给他的罪名恰恰是“僭用龙凤不法”㉑,可见“龙凤”确实是朱氏的心病。他之对廖永忠狠下毒手,全在于杀人灭口,以掩其篡弑之弥天大罪,而树其开国圣主之形象。

至洪武十三年(1380)胡惟庸之诛,乃为朱元璋大屠杀计划之开始。此举有一石二鸟之妙:即可废千余年之相制,集天下政治大权于一身;又可借此网杀一大批功臣,以除去对其子孙政权的威胁。《明史》据《太祖实录》撰《胡惟庸传》,谓洪武十三年正月,“惟庸与陈宁、涂节谋起事。涂节上变告惟庸。帝大怒,命廷臣讯惟庸”㉒。及后惟庸、陈宁与告密者涂节伏诛。

笔者认为,元璋加惟庸之罪,实为“莫须有”。惟庸为文官,明初兵权都掌握在元璋及其亲子手上,洪武元年立衙所制及将兵法。“战时,命总兵官佩将印领兵出征,战事毕将印还于朝廷。大将军单身回第,军士各回本卫。皇帝掌握兵权,防止地方武装割据”㉓。其严密如此。复于洪武五年(1372)正月置亲王护卫,由其亲子分掌兵权,以作拱卫。洪武八年,即杀廖永忠的那一年,“改在京留守都卫为留守卫指挥使司”㉔,加强对京师卫戍部队的掌握,这是朱元璋要杀人的一个重要举措。作为文官的胡惟庸与陈宁,以及区区涂节,凭什么力量造反?于是想出“遣人下海与倭约期,并称臣于元,请兵为外应……谋武装政变”㉕。这些来自《太祖实录》的构陷显然是永乐年间朱棣的杰作。原来,《太祖实录》于建文三年十二月已经修成,但“靖难”之后,朱棣凭己意命人重修,历时七载凡三修始成。笔者认为,明代历朝诸实录,以《太祖实录》最不可信。元璋、朱棣父子同

---

⑳ 吴晗:《朱元璋传》,香港传记文学社印行。
㉑ 吴晗:《朱元璋传》,香港传记文学社印行。
㉒ 《廿二史札记》。
㉓ 引自张习礼、田珏主编:《中国历史大事编年》,北京出版社 1987 年版。
㉔ 引自张习礼、田珏主编:《中国历史大事编年》,北京出版社 1987 年版。
㉕ 引自张习礼、田珏主编:《中国历史大事编年》,北京出版社 1987 年版。

犯篡弑之滔天大罪，毁大礼，弃朝纲；两人亦同样大规模屠弑文武大臣，倘实而录之，何以昭示世人而立大德于天下？故在这本七年三修的实录中，太祖的所作所为咸合天理，功德无量；而胡惟庸案牵连一万五千人之死，则必有当诛之罪，否则废相制、集皇权、建内阁，便没有理论根据。可见胡惟庸案是明代政治历史中一个最重要的转折点。朱元璋处心积虑要废相制，所以明初几个宰相李善长、汪广洋、胡惟庸便注定没有一个好下场。胡惟庸是死其相位。他的品格和忠心如何，以察察为明自命的朱元璋岂有不知之理！洪武七年起用他为右丞相、陈宁为右御史大夫时，诏书是如此说的：

> 今中书久阙丞相，御史台亦阙大夫，稽古撰今，诚为旷典。特命左丞胡惟庸为中书右丞相，中丞陈宁为右御史大夫。且惟庸与宁自广洋去后，独署省台，协诚匡济，举直察枉，精勤不怠，故任以斯职，播告臣民。㉖

其时朱元璋以“诚”“直”“勤”三字许之。但他们终难逃一死。至洪武二十八年朱元璋手令始披露真相：

> 我朝罢相，设五府、六部、都察院、通政司、大理寺等衙门，分理天下庶务，彼此颉颃，不敢相压，事皆朝廷总之，所以稳当。以后嗣君并不许立丞相；臣下敢有奏请设立者，文武群臣实时劾奏，处以重刑。㉗

这就是胡惟庸案的底蕴所在。至于给胡惟庸、陈宁等人的罪名，前后不同，互相矛盾。洪武十三年正月朱元璋颁《废丞相大夫罢中书诏》中，指控“丞相汪广洋、御史大夫陈宁昼夜淫昏，酣歌肆乐，各不率职，坐视废兴。以致丞相胡惟庸构群小夤缘为奸，或枉法以惠罪，或执政以诬贤。因是发露，人各伏诛。特诏天下罢中书……”㉘朱元璋此处仅指陈宁等人生活腐化，失监察之责，造成胡惟庸枉法。

---

㉖ 《全明文》第一册，上海古籍出版社 1992 年版。

㉗ 《明太祖实录》卷二三九。

㉘ 《全明文》第一册，上海古籍出版社 1992 年版。

后来朱棣于永乐年间授意三修的《太祖实录》，则变成惟庸纠合陈宁、涂节共谋起事，显见后者之杜撰罪证，蓄意诬陷。故《太祖实录》曲笔之多，由此可见一斑。

最荒谬绝伦的是，胡惟庸案牵连一万五千人被诛的十年后，即洪武二十三年（1390），朱元璋又借它来网杀功臣。韩国公李善长以交通胡惟庸赐死，并其妻女弟侄家口七十余人皆坐诛。善长于元至正十四年（1354）追随朱元璋，参预机要，多谋善断，洪武初任左丞相，封韩国公，明初制度多由其参与制定，其功勋与作用，可与汉之萧何、唐之魏征相媲美。其坐诛的根本原因，是与胡惟庸同乡，又结了亲。然而，胡案发之洪武十三年，朱元璋对善长既不追究，十年后才说他互相勾结。如此强词夺理，妄加罪名，滥杀无辜，实在令人发指。此次坐胡案被诛者，还有延安侯唐胜宗、吉安侯陆仲亨、平凉侯费聚、南雄侯赵庸、荥阳侯郑遇春、宜春侯黄彬、河南侯陆聚、宜德侯金朝兴、靖宁侯叶升、申国公邓镇、济宁侯顾敬、临江侯陈镛、营阳侯杨通、淮安侯华中，统军将领毛骧、李伯升、丁玉和宋濂的孙子宋慎。宋濂亦被牵连，贬死茂州。[29] 此皆较为著名而见于列传者。胡狱有《昭示奸党录》，是朱元璋“杀人有理”之文告，连案族诛至三万余口。[30] 令人触目惊心！

此外，“文臣以事诛者，又有茹太素以抗直不屈死。李仕鲁以谏帝惑僧言，命武士捽死于阶下。王朴、张衡俱以言事死。孔克仁、陶凯、朱同，俱坐事死。于是文臣亦多冤死”[31]。

洪武二十五年（1392）太子朱标死，立允炆为皇太孙，元璋“君懦而臣刚”之忧虑加深。翌年即洪武二十六年，族诛军功卓著的开国元勋、凉国公蓝玉及一批重要将领，“扳指公侯文武家，名蓝党，无有分别。自京及天下，赤族不知几万户”[32]。元璋为其子孙安坐天下而继续其惨无人道的大屠杀，不惜血流成河！二十七年，杀定远侯王弼、永平侯谢成、颍国公傅友德；二十八年杀宋国公冯胜。至此，开国元勋重臣已次第斩尽杀绝。最令人惨不忍睹的是，连自己的义子亲侄朱

---

[29] 吴晗：《朱元璋传》，香港传记文学社印行。

[30] 《廿二史札记》。

[31] 《廿二史札记》。

[32] 吴晗：《朱元璋传》，香港传记文学社印行。

文正及义子亲甥李文忠都不放过,底因是恐怕他们可能会威胁自己亲子孙的政权,故须死。当年朱文正曾坚守南昌七十五日,力拒陈友谅,造成鄱阳湖大捷,是奠定朱元璋王业的功臣,乃以“亲近儒生,胸怀怨望”被鞭死。[33] 李文忠十余岁追随元璋于军中,南征北伐,立下大功,也因为左右多儒生,礼贤下士,被指有政治野心遭毒死。[34] 又大兴文字狱,一字不合,即予虐杀。其手段之残忍,诛戮范围之广,在暴君史上,可谓前无古人。而私心之重,寡情薄义,阴险毒辣,良知灭绝,为其一家一姓之利益而无所不用其极!

## 二、皇室权争造成礼坏

《廿二史札记》卷三十二载“明祖行事多仿汉高”。但他学到两样最不好的东西:一即诛功臣而残忍倍之;二则为分封诸王。

周初裂土分封造成“礼坏乐崩”,演变成诸侯雄争、互相兼并的乱局,最终导致周之亡。汉初实行封建与郡县并行的政治双轨制,但都莫能例外地造成诸王之乱,皇室互相残杀,大伤国家元气。幸赖文帝、景帝“重建诸侯”,将其弊逐渐消弭于无形,武帝时国家之统一才名副其实。(参阅拙作《略论体与仁及大一统观》)[35]。朱元璋得天下而欲分封诸子,其必引起皇室权争而造成“礼坏”,历史上已有前车可鉴。彼时并非无智者敢进诤言,洪武九年(1376)山西平遥县训导叶伯臣上书朱元璋,醍醐灌顶地给他讲了一通封王致乱的历史教训,劝他在诸王未至封国之时,先“节其都邑之制,减其卫兵,限其疆里,亦以待封诸王之子孙”[36]。结果朱元璋大怒,骂他离间其骨肉,将之下狱。当然,历史的教训他并非不知道,但始终敌不过家天下之私心。惟明初之封王与周、汉之封建又有不同,可概括为“有食无邑,有军无政”——即有俸禄而无封邑(每年有一万石的俸米和其他赏

---

[33] 刘辰《国初事迹》、孙宜《洞庭集》之《大明初略三》、王世贞《史乘考误》卷一〇。

[34] 王世贞:《史乘考误》卷一、钱谦益《太祖实录辨证》卷五、潘柽章《国史考异》卷二,引自吴晗:《朱元璋传》。

[35] 郭伟川:《南阳集》,深圳海天出版社1993年版。

[36] 《明史·叶伯巨传》。

赐，但王府以外之城邑及人民，均属国家所有，诸王不得干预）；故没有地方之行政权，但却有军权，平时监军，战时掌军。[37] 朱元璋以为此应为万全之策，既可令亲子掌军；又限其财权政权，企以防诸藩造反，殊不知“枪杆子里面出政权”[38]。就在他死后之翌年（建文元年，1399），他埋在钟山之麓的尸骨未寒，子孙就为了皇位互相残杀，置祖训于脑后，毁统绪之大礼，灭人伦之纪纲。经过四年的“靖难”之役，有军事实力的燕王朱棣终于把他父皇亲手所立的皇帝拉下马，自己登上了宝座。在国家法统而言，此乃欺君篡位、毁灭礼制纲常之滔天大罪；若以家法而论，忤逆父命，毁其所立，僭越大统，违背祖训，乃大不孝之举。明礼之坏，莫此为甚！朱棣以解决家事为“靖难”之役辩，此乃强词夺理，断不能逃避历史之重责！其所作所为，倘元璋在世，是绝不会容忍的。然而，究本穷源，造成明初皇室权争乱局者，恰恰就是元璋在礼制上分封诸王的必然结果。而元璋溺杀小明王的弑篡之举，在败坏礼制法统上起了恶劣的先例，朱棣之所为，正是有其父必有其子，而嗜杀之不仁，亦如出一辙。建文四年（1402）六月燕军渡江克金陵后，朱棣即帝位，马上进行大屠杀，清宫三日，内廷中诸宫人、女官及内官多杀死。诛齐泰、黄子澄等文臣二十九人，灭其族众。方孝孺因为不肯为之起草登极诏书被虐杀，灭十族（九族及方氏之学生），死者达八百七十三人，谪戍不可胜记。御史练子宁被断舌磔死，宗族弃市者一百五十一人。大学者卓敬凡天宫、舆地、律历、兵刑无不博究，被斩，诛三族。兵部尚书铁铉被执不屈，被割耳鼻置油锅中死。七月，杀刑部尚书暴昭、侯泰，礼部尚书陈迪，户部侍郎郭任、卢回等不附者多人。八月，故左佥都御史景清有为建文报仇之举，被磔于市，夷九族，尽掘其先人冢墓。又藉其乡，转相攀染，谓之“瓜蔓抄”，村里为墟[39]。此处简列“靖难”之后，三个月内之屠杀。朱棣出至油炸和“瓜蔓抄”，其暴虐不仁，恐怕乃父亦望尘莫及了。

太祖与成祖在品格和行事上，有颇多类同之处：军事上雄才大略，政治上阴谋诡计，统驭臣下多严酷不仁；敢作敢为，无法无天。父子何其相似乃尔！因此，

---

[37] 吴晗：《朱元璋传》，香港传记文学社印行。

[38] 《毛泽东选集》第四卷。

[39] 引自张习礼、田珏主编：《中国历史大事编年》，北京出版社 1987 年版。

明初经此二代相继之高严统治，儒士益陷于屈辱之境。在明以前，士大夫虽依附皇家，但彼此杂持共存共治的关系。随着尊君抑臣的专制政体的逐步发展，封建礼法制度日渐森严。以仪礼而论，唐以前君臣可坐而论道；宋则君坐臣站，业经降了一级；至明洪武则等而下之，元璋规定须行跪奏，甚至公侯大臣见他的儿子诸亲王，都要"俯首拜谒，不许钧礼"[40]，已经变成主子与奴才的关系。中国封建礼制发展至此，已大悖于孔子时所提倡的"君君、臣臣"之礼，其时虽寓"尊君抑臣"之意，然君臣关系尚可相对平等，保持一点士大夫的尊严，所以孟子彼时还能昂然以"君若视臣如草芥，臣则视君为寇雠"论君臣关系。及至西汉，董仲舒论三纲五常中"君为臣纲"，以主从关系为君臣定位，这是士大夫身价大贬值的转折点，其造成的历史原因，本文"引言"已经论及，不赘。惟彼时汉王在形式上尚"礼貌大臣"[41]，君臣还能相向坐而论道。及后历朝沿革，"尊君抑臣"礼制日趋森严，其发展的必然结果，造成"士气卑而主势崇"[42]，至元璋而达至极点。这既由于朱氏之专权残暴，同时历代士大夫也参与编织礼制的森严罗网，最终自蹈于万劫不复之境地，实在是历史的大悲剧，值得今日之知识分子作深刻的反思。

明初"靖难之变"是礼坏。步入中期，经"土木之变"后，英宗兄弟的皇位问题，酿成后来之"南宫复辟"，也称"夺门之变"，则又是一起皇室礼坏之显例。

英宗朱祁镇以冲龄即位，受制于宦官王振。登基后，复委王振为司礼监秉笔太监，具"批红"之权，代行帝命，兼设厂卫，成为朝政的实际主宰者，遂出现明史上第一次宦官专权之局面。

本来，洪武二年(1369)八月朱元璋命吏部定内侍制度，以防宦官专权，规定"此辈所事不过洒扫，给使令而已"；"自今内臣不得知书识字，着为令"[43]。严禁宦官预政和交通大臣。然而，朱元璋私天下为己有，一切从专制统治出发，因此对于任何礼法制度，可以旋立旋废，恣意妄为。所以后来违背初衷，自坏制度，多次派宦官出使行事，至洪武二十八年更提高宦官地位，升各监局品秩，宦官二十四衙门乃具雏形，为明代宦官专权误国埋下祸种。此亦为礼坏之表现。乃后

---

[40] 吴晗：《朱元璋传》，香港传记文学社印行。

[41] 胡翰：《尚贤》，载《全明文》第二册，上海古籍出版社1994年版。

[42] 《前汉书·贾谊传》。

[43] 引自张习礼、田珏主编：《中国历史大事编年》，北京出版社1987年版。

“靖难之变”，朱棣得宦官死命效力，认为这些贴身家奴忠心可靠，即位后乃予以重用，竟委以出使、统兵、监军、镇守诸大权；甚至建立由宦官提督的东厂特务机构，作为皇帝耳目，以作监视和惩罚文武大臣的专政工具。朱棣起兵夺权篡位是坏礼，予宦官以军事特权更是越礼逾法、败坏纲常之举。至宣宗时，更违背祖训，置内书堂以教宦官知书识字，并以司礼监代内官监而为宦官二十四衙门之首，且具“批红”特权，代皇帝批奏章；从而成为皇权的直接代理人。于是，士大夫阶层益发处于可悲的地位。朱元璋废相制后，内阁虽与问中枢政务，然六部已直接向皇帝负责，内阁并无实权，仅起皇帝秘书处的作用，然而其时内阁头上的主子就是皇帝。至宣宗而英宗，内阁的主子不仅是皇帝，而且处于皇帝的心腹奴才司礼太监的虎视之下。如王振秉司礼监之大权而肆虐天下，内阁以下诸文武臣竟成为奴才的奴才，这是对固有礼法制度的彻底大破坏。明初元璋汲取历史教训，原欲力避宦官专权，然而距其薨不过四十四年（1398 年朱元璋薨，而王振专权始于英宗正统七年，即 1442 年）而噩梦成真，说明越是专权的君主制度越易产生宦官乱政的局面，这是不以人的意志为转移的必然规律。正统十四年（1449）八月英宗受王振之惑而致有“土木之败”，遭受全军覆没，自己且被蒙兵所俘，真是大明的奇耻大辱。这可说是自太祖以来历代明室君主自坏礼制的恶报。孔子所云“故坏国、丧家、亡人，必先去其礼”[44]，信不诬也。

英宗既被俘，其异母弟郕王朱祁钰于翌月即位，改次年为景泰元年，史称景泰帝。

景泰帝继大统于国家危急存亡之秋，为当朝文武所拥戴，既由太后懿旨所批，复由北狩的英宗传信所允，故甚合于礼。及后并遥尊英宗为太上皇帝，亦合乎法度。但一年后英宗南归，景泰于礼则甚为刻薄；复易储废后，对嫂侄寡恩薄义，均有乖礼义，此乃权力欲与私欲高于一切所致。尤其当唯一亲儿太子见济夭折后，御史钟同与礼部郎中章纶认为应将英宗之子、原太子朱见深（被废为沂王）复为储贰，以延国祚，乃上疏景泰帝，请复汪后（英宗皇后）于中宫，还沂王之储位。景泰大怒，杖杀钟同，章纶与持相同见解之南京大理寺少卿廖庄都被严重

[44] 《礼记・礼运》。

杖伤，成为尊制复礼的受害者。

景泰八年(1457)正月，武清侯石亨、都督张軏、左都御史杨善及太监曹吉祥等人趁景帝病重，密谋南宫复辟，遂拥英宗实行“夺门之变”。事成，景帝为宦官曹安所勒薨[45]，并杀于谦等一批景泰功臣。对于这一段皇室权争、兄弟阋墙而致互相残害的历史，清高宗弘历亦不禁为之扼腕叹息，乾隆三十四年(1769)在为景泰陵立碑时，其题词云：

> 景帝任于谦，排群议而力战守，不可谓无功于宗社。独是英宗还国，僻处南宫，事同禁锢，而废后易储有贪心焉。天道好还，子亦随死；终于杀，礼西山，实所自取耳。然英宗亦岂得辞寡恩尺布之讥哉！[46]

不过最无辜的还是于谦。土木之变后，于谦拥立景帝，反对南迁，击退也先，保卫北京，挽狂澜于既倒，为社稷之勋臣，其心在国家民族，而岂在于英、景之争哉！夺门之变，英宗复辟，遂及于难，朝野冤之。笔者认为，无论景帝之杀钟同，还是英宗之诛于谦，都出于同一道理：在残酷的极权专制统治下，他们都成为礼治败坏、不仁不义的朱明皇室权力斗争的牺牲品。在这种残酷的政治环境里，斧钺横陈，避无可避，这真是明代文臣武将的悲哀！

## 三、礼坏与不仁导致失尽人心是朱明王朝败亡的根本原因

英宗宠太监王振而终坏大事，其子宪宗朱见深则信用宦官汪直，为祸最烈，使王公大臣，乃至城镇边疆，都置于其特务统治的淫威之下。其所领西厂势力庞大，“自京师及天下，旁午侦事，虽王府不免。直中废复用，先后凡六年，冤死者相属，势远出卫上”[47]。汪直又以锦衣卫百户韦英为腹心，屡兴大狱，“冤死相属，

---

㊺ 陆釴《病逸漫记》，引自许大龄、王天有主编：《明朝十六帝》。

㊻ 引自许大龄、王天有主编：《明朝十六帝》，紫禁城出版社 1992 年版。

㊼ 《明史》卷九五。

无敢言者”[48]。汪直凭借皇帝之宠幸，狐假虎威，每出前呼后拥，公卿避道，“兵部尚书项忠不避，被汪直迫辱，朝廷上下，人人自危”[49]。如此已全无纲纪可言。因所谓“礼治”，须叙昭穆，论秩序，汪直不过区区一内竖，如果不是皇帝之放纵，奚能权倾朝野，气焰逼人，而置经国大臣于屈辱境地！然而这种败坏礼治的行为，只能得家奴之心而失股肱之心，无异于自掘坟墓。尤有甚者，宪宗朝之弊，还在于好方术，信用僧道，扰乱朝政。如李孜省以符箓进宪宗得宠幸，并以乩言宪宗以影响大臣官职之升迁，“搢绅进退，多出其口”[50]，大有顺者昌、逆者亡之势。于是趋附者日众。“自后相继不绝，一传旨姓名至百十人，时谓之传奉官，文武、僧道滥恩泽者数千”。“是时四方白丁、钱虏、商贩、技艺、革职之流，以及士夫子弟，率夤缘近侍内臣，进献珍玩，辄得赐太常少卿、通政、寺丞、郎署、中书、习务、序班，不复由吏部，谓之传奉官。阁老之子若孙，甫髫龄已授中书，冠带牙牌，支俸给隶，但不署事”[51]。如此不以功叙、不以秩进，已毫无礼制可言，怎不令清流雅士离心离德！而土地兼并日剧，奢靡腐败之风大起，社会道德败坏，危机四伏。宪宗虽性宽厚，不嗜杀，然难掩其礼坏之败政也。

孝宗弘治中兴，虽纠正宪宗朝之弊政，缓和了社会矛盾，颇有重整乾坤气象；然而，他的不肖子武宗朱厚照，却以其特有的荒唐和迹近浪子的行为，漠视礼法，废弛纲纪，败坏朝政，大明的江山几乎断丧在他手里。

明朝的极权专制政体造成了这样一种现象：皇帝稍为昏庸淫乱，则必有宦官专权祸国，造成礼治大乱。事缘内竖乃礼制编余，一旦假皇命而柄宪政，为害最烈，这已成为规律，如英宗之宠王振，宪宗之幸汪直，莫不如此。至武宗之信刘瑾，已近于将君权授其代理，以使自己可恣意玩乐于声色犬马之中。于是刘瑾得以结党营私，而寡廉鲜耻之徒，相与结纳攀附，形成明史上最早之阉党，如大学士焦芳、刘宇，吏部尚书张彩即是。刘瑾由是更加口悬天宪，势倾中外，就连公侯勋戚也不敢与之分庭抗礼，诸司科、道以下官，私谒刘瑾无不纷纷跪倒尘埃。朝廷

---

[48] 《明史纪事本末》卷三七，《汪直用事》。

[49] 引自许大龄、王天有主编：《明朝十六帝》，紫禁城出版社 1992 年版。

[50] 《明史》卷三〇七。

[51] 《今言》卷二。

的各种奏章，都先具揭贴投于刘瑾，称为“红本”，然后再上通政司，称为“白本”。如此无君之名，具君之实，难怪时人暗讽其为“刘皇帝”[52]了。刘瑾之妄为，实由武宗放纵。武宗失人君之仪范，弃朝纲之大礼，其所作所为，令天下人侧目，尤其使士大夫阶层感到失望和痛心。如建“豹房”纳歌伎以宣淫乐，令朝政弥荒；正德五年（1510）六月起，由于佞佛而自称“大庆法王西天觉道圆明自在大定慧佛”，令所司铸印以进，所下诏旨亦称“大庆法王与圣旨并”[53]。既有违大明君主礼制，而且实在亦不伦不类。为了供其穷奢极侈之挥霍，官府对民众加紧盘剥，而豪强势要亦加剧土地兼并，更令怨声载道，民不聊生。正德四年（1509）及正德六年，先后发生蓝廷瑞、鄢本恕、廖惠为首的四川民众反抗政府的暴动，以及刘六、刘七、杨虎领导的河北农民大规模的武装抗争，波及数省，震动京师，至此武宗始极恐慌，劣行稍敛。但他并没有从这些天怒人怨的事件中吸取教训，暴动始敉平，又即下旨扩建“豹房”，变本加厉地过其醉生梦死的生活。屡兴大役，建太素殿，极尽豪奢，又修乾清宫、御马监、钟鼓司、豹房、新库、火药库等，耗费巨万。终日嬉游，朝政荒怠。甚至玩文武百官于股掌之上，视国家典礼为儿戏。如正德十年（1515）正月七日至九日对为期三天之郊祀大礼，以及正德十一年（1516）正旦节对朝贺百官和使臣的轻慢，以至闹出人命，“激起朝官们的极大愤慨，他们连章上疏，而武宗一概不理”[54]。他又巡幸南北，驱驰千里，所过骚然，民每苦之。对那些劝他以万民百姓为念，勿南巡以扰民之大臣，他予以残酷的惩罚，如将兵部侍郎黄巩、陆震、夏良胜、万潮等下诏狱，各杖五十，黜为民；翰林修撰舒芬等一〇七人罚跪午门外五日，继而各杖三十，降级调外用。“是时罚跪诸臣，晨入暮出，身加梏桎，累累若重囚，旁观者无不叹息”[55]。这种礼坏与不仁之举，导致失尽人心，是必然的事。

正德十四年（1519）宁王朱宸濠见武宗荒诞无度，礼义败坏，纪纲废弛，朝野怨怼极深，乃伪称奉太后密旨，以入朝监国为名，举兵叛乱，此即历史上有名的“宸濠之变”。

---

[52] 引自许大龄、王天有主编：《明朝十六帝》，紫禁城出版社 1992 年版。
[53] 引自许大龄、王天有主编：《明朝十六帝》，紫禁城出版社 1992 年版。
[54] 引自许大龄、王天有主编：《明朝十六帝》，紫禁城出版社 1992 年版。
[55] 引自许大龄、王天有主编：《明朝十六帝》，紫禁城出版社 1992 年版。

当然，宁王以外藩而兴兵，乃犯上作乱，为礼法所不容。但是，武宗迹近无赖的荒唐行径，种种祸国殃民之举，引起天怒人怨，众叛亲离。朱宸濠以亲藩而行吊民伐罪，未尝不代表朝野相当一部分人之心声。其时（正德十四年六月）他杀死都御史孙燧、按察司副使许逵，革去正德年号，传檄声讨武宗，连克九江、南康，挥师直薄安庆，准备攻占金陵，拟师其老祖宗太祖之故智，定都钟山，再行北伐。一时风起云涌，声势浩大。如果不是当时提督南赣军务都御史王守仁用奇兵袭取其老巢南昌，逼其回师救援，在樵舍兵败被俘，历史或须改写。所谓成王败寇，“靖难之变”，其理同然，惟朱棣兵强而成事，其区别在此而已。当然，允炆是仁君，厚照却是劣主。但是，在封建君主制度之下，无论皇帝如何顽劣不肖，甚至祸国殃民，在礼法制度上，都动他不得。在“君权神授”和“父位子继”的大前提下，强行把一个不得民心和违反公意的人物，加诸天下万民百姓的头上，尽管他所做的是荒诞不经甚至是伤天害理的事，亦得默默忍受，这正是封建的极权专制君主制度不合理之处。尤其是朱明帝系，除惠帝、仁、宣及孝宗几位稍为仁厚之外，自太祖元璋以下，大部分都是礼治败坏、不仁不义的暴君或庸主，士大夫阶层及民众处于水深火热之中，对固有森严的礼法制度产生怀疑和不满，人心思变，笔者认为，这正是明代理学产生的根本原因。而王守仁，正是这一社会思潮的代表人物。

王守仁，字伯安，学者称阳明先生。生于明宪宗成化八年（1472），聪明绝顶，无所不学，素具奇志，欲做“世间第一等人第一等事”[56]。然于八股文并不热衷，故孝宗弘治六年、九年二次会试皆不第，直至二十八岁（弘治十二年）始举进士。他经历了武宗朝的黑暗时期，且身受祸害。如正德元年（1506）二月，上封事，忤刘瑾，下诏狱，受廷杖谪贵州龙场驿驿丞，于穷厄绝险的困境中反复作深刻的反思，终于大彻大悟，从此发明了“格物致知”的学说。[57]

什么是“格物致知”呢？笔者认为，其内蕴是指必须经思考研究，才能判定事物的是非，而不是以古人之是非为是非，即使是先圣先哲的经典，祖宗的礼法制度，一切都必须经自己内心的主观判断，此乃守仁肯定“心即理”之来由，与陆

---

[56] 引自钱穆：《王守仁》，台湾商务印书馆 1970 年第 2 版。

[57] 同上。

象山“六经皆我注脚”,可谓有异曲同工之妙。故论者谓守仁“尊陆抑朱”,是并非无因的。朱子在明初太祖、成祖二朝备受推崇,以其所注四书五经为科举考试之标准答案,历朝相沿弗替。因朱子之说,在于维护专制的君主宗法制度,朱明皇室视其为封建礼制的守护神。成祖时饶州府有士人朱季友者,其著作对程朱理学提出异议,即被朱棣斥为“谤先贤,毁正道,非常之罪”,乃命押解回乡,“明谕其罪,笞以示罚”[58]。可见程朱理学在明代作为官学地位之隆。王守仁公然敢于向朱子学说挑战,笔者认为,这并不是宋、明二代单纯的理学观念之争,而是以守仁为首的明代士大夫阶层通过“非朱”来否定其所守护的专制封建礼法制度,这是王学的要害所在。他发挥陆象山“心即理”之论点,提出“心外无物”“心外无理”,一切皆在我心。这是对现实世界客观存在的全面否定,当然包括封建礼法制度的合法性问题。所以他提出“礼字即理字”,足可窥其真意所在。其实,“礼”是绝不能等同于“理”的。“礼”是等级制度下的典章制度和仪式,是客观存在;而“理”则属于意识形态,是主观意识。守仁竟将之等同,而又“心外无理”,亦即“心外无礼”,这正是其用曲折的表达方法,来否定固有礼法制度的关键所在。

正德十四年(1519)王守仁平定宸濠之乱,为朱明王室立了大功。“不意朝廷一辈谗臣张忠、许泰等,却说王守仁定要造反,险遭不测。这是龙场驿以后第二番的折磨,动心忍性,在他内心的深处,又增长着无穷的契悟”[59]。

嘉靖初,他又目睹争议三年的“大礼议”。朱厚熜以外藩入继大统,即位六日,诏议本生父兴献王朱祐杬尊号,于是旧臣与新贵为继统与继嗣的问题争论不休,持续三年,最后关键当然在世宗皇帝,其既登大宝,欲显贵其生父,所谓子荣父贵,岂容他人阻挡!终于追尊兴献王为皇考恭穆献皇帝。继统派群臣哭阙力争,世宗大怒,乘机清洗前朝旧臣,因此下狱者达一百三十四人,廷杖致死者十六人,另有谪戍及致仕而去者多人。甫换新朝即腥风血雨,实在令人怵目惊心!“大礼议”本是法统礼制之论争,至此却造成大批大官的悲惨结局,时在世宗嘉靖三年二月。

---

[58] 引自许大龄、王天有主编:《明朝十六帝》,紫禁城出版社 1992 年版。

[59] 引自钱穆:《王守仁》,台湾商务印书馆 1970 年第 2 版。

武宗的纵人欲而坏礼法，世宗的逞私欲而暴其政，使王守仁彻底地感到失望，他在嘉靖四年即大礼议过后一年《答顾东桥书》中，提出其“拔本塞源”之论，文末为士大夫生于当世的屈辱境遇而大鸣不平：

> 呜呼！士生斯也，而尚何以救圣人之学乎？尚何以论圣人之学乎？士生斯世而欲以为学者，不亦劳苦而繁难乎？不亦拘滞而险艰乎？呜呼！可悲也已！所幸天理之在人心，终有所不可泯；而良知之明，万古一日。则其闻吾拔本塞源之论，必有恻然而悲，戚然而痛，愤然而起，沛然若决江河而有所不可御者矣。非夫豪杰之士，无所待而与起者，吾谁与望乎！[60]

笔者认为，这是一篇与朱明暴君政权决绝的宣言，代表身处桎梏下广大知识分子和万民百姓反对专制统治的呼声。王守仁呼吁豪杰之士愤然而起，形成潮流，冲决森严礼制的罗网，这是石破天惊的战斗号角！

王学的影响是十分巨大的，当时闻风响应之士，四方八面，形成一股强大的社会思潮，谓之“新学”，令卫道之士，视之如洪水猛兽。[61] 整个君主政体赖以统治的社会宗法礼制都受到根本的动摇。其影响之深远，《明史》卷二八二《儒林传序》有十分剀切之记述：

> 原夫明初诸儒，皆朱子门人之支流余裔，师承有自，矩矱秩然。曹端、胡居仁笃践履，谨绳墨，守儒先之正传，无敢改错。学术之分，则自陈献章、王守仁始。宗献章者曰江门之学，孤行独诣，其传不远。宗守仁者曰姚江之学，别立宗旨，显与朱子背驰，门徒遍天下，流传逾百年，其教大行，其弊滋甚。嘉、隆而后，笃信程朱、不迁异说者，无复几人矣。

明太祖、成祖视程、朱为皇权礼法制度之守护神，由于王学之倡扬，偶像既倒，从

---

[60] 引自钱穆：《王守仁》，台湾商务印书馆1970年第2版。

[61] 唐伯元：《进石经大学疏》《争从祀疏》，载《潮州文献丛刊》之《潮州耆旧集》，香港潮州会馆据香港大学冯平山图书馆藏本影印。

而亦动摇朱明王朝统治的根基。因为思想的分歧必然导致社会的分裂,这是朱明王朝礼坏与不仁引起知识分子离心离德的必然结果,人心思变,此实为朱明王朝败亡的根本原因之一。至明朝后期,国事日非,尤其万历十四年(1586)后神宗的长期怠政,使政府机构形同瘫痪;二十九年有关储位问题的所谓"国本之争",实质上亦是大臣对神宗凭其喜恶恣意败坏礼法的抵制与斗争,而神宗的大肆挥霍和流毒全国的矿盐税使,更令怨声载道,民变纷起。及泰昌、天启年间的政争和宦官魏忠贤的专权,知识分子和万民百姓对此一腐败政权的痛恨已到无以复加的地步,起义的呼声此起彼伏,明社之屋就在眼前。崇祯帝虽锐意求治以冀挽狂澜于既倒,然而其历朝祖宗礼坏与不仁加诸天下,罪孽深重,积怨已深,又岂是其力所可挽回!再加上本身刚愎自用,对文臣武将诛戮之多,显示其与祖宗一脉相承的残暴不仁本色;而赋税之重,更令天人共怒,民怨沸腾。这个空前专制的王朝被人民彻底扬弃,已无法避免。及至甲申之变,终于一发不可收拾,当年朱元璋用极端专制残暴的手段建立起来的基业,随即土崩瓦解。而他的子孙结局都十分悲惨:崇祯帝缢死煤山,弘光帝被追杀,永历帝被绞杀……他们祖宗坏礼不仁所造的后果竟要由他们去承受,成为历史的报应,实在值得人们深思。

一九九五年十二月十日于香港

【郭伟川　泰国华侨崇圣大学中华文化研究院教授】

原文刊于《中国文化》1997 年 Z1 期

# 《明代思想史》与明代思想研究

**牟钟鉴**

容肇祖先生是位德高望重而又有松龄鹤寿的大学问家，从三十年代起即驰骋于文史哲学坛，成就卓绝，名扬四海。所著《明代思想史》一书，在见识上实超出黄宗羲的《明儒学案》，充满新时代的气息，是里程碑式的作品，向为世人所重。然而容先生质朴内敛，微妙玄通，甘于寂寞。特别在五十年代至七十年代那段政治运动接连不断、学者命运常遭不测的时期，容先生不愿违心趋俗，有意远离热闹场面，隐于学界，埋头治学，清直自守。我辈后生小子虽闻其名，而无缘直接相识，对容先生的人品学问不甚了解，丧失了许多请教的机会。直到 1986 年我为《明清实学思潮史》撰写高拱、焦竑二人的思想评传，第一次读容先生的《明代思想史》和《焦竑年谱》，即生仰慕之心，惊叹先生的学识和眼界卓立不群而又平易通达，褒贬取舍之间，表现出一种真正的现代意识和思想解放的精神，同时又不流于当时进步学者易于产生的偏激和武断。先生对于明代儒学的流派和演变，做出明畅而深刻的述评，着力弘扬有开拓性有个性的进步思想和人物，批评僵化而独断的陈旧风气和传统，为自由、平等、解放而呐喊，把思想史写活了，使它具有了一种蓬勃的生命力，读后令人激奋向上。从此我爱上了容先生笔下那些掀翻天地、自信自强、切实有为的思想家，爱上明代思想史，产生出一种强烈的学术研究冲动：发掘明代思想的优秀传统，结合当代的需要，重建现代中国的民族和个人的主体意识。由于种种原因,这一愿望至今没有实现,但也没有放弃。

黄宗羲的《明儒学案》无疑是伟大的,以其不用门户囿心,不以道学论衡,“为之分源别派,使其宗旨历然”,“有一偏之见,有相反之论”,不依门傍户而能成家者,皆为其论列,“是非互见,得失两存”,成就了一部空前的学术思想史专著,开近代学术史研究之先河,享数百年之盛誉,诚有以也。然而黄氏毕竟是中世纪的学者,纵然有叛逆品格和近代民主思想的萌芽(如《原君》《原臣》),但其价值观念从根本上说未脱出儒家传统,以三代为标的,以圣贤为楷模,但他的伟大在于求真务实,反对虚假和教条。所以黄氏赞赏白沙、阳明、龙溪、心斋,而对轻蔑名教的颜山农、何心隐持保留态度,不为李贽立案,表现出一种文化改良主义的立场。

容先生的《明代思想史》则不然,它著于辛亥革命以后,受过五四运动的洗礼,所以指导思想是全新的,评判标准是现代的,故能承接黄宗羲,又能超出黄宗羲。容先生在该书《自序》中指出:“《明儒学案》自然是很好的参考书。然一家一派,一时代,一地方的见解,在著者自不能不受种种的拘限。而尤使这书不能合今人之用的,则为时代见解的迁移”,“我们认识时代,不能靠二百数十年以前人的论述,以为观察更前人思想的标准。因此,我想要认识黄氏《学案》编述的好处,以及摆脱黄氏《学案》的束缚”。容先生既具有崭新的眼光,又搜集到黄氏未见或未注意的资料,在观点和实据上都向前开拓了一大步。可以说《明代思想史》是一部新时期的《明儒学案》,它独领风骚数十年,直到今天还没有产生一部新的明代思想史专著足以取代它,也就是说在总体水平上还没有超过它的。黄氏《明儒学案》以其民主性的精华而在封建社会末期不断放射光辉,给革命者以启蒙和向往,直到辛亥革命和五四时期,仍使进步的思想家读之激奋,其社会生命不可谓不长;容先生的《明代思想史》,继黄氏之后,成为一面新的旗帜,在帝制消失八十余年的今天,人们重新翻阅它,仍然激动不已,感受颇多,毫无过时之感,其时代跨度之大,是令人吃惊的,其原因就在于它已经具有了现代思想、现代精神。

人类社会进步的历史,在一定意义上就是个体的人格和才智不断得到社会重视和发用的历史。社会逐渐从一般自然物中独立出来,个体逐渐从一般群体中突显出来;于是人类才越来越高于万物,社会才越来越有生气。反映在思想史上,主体意识的觉醒和独立人格的发展应该是思想中的精华,众流中的主向,是最值得发掘的内容。当中国摆脱了漫长的中世纪等级制度的束缚迈向现代社会之际,争取公民的自由、平等和解放更成为普遍的呼声和行动。这是时代大潮的巨响。容先生正是在这种时代精神的驱动下重新审视明代儒学发展史的,所以他能够正确把握学术进步的趋势,发掘和表扬真正有价值的思想。

容先生重陆王而轻程朱,但他并不简单地贬低朱学,而对朱学的博闻和切实表示了应有的尊重。朱学能够统治明初百余年,自有它的存在价值。但容先生指出,朱学有其拘守和迂腐的一面,尤其当明初统治者尊崇朱学,以八股取士,"几乎要把读书人的思想,统治在程朱学之下",这样,朱学便走上了自身的反面,充当了陆王心学兴起的催化剂。容先生指出:

> 陆学的抬头,却正因为朱学之独霸儒学的正统而出。一方面因为朱学中博学致知派的衰落,走入了烦琐的、拘守的、躬行实践的一途,为有天才人所厌弃;一方面因为由穷理致知而到偏畸的主敬之学,自易发生进一步的心学;一方面又因理学派的堕落,容易起本身的革命。国家所提倡的为朱学,革命派遂依傍了陆学。

容先生在这里发现了一个普遍性的规律:一种学说只要走到官办和独霸的地步,必然发生危机而激发新学说的兴起,非独朱学为然。朱学盛极而衰,于是陈献章为先道,王阳明为宗师,"别立宗旨,显与朱子背驰,门徒遍天下,流传逾百年,其教大行,其弊滋甚。嘉隆而后,笃信程朱,不迁异说者,无复几人矣"(《明史·儒林传序》)。容先生赞美陈白沙,认为"他的重要的贡献,是要将个人的思想由书本的束缚及古人的奴隶之下解放出来","陈献章一派的好处,在导人去用自己的思想",这是十分中肯的评论。对于阳明心学,容先生着重表彰三点:一是"王守仁更进一步,以为我们的良知,可以为权度一切事理的标准,不必稽合于古典圣训的";二是"他以为'有一物失所,便是吾仁有未尽处',可以见出他的胸襟气魄的伟大处","这就是他的淑世主义,也就是他救世的精神";三是

"良知"的学说和"知行合一"的学说,是不能相离,经验和理性两种学说的并提,这是王守仁的特色。换句话说,王阳明的可贵处在于不迷信权威,泛爱万物和知行并重,也就是主体意识、博爱情怀和实践工夫,这些是最值得后人继承发扬的。

《明代思想史》中最精彩的部分,是对泰州学派的评述。由王艮开创的,由罗汝芳、颜钧、何心隐承继的泰州学派,是左派王学中最激进的一派,是中国思想史上异端思想的一个高峰,代表着时代前进的最强音,故为正统而保守的道学家目为大逆不道。王世贞代表正统派的观点,他评论道"盖自东越(王守仁)之变为泰州,犹未至大坏;而泰州之变为颜山农,则鱼馁肉烂,不可复支",因为颜山农"每言人之好贪财色,皆自性生,其一时之所为,实天机之发,不可壅阏之",主张解放情欲,还回感性自我,不把名教礼仪放在眼里,正统派当然不能容忍。黄宗羲则不同,他反对政治专制和思想独断,所以与泰州学派发生共鸣,字里行间多有赞扬以至推崇。他说"泰州之后,其人多能以赤手搏龙蛇","诸公掀翻天地,前不见有古人,后不见有来者",视泰州一派人物为思想上的英雄豪杰,有大气魄大作为。但是黄氏对泰州学派后学有不满情绪,觉得其言行超出了他所能接受的价值观念范围,故云"传至颜山农、何心隐一派,遂复非名教所能羁络矣",他引顾端文的话:"心隐辈坐在利欲胶漆盆中,所以能鼓动得人,只缘他一种聪明",黄氏同意这种批评,只是认为何心隐辈之陷于利欲和有鼓动性,不在有一种聪明,而在其学术理论必然有此导向。黄氏认为佛教徒一棒一唱,当机横行,有大气概,但能担能放,能出能收;唯有泰州"诸公赤身担当,无有放下时节,故其害如是"。这里表现出黄氏眼界的局限性,他终于未能打破传统义利公私之辨的基本取向。容先生是真正的近代学者,他不再受传统观念的约束,能充分理解和同情泰州学派诸人物,给予他们以前所未有的极高的评价。他说:

> 泰州一派是王守仁派下最切实最有为最激励的一派,何心隐是这派的后起,而亦是最切实最有为最激励中的一人。他抱着极自由极平等的见解,张皇于讲学,抱济世的目的,而以宗族为试验,破家不顾,而以师友为性命,所谓"其行类侠"者,卒之得罪于地方官,得罪于时宰,亦所不惜。他是不畏死的,遂欲借一死以成名。他的思想是切实的,所谓"不堕影响"。他以为

> 欲望是可以寡而不可以无,可以选择而不可以废。欲以张皇讲学,聚育英才,以补天下之大空。他的目标太高,而社会的情状太坏,故此为当道所忌,不免终于以身殉道了。

容先生不赞成黄宗羲将何心隐之学视为张仪苏秦之学,而首肯李贽以何心隐为圣人的评价,认为何氏的伟大人格与精神"不是'仪秦之学'一语可抹杀的"。他又说:

> 其实王艮学派,一传为徐樾,再传为颜钧,三传而为罗汝芳、何心隐,是朝着解放的路径而进步的。

容先生是历史上第一个给予颜钧、罗汝芳、何心隐以思想解放者的评价,泰州学派的真正价值也正在这里。

黄氏《明儒学案》不给李贽立传,容先生的《明代思想史》则用很大篇幅写李贽,把他作为左派王学的重要代表。容先生满腔热忱地称赞道:

> 李贽的思想,是从王守仁一派解放的革命的思想而来,他几乎把一切古圣贤的思想或偶像打破了,到了极自由极平等极解放的路上。而他又是个自然主义适性主义的思想家,在批评方面贡献了不少创新的独特的见解。

容先生对李贽以及何心隐等人的上述评价,在今天已成为学界的共识,似乎很平常很自然,岂不知在民国年间它们仍属于所谓激进的言论,只有五四新文化运动中少数进步思想家才拥有这样的认识。我们只要看看梁启超二十年代撰写的《中国近三百年学术史》中斥何心隐、李贽为"阳明末流""放纵得不成话",和冯友兰三十年代出版的《中国哲学史》未提及何与李,便会知道容先生的见解是多么开明和大胆了。

由《明代思想史》联想到当今学界对明代学术思想研究的现状,恐怕大家都不会满意。方法陈旧,资料欠缺,空白很多,有开拓性的作品少见。其中存在的一个大问题是极大地忽略了明代中后期这一段的思想文化。许多作品从王阳明、王艮一下子跳到明末清初三大儒，恰恰放过了这之间的重要阶段。而这一段在我看来不仅是明代，也是整个中国文化史上最活跃最繁荣的时期，它丰富多彩，光辉灿烂，可以与先秦百家争鸣、魏晋玄佛道儒并进这两个时期相提并论，视之为中国思想史上第三次思想解放运动并不为过。其思想之活泼，人才之众多，成果之辉煌，都是空前的。这一时期（从弘治、正德到崇祯）的社会政治无疑十分腐败黑暗，但唯其如此，封建统治者才失去了对文化力量的控制力，程朱官学徒成僵尸，而阳明心学以民间私学崛起，后学人才辈出，学派林立，愈转愈盛。他们的学说集中鼓吹自信，破斥依他，使知识分子的主体精神大为振奋，个性和人格得到一次大解放大提升，释放出无穷的创造力量，社会思想文化从而获得勃勃生机，死文化转为活文化，一元化变成多元化。学术大师和艺术家都是有个性的，如韩愈所说，与世浮沉、不自树立者必无后世之传，伟大的作品必然产生于个体创造性的精神劳动，所以只有个性大解放的时代，才有文化的大繁荣。王阳明是明代思想界的泰斗，以其对主体性心学哲学的有力阐发，成为明中叶以后引导时代潮流的一面旗帜。姚江之后，学派众多，有徐爱、钱德洪、王畿、黄绾为代表的浙中学派，有邹守益、聂豹、罗洪先、胡直为代表的江右学派，有黄省曾、周冲等人的南中学派，有蒋信、冀元亨等人的楚中学派，有穆孔晖、张后觉等人的北方学派，有薛侃、周坦等人的粤闽学派，有王艮、罗汝芳等人的泰州学派，而浙中、泰州又分五支，江右分九支，学说流四方，人才满天下，百舸竞进，盛况空前。这一时期在儒学方面还有罗钦顺、王廷相、吴廷翰、吕坤、顾宪成、高攀龙、刘宗周、黄道周、孙奇逢、张溥、傅山等一批大学者。还有杨慎、焦竑、陈第一批考据家、博学家。有李时珍、徐霞客、朱载堉、徐光启、宋应星一批科学家。有高拱、张居正、海瑞、戚继光一批实政家。有徐渭、汤显祖、袁宏道、冯梦龙、凌濛初一批文学家、艺术家。整个文化学术界呈现百花争妍，一片兴隆景象。这一时期思想文化的一大特色是非官方的阳明心学不仅真正支配了思想界，而且广泛地深刻地渗透到文艺界，哲学与文艺打成一片，哲学成为文艺的灵魂，哲学真正成为时代精神，这种情况在其他时代并不是多见的。还有一个情况，就是天主教进入中国，西方自然科学技术随之传入，欧美文化开始与中国传统文化发生实质性的接触。

明代中后期是中国商品经济迅速发展的时期,在东南沿海一带出现了具有雇佣性质的手工工厂,资本主义萌芽发生和发展,市民阶层形成并壮大。泰州学派高扬自我,以适性遂生为道的思想,恰好符合了市民阶层摆脱封建礼教的要求和求利恣情的心理,或者说泰州学派的思想正是市民阶层心理的理论反映。这样,泰州学派的发展就有了强大的社会动力。在商品经济现实和适性主义哲学双重催生下,文学艺术上出现了解放思潮和市民文学。反传统、反拟古,重人情、重世俗,温柔敦厚的诗教和文以载道的传统受到冲击,民众的喜怒哀乐成为文艺表现的主题,民间喜闻乐见的小说戏曲得到蓬勃发展,并获得文艺正宗的社会地位,产生出一大批杰出的文艺作品,如《西游记》《封神榜》《金瓶梅》《三言》《两拍》《牡丹亭》,南杂剧《太和记》和《四声猿》,以及明末散曲。在文艺理论上,主要受阳明心学影响,而有"童心说""性灵说""至情说""本色论",这些理论对于文艺创作起到了重要指导作用。徐渭是明代后期文学解放思潮的先驱,他师事王畿,强调创作"出于己之所自得","诗本乎情",他贱"相色"(替身)而贵"本色"(正身),全是王学精神。李贽、焦竑兼学者与文艺理论家,前者的"童心说",后者的"脱弃陈骸,自标灵采",为文艺创作开辟出新境界。伟大的戏曲家汤显祖,从罗汝芳游,服膺达观和尚和李贽,受王学浸润极深,云:"一世不可余,余亦不可一世。"汤氏倡至情说,取情弃理,鼓吹"有性灵者自为龙",故有《牡丹亭》之作。公安派袁氏三兄弟是诗文领域破旧创新的勇将,袁宏道成就最高,他强调个性,"独抒性灵,不拘格套",钦佩李贽,崇信王学,故有卓书异论。冯梦龙崇拜李贽,是复社的积极分子。这些文艺家把王学(特别是泰州学派)所推重的自由、个性、真情,化作生动形象的文艺作品,普及到民间,从而使王学不仅仅作为一种哲学在上层知识界和上流社会传布,而且作为一种社会思潮在下层社会里成为一种活生生的存在,成为一种民众的觉醒意识[以上资料参考成复旺等著《中国文学理论史》(三)]。

郑振铎先生在《插图本中国文学史》中,把明代嘉靖元年由市民小说戏曲开始的文学,到五四新文学,整个称之为"近代文学的时代",他认为"近代文学的意义,便是指活的文学,到现在还并未死的文学而言",中世纪离我们太辽远,而近代文学"对于我们格外亲切";"休戚相关,声气相通",这是很有见地的。郑氏特别推崇《金瓶梅》，谓其为“中国小说的发展的极峰”，较《水浒传》《西游记》《封神传》尤为伟大，因为“《西游》《封神》，只是中世纪的遗物，结构事实，全是中世纪的，不过思想及描写较为新颖些而已。《水浒传》也不是严格的近代的作品”，“只有《金瓶梅》却彻头彻尾是一部近代期的产品，不论其思想，其事实，以及描写方法，全都是近代的”，它写的是“真实的民间社会的日常的故事”，是“赤裸裸的绝对的人情描写”，如果说《西游》《封神》是画鬼之作，则《金瓶梅》乃“画人之作也”。郑先生真是近代一流大学者，睿智而又勇敢，第一个把近代文学史推到明代中叶，第一个把《金瓶梅》作为近代文学典范。只可惜他没有把“近代”的内涵从理论上说得透彻准确，直觉的成分多了些，有点模糊不易确切把握。我以为，近代社会的主要特征是用工商文明代替农业文明，近代文学的主要特征是反对传统礼教，要求个性解放和突显感性自我，市民文学的出现是其标志。中世纪的思想和文学，不论内部有多大差别，在基本价值观念上脱不出“五常”的规范，尚义非利，重公斥私，视“私”“利”“欲”为恶，道德修养以去私寡欲为要。近代工商业社会在价值观念上有根本变化，视情感欲望为人性所当有，以求利为合理，确认个人有追求自身幸福和思想自由的权利。泰州学派的何心隐提出“育欲”说，反对遏止人欲；李贽认为“人必有私，而后其心乃见”，故“穿衣吃饭即是人伦物理”，他们是真正具有近代意识的思想家，故当时人的感受是“掀翻天地”。《金瓶梅》之所以成为中国近代文学的开创性作品，就是它不再描写中世纪的英雄，不再以中世纪的道德为准则，而着重于表现新兴市民阶层的情欲和私利，打破性的禁区，把人性的各种复杂内涵，包括它的恶，都毫不掩饰地暴露出来，初期工商社会的情态和病态已有真实的描绘，尽管它仍然受着传统观念的影响，写“酒色财气”是为了破“酒色财气”，但它的大量内容所产生的实际效果却不是道德劝善，而是对传统社会的破灭，和对未来社会的寻觅。明代中后期与传统社会相比，确实有了一些从来没有的新东西，社会风气脱出了常轨，思想家和文艺家及其作品的欣赏者都感到一种前所未有的挣脱枷锁、心身解放的自由，敢想敢说敢写也敢玩赏评论。旧的已经腐朽了，新的正在破土而出，社会文化正在酝酿着类似欧洲文艺复兴那样的运动，一个新的时代在朦胧中透出曦光。这样一个伟大的时期和如此异彩纷呈的思想文化，难道不值得我们花大气力去发掘和研究吗？忽略了它而想进一步开拓明代思想史研究是不可想象的。把王阳明作为批判的对象，却又褒扬泰州学派的异端思想，也是矛盾而不通的。没有王阳明即无泰州，无泰州即无思想文艺的繁荣。只有抓住心学这条主线，然后横向沟通哲学、伦理、文学、艺术、民俗，并把思想文化的研究同社会经济的研究联系起来，才能对明代中后期的文化全貌有一个全面而深刻的认识，也才能对明清之际黄宗羲、顾炎武、王夫之等伟大思想家的出现，做出合乎发生学规律的说明。

需要指出的是，由阳明心学掀起的以泰州学派为先锋的思想解放运动，由于清兵的入关和清朝的建立而中断了。我不否认清王朝作为取代衰朽的明王朝的新兴政权对中国历史有许多新的建树，在文化建设上也有诸多施为，有清一代的学术确有独特的贡献，特别在实学和考据学上，其成就极为可观。然而由于清朝是文化落后的少数民族贵族统治文化先进的多数汉族，它的最高成就便是使自己在文化上汉化，不可能带领国家跃向社会的更高阶段，因此，在中华民族精神方面的最新探寻上，在从中世纪向现代社会的过渡上，与明代中后期相比，有清一代是停滞了，甚至倒退了。一度勃发的资本主义萌芽枯萎夭折，一度出现的具有现代启蒙性质的思想文化运动也烟消云散，政治的高压和思想的统制笼罩全国数百年之久。道咸以后，国家的生气全面消失，社会腐败而沉闷，故龚自珍有“万马齐喑”之慨。太平天国是农民反抗压迫的伟大运动，但从性质上讲，它不是近代社会革新运动，除洪仁玕外，它的主流派领导人和主要典章制度及政策措施，都不具有民主自由和个性解放的思想，没有提出新政新学的内容。直到清末康梁维新派和孙章革命派出现，近代社会民主革新运动才真正形成，并震撼了神州大地。以李大钊、陈独秀、胡适、鲁迅为代表的五四新文化运动，高高举起了民主、自由、平等、解放的旗帜，掀起了一场声势浩大的思想启蒙运动。从思想渊源上说，他们是继承和发展了明后期泰州学派的学说和事业。容肇祖先生作为五四新文化运动涌现出的优秀学者，之所以着力撰写《明代思想史》并且那么有感情地推崇泰州学派的主体精神和个性解放的思想，就是因为这些精神和思想没有过时，与五四时期的中国社会很贴近，中国直到那个时候仍然没有解决明末思想家提出的文化转型和思想解放任务。

毫无疑问，鸦片战争以后，中国进步的思想家在提出一系列近现代学说时，从西方获得大量借鉴，辛亥革命及其以后，先进的中国人更是积极向西方寻找真理以重振中国。但是我们要问，如果没有西方人和西方近现代文化的介入，中国单凭自身传统文化的内在资源，能否随着商品经济的发展而实现从传统社会向现代社会的过渡？传统文化在这一过渡中真的已经全部陈旧因而需要与之彻底决裂吗？这个问题是应该认真思索的。我想，泰州学派的思想与学术活动已经做出了一个回答，中国人本来有可能独自地发动思想启蒙运动，并经由类似欧洲文艺复兴运动那样的阶段，为近代社会制度的建立和近代工商业的发展开辟道路。后来由于种种复杂的原因，这一过程被制止了。泰州学派是在基本不受西方思想影响的情况下，利用传统思想中最积极的成分，经过大胆的创新，而提出个性解放和情感解放的，这正是它最可贵的地方。我们今天当然已经不可能关起门来进行现代化事业，恰恰相反，我们要把国门开得大大的，不仅是在经济方面，也要在思想文化方面，积极认真地向西方学习，当然是有选择的学习。但是，如果我们能够通过明代思想的研究，尤其通过对泰州学派的认真透彻的研究，发现自己历史文化中有现代价值的因素，就会大大提高中国人的自信心，更好地找到转化传统，使之为现代化事业服务的途径，以此为基础，收纳和消化西方文化的精华就会更顺利些，不至于反客为主、数典忘祖。

容先生的《明代思想史》毕竟是半个世纪以前的作品，从内容上讲比较简略，从范围上讲仅限于儒学，严格地说是一部明代儒学简史。而明代思想还必须包括道家和道教、佛教以及基督教、伊斯兰教、民间宗教等许多宗教或非宗教思想文化内容。我们今天应该也有条件作进一步深入系统的研究，写出一部更丰富更全面更深刻的明代思想通史新作，我们期待着中国思想史专家的成功。

【牟钟鉴　中央民族大学哲学与宗教学系教授，荣誉资深教授】

原文刊于《中国文化》1994年02期

# 从“无善无恶”到“人必有私”

## 明代思想史上一段心的解放之路

成复旺

从“无善无恶”到“人必有私”，就是从王阳明到李贽。虽然这两个人的遭遇以及人们对他们的评价大有不同，但他们还是被思想史的链条连在一起的。而且就有关心的学说而言，明代思想史上的这一段正是环环相扣、节节进取的心的解放之路。本文就是对这一段思想史的考察。

### 一、王阳明：“无善无恶心之体”

朱熹论人的心性，严申“天理”与“人欲”（或曰“道心”与“人心”、“天命之性”与“气质之性”）之别，把人之一心分成了对立的两方面。陆、王心学与程、朱道学的一个重大差异，就是反对“析心与理为二”，主张“无间于天人”；即强调天理与人心的统一。王阳明是这样论述心与理的关系的：

> 目无体，以万物之色为体；耳无体，以万物之声为体；鼻无体，以万物之臭为体；口无体，以万物之味为体；心无体，以天地万物感应之是非为体。

(《传习录·下》[①])

这是把心当作一种感官。作为感官,它只具有感应的机能,而没有自身的内容;它的内容,就是它所感应的天地万物之是非。心既然具有感应的机能,也就可以无所不感、无所不应。所以王阳明又说:

> 触而应,感而通,无所不照,无所不觉,无所不达。千圣同途,万贤合辙。无他如神,此即为神;无他希天,此即为天;无他顺帝,此即为帝。本无不中,本无不公。(《与黄勉之·二》)

这样,心就与理合而为一了。故王阳明宣称:"夫物理不外于吾心。外吾心而求物理,无物理矣。遗物理而求吾心,吾心又何物耶?心之体,性也;性即理也。"(《答顾东桥》)"心也者,吾所得于天之理也。无间于天人,无分于古今。"(《答徐成之·二》)从这种观点来看,朱熹就未免有"心、理为二之弊"了:

> 晦庵谓:"人之所以为学者,心与理而已。心虽主乎一身,而实管乎天下之理;理虽散乎万事,而不外乎一人之心。"是其一分一合之间,而未免已启学者心、理为二之弊。(《答顾东桥》)

朱熹是想强调心与理的联系的,但越强调二者的联系就越表明它们是二者。王阳明对朱熹的这种批评同陆九渊是一致的,陆九渊早已指出:"天理人欲之言亦自不是至论。若天是理,人是欲,则是天人不同矣。"(《语录·上》)

从这种观点引出的直接结论,就是心无善无恶。人可以言善恶;"天理"作为一种无意识的自然之理,无所谓善,也无所谓恶,或者说善也是它,恶也是它。而"心也者,吾所得于天之理也",那么人心也就无所谓善恶了。无善无恶就是至善。所以王阳明说:"至善者,心之本体也;心之本体哪有不善?如今要正心,

① 本文所引王阳明语,均据上海古籍出版社1992年版《王阳明全集》。为求简便,仅注篇名。

本体上何处用得工？必就心之发动才可着力也。”（《传习录·下》）概括这种结论的一句最有代表性的话，就是王阳明“四句教”中的第一句：“无善无恶心之体。”（同上）

从严格的理论逻辑来看，这种论证是有问题的。明是非不等于别善恶，前者是认识论问题，后者是伦理学问题。认识论范畴的是非源于客观事物，是知识判断；伦理学范畴的善恶源于社会生活，是价值判断：这是性质不同的两回事。但中国传统学术的一个重要特征似乎正在这里。中国传统学术的一个基本思路是天人一体。既然一体，就该一理。于是天理即人理，物理即伦理，认识论被统一于伦理学，明是非也就等于别善恶了。此外，从儒学的纯洁性来看，这里引入以无善无恶为至善的思想也是危险的。至善无善是老庄思想，它是对善恶的超越，因而就是对儒学的超越。儒学正是从有善有恶出发的，所以才有那一大套善恶学说。引入了这种思想，就难免会像老庄那样肯定人的自然本性，排除关于善恶的计较。因此，真正的问题在于：如果“析心与理为二”，承认“人心”之上还有所谓“天理”（或曰“道心”），那么就得承认这个“天理”对“人心”的统治。朱熹就是这样说的：“必使道心常为一身之主，而人心每听命焉。”（《中庸章句序》）而如王阳明之论，人心即天理、人心之上无天理，就等于搬掉“天理”这块巨石，使人心得以抬头。天人一体的传统思路与至善无善的老庄思想，在这里结出了新的思想果实。

这不是推论。王阳明学说的一个耀眼的闪光点，就是在经典与圣贤面前树起了心的权威。他说：

> 夫君子之论学，要在得之于心。众皆以为是，苟求之心而未会焉，未敢以为是也。众皆以为非，苟求之心而有契焉，未敢以为非也。（《答徐成之·二》）
>
> 夫学贵得之心。求之于心而非也，虽其言之出于孔子，不敢以为是也；而况其未及孔子者乎？求之于心而是也，虽其言之出于庸常，不敢以为非也；而况其出于孔子者乎？（《传习录·中》）
>
> 夫道，天下之公道也；学，天下之公学也。非朱子可得而私也，非孔子可

得而私也。(同上)

人心与天理的合一改变了人心与圣贤的关系。人心不再是匍匐于圣贤脚下的真理的乞讨者,而成了站在圣贤面前的是非的裁决者。是非的裁决者自然也就是善恶的裁决者。故王阳明又说:"吾心之处事物,纯乎理,而无人伪之杂,谓之善。"(《与王纯甫》)再看他有关情与礼的一段话:

盖天下古今之人,其情一而已矣。先王制礼,皆因人情而为之节文,是以行之万世而皆准。其或反之吾心而有所未安者,非其传记之讹阙,则必古今风气习俗之异宜者矣。此虽先王未之有,亦可以义起。三王之所以不相袭礼也。若徒拘泥于古、不得于心而冥行焉,是乃非礼之礼,行不著而习不察者矣。(《寄邹谦之·二》)

这已不是以礼制情,而是以情衡礼。即或先王之礼,如"反之吾心而有所未安",亦不必尊;即或"先王未之有",如为情之所需,"亦可以义起"。人心与天理的合一也颠倒了情与礼的关系。

这使我们想起了董其昌的几句话:"程、苏之学角立于元祐,而苏不能胜。至我明姚江出,以良知之说变动宇内,士人靡然从之。其说非出于苏,而血脉则苏也。"(见沈德符《万历野获编》卷二十七)董其昌大概算不上个理论家,但这几句话却似颇有见地。苏轼曾说,要重新观察世界"而断之于中('中'即心)","其所不然者,虽古之所谓贤人之说,亦有所不取"(《上曾丞相书》)。他还认为,"礼之初,始诸人情,因其所安者而为之节文",而"今儒者之论则不然,以为礼者圣人之所独尊,而天下之事最难成者也;牵于繁文而拘于小说,有毫毛之差则终身以为不可"(《礼以养人为本论》)。王阳明的上述观点是不是与苏轼的这些说法有某种内在的、精神上的联系?但苏轼是宋代道学的最鲜明的对立面,而王阳明作为明代儒学的一代宗师,自然与宋代道学为同一学统。此正所谓"其学非出于苏,而血脉则苏也"。其中消息,极耐人思。

## 二、王畿："真性流行，始见天则"

王阳明的四句教是："无善无恶心之体，有善有恶意之动，知善知恶是良知，为善去恶是格物。"（见王畿《天泉证道记》）这里只有第一句是"无"，后三句都是"有"。就是说，他虽然把"天理"与"人心"统一成了"无善无恶心之体"，却又把心之体与心之用割裂了开来，认为"意""知""物"等心之用还是有善有恶的。所以他仍然强调必须"为善去恶""痛加刮磨"（《答黄宗贤应原忠》），才能致其心体之良知。这不过是把朱熹的"天""人"对立转移为"体""用"对立罢了。

但这是自相矛盾的。如果说心之体是无善无恶的，那么何以作为心之体的作用的意、知、物又是有善有恶的呢？而且无论怎样"为善去恶"，总还是有善恶之念、善恶之分，如何能够由"有"返"无"、回到那无善无恶的心之本体？这个矛盾是王阳明的学说在他的弟子中走向分裂的内因。如钱德洪等人执着于心之用的有善有恶，淡化乃至放弃了心之体的无善无恶，汲汲于"为善去恶"的防检工夫，依然走上了传统儒学的"正心"之路。而王畿则揭示了老师的"体"与"用"的矛盾，从心之体的无善无恶出发，否定了心之用的有善有恶。他说：

> 体用显微，只是一机；心意知物，只是一事。若悟得心是无善无恶之心，意即是无善无恶之意，知即是无善无恶之知，物即是无善无恶之物……意是心之所发，若是有善有恶之意，则知与物一起皆有，心亦不可谓之无矣。（《天泉证道记》②）

依他之见，若有善有恶，则心、意、知、物皆有；若无善无恶，则心、意、知、物皆无。这就是钱德洪的"四有"与王畿的"四无"的分道扬镳。

不可小看王畿的这个"四无"，它具有某种近似于解缆放船的意义。既然

② 本文所引王畿语，据黄宗羲《明儒学案》卷十二，亦仅注篇名。

“体用显微，只是一机”“心意知物，只是一事”，都是无善无恶的，那么一切“为善去恶”的持守、防检就都成为多余的了：

> 良知是天然之灵窍，时时从天机运转，变化云为，自见天则。不须防检，不须穷索。何尝照管得？又何尝不照管得？(《丰城问答》)
>
> 从真性流行，不涉安排，处处平铺，方是天然真规矩。脱入些子方圆之迹，尚是典要挨排，与变动周流之旨，还隔几重公案。(《示丁惟寅》)
>
> 矫情镇物，似涉安排。坦怀任意，反觉真性流行。(《与荆川》)

不仅是多余的，而且是有害的。王畿进一步指出，正是这种有意识的“为善去恶”，障蔽了人的良知，败坏了人的真性。他说：“才着意处便是固必之私，不是真性流行。真性流行，始见天则。”(《赠思默》)“才有些子才智、伎俩与之相形，自己光明反为所蔽。”(《语录》)“为善去恶”当然要读书闻学，而王畿却认为：

> 某也资虽警敏，世情机心不肯放舍，使不闻学，犹有败露悔改之时。若又使之有闻，见解愈多，趋避愈巧，覆藏愈密，一切圆融智虑，为恶不可复悛矣。(《语录》)

“闻学”不过使人学会了花言巧语、文过饰非而已。“为善去恶”还必须循节守礼，而王畿却说：

> 昔人奔丧，见城郭而哭，见室庐而哭，自是哀心不容已。今人不论哀与不哀，见城郭、室庐而哭，是乃循守格套，非又衷也。客至而哭，客不至而不哭，尤为作伪。世人作伪得惯，连父母之丧亦用此术以为守礼，可叹也已！(《天柱山房会语》)

“礼”竟然使人变得如此虚伪成性。凡此种种，不是“为善去恶”，恰是为恶去善。

所以，王畿大声疾呼，抛弃所有这一切，回归本心，坚信自我：“是非本明，不须假借；随感而应，莫非自然。”“圣贤之学，唯自信得及，是是非非不从外来。”“自信而是，断然必行……自心而非，断然必不行。”（均《答林退斋》）“贤者自信本心，是是非非一毫不从人转换。”（《云门问答》）他提倡那种傲世独立的狂者精神，云“狂者志存尚友，广节而疏目，旨高而韵远，不屑弥缝格套以求容于世”（《与阳和张子问答》）。的确，既然心之体用都是无善无恶、自在圆满的，又何必要循守世俗之格套、俯就他人之是非？又何以不能坦怀任意、信心而行？王畿的种种论议、譬说，都是为了找回人的那颗久已失落了的自由活泼的心灵：

> 人心虚明湛然，其体原是活泼，岂容执得定？唯随时练习，变动周流，或顺或逆，或纵或横，随其所为。还它活泼之体，不为诸境所碍，斯谓之存。（《语录》）
>
> 乐是心之本体，本是活泼，本是洒脱，本无挂碍系缚。尧舜文周之兢兢业业、翼翼乾乾，只是保任得此体，不失此活泼脱洒之机，非有加也。（《答汪南明》）

像一个自由的天使，在无限的时空中自在地翱翔。既没有外在的束缚，又没有内在的拘泥。多么洒脱！多么快乐！字里行间都流露着王畿对精神自由的倾心身往。

但这是不允许的。即在当时，世人已议论纷纷。门人唐顺之有云：“先生笃于自信，不为行迹之防；包荒为大，无净秽之择。故世之议先生者不一而足。”（见《明儒学案》卷十二）后来黄宗羲更明确地批评道：“虽云真性流行，自见天则，而于吾儒之矩矱未免有出入矣。”“吾儒日在世法中求性命，五欲熏染，头出头没。于是而言无善恶，适为济恶之津梁耳。”（同上）站在“吾儒”的立场上看，道理的确如此。但王畿学说的意义，亦正在此。

## 三、罗汝芳：不如以“生”字代“心”字

王畿的“心”的确是很自由的；但仔细想来，似乎也有点空虚，真是“虚明湛然”，像一缕幽灵。我们发现，他只谈心之用，而不大讲心之体；只是赞美“坦怀任意”“真性流行”，而不大过问“怀”“意”“性”究竟是什么。有的学者说他淘空了心的内容。他也没有完全淘空，时而还提到仁义孝悌之类，只是大大淡化了。淘空或者淡化也是需要的。在心的解放的过程中，淘去旧的才能换上新的；心之体一时难改，那就先把它淡化。但心毕竟是有内容的，淘空了心的内容而谈心的解放，这种解放就带有抽象的性质，是无法真正落实的。出来做这个落实工作的，是泰州学派。“阳明先生之学，有泰州、龙溪而风行天下，亦因泰州、龙溪而渐失其传。”（黄宗羲《明儒学案》卷三十一）泰州学者王艮是与王畿（号龙溪）齐名的王阳明大弟子，他首倡“尊身为本”，创立泰州学派，为心的落实开辟了道路。泰州学派中对心谈论最多的，是王艮的再传弟子罗汝芳。

罗汝芳反对把“心”想得过于玄虚。他虽然也承认“心”的“灵妙”，却强调此“灵妙”之“心”就在日常生活之中：

> 殊不知天地生人，原是一团灵物。万感万应而莫究根源，浑浑沦沦而初无名色。只一“心”字，亦是强立。后人不省，缘此起个念头，就会生个见识，露个光景。便谓吾心实有如是本体，本体实有如是朗照，实有如是澄湛，实有如是自在宽舒。不知此段光景原从妄起，必随妄灭。及来应事接物，还是用着天生灵妙浑沦的心。心尽在为他作主干事，他却嫌其不见光景形色，回头只想前段心体。甚至欲把捉终身，以为纯亦不已；望显发神通，以为宇泰天光。用心愈劳，违心愈远。（《语录》③）

③　本文所引罗汝芳语，据黄宗羲《明儒学案》卷三十四。因该书皆收在《语录》名下，故下文不再加注。

日常意识活动之外的所谓“澄湛”“朗照”的心之“本体”是不存在的,这是捕风捉影的“妄起”之念。实际存在的,就是“应事接物”之中、替人“作主干事”的日常意识。那么,这种日常意识究竟是什么?也该给它找一个概括的说法吧?于是,罗汝芳提出了“生”:

> 宇宙之间,总是乾阳统运……经云“复见天地之心”……殊不知天地无心,以生物为心。今若独取“心”字,则吾有心而汝亦有心,人有心而物亦有心,何啻千殊万异。善言“心”者,不如把个“生”字来替了它,则在天之日月星辰,在地之山川民物,在吾身之视听言动,浑然是此生生为机,则同然是此天心之复。

天地“以生物为心”,人与万物“浑然是此生生为机”,这样,“生”就作为“心”的本质、“心”的普遍性内容确立下来了。这其实就是以“生”为心之体。

罗汝芳所谓“生”就是生命。在他的言论中充满了对生命的赞美。他在谈“孔颜乐处”这个儒学传统话题的时候说:“所谓乐者,窃意只是个快活而已。岂快活之外复有所谓乐哉?生意活泼,了无滞碍,即是圣贤之所谓乐,却是圣贤之所谓仁。”接着又说:

> 故赤子初生,孩而弄之,则欣笑不休;乳而育之,则欢爱无尽。盖人之出世,本由造物之生机;故人之为生,自有天然之乐趣。

这里对于人的生命给予了纯真动情的赞美。罗汝芳对生命的体验是如此深切,对人的生命是如此珍爱。在他看来,生命就是善,生命就是美,生命就是乐。所以他认为所谓“孔颜乐处”并不是乐于“君子固穷”之类的道德体验,像以往儒者所说的那样;而是乐于“生意活泼,了无滞碍”的生命体验、生命自由的体验。他还认为,即使“有我之私”,乃至“极恶之人”,只要有生命,就通于“天地之德”。人问:“吾人心与天地相通,只因有我之私,便不能合。”他说:“若论天地之德,虽有我亦隔它不得。”“即有我之中,亦莫非天地生机之所贯彻。但谓自家愚蠢不知之则可，若谓他曾割断得天地生机则不可。”人又问：“极恶之人，雷霆且击之，难说与天不隔。”他反问：“雷击之时，其人惊否？”“被击之时，其人痛否？”回答当然都是肯定的，他于是说：“惊是孰为之惊？痛是孰为之痛？然则雷能击死其人，而不能击死其人之惊与痛之天也。”惊与痛是生命的自然反应，有这种反应就证明还有生命，有生命就仍与天地之大德相通。这就与传统儒家之见更其不同了。显然，以“生”为心的罗汝芳，已经把立足点从道德移向了生命。

生命是同身体联系着的，没有无身体的生命。以“生”为心的罗汝芳强调心与身的统一，重视身体的苦乐。他认为，只有与身体结合在一起的心才是“赤子之心”、才合于“天心”：

> 心为身主，身为神舍。身心二端，原乐于会合，苦于支离。故赤子孩提，欣欣长是欢笑，盖其时身心犹相凝聚。及少少长成，心思杂乱，便愁苦难当……唯是有根器的人，自然会寻转路……憬然有个悟处，方信大道只在此身，此身浑是赤子，赤子浑解知能，知能本非学虑。至是精神自在体贴，方寸顿觉虚明，天心道脉信为洁净精微也已。

宇宙生生之心生出赤子，当然是连身带心一起生出的；而赤子又尚不可能离开身体的感觉，去进行超越性思维。故罗汝芳认为只有这种身心合一之心才是天然至善之心。这种观点有什么意义吗？有。这是心向身的靠拢，心学向人的现实生存的靠拢。心，既依存于身，又超越于身；心理，既关乎生理，又关乎伦理。自其依存于身、关乎生理方面言之，心是人的身体需要、生理欲望的代表；缘此以进，就会肯定人的情欲，提倡对于生活幸福的追求。自其超越于身、关乎伦理方面言之，心是人的精神需要的代表；缘此以进，就会压制人的情欲，提倡对于道德完善的追求。以往，儒家的心论以及作为儒学一个分支的心学，虽然没有完全抹杀人的生理欲望，但至少是站在伦理道德的立场，贬抑人的生理欲望的。这样的心主要是伦理之心，这样的心学主要是伦理心学。罗汝芳虽然还没有转变这样的立场，但显然已经开始了转变。心向身的靠拢不仅是一种观点，更是一种感情。罗汝芳是个极富同情心的人。请看下面的话：

> 某提狱刑曹，亲见桎梏之苦，上至于项，下至于足，更无肤寸可以活动，辄为涕下……盖良心寓形体，形体既私，良心安得活动？……刑役之苦，又何异以良心为罪人而桎梏无所从告者哉？
>
> 窃观五十年来，议律例者则日密一日，制刑具者则日严一日，任稽查、施拷讯者则日猛一日。每见堂阶之下，牢狱之间，睹其血肉之淋漓，未尝不鼻酸额蹙，为之叹曰：此非尽人之子与？非曩昔依依父母之怀、恋恋兄妹之旁者乎？夫岂其皆善于初而皆不善于今哉？及睹其当疾痛而声必呼父母，觅相依而势必先兄弟，则又信其善于初者而未必不善于今也已……信其善而性灵斯贵矣，贵其灵而躯命斯重矣。

这是对折磨肉体的刑讯拷打的控诉。严格地说，这不是逻辑论证，而是一种同情心。作为理论，它很难成立；但作为一种感情，它却是伟大的。它超越了政治，超越了道德，也超越了理性，成了一种无条件的、纯粹的人类之爱，生命之爱。在这种伟大的感情面前，任何政治与道德都显得偏狭，任何理论都变得黯然失色。罗汝芳就这样从“心”走向“身”，走向了儒学的边缘，走向了似儒学非儒学的混沌地带。

与身体合一的生命之心，又是同人的生活、同谋生联系着的。罗汝芳在解释孝、弟、慈的时候说：“群黎百姓，虽职业高下不同，而供养父母，抚育子孙，其求尽此孝、弟、慈未尝有不同者也……又时乘闲暇，纵步街衢，肆览大众车马之交驰、负荷之杂沓，其间人数何啻亿兆之多，品级亦将千万之异。然自东徂西，自朝至暮，人人有个归省，以安其生；个个有个防检，以全其命。窥觑其中，总是父母妻子之念固结维系，所以勤谨生涯，保护躯体，而自有不能已者。”这里的话题是孝、弟、慈的传统道德，但所说的内容却是“供养父母，抚育子孙”，“安其生”，“全其命”，乃至“勤谨生涯，保护躯体”。这些内容不就是经营个人与家庭的日常生活吗？不就是谋生吗？难道这就是孝弟慈？孔子在讲孝的时候特别指出：“今之孝者是谓能养；至于犬马皆能有养，不敬，何以别乎？”（《论语·为政》）孝，作为一种儒家道德,关键在于“敬”,而不是“养”;如果以“养”为孝,那就是把父母视同牛马了。而罗汝芳在这里恰恰是以“养”为孝的:“供养父母”。这倒不是罗汝芳贱视父母,而是以“生”为心的他所关注的已经不是恭敬、服从之类的道德戒律,而是经营生活的谋生问题了。所以他虽然还没有超越儒家的道德概念而立论,却大大淡化了这些道德概念的特定含义,把它们打入了日常的谋生活动之中。这就是我们前面提到的伦理之心向着生活之心的转变,心学向着人的现实生存的靠拢。安生全命、勤谨生涯云云,在这里还是在孝弟慈的名义下出现的;随着伦理之心向生活之心的进一步转变,它们终将抛弃这种名义,树立起自己的旗帜。罗汝芳没有走到这一步,但有人会走到的。

在把心之体向着现实生存落实的同时,罗汝芳在心之用方面也似比王畿更为洒脱。他不仅反对“多其见闻,务为持守”,反对苛求自我、执意为善,而且要人根本取消善恶观念。他提出:“既为意念,则有时而起,便有时而灭;有时而聚,便有时而散;有时而明,便有时而昏。纵使专心记想、着力守住,毕竟难以持久。况汝心原是活物且神物也,持之愈急,则失愈速矣。”“忘与助对,汝欲不忘,即必有忘时。不追心既往,不逆心将来,任它宽宏活泼,真是水流物生,充天机之自然,至于恒久不息而无难矣。”“今当下生意津津,不殊于禽鸟,不殊于新苗,往时万物一体之仁果觉浑沦成片矣。欲求停当,岂不是个善念?但善则便落一边,既有一边善,便有一边不善;既有一段善,便有一段不善。如何能昼夜相通?如何能得万物一体?”说得多好哇!果能如此,则“生意活泼,了无滞碍”,人生还有何乐可比?还有何事可待?不要以为提倡心的自由就是提倡闲适,这其实是、至少同时也是提倡一种顶天立地、独往独来的伟大人格:

> 若果然有大襟期,有大气力,有大识见,就此安心乐意而居天下之广居,明目张胆而行天下之正道。工夫难到凑泊,即以不屑凑泊为工夫;胸次茫无畔岸,便以不依畔岸为胸次。解缆放船,顺风张棹,则巨浸汪洋,纵横任我,岂不一大快事也哉!

这岂不是一曲比王畿之所唱更为欢畅昂扬的心灵解放的凯歌!

“生”，这是个伟大的字眼，也是中国文化思想的一个生长点。宇宙万物之生生不息，人类社会之世代繁衍，以及每个个人之奔波劳碌，无不可用一“生”字贯穿。老庄从万物之“生”萌发了超出有限以化入无限的宇宙情怀，孔孟从社会之“生”产生了把个人献给群体的道德理想，而当罗汝芳把“生”引向个人现实生存的时候，他便又开出了一片新的理论世界。

## 四、李贽：“私者，人之心也”

上一节讲到：“安生全命、勤谨生涯云云，在这里还是在孝弟慈的名义下出现的；随着伦理之心向生活之心的进一步转变，它们终将抛弃这种名义，树立起自己的旗帜。罗汝芳没有走到这一步，但有人会走到的。”走到了这一步的，就是出自泰州学派又超越了泰州学派的启蒙思想家李贽。

李贽根本不是到天上或道德观念中去寻找人心的依据，而是径直走向了人的生存现实。他说舜之得人心，只在于“好察迩言”：“舜好问已矣，而又好察；好察是矣，所好察者又是其极迩之言。”“唯是街谈巷议，俚言野语，至鄙至俗，极浅极近，上人所不道、君子所不乐闻者，而舜独好察之。”“此好察迩言原是要紧之事……能好察则得本心。”（均《明灯道古录》④）于是，他坚定不移地走上了这条察迩言以找人心的路：

> 间或见一二同参从入无门，不免生菩提心，就此百姓日用处提撕一番。如好货，如好色，如勤学，如进取，如多积金宝，如多买田宅为子孙谋、博求风水为儿孙福荫，凡世间一切治生产业等事，皆其所共好而共习、共知而共言者，是真迩言也。于此果能反而求之，顿得此心，顿见一切贤圣佛祖大机大用，识得本来面目。则无始旷劫未明大事，当下了毕。（《答邓明府》）

---

④ 本文所引李贽语，出自《明灯道古录》者，据〔明〕顾大韶校刊本《李氏文集》；出自《焚书》《续焚书》者，据中华书局1975年版，仅注篇名；出自《藏书》者，据中华书局1959年版，注书名、篇名。

实际生活之中,尤其是平民百姓之间,口之所言,即身之所履,亦即心之所想。因而只要到实际生活中去,看一看人们的作为,听一听百姓之“迩言”,人心之真便可一目了然,千百年讼说纷纭的心性本体便可当下了毕。那么李贽从“迩言”中提炼出的人心究竟是什么?既然“迩言”之所言皆“好货”“勤学”之类“治生产业”之事,李贽便毅然宣布:

> 夫私者,人之心也。人必有私,而后其心乃见;若无私,则无心矣。如服田者,私有秋之获,而后治田必力。居家者,私积仓之获,而后治家必力。好学者,私进取之获,而后举业之治也必力。故官人而不私之以禄,则虽召之必不来矣;苟无高爵,则虽劝之必不至矣。虽有孔子之圣,苟无司寇之任、相事之摄,必不能一日安身于鲁也决矣!此自然之理,必至之符,非可以架空而臆说也。然则为无私之说者,皆画饼之谈,观场之见,但令隔壁好听,不管脚根虚实,无益于事,只乱聪耳,不足采也。(《藏书·德业儒臣后论》)

显然,李贽之所谓“私”,就是经营自己的日常生活,谋求自己的物质利益,亦即“治生产业”。在这种意义上,的确是“人必有私”,因为这是人的生存需要、是维持人的生命的需要。如李贽所说:“夫功名富贵,大地众生所以奉此七尺之身也,是形骸以内物也,其急宜也。”(《答刘方伯书》)

那么,这样的心还是善的吗?是。而且正因为是这样的,所以才是善的。不要忘了,衡量心之善恶的根本标准是“天”与“人”。在我国大多数古人观念中,凡得之于“天”的就是善的,凡出之于“人”的就是恶的。王阳明、王畿、罗汝芳都是以此来论证心之善恶的。而这种“治生产业”之“私”,正是得之于“天”。李贽说:“富贵利达,所以厚吾天生之五官,其势然也。”(《答耿中丞》)有人提出:“若是圣人,安得有一毫利欲之心哉?”他反驳道:“夫圣人亦人耳,既不能高飞远举弃人间世,则自不能不衣不食、绝粒衣草而自逃荒野也。故虽圣人不能无势利之心……则知势利之心,亦吾人禀赋之自然矣。”(《明灯道古录》)“天生之五官”当然是得之于天的,“天生之五官”的天然需要自然也是得之于天的。“势利之心”乃“吾人禀赋之自然”，谁能谓之不善？所以李贽提出：

> 凡迩言中事，孰待教而行乎？趋利避害，人人同心。是谓天成，是谓众巧，迩言之所以为妙也。（《答邓明府》）
>
> 市井小夫，身履是事，口便说是事。作生意者但说生意，力田作者但说力田，凿凿有味，真有德之言，令人听之忘厌倦矣。（《答耿司寇》）

岂止是善，简直是至真、至善、至美了。这都是对“迩言中事”的“天成”与“自然”的赞美。但仔细想来，李贽在这里所赞美的“天”或“自然”又似与以往有所不同。“天”或“自然”，可以是反映一种实体，即人之外的天地宇宙、自然界；也可以是指一种性质，即天生、天然、自然而然。虽然这两种含义密不可分，但施之于人，却可能产生很不相同的结果。前人之言“天”或“自然”，多取第一种含义，即多以人之外的某种所谓“天”的本性来要求于人。这样的“天”往往是同个体的人相对立的。而李贽这里所说的“天”或“自然”乃是指人的天然本性，这样的“天”就不仅不是与个体的人相对立的，它本身就成为个体的人的天生需要了。简单地说，他所讲的“天”已经不是天之“天”，而是人之“天”了。李贽在《明灯道古录》里解释说，“不勉不思而从容自中”，就是“天”；明此“不勉不思而从容自中”者“而固执不敢失”，就是“人”。可知他本来就是在天然本性与自觉坚持的意义上运用“天”与“人”的。其实也不仅李贽。认真考察一下就会发现，从我们上面所讲的王阳明起，就在混淆“天”的这两种含义的界线，就在悄悄进行着从天之“天”向人之“天”的过渡。比李贽略早、曾师事王畿的徐渭提出：“因其人而人之也，不可以天之也；然而莫非天也。”（《论中·二》）这就把问题说得非常清楚了。而李贽，正是从天之“天”到人之“天”、从天的“自然”到人的“自然”的过渡的完成者。

随着这种过渡的完成，传统的善恶观念被颠倒了。李贽说：“夫唯以迩言为善，则凡非迩言者必不善。何者？以其非民之中、非民情之所欲，故以为不善，故以为恶耳。”（《明灯道古录》）得之于天的“民情之所欲”就是善，则一切“非民情之所欲”当然就是恶的了。哪些是“非民情之所欲”呢？自然就是那套束缚“民情之所欲”的传统道德。李贽否定传统道德的言论甚多，这里无暇详述；只引明末顾宪成批评他的两句话，可见一斑：“闻有忠孝节义之人却云都是作出来的，本体原无此忠孝节义。”（《顾端文遗书》）卷十四《当下绎》）。这不是把传统的善恶观念完全颠倒了吗？其实，这种颠倒传统善恶观念的思潮早就开始涌动了；当王畿提倡“真性流行”、认为一切“防检”都是“固必之私”的时候，就已经透露了这样的消息。只是到李贽才高涨起来。

随着善恶观念的颠倒，一种新的社会理想出现了。李贽提出：“上焉者又不肯强之使从我（此‘我’即指‘上焉者’），只就其力之所能为与心之所欲为、势之所必为者以听之，则千万其人者各得其千万人之心，千万其心者各遂其千万人之欲，是谓物各副物……夫天下之民各遂其生，各获其所愿有，不格心归化者，未之有也。”（《明灯道古录》）总之是自由竞争，成败在己。这并不是天堂，但这正是必将取代中世纪的那个社会的特征。

就这样，李贽沿着泰州学派的思路继续前进，把罗汝芳的以“生”为心推至以“治生产业”之“私”为心，从而在现实生存的意义上走到了解放人心的理论终点。

但这还只是心的解放的一个方面。如果说这主要是情欲的解放的话，那就还应该有思想的解放。前者是伦理学或道德观的问题，后者是认识论或真理观的问题。如上所述，前人在这两方面虽或有所侧重，却往往是混而不分的。李贽也并不是把这两方面明确区分了开来，但由于他在这两方面都论述得相当充分，故显露出某种开始分化的迹象，以至于我们可以而且便于分开介绍了。

王畿论心之用，就特别反对“闻学”。以为“见解愈多，趋避愈巧，覆藏愈密”。李贽于此，疾恶更深。他说，人之初，皆有一颗“绝假纯真”的“童心”；后来，“有闻见从耳目而入而以为主乎其内，而童心失”，“有道理从闻见而入而以为主乎其内，而童心失”；天长日久，“道理闻见日以益多”，“于是焉又知美名之可好也，而务欲以扬之”，“知不美之名之可丑也，而务欲以掩之”，遂使“童心”尽失，人“全不复有初矣”。“童心”既失，人间就成了一个彻底虚伪的世界：“夫既以闻见道理为心矣，则所言者皆闻见道理之言，非童心自出之言也”,“岂非以假人言假言、事假事而文假文乎?盖其人既假,则无所不假矣。”到此为止,大体是王畿已有之意;但李贽更进一步,矛头直接指向了《六经》《语》《孟》:

> 夫《六经》《语》《孟》,非其史官过为褒崇之词,则其臣子极为赞美之语。又不然,则其迂阔门徒,懵懂弟子记忆师说,有头无尾,得后遗前,随其所见,笔之于书。后学不察,便谓出自圣人之口也,决定目之为经矣,孰知其大半非圣人之言乎?从出自圣人,要亦有为而发,不过因病发药,随时处方,以救此一等懵懂弟子、迂阔门徒云耳。药医假病,方难定执,是岂可据以为万世之至论乎?然则,《六经》《语》《孟》,乃道学之口实、假人之渊薮也,断断乎其不可以语于童心之言明矣!(均《童心说》)

反对迷信“闻学”而提倡“自信本心”,就是要求思想解放。但王畿等人却仅限于反对迷信后儒,而从未触及《六经》《语》《孟》;他们之所谓“自信本心”实际上是自信一己之心即合乎孔孟之教。这样的思想解放不仅是有限的,甚至从本质上说是虚假的。只有李贽冲破了这个禁区,使“自信本心”成了一句无先决条件的真话。

真正“自信本心”的李贽,根本无法理解,一个有自己头脑的人何以必须遵从某家,做他人的信徒。有人劝他师从孔学,他不屑:

> 夫天生一人,自有一人之用,不待取给于孔子而后足也。若必待取足于孔子,则千古以前无孔子,终不得为人乎?故为愿学孔子之说者,乃孟子之所以止于孟子;仆方痛憾其非夫,而公谓我愿之也?(《答耿中丞》)

又有人劝他皈依佛门,他亦不甘:

> 西方是阿弥陀佛道场,是他一佛世界。若愿生彼世界,即是他家儿孙……若仆则到处为客,不愿为主,随处生发,无定生处。既为客,即无长住

之理。是以但可行游西方，而以西方佛为暂时主人足矣；非若公等发愿生彼、甘为彼家儿孙之比也。(《与李惟清》)

既不屑于做孔学门徒，又不甘于为佛家儿孙，那么他究竟要做什么？“天生一人，自有一人之用”，他就是要做他自己，用自己的心建立自己的是非：

夫所谓作者，谓其兴于有感而志不容已，或情有所激而词不克缓之谓也。若必其是非尽合于圣人，则圣人既已有是非矣，尚何等于吾也？夫按圣人以为是非，则其所言者乃圣人之言也，非吾心之言也。言非出于吾心，词非由于不可遏，则无味矣。(《藏书・司马迁》)

何以要建立自己的是非？为了标新立异吗？不是。李贽指出，世界是发展的，是非也不能不是变化的，一切都应以时间和空间为转移。他说：“夫是非之争也，如岁时然，昼夜更迭，不相一也。昨日是而今日非矣，今日非而后日又是矣。虽使孔子复生于今，又不知作何是非也，而可据以定本行罪赏哉！”(《藏书・世纪列传总目前论》)“盖时异势殊，则言者变矣。故行随事迁，则言焉人殊。安得据往行以为典要，守前言以效尾生耶？”(《先行录序》)正因为世人不明乎此，一味“守前言以效尾生”，才造成了天下的没有是非：

前三代，吾无论矣；后三代，汉唐宋是也。中间千百余年，而独无是非者，岂其人无是非哉？咸以孔子之是非为是非，故未尝有是非耳。然则余之是非人也，又安能已。(《藏书・世纪列传总目前论》)

因此，所谓建立自己的是非，绝不是随心所欲，倡一己之好恶，而是要重新找到世界的是非。李贽反对专学孔子，不是要束书不观，而是为了博采众长：“耕稼陶渔之人既无不可取，则千圣万贤之善独不可取乎？又何必专学孔子而后为正脉？”(《答耿司寇》)他反对以“闻见道理”为心，不是要闭目塞听，而是为了直面现实：“某也从少至老，原情论势，不见有一人同者……余初仕时，亲见南倭北虏之乱矣;最后入滇,又熟闻土官猺童之变矣。大概读书食禄之家意见皆同,以余所见质之,不以为狂,则以为可杀也。”(《蜻蛉谣》)他曾就治学一事这样表示:

> 嗟嗟!此何事也?天地之心,生民之命,万世之平,皆在于此。而可轻乎?予是以不避忌讳,切骨而论之,要使人务实学道,期心得。(《藏书·行业儒臣论》)

这是何等严肃、庄重的真理追求者的态度。这样建立的是非,就其独立考察、自抒己见而言,可以说是一人之是非;就其实质内容而言,则是天下之公是非。故李贽宣布:

> 今日之是非,谓予李卓吾一人之是非可也,谓为千万世大贤大人之公是非亦可也,谓予颠倒千万世之是非、而复非是予之所非是焉,亦可也。(《藏书·世纪列传总目前论》)

这是一个真理追求者的责任,也是一个真理追求者应有的气概。

对于一个思想家来说,争取思想解放就是为了追求真理。因此这丝毫不意味着利益,而只意味着献身。李贽正是为追求真理而献出了自己的生命。明代争取思想解放的思潮也至此走到了终点。

在情欲解放和思想解放两方面,李贽都把明代心的解放思潮推向了终点,从而成了这种思潮的杰出代表。当这两方面集于一身的时候,似乎有个问题也摆在了人们的面前:一个公然提倡“人必有私”的人,何以又会为真理而献身?这个问题似乎在当时就有人提出,故李贽曾解释说:“愚之所好察者,迩言也。而吾身之所履者,则不贪财也,不好色也,不居权势也,不患失得也,不遗居积于后人也,不求风水以图福荫也。言虽迩而所为复不迩者何居?愚以为此特世之人不知学问者以为不迩耳,自大道观之,则皆迩也。”(《答邓明府》)何谓“大道”?李贽又说:“以率性之真,推而扩之,与天下为公,乃谓之道。”(《答耿中丞》)当一个思想家提出“人必有私”的时候,他是在提出一种社会真理,是在维护人民大众的利益,而不是在为自己辩护。虽然这种社会真理的提出也包含着他自己的亲身体验,但这正是为了“推而扩之,与天下为公”。至于他自己,那恰是需要为了“人必有私”这个真理而牺牲个人利益乃至生命的;否则,他就不会、也不敢提出“人必有私”这个真理了。在前面,我们曾指出认识与道德是有区别的。而在这里,我们又感到了认识与道德的某种深层的统一。

如上,就是明代的一段追求心的解放的思想史。

我们之所以注意这一段思想史,是因为觉得其中很有些值得深思的东西。学界有人认为,中国传统文化没有走向近、现代的内在机制,今天所知一切具有近代意义的思想都是从西方传入的。在这同一种事实判断的基础上又产生了两种截然相反的结论:一种是:因此,中国人有自己的价值观念,根本不需要西方那些具有近代意义的思想,这就是我们的民族特征;另一种是:因此,中国要想走向现代,就必须抛弃传统文化,进行根本的文化移植。而明代的这一段思想史却似乎向这种判断和结论提出了商榷。其一,这一段思想史的某些倾向,尤其是李贽的某些观点,是否具有一定的近代意义?完全否定这一点是不是相当困难?其二,这些具有一定近代意义的倾向和观点,是不是中国传统文化自身发展的产物?里面究竟能够找出多少西学东渐的痕迹?

我们中国人的确具有很强的民族特征,但我们的民族没有特殊到人类之外。其他民族提出的那些源于人类共性的要求,我们民族到一定时候也是会提出的。只是我们有我们独特的文化思路,我们是按照我们的文化思路提出这些要求的。至于我们的文化思路究竟是什么,亦即中国传统文化走向近、现代的内在机制究竟是什么,这一段思想史也已经提供了一些线索,但这已经不是本文能够探讨的问题了。

【成复旺　中国人民大学哲学系教授】

原文刊于《中国文化》1994年02期

# 《牡丹亭》内外的腐儒世界

李思涯

提到《牡丹亭》中的“腐儒”，人们自然会想起杜丽娘的老师陈最良。有学者称：“陈最良，是个迂腐、空虚、庸俗而寒酸的儒医，系被封建教条所腐蚀了的产物。”[①]《牡丹亭》中确实将陈最良叫作“腐儒”。如第三出《训女》，杜宝与杜夫人商议给杜丽娘请什么样的私塾先生，杜夫人主张请女先生，杜宝则坚持“后堂公所，请先生则是黉门腐儒。”[②]第四出，陈最良出场，本出题为《腐叹》，即陈最良一个腐儒的慨叹。第五出《延师》，举行了拜师礼之后，杜宝与陈最良的下场诗引用杜甫的“百年粗粝腐儒餐”，也指明陈最良为“腐儒”。第四十五出《寇间》，陈最良前往扬州去寻杜宝，不幸被贼人抓获，杨娘娘设计，谎说杜夫人及春香已被抓到斩首，故意释放陈最良，让陈最良带假消息给杜宝，以动摇杜宝抗敌意志，其中就有“这腐儒，且带在辕门外去”“故意苏放那腐儒”“俺请那腐儒讲话中间，你可将昨日杀的妇人首级二颗来献”“腐儒啼哭什么！还要打破淮城，杀杜老儿去”“大王恕你一刀，腐儒快走”等。当然，在《牡丹亭》文本中，被称为“腐儒”的不只陈最良一人，杜宝也被称为“腐儒”。第四十二出《移镇》中，杜宝为抵抗贼

---

① 梅溪：《〈牡丹亭〉中的几个人物形象》，《文史哲》，1957 年第七期。毛效同编：《汤显祖研究资料汇编》，上海古籍出版社，1986 年，第 1030 页。

② 汤显祖著，徐朔方、杨笑梅校注：《牡丹亭》，人民文学出版社，2011 年，第 11 页。凡文中引用《牡丹亭》文本没有特别指明的，均引自此书，不再一一注明页码。

寇，不得不与杜夫人分别，杜夫人就说："老爷也珍重，你这满眼兵戈一腐儒。"另外，《牡丹亭》中，"腐儒"杜宝也说自己的同类陈最良"迂腐"。第四十六出《折寇》，陈最良离开李全贼营，准备进淮安城见杜宝，报子报告南安府的陈秀才来访，杜宝说："这迂腐怎生飞的进来？"因而，《牡丹亭》中有两个"腐儒"，即陈最良与杜宝。

为什么说他们是"腐儒"？原因大概是二人在戏曲中的作为与所起的作用。有学者称："扼杀丽娘的新理想的正统力量在剧中的代表者是杜宝、陈最良。"③另有学者说："杜宝是封建统治阶级的所谓正派人物……如果当初还残留着比较迂腐的书呆子的味道，后来就逐渐由封建的官僚习气所替代了。""如果瞎子没有拐杖还可以走路，那么，陈最良不倚靠封建教条就简直不能开口说话……作为青春被科举制度所牺牲，思想被封建教条所僵化的老学究的典型，陈最良使人联想到后来《儒林外史》的某些人物形象。"④学者们除了认为《劝农》中的杜宝暗含了汤显祖清官理想的寄托之外，对杜宝与陈最良两个"腐儒"基本上都是负面的评价。这种对陈最良与杜宝的评价很有代表性，在学界几乎是"共识"。

然而，需要思考的是，以特定的"阶级观"理解的"腐儒"杜宝、陈最良是否符合《牡丹亭》的原意？现代人理解的"腐儒"是否合乎古人对"腐儒"的认识？

## 一、何为"腐儒"

《牡丹亭》中称杜宝、陈最良为"腐儒"，但并没有直接说他们为什么是"腐儒"，没有说明其"腐"在什么地方。这存在着两种可能。其一，"腐儒"在明代只是泛称，泛指读书的儒生、士人。其实"腐儒"的称呼由来已久。宋代大儒朱熹就说过"熹窃自惟平生章句腐儒之学，虽不适于世用，然区区之志，亦未尝不以

③ 梅溪：《〈牡丹亭〉中的几个人物形象》，《文史哲》，1957年第七期。毛效同编：《汤显祖研究资料汇编》，上海古籍出版社，1986年，第1027页。

④ 徐朔方：《论〈牡丹亭〉》，《徐朔方集》，浙江古籍出版社，1993年，第392—393页。

爱人利物为功。”[⑤]很多明代人也这样称呼自己。明代大儒王守仁谦虚地说：“守仁腐儒小生，实非可用之才。”[⑥]明儒陈献章说：“仆腐儒也，生岭左，四十又七年矣。”[⑦]明代著名的文学家袁中道也说自己：“中道，楚腐儒也。长营笺疏，无复远志；茧守一室，空怀汗漫。”[⑧]自称腐儒肯定有自谦的成分，若判定他人为“腐儒”则当有感情或价值评判隐含其间。所以，第二种情况，“腐儒”应有特定的含义，符合某种特征才被称为“腐儒”。若为此，则有必要分析“腐儒”所指的内容。

汤显祖并没有阐释“腐”的含义，有幸的是，自《牡丹亭》被创作出来就受到关注与追捧，历来的批评家对其中的“腐儒”做了指认。借助这些指认，可以归纳出“腐儒”所指的内容。

1618 年臧懋循改本《还魂记》的批语中三次提到“腐儒”二字。臧懋循将汤显祖的第四十七出《围释》改为第二十九折，陈最良带了杜宝的劝降书重回贼人李全的军营，曲子本为【缕缕金】，臧懋循将其改为自己创作的【出队子】，且得意地做了眉批：“或问陈秀才尔时正投贼营，何以改【缕缕金】作【出队子】？不知秀才手中有杜安抚书，心胆稍壮。着两国交兵，不斩来使。此腐儒所熟□也。”[⑨]因此处缺字，不易了解所指，暂且不论。此出中，李全看了陈最良带来的信，读到“通家生杜宝，顿首李王麾下”就问陈最良：“你这腐儒，我与杜宝有何通家？”陈最良答道：“汉朝有个李固、杜密是至交，唐朝有个李白、杜甫又是至交，因此杜安抚斗胆称通家。”[⑩]臧眉批：“通家等语甚迂，然以出腐儒之口，足称专对。”[⑪]此处，臧懋循将汤显祖的“秀才，我与杜安抚有何通家？”改为“你这腐儒，我与杜宝有何通家？”可见，臧懋循有意称陈最良这个“秀才”是腐儒，是因为陈最良急中生智用“李固、杜密至交”“李白、杜甫至交”解释了“通家”的意思，这之所以被臧懋循说成“出腐儒之口”，大约是因为陈最良掉书袋的行为。另外，汤显祖的第

⑤ 朱熹：《晦庵集》卷二十二《自劾不合致人户逃移状一》，《景印文渊阁四库全书》1143 册，台湾商务印书馆，1987 年，第 456 页。

⑥ 王守仁：《王阳明全集》卷二十七《与王晋溪司马书》，上海古籍出版社，1992 年，第 1005 页。

⑦ 陈献章：《白沙子》卷之三《与吴惠州绎思》，四部丛刊三编景明嘉靖刻本。

⑧ 袁中道：《珂雪斋集》卷二十三《寄李龙湖》，上海古籍出版社，1989 年，第 971 页。

⑨ 臧懋循：《臧晋叔更订四梦》，《还魂记》改本第二十九折眉批，明刊本，首都图书馆（吴晓玲旧藏）。

⑩ 此处为臧懋循改本《还魂记》，与汤显祖原本字词稍有出入。

⑪ 臧懋循：《臧晋叔更订四梦》，《还魂记》改本第二十九折眉批，明刊本，首都图书馆（吴晓玲旧藏）。

五十一出《榜下》被臧懋循改为第三十二折，陈最良听到新科状元的名字是柳梦梅，就想“是了，和石道姑做一家儿。”臧眉批：“陈最良谓石道姑做一家，腐儒之见大率如此。”⑫陈最良想当然地认为柳梦梅与石道姑厮混，没有弄清事情的来龙去脉与事实，就下了结论，因而被臧懋循称为“腐儒之见”。可见，在臧懋循的理解中，陈最良被称为“腐儒”原因有二：其一，掉书袋；其二，不解事实。

与臧懋循改本差不多时间印行的朱墨本《牡丹亭》中一些评语也指出“腐儒”之意。第九出《肃苑》陈最良跟春香说：“你师父靠天也六十来岁，从不晓得个伤春，从不曾游个园”，春香问为什么，陈最良说：“你不知。孟夫子说得好，圣人千言万语，则要人‘收其放心’。”评语说：“所以是个秀才”“画出腐态”⑬。被视作“腐儒”，主要表现为掉书袋及精神世界的匮乏。第十八出《诊祟》，陈最良用《诗经》中的诗给杜丽娘开药，评曰：“因《诗》起病，即《按》诗定方，此正老学究事。”⑭“老学究”与“腐儒”有近似的意义，即不顾事实只顾掉书袋。第四十五出《寇间》，陈最良被抓到，杨娘娘与李全决定用计，告诉陈最良不杀他，让他先讲些兵法，陈最良“叩谢大王娘娘不杀之恩”，讲“卫灵公问陈于孔子，孔子不对。说道：‘吾未见好德如好色者也。’”评语说：“腐甚，趣甚。”⑮认为陈最良“腐”应是因他不顾眼前正在发生的情况而只顾掉书袋。本出最后，陈最良出了贼人军营，说：“活强盗，活强盗。杀了杜老夫人、春香，不免城中报去。”评语曰：“描写腐儒，可称写照。”⑯在贼人那里怯懦，出来了自己长自己威风，故而“腐儒”还有怯弱的一面。第四十七出《围释》，陈最良带着杜宝的劝降书信回到李全贼营，李全问陈最良为何杜宝称自己为“通家”，陈最良解释说：“汉朝有个李、杜至交，唐朝也有个李、杜契友，因此杜安抚斗胆称个通家。”评语引“臧曰：通家等语甚迂，然出腐儒之口，足称专对。”⑰引用了臧懋循的评价。

1623 年的王思任《牡丹亭》批评本也提到“腐”的特征。第九出《肃苑》“你

---

⑫ 臧懋循：《臧晋叔更订四梦》，《还魂记》改本第三十二折眉批，明刊本，首都图书馆（吴晓玲旧藏）。

⑬ 《古本戏曲丛刊初集》影印北京图书馆藏朱墨刊本《牡丹亭》，一卷，第 27a 页。

⑭ 《古本戏曲丛刊初集》影印北京图书馆藏朱墨刊本《牡丹亭》，二卷，第 11b 页。

⑮ 《古本戏曲丛刊初集》影印北京图书馆藏朱墨刊本《牡丹亭》，四卷，第 3a 页。

⑯ 《古本戏曲丛刊初集》影印北京图书馆藏朱墨刊本《牡丹亭》，四卷，第 4a 页。

⑰ 《古本戏曲丛刊初集》影印北京图书馆藏朱墨刊本《牡丹亭》，四卷，第 12a 页。

师父靠天也六十来岁,从不晓得个伤春……要‘收其放心’。”王思任评语说:“腐,妙!”[18]此“腐”的评应该与朱墨刊本相同:掉书袋却显示了精神世界的贫乏。第四十七出《围释》,陈最良带着杜宝的劝降书信回到李全贼营,说:“万死一生生员陈最良百拜大王殿下,娘娘殿下。”评语:“入万死一生之地,不放生员二字,的是腐儒。”[19]“腐儒”对自己“生员”十分看重,面临生命危险却不忘自己“生员”的身份。由此,“腐儒”又多一层含义,即矜持于自己儒生读书人的身份。

由此,可以看出,在《牡丹亭》批评本中,这些明代的批评者理解的“腐儒”大约有几个层面:其一,掉书袋;其二,不解事实;其三,精神世界匮乏;其四,怯懦;其五,矜持于自己儒生读书人的身份。这些融合在一起,构成了“腐儒”的形象。

其实,上文提到的评论者并没有直接指明为何陈最良有此行为就是“腐儒”,诸种归纳仅仅是一种猜测而已。不过,清代吴吴山三妇合评《牡丹亭》陈同、谈则、钱宜以女性的细腻,指认文本中的“腐儒”行为时,都加以解释,因而对“腐儒”的阐释更加确定与清晰。

《训女》折,开篇杜宝唱“西蜀名儒”,三妇评:“以名儒自命,便见一生古执。”[20]历来的评点本都只留意陈最良是“腐儒”,这里三妇也点评了杜宝“以名儒自命”,就如同陈最良说“万死一生生员陈最良”一样,“腐儒”固执地强调自己儒生读书人的身份。《闺塾》折,陈最良给杜丽娘讲完《诗经》,春香拿来笔墨纸砚,陈最良惊奇地问“这甚么墨”?杜丽娘回答说:“丫头错拿了,这是螺子黛,画眉的。”评语曰:“写陈老迂腐绝伦,凡事少见多怪,大率类此。”[21]三妇认为陈最良迂腐,主要体现在“凡事少见多怪”,即对身边的事实与世界缺少了解。《肃苑》折,“你师父靠天也六十来岁,从不晓得个伤春……要‘收其放心’。但如常,着甚春伤?要甚春游?你放春归,怎把心儿放?”评语说:“腐儒也。一气三个‘春’字,将情撇开,又令人索然。”[22]三妇强调,陈最良的“腐儒”表现在“将情撇开”,对当下生动的世界隔膜,而导致其精神世界的贫乏。《诊祟》折,陈最良说《毛诗》病

---

⑱ 汤显祖著、王思任批评:《牡丹亭》,凤凰出版社,2011年,第23页。

⑲ 汤显祖著、王思任批评:《牡丹亭》,凤凰出版社,2011年,第23页。

⑳ 汤显祖著,陈同、谈则、钱宜合评:《吴吴山三妇合评牡丹亭》,上海古籍出版社,2008年,第4页。

㉑ 《吴吴山三妇合评牡丹亭》,第13页。

㉒ 《吴吴山三妇合评牡丹亭》,第19页。

用《毛诗》去医，评曰：“因读《诗》起病，即按《诗》定方，中间极谐谑处，皆带老学究掉文腐气。”[23]指出“腐气”主要是掉书袋。陈最良为杜丽娘诊脉，说：“小小香闺，为甚伤憔悴?”评语曰：“‘小小香闺’即杜老所云‘点点年纪’，腐儒语也，却已道着病原。”[24]三妇指出，不论是陈最良说的“小小香闺”，还是杜宝所说的“点点年纪”，都认为杜丽娘还是没有长大的小姑娘，拒绝承认杜丽娘已经长大、有了春情，这是不顾眼前事实的固执，因而是“腐儒语”。《寇间》折，陈最良被抓，李全问他杜宝家的情况，陈最良答还有“义女春香，夫人伴房”，三妇评曰：“并不诳语，方是腐儒。然安知诳语不反杀其躯耶?”[25]陈最良并不诳语，不说假话，故而说他是“腐儒”，诚实却不知变通。《围释》折，三妇除了吸收了王思任的批评“入万死一生之地，不放生员二字，的是腐儒”[26]外，陈最良拿到了李全的降书，说：“带了你这一纸降书，管取那赵官家欢笑倒。”三妇评：“贼势欺天之语，何出腐儒之口？可想见南朝风气。”[27]由“欺天之语”出“腐儒之口”，可知“腐儒”的另一特征是不合实际地夸口说大话。《榜下》折，陈最良带着降书将面见皇帝，说：“先师孔夫子，未得见周王。本朝圣天子，得睹我陈最良。”评语曰：“腐儒绝倒。”[28]陈最良说，见到我陈最良，那是本朝天子的福分。由于过分看重自己的身份、过高地估计自我的价值，因而被三妇评为“腐儒绝倒”。

综合来说，三妇批评中对杜宝、陈最良固执地强调自己儒生读书人的身份、对身边的事实与世界缺少了解、对当下生动的世界隔膜而导致其精神世界的贫乏、诚实却不知变通、不合实际地夸口说大话、过分看重自己的身份、过高地估计自我的价值等方面的解释勾画出的“腐儒”形象与明代的批评家所言大体一致。杜宝、陈最良作为“腐儒”与是否扼杀杜丽娘的理想没有必然的关系。

---

[23] 《吴吴山三妇合评牡丹亭》，第 41 页。
[24] 《吴吴山三妇合评牡丹亭》，第 42 页。
[25] 《吴吴山三妇合评牡丹亭》，第 110 页。
[26] 《吴吴山三妇合评牡丹亭》，第 115 页。
[27] 《吴吴山三妇合评牡丹亭》，第 116 页。
[28] 《吴吴山三妇合评牡丹亭》，第 126 页。

## 二、“腐儒”何为

其实，以上总结出来的“腐儒”的特征，几乎概括了有史以来的读书人的基本特征，很容易使人想起杜甫《江汉》诗中的“江汉思归客，乾坤一腐儒”㉙。杜诗中常用“腐儒”二字，如《题省中壁》有“腐儒衰晚谬通籍，退食迟回违寸心”㉚。《寄韦有夏郎中》有“万里皇华使，为僚记腐儒”㉛。《有客》中的“竟日淹留佳客坐，百年粗粝腐儒餐”㉜被《牡丹亭》直接引用。杜甫诗中读书人身份的自谦、作为书生对于国家灾难无能为力的无奈表达、对于不事生产生活失意的感慨，引起后世诗人的很大共鸣。这些诗句被历代诗人借鉴。在明代如贝琼《京师雨夜一首呈宋景濂学士王子充待制张孟兼主事》：“题诗为谢京华客，秦驻山头一腐儒。”㉝唐顺之《赠宜兴王丞次韵》：“他年更向龙门隐，为念江皋一腐儒。”㉞其中边贡《人日喜晴次蒲汀韵》还模拟杜甫诗句：“腐儒推枕病忽去，野老占年喜欲狂……多情杜甫缘何事，解道他乡胜故乡。”㉟

值得注意的是，“腐儒”并不仅仅是文士的自谦之词或仅是儒生对国家无能为力的感慨，其背后还有其他更复杂的所指。

较早使用的“腐儒”出现在《荀子·非相》中：“故《易》曰：‘括囊，无咎无誉’，腐儒之谓也。”注释说：“腐儒如朽腐之物，无所用也。”“言”须为“好言”“乐言”，若如鄙夫之文，不知文饰，则起不到应有的效果，即为“腐儒”之论。“腐儒”不顾及现实的要求，“终身不免卑污庸俗”㊱。《荀子》中所说的“腐儒”仅仅指理论言说上的问题，若放在整个儒学发展中，“腐儒”更多地指对儒家精妙义理缺

---

㉙ 杜甫：《杜诗详注》卷二十三，中华书局，1979 年，第 2029 页。
㉚ 杜甫：《杜诗详注》卷六，中华书局，1979 年，第 441 页。
㉛ 杜甫：《杜诗详注》卷十五，中华书局，1979 年，第 1287 页。
㉜ 杜甫：《杜诗详注》卷九，中华书局，1979 年，第 741 页。
㉝ 贝琼：《清江诗集》卷八，《景印文渊阁四库全书》1228 册，第 264 页。
㉞ 唐顺之：《荆川集》卷三，《景印文渊阁四库全书》1276 册，第 232 页。
㉟ 边贡：《华泉集》卷五，《景印文渊阁四库全书》1264 册，第 78 页。
㊱ 王先谦：《荀子集解》卷三，中华书局，1988 年，第 84 页。

乏理解的人。宋儒朱熹《答张敬夫》说："熹常谓，天下万事有大根本……若徒言正心，而不足以识事物之要，或精核事情，而特昧夫根本之归，则是腐儒迂阔之论，俗士功利之谈，皆不足与论当世之务矣。"[37]既强调正心识根本，又强调精核事情，知天理又知人事，否则就是"腐儒迂阔之论"。

《牡丹亭》中杜夫人对杜宝说"你这满眼兵戈一腐儒"，提及"腐儒"，一个不容忽视的问题是"腐儒"与"兵"的关系。这是一个由来已久的问题。《史记》："天下定，上置酒。上折随何之功，谓何为腐儒，为天下安用腐儒。随何跪曰'……然而陛下谓何腐儒，为天下安用腐儒，何也？'"[38]《汉书》也记载此事："上置酒对众折随何曰：'腐儒！为天下安用腐儒哉！'随何跪曰……然陛下谓何腐儒，为天下安用腐儒，何也？'"[39]皇帝为了褒扬随何而故意提出"为天下安用腐儒"这个议题，"腐儒"有没有像武将一样平定天下的能力，在动荡的社会中，是个非常现实的问题。当然，汉代的随何证明了所谓的"腐儒"一样有安天下的本领。后世的读书人，却往往没有这样的自信。杜甫《草堂》："天下尚未宁，健儿胜腐儒。"《杜诗详注》注释就说"谓兵革之际，武夫得志，儒道不振也。《汉·黥布传》：上对众折随何曰：为天下安用腐儒哉。"[40]动荡社会中，武将显然比儒生更有力量。作为儒生读书人的反身自问，其中往往带有某种感慨。《全唐文》收录张贲然的《忠武将军茹公神道碑》中说："虽曰雅好博物，终耻犹为腐儒。未尝不一心殉边，百死许国。"[41]宋代陈与义《夜赋》诗中也说："腐儒忧平世，况复值甲兵。终然无寸策，白发满头生。"[42]南宋大儒朱熹也曾感慨："迷国嗟谁子，和戎误往年。腐儒空感慨，无策静狼烟。"[43]既然往往有心无力，那么，既能知书又能知兵，则成为儒生读书人一种普遍的理想。朱熹《和人都试之韵》就说："盘牟入咏诗情壮，破的传觞酒令明。纵使腐儒东向坐，不妨堂上有奇兵。"[44]

---

[37] 朱熹：《晦庵集》卷二十五，《景印文渊阁四库全书》1143 册，第 553—554 页。
[38] 司马迁：《史记》卷九十一《黥布列传》，中华书局，1999 年，第 2021 页。
[39] 班固：《汉书》卷三十四，中华书局，1999 年，第 1472 页。
[40] 杜甫：《杜诗详注》卷十三，中华书局，1979 年，第 1116 页。
[41] 董诰等编：《全唐文》卷六百二十，山西教育出版社，2002 年，第 3700 页。
[42] 陈与义：《陈与义集》卷二十二，中华书局，1982 年，第 340 页。
[43] 朱熹：《晦庵集》卷二《感事再用回向壁间旧韵二首》，《景印文渊阁四库全书》1143 册，第 43 页。
[44] 朱熹：《晦庵集》卷九，《景印文渊阁四库全书》1143 册，第 149 页。

总体说来,儒生读书人与“腐儒”相行相伴,主要体现在两个层面上:一是比较贬义的,即对儒学之义理并不是清楚地理解;其二是士人对自己身份的惶惑,一方面饱读诗书,一方面面临国家危难时却无能为力。

## 三、《牡丹亭》中“腐儒”新气象

王思任在《牡丹亭》批评本叙中说:“杜安抚之古执也,陈最良之雾也……杜安抚摇头山屹,强笑河清;一味做官,半言难入。陈教授满口塾书,一身瀫气;小要便益,大经险怪。”[45]此论精当。那么,杜宝因“半言难入”的“古执”与陈最良因“满口塾书”之“雾”而被视作“腐儒”,是否完全符合上述两个层面所描述的儒生读书人呢?

《牡丹亭》有一个影响较大的改本是冯梦龙的《墨憨斋重订三会亲风流梦传奇》,《风流梦》的第三十二折《围城遣间》即汤显祖的第四十六出《折寇》。其中,陈最良离开李全贼营进了淮安城,误报了杜夫人春香被杀,杜宝忍住悲痛,问陈最良溜金王李全还有什么话,陈最良说:“那溜金王要这座淮安城。”此句话被冯梦龙改为一曲【大影戏】,陈最良唱:“若把淮城相送,他就敛戢暴凶。”改完之后,冯梦龙自己评论:“借陈老描出腐儒无用,真堪绝倒。”[46]冯梦龙认为,把陈最良的语言改为这样,正好可以表达“腐儒无用”的一面,同时包含百无一用是书生、息事宁人、不合事实的期望、怯懦等意义在其中。不过,读过《牡丹亭》的人都知道,剧本中有大量的出目有关战争。当李全贼兵侵犯淮扬,皇帝无人可用时,启用了所谓的“腐儒”杜宝来镇守御敌。在战争中,“腐儒”陈最良冒死带劝降书信进李全兵营,最后解了淮安城之围。腐儒知兵用兵,并且挽救了整个朝廷、整个国家。这样的情节与“腐儒”面临国家危难无能为力正好相反。问题是,汤显祖为何要这样设计情节呢?

汤显祖的这一安排显然不仅仅只是为了戏剧演出文场与武场的调剂而已。

---

[45] 汤显祖著、王思任批评:《牡丹亭》,凤凰出版社,2011 年,卷首《批点玉茗堂〈牡丹亭〉叙》。

[46] 冯梦龙:《冯梦龙全集》,上海古籍出版社,1993 年,第 2226 页。

理解汤显祖的沈际飞在自己的《牡丹亭题词》就说:"杜翁方绝,陈老迂绝,甄母愁绝,春香韵绝……若乃真中觅假,呆处藏黠,绎其指归,□□则柳生未尝痴也,陈老未尝腐也,杜翁未尝忍也。"㊼表面上,杜宝绝情坚决不认自己复生的女儿,陈最良多处表现出迂腐之态,但其"指归",透过表面,看到《牡丹亭》寄寓其中的理深道玄层面,其实陈最良并非腐儒,杜宝也并非无情。

对于陈最良,历来的评价都比较负面,但要注意的是,陈最良在《牡丹亭》中并非可有可无的角色,甚至可以说,他的地位至关重要。首先,他讲《诗经·关雎》,成为杜丽娘情萌发的起点。其次,陈最良并非不通人情世故。《闺塾》中杜丽娘要为师母做鞋,他表达出对丽娘的温情回应。他为落难的柳梦梅提供住处与照顾,不仅是物质上的,还找柳梦梅聊天闲游。再次,最重要的是,他在指认杜丽娘已经还魂成人的过程中起了非常重要的作用。《闻喜》出中,杜宝与柳梦梅争持不下事情要闹到朝廷上解决时,陈最良好心地派人通知杜丽娘第二日上朝。《圆驾》出中,他远远看见杜丽娘走来,直接说:"前面来的是女学生杜小姐么?"这样的问话不仅丝毫没有恐惧杜丽娘是鬼,而且以"女学生"的称呼重述了杜丽娘与自己的联系,认同丽娘也即认同丽娘所代表的"真"与"美"。其实,从听到杜丽娘还魂时,他已经在心中承认自己的女学生活了过来,因而皇帝派他三验杜丽娘人身时,陈最良说:"镜面无改,委系人身。""杜丽娘有踪有影,的系人身。"非常肯定,没有任何的质疑与怀疑。这在皇帝最后论定杜丽娘为真人的判定中起了重要作用。杜丽娘被判定为真的人意义重大,是证明"情"可以穿越生死、贯通天下的关键点。从杜丽娘还魂以后,一直围绕她的问题,也就是汤显祖要证明的问题,就是:让所有人确认她是真还魂了,她就是杜丽娘。还魂若真,则杜丽娘的"情"就是"真"。可以超越生死,就是"情之至"。从三十六出《婚走》开始,杜丽娘开始经历着漫长的被一个一个外人确认的历程。最后问题带到朝廷上解决。当皇帝不仅确认了杜丽娘是"真"的"人"而且下达"父子夫妻相认"的命令时,杜丽娘的真实性被社会承认,也就意味着她具有的"真情"是真的。㊽ 陈最良在最终的证明过程中起了重要作用。可以说,陈最良也是非常爱护自己的女学

---

㊼ 沈际飞:《牡丹亭题词》。毛效同编:《汤显祖研究资料汇编》,上海古籍出版社,1986年,第860页。

㊽ 李思涯:《重释〈牡丹亭记题词〉》,《淡江中文学报》第18期,2008年6月,第255—276页。

生的。《牡丹亭》中很多细节也可以证明这一点，如他发现杜丽娘棺木“被盗”时，流露出无限悲伤。他完全可以不管不问继续依靠杜宝给的土地生活，但他不辞辛苦千里迢迢去报告，要让杜宝知道这件事。

对于杜宝，他在《牡丹亭》中不是“封建阶级的压迫者”那么简单，早有学者指出：“他是关心、爱护女儿的。”[49]伊维德甚至认为，杜宝是溺爱女儿的。尽管杜太守在处理外部社会问题时得心应手，即使在国家生死存亡的重大关头也能应付自如，但他在处理自己家庭内部事务时却显得不那么自如。汤显祖不是把他当作不留情面的管教者，而是当作溺爱女儿的父亲来写的，是“溺爱父亲的烦恼”。比如杜宝会抱怨膝下无儿，但杜夫人劝他纳妾生儿子时却遭到他拒绝。他为何毫不费力地就接受了相信已死于乱贼之手的夫人仍然活着这一事实，但却拒绝承认女儿已经起死回生？这是因为他相信自己女儿纯洁无邪，无法接受她已经长大成人，无法接受女儿身上公然展示出来的春情。《牡丹亭》也是对父亲们看着纯洁无邪的女儿一步一步与自己远离、最后不得不接受她们“做别的男人的妻子是心甘情愿的”这一哀愁的沉思。当然，杜宝不能将责任归咎到女儿身上，必须到引诱她的人身上找，因而才有“硬拷”柳生。杜宝“离异了柳梦梅，回去认你”的话，正是证明。[50] 这种见解很有洞察力。反过头来看，被中国内地学者津津乐道的杜宝不允许丽娘白日睡眠、让丽娘读书以禁锢丽娘思想的说法，其实是一种意识形态先行的论断。丽娘春日为父母献酒祝寿，正因她很爱自己的父母，杜宝才拿“光耀门楣”来逼迫她不要虚度光阴。杜宝让丽娘读书，更强调“他日嫁一书生，也不枉了谈吐相称”，为女儿将来的幸福着想才是杜宝最主要的目的。因而伊维德说，杜太守最后证明是错了，他之所以犯错不是因他爱女儿太少，而是因为他爱女儿太多。

总而言之，《牡丹亭》使杜宝与陈最良除了具备历代评论中“腐儒”涉及的掉书袋、不顾事实、精神世界匮乏、怯懦、矜持身份等一般儒生读书人的特征外，还对历史线索中的“腐儒”做了回应：其一，腐儒也可以知兵，在平天下中可以起到

---

[49] 梅溪：《〈牡丹亭〉中的几个人物形象》，《文史哲》，1957 年第七期。毛效同编：《汤显祖研究资料汇编》，上海古籍出版社，1986 年，第 1028 页。

[50] 伊维德：《睡情谁见？——杜丽娘、玫瑰公主和溺爱父亲的烦恼》。华玮主编：《汤显祖与牡丹亭》，“中研院”中国文哲研究所，2005 年，第 289—312 页。

重要作用;其二,腐儒并非精神贫乏,他们在自己的世界中也有自己的爱与情。正是《牡丹亭》中增加了"腐儒"的这些新气象,所谓的汤显祖以"杜安抚"讽刺郑洛[51]、"陈最良"讽刺陈继儒[52]的说法都应该不成立。

## 四、明代《牡丹亭》外的腐儒世界

汤显祖在《牡丹亭》中让"腐儒"展示出一种新的气象,是有意还是无意,不好判定。不过,《牡丹亭》内展示出的"腐儒"世界,却正好与《牡丹亭》外的现实世界形成一种对照与反差。

汤显祖在《高致赋》的《序》中说:"任卿欷然曰:'吾尝得小石印,款以腐儒。吾之为腐也久矣。腐儒得宦至老方岳,甚幸。意本不家于官,所以久此,亦欲有所致。'"[53]读书人向来都有修身齐家治国平天下的理想,但因晚明政治环境的恶劣,已经为官宦的儒生士人尚有身为"腐儒"的感慨,更别说没能为官的读书人。

晚明儒生士人这种无能为力的心态体现在诸多方面。

其一,腐儒与兵的关系。发生在明中期的土木之变给士人留下深刻的影响。明代对此事件的各种记录都写下了专权宦官王振对兵部尚书邝埜嚣张的言论。如廖道南《楚纪》中:"振怒曰:'汝腐儒,安知兵事?再言必死野。'"[54]陈建《皇明通纪法传全录》:"振怒曰:'汝腐儒,安知兵事?'"[55]王直的《兵部尚书赠荣禄大夫少保兼尚书邝公神道碑》写得更加形象:"权奸怒曰:'汝腐儒,安知兵事?再

---

[51] "显祖颇多牢骚,所作传奇往往托时事以刺贵要。……杜安抚者,概指洛(侍郎郑洛)为经略也。"见《曲海总目提要》卷六《还魂记》,天津古籍书店,1992年,第246页。

[52] "云间陈眉公继儒入泮,即告衣顶,自矜高致。日奔走于太仓相王文肃公锡爵长子衡緱山之门,适临川孝廉汤若士显祖在座。陈轻其年少,以新构小筑命题,汤书'可以栖迟',盖讥其在衡门下也,陈衔恨之。自是,文肃主试,汤总落孙山。文肃没后,始中进士。其所作《还魂记》传奇,凭空结撰,污蔑闺阃,内有陈斋长即指陈眉公。其填词实称绝唱,但口孽深重,罪干阴谴,宜哉。"顾公燮:《丹午笔记》,《江苏地方文献丛书》,江苏古籍出版社,1985年,第78—79页。

[53] 汤显祖著、徐朔方笺校:《汤显祖全集》诗文卷二十六,北京古籍出版社,1999年,第1029页。

[54] 廖道南:《楚纪》卷三十四《树节内纪后篇·邝埜》,《四库全书存目丛书》史48,第61页。

[55] 陈建:《皇明通纪法传全录》卷二十,《续修四库全书》357册,第326页。

妄言,必死。'公抗言曰:'我为社稷生灵而言,何得以死惧我?'权奸愈怒,叱左右扶出。"[56]土木之变,明朝皇帝被俘、折兵损将、邝埜死国的伤痛体现在士人的笔下,就是对邝埜的不断书写,宦官的一句"汝腐儒,安知兵事"刺痛了读书人的心。到明代后期,土木之变过去近百年,人们还在不断记录此事。儒学大师焦竑的《兵部尚书赠少保邝忠肃公埜传》就采用《神道碑》的说法,字词有所差异:"振怒曰:'汝腐儒,安知兵事? 再言必死。'埜曰:'我为社稷生灵而言,何为以死惧哉?"[57]此外,其他对此言论的记载还有不少。

儒生士人对此的不断书写,不仅仅是面对历史的纪人记事,更是对当下的反应。学者指出,土木堡之役使皇室蒙羞的印象已难以磨灭,十六世纪中叶,眼见东部沿海有大半遭倭寇劫掠而荒芜,明朝皇帝却束手无策。[58] 在万历皇帝长期统治的最后 30 年中,很少有一年是在没有某种国内叛乱或边境危局中度过的。[59] 汤显祖生活的时代,在炫目的虚荣和繁华的后面,危机四伏。[60] 汤显祖在 12 岁写下的诗《乱后》的《序》中说:"杉关贼大入,破下县,连数千里,守令闭城束手。临川十万户,八九逃散,历二秋而定。归来扫葺旧室,四望萧条。鄙人终星耳,遭此不禁仰忆。横流之世,何云可淑。"[61]这样的乱离伴随着中晚明的帝国,直到它被农民起义军所灭。

眼见国家危机而被称作"腐儒"无能为力,中晚明的儒生士人对"腐儒"与兵的关系十分在意。唐顺之《答翁东厓总制三》说:"读来教并寄边图,忽如置身于塞垣鼓鼙之间,而听鸣剑抵掌之雄谈也,甚慰甚慰。曩过恃知爱,僭有陈述,然以章句腐儒而敢与知金革之事,以东南鄙人而敢与知西北之备,此如支离疏攘臂于壮士之间,窃可自笑,而吾丈乃不以为迂曲赐教答。"[62]对自己作为儒士而能与友谈论兵事,语气间既惶恐又自豪。王心一《就经谈兵序》则专门论述儒与兵的关系:"圣贤不言兵非不能兵也……世儒不解,而以章句为明经……如必牵合附

---

[56] 王直:《抑庵文集》卷七,《景印文津阁四库全书本》1241 册,第 150 页。
[57] 焦竑:《国朝献征录》卷三十八,《续修四库全书》527 册,第 35 页。
[58] 史景迁著、温洽溢译:《前朝梦忆——张岱的浮华与苍凉》,广西师范大学出版社,2010 年,前言第 8 页。
[59] 牟复礼、崔瑞德编:《剑桥中国明代史 1368—1644》上卷,中国社会科学出版社,1992 年,第 537 页。
[60] 徐朔方:《汤显祖评传》,南京大学出版社,1993 年,第 9 页。
[61] 汤显祖著、徐朔方笺校:《汤显祖全集》,北京古籍出版社,1999 年,第 1 页。
[62] 唐顺之:《重刻荆川先生文集》卷八,《四部丛刊》334 册,第 6a 页。

会，强为分疏，若者为经，若者为兵，此亦一迂腐儒也。”[63]金集成编撰《就经谈兵》正为弥合儒生与兵的分裂，而《牡丹亭》中的杜宝与陈最良正好从不同的层面上实现了儒生士人的理想。

其二，腐儒与事功的关系。中晚明之时，士的习气出现问题，杨慎说：“厥今士习何如哉，其高者凌虚厉空，师心去迹，厌观理之烦，贪居敬之约，渐近清谈，遂流禅学矣。卑焉者则掇拾丛残，诵贯糟粕，陈陈相因，辞不辩心，纷纷竞录，问则呿口，此何异瞍蒙诵诗、阍寺传令乎。”[64]晚明之时，士人凌虚厉空更加严重。这一方面与整个国家的状况有关，皇帝懈怠于政事，大臣党争不断，从中央延伸至地方，行政机构的自信被动摇，管理观念消失，变成了难以管理的机构，怀疑和不相信的态度逐渐地但却是不可逆转地蔓延到底层行政机构。[65] 这种情绪影响到了以出仕为目的的读书人。读书人仕途不顺、仕途无门而精神苦闷，就容易渐趋虚无。另一方面，如明中期的名儒潘府说：“俗吏，圣门蠹家之贼也；腐儒，圣门败家之子也。”[66]阳明心学产生流行后，王世贞说：“自致良知之说行天下，高明之士乐于顿，而恶检束者喜其便。”[67]阳明后学滋生出一些弊端，易使人空谈性命之学而不能身体力行。明末的胡渭说：“世教既衰，人心陷溺，见说天理人欲便以为腐儒之迂谈，不知君子小人之分途未有不由此四字者。”[68]真正的理学、心学与“腐儒”之谈被人视为等同。晚明吕坤指出：“明义理易，识时势难。明义理，腐儒可能；识时势，非通儒不能也。”[69]对儒士来说，“识时势”是手无缚鸡之力的普通读书人最大的难题。所谓的“识时势”，即面对人世与时事的能力。晚明陈仁锡说：“先君子见余沉沉读书，戒之曰：勿迂儒，勿腐儒，经术以经世。”[70]即明晰此意。因学风空虚，晚明有志之士普遍提倡经世之文。编撰《明经世文编》的陈子龙在《安雅堂稿》中有《振主权》的文章，言：“以今之世而有劝人主以优游需缓之

---

[63] 王心一：《兰雪堂集》卷三，《四库禁毁书丛刊》集105册，北京出版社，1997年，第548页。
[64] 杨慎：《升庵集》卷三《云南乡试录序》，《景印四库全书》1270册，第31页。
[65] 牟复礼、崔瑞德编：《剑桥中国明代史 1368—1644》上卷，中国社会科学出版社，1992年，第536页。
[66] 黄宗羲：《明儒学案》卷四十六《太常潘南山先生府〈素言〉》，中华书局，2008年，第1102页。
[67] 王世贞：《弇州续稿》卷八十六《王守仁》，《景印四库全书》1283册，第256页。
[68] 胡渭：《大学翼真》卷四，《景印文渊阁四库全书》208册，第961页。
[69] 吕坤：《呻吟语》卷三，学苑出版社，1993年，第195页。
[70] 陈仁锡：《陈太史无梦园初集四》，《潜确居类书序》，《续修四库全书》1382册，第581页。

术,可以坐而待治者,必皆腐儒不达于时势之言。”[71]晚明的社会危机让很多士人都重新反思儒士真正应具备的能力。王心一总结有明一代的问题,认为国朝制义与论策主导的考试方式使得士人具有面对世界的真实能力,但后来发生了问题:“其后士子惟以制义为快捷方式,上以此程,下以此应……而士识日陋,士气日弱,天下之可忧,已非一日矣。”[72]晚明之时,天下危机只能依仗武夫解决,而武夫又难以控制。王心一认为,还是需要读书人“自非孑涤肠胃另拓眼界,包括宇宙之大流,览得失之林,何以见经生之非腐儒,学问之即事业。”[73]亟需改变的是儒士的知识结构与应对事变的能力。明末“海内大儒”李颙说:“明体而不适于用,便是腐儒。适用而不本于明体,便是霸儒。既不明体,又不适用,徒汩没于辞章记诵之末,便是俗儒。”[74]对儒士区分如此三类,正是为了纠正儒士之风。《牡丹亭》中生机勃勃的“腐儒”正与此形成辉映。

## 小结

汤显祖在自己的著述中很少直接谈论士风的问题,或许如他所说:“意乡国士裁得以乡国士相友,或未敢与论天下之士。”[75]但他少有的几篇涉及“士”的文章正好代表了他的理想。《奉赠观察漳浦薛公三十韵》的序中提到:“使者方君上其治行,曰:‘真儒作用,名世经纶。’天子有动,而将卿拜焉。”[76]读书人可以“名世经纶”值得推重。对于一般的士人来说,“世间惟拘儒老生不可与言文……士有志于千秋,宁为狂狷,毋为乡愿。”[77]“天下文章所以有生气者,全在奇士。士奇则心灵,心灵则能飞动,能飞动则下上天地,来去古今,可以屈伸长短生灭如意,

---

[71] 陈子龙:《安雅堂稿》卷十,《续修四库全书》1388 册,第 52 页。
[72] 王心一:《兰雪堂集》卷三《古学汇纂序》,《四库禁毁书丛刊》集 105 册,第 545 页。
[73] 王心一:《兰雪堂集》卷三《古学汇纂序》,《四库禁毁书丛刊》集 105 册,第 545 页。
[74] 李颙:《四书反身录·大学》,《续修四库全书》165 册,第 238 页。
[75] 汤显祖著、徐朔方笺校:《汤显祖全集》卷十六《答陆君启孝廉山阴有序》,北京古籍出版社,1999 年,第 689 页。
[76] 汤显祖:《汤显祖全集》卷十五《奉赠观察漳浦薛公三十韵》,第 669 页。
[77] 汤显祖:《汤显祖全集》卷三十二《合奇序》,第 1138 页。

如意则可以无所不如。”[78]充满着生机与生命力的士才是真正的读书人。《牡丹亭》中就描述出了这样的读书人，一方面是柳梦梅代表着充满着生命生机与生活欲望的士人，一方面杜宝、陈最良代表着若有机会即可建功立业的士人。不仅杜丽娘、柳梦梅是汤显祖褒扬的，杜宝、陈最良同样是汤显祖有所寄托的对象，沈际飞看出“陈老未尝腐也，杜翁未尝忍也”，才是汤显祖真正的知音。

**【基金项目】**本研究系教育部人文社会科学研究青年基金项目“中国诗学言说方式的现代转型”（11YJC751042）、中山大学文科青年教师培育项目“中晚明的文道关系新变与博学思潮”（12WKPY68）阶段性成果。

【李思涯　香港科技大学】

原文刊于《中国文化》2015年01期

[78] 汤显祖：《汤显祖全集》卷三十二《序丘毛伯稿》，第1140页。

# 《金瓶梅词话》与明代饮茶文化

郑培凯

## 一

中国的饮茶习惯，有源远流长的历史。以现存的历史资料来看，秦汉时期就已经发展成相当普遍的日常饮料，并已作为日用商品出现于当时的市场上。[①]据此，我们可以推知，饮茶的起源必定更早，而且从开始到普遍饮用，一定经过了相当长的一段时期。若要说中国饮茶起自上古三代，与中华文化的发皇同步，也不能算是夸大其词。

饮茶的起源虽早，但作为一种生活的享受与艺术，并发展出一套品尝的道理，影响中国人的生活行为与意识，则是唐宋以来的历史现象。这个历史发展过程，要以陆羽《茶经》的出现作为划时代的大事，开创了有意识推动茶艺的契机。此后，历代的统治阶层及风雅之士对饮茶艺术的提倡，不遗余力。人们对饮茶的兴趣日浓，对其艺道的探索日精，造就了饮茶方式的变化与精致，同时也刺激培

---

① 见《尔雅》、王褒《僮约》及《华阳国志》中的记载。相关材料俱收录于：陈祖槼、朱自振编：《中国茶叶历史资料选辑》，中国农业出版社，1981 年，第 201—205 页。关于中国饮用茶叶的起源问题，亦可参阅本书的“导言”，第 5—8 页。以下简称本书作《中茶史》。

植茶种的农林技术之发展。这个趋势发展到明代,已经达到了令人惊叹的高峰,茶书及品茶手册的大量出现、茶叶作为商品经济作物之影响国计民生,②即是明证。

单从饮茶方式的变化与精致来说,我们就可看到,自汉唐至明清,经历了三个不同的阶段:唐以前的生煮羹饮,唐宋的研末煎点,元明以后的叶茶冲泡。③明代发展出的叶茶冲泡法,虽然古已有之,但到了明代中期在品尝艺道上有了本质的不同,一直影响到当今中国人的饮茶方式及一切与茶艺有关的审美经验。

然而,这种茶艺精致化的历史发展,虽然反映了饮茶艺术的主流,④却不能笼括饮茶文化的历史全面。假如我们想要了解明代一般人的饮茶生活及相关的文化行为,就会发现,这些高精艺术化了的品茶方式,和人民大众有相当的距离与隔阂。大部分的茶书所述,都是社会最上层讲求风雅的活动,或是皇室贵族享用贡品的记载,而非一般人日常生活的行为表现。⑤ 明代中期以后出版的大量茶书,更是江南名士的雅趣所钟,其中探讨的品茗方式,反映了风雅之士的艺术境界与体会,却不见得是一般老百姓的饮茶习惯。⑥

《金瓶梅词话》以其详细具体的生活描述,向我们呈现了明中叶以后的社会生活画面,提供了当时一般人饮茶生活的情况,特别是华北民众的饮茶方式,可以补足茶书所忽略的部分,同时也向我们提出了一个历史文化的问题:《金瓶梅词话》中的饮茶方式与行为,到底反映了什么样的阶层、地域、性别、时代特色?而这种历史表现又有什么文化意义?⑦

---

② 《中茶史》所载五百七十五种资料,泰半与明代的发展有关。参阅:吴智和:《明清时代饮茶生活》(台北博远,1990年);郑昌淦,《明清农村商品经济》(中国人民大学出版社,1989年)论植茶业的发展部分,第351—373页。

③ 这三个阶段的说法,只是就不同时代的主流风尚变化而言,不排除相互重叠的个别情况。具体饮茶情况的记载,可见于:陆羽,《茶经》的“五之煮”与“六之饮”;蔡襄,《茶录》;赵佶,《大观茶论》;钱椿年、顾元庆,《茶谱》;张源,《茶录》;许次纾,《茶疏》。吴觉农主编的《茶经述评》(农业出版社,1987年),在论述古代资料上,有极为明晰精到的分析,见第159—165页,第190—194页。

④ 见拙文《人间相约事春茶——茶饮历史的回顾》,《当代》134期(1998:10),第22—45页;参见朱自振,《茶史初探》(中国农业出版社,1996年)。

⑤ 最典型的著作,有宋代蔡襄的《茶录》、宋徽宗赵佶的《大观茶论》及熊蕃的《宣和北苑贡茶录》,俱见《中茶史》。

⑥ 最典型的著作,有钱椿年、顾元庆的《茶谱》,张谦德的《茶经》及许次纾的《茶疏》,见《中茶史》。

⑦ 有关本文的方法论及研究取向,可参阅拙文《〈金瓶梅词话〉与明人饮酒风尚》,《中外文学》。

以下,我们首先罗列《金瓶梅词话》中的饮茶品种及方式,然后再进行综合分析,配合其他社会文化史料,试图解答上面提出的历史性问题。至于《金瓶梅词话》所反映的饮茶场合及茶的社会功能,另文细述。

## 二

《金瓶梅词话》叙及饮茶品种及方式[⑧]

A1 那婆子欢喜无限,接入房里坐下,便浓浓点一盏胡桃松子泡茶,与妇人(潘金莲)吃了。(3/6a)

A2 只见一个小厮儿,拿出一盏福仁泡茶来。西门庆吃了,收下盏托去。(7/5b)

A3 只见小丫鬟,拿了三盏蜜饯金橙子泡茶,银镶雕漆茶钟,银杏叶茶匙。妇人(孟玉楼)起身,先取头一盏,用纤手抹去盏边水渍,递与西门庆。(7/7a)

A4 只见少顷,鲜红漆丹盘,拿了七钟茶来。雪绽般茶盏,杏叶茶匙儿,盐笋芝麻木樨泡茶,馨香可掬。(12/3b)

A5(李瓶儿)又叫小丫鬟拿了一盏果仁泡茶来,银匙雕漆茶钟。(13/3b)

A6 少顷,顶老彩漆方盘,拿七盏来雪绽盘盏儿,银舌(杏)叶茶匙,梅桂泼卤瓜仁泡茶,甚是馨香美味。桂卿桂姐,每人递了一盏,陪着吃毕茶,接下茶托去。(15/8a)

A7 吴月娘见雪下在粉壁前太湖石上甚厚,下席来教小玉拿着茶罐。亲自扫雪,烹江南凤团雀舌牙(芽)茶,与众人吃。正是白玉壶中翻碧浪,紫金壶内喷清香。(21/9a—b)

---

⑧ 本文资料录自明万历本《金瓶梅词话》,引文所附第一个数字是卷数,第二个数字是页数。

A8 西门庆就将手内吃的那一盏木樨金灯(橙)茶,递与他(李铭)吃。(21/9b)

A9 月娘分付,对你姐说,上房拣妆里,有六安茶,顿(炖)一壶来俺每(们)吃。(23/4b)

A10 老婆(惠莲)道:“茶有了,着姐拿果仁儿来。”不一时,小玉拿着盏托,他提着茶,一直来到前边。月娘问道:“怎的茶这咱才来?”惠莲道:“爹在房里吃酒,小的不敢进去。等着姐屋里取茶叶,剥果仁儿来。”(23/5b)

A11 我在中门相待,榛松泡茶,割肉水饭。(31/14a)

A12 西门庆唤画童取茶来,不一时,银匙雕漆茶钟,蜜饯金澄(橙)泡茶吃了,收了盏托去。(34/3b)

A13 西门庆……把手中吃的那盏木樨芝麻熏笋泡茶,递与他(春梅)。(34/15a)

A14 不一时,棋童儿云南玛瑙雕漆方盘,拿了两盏茶来。银镶竹丝茶钟,金杏叶茶匙,木樨青豆泡茶吃了。(35/6b)

A15 妇人又浓浓点一盏胡桃夹盐笋泡茶,递上去。西门庆吃了,妇人接了盏。(37/8b)

A16 妇人(王六儿)见毕礼,连忙屋里叫丫鬟锦儿,拿了一盏果仁茶出来,与西门庆吃。(38/3b)

A17 王六儿一面替西门庆脱了衣裳,请入房里坐的,亲自洗手剔甲,剥果仁儿,交丫头顿(炖)好茶,拿上来西门庆吃。(50/3a)

A18 太医……吃了一钟熏豆子撒的茶……又换一钟咸樱桃的茶。(54/12a)

A19 绣春拿了茶上来,每人一盏果仁泡茶。(58/8a)

A20 旁边烧金翡翠瓯儿,斟上苦艳艳(酽酽)桂花木樨茶。(59/5b)

A21 须臾,王经红漆描金托子,拿了两盏八宝青豆木樨泡茶。(61/2b)

A22 那打茶的郑纪,正拿着一边果仁泡茶。(63/11a)

A23 每人一盏瓜仁栗丝盐笋芝麻瑰香茶。(68/7a)

A24 何千户又早出来,陪侍吃了姜(薑)茶。(71/10b)

A25 春梅拿净瓯儿，妇人（潘金莲）从（重）新用纤手抹盏边水渍，点了一盏浓浓艳艳（酽酽）芝麻盐笋栗丝瓜仁核桃仁夹春不老海青拿天鹅木樨玫瑰泼卤六安雀舌芽茶。(72/16a)

A26 只见小玉拿上一道土豆泡茶来，每人一盏。(73/11b)

A27 妇人（潘金莲）要茶吃，秋菊连忙倾了一盏茶来。妇人道："贼奴才，好干净手儿，你倒茶我吃。我不吃这陈茶，熬的怪泛汤气。你叫春梅来，教他另拿小铫儿顿些好甜水茶儿。多着些茶叶，顿的苦艳艳（酽酽）我吃。"(73/17a)

A28 春梅连忙舀了一小铫子水，坐在火上。使他挝了些炭，放在火内。须臾就是茶汤。涤盏儿干净，浓浓的点上去，递与妇人。(73/17b)

A29 正吃芫荽芝麻茶哩。(75/10a)

A30 便叫兰香，快顿好苦艳（酽）茶儿来，与你娘（孟玉楼）吃。(75/18a)

A31 卓（桌）上盘堆异果，肴列珍馐。茶煮龙团，酒斟琥珀。(77/8a)

A32（潘金莲）又浓点了一盏瓜仁泡茶。(87/6b)

A33 玉簪儿在厨下顿热了一盏好果仁炮（泡）茶。(91/11a)

## 三

由上列数据可以看出，在西门庆这样的富豪人家，平常喝的茶中经常放入各种果品珍香，特别是讲究喝好茶的时候。这与明代（特别是明末清初）品茶艺道的主流风尚相当不同，反映了两方面的情况：（一）西门庆及其周边的人都不是风雅之士，他们的生活方式及品茶喜好是比较接近通俗大众的。换言之，明嘉靖万历年间的北方人，即使是豪富之家，讲究生活享受、讲究吃吃喝喝的人，在饮茶方面的习惯，却与江南的名流雅士相当不同。（二）《金瓶梅词话》里的上层人士喝茶有时也很讲究，但是讲究的方式不同，反映出南北品味的差异。

我们可以看到，《金瓶梅词话》中有如下几种泡茶加果物的例子：

(一)胡桃松子泡茶(A1)

(二)福(橄榄)仁泡茶(A2)

(三)蜜饯金橙子泡茶(A3)

(四)盐笋芝麻木樨泡茶(A4)

(五)梅桂泼卤瓜仁泡茶(A6)

(六)木樨金橙茶(A8)

(七)榛松泡茶(A11)

(八)蜜饯金橙泡茶(A12)

(九)木樨芝麻熏笋泡茶(A13)

(十)木樨青豆泡茶(A14)

(十一)胡桃夹盐笋泡茶(A15)

(十二)熏豆子撒的茶(A18)

(十三)咸樱桃的茶(A18)

(十四)八宝青豆木樨泡茶(A21)

(十五)瓜仁栗丝盐笋芝麻(玫)瑰香茶(A23)

(十六)姜茶(A24)

(十七)土豆泡茶(A26)

(十八)芫荽芝麻茶(A29)

从这些实例可以看出,《金瓶梅词话》里的人物在泡茶之时,是随兴加入佐料的,而且似乎不管咸甜酸涩,多多益善。

多多益善的结果,有时可以多得令人发笑,如 A25 的"芝麻盐笋栗丝瓜仁核桃仁夹春不老海青拿天鹅木樨玫瑰泼卤六安雀舌芽茶"。这道茶加香加果,非常复杂,不仅是佐料多得不可开交,像干果铺展示存货一般,浇卤也是桂花卤、玫瑰卤混在一起。更甚者,是夹杂着"春不老海青拿天鹅"。春不老就是雪里蕻,此处当为腌制过的咸菜。海青即是海东青,或称海冬青,是雕中之俊者。[9] 辽代

⑨ 海青还有"宽袍大袖的衣服"之意,经常用来泛指道袍。李白有诗:"翩翩舞广袖,似鸟海东来。"以海东青的翩飞比喻舞动的广袖,因此,伸延出海青是宽袖长袍之意。

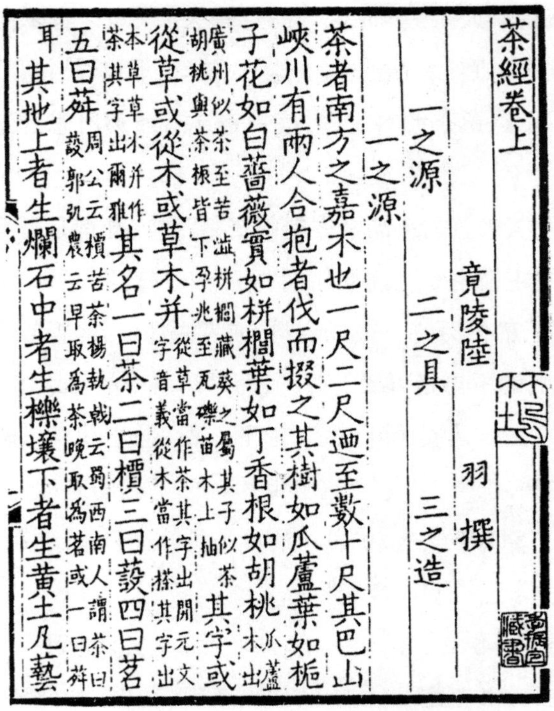

茶經卷上

竟陵陸　羽　撰

一之源　二之具　三之造

一之源

茶者南方之嘉木也一尺二尺迺至數十尺其巴山峽川有兩人合抱者伐而掇之其樹如瓜蘆葉如梔子花如白薔薇實如栟櫚葉如丁香根如胡桃瓜蘆木出廣州似茶至苦澀栟櫚蒲葵之屬其子似茶胡桃與茶根皆下孕兆至瓦礫苗木上抽其字或從草或從木或草木并從草當作茶其字出開元文字音義從木當作㭊其字出本草并作荼其字出爾雅其名一曰茶二曰檟三曰蔎四曰茗五曰荈周公云檟苦荼楊執戟云蜀西南人謂茶曰蔎郭弘農云早取為茶晚取為茗或一曰荈耳其地上者生爛石中者生櫟壤下者生黃土凡藝

《茶经》书影

皇室贵族的狩猎活动，就以海东青作为猎鹰，捕捉天鹅。这种风俗，在金元时期，女真人及蒙古人都承袭下来，而且在艺术上有所呈现。[10] 元代琵琶大曲中，就已有“海青拿天鹅”一套曲调。[11] 在明代中期，“海青拿天鹅”一曲流行于北方。山东章丘人李开先的《词谑》中，详细描述了当时琵琶名手张雄演奏此曲的情景：“虽五楹大厅中，满厅皆鹅声也。”[12]徐渭也写过诗，记载他在宣镇（今河北宣化）

---

⑩ 王颋：《辽、金、元猎鹰“海东青”考》，《文史》，54（2001），第211—221页。承石守谦兄告知，在美术史上，海青拿天鹅作为母题，也是自辽金元以来，在北方工艺美术中频频出现的。明代院画中有殷偕的《鹰击天鹅》图轴（现藏南京博物院），即是此一绘画母题的鲜明展现。见《中国美术全集绘画编，6，明代绘画上》，上海人民美术出版社，1988年，封套及图版89。

⑪ 吴钊、刘东升编：《中国音乐史略（增订本）》，人民音乐出版社，1993年，第184—185页。详细的探讨见林石城：《介绍琵琶古曲〈海青拿天鹅〉》，《嘈切杂谈——林石城教授琵琶文录》，学艺出版社，1996年，第207—208页。

⑫ 李开先：《李开先集》，中华书局，1959年，第995页。

听芦笙吹奏的“海青拿天鹅”一曲。⑬ “海青拿天鹅”既是音乐曲调，如何成了泡茶的佐料，与雪里蕻一道，夹杂进芝麻、盐笋、栗丝、瓜仁、核桃仁的行列？若不是作者故意夹缠，以示这道茶调料之多，就一定还有匪夷所思的道理，有待硕学鸿儒来解析了。⑭

历代茶书论及茶中置放果品及香料的资料不少，却都是贬斥这种饮法，认为是破坏茶香本色的粗俗举动。这从陆羽《茶经》中就已指出：“或用葱、姜、枣、橘皮、茱萸、薄果之等，煮之百沸。或扬令滑，或煮去沫，斯沟渠间弃水耳，而习俗不已。”⑮也就是说，喝的不再是可口的茶汤，而是沟渠中的污水了。宋蔡襄《茶录》中也说：“茶有真香……建安民间试茶，皆不入香，恐夺其真。若烹点之际，又杂珍果香草，其夺益甚，正当不用。”⑯这种贬斥置放果香的态度，在钱椿年、顾元庆的《茶谱》（1539—1541 年成书）中表达的更是具体而且详细：⑰

> 茶有真香，有佳味，有正色。烹点之际，不宜以珍果香草杂之。夺其香者，松子、柑橙、杏仁、莲心、木香、梅花、茉莉、蔷薇、木樨之类是也。夺其味者，牛乳、番桃、荔枝、圆眼、水梨、枇杷之类是也。夺其色者，柿饼、胶枣、火桃、杨梅、橙橘之类者是也。凡饮佳茶，去果方觉清绝，杂之则无辨矣。若必曰所宜，核桃、榛子、瓜仁、枣仁，菱米、榄仁、栗子、鸡头、银杏、山药、笋干、芝

---

⑬ 徐渭，《观宣镇车战，用炮以制虏，夜归小饮寺中，老僧直用芦笙吹海青搏鹅曲》：“朝看万骑背洋河，夜饮禅关数衲罗。赤板轮中飞霹雳，黄芦管里叫駕鹅。褰旗落羽元非二，斗蚁闻牛总是魔。念此忽然流汗满，道人一觉睡行窝。”见《徐渭集》中华书局，1983 年，第 243 页。

⑭ 曾有学者指出，海青似指青橄榄，天鹅似指白果，则是以其颜色来猜测，难以为据。见陈诏，《〈金瓶梅〉里的饮茶风俗》，《农业考古》1996 年第 2 期，第 81 页。类似的推测，则以海青指深绿色的春不老，天鹅指略现白色的核桃仁，见白维国、卜键校注，《金瓶梅词话校注》岳麓书社，1995 年，第 2149 页，注 114。我曾请教精研此曲的琵琶名家林石城教授，他也想不出个所以然，但从演奏琵琶的职业习惯来猜，他反问我，可不可能是伸出指头到茶里去捞食品，我则认为不可能。后来读了林石城的《介绍琵琶古曲〈海青拿天鹅〉》一文，其中说到这是琵琶大套乐曲，演奏难度极高，能演奏的人很少，忽有所悟。此曲技法特殊，“例如在半秒钟内须把四条弦相并在一起，滚四条弦及其弦数变化……”花样繁多复杂，集演奏技法之大成。因此，《金瓶梅》说到茶里加果加料到了匪夷所思的地步，就以“海青拿天鹅”来比喻。换言之，“海青拿天鹅”不是加在茶中的一味料，而是形容这杯茶的佐料，花样繁多复杂、五味杂陈，令人叹为观止。

⑮ 《中茶史》，第 10 页。

⑯ 同上，第 30 页。

⑰ 同上，第 127 页。

麻、苣蒿、莴苣、芹菜之类精制，或可用也。

对照《金瓶梅词话》所列果香，有不少都是品茗大忌，但也有一些是雅士们勉强可以接受的，如核桃、榛子、瓜仁等等。

此后的晚明茶书，大体上都依袭钱、顾《茶谱》的看法，稍作更动或铺衍。如田艺蘅《煮泉小品》（1554 年）说："今人荐茶，类下茶果，此尤近俗。是纵佳者，能损真味，亦宜去之……人有以梅花、菊花、茉莉花荐茶者，虽风韵可赏，亦损茶味。如有佳茶，亦无此事。"[18]陆树声《茶寮记》（1570 年前后）说："茶入口，先灌漱。须徐啜。俟甘津潮舌，则得真味。杂他果，则香味俱夺。"[19]陈师《茶考》（1593）对加果加料亦十分不满，尤其反对掺杂入江南的细茗，因为把细致的茶香掩盖了：[20]

味平淡者差可。如熏梅、咸笋、腌桂、樱桃之类，尤不相宜……予每至山寺，有解事僧烹茶如吴中，置瓷壶二小瓯于案，全不用果奉客，随意啜之。可谓知味而雅致者矣。

张源《茶录》（1595 年前后）则特别标出"点染失真"一项："茶自有真香，有真色，有真味。一经点染，便失其真。如水中咸，茶中着料，碗中着果，皆失真也。"[21]张谦德《茶经》（1596）把珍果香料列为"茶忌"，[22]许次纾《茶疏》（1597）指作"不宜用"，[23]程用宾《茶录》（1604）更说明加料破坏了茶的淡雅本色："乃茶中着料，盏中投果，譬如玉貌加脂，蛾眉施黛，翻为本色累也。"[24]罗廪《茶解》（1609）称之为"茶厄"，[25]文震亨《长物志》（1630 年前后）亦强调"柑橙茉莉木樨之类，断不可

---

⑱ 《中茶史》，第 130—131 页。
⑲ 同上，第 131 页。
⑳ 同上，第 139—140 页。
㉑ 同上，第 142—143 页。
㉒ 同上，第 147 页。
㉓ 同上，第 156 页。
㉔ 同上，第 161 页。
㉕ 同上，第 168 页。

用。”[26]沈长卿《沈氏日旦》(1632)也标出“杂则失真”一项,甚至批评了唐宋时期的贡茶:[27]

> 茶自有真香、真色、真味。倘以甜咸等物并鲜果入之,便失其真。盖茶酒中断不容杂一他物。唐宋人加以龙团凤饼名目,殊可笑也。

配合《金瓶梅词话》的材料,我们可以看出,这些批评与贬斥饮茶加果添香的论述,绝不是无的放矢,也不是简单的抄袭前人著作,而是针对长期以来普遍流行于民间的饮茶方式而言。也就是说,到了明代中叶以后,虽有这么多文人雅士标榜纯雅的叶茶冲泡为高尚、为主流,在民间流传的加香置果饮茶方式,仍然历久不衰,拥有大量的群众,而这些群众并不止限于下层社会,也包括了不少富贵豪侈之家。

这种雅士视之为俗俚的加香添果饮茶方式,在北方最为普遍。北宋苏辙(1039—1112)《和子瞻煎茶》一诗中,就得到反映:“北方俚人茗饮无不有,盐酪椒姜夸满口。”[28]然而,融饮茶与餐点为一道工序的习惯,可能渊源甚早,并且不只限于北方。南宋袁文(1119—1190)的《瓮牖闲评》说道:[29]

> 余生汉东,最喜啜畾(擂)茶,闲时常过一二。北人知余喜啜此,则往往煮以相饷,未尝不欣然也。其法以茶芽盏许,入少脂麻,沙盆中烂研,量水多少煮之,其味极甘腴可爱。苏东坡诗云,“柘罗铜碾弃不用,脂麻白土须盆研”者是矣。而东坡诗又云,“前人初用茗饮时,煮之无问叶与骨”。《茶录》中亦载,“茶古不闻食,晋以降,吴人采叶煮之,号茗粥”,则知畾茶者,自晋盖有之矣,非复今之人始食也。

---

[26] 《中茶史》,第328页。
[27] 同上,第331页。
[28] 同上,第244页。
[29] 同上,第270—271页。

这里说到擂茶的起源早自晋代，纯属臆测，是把晋代的“茗粥”解释为“掺有粮食的茶汤”，值得商榷。古人喝茶，“生煮羹饮”，指的是摘下茶叶，不待焙制就投入沸汤中，煮成茶叶羹汤。称之为“茗粥”，是因为茶叶煮得烂糊，状似米粥，不见得一定要有米粮在内的。[30]

擂茶的起源虽然难以遽定，宋代已经十分普遍，可以在茶肆中喝到。吴自牧的《梦粱录》(1274)说临安(今杭州)的茶馆，不但卖各种奇茶异汤，“冬月添卖七宝擂茶、子茶”。[31] 关于“七宝擂茶”的配制法，吴自牧书中没提，但明初朱权的《臞仙神隐》书中，则记有“擂茶”一条：[32]

> 将芽茶汤浸软，同炒熟芝麻擂细，入川椒末盐酥油饼再擂匀。如干，旋添茶汤。如无油饼，斟酌以干面代之，入锅煎熟，随意加生栗子片、松子仁、胡桃仁。如无芽茶，用江茶亦可。

明代日用类书《多能鄙事》也有同样的记载。[33] 可见，由宋代至明代，一般人的俚俗喝茶方式自有传承，不受贵族雅士品茶风尚的变化而讲求“本色真香”，反而是加香加料，保存了连吃带喝的饮茶古风。由“擂茶”在南方的流传，特别是在客家地区的保存，一直延续到当今，可以看到这种民间饮茶习俗之强。[34]

若再看看把茶叶作为农产品的农书，更能知道，一般人饮茶是日常生活所需，即“柴米油盐酱醋茶”出门七件事之一，实用的意义远高于艺术的品赏。元代王祯的《农书》(1313年成书)就说：“茶之用笔(芼)，胡桃、松实、脂麻、杏、栗任用，虽失正味，亦供咀嚼。”[35]指明了人们饮茶有加果加料的习俗，并不以喝茶

---

[30] 薛翘、刘劲峰：《客家擂茶源流考》，《农业考古》，1994年第4期，第101页。指出粥字从米，因此“茗粥”中必定有米，并说闽南话称茶为“茶米”，保留古意，是具体例证。论据颇为武断，碍难采信。

[31] 吴自牧：《梦粱录》(浙江人民出版社，1984年)，第140页。

[32] 《中茶史》，第289页。

[33] 同上，第290页。

[34] 薛翘、刘劲峰：《客家擂茶源流考》，第101—104页。当今饮用擂茶的地区多在闽、粤、湘、赣边境的客家聚居区及一些少数民族地区，如湖南桃源、桃江、安化，福建将乐等地。参见陈宗懋(主编)，《中国茶经》(上海文化出版社，1992年)，第550—551页，第674—675页；吴尚平：《汉族茶俗风情》，《农业考古》，1994年第2期，第122—125页。

[35] 《中茶史》，第285页。

作为艺术的体验或精神升华的追求，而有实际的饮食功效，是在吃喝之余，有点味觉官能的享受，不但喝得津津有味，还嚼得心满意足。[36]

忽思慧的《饮膳正要》（成书于1330年），更记载了各种各样加料茶的制作法。如枸杞茶与玉磨茶：[37]

> 枸杞茶：枸杞五斗，水淘洗净。去浮麦，焙干。用白布筒净去蒂萼黑色，选拣红熟者。先用雀舌茶展溲碾子，茶芽不用。次碾枸杞为细末。每日空心用一匙头，入酥油搅匀。温酒调下，白汤亦可。
>
> 玉磨茶：上等紫笋五十斤，筛筒净。苏门炒米五十斤，筛筒净。一同拌和，匀入玉磨内磨之成茶。

这类加料茶，与《金瓶梅词话》所记的加料泼卤，虽有程序先后之别，其作用则一，都是有吃有喝，与讲求高雅精致的饮茶方式大不相同。

清代茹敦和《越言释》（作于乾隆年间）对用果的情况，有以下的描述，则是记载浙江乡下的情况：[38]

> 古者茶必有点。无论其为硙茶为撮泡茶，必择一二佳果点之，谓之点茶。点茶者，必于茶器正中处，故又谓之点心。此极是煞风景事，然里俗以此为恭敬，断不可少。岭南人往往用糖梅，吾越则好用红姜片子。他如莲菂榛仁，无所不可。其后杂用果色，盈杯溢盏，略以瓯茶注之，谓之果子茶，已失点茶之旧矣。渐至盛筵贵客，累果高至尺余，又复雕鸾刻凤，缀绿攒红，以为之饰。一茶之值，乃至数金，谓之高茶，可观而不可食，虽名为茶，实与茶风马牛。又有从而反之者，聚诸干撩烂煮之，和以糖密（蜜），谓之原汁茶，可以食矣。食竟，则摩腹而起，盖疗饥之上药，非止渴之本谋，其于茶亦了无干涉也。他若莲子茶、龙眼茶，种种诸名色，相沿成故，而种种糕糍饼饵，皆

---

[36] 关于元代的饮茶习俗，见史卫民，《元代社会生活史》（中国社会科学出版社，1996年），第149—157页。此书所述，兼及宫廷贵族、文人雅士及民间的饮茶方式与习惯，简明扼要。

[37] 《中茶史》，第286页。

[38] 同上，第388页。

名之为茶食，尤为可笑。

可见这种俚俗饮法，到了清乾隆年间，在浙江民间不但未衰，反而变本加厉了。其实，讲求高雅的皇帝有时也为了附庸风雅，反而落了俗套。乾隆皇帝仿效倪瓒的“清泉白石茶”[39]，御制“三清茶”，作为赏赐臣下之用：

> 上制三清茶，以梅花、佛手、松子瀹茶，有诗纪之。茶宴日，即赐此茶。茶碗亦摹御制诗于上。宴毕，诸臣怀之以归。[40]

表面上风雅已极，茶中掺入三项象征高洁的佐料，又有皇帝御制诗篇摹刻在茶碗之上。然而，仔细再想一想，乾隆那一手学赵孟頫却又画虎不成的书法，满布了茶碗，碗内又盛着不伦不类的三种清香品料，喝时毕恭毕敬，喝完了还要继续恭敬有加，“怀之以归”。当皇恩浩荡之时，做奴才的虽然袍靴顶戴，位极人臣，却是殊少雅趣。

## 四

至于《金瓶梅词话》提及的茶叶品种只有六安[41]，亦是颇为有趣的现象，反映了作者所熟悉的历史环境，与明代中叶以后江南之佳尚虎丘、龙井等名茶的情况不同。

说到六安茶在历史上的名声，虽然不是数一数二，却也不容小视。唐代陆羽

---

[39] 顾元庆撰《云林遗事》载：“元镇素好饮茶。在惠山中，用核桃松子肉和真粉，成小块如石状，置茶中，名曰清泉白石茶。有赵行恕者，宋宗室也，慕元镇清致，访之。坐定，童子供茶，行恕连啖如常，元镇艴然曰，吾以子为王孙，故出此品，乃略不知风味，真俗物也。自是交绝。”见《中茶史》，第298页。倪元镇以自制“清泉白石茶”为清雅，是别于其他俗饮之一法，但明代罗廪在《茶解》中，还是提出了批评：“至倪云林点茶用糖，则尤为可笑。”（《中茶史》，第168页。）

[40] 《中茶史》，第386页。

[41] 例见A9、A25。例A7所说的“江南凤团雀舌牙（芽）茶”与A31“茶煮龙团，酒斟琥珀”，都不是具体实指，而是作为夸张形容的泛指文字。

在《茶经》中讲茶叶的产地，就已提到寿州“盛唐县生霍山者”，[42]指的就是六安地方出的茶。李肇的《唐国史补》列举天下名茶，其中就提到“寿州有霍山之黄牙（芽）”。[43] 霍山又名天柱山，霍山产的茶亦称天柱茶，在唐诗中常被人吟咏，如薛能《谢刘相公寄天柱茶》一诗，盛赞天柱茶：“偷嫌曼倩桃无味，捣觉嫦娥药不香。”又如秦韬玉《采茶歌》“天柱香芽露香发……搅时绕箸天云绿。”[44]明代王象晋的《群芳谱》，曾列六安州小岘春茶；明清之际的地方志也时常提到霍山之黄芽与六安之小岘春，是六安茶的名种。[45]

《金瓶梅词话》插图

[42] 《中茶史》，第 17 页。
[43] 同上，第 213—214 页。
[44] 吴觉农主编：《茶经述评》，农业出版社，1988 年，第 309—310 页。
[45] 朱自振编：《中国茶叶历史资料续辑》，东南大学出版社，1991 年，第 160 页。此书以下简称《续辑》。

高濂在《遵生八笺》(作于1580年前后)中,列天下名茶,说到六安茶:"茶品亦精,但不善炒,不能发香而色苦。茶之本性实佳。"[46]屠隆《茶说》(即《考槃余事》中的"茶笺",稍有增删,作于1590年前后)论天下名茶,举了虎丘为第一,其余又列了天池、阳羡、六安、龙井、天目等,对六安茶是这么说的:[47]

> 六安。品亦精,入药最效。但不善炒,不能发香而味苦。茶之本性实佳。

大体上遵循高濂的看法,认为六安茶虽然茶质"实佳",却不太恭维其制作之法,不以其作为高雅的佳品,只强调了其功效为"入药"。

张谦德在《茶经》中论天下名茶,列了一大堆名目,独缺六安。[48] 罗廪《茶解》列举明末的名茶,提到虎丘、罗岕、天池、顾渚、松萝、龙井、雁荡、武夷、灵山、大盘、日铸等,却也没提及六安。[49] 稍早的许次纾在《茶疏》中提到了六安茶,并对南方不重六安的现象提出了解释:[50]

> 天下名山,必产灵草。江南地暖,故独宜茶。大江以北,则称六安……霍山县……茶生最多,名品亦振,河南、山陕人皆用之。南方谓其能消垢腻,去积滞,亦共宝爱。顾彼山中不善制造,就于食铛火薪焙炒,未及出釜,业已焦枯,讵堪用哉?兼以竹造巨笥,乘热便贮,虽有绿枝紫笋,辄就萎黄,仅供下食,奚堪品斗?

指出六安茶有"消垢腻,去积滞"之效,与屠隆所说的"入药"之效,是同样的意思,并不把六安茶当作品赏的对象。其原因主要是制法不精,难以和南方的名茶匹敌。这个情况,到清代仍然如此,连六安的地方志也不讳言。嘉庆九年

---

[46] 高濂:《遵生八笺》,巴蜀书社,1988年,第649页。
[47] 《中茶史》,第133页。
[48] 同上,第144—145页。
[49] 同上,第164页。
[50] 同上,第149页。

(1804)的《六安州志》就说:[51]

> 茶之产在霍山者为多,平地亦可种,而以在高山中复有平壤艺者为佳,故曰云雾茶也。六安茶之上者,香色不能胜武彝、松萝之绝品,独其秉地气为厚,能开滞而不甚峻削,则愈于江以南诸产矣。

然而,六安茶在明代北方是名重一时的。陈霆的《两山墨谈》(1539年成书)卷九说:[52]

> 六安茶为天下第一。有司包贡之余,例馈权贵与朝士之故旧者。玉堂联句有云:七碗清风自六安,每随佳兴入诗坛……观此,则一时赏重可知矣。予谪官六安,见频岁春冻,茶产不能广,而中贵镇守者,私征倍于官贡。有司督责,头芽一斤至卖白金一两。山谷窭民有鬻产卖子以买充者,官司视之漠然,初不为异也。故茶在六安,始若利民,而今为民害则甚。

这段资料反映的是嘉靖年间的情况,有几点值得注意的:

> (一)六安茶作为贡茶,深受宫廷重视。
> (二)进贡之余,权贵颇以六安为重。
> (三)因为受到当权者的赏爱,价值颇昂。

到了清康熙年间,大学士兼礼部尚书张英(1637—1708)在《聪训斋语》中还说道:[53]

> 予少年嗜六安茶,中年饮武夷而甘,后乃知岕茶之妙。此三种可以终

---

[51] 《续辑》,第162页。
[52] 《中茶史》,第292页。
[53] 同上,第355页。

老，其他不必问矣。岕茶如名士，武夷如高士，六安如野士，皆可为岁寒之交。六安尤养脾，食饱最宜。

张英是安徽桐城人，他的家乡距产茶的霍山只有五十多公里，又长期在北京做官，深得皇帝器重，当然熟悉作为贡品的六安茶。他的身份与地位，也能通过朝廷赏赐、友朋馈赠与属官敬献，经常接触全国的名茶极品。他列举六安、武夷、罗岕三种精品，不仅是出自安徽、福建、江南三个不同地域，也分别代表了不同的风味。可见六安茶在明清之际，在朝廷显贵的眼中，虽然有点“野”，却总是可以拿来与武夷、罗岕相比的。

明代的贡茶，除了福建茶之外，以六安为最大宗。谈迁《枣林杂俎》记岁贡茶课，就有“六安州芽茶三百斤”[54]一项。《清会典》(1690 年)也记载，“江南省岁解芽茶，户部册开四百八十觔，内庐州府六安州霍山县三百觔(实解三百六十袋，每袋重一觔十二两，共茶六百三十觔)”，可见，六安茶是江南地区上贡数量最大的。[55] 或许六安茶在北方之宝重，与其贡课的性质有关，因为既然朝廷与权贵都趋之若鹜，则民间风尚亦受影响，以之为上品。据康熙三十八年(1699)的《六安州志》：[56]

茶通贸迁，礼遗烹瀹，其用颇广，六安名亦最著。但自霍邑分治后，茶山数十处皆在霍……州境茶山，岁摘无几。较霍之男妇力作，歌声满谷，开市列肆，商贾骈迹者，十不及一。乃人习而不察，尽目之为六安，殊不知霍亨其实，六当其名耳。

可知，自从明代弘治七年(1494)，霍山县自六安分出去后，六安州所产的茶叶实在不多，远逊霍山县。因此名义上虽称六安茶，实际上大多是霍山所产。但是，每年谷雨之前所采的新茶，却是六安州的东山茶，所以，作为贡品荐新的“六安

[54] 《中茶史》，第 585 页。
[55] 同上，第 592 页。
[56] 《续辑》，第 160 页。

茶”，倒还真是出自六安州。嘉庆二十一年（1816）的《霍山县志》有这样的说明：[57]

> 究竟产茶之地，惟东山最早，而东山皆属州境。每年各大宪荐新及本县贡品，率皆州民采摘居奇，雨前赴县售卖。霍产总属西南，山高寒重，所出多在雨后。则贡茶专名六安，亦纪实之词也。

这段记载虽属清代中叶，但是六安与霍山的气候，从明中叶到清中叶却没有什么变化，因此，明代上贡新茶的情况，应当与此记载无大差别。

六安茶上贡的情况，在《六安州志》及《霍山县志》之中，都有详细记载。嘉庆九年（1804）《六安州志》是这么记载的：[58]

> 天下产茶州县数十，惟六安茶为官廷常进之品。欲其新采速进，故他土贡尽由督抚，而六安知州则自拜表，径贡新茶达礼部为上供也。明时六安贡茶，制定于未分霍山县之前。原额茶二百袋。弘治七年分立霍山县，产茶之山，属霍山者十之八，于是六安办茶二十五袋，霍山办茶一百七十五袋。国朝因之。康熙二十三年，奉文增办一百袋，于是六安办三十七袋，霍山办二百六十三袋。康熙五十九年，又增百袋，雍正七年暂停。十年增复。旧系茶户各备茶，交官起解，而色类错杂，驳换迟误。康熙三十年，知州王廷曾以士民之请，改为官征官买，茶户但纳税银；又因霍山茶胜六安之产，故知州将茶课之银，发交霍山并办一色芽茶。每岁茶户采择雨前极品一枪一旗，依法焙制，官以黄绢为袋，袋盛茶一斤十二两，共四百袋，分贮于箱，知州敬谨钤封，恭缮贡本，限谷雨后十日起解，其解官以州县巡检递年轮流详委。

题为顺治十二年（1655）的《霍山县志》（实为乾隆初年增修的版本），对贡茶的数

---

[57] 《续辑》，第166页。

[58] 同上，第161页。

量及呈缴的安排,有着更详细的记载:[59]

【贡茶】六安州岁贡芽茶二百袋,每袋重一斤十二两。自明弘治七年分设霍山县后,随定额分办:州办茶二十五袋,县办茶一百七十五袋,送州汇进,以县属州统而贡茶,本章系本州拜进也。国朝因之。至康熙二十三年,奉文增办一百袋,州承办三十七袋,计六十四斤十二两;县承办二百六十三袋,计四百六十斤四两。每年州备价发县,代买一色芽茶,详请勘合,委官解进,递年轮值。州解则县夫抬送至州,本州雇夫送至金斗驿更替;县解则县夫径送金斗驿交替。其茶从前着落本县九里粮户派分,拣雨前极品新芽一枪一旗,依法摘制,以黄绢为袋封贮。共四箱杠,用龙旗、龙袱恭进。本州每岁申报各宪,俱叙明在案。历来例解进贡芽茶三百袋,每袋重一斤十二两,原系茶户办纳本色,委官起解,每窠正征水脚费银二钱二、三分不等。后因粮户办纳,色味不能画一,累次换补,民不堪命。康熙三十七年,前任徐令据士民公请,纳银官办,每窠折银三钱五分,官民称便。康熙四十六、七年,茶被水冲,豁去一千二百余窠,不敷办解,复议每窠征银四钱五分。于康熙五十九年奉部交添办芽茶一百袋,州办十二袋,县办八十八袋,共四百袋。又议按窠增银一钱五分,每窠共征银六钱。至雍正七年,奉文将添办之茶一百袋暂行停止。嗣雍正十年,奉部奏明,仍添办芽茶一百袋,永著为例。

这些关于贡茶的资料,明确指出,要“新采速进”“采择雨前极品一枪一旗”“限谷雨后十日起解”“拣雨前极品新芽一枪一旗”,还特别指出“六安茶为宫廷常进之品”,因此,其他土贡由督抚办理,新茶却要抢时间,是由地方官员直接负责上贡到礼部的。可见六安贡茶的质量管理相当严格,运到京师的六安茶,或许不受江南雅士的青睐,在北方却算得上是极品了。

对于六安茶的品评等第,乾隆四十一年(1776)的《霍山县志》说的最仔细:[60]

---

[59] 《续辑》,第162—163页。

[60] 同上,第165—166页。

> 其品之最上者曰银针（仅取枝顶一枪），次曰雀舌（取枝顶二叶之微展者），又次曰梅花片（择取嫩叶为之）、曰兰花头（取枝顶三、五叶为之）、曰松萝（仿徽茗之法，但徽制截叶，霍制全叶），皆由人工摘制，俱以雨前为贵。其任枝干之天然而制成者，最上曰毛尖，有贡尖、蕊尖、雨前尖、雨后尖、东山尖、西山尖等名（西山尖多出雨后，枝干长大，而味胜东山之雨前）。次曰连枝，有白连、绿连、黑连数种，皆以老嫩分等次也。至茶既老而不胜细摘，则并其宿叶捋而薙之，曰翻柯，皆为头茶。至五月初复茁新茎，其叶较头茶大而肥厚，味稍近涩，价不及头茶连枝之半，是为子茶，亦有粗细数等。

生活在乾隆中期的姚范，在《援鹑堂笔记》中，也对六安茶的品第，做了详细的罗列：[61]

> 六安茶产自霍山。第一蕊尖，无汁。第二贡尖，即皇尖，皇尖只取一旗一枪。第三客尖。第四细连尖。第五是白茶。有毛者，虽粗亦是白茶；无毛者，即至细亦是明茶。明茶内有粗老叶，其梗有骨，大小不齐。明茶之后，名曰耳环。耳环之后为封头，封头之后为大运，即老叶，乃隔冬之枝干也。四月八日进贡之后，乃敢发卖……

对照两份乾隆年间资料来看，《霍山县志》的记载比较详细，特别是对雨前茶的极品分类缕列详明，想来是与鉴别贡茶的严格要求有关。如上引《金瓶梅词话》A25 的“芝麻盐笋栗丝瓜仁核桃仁夹春不老海青拿天鹅木樨玫瑰泼卤六安雀舌芽茶”，所用茶底显然就是上品六安雀舌，是枝顶二叶之微展者，比梅花片还高一等。

六安茶既然是贡茶，又在北方受到重视，自有商人经营贩卖。清顺治《霍山县志》“茶考”就记载每年六安一带到了采茶季节，“男妇错杂，歌声满谷，日夜力作不休。校尉、寺僧、富商大贾，骑纵布野，倾囊以值。百货骈集，开市列肆，妖冶

---

[61] 《中茶史》，第 376—377 页。

招摇,亦山中胜事。”[62]光绪《霍山县志》引乾隆十四年(1749)志则说:“土人不辨茶味,唯燕、齐、豫、楚需此日用。每隔岁,经千里,挟资而来,投行预质。牙狯负诸贾子母,每刻削茶户以偿之,银则熔改低色,秤则任意轻重,价则随口低昂,且多取样茶,茶户莫能与较。”[63]

可以看到,六安茶在明清时期,流行于“燕、齐、豫、楚”,也就是以华北与华中一带为主。即使流传到江南浙闽等地,也只是一般民众的日用之物,入不了文人雅士的青眼,沾不上他们的尊喉。不过,六安茶在明代广泛流通,作为一般民众喜爱的饮品,却可从明末流行的歌谣《两京十三省土产歌》得知:“细茶出在六安州,洞庭西山出蜜橘。”[64]《金瓶梅词话》中提及六安茶,并以六安茶作为高级的茶种,就反映了明代华北的高级茶叶的流通情况。全书不提虎丘、龙井、罗岕等江南名产,更不及其他的福建名种,是因为江南珍品,在北方的流通及不上六安茶。

【郑培凯　博士,香港城市大学中国文化中心主任】
原文刊于《中国文化》2006 年 02 期

---

[62] 转引自郑昌淦:《明清农村商品经济》,第 359 页。
[63] 同上,第 360 页。《续辑》,第 169 页。
[64] 《新选南北乐府时调青昆》,卷一,中层,台北学生书局影印明末书林四知馆刻本,1984 年,第 21—22 页。

# 偕我同志

## 论晚明知识分子自觉意识中的群己观

张　琏

## 一、前言

“晚明”系指十六世纪后半至明亡(1550—1644)前后不到一百年的时期,大约自十六世纪以降的明代,在政治、经济、社会等各方面都出现了剧烈的变动,后人对这段时代的看法仁智互见,有誉称为启蒙时期,有视为堕落的时代,也有认为是摸索时期等不同的观点。研究者从不同的角度,自然阐述出来不同的面向,若从文化层面来谈,对居于时代典范的知识阶层之思想观念、言行举止或社会关系,都是研究当代文化必须留意的重要焦点。笔者近年从事明代思想与文化方面的研究时发现,晚明知识分子的社群活动展现明显的个体自觉意识,也普遍出现一特别的群体概念,这个群体概念是构筑在自我与知己的朋友关系上,也就是晚明知识分子追求知己或同志的社交现象。晚明文学兼音乐家张岱(1597—1676)曾说:“偕我同志,爰立琴盟,约有常期,宁虚芳日。”[①]这段话里透露出他与知音相聚的喜悦,本文则援引张岱“偕我同志”为题,试图探讨此时期知识分子

① 张岱:《丝社》,《陶庵梦忆》卷三,作家出版社,1995年,第56页。

结交知己的缘由,朋友的社会意义与当代思想的关联,并论析晚明知识阶层自觉意识中的群己观及其时代意义。

## 二、寻求知己的年代

张岱的"偕我同志",透露出他与同志相聚的心境,自幸在峻峭山野间,能和知音"共怜同调",宁愿过着旷日操弄琴弦、遥闻余音回荡群山的雅趣生活[②],故"偕我同志"传达了一个晚明知识分子的交友心态与生活情境。张岱以为结交"同志"或"知己"为生平之大事,如他与"结发为知己"[③]周戬伯,两人以笔砚往来论交,竟长达六十三载,无怪乎张岱晚年甚感自豪地说,他不仅是"天下有一知己,亦足无恨",且是"余独邀天之幸,凡生平所遇,常多知己"[④]。此种的得天独厚,确可终生无憾。张岱广交天下知己,还依"知己"相契的特性做一分类,如有:时艺知己、古文知己、山水知己、诗学知己、字画知己、曲学知己、史学知己、禅学知己等等。张岱的自豪只是晚明知识分子中的一个缩影,在晚明的社交活动中,普遍出现渴望结交同志、知己的心态,或与同志、知己水乳交融、相濡以沫的深刻情谊,若细查他们的人际往来关系,将会发现寻求知己几乎是此一时期社群文化的特色。笔者从晚明的文集资料中,查考晚明的士人对追求朋友、与友交心,甚至抒发情绪的数据,以下先举几个实例来观察。

被誉为大山人的陈继儒(1558—1639),精通经史诸子、诗词文赋,对书法绘画、古玩器物也无不专擅,时人多推重其才华与清名。陈继儒早年便放弃科举,长年避居昆下山,平日以馆塾教学为业,虽是偏居山野,足迹罕入城市,但因为钦慕者来往络绎,倒也门庭若市,如《明史》所载:"履常满户外,片言应酬,莫不当

② 张岱云:"幸生岩壑之乡,共志丝桐之雅……共怜同调之友声,用振丝坛之盛举。"(同前注),第56—57页。

③ 张岱云:"思得天下有一人以为知己,亦足无恨。殆吾戬伯一人之谓也,余与戬伯结发为知己,相与共笔砚者六十三载。"(氏著,《祭周戬伯文》,《琅嬛文集》卷六,台北淡江书局,1956年),第181页。

④ 张岱云:"谓天下有一知己,亦足无恨。余独邀天之幸,凡生平所遇,常多知己。"(同前注),第181页。

意去。”[5]此种景况不能不说是另番交游气象，但他对自己琢磨出来的生活方式与处世态度，认为只有一人与他相戚戚，他说：“每欲飞渡而空蹑之，计莫若退隐田园，因作田园诗，张啸翁许为同志。”[6]意指张啸翁与他的生活意趣有符节凑泊之感。

在文学界颇盛名的公安三兄弟，手足之间气味相投已属难得，他们与友人钟惺、周楷也是器性相近，彼此因诗文风格的契合而产生浓厚的同志情谊，如袁中道（1570—1623）称：“予与中郎（宏道）意见相同……友人竟陵钟伯敬（钟惺，1574—1625）意与予合……湘中周伯孔（周楷）意又与伯敬及予合；伯孔与伯敬为同调……予三人誓相与宗中郎之所长而去其短，意诗道其张于楚乎！”[7]这段话的焦点，主要是谈论他们的文学理念与风格问题，然而他们以文会友、互磋长短的乐趣，可从袁中道自觉性的相知相契的心境上感受到。袁宏道（1568—1610）也称：“旧雅新知，快晤一堂，人间第一乐也，梦寐以之。”[8]晚明文学界中的同志情谊，由此可见一斑。再如，袁宏道在给好友萧云举的书信中，也表达出袁氏兄弟与萧之间彼此以“性命相期”的情谊，他说：“海内交游，如兄丈之于不肖兄弟有几？夫世有肤交，有骨交，有气交。骨交则荆、聂之俦也。气交者气味相合，如水之于盐，自非性命相期，胡至于此？”[9]此处宏道还将朋友相交区分为“肤交”“骨交”与“气交”三种类型，并以水与盐的相溶关系比喻“气交”，较前二者更胜一筹，确有其一番旨趣。

继公安派而兴的竟陵派作家之一谭元春（1586—1637），曾以书信与友人论古，写道：“得与吾兄为知己，则亦有通家之道，所以不掩其疵颣……”[10]信中表达他在知己面前的真实坦诚，而不必为自己的短处而遮掩。

---

⑤ 张廷玉等撰：《明史·隐逸传》卷二九八，中华书局，1974年，第7631页。

⑥ 陈继儒：《芙蓉庄诗序》，收录于卫冰编：《冰雪携》上册，国学珍本文库第一辑，第四种，中央书店，民国二十四年，第28—29页。

⑦ 袁中道：《花雪赋引》，《珂雪斋近集》卷六，明书林唐国建刊本，第40/a页。

⑧ 袁宏道：《罗云连》，《袁中郎全集·袁中郎尺牍》卷二五，《中国文学名著》第六集，台北世界书局，1990年，第71页。

⑨ 袁宏道：《萧允升庶子》（同前注），第65—66页。

⑩ 见谭元春：《答袁述之书》，收录于卫冰编：《冰雪携》上册，《国学珍本文库》第一辑，第四种，上海中央书店，民国二十四年，第7—8页。

又天启间，阉珰魏忠贤把持朝政，一些耿介之臣起而对抗，当时高攀龙、黄尊素、周顺昌等六人被朝廷列为捕杀的对象，当周顺昌(1584—1626)被捕入狱后，不断大骂魏忠贤，遭打落牙齿仍骂声不绝，最后死于狱中，年仅四十三。周顺昌性格“刚方贞介，疾恶如仇”[11]，曾在给知己的书信中谈到，他做官是为了显亲耀祖，并非贪恋富贵，并认为此昭然之心，他的四位知己必定是明白的[12]。还写到他对知己的思念，如云：“至一种热肠劲骨，布衣蔬食之志，视吾五人殊不减……四知己亦为之快心否？百余日不得一晤，几成郁结病候，一夕风雨破纸窗乱入，愁不能寐，伸笔书之，不自知其言之长也。”[13]此番透露出百余日不见知己而几乎生病的感性之语，与官场上勇敢刚介的表现，可真是迥然两样。

若将晚明士人对于结交知己的看法归纳，可依其特质分为五种，即交之天下、交之同志、交之学问、交之情感、交之生死等特质，辑选各类列举如下：

(一)交之天下

天地交曰泰，交尽于友也。[14]

四海求友，男儿常事，何奇之有?[15]

谓天下有一知己，亦无足恨。余独邀天之幸，凡生平所遇，常多知己。[16]

(二)交之同志

世间真友难得，而同志真实友尤其难得。[17]

简叔塞渊不露聪明，为人落落难合，孤意一往，使人不可亲疏。与余交，不知何缘，反而求之不得也。[18]

---

⑪ 张廷玉等撰：《明史·列传》卷二四五，中华书局，1974年，第6353—6355页。

⑫ 周顺昌：“富贵厚策，实非吾念，此弟可自信，四知己亦可信弟也。”氏著，《第后柬德生诸兄弟》，收录于卫冰编：《冰雪携》下册，国学珍本文库第一辑，第四种，上海中央书店，民国二十四年，第4—6页。

⑬ 同前注。

⑭ 何心隐：《论友》，《何心隐集》卷二，中华书局，1981年，第28页。

⑮ 李贽：《复顾冲庵翁书》，《焚书》卷二，岳麓书社，1994年，第76页。

⑯ 张岱：《祭周戬伯文》，《琅嬛文集》卷六，淡江书局，1956年，第181页。

⑰ 李贽：《与吴得常》，《续焚书》卷一，岳麓书社，1994年，第296页。

⑱ 张岱：《姚简叔画》，《陶庵梦忆》卷五，作家出版社，1995年，第99页。

每欲飞渡而空蹑之，计莫若退隐田园，因作田园诗，张啸翁许为同志。⑲

（三）交之学问

友秉交也，道而学尽于友之交也。⑳

学道人脚根未稳当，离不得朋友；脚根既稳当，尤离不得朋友，何也？友者有也，故曰道德由师友有之，此可以见朋之不可离矣。㉑

（四）交之感情

百余日不得一晤，几成郁结病候，一夕风雨破纸窗乱入，愁不能寐，伸笔书之，不自知其言之长也。㉒

人生何必时俗喜，亦何必鬼神怜，但愿对俊男子大吐肝肠，痛哭一场，足了事矣。㉓

（五）交之生死

仆尚友四方，愿欲生死于友朋之手而不可得，故一见子庸，遂自谓可以死矣。㉔

凡朋友相对时，甚觉容易，别后甚难为情，何况学道人，又以友为性命者乎？㉕

自古以来，朋友之义便是知识分子求学问道中的重要伴侣，孔子曾言："独学而

⑲ 陈继儒：《芙蓉庄诗序》，收录于卫冰编：《冰雪携》上册，国学珍本文库第一辑，第四种，上海中央书店，民国二十四年，第28—29页。

⑳ 何心隐：《论友》，《何心隐集》卷二，中华书局，1981年，第28页。

㉑ 李贽：《与吴得常》，《续焚书》卷一，岳麓书社，1994年，第296页。

㉒ 周顺昌：《第后柬德生诸兄弟》，收录于卫冰编：《冰雪携》下册，国学珍本文库第一辑，第四种，上海中央书店，民国二十四年），第4—6页。

㉓ 沈承：《与山阴王静观》，收录于卫冰编：《冰雪携》下册，国学珍本文库第一辑，第四种，上海中央书店，民国二十四年，第11页。

㉔ 李贽：《复耿中丞》，《焚书增补一》，岳麓书社，1994年，第258页。

㉕ 袁宏道：《伯修》，《袁中郎文集·袁中郎尺牍》卷二十，《中国文学名著》第六集，台北世界书局，1990年，第12页。

无友,则孤陋而寡闻。”并以“友直、友谅、友多闻”的人格特质作为“益友”的标准,故交友时必须明辨人的品德与修养。朋友是传统伦序中之一伦,群体社会中二人以上便为“朋”,除非离群索居,一般人在日常生活中必定与他人接触往来,然而在芸芸众“友”之中,兴味、心灵、器性真能相互契合者诚非易事。古来如伯牙与钟子期、管仲与鲍叔牙、汉光武帝与严子陵之例者能有几人,后人所以津津乐道,实因人间难得之故。历史上也同时反映出另种现象,如王安石与欧阳修虽彼此惺惺相惜,却因治国理念的差距而难成朋友;湛若水与王阳明曾共倡圣学,却因论学之方有异而渐行渐远;何心隐被捕入狱,李贽责好友耿定向不伸援手而与之绝交,这些例证皆说明了知己之难得。然而,通过前述一些例证的观察,探究晚明的知识分子不时透露出追求知己的讯息背后的原因,其实是有脉络可寻的,且与明代中期以后知识分子自觉意识的发展有着密切的关系。

## 三、自觉意识的思想探源

关于历史上知识分子的“自觉意识”,近代学者已有些讨论。一般以春秋战国时代是国史上士人的第一次“自觉”,继之为汉晋之际与北宋。春秋战国时代知识阶层的兴起,出现学说纷起、百家争鸣的现象,各家弟子皆推尊其师,尤以儒家为最甚,余英时以为春秋战国时期对师道的推尊是当时士人阶层自觉的一种表现[26]。东汉中期以后,士大夫集团与外戚宦官集团的争斗日趋激烈,使得士阶层的群体自觉意识愈趋明确,从东汉末年的两次党锢之祸,一直到魏晋追求老庄逍遥与心灵奔放的转折变化,又是历史上士阶层的另一次自觉表现,余英时称之为“新自觉”[27]。宋初以降约有百年的太平景况,但政府面对强敌的退怯与读书

---

[26] 余英时云:“案私谥为门生弟子推尊其师至极之表现,最足说明士之自觉,盖春秋战国之世为吾国士之第一次自觉,故各家弟子皆推尊其师,而儒家为尤甚。……其后宋代复是士大夫自觉时代,而昌黎开其先河,亦首尊师道。此吾国士之自觉皆以尊师为其表征之验也。”见氏著,《汉晋之际士之新自觉与新思潮》,《中国知识阶层史论》,联经出版社,1993年,第219页。

[27] 参考余英时:《古代知识阶层的兴起与发展》《汉晋之际士之新自觉与新思潮》,《中国知识阶层史论》,联经出版社,1993年,第1—108页,第205—327页。

人犹思出世的消极心态，促使当时一些的知识分子萌生自觉的精神，即以天下为己任的时代精神[28]，范仲淹首开风气之先，北宋中期兴国的人才辈出，两次的革新变法也在这波“自觉精神”的崛起而展开。至有明一代，针对知识分子“自觉意识”问题，学界的讨论并不多[29]，笔者认为探讨明代知识分子的“自觉意识”，恐不能从阶层变动、政治生态或变法兴国等外在因素下手，而必须从当时知识阶层内在思潮的变化去寻索。余英时在谈论历史上的知识阶层时，将知识分子的自觉分为两个方面，一为群体自觉，一为个体自觉。群体的自觉意识是源于群己的区分，当己对立越明显，自觉的意识就越强，他说：“自觉云者，区别人己之谓也，人己之对立愈显，则自觉之意识亦愈强。”[30]这段话是针对东汉政坛出现严重对垒的两大集团而使士阶层兴起群体自觉意识而论；对于个体的自觉，余英时认为是“自觉为具独立精神之个体，而不与其他个体相同，并处处表现其一己独特之所在”[31]。是指汉晋之际士阶层从竞名行、重才性到标新异、尚虚玄，再到后来追求心灵的自由与解放而论。是故知识分子的自觉，可从内在主观的自觉意识与外在社会阶层或团体归属的认同两方面考量。本文试图讨论的是晚明知识分子的个体自觉部分，主要从内在思潮的变化去探寻，众所周知的阳明心学，具有一定的时代意义，也普遍被认为是明代思想的转折点，不过就思想发展的脉络而论，过去说法已显粗糙，因为倘若忽略泰州的思想，恐难理解与衔接晚明知识界的内在理路与外在状态纠合的转变，也难勾勒出完整的历史文化面貌。

明中叶，王阳明（王守仁，1472—1528）心学的出现，以激活内在生命的态势，打破长达五百年程朱理学的沉闷氛围，也暴露出儒者在温柔敦厚下内缩与固窒的性格，一时间成为明代中叶知识分子追求的新思潮。阳明学说主要从天赋的“良知”上展开，他的“尔那一点良知，是尔自家底准则”[32]成为经典名言，从

---

[28] 钱穆：《士大夫的自觉与政治革新运动》，《国史大纲》下，第557—558页。

[29] 有关晚明知识分子自觉意识的相关论著不多，如卢玟椚撰：《晚明文人自觉意识及其实践之研究》，（淡江大学中文研究所硕士论文，1992.6），该文侧重在文学家的心灵与生活，对于知识分子“自觉意识”的内涵、思想源流与时代性等皆未涉及；周明初：《晚明士人心态及文学个案》，东方出版社，1997年，该文略有讨论晚明士人对自我价值的体认。

[30] 参考余英时：《古代知识阶层的兴起与发展》《汉晋之际士之新自觉与新思潮》，《中国知识阶层史论》，联经出版社，1993年，第206页。

[31] 同前注，第231页。

[32] 王守仁：《王阳明全书·传习录（下）》第1册，正中书局，1953年，第77页。

"致良知"到"知行合一"所阐发的至理，正可使当时的知识分子把"明察精觉"的内在意识与"真切笃行"的实践工夫做密切的连接，并对"自我"的主体性进行初次的反思，不过阳明终究未能脱出"天理"与"人欲"之间的扬抑模式。但当阳明学说流传不久后，王艮(1484—1541)的"淮南格物"与"尊身"之说出现，才真正松动传统理学的根基，主要原因是，他摆脱理学家的辩证规则，使天理人欲二元对立的理论，面临完全的崩解；他也打破传统"心性"的理论框架，提出"尊身思想"，从自然天性的角度切入，糅合心、性、体合一的总体概念，在心性道德与社会实践中寻求新的平衡点。他以"身"作为思维主体的论述，较之王阳明的良知本体的说法，更具有血肉，也更贴近真实人性。以王艮为代表的泰州学派，其后代弟子如何心隐、李贽等，所展现的独特思想与作风，在晚明的政坛与社会中皆成为各方瞩目的焦点，虽然后来被主流的保守派指为离经叛道的异端，并遭政治手段的裁抑，然而他们前卫的思想，已深深渗透到当时大部分知识分子的血液中。

王艮所揭橥的"身"，是糅合天赋良知、自然本性与身体形躯的三重意涵，他把"身"的普遍认知，如形躯、感官、欲望等的一般概念，扩充为内外兼具的总体概念，特别指出前人论述人的天赋本性与道德精神，却不在讲求温饱与生存的血肉形躯上谈，是"失本""忘本逐末"之徒，也反对任何以理想或信念为由，而不惜烹身、割股、舍生的价值观，强调自我"身"必须要先能爱身、敬身、保身，只有在"安身立本"的前提下，才能更进一步论及家国天下之事。王艮的"淮南格物"建立总体概念的自我主体，认为"身"既为天地万物之本，也是家国天下的根本，以"身"为核心，向外扩展才能谈及是家、国、天下[33]，所以"身"是自我的实体，也是天地万物的总枢纽。王艮并强调自家的性命由"自我"所创造，他说："我命虽在天，造命却由我。"又说："宇宙在我，万化生身。"[34]这种自我创造的概念，显示出强烈的自我存在的意识，在这些基础上，他建构了"尊身"的思想，认为"身"与"道"原是同一件事，把自我"身"提升至与"道"同尊的地位，所谓"身尊则道

---

[33] 王艮："身也者，天地万物之本也，天地万物，末也。"(氏著，《答问补遗》，《心斋王先生全集》卷三，明崇祯四年王秉谦等重刊本)第39/b页。

[34] 王艮：《语录》，《心斋王先生全集》，第8/b页、第25/b页。

尊”[35]，指出“道”的完成必须通过自我“身”的实践才得以达成，因此“身”不仅是思维主体，更是具有能动性的实践主体[36]。王艮逆转过去内求心性的幽径，朝着探求自我价值的方向走去，学说内容极具深层的自觉与省思能力，不但补充阳明的良知说，更加激发当时尚在酝酿蒙昧的自觉意识，为明代后期的思潮迸现划时代的曙光。当泰州学说传播开后，追随之士翕然从之，据清初的统计，前后五传的弟子将近有五百人，大多分布于长江中下游与沿海等经济较发达的地区，称得上是晚明时期江淮地区规模宏大的学派[37]。观察晚明的人文思潮，当时知识分子的思想言行、生活处世等各方面，普遍表现出追求自我与热爱自由，讲求独立人格与个体价值，较前代展现更大的自主空间，长期以来多以为是受姚江心学（指阳明学）的影响所致，故阳明学的启蒙之功不容抹杀，但王艮“尊身思想”所引发自觉精神的推力，在晚明知识界发生更直接、更深远的效应，在这个“天崩地解”的骚动与变化，泰州学说的影响实为关键。

## 四、社群网络中的群己观

对泰州学派而言，人与社会或个体与群体的“群己”关系是极重要的命题，对作为一个知识分子在社会中的定位与社会参与也都有深入讨论，所以泰州的几位重要思想家，皆是积极的社会实践者，近代学者梁漱溟曾指出王艮是一个“社会活动家”[38]。王艮的“尊身思想”是泰州学说中的前导，主要在确立自我的主体价值，然后据此展开在社会网络中的群己互动，王艮、何心隐、李贽三者对群己关系的讨论，衍绎出一渐进式的论述系统。

---

㉟ 同前注，《答问补遗》，第48/a页。

㊱ 有关王艮“尊身思想”的讨论，请参考拙著《王艮的尊身思想与社会参与》（中国文化大学史学研究所博士论文，1999年）

㊲ 王艮学说崛起之后，一时追随之士翕然从之，在江淮地区形成一规模宏大的泰州学派，时人以“靡然从风”“后学如狂”来形容其盛况；查考王艮全集中记载的私淑门人有一百五十五位，五传弟子总计有四百八十七人，分布于社会各个不同的阶层。参见拙著《王艮思想与晚明社会的动向》，第六章《王艮的尊身思想与社会参与》，第215—216页。

㊳ 梁漱溟：《东方学术概观·附录四》，骆驼出版社，1987年，第227—233页。

传统中国社会的群己关系，是以五伦为架构，五伦又以宗族血缘为基础，个体在宗族的组织之下有其特定的地位与价值，又因相互对应的关系而有父子、夫妇、兄弟之别。上古时代《周易》区分人伦序别，如："有天地然后有万物，有万物然后有男女，有男女然后有夫妇，有夫妇然后有父子，有父子然后有君臣，有君臣然后有上下，有上下然后礼义有所错。"其后有《孟子》的"圣人五教"说，如云："圣人有忧之，使契有司徒，教以人伦：父子有亲，君臣有义，夫妇有别，长幼有序，朋友有信。"[39]至此五伦的秩序清晰而明确，其中的君臣与朋友是超越宗族血缘之外的，君臣代表着政治、社会体制中主从尊卑、上下的关系，朋友则指在不受体制约束的广大群体中平行的关系。五伦秩序成为传统社会根深蒂固的社会架构，后人为稳固伦序关系，加诸了许多道德礼法来维系。不过，在泰州学者的观念中，群己关系可以不在五伦架构下思考，五伦秩序更可以重整，人伦关系也非单一模式，以下分从王艮、何心隐、李贽的群己观来讨论。

**（一）王艮的群己观**

王艮重新估定传统人伦秩序，他把上下、尊卑的原始架构，简化为纵向的"孝弟"关系与横向的"师友"关系，笔者对此曾有讨论，这里仅作简要说明[40]。在社会的纵向关系上，王艮阐发以"身"为本的观念，并具有向外延伸的能动力，即"身/家"关系的模式，其间以自然本性的"孝弟"来做联系，"孝弟"即"仁"，是一切人伦的基础，是"爱之深""敬之笃"的真切品格，每个个体"身"皆以"仁"为基本的品德，作为人际互动的道德指针，然后再扩充至家国天下。换言之，就是"孝弟"为"身/家"模式的基本伦序，然后延伸扩充至社会网络之中。王艮谈论的"孝弟"，嗅不到父为子纲、上下尊卑的论调，也没有父权至上的传统意识，因王艮认为"孝弟"是在加强确认彼此之间相互的关系，而不在于强调上下尊卑的正名或纲纪的作用，因此"孝弟"成为既真实而又具象征意涵的伦理秩序。在社会的横向关系上，王艮阐发了平等、平行的"朋友"精神，他糅合古代先秦的"师友"特质与一般概念的"朋友"之伦，指出"朋友之义"是圣人经世的重要基础，认

---

[39] 见《孟子·滕文公下》。

[40] 见拙著，《从〈心斋王先生全集〉论王艮的新人伦观》，中国明代研究学会编印，乐学书局总经销，《明人文集与明代研究》2001年第12期，第217—232页。

为社会中个体通过“朋友”横向的良性互动,可促进社会的稳定与进步。王艮将经世理念与“朋友”的人文精神做紧密的联结,使朋友之伦成为社会实践中极重要的成分,他不以既定的五伦关系为框架,而是以宽广的视域来处理现实社会中的群己关系。

**(二)何心隐的群己观**

何心隐(1517—1579)在王艮的基础上,更深一层讨论群己关系。他凸显“朋友”之伦的重要,并把王艮所讲的纵向“身/家”延伸模式与横向的“朋友”特质整合起来,发展为一个兼具两者精神的人际理论[41],这个人际理论中有两个空间关系,一个是个体与个体之间的“小空间”关系;一个是具有延伸机制的“大空间”关系。“小空间”是指“身/家”模式中最小的层次,这个层次包括了父子、夫妇、兄弟、君臣,何心隐认为以上四伦皆易陷于彼此的相对关系中,而产生骄矜与自满,如父子关系易落入昵近,夫妇关系易落入匹敌,兄弟关系易落入比较,君臣关系易落入侵越与援附,以上的人伦关系仅是在八口之间周旋,相较于广大的社会而言,是个封闭式的“小空间”[42]。因此何心隐讲求的是“大空间”的社群网络,即个体通过“身/家”延伸模式的社会关系,是一个具有成长能力的有机体,而其成长空间是无止境的。在这个“大空间”中,群己之间不受传统伦序与宗族架构所束缚,人人皆脱去锁定式的角色,彼此相亲相尊、自由平等地相交,如何心隐所云:“天地交曰泰,交尽于友也。友秉交也,道而学尽于友之交也。”[43]意指通过朋友或师友相交才能交尽于天下,而天下的学问与道理也是通过朋友相交才能达于极致,所以在宇宙天地之间,可秉于朋友的相交,而交尽天下之有。何心隐的朋友论比王艮的重整伦序更具颠覆性,他把自古居于末位的“朋友”一伦,提到社群网络中的最重要的地位,实为数千年来首发的新论。

“朋友”是在社群网络中唯一不经安排的群己关系,“朋友”是自我主动选择、寻求与建立的关系,俗话说:四海之内皆兄弟,与何心隐“交尽于友”的旨趣

---

[41] 见拙著,《何心隐的社会思想论析》,《史学集刊》1998 年第 1 期,第 24—32 页。

[42] 何心隐:“昆弟非不交也,交而比也……夫妇也,父子也,君臣也,非不交也,或交而匹,或交而昵,或交而陵、而援。八口之天地也,百姓之天地也,非不交也,小乎其交者也,能不骄而泰乎?”(氏著,《论友》,《何心隐集》卷二,第 28 页。

[43] 何心隐:《论友》,《何心隐集》卷二,第 28 页。

相同,所以朋友相交是不受任何有形无形的疆界所限。不过要落实到现实社会中,必须透过一个跨越家庭格局的社会组织来呈现,何心隐提出具体“会”的理论,就是“藏身显家”于“会”概念㊹,他理想中的“会”既是教育文化的生命体,也是经济生活的共同体,他曾在自己的宗族社区中进行实验,却因不见容于当时的社会体制与法令,又因何心隐的被捕下狱,“会”的实验宣告终止。何心隐特别推崇孔子为“藏身显家”的最佳典范,认为孔子从个体出发,广交天下英才,以仁设教,“会”不论是具体的组织,还是止于象征的概念,个体皆能在“会”中以“天下统于友朋”,然后使“道统统于仲尼”,何心隐认为无论是有形的“会”还是无形的朋友之交,广交天下志同道合的朋友,必能达于理想社会的境地。

**(三)李贽的群己观**

若说王艮是社会活动家,则李贽(1527—1602)可称得上是生命实验家。他以自己一生作为时代的试剂,前半生命运乖舛,后半生任情自适,以自己的言行挑战礼教假象下虚伪,后因当政者以异端视之,遂成为时代下的牺牲者。

李贽“朋友”之伦肯定,从他指责时人批评何心隐独重“师友”、舍去四伦的议论是“庸夫俗子”而知㊺。李贽阐发“朋友”亦师亦友的特质,认为学道者在脚跟未站稳之前,需要朋友的指点提携,而学得稳当之后更需要朋友,因为朋友是互为学问与道德的良师益友,他说:“友者有也,故曰道德由师友有之,此可以见朋之不可离矣。”㊻他并指世人不知友即是师,而以四拜受业者才称师;又不知师即是友而不与之友,反另结交密友称为友是世间极为奇怪的现象㊼。

李贽一生渴求与朋友交往的态度经常溢于言表,在与友人书信中曾自称“专以良友为生”,而且明知其不可得,却仍“神思奔逸,不可得而制也”㊽,又说:“四海求友,男儿常事,何奇之有?”㊾足见他渴望结交天下之友的心态,以及“朋友”在他生命中的地位。再者,李贽认为朋友是心同志合的“同志”,其密切关系

---

㊹ 见拙著,《何心隐的社会思想论析》,《史学集刊》1998年第1期,第24—32页。

㊺ 李贽:《何心隐论》,《焚书》卷三,岳麓书社,1994年,第89页。

㊻ 李贽云:“学道人脚根未稳当,离不得朋友,脚根既稳当,尤离不得朋友。友者有也,故曰道德由师友有之,由此可见朋之不可离矣。”(见氏著,《与吴得常》,《续焚书》卷一,岳麓书社,1994年,第296页。

㊼ 李贽:《为黄安二上人——真师》,《焚书》卷二,第80页。

㊽ 李贽:《答周友山》,《焚书》卷一,第25页。

㊾ 李贽:《复顾冲庵翁书》,《焚书》卷二,第76页。

远胜于“同胞”,因同胞手足只有外在形貌相类似,同志则是内在意趣、志向的相契合,可共同为行道而践其行。李贽自许已交尽天下的朋友,他把结交的朋友分为十种,认为能与这十种朋友相交,便是尽天下之交,如他的朋友有“酒食之交”“市井之交”“遨游之交”“坐谈之交”等,这些是在日常生活中可使人乐而忘返、去而思见的朋友;至于“技能可人”“术数将相”的朋友,他们的技精才高,实胜于书策,可使人心神俱爽;另外,他还有“文墨之交”“骨肉之交”“心胆之交”与“生死之交”等的各类朋友[50]。李贽的理想是尽天下之交,只是理想与现实之间相距甚远。

李贽在弃官之后,告别家人便投奔友人耿定向,与耿定向、定理兄弟二人皆为好友,后来有两件事使李贽不得不离开耿家。其一是何心隐被捕的事,即何心隐被张居正的属下拘捕时,李贽认为以耿定向与张居正的情谊,应可替何心隐说情脱困,但耿定向“恐以此犯江陵(张居正)不说学之忌”[51]而未伸援手,何氏终而被杀,李贽对耿定向极为不谅解,认为耿定向过于功利。其二,是与李贽甚相投契的耿定理,李贽视他为生死之交的知己,却不幸英年早逝[52]。李贽离开耿家后,选择以“行游四方,效古人之求友”的生活方式,去实现尽天下之交的理想[53]。当他行游二十多年后,却感叹未能遇到生死之交,并感叹世人功利,他说:“天下无朋友久矣,何也?举世皆嗜利,无嗜义者……今天下之所称友朋者,皆其生而犹死者也。此无他,嗜利者也,非嗜友朋也。”[54]李贽有这些感慨,一方面实出于个人的亲身经验;另一方面,则是放眼到历史中观察,认为能有几人像孔子一样识得老子,又知孔子者只有颜回一人,所以知己难求自古已然[55]。李贽从“四海求友,男儿常事”的浩然气势,到“四海虽大而朋友实难”[56]的万千感慨,可感受到他追求知己的渴望与受挫的落寞,虽然寻求知己的心志未曾减弱,现实的冷酷他

[50] 李贽:《李生十交文》,《焚书》卷三,第 128 页。
[51] 黄宗羲:《恭简耿天台先生定向》,《明儒学案·泰州学案四》卷三五,台北里仁,1987 年,第 816 页。
[52] 李贽:“仆尚友四方,愿欲生死于友朋之手而不可得,故一见子庸,遂自谓可以死矣,而讵意子庸乃先我以死也耶!”(见氏著,《复耿中丞》,《焚书增补一》)第 257—258 页。
[53] 李贽:《与耿司寇告别》,《焚书》卷一,第 28 页。
[54] 李贽:《朋友篇》,《焚书》卷五,第 222 页。
[55] 李贽:《复耿中丞》,《焚书增补一》,第 259 页。
[56] 李贽:《复耿中丞》,《焚书增补一》,第 258 页。

倒也能坦然接受。

**(四)晚明知识界普遍的群己观**

晚明知识界对交友实例种种,已如前述,在此再略举一二。山人陈继儒谈及朋友与四伦的区别,认为四伦之间的关系是“屈”,朋友的关系是“伸”,他解释为“伸者为神,屈者为鬼”;并认为人的精神“伸于朋友”[57],意指通过朋友可以延伸人的精神。其所做的比喻似嫌夸张,但以伸屈对比的隐喻说明朋友较四伦的空间甚宽、甚大,其说法与何心隐之论相类。晚明西来的传教士利玛窦也受当时风气的影响,对于朋友之道,著有《友论》一书,对于人我之间的“同”也有看法,他说:“世间之物,多各而无用,同而始有益也,人岂独不如此耶?”又说:“友之与我,虽有二身,二身之内,其心一而已。”[58]指人因“同”而聚而生益处,朋友虽是不同的个体,却能彼此同心,此皆与当时代追求同志、知己的士风相合。晚明知识分子的自觉意识,直接冲击的是框定式的传统伦序,一旦既有的框界被突破,“朋友”之伦有新的诠释,从最末之地跃升枢纽之席,群己互动由拘谨的、被动的,转为活跃的、主动的方式,也从“家国天下”,朝向开阔的“天涯海角”,追求与自己志趣契合的同志或知己,便普遍成为晚明知识分子生命中极重要的一种生活态度。

## 五、结论

古来“朋友”的建立,是谨慎的、保守的,因为父子、兄弟之伦已由天定,夫妇通过婚姻制度,对象一经确定后也是长期固定的亲族关系,君臣则常比拟作父子,自有其基本的尊尊之道,唯独“朋友”是在固定式的人际之外,其范围就是广大的社会,在群己之间本无定式可循的情形下,自是有许多的不确定与不安全之感。故古人教人结友,总以谨慎、互利为前提,如《荀子》所说:“君人者不可以不

---

[57] 陈继儒:《友论小叙》(见利玛窦,《友论·序》,百部丛书集成,台北艺文),第1页。

[58] 利玛窦:《友论》,百部丛书集成,台北艺文,第10页。

慎取臣，匹夫不可以不慎取友。”[59]朋友相交一则须谨慎选择，再则须有共有的道路、共同的志向。朋友之间应不分身份、地位与年龄，而是以德行相交，如《孟子》云：“不挟长、不挟贵、不挟兄弟而友。友也者，友其德也。”[60]朋友之间讲求平等相待，还应具备“有信”“责善”的品格才是朋友之道。对于择友讨论最精辟的，实莫过于孔子“益者三友，损者三友”[61]的分析，指出在损益之间，依据的是人的品德、性格与材质。由此可见，自古对“朋友”相交，是采取谨慎的、保守的，甚至还做防范性的思考。不过当晚明知识分子日趋明确的自觉意识兴起之后，随着自我主体价值的确立，对传统制约下的基本人伦重新定义，而游离出四伦的“朋友”之伦，成为广大开阔的活动场域。知识分子在追求自我之后，进一步是追求与自我志趣相合、心灵相契、可共同践其行的知己同志，一反过去的谨慎保守、消极防范的态度，转而以主动开放的积极态度去实践“交尽于友”的理想，王艮、何心隐从伦理学上对五伦的新诠释与独尊朋友之伦的阐发，以及李贽亲身的践履，皆对于晚明知识分子的群己观立下深厚根基。

【张　琏　台湾东华大学历史学系助理教授】

原文刊于《中国文化》2002年Z1期

[59] 见《荀子·大略》。

[60] 见《孟子·万章章句下》。

[61] 见《论语·季氏》：“益者三友，损者三友。友直、友谅、友多闻，益矣。友便辟、友善柔、友便佞，损矣。”

# 明中晚期社会男风流行状况叙略

吴存存

晚明名士张岱在《自为墓志铭》曾说过这样一段话来概括自己的早年生活：

> 少为纨绔子弟，极爱繁华，好精舍，好美婢，好娈童，好鲜衣，好美食，好骏马，好华灯，好烟火，好梨园，好鼓吹，好古董，好花鸟，兼以茶淫橘虐，书虫诗魔。[①]

这“十二好”几乎涉及当时年轻士人享乐的所有内容，值得注意的是，其中竟堂而皇之地声称自己“好娈童”，字里行间且颇带自我标榜的意味，令现代人感到惊诧和不能接受。其实，这是明中晚期士人的普遍的习气，作为明中晚期纵欲思潮的一个重要的组成部分，男性同性恋在当时曾经风靡整个社会，得到了社会的承认，并在晚明纵欲思潮消歇之后还一直延续下去，整个风气呈愈演愈烈之势，直至清末民初方告结束。同性恋作为一种性爱的形式在这段时期几乎享有与异性恋同样的地位，有相当一部分士人还把它视为风流韵事而趋之若鹜。

同性恋本是一种在任何地区、时代、社会都可能出现的现象，古今中外的各种文化中，似乎还没有哪一种可以断言未曾发生过同性恋事例，中国历史上大量的文献包括正史都有关于同性恋问题的记载，以写帝王男宠为主的“佞幸列传”

---

① 《嫏嬛文集》卷五，光绪三年首刊本。

是中国历代正史中从未缺少过的项目。西方同样也是如此,古希腊人视同性恋为高尚纯洁的爱情,基督教文化以仇视同性恋著称,然而近年据一些学者的研究,早期的基督教文化对同性恋也非常宽容。[②] 但是我们必须注意的是,同性恋在人类的性爱生活中基本上是处于次要位置的,它居然成为一种普遍的社会风气,在人类性史上还是罕见的。因此,对于明清时期的这种特殊的性爱风气,我们亦应给予特殊的关注。它对于我们全面地、深入地了解明清社会的性爱观念和倾向,无疑是不可回避的。本文将着重考察一下晚明社会的男风流行状况。

明中晚期的男性同性恋风气从时间上看是随着当时的普遍的纵欲风气而迅速形成的[③]。在此之前,明初期的文献中虽然并非完全没有关于男性同性恋的记载,但基本上是零散的个别的现象,没有形成风气,更没有得到人们普遍的认可,是明中晚期的那种冲破一切道德规范的束缚、刻意追求新奇和刺激的社会思潮造成了男性同性恋的泛滥。热衷于这种性爱风气的人员上自帝王公侯,下至庶民百姓,而士人是其中最为活跃的领导时代潮流的阶层。当时社会上形成了京师、江浙、闽南等三个同性恋中心区域;形成了京师中官员与小唱,江浙间商贾士绅与小官,闽南的契兄弟、契父子这样具有代表意义的男性同性恋关系。同性恋卖淫现象相当普遍,一些大都市出现了专为同性恋服务的卖淫场所——男院,同性恋在社会上被视为一种普通的性行乐方式。

## 一、明宫廷中的男风状况

明代宫廷似有好男风的传统,从现存的史料看,明代的大部分皇帝都有佞

---

② 参见 John Boswell 的 *Same Sex Unions in Premodern Europe* 和 *Christianity, Social Tolerance, and Homosexuality: Gay People in Western Europe From The Beginning of the Christian Era to the Fourteenth Century.* 纽约 a Diviston of Random House, Inc . Vintage books 1994。这些著作近年在西方学界引起了极大的关注。

③ 曾有人认为明中晚期的男风流行缘于明初官方的禁官妓措施,如《万历野获编》卷二四《小唱》、史玄《旧京遗事》等皆持此说,但明前期并无男风流行,且明代在禁妓的同时亦禁狎童,可参见陈洪谟《治世余闻》下篇卷三及吕种玉《言鲭》。

臣。帝王的后宫生活，向来为史家所密切关注，《明史》沿袭历代正史的习惯，撰有以帝王男宠为主要对象的《佞幸列传》，明代各种笔记和野史中的有关记载亦屡见不鲜，因此我们在这方面可以掌握较为丰富的史料。

明宫廷之嗜男风比明代社会上同性恋风气的流行似乎要更早一些，《万历野获编》卷三载明英宗之倖臣曰：

> 有都督同知马良者，少以姿见幸于上，与同卧起。比自南城返正，益厚遇之。驯至极品，行幸必随，如韩嫣、张放故事。④

同书卷六又写到弘治年间内帏混乱的状况：

> 时寿宁侯张鹤龄、建昌侯延龄，以椒房被恩，出入禁中无恒度。⑤

明正德皇帝武宗的男色之好，堪称明列朝帝王之最。武宗特别喜欢年少英俊的娈童，男庞不计其数，身份也很复杂。《明史·佞幸列传》曰：

> 武宗日事般游，不恤国政，一时宵人并起。钱宁以锦衣幸，臧贤以伶人幸，江彬、许泰以边将幸，马昂以女弟幸；祸流中外，宗社几墟。⑥

武宗在宫廷中日为"嬖佞盘结左右"，他慷慨地封这些男宠为"义子"，赐姓朱，为他们起造豪华府第，允许他们参与政治活动，甚至掌握军权。其"义子"钱宁、江彬等气焰都很嚣张，恃宠干预朝政，权势炙手可热。在这些男宠中，江彬、许泰都以勇武善战见赏于武宗，以至武宗与之"出入豹房，同卧起"，爱幸有加：

> 赐姓为义儿，毁积庆、鸣玉二坊民居，造皇店酒肆，建义子府……中外事

---

④ 《万历野获编》卷三《英宗重夫妇》，中华书局，1959年，第79页。

⑤ 同上书卷六《何文鼎》，第160页。

⑥ 《明史》卷三百〇七《佞幸列传》，中华书局，1984年，第7875页。卷三百七

无大小，白彬乃奏。⑦

钱宁初亦以善射为武宗宠，“赐国姓，为义子，传升锦衣千户”，武宗对他言听计从，钱宁由此飞扬跋扈，“其名刺自称皇庶子”，他们的关系甚至密切到这种地步：

帝在豹房，常醉枕宁卧。百官候朝，至晡莫得帝起居。密伺宁，宁来，则知驾将出矣。⑧

豹房是武宗行乐的场所，过去人们总以为武宗在那里沉溺女色，其实，武宗在豹房的宠嬖中有为数不少的变童，明清的正史野史都指出过这一点。这种状况曾经引起了正德年间朝臣们的极大不安，他们为皇帝之沉溺男色而不思嗣续大事深感忧虑，御史周广冒死上了一则奏疏：

陛下承祖宗统绪，而群小献媚荧惑，致三宫锁怨、兰殿无征。虽陛下春秋鼎盛，独不思万世计乎？中人稍有资产，犹蓄妾媵以图嗣续，未有专养螟蛉，不顾祖宗继嗣者也。义子钱宁本宦竖苍头，滥宠已极，乃复攘兑货贿，轻蔑王章，甚至投刺于人，自称皇庶子，僭逾之罪所不忍言。陛下何不慎选宗室之贤者置诸左右，以待皇嗣之生。诸义儿、养子俱夺其名爵，乃所以远佞人也。⑨

值得注意的是，周广对武宗好男风的批评完全是从嗣续的角度来考虑而不是对男风本身的反对，而武宗的终无子嗣，应与他的这种性倾向有关。这位以放荡著称的皇帝，酷好标新立异，同性恋对他来说显然更具有刺激性。《明武宗外纪》道：

---

⑦ 《明史》卷三百〇七《佞幸列传》，第7886—7887页。

⑧ 同上书，第7891页。

⑨ 同上书，卷一八八，《周广》，第5000—5001页。

(武宗)遍游宫中,日率小黄门为抵蹋鞠之戏,随所驻辄饮宿不返。其入中宫及东西两宫,月不过四五日。⑩

武宗曾以各种方法搜罗男宠,他从宫里的太监中遴选娈童作贴身随从,当然也与他们进行性娱乐活动:

武宗初年,选内臣俊美者以充宠幸,名曰“老儿当”,犹云等辈也。时皆用年少者,而曰老儿,盖反言之。⑪

徐充《暖姝由笔》卷三亦曰:

正德初内臣最宠狎者入老儿当,犹等辈也,然实不计老少,惟宠狎是尊。余近访知老儿当皆选年少俊秀内臣为之,岂闳孺、籍孺之类欤?

当然武宗渔色的对象决不限于内臣,他在外出游幸活动中亦四处搜罗娈童:

武宗南幸,至杨文襄(一清)家,有歌童侍焉。上悦其白皙,问何名,曰杨芝。赐名曰“羊脂玉”,命从驾北上。

先是上出宣府,有歌者亦为上所喜。问其名,左右以“头上白”为对,盖本代府院中乐部,镇守太监借来供应者,故有此诨名。上笑曰:“头既白,不知腰间亦白乎?”逮上起,诸大珰遂阉之。盖虑圣意或欲呼入内廷,故有此问。⑫

“羊脂玉”的故事在晚明流传甚广,李翊《戒庵老人漫笔》、史梦兰《全史宫词》等书都记载了这一轶事。

---

⑩ 毛奇龄:《明武宗外纪》,上海书店,1984年,第12—13页。

⑪ 《万历野获编》补遗卷一《老儿当》,中华书局,1959年,第820页。

⑫ 《万历野获编》补遗卷三《正德二歌者》,第891页。

一些无赖士人为了投武宗之所好，竞相呈献男色希宠，《万历野获编》卷二一曰：

> 兵部尚书王琼头戴罛刺亵衣，潜入豹房，与上通宵狎饮。
>
> 原任礼部主事杨循吉，用伶人臧贤荐，侍上于金陵行在，应制撰杂剧词曲，至与诸优并列。⑬

伶人臧贤后来“承武宗异宠”“至赐一品服”，与士人交往自称“良之”。在明代，一般是读书人才称字称号，伶人敢于称字，这是前所未有的⑭，因而招致了士人的不满。臧贤得宠后常受托向武宗议事请官，朝议纷纷，路人侧目。

明武宗纵情声色的生活虽受到当时官员士人的普遍指责，却也对社会上的纵欲风气产生了相当的影响，皇帝的胡作非为的勇气使局促于枯淡严厉的道德教条之下本来就渴望享乐的人们大开眼界，他们在潜意识里艳羡这种生活，武宗的酷好男风的性倾向对于余桃断袖之风在晚明的迅速蔓延应该说是有着某种潜移默化的作用的。

明神宗万历皇帝亦有此好，他曾效法武宗在内臣中选娈童与同卧起，并招弄臣扈驾：

> 今上壬午癸未以后，选垂髫内臣之慧且丽者十余曹，给事御前，或承恩与上同卧起，内廷皆目之为十俊。
>
> 其时又有一缇帅，为穆庙初元元宰之曾孙，年少美丰姿，扈上驾幸天寿山，中途递顿，亦荷董圣卿之宠，每为同官讪笑，辄惭恧避去。⑮

天启皇帝好男色的倾向似乎比万历更强一些，各种史料、宫词都记载熹宗对异性没有太大兴趣，“厌近女色”“上不好女色”“君王不爱倾城色”，但他在宫中却有

---

⑬ 《万历野获编》卷二一《士人无赖》，第541页。

⑭ 同上书，《伶人称字》，第545页。

⑮ 《万历野获编》卷二一，《十俊》，第548页。

一位非常宠爱的太监“高小姐”，一起嬉戏游玩，形影相随。明末秦征兰《天启宫词一百首注》言天启宫中的这一段情事曰：“御前牌子高永寿，年未弱冠，丹唇秀目，姣好如处女，宫中称为高小姐。宴会之际，高或不与，举座为之不欢。”⑯后来高不幸在一次戏水中溺死西苑，熹宗甚为伤心，曾特命“于大高殿作法事，放河灯追荐之”⑰。故刘城《天启崇祯宫词三十三首》有诗云：

汉帝椒风绝等侪，六宫粉黛枉金钗。
高家小姐蛾眉好，那用凌波窄锦鞋。⑱

诗中“窄锦鞋”借指女人，谓熹宗好男色不近女子的性倾向。熹宗的有关轶事在民间亦流传颇广，当然难免被夸张而走样，明末小说《梼杌闲评》所写的就是这段历史时期的宫廷故事，其中第二十三回写道：

皇上万几之暇，不近妃嫔，专与小内侍顽耍，日幸数人。⑲

甚至南明小朝廷，福王纵情逸乐的对象亦大半为梨园子弟：

福王狎近匪人，巷谈里唱，流入大内；梨园子弟，供奉后庭；教坊乐官，出入朝房。诸大老无以目之，共呼为老神仙。⑳

明代宫廷里男风熏沐的状况可以说是明代社会上男性同性恋盛行一时的一个小小的缩影，当时人们特有的同性恋观念如严格区分同性恋中主动与被动角色的性关系上的不平等，歧视同性恋中的被动角色、视同性恋为行乐方式因而男色女色并行不悖的双性恋心态以及人们从生育的角度对同性恋的批评，在宫廷中都

---

⑯ 《明宫词》，北京古籍出版社，1987 年，第 39 页。
⑰ 同上书，第 29 页。
⑱ 同上书，第 65 页。
⑲ 《梼杌闲评》，人民文学出版社，1983 年，第 280 页。
⑳ 《渔洋山人精华录训纂》引《续幸存录》。

有典型的显现。重视这一部分相对来说史料较为丰富的切实的历史，对于我们深入地了解当时的男性同性恋风气显然是很有意义的。

## 二、晚明士人与同性恋风气

宫廷中的同性恋风气当然会有一定的社会影响，但真正使男性同性恋风气在晚明成为一种社会风气的，应该说还是取决于整个社会的性观念和性取向的改变，尤其是广大士人和官员的积极参与。在中国古代，士人是社会潮流的领导者，他们的趣味和倾向有时往往会比朝廷的诏令更具号召力。除了那些以正统自居的道学家之外，明中期以后的士人通常不仅不排斥或谴责同性恋，反而常把它作为一种风流韵事而津津乐道，并加以倡扬。

晚明士人对同性恋的宽容和肯定首先表现在一批大文学家、诗人及名士们的言行上。汤显祖《牡丹亭》第二十三出“冥判”，以十分轻松的调侃笔调，写了酷好男风的李猴儿在冥间所受到的喜剧性的发落，表明了作者对同性恋者的极其宽容的态度，在现实生活中，汤显祖对同性恋行为也是十分地同情以至赞赏的。万历十二年(1584)，当时的礼部主事、名士屠隆曾以“泛舟置酒，青帘白舫，纵浪泖浦间，以仙令自许，在郎署，益放诗酒。西宁宋小侯少年好声诗，相得欢甚。两家肆筵曲宴，男女杂坐，绝缨灭烛之语，喧传都下，中白简罢官”。[21] 但汤显祖认为这是名士风流、洒脱不羁的表现，他为此写诗道：

> 赤水之珠屠长卿，风波宕跌还乡里。岂有妖姬解写姿？岂有狡童解咏诗？枕边折齿宁妨秽，画里挑心是绝痴。古来才子多娇纵，直取歌篇足弹诵。情知宋玉有微词，不道相如为侍从。此君沦放益翩翩，好共登山临水边。[22]

---

[21] 钱谦益：《列朝诗集小传》丁集上，《屠仪部隆》，上海古籍出版社，1983 年，第 445 页。

[22] 《怀戴四明先生并问屠长卿》节录，《汤显祖诗文集》，上海古籍出版社，1982 年，第 202 页。

时隔一年，著名的戏曲家、南京国子监博士臧懋循又因“风流放诞”“与所欢小史衣红衣，并马出凤台门”而受弹劾罢官归里[23]，汤显祖把这两件因好男风而罢官的事件联系在一起，写作了一道传颂一时的《送臧晋叔谪归湖上，时唐仁卿以谈道贬，同日出关，并寄屠长卿江外》，其中有句云：

君门如水亦如市，直为风烟能满纸，长卿曾误宋东邻，晋叔讵怜周小史。自古飞簪说俊游，一官难道减风流？深灯夜雨宜残局，浅草春风恣蹴毬。杨柳花飞还顾渚，箬酒苕鱼须判汝。兴剧书成舞笑人，狂来画出挑心女。仍闻宾从日纷纭，会自离披一送君。却笑唐生同日贬，一时臧谷竟何云。[24]

这种敢作名教罪人的叛逆精神和蔑视世俗名利、追求纵情适性的洒脱风度，对当时士人震动很大，明末时钱谦益犹赞叹道：“艺林至今以为美谈。”[25]

臧懋循在京为官期间，放纵无所忌惮，而狎游对象多为娈童。《万历野获编》卷二六中有“项四郎”一则云：

今上乙酉岁，有浙东人项四郎名一元者，挟资游太学，年少美丰标。时吴兴臧顾渚懋循为南监博士，与之狎。同里兵部郎吴涌澜仕诠，亦朝夕过从，欢谑无间。臧早登第负隽声，每入成均署，至悬毬子于舆后，或时潜入曲中宴饮……南中人为之语曰：“诱童亦不妨，但莫近项郎。一坏兵部吴，又废国博臧。”[26]

京官男风之盛，于此可见一斑。

晚明大散文家张岱在《陶庵梦忆》中的一篇短文《祁止祥癖》里以祁止祥的一段同性恋情事充分地表现了自己对同性恋的看法和态度：

---

㉓ 《列朝诗集小传》丁集上《臧博士懋循》，上海古籍出版社，1983 年，第 465 页。
㉔ 《汤显祖诗文集》，上海古籍出版社，1982 年，第 204 页。
㉕ 《列朝诗集小传》丁集上，上海古籍出版社，1983 年，第 465 页。
㉖ 《万历野获编》卷二六，中华书局，1959 年，第 676 页。

人无癖不可与交，以其无深情也；人无疵不可与交，以其无真气也。余友祁止祥有书画癖，有蹴鞠癖，有鼓钹癖，有鬼戏癖，有梨园癖。壬午，至南都，止祥出阿宝示余。余谓："此西方迦陵鸟，何处得来？"阿宝妖冶如蕊女，而娇痴无赖，故作涩勒，不肯著人。如食橄榄，咽涩无畏，而韵在回甘。如吃烟酒，鲠噎无奈，而软同沾醉，初如可厌而过即思之。止祥精音律，咬钉嚼铁，一字百磨，口口亲授，阿宝辈皆能曲通主意。乙酉，南都失守，止祥奔归。遇土贼，刀剑加颈，性命可倾，至宝是宝。丙戌，以监军驻台州。乱民卤掠，止祥囊箧都尽。阿宝沿途唱曲以膳主人。及归刚半月，又挟之远去。止祥去妻子如脱屣耳，独以娈童崽子为性命，其癖如此。㉗

案祁止祥名豸佳，山阴人，是晚明非常著名的艺术家。张岱对祁的坎坷而执着的同性恋经历大为赞赏，并认为这就是十分宝贵的人的"深情"和"真气"之所在。晚明的士人就是这样常常给予同性恋以慷慨的、无所忌讳的褒扬。

小说家冯梦龙的同性恋观同样是很值得注意的。冯在他所编著的《情史》里专列"情外"一类，搜集自古以来各种文献中所载的同性恋故事，并时加评点。他认为：

男女并称，所由来矣。其偏嗜者，亦交讥而未见胜也。

世固有癖好若此者，情岂独在内哉？㉘

明确地将同性恋与异性恋相提并论，并认为两者之间不存在优劣或正常与反常的区别。这种观念，几乎接近现代的性解放理论了。

万历年间进士陈泰交还曾撰写过一篇被认为是过于"放诞风流"的《优童志》，并坦然地把它收入自己的文集中㉙。中国古代士人向来十分注重自己文集的严肃性，喜欢维护一种道貌岸然的形象，尽管平日也会有许多游戏之作，但都

㉗ 《陶庵梦忆》，上海书店，1982年，第35—36页。

㉘ 《情史》，岳麓书社，1985年，第860页。

㉙ 参见《四库全书总目》卷180，集部别集类存目，中华书局，1965年，第1628页。

不收进文集。陈泰交此举亦时风浸染所至，在别的时期几乎是不可想象的。

浸淫于这样的社会风气，一些士人本来无男风之好，但也为潮流所裹挟，逐渐地热衷起同性恋来。《万历野获编》记载了这样一件事：

> 周用斋汝砺，吴之昆山人，文名籍甚……馆于湖州南浔董宗伯家，赋性朴茂，幼无二色。在塾稍久，辄告归。主人知其不堪寂寞，又不敢强留，微及龙阳子都之说，即恚怒变色，谓此禽兽盗丐所为，盖平生未解男色也。主人素稔其憨，乃令童子善淫者，乘醉纳其茎。梦中不觉，欢洽惊醒，其意愈嬲之不休，益畅适称快。密问童子，知出主人意，乃大呼曰："龙山真圣人！"数十声不绝。明日其事传布，远近怪笑。龙山为主人别号。自是遂溺于男宠，不问妍媸，必求通体。其后举丁丑进士，竟以好外羸惫而殁。㉚

而士人平日相聚，亦常以男风相谑。《耳谈类增》卷三十七载当时士人黄季主、张维时皆佳公子美少年，相见之下，黄故谑之曰："沅有芷兮澧有兰，思公子兮未敢言。"张毫不示弱，应声对曰："兰有秀兮菊有芳，怀佳人兮未敢忘。"这种以隐喻男风取乐的态度，在明初是会被认为有伤轻薄的，但在晚明人看来却很风流潇洒。范濂《云间据目抄》谈到当时的风气曰："又观豪华公子，或昵龙阳，或喜优孟，苟可结其欢心，炫其观美，即下体亵服，靡非绮縠，而小人遂得恣意暴殄，漫无顾忌。"㉛故沈德符概括晚明的这股士风曰：

> 得志士人，致娈童为厮役；钟情年少，狎丽竖若友昆。㉜

基督教文化中的同性恋耻辱感，在中国古代本来就十分淡薄，到了晚明，习尚成俗，一部分士人更引以为风流了。

---

㉚ 《万历野获编》补遗卷三，《周解元淳朴》，中华书局，1959 年，第 896 页。

㉛ 《云间据目抄》卷二，《笔记小说大观》第十三册，江苏广陵古籍刻印社，1983 年，第 111 页。

㉜ 《万历野获编》卷二四，《男色之靡》，第 622 页。

## 三、跟官的门子，献曲的小唱

晚明官员士人狎男色的对象主要有两类：一是被私人占有的、以仆役身份出现的娈童。二是在社会上公开卖淫的歌童。在京中，当时的人们常常把跟官的门子、献曲的小唱作为这两类人的代表。

门子本指为官员应门的仆役，但在晚明男风盛行的状况下，他们往往被赋予了特殊含义——由年少的娈童充当，从而成为性娱乐的对象。门子兼作男宠的现象其实在晚明十分普遍，并不限于京城，远离京城繁华的外仕官员在枯寂中就常常以拥有俊美的娈童作门子为乐事。谢肇淛《五杂俎》卷八：

> 外之仕者，设有门子以侍左右，亦所以代便辟也。而官多惑之，往往形之白简。㉝

王同轨《耳谈》也记载了这样一件轶事：

> 陕西车御史梁，按部某州，见拽轿小童，爱之，至州，令易门子，吏目以无应，车曰："如途中拽轿小童亦可。"吏目又以小童乃递运所夫。驿丞喻其意，进言曰："小童曾供役上官。"竟以易之。强景明戏作《拽轿行》云："拽轿拽轿，彼狡童兮大人要。"末云："可怜吏目却不晓，好个驿丞到知道。"㉞

《五杂俎》卷五中更载有这样一段官员与门子的对话：

> 国朝周文襄在姑苏日，有报男子生子者，公不答，但目诸门子曰："汝辈

㉝ 《五杂俎》卷八，中华书局，1959年，第209页。

㉞ 转引自《情史》卷二二"车粱"，岳麓书社，1986年，第841页。

慎之，近来男色甚于女，其必至之势也。”[35]

可见当时的人们总是很自然地将门子与男色联系在一起的。明中晚期的许多通俗小说也反映了这一情况。《金瓶梅》中西门庆的男宠书童，作者就交代他“原是县中门子出身”，被县官作为尤物送给了西门庆。[36] 天启年间小说《童婉争奇》中写妓女骂娈童曰：

你狗苟蝇营，何不去官府中当一名打扇的门子？[37]

晚明小说《龙阳逸史》第十九回也写到范公子在汴京做官后，遇上旧日相好花姿，旧情难忘，“遂留在家中做个门客”。

在这种形势下，一些潦倒的读书人若做了门子的话，心里便很不是滋味。《耳谈类增》卷一九所载的一则轶事可以说是意味深长的：

李方伯分守湖州时，有分巡傅公门子善属对。傅出对云：“一般门子，拙者厚，智者薄，可谓不均。”即应声曰：“即是男儿，幼则学，壮则行，自怜弗类。”

这样的自嘲是很辛酸的。

门子服务的对象多为有较高职务的官员，他们为主人所独占，虽多从事性服务，却与一般意义上的卖淫有别。晚明京城男风盛行的一个最重要的标志还在于京城中形成了一个规模可观的男妓市场——亦即各种史料中经常提到的献曲的小唱。小唱是当时京中对那些专以陪酒唱曲、充当同性恋行为中被动角色来

---

[35] 《五杂俎》卷五，中华书局，1959 年，第 136 页。

[36] 《金瓶梅》第二十一回：“那时本县正堂李知县，会了四衙同僚，差人送羊酒贺礼来，又拿帖儿送了一名小郎来答应。年方一十八岁，本贯苏州府常熟县人，唤名小张松。原是县中门子出身，生得清俊，面如傅粉，齿白唇红，又识字会写，善能歌唱南曲……西门庆一见小郎伶俐，满心欢喜，就拿拜帖回复了李知县，留下他在家答应，改换了名字叫作书童儿。”

[37] 见《明清善本小说丛刊》第七辑《邓志谟专辑》，台湾天一出版社，1988 年。

谋生的人的称呼。晚明的北京前门外有一条莲子胡同(或称帘子胡同),那里是小唱们的聚居地。明末史玄《旧京遗事》云:

唐、宋有官妓侑觞,本朝惟许歌童答应,名为小唱。而京师又有小唱不唱曲之谚。每一行酒止,传唱上盏及诸菜,小唱伎俩尽此焉。小唱在莲子胡同,门与倡无异,其殊好者,或乃过于倡,有耽之者,往往与托合欢之梦矣。㊳

褚人获《坚瓠集》卷三"南风"亦叙晚明京中状况曰:

京师所聚小唱最多,官府每宴,辄夺其尤者伴酒,以为盛事。

晚明《梼杌闲评》是一部纪实性小说,其中牵涉到较多的同性恋故事,第七回里就有一段关于"帘子胡同"的描写:

西边有两条小胡同,唤做新帘子胡同、旧帘子胡同,都是子弟们寓所。

只见两边门内都坐着一些小官,一个个打扮得粉妆玉琢,如女子一般;总在那里或谈笑,或歌唱,一街皆是。又到新帘子胡同,也是如此。㊴

晚明小说《绣榻野史》中描写一个娈童余桃曰:

原来余桃是北京旧帘子胡同小唱出身,东门生见他生得好,新讨在家炒茹茹的。

"炒茹茹"是晚明北方地区关于同性恋行为的暗语。㊵

小唱在晚明的京城几乎泛滥成灾,朝廷有关机构采取措施驱逐他们,却总是

---

㊳ 《旧京遗事》,北京古籍出版社,1986年,第25页。

㊴ 《梼杌闲评》,第七回,人民文学出版社,1983年,第75页。

㊵ 参见晚明小说《石点头》第十四回《潘文子契合鸳鸯冢》"那男色一道……北边人叫炒茹茹"云云,《中国话本大系》,江苏古籍出版社,1994年,第304页。

难以奏效。《万历野获编》卷二六“非类效仕宦”曰：

向年有小唱恣肆，得罪司城御史，上疏尽数逐去，久之稍稍复集。人问其何以久不见，则曰：“敝道中人人修洁，无奈新进言官风闻言事，以致被论，出城待罪。今公论已明矣。”一时为之破颜。

沈德符不禁把这种状况与魏晋六朝时“男宠大兴，甚于女色”[41]情形联系在一起，发出感叹：

小唱盛行，至今日几如西晋太康矣。[42]

由于小唱们有很多机会接触豪贵，他们的收入自然也颇为可观。一些色相出众、巧于应酬者甚至由此赚钱捐官而改变身份：

其艳而慧者，类为要津所据，断袖分桃之际，赉以酒资仕牒，即充功曹加纳候选，突而弁矣，旋拜丞簿而辞所欢矣。以予目睹，已不下数十辈。[43]

这在等级观念日趋森严的封建社会晚期实在是一件令人难以置信的事，但它确实发生了。还有一些小唱则利用与官员饮酒作乐的机会充当特务的角色：

洞察时情，传布秘语，至缉事衙门亦藉以为耳目。[44]

可见由于当时特殊的社会背景和小唱阶层的壮大，小唱已在一定程度上参与了政治，成为一股值得注意的社会力量。

明代京城中的小唱，最初多来自江浙一带，但后来蔓延到北方。谢肇淛《五

---

[41] 《晋书》卷二九《五行志》下，中华书局，1987年，第908页。
[42] 《万历野获编》卷二四，《小唱》，中华书局，1959年，第621页。
[43] 同上。
[44] 同上。

杂俎》卷八曰：

其初皆浙之宁、绍人，近日则半属临清矣，故有南北小唱之分，然随群逐队，鲜有佳者，间一有之，则风流诸缙绅，莫不尽力邀致，举国若狂……至于娟丽儇巧，则西北非东南敌矣。㊺

由于南方来的小唱灵慧柔媚，备得官员士人的青睐，因此出身北方的小唱往往对客人诈称南人，《万历野获编》卷二四“小唱”中记载了这样一则笑话：

近日又有临清、汴城以至真定、保定儿童，无聊赖亦承乏充歌儿，然必伪称浙人。一日遇一北童，问：“汝生何方？”应声曰：“浙之慈溪。”又问：“汝为慈溪府慈溪州乎？”又对曰：“慈溪州。”再问：“汝曾渡钱江乎？”曰：“必经之途。”又问：“用何物以过来？”则曰：“骑头口过来。”盖习闻侪辈浙东语，而未曾亲到，遂堕一时笑海。㊻

小唱阶层的这种重南轻北的倾向一直延续到清代。

## 四、江南风月中的娈童狎客

京师小唱多出身于江浙，这个现象同时也说明了江浙间的男风之盛。沈德符认为晚明的同性恋风气是“盛于江南而渐染至中原”㊼，因而明人多称男风为“南风”，有时亦称男妓卖淫的场所男院为“南院”。余怀《板桥杂记》曾生动地描绘过崇祯年间南京的盛况：

㊺ 《五杂俎》卷八，中华书局，1959年，第209页。
㊻ 《万历野获编》卷二四《小唱》，中华书局，1959年，第621页。
㊼ 《万历野获编》卷二四《男色之靡》，第622页。

金陵都会之地，南曲靡丽之乡，纨茵浪子，萧瑟词人，往来游戏。马如游龙，车相接也。其间风月楼台，尊垒丝管，以及娈童狎客、杂技名优，献媚争妍，络绎奔赴。垂杨影外，片玉壶中，秋笛频吹，春莺乍啭。

杭州的男风之盛，在明代是很著名的。《金瓶梅》第三十六回写安进士眷娈童曰：

原来安进士杭州人，喜尚男风。

崇祯初年小说《龙阳逸史》第七回：

那杭州正是作兴小官时节，那些阿呆真叫是眼孔里着不得垃圾，见了个小官，只要未戴网巾，便是竹竿样的身子，笋壳样的脸皮，身上有几件华丽衣服，走去就是一把现钞。[48]

一些游冶儿对此十分沉溺，《耳谈类增》卷五〇“浙富翁死荡”：

万历间浙有富翁子，性喜浮荡，翁以晚年得子，娇纵之，任其与优人狎，遂与偕亡。

苏州的男风同样很盛，而且尤以出娈童著称。在晚明直至整个清代，苏州娈童以其灵秀的外表、柔媚的举止和良好的南曲修养而称冠江南，名闻遐迩。晚明的不少通俗小说都写到豪商富绅到苏州物色娈童的情节[49]。他们甚至以与姑苏娈童狎游作为自己身份的一种标志。因苏州在晚明文风极盛，出过不少状元，有人便戏称姑苏的特产是状元与娈童。晚明的同性恋小说中关于苏州娈童的故事最多，娈童集中的现象使苏州的同性恋风气特别严重，给当地的少年造成了很坏

---

㊽ 《龙阳逸史》第七回，日本佐伯文库藏本，第2页。

㊾ 参见晚明小说《龙阳逸史》《弁而钗》《宜春香质》等。

的影响,甚至同性恋小说专集《宜春香质》的作者也感叹苏州的风气曰:

如今世事一发不好了,当时相处小官,以为奇事。如今小官那要人相处?略有几分姿色,未至十二三,梳油头,挽苏髻,穿华衣,卖风骚,就要相处别人,那要人相处他。[50]

万历年间姜准《歧海琐谈》是一部专写浙南一带风俗民情的笔记,其卷七亦曰:

《周书》曰:"美男谓之破老"……今瓯俗此风盛行,甚至有斗阋杀伤讼之于官者。[51]

大约是这些事给作者的印象太深刻了,《歧海琐谈》中至少有三处提及这一风气。

与此相应的,便是江浙间一些正统人士对男风盛行的深重忧虑,万历年间江阴李翊《戒庵老人漫笔》卷六摘引了当时的一篇共三十六条的家训,其中第五条明令"家无俊仆",第二十四条"家僮无鲜衣恶习",可见嬖童习气已引起正统人士的恐慌,而这在前此的时代似乎是没有必要的。晚明陈龙正《家矩》亦把"勿蓄优伶"作为一条重要的律令。山阴刘宗周《人谱类记》就强调"警蓄俊仆",他认为:"淫罪多端,男淫更下","养生家每言男淫损神,尤倍于女。况比顽童者,闺门必多丑声,最宜防戒"。[52] 明末彭士望《耻躬堂文抄·示儿婿书二通》之二曰:

今之少年,私相讲习,成一学术,或稚而儿戏,或老而世法,或好名而争忌,或角慧而夸奇,或狎亵而顽比。

[50] 《宜春香质》风集第二回,载《明清善本小说丛刊》,台湾天一出版社,1988 年。

[51] 《歧海琐谈》卷七,《敬乡楼丛书》本,第 12 页。

[52] 《人谱类记》卷五,光绪三年,湖北崇文书局刊本。

作者将“狎亵顽比”与青少年的“好名”“角慧”等缺点相提并论，可见男风之盛确实已成为了一个令人关注的社会问题。

晚明纵欲主义思潮曾使金陵、姑苏、杭州等印刷出版高度发达的城市大量出版春宫画册，而受男风之渐，这些画册中很不乏同性恋的场面。如晚明十分著名的、印刷精美的《花营锦阵》，其中第四幅即为一成年男人与一小厮的性行为画面，图旁题诗云：

座上香盈果满车，谁家少年润无瑕。
为采蔷薇颜色媚，赚来试折后庭花。
半似含羞半推脱，不比寻常浪风月。
回头低唤快些儿，叮咛休与他人说。[53]

诗中点明了画里主人公追求新奇和刺激的心态，推崇同性恋而贬抑异性恋为“寻常浪风月”。类似的画图在这个时期的其他画册和小说插图中亦颇不少见。

## 五、闽地的“契兄弟”“契儿”风俗

南方的福建沿海一带，是晚明社会男性同性恋风行的第三个区域。大量的史料表明当时那一带盛行“契兄弟”“契儿”风俗，《万历野获编》曰：

闽人酷重男色，无论贵贱妍媸，各以其类相结。长者为契兄，少者为契弟。其兄入弟家，弟之父母抚爱之如婿，弟后日生计及娶妻诸费，俱取办于契兄。其相爱者，年过而立尚寝处如伉俪……其昵厚不得遂意者，或相抱系

[53] 高罗佩《秘戏图考》，广东人民出版社，1992年，第237页。案，此诗题作《翰林风》，明人有称男风为“翰林风月”的习惯（见小说《石点头》第十四卷开篇）。此外，诗中如“香盈果满车”，用潘安典，喻指美男。“试折后庭花”，是明清时期最常用的关于男性同性恋行为的隐语。高罗佩认为此图及诗所叙乃异性恋，误。

溺波中，亦时时有之。此不过年貌相若者耳。近乃有称契儿者，则壮夫好淫，辄以多赀聚姿首韶秀者，与讲衾裯之好。以父自居，列诸少年于子舍。[54]

这种风俗，还见载于清初褚人获《坚瓠集》等多种笔记。

福建契兄弟风俗，与当时京城及江南一带的同性恋风气在内容和形式上都有所不同。在京城和江南，男风多与卖淫联系在一起，属于一种性娱乐方式，与婚姻不可同日而语。而闽地这一风俗却是比较认真的，它基本上不存在卖淫现象，相反，契兄弟同居，往往需要近似于婚姻的仪式，性伴侣比较固定。而且，所有这些行为都是公开的，得到社会（包括父母亲朋）的认可，同时，在京城及江浙一带，官员士人和商人是狎游男色的主体，而闽地的契兄弟习俗双方多为平民百姓，他们如同娶媳妇一般积攒一定的钱财去结成这种同性恋的契约关系。明末清初的不少通俗小说都写到了这一风俗，如晚明《石点头》第十四卷中写道：

至若福建有几处，民家孩子若生得清秀，十二三上便有人下聘。漳州词讼，十件事到有九件是为鸡奸事。[55]

《笑林广记》中的一则笑话亦是以这种习俗为背景的：

有与小官契厚者，及长为之娶妻，讲过通家不避。一日闯入房中，适亲家母在，问女何亲？曰："夫夫。"[56]

李渔《无声戏》中有一篇《男孟母教合三迁》，专写晚明闽地契兄弟习俗，其中虽不能不掺和着一些作为江南士人的李渔的主观色彩，但我们从中仍可以读到有关风俗的生动且相对可靠的描写：

---

[54] 《万历野获编》补遗卷三《契兄弟》，中华书局，1959年，第902—903页。

[55] 《中国话本大系》本，江苏古籍出版社，1994年，第304页。

[56] 《笑林广记》卷七，《夫夫》。

由建宁、邵武而上,(男风)一府甚似一府,一县甚似一县。

要晓得福建的南风,与女人一般,也要分个初婚再醮。若是处女原身,就有人肯出重聘,三茶不缺,六礼兼行,一样的明婚正娶。[57]

这篇小说写成年男子许季芳酷好男风,遇上绝色娈童尤瑞郎,许倾家荡产聘瑞郎做契弟,两情甚洽。瑞郎为了永远保持这种亲密的关系,竟自行阉割,改女装,自名"瑞娘",做了许的"妻子",并从此也如女人般地不出大门闭于深闺。许深为众人所妒,被害身亡。瑞娘坚守贞操,抚养许之遗孤成立,自己则一直女装至终老。小说最后有睡乡祭酒评曰:

若使世上的龙阳个个都像尤瑞郎守节,这南风也该好;若使世上的朋友个个都像许季芳多情,这小官也该做。[58]

把贞节、多情引进同性恋,这正是闽地男风接近于婚姻的一个特点。

由于闽俗男风盛行,一些好男色的官员到福建做官时便会充分地利用这一机会。冯梦龙《情史》卷二二载:

吾乡一先达督学闽中,闽尚男色,少年俱修泽自喜。此公阅名时,视少俊者暗记之,不论文艺,悉加作养,以此得谤。罢官之时,送者日数百人,皆髫年美俊如一班玉笋。相随数日,依依不舍。归乡不咎失官,而举此以夸人,以为千古盛事。[59]

而契兄弟一词亦渐由闽地传播到别处,以至当时某些小说常以"兄弟"作为男宠的代名词。《金瓶梅》第九十六回写陈经济落魄做了侯林儿的男宠,小说写道:

---

[57] 《李渔全集》第八卷,浙江古籍出版社,1992 年,第 108 页。
[58] 同上书,第 130—131 页。
[59] 《情史》,岳麓书社,1986 年,第 859 页。

众人看见经济，不上二十四五岁，白脸子，生得眉目清俊，就知是侯林儿的兄弟，都乱调戏他。

同回又写来了个看相的老人，众人便对他起哄陈经济道："你相他相，倒相个兄弟。"可见"兄弟"一词的特殊含义在当时的北方亦已流行。

京城、江南和福建是晚明男风流行最为严重的三个中心区域，但在这三个地区之外，实际上也很不乏男风的流行。晚明小说《石点头·潘文子契合鸳鸯冢》的开头就有一段当时各地对男性同性恋的不同称呼的记载：

那男色一道，从来原有这事，读书人总题叫做翰林风月。若各处乡语，又是不同。北边人叫炒茹茹，南方人叫打蓬蓬，徽州人叫塌豆腐，江西人叫铸火盆，宁波人叫善匕，龙游人叫弄若葱，慈溪人叫戏蝦蟆，苏州人叫竭先生，大明律是唤作以阳物插入他人粪门淫戏，话虽不同，光景则一。[60]

从这些俚语中可见各地男风之盛。我们现在从晚明的各种笔记中，也时常可以发现有关记载，如《五杂组》卷四：

渡江以北，齐、晋、燕、楚、秦、洛诸民，无不往泰山进香者……及祷祠以毕，下山舍逆旅，则居停亲识皆为开斋，宰杀狼藉，醉舞喧呶，娈童歌倡，无不狎矣。[61]

写的是泰山的，所涉却广为齐、晋、燕、楚、秦、洛六地之民，男风之风靡各地于此可见一斑。

写作于万历年间的王临亨《粤剑编》卷二叙广东一带风气曰：

---

[60] 《石点头》第十四卷，《中国话本大系》本，江苏古籍出版社，1994年，第304页。
[61] 《五杂组》卷四，中华书局，1959年，第98页。

> 穗城人富而俗侈，设席宴客，日费二三十金，常有荡子以千金买一顽童者。[62]

冯梦龙《情史·情外类》搜集各种笔记中的各地同性恋轶事甚多，如《梁生》言东粤事，《万生》言湖北黄州事，《宝应朱凌溪》言陕西事等，都有一定的参考价值。

晚明社会普遍的男风流行的状况，使当时对同性恋深恶痛绝的西方传教士或探险家惊诧不已[63]，曾在中国逗留了很长时间、熟谙明代世情的著名传教士利玛窦就曾经写过他在当时北京街头所见到的情景：

> 公共场所充满了刻意打扮成娈童模样的少年，一些人买回这些少年，教会他们弹琴、唱曲和舞蹈，然后这些可怜的男孩浓妆靓饰、涂脂抹粉，变得恍若美女，就这样正式开始了可怕的卖淫活动。[64]

这类材料应该说还是比较可信的。

## 六、明中晚期的同性恋文学

明中晚期的各种史料笔记为我们留下了许多关于当时男风盛行的较为可信的资料，但囿于传统的偏见和正统士人对性爱问题的排斥，不少士人视有关材料为琐言猥谈而略去不载。因此，我们现在所能看到的这些东鳞西爪的记载，对于深入地了解这种性爱风气来说，还是过于简略了。而弥补这种缺憾的最好的办法或许就是阅读这个时期的小说戏曲，它们丰富的内蕴，往往使我们可以生动而完整地了解当时这种性爱风气的原貌。

一个时代的文学往往也就是这个时代风气的一面镜子，明中晚期的人情小

---

[62] 《粤剑编》卷二《志土风》，中华书局，1987年，第78页。
[63] 参见 Bret Hinsch 著 *Passions of the cut sleeve* P.1 University of California Press，1990.
[64] Jonathan D.Spence，*The Memory Palace of* Matteo Ricci，p.220.New York，1984.笔者译。

说，都或多或少地掺杂着男风的描写，风气所及，甚至历史演义或武侠小说，亦不免略带一二。至于像《金瓶梅》《绣榻野史》《浪史》等狭邪小说，其中的同性恋描写更是赤裸裸的。不过这些小说多以描写异性恋为主而把同性恋作为陪衬或点缀。随着男风日趋泛滥，晚明开始出现专以男性同性恋风气为题材的小说，构成了一个史无前例的同性恋文学系统，从文化史的角度看，它们给后人留下了这场性爱风气的大量的生动直观的信息。

明代专写同性恋的小说最早似应追溯到万历天启年间的小说家邓志谟，他写过一个中篇《童婉争奇》，内容叙都城某花柳街上，有一男院长春苑，有一妓院不夜宫。因世人喜爱娈童，使得长春苑百般繁华，不夜宫十分寂寞。妓女们对娈童非常嫉恨，便时时挑衅，与娈童们互相辱骂，甚至大打出手。最后经一书生的调解，他们相互认识到彼此的长处，言归于好。书中把男院置于妓院完全平等的位置，并且有意地强调男院如何地比妓院更受人欢迎。这个作品的出现，表明当时人对同性恋已是司空见惯，并趋向于把它视为性生活中的一个重要的组成部分，是一种与异性恋同样合理的行为。但这个作品调侃游戏的色彩过浓，掺和了过多的典故和打油诗，文笔亦嫌呆滞，这些都影响了小说的深度和力度，当然它也就不可能产生大的影响。

此后值得一提的是天然痴叟（席浪仙）的《石点头》，这部小说刊行于崇祯初年，首龙子犹序。其时正值江南男风泛滥，此书第十四卷《潘文子契合鸳鸯冢》，写的是一个哀婉的同性恋故事，情节大致是晋陵书生潘文子和湘潭书生王仲闻都到杭州求学，两人同住一层而生爱慕之意，为先生所斥逐。于是他们废学弃家，避往永嘉罗浮山中，在那里买田耕种，过了一段自由自在的日子。后自筑坟墓，双双同日逝去。不久墓上生出两棵紧相拥抱的大树，上有比翼鸟宛转和鸣。这个故事原见于元人林坤《诚斋杂记》，流传颇广，但这篇小说却根据明人的观念大加演绎，于中颇可窥见晚明习气。如小说写潘文子容貌出众姿态风流，于是，与他接触的男人便都想入非非：

> 那些读书人都是老渴子，看见潘文子这个标致的人物，个个眼里火，闻香嗅气。年纪大些的，要招他拜从；留下中年些的，拉去入社会考；富贵的，

又要请来相资……还有和尚道士，巴不得他做个徒弟；还有一等老白赏，要勾搭去奉承好男风的大老官。⑥⑤

然后又写到潘文子在杭州求学，同窗们也都在他的美貌之前丑态百出。应该说，这些都属于晚明特有的世相而非仅是对一段古代传说的重提。这篇小说写得波澜迭起，非常生动，表现了当时人对同性恋情浪漫的向往。

崇祯年间可谓是中国同性恋小说创作的成熟期和旺盛期。这个时期最为引人注目的成就是在不到十年的时间里，共出版了三部同性恋小说专集，这就是京江醉竹居士的《龙阳逸史》和笔耕山房醉西湖心月主人的《弁而钗》《宜春香质》。虽然从艺术水平上看，它们还比较粗糙且失之猥亵，但笔法上的朴拙却相对地使它较好地保留了当时社会的原始面貌。它们反映的社会面很广，对同性恋风气的表现也很深入，尤其是关于同性恋男妓阶层的内容非常丰富。这三部小说集构成了晚明颇具规模的同性恋文学系统，它们丰富的内蕴和广阔的生活面为我们打开了过去所完全没有看到过的晚明社会生活的一个方面，从中我们可以汲取到大量的关于男性同性恋风气、道德观念、审美倾向、卖淫状况的信息。实际上，把它们放到同期的世界文化史上考察，像这样专以同性恋为题材，主题集中、篇目繁多、反映面广的小说集，也是具有不容置疑的先驱的意义的，因此具有异常重要的社会文化史价值。距离崇祯的六十多年之后，日本的古典作家井原西鹤才写出了他那引起世界文学界注目的同性恋小说集《男色大鉴》，而他无疑在一定程度上受到了晚明这些小说的影响。关于这三部小说集的内容及意义，笔者已另撰文介绍⑥⑥，这里不赘。

晚明社会普遍的同性恋风气在戏曲中也时有反映。查阅明曲目录，可以发现当时曾出现过不少专写男风的单本剧曲，如黄方胤《陌花轩杂剧・娈童》、王骥德《男王后》《裙钗婿》、茅维《双合欢》《金门戟》、吴礼卿《媸童公案》、沈璟《分甘记》以及无名氏《龙阳君泣鱼固宠》《分钱记》《男风记》等。与通俗小说不同

---

⑥⑤ 《中国话本大系》本，江苏古籍出版社，1994 年，第 306 页。

⑥⑥ 参见拙文《〈弁而钗〉〈宜春香质〉的年代考证及其社会文化史意义发微》，香港大学《东方文化》第三十二卷一期，1994 年。《〈龙阳逸史〉与晚明的小官阶层》，《中国文化》1995 年秋季号（总第十二期）。

的是，这些剧曲大多是对某一段历史上的同性恋故事的演绎而非创作，如王骥德两剧皆演南朝陈子高事，《金门戟》演汉武帝事，《分甘记》演弥子瑕事，至于《龙阳君泣鱼固宠》则题目已表明演魏王与龙阳君事。不过，细读之下，我们会发现这些历史故事只不过是个框架，从中读到的，往往仍是晚明士人的趣味和观念。如王骥德《男王后》，历史故事上的陈子高本为贱民，年十六，以姿容美丽为陈文帝所宠，位至高官。王骥德对史事按明人的趣味加以渲染和改编，以文帝册封陈子高为后、"古有女主，亦当有男后"作为主要情节，写陈子高如何艳冠群芳、宠夺六宫，以致公主也不顾一切地追求他。剧中一再地突出陈子高"身虽男子，貌似妇人，天生成秀色堪餐"的女性化形象，而这也正是明人所最为迷恋的男性美。

黄方胤《陌花轩杂剧》是晚明一部较为少见的以当代生活为背景的单本剧曲集，其第九出《娈童》写的是专职小官的故事。内容叙一福建商人与十五岁的小官皮嵩的嫖宿关系。写皮嵩见利忘义、见钱忘情。剧中做牵头的尹仁的一段话"近日南风盛，少年不害羞。见钱解裤带，忍痛几回头"正是此剧的主题。这个剧本是晚明男风盛行的产物，其内容和意义都与小说《龙阳逸史》相近。

此外，晚明的笑话和山歌俚曲中也都掺杂有大量的同性恋内容，如果从《笑林广记》等笑话集、山歌集里收集有关条目，数量将会是相当可观的，超过了此前的任何历史时期。由于这类作品多为口头创作，追求刺激性，往往直接从性行为上调谑取乐，难免失之猥亵，因而相应地削弱了它们反映社会风气的深度。不过，它们在晚明的大量涌现，本身就是当时社会男风盛行的一个最有力的证明。

【吴存存　香港大学中文学院教授】

原文刊于《中国文化》2001 年 Z1 期

# 从王阳明到黄梨洲

罗义俊

本文主旨在透过阳明之学与梨洲之学的精神连结及其逻辑展示，指陈作为中国文化主动脉的儒学在其发展过程中，自有之现代指向。而此又必须先判识阳明学之精神。

## 一

明儒立言，大体血脉皆承宋儒，故中国思想史上有“宋明理学”之旧称。宋明理学即宋明新儒学，为上承孔、孟、荀、董第一期儒学的第二期儒学。明儒之学则以阳明学为大宗，透过阳明学即可观明儒精神，故已故史学大师钱（穆）宾四先生说：“言明学，阳明一人已可代表。”[①]此言甚是。纵观明儒之学，阳明之前一百多年，多沿袭传承程（颐）朱（熹），大抵上恪守紫阳家法；白沙（陈献章）自开门户，始入精微，接上象山心学，然其规模体系均不能与阳明学相提并论，只能视为阳明心学之先河。至阳明起，“始辟新蹊径，立新旗帜”[②]，光彩毕露，梁任公谓其

① 《宋明理学概述》（二），台北中华文化出版事业社，1962 年 12 月第 3 版，第 183 页。
② 钱穆：《中国学术思想史论丛》（七），台北东大图书公司，1986 年 9 月再版，第 68 页。

学像打药针一样，令人兴奋，而能做五百年道学结束，吐很大光芒③。阳明后，无论是所谓“阳明右派”还是“阳明左派”，是宗姚江还是辟姚江的，无非是为了“阐良知之秘而防其流弊”④；即使被有的学者定性为阳明异端的“假阳明学派”的泰州学派⑤，其首席心斋（王艮）亦执礼阳明，而欲揭述“良知之妙”，说“良知还自觉”⑥，未尝于阳明“良知”外别创新中心观念，至少离不开阳明学之笼罩，故任公即将心斋列为阳明后能把师门宗旨发挥光大的门生行。

以阳明学为明儒之学的代表，就思想史学术史上言，究其源，其说即出自梨洲。梨洲曰：

> 有明文章事功，皆不及前代。独于理学，前代所不及。牛毛茧丝，无不辨析，真能发先儒之所未发。程、朱之辟释氏，其说虽繁，总是在迹上，其弥近理而大乱真者，终是指不出。明儒于毫厘之际，使无遁影。
>
> 《明儒学案·自序》

梨洲所言明学高于宋学之精微，实即指阳明学。其曰：

> 有明学术，白沙开其端，至姚江而始大明。
>
> 《明儒学案》卷十《姚江学案》

阳明学为六百年宋明理学的高峰，自梨洲判定以来为三百余年学界不争之事实。由是，我们亦可以判定，阳明学之精神即为明儒之精神。

当代新儒家巨子对宋明儒学有各自路径的疏通厘定，这些疏通厘定都顺宋明儒学自身的轨辙而作，无入主出奴之见，独立于政治意识形态之外，是言之有据而可凭依的时代知识成果，从他们的疏通厘定中，我们还可以较不费力地进一

---

③ 《中国近三百年学术史》，中华书局，1943 年 8 月渝重排初版，第 3 页。

④ 《明儒学案·莫晋序》。

⑤ 侯外庐主编：《中国思想通史》第 4 卷下册，人民出版社，1960 年 4 月第 1 版，第 958 页。

⑥ 《明儒学案》卷三十二，《泰州学案·心斋语录》，商务印书馆，1935 年 6 月第 3 版。

步判识阳明学的儒学地位与意义。牟宗三先生的名著《心体与性体》[⑦],以同中求异的理路,判阳明与象山为宋明儒学之一系,又与明道、五峰合为一大系;唐君毅先生的巨著《中国哲学原论》则以异中求同的理路,判“阳明之学又实由朱子所论之问题与义理而转出”,“其精义所存,则与朱子之别在毫厘间,而皆可说由朱子之义转近一层而得”[⑧];钱宾四先生乃以同异互显的理路,谓阳明近接明道、象山,反伊川、朱子,却“始终未能摆脱尽朱熹的牢笼”,其意实是要把“传统诸家,和会包罗”,“要把《大学》和朱熹意见和他的良知学会合”[⑨]。由是,我们又可进而判定,阳明学与宋儒确属一脉相承,是宋学发展的必然与整体性活动成果,而阳明学的精神指向逻辑上自亦可视为整个宋明儒学的精神指向。

## 二

然而阳明“以论学为世所忌”[⑩],一直遭到攻讦指斥,其中最易使人接受的恶名是“学问空疏”。阳明一死,嘉靖即用少保桂萼奏而下廷臣议,以其“非朱熹格物致知之论”[⑪]而诏停世袭,不予恤典,“诏禁伪学”[⑫]。此罪名实开后世以“空疏”斥阳明学之端,所谓“非朱熹格物致知之论”,正面说即“学问空疏”。稍后,被梁任公称为事功派的张居正辈和文学派嘉靖七子王世贞辈各以阳明学为不切时务、学问空疏而加以反对。至明末清初,与梨洲并列为三大儒的亭林、船山因家国天下之亡,痛恨明末学风,抨击王学末流,而推原祸始,归责阳明。清季以来,反王学尤甚。学界推崇考据与所谓汉学,集中反对宋明儒心性义理之学,而阳明学首当其冲,自巨擘严复、章太炎批评王学至整个学界普遍以空疏斥阳明心学,所谓“空尊德性而无补道问学之功”“空谈圣贤之学,无补世道”,等等,此已

⑦ 台北正中书局印行。
⑧ 《原教篇》,台湾学生书局,1979 年 2 月修订 3 版,第 204 页。
⑨ 《宋明理学概述》(二),第 210—211 页。
⑩ 徐阶:《阳明先生画像记》,《王文成公全书》卷三十八,民国二年中华书局影印隆庆本。
⑪ 《明史・王守仁列传》。
⑫ 《王文成公全书・年谱》嘉靖八年二月。

为人所皆知,不烦赘引。此种种空疏之批评,固然自有其背景及学者之意旨所在,亦有指王学末流为王学本身之类的误解,以及激于亡国之变所作的愤慨之言,但有一点是绝对可以肯定的,这就是:空疏根本不是阳明学的精神。

阳明学是生命的学问。儒家以仁以善为生命本体的心性论与性善论,原非空谈心性、空谈本体,而是要以体证形上本体的进路,建立生命——日常生活的理性轨道,是生命的学问。此所谓生命的学问,最强调人生体验与人生实践。详言之,即直接面对人生,从人生体验中得来,不离人生实践,并特别强调践履工夫以克治生命中的一切负面东西作道德实践,追求生命的真实意义与价值,达成生命的形上境界与道德人格。这就是儒家传统所称的为己之学、成德之教,亦即儒家的核心内圣之学,用现代哲学语言来说,即生命自处之道。阳明的学说也来自他对自己生命存在的体验,它直承孔孟宋儒的心性中心论与性善论及象山心学,纯是孔孟血脉的人生体验之学。阳明心学的形成及其发展过程,即阳明门人徐曰仁(爱)、绪山(钱德洪)、龙溪(王畿)等及梨洲《明儒学案·姚江学案》所概括的阳明成学前后之各三变,完全可以说明其生命与学问成就的不离不二的内在关系。

所谓"前三变",即阳明成学前变化,成学前与成学实为阳明学的酝酿,亦即梨洲所言"其学凡三变而始得其门"[13]。关于"前三变",说法有三。一是徐曰仁、绪山等《刻文录叙说》,谓:"少之时驰骋于辞章;已而出入二氏;继乃居夷处困,豁然有得于圣贤之旨,是三变而至道也。"二是绪山《阳明年谱》所录,阳明成学前的变化是跳跃交叉的,大体是:始泛滥于词章,继而遍读考亭遗书,居夷处困悟圣人之道,三即梨洲所言。三说虽稍异,但其总体大同,都能透见阳明成学前的每一变化连着其生命阅历与生命体验。兹按梨洲说其前三变。阳明性格豪迈不羁,对生命原有执着的追求,少即慨然有经略四方之志,以读书为学圣贤之事,好辞章之学,又读兵法。十八岁,至广信谒娄一斋,用朱子格物之学,深契其说,乃通读朱子书,此为一变。阳明治习宋儒之学自始即不离工夫,遂有格竹悟理之事。但格了七天未能格通,乃思得循序格物,物理吾心终判为二,无所得入。这

---

⑬ 《姚江学案》。

就是说，物理知识在吾人生命之外，不能处理吾人生命问题，于是出入于佛老。此为二变。三十一岁告病居越，筑室阳明洞，修养生术求出世道，屏释诸念而唯祖母与父亲在念上不能去，乃悟此念即爱亲本性与生俱来不可去，终于以仙释非道而归儒。此为三变。

归儒之初，阳明折中群儒之言，以倡明圣学为事，直至抗议忤权、投荒万里、居夷三载，始合孔门致知之学与孟子良知之说而成就致良知教。赴谪途中，权阉刘瑾遣刺客尾随，阳明潜入武夷山思远遁，但他终于为免赤族之祸而自格去求保全一己生命图谋逃遁之心，正视劫难，把生命顶上去，熬着万险，慨然赴谪。既至龙场，居夷处困，动心忍性，万死一生，乃大悟圣人之道，悟性自足，不假外求。自是倡言良知之学，学者翕然从之，遂有"阳明学"。

"前三变"朗现了阳明由一个胸怀豪情壮志的少年成为一代新儒家的心路与生命历程。此历程足以说明阳明学是从其流变多难、亲蹈生死真境的生命经验而来，阳明尝自言某于此良知之说从百死千难中得来⑭；而其生命的种种经历正是阳明学的最好注释。"他所认识的良知，绝不是一件的东西，也不是平易简单的把戏，更不是空疏无着落的一句话"⑮。

阳明成学后三变是阳明良知学的发展。后三变亦有两种说法。一是《刻文录叙说》所言：(1)居贵阳时首与学者为知行合一之说；(2)至滁阳(42岁)多教学者静坐；(3)江右(50岁)以来单提致良知三字，直指本体。二是梨洲所言，乃是：(1)悟良知之始，以默坐澄心为学的，即专事收敛工夫，以廓清心体，见良知本体；(2)次江右以后专提致良知；(3)晚年居越以后时时知是知非，时时无是无非，开口即得本心，实即天泉桥问答四句教。但无论何说，均不害其所显示的两大生命性特点。

第一，阳明所言乃生命历练而来的真实经验。如默坐澄心专事收敛即是其龙场居困之工夫。龙场驿在万山丛棘中，环境险恶，蛇虺瘴疠，语言不通，又须防刘瑾的刺客，且从者皆病。他自念得失荣辱皆能超脱，唯生死一念未化，乃凿石椁，日夜端居澄默以求静，作收敛工夫。终于诸念俱释，心体廓然，胸中洒洒，进

---

⑭ 《年谱》五十岁正月。

⑮ 钱穆：《阳明学述要》，台北正中书局，1957年1月第2版，第43页。

而念及圣人处此更有何道,乃大悟良知。故阳明成学初教人静坐、专事收敛工夫,息纷杂思虑,扫除廓清私念,使自悟性体。

第二,重自我省察克治工夫,自格其心。阳明不是空谈心性,驾空立笼罩语,更不是专守方典,其学根源处不离自己的生命实践。平宸濠后,天下谤议阳明日炽。阳明五十二岁居越,明确对邹守益、薛侃、王艮等弟子们分析谤议益众之一原因,是由于他自己南京以前尚有乡愿意思。阳明此所谓乡愿意思,其事乃指平宸濠后,初按实奏,提督军务太监张忠、副将军安边伯许泰因失俘宸濠之功而沮阳明见帝,及与纪功给事中祝续、御史章纶谗毁百端,阳明乃依提督赞划机密军务太监张永言,易前奏而尽入诸嬖幸名。阳明对诸生论乡愿狂者之辩,谓乡愿即媚世,其心已坏:狂者则不与俗谐,一切纷嚣俗染举不足以累其心,故心尚未坏。可见阳明讲良知,实扣紧自己的生命,要自格其心;若不自格其心,焉能自揭乡愿意思?平宸濠后自格乡愿意思乃阳明良知学发展的关键,阳明自此亦益信良知,对弟子们说:"在今只信良知,真是真非处,更无掩藏回护,才做得狂者。使天下尽说我行不掩言,吾亦只依良知行。"⑯又自言经宸濠忠泰之变,益信良知足以忘患难,出生死,所谓考三王、建天地、质鬼神、俟后圣无弗同者。又遗书邹守益曰:"近来信得致良知三字,真圣门正法眼藏。往年尚疑未尽,今自多事以来,只此良知,无不具足。譬之操舟得舵,平澜浅濑,无不如意。虽遇颠风逆浪,舵柄在手,可免溺之患矣。"⑰可见阳明江右以后专提致良知教,亦是"只本他自己内心真实经验讲"⑱。按阳明自格其心的真实经验,良知是生命之舟的操舵,是千古所同的生命之真实,它充满活力,而不是与吾人生命了不相干的外在知识,不是一孤悬本体,不是"专守方典"、故纸丛碎中讨来的死生活。

显而易见,阳明成学前的酝酿与成学后的发展,充分展示了阳明学以人生体验为基源,扣紧生命而成就,为生命的学问。

---

⑯ 《年谱》五十二岁二月。

⑰ 《年谱》五十岁正月。

⑱ 钱穆:《宋明理学概述》(二),第199页。

## 三

上述阳明成学发展过程中所显示的两大生命性特点，其实正是其良知学内在的特质，故而又必表现其思想体系的总体性特点，这就是对“行”、对“实践”之强调，亦即其弟子们所谓“先生立教，皆经实践”[19]。此“实践”的精神，始是阳明学的精神。

阳明憾于象山心学蒙四百年“无实之诬”，欲为之一洗[20]。他认为圣门原是“实学”[21]。而他的致良知教乃是濂溪、明道以后日就支离破碎决裂以至湮晦的圣学之倡明，自然亦是“实学”。阳明心学以致良知、知行合一、四句教[22]为三纲领，以心、意、知、物为观念体系。牟宗三先生说，阳明学的系统性就建立在心、意、知、物四个概念的关键性上，心、意、知、物四者关联着说而有四句教[23]。阳明亦尝明确自言，心、意、知、物，只是一事。故四句教实是以此四概念为体系的总结性纲领。阳明又言：致良知是学问的大头脑[24]。故三纲领与四观念都是良知观念之展开，从而成立良知学。对此四观念作哲学存有论的概念解析，牟先生的《从陆象山到刘蕺山》和《圆善论》相当精详清晰，读者自可去参阅。

这里要指出的是，阳明良知教均不离“行”“实践”“反身实践”之观点与工夫。

阳明论知行合一，即可见其重“行”，重“事上磨炼”，重“实践”，强调作工夫，他是从工夫论上论知行。他说知行“元来只是一个工夫”[25]，“知是行之始，行是知之成，圣学只一个工夫”[26]，一再强调知行并非两截用功，知行不可分作两事，

---

⑲ 《年谱》三十九岁。
⑳ 《年谱》四十岁正月。
㉑ 《与王纯甫书二》，《王文成公全书》卷四。
㉒ 无善无恶心之体，有善有恶意之动，知善知恶是良知，为善去恶是格物。此又称“四有句”。
㉓ 《宋明理学演讲录》（四），台北《鹅湖》月刊 1988 年 9 月；《圆善论》，台湾学生书局，1988 年 7 月初版，第 300 页。
㉔ 《答欧阳崇一》，《王文成公全书》卷四。
㉕ 《答友人问》，《王文成公全书》卷六。
㉖ 《传习录》上。

知行工夫本不可离。阳明以知行便是本体,但他说他不是悬空杜撰知行本体,教人只去悬空想个本体,他讲体用一源,即体即用,即用即体,其实仍是重视工夫,为工夫论之本体论根据。他说,“学者用功,虽千思万虑,只是要复他本来体用而已”[27]。梨洲谓阳明致良知为示人求端用力之要,而“良知为知,见知不囿于闻见;致良知为行,见行不滞于方隅:即知即行,即心即物,即动即静,即体即用,即工夫即本体,即下即上,无之不一”[28]。在阳明,工夫论与本体论原是合一不分,故必教人知行合一并进。他说:“未有知而不行者,知而不行,只是未知。圣贤教人知行,正是要复那本体……知行如何分得开,此便是知行的本体……知是行的主意,行是知的工夫。”[29]可见阳明对“行”的“工夫”之强调。

此重“行”的观点,贯串阳明良知学始终。阳明江右以后专提致良知,“致”字即是“行”字,“致良知”即是“行良知”,即是做恢复真实良知本体的工夫。他说“致知之必在于行,而不行之不可以为致知也”[30],又谓“圣人之心学,必以力行为工夫”[31]。晚年四句教,龙溪以为“四有句”是阳明权法,谓按良知本体至善说,则其定法应为“心体既是无善无恶,意亦是无善无恶,知亦是无善无恶,物亦是无善无恶”。此即“四无句”。绪山以二人所见异,与龙溪问师。阳明谓其原有“四有”与“四无”两种教法,相互为益,则良知学无遗矣。而“四无句”乃为上根人论教,上根之人直从本原上悟入,一悟本体,即见工夫,为顿悟之学。此实即阳明所谓之即体即用的进路。“四有句”则为阳明接中根以下人教法,取即用即体的进路,为渐修工夫。唯阳明谓,上根之人,世所难遇,颜子明道亦不敢承当;中根以下则不免有习心在,人有习心,故若不教他在意念上实用为善去恶工夫,“只去悬空想个本体,一切事为俱不着实,此病痛不是小小,不可不早说破”。故阳明郑重嘱咐,龙溪只好默默自修,二君以后,再不可更此四(有)句宗旨,此四句中人上下无不接着,依此四有句随人指点,自没病痛,强调“此原是彻上彻下

---

[27] 《答周道通》,《传习录》下。
[28] 《明儒学案·师说》。
[29] 《传习录》上。
[30] 《传习录》中。
[31] 《传习录》上。

功夫”[32]。

阳明既强调着实工夫，故虽反对无主意的无知之冥行；亦必更多地反对茫茫荡荡悬空个本体，徒以口舌说无行之知，而他之论知行合一，则正是要对治此病痛。他说：“必说一个行，方才知得真。若必待知得真了，方去做行的工夫，故遂终身不行，亦遂终身不知。此不是小病痛，其来已非一日矣。某今说个知行合一，正是对病的药，又不是某凿空杜撰，知行本体，原是如此。”[33]由是，阳明必进而强调此行之工夫不离躬行实践，不离人情事变，不离日用实事，而重“事上磨炼”，此“行”原有亲履义、实践义。阳明认为，事上为学，才是真格物，离了事物为学却是著空。致良知不是悬空的致知，致格在实事上格之意，“定必是有事之工夫”，“人须在事上磨炼做工夫，乃有益”[34]。阳明批评悬空思索或但口说知行合一之学，其病在“全不着实身行”[35]，致良知之功未能了彻，亦在“不会就自己实工夫上体验”[36]，“未尝体诸其身”[37]。他还就自己人生经验上强调实践的世俗意义，谓“以言谤人，其谤浅。若自己不能身体实践，而徒入身出口，呶呶度日，是以身谤也，其谤深矣。”[38]又以行路喻知行合一并进之说豁显亲履义，谓“路歧之险夷，必待身亲履历而后知”[39]。

如此又可知此实践乃向里工夫，反身实践的工夫。阳明谓在意念上作为善去恶的工夫，原就是从心地上用功。他又自言格致诚正之说，“是就学者本心日用事为间，体究践履实地用功……在正与空虚顿悟之说相反”[40]。为阳明视为颜渊的首席弟子徐爱则明确谓乃师致良知的工夫是“反身实践”[41]。

此重在事上磨炼、反身实践的工夫，从一己之个体生命上言，即是对自我生命中的妄相，一切负面的东西，如私欲、意见、习气等作省察克治工夫，即宋明儒

---

[32] 《传习录》下；《年谱》略同，《龙溪集·天泉证道记》语小异。
[33] 《传习录》上。
[34] 《传习录》下。
[35] 《传习录》上。
[36] 《传习录》中。
[37] 《答陆元静二》，《王文成公全书》卷五。
[38] 《传习录》下。
[39] 《传习录》中。
[40] 《传习录》中。
[41] 《明儒学案·浙中王门学案一》，又见《传习录》上。

均称之存天理灭人欲的工夫；而省察克治之功，正在“变化气质”[42]，净化生命，提升生命境界，达成道德人格，成为一真实的人、真正的人。故阳明曰“人须在事上磨，方立得住”[43]，比干、龙逢只为他良知看得明，“所以能成就他的人”[44]。阳明强调行与反身实践之观点与工夫，其旨正在此。此原是宋明儒的精神，亦是阳明学的精神。

对此省察克治以净化生命，阳明早期有一明喻，即刮磨心镜尽去驳蚀以廓清心体。阳明龙场悟道不久在南京论实践之功，谓学者欲为圣人，必须廓清心体，使纤翳不留，真性始见，有方操持涵养之地。黄绾疑其难。阳明曰：圣人之心如明镜，纤翳自无所容，自不消磨刮。若常人之心，如斑垢驳蚀之镜，须痛刮磨一番，尽去驳蚀，然后纤尘即见，才拂便去，亦不消费力，到此已是识得仁体矣[45]。所谓尽去驳蚀，即生命净化。所谓识得仁体，亦即“良知在我”[46]，见得真性。故龙溪曰：“良知原是性命合一之之宗”[47]。

至此，阳明良知教又可识定为生命实践之学，为人生实学。

## 四

致良知教为阳明所视之儒门嫡传，谓“我此良知二字实千古圣贤相传之一点滴骨血也”[48]，认为圣门工夫只要注意头脑，良知即是个头脑。此良知，他认为是天理之本源，是人之先天之心体，说：“天也者，在天为生物之仁，而在人则为心。心，生而有者也”[49]。又说：“良知是乃天命之性，吾心之本体自然灵昭明觉

---

[42] 《与王纯甫书》，《王文成公全书》卷四。
[43] 《传习录》下。
[44] 《传习录》下。
[45] 《年谱》三十九岁十二月。
[46] 《寄邹谦之》，《王文成公全书》卷六。
[47] 《明儒学案·浙中王门学案二》。
[48] 《年谱》五十岁正月。
[49] 《五经仁说十三条》，《王文成公全书》卷二十六。

者也”[50]。盖性是心之体,天是性之原,故“良知即是天植灵根,自生生不息”[51]。

在先天心体上立根的阳明良知学,其根源性的、中心的观念乃“心即理”;唯此原为象山之命题,象山此心乃孟子“本心”之概念,阳明承之而创造性表现在“求本心于良知”[52],故又成“良知即是天理”[53]。而阳明所谓“此心纯乎天理”“心之本体即天理”“心之本体原是一个天”“良知即天”“心即天”,等等,均是此“心即理”“良知即天理”中心观念的表述。

良知既是人我生命主体的自生生不息的天植灵根,当然就是人我之全幅意义的生命活动的动力源,为一创造心。心之创造乃一无限自由的自动之创造,阳明谓良知“无执着”[54],万感万应,“随感随应,无物不照”[55],故得以充塞流行,心体广大,无所不该;良知实是一与万物相与感应流通无执无碍的无限自由心。在阳明,这个无限自由创造心,实即孟子所谓之不待虑而知、不待学而能、人皆有之的是非之心、道德本心,良知是仁,是至善,其实良知即是道德义。人之具体存在即根源于吾人之良知心,道德为生命之内涵真实性原则、理性原则,道德是人的真正生命。同时在人的生命活动的展开中,良知既是个头脑也就是个内在主宰,是决定生命方向的主宰。阳明很明确地说:“心虽主宰于一身而实管天下之理,万事不外乎一人之心”,又说:“只是那天理发生,以其主宰一身故谓之心。这心之本体,原只是个天理。这个便是汝之真己”[56]。这就是说,身心一体的人的存在,在本质上是个精神的体,道德的、理性的存在,是个心的存在,人的活动本质上是精神主体、道德主体本乎天理、循乎天理亦即良知心的活动。换言之,人之生命实践、道德实践即由此心发动与主宰,致良知的工夫即由此心发动与主宰。阳明认为,自家心性活泼泼地,充满着创造的活力,“天地间活泼泼地,无非此理,便是吾良知不息”[57]。

---

[50] 《大学问》,上书卷二十六。
[51] 《传习录》下。
[52] 《明儒学案·师说》。
[53] 《传习录》上。
[54] 《传习录》下。
[55] 《传习录》上。
[56] 《传习录》下。
[57] 同上。

因此,“良知即是天理”的中心观念,其本体论意义乃径以主体即本体,以主体即形上道体,而成其主观本体(心)客观本体(性、道)是一天人不二的本体论。这就是阳明所谓“心即道、道即天”,所谓“四书五经不过说这心体,这心体即所谓道心,心体明即道明”[58]。在阳明,心、性、道、理,原是一,而以良知即天理之观念为之总纲。“就哲学意义讲,此一哲学的优点在于能直接肯定主体性”[59]。其实不只是优点,而是在根本特质上,阳明良知学即是一心的哲学,一主体的哲学,或称主体性哲学。

阳明此一主体的哲学,就人的存在意义与认识论上说,即在明吾人生命之真实意义为心之自觉,在对生命主体的精神性、道德性、理性的直下把握与肯定,对人性尊严的直下把握与肯定。从工夫论上说,直指良知本源的工夫乃一自觉的工夫。从动力论上说,即人的一切活动从天植灵根的自身生命根源处发出动力,则此动力自能生生不息。落到实践层面上言,即实践主体之建立,即直接挺立生命主体与道德主体。

申言之,即吾人自觉为一实践主体,以能自觉地作生命实践、道德实践,自觉地省察克治生命中的一切负面东西一切妄相,去除私欲之障蔽窒塞,使此心纯乎天理,使良知自莹彻,使生命理性化、刚健宏毅、活泼泼地,亦即挺起生命主体与道德主体,而绝不为外物所惑所役所障所蔽。至是,自达成一道德人格,一真正的生命,而圣贤亦不过如此。此即儒门作圣之功。阳明说:“必欲此心纯乎天理,而无一毫人欲之私,此作圣之功也。”[60]阳明以为,人依此良知,必自觉充满活力,必能忍耐做去,主宰不息,圆成一人格。他说:“只在此心纯天理上用功,即人人自有,个个圆成。”[61]这个圆成即圆成一真实我,而不为外物役使障蔽之自觉我道德我。人人自圆成一人格,即人人皆与圣贤人格平等,“即圣人气象不在圣人而在我矣”[62]。阳明以良知即天理,实儒门血脉为学先立乎大本、立志之义,他说:“吾人为学,当从心髓入微处用力,自然笃实光辉,虽私欲之萌,真是红炉点

---

[58] 《传习录》上。
[59] 劳思光:《中国文化要义》,香港中国人文研究学会,1987年10月,第33页。
[60] 《答陆静原》,《姚江学案》《王文成公全书》卷六。
[61] 《传习录》上。
[62] 《传习录》中。

雪,天下之大本立矣。"又说:"只念念要存天理,即是立志。"[63]

故阳明必强调在自心上做工夫,必以力行为工夫,以此为知行合一之大旨。他说:"我说个心即理,要使知心理是一个,便来心上做工夫"[64]。而由于心理原是一,只是为私欲障碍窒塞,始隔成二,此所以有从心上做工夫、作道德实践、净化生命之必要;又由于心理原是一,亦使人之自觉所作之道德实践成为可能。若心理判为二,人亦不足以自律自立自主自动,人不能自有尺度自有规矩方圆,则道德实践之自觉义就灭杀,即在根据上就不足。"向外寻理,终是无源之水,无根之木"[65]。

唯阳明心学之人生体验不仅是一己个体小人生而且是家国天下之大人生体验。阳明之生命实践、道德实践亦不离不隔社会实践。其内圣之学自有外王的实践要求与精神指向。阳明自我省察克治乡愿意思即是一最好说明。而阳明倡明良知教,亦明白地言"外弃人伦,却似未当理"[66],谓日用间莫非天理流行,"为学之要而为政亦在其中矣"[67],亦在强调一己生命向内反省与境界向上提升之道德实践当与"治家国天下"之大人生实践相关相联相通相融成一体。他明确批评遗弃伦理,不可以治家国天下。阳明自言其致良知要旨在"能疗得天下之病",望对沉疴积弊之天下事能起死回生[68]。故绪山为乃师良知教作诠解,谓其"未发寂然之体,未尝离家国天下之感"[69]。

此一己生命之道德实践之与家国天下之社会实践关联通融,亦即内圣与外王关联通融,用阳明自己的哲学语言说,即"反观内省未尝遗外"[70]。盖良知为仁心自体之万感万应活动,则吾人之心必感应家国天下之事而摄入成为吾心之所在物(事)、意之所在物(事),亦即内在化而与一己生命融为一体。阳明此义理,唐君毅先生有一极精当的诠说与抉发。唐先生说,格物之物犹事,乃就心物感应

[63] 《传习录》上。
[64] 《传习录》下。
[65] 《姚江学案》。
[66] 《传习录》上。
[67] 《姚江学案·语录》。
[68] 《与黄宗贤》,《王文成公全书》卷六。
[69] 《明儒学案·浙中王门学案一》。
[70] 《传习录》中。

上说，即意谓客观外在之物事次第与吾人相接，以为吾人所感所知，即亦次等成为吾人“意之所在之物”，即“吾人意念与事”之一面，以与吾人生命相干，亦与吾人之德性相干，如此则吾人亦不能只对之作客观外在之想，以为与吾人生命了不相干[71]。如此，家国天下事既通过吾心之应物起念而通入为吾人之生命，则吾人之道德实践亦必自与家国天下事相通而不隔不离，而所谓格物亦即格心之所在、意之所在之家国天下物事，故必自通出为家国天下大人生之社会实践。亦即内圣必通外王，亦即安顿自处一己之生命必以安顿家国天下大人生为社会目标、人生理想。阳明学实为大生命的学问。

而此一己生命之实践与家国天下之实践通融为一体观，原自阳明万物一体之本体论之观念而来。由万物一体论而展开为内圣外王一体论，集中在其晚年《拔本塞源论》与《大学问》中陈述。《拔本塞源论》通篇按其“圣人之心以天地万物为一体”论，托名三代，明确提出“推其天地万物一体之仁以教天下”，“同心一德以安天下之民”，使农工商贾各安其分各勤其业以相生相养，使天下之人“皆相视如一家之亲”的社会大同理想。《大学问》亦由其大人之心之仁本与天地万物为一体论，提出以良知至善明德为亲民极则而达吾一体之仁的大同理想。阳明以为致良知即是达成大同理想之治方，谓致良知义，“须是克去己私，真能以天地万物为一体，实康济得天下挽回三代之治方”[72]。何以致良知有此意义与效用，盖良知为大本，为道德文化价值之基础；致良知则能使天下事事物物理性化而有真实之价值，他说：“鄙人所谓致知格物者，致吾心之良知于事事物物也。吾心之良知即所谓天理也。致吾心良知之天理于事事物物，则事事物物皆得其理矣。”[73]此亦即使家国天下理性化，说“圣贤非无功业气节，但其循着天理，则便是道”[74]，此意即是使家国天下整个社会循着天理走上理性化的轨道。

在政治上，阳明良知学之提出，亦自有其明专制政治强化之背景，乃是专制皇权之一对治。有明一代，中央集权高度强化，这一点连常想从中国历史文化上多寻些好处长处的钱宾四先生都认可，他指出，倘使我们说中国传统政治是专制

---

[71] 《中国哲学原论 · 原教篇》，第300页。
[72] 《与黄宗贤》。
[73] 《传习录》中。
[74] 《姚江学案 · 传习录》。

的，政府由一个皇帝来专制，则用以讲明清两代是不差的[75]。明代政治之专制性除首先表现在高扬皇权废除宰相上外，刑法之苛严与对士大夫之高度压迫为其突出之表现。《明史·刑法志》说，“大抵明律视唐简核，而宽厚不如宋。”建文帝诏谓《大明律》，“较前代往往加重”。明代有廷杖之刑，大臣遭廷杖，则其人格辱甚，阳明忤刘瑾曾遭廷杖四十。对此高压性的政治，几无任何社会资源可以利用的士大夫、士君子唯有挺立道德主体始能与之抗争，亦始敢与之抗争，同时在形体遭刑后保持自心良知之清明莹彻。此所以有阳明主体性哲学盛兴于明，亦所以阳明有致良知功处朝廷难于在山林之兴叹。

因此，阳明明确提出“以仁民之心而行其养民之政”[76]的政治思想。而行仁政的关键，阳明认为在皇帝之心之归于正。他在《拔本塞源论》中指出“霸者之徒，窃取先王之近似者，假之于外，以内济其私己之欲。天下靡然而宗之，圣人之道遂以芜塞”。是故，“世人儒者，慨然悲伤……其为心，良亦欲以挽回先王之道”。而阳明提出的挽回之法，即“格君心之不正”，屡言“格其非心，大臣格君心之非之类，是则一皆正其不正以归于正之义”[77]，“格物如孟子大人格君心之格。是去其心之不正，以全其本体之正”[78]。

在家国天下的社会实践的学问即儒家外王学（分析言之则齐家乃修身与治国平天下之中介，亦可谓齐家乃外王之端）中，治平之学乃其主要内容。而阳明哲学的主体性，则是要先通过个体生命之道德人格之自觉建立直接建立，亦即挺立道德主体，使人有不息的自主自律自由自动的创造活力，而足以不受物欲障蔽，各尽其性，各尽其才，圆融无碍地投入家国天下的社会实践，就士大夫、士君子而言，则更须通过自格其心，不惑俗媚世，不做乡愿，以自觉地去“格君心之非”，使其心归正，“以仁民之心行其养民之政”。

故自觉地欲由内圣开出外王，乃阳明学之又一大精神。

---

[75] 《中国历代政治得失》，九龙大中国印刷厂，1965年4月增订4版，第85页。

[76] 《传习录》下。

[77] 《传习录》中。

[78] 《传习录》上。

## 五

虽然，就个人而言，阳明本心性以为事功，已彰显与成就其圆融无碍的不朽之道德人格、真实生命，但阳明学之外王指向，只是欲从道德上解决君主个人统治之理性化问题，欲由此通往社会大同之理想，即还只是停留在用德性的力量来格君心以行仁政德治的旧外王学水平上。不过，阳明把哲学锋芒直指最高皇权之精神指向则为黄梨洲所承传并有新意味。

严格而言，黄梨洲只是一哲学史家和思想家，这不是说他在哲学思想上无发挥，而是因为他在哲学观念尤是中心观念上没有创造。他是刘蕺山的弟子，蕺山一派旧说为姚江血脉。事实上，梨洲完全接受了阳明的心、意、知、物之之系统性观念体系[79]，他一生在哲学上只是推尊阳明，发挥蕺山慎独遗教[80]。他视阳明良知学为圣门嫡传，说“自姚江指点出良知，人人现在，一反观而自得，便人人有个作圣之路。故无姚江，则古来学脉绝矣”[81]，称赞阳明“良知即天”之中心观念为“大彻大悟”[82]。在明清嬗代之际斥王的时代氛围中，他承续东林对王学末流之弊的批判，其发心实欲为阳明思想作辨明回护，以澄清后世对阳明的误解[83]。至于蕺山慎独之教，亦原在以救王学末流放纵之弊，其学亦实不脱阳明学矩矱，乃本良知而发明慎独。阳明明白谓“谨独即是致良知”[84]，谓诚意“正是学问的大头脑”[85]。按梨洲的理解，则阳明学“所最吃紧处，皆不越慎独一关”[86]，并说：“余谓先师(蕺山)之意，即阳明之良知。先师之诚意，即阳明之致良知”[87]。故章实斋

[79] 参见《子刘子学言》卷一。

[80] 钱穆：《中国近三百年学术史》，中华书局影印版，第23页。

[81] 《姚江学案》。

[82] 同上。

[83] 陈熙远：《梨洲对阳明“心体无善无恶”的疏解与其在思想史上的意涵》，《鹅湖》月刊，1990年3月。

[84] 《姚江学案》。

[85] 《传习录》上。

[86] 《师说》。

[87] 《南雷文定》三集卷二《董吴仲墓志铭》。

谓梨洲之学"上宗王、刘"[88]。任公《中国近三百年学术史》亦谓梨洲所讲之学大端皆宗阳明,以阳明为根柢,推之为清代王学之唯一大师,清初王学不能不认他为嫡派。章、梁之说,可视为梨洲之学在儒学史上之正确定位。如是,可知"传承"乃梨洲与阳明在哲学意义上的精神联结,而此联结亦必使梨洲"传承"阳明欲从内圣开外王之精神指向。

梨洲于儒门之最大贡献,正在承阳明学以内圣开外王之意向,将其推进一步,提出了有突破旧外王学意义的现代走向之政治思想,其代表作即《明夷待访录》。梨洲不是从"格心"的道德意义,而是从现代政治学的权源观点上提出了反专制皇权论,并以反专制皇权为中心意旨而提出公天下、公法、分权、强化与独立学校的政治文化功能等一系列制度性及政道构想,越出了以道德力量治君以行仁政的旧外王学范畴。于此,限于篇幅,以下仅择要叙出,并诠表其现代意义。

《明夷待访录》是一篇反专制皇权论的檄文,其开宗明义首篇《原君》即把儒家批判精神的锋芒直指至高无上的皇权,发天籁之声,提出"君害论"。"天下之大害者,君而已矣……"君主是天下一切祸乱的根源。显然将这里所谓的"君"理解为仅个人意义而非制度意义是不正确的,此所谓"君",乃指专制权力者,一专制主义的皇权。君主可指个人,但君权则是一种制度[89]。梨洲并未一般地反对君主,他肯定三代以上以千万倍之勤劳而已又不享其利的古之人君。他反对后之人君,此后之人君,"以为天下利害之权皆出于"君主一人,即以君主为权源。此以君主为权源的天下,梨洲又指析为"以君为主,天下为客"的制度,即天下只是皇帝一人的家天下。

由是,梨洲一面提出"无君论":"向使无君,人各得其私也,人各得其利也",即无皇权专制政治,则人人得享有其基本权利。正面即提出"天下为主,君为客"的新观念,此已实涵着权源在天下万民之思想,故君主亦可如三代"人而又去之者",或如孟子所谓之独夫当诛者,并无稳固恒久的权力;提出亦见之于《原臣》篇的职分论与君臣平等论,君只是一职分,臣与君"名异而实同",均以天下

---

[88] 《文史通义内篇》卷五《浙东学术》。

[89] 罗素:《权力论》,东方出版社,1991 年 8 月,第 58 页。

万民忧乐、服务天下为其职分所在,“君臣之名,从天下而有者也。吾无天下之责,则吾在君为路人”。如是,以往单向绝对性的纲常关系全部革新几近政治契约论,以君主为权源的皇权专制遂被取代。天下为主君为客,亦即一公天下的民主思想。

与此公天下思想相应相联的是现代色彩很强的公法思想。专制皇权政治中,法只是为巩固皇权维护家天下而设的私法,而此私法本质上只能是针对天下万民的刑法之法,故梨洲谓“后世之法,藏天下于筐箧”,是“一家之法,而非天下之法”,是“非法之法”,此“法愈密而天下之乱即生于法之中”。他主张厘清“法”的本原,指出:“三代之法,藏天下于天下者也”,此法即乃为天下万民作制之公法,乃“无法之法”,故“法愈疏而乱愈不作”。不难窥见,此为“天下立法”之法,其所涵具之现代宪法义实无可置疑。尤可贵的是,梨洲出于分割削减君权之想,实际上还提出了将司法权从政府权中析出独立的思想,谓:“刑赏之权不疑其旁落,贵不在朝廷,贱不在草莽。”此不赞同朝廷垄断刑赏权的思想,其现代意味可谓昭昭。

梨洲对学校的功能性构想更颇具现代意义。在《学校》篇中,他提出学校不仅为养士而设,学校的完全意义在“必使治天下之具皆出于学校”,使之有治天下的政治文化功能。按他构想,学校应成为知识分子自由思想、自由议政之所,一掌握舆论之机关,以对朝廷政治实施舆论监督、舆论制裁,对现实政治起指导作用。他说:“天子之所是未必是,天子之所非未必非,天子亦遂不敢自为非是,莫不公其非是于学校。”大学祭酒位重同宰相,南面讲学,天子亦就弟子之列,百官公卿皆从之。政有得失,祭酒直言无讳。如是学校的政治文化地位独立,并把舆论权从君权中分立出来。

此外,还有置相以分皇帝的行政权,倡行封建实是分享皇帝的区域统治权,主张在立法上“山泽之利不必其尽取”以反对朝廷垄断工商经济权等。

权力是现代政治学的极重要概念。按现代政治学,权力结构即表现为权力分配的形式。在专制皇权权力结构中,最高政治权力不容分割与分享,且唯有一人可代表可把握此最高权力,故皇权专制政治即一人专制政治[90]。如果权力允许分割与分享,那就必然会使皇权专制统治解体。罗素说:“如果相当多的人分享政治权力,政府就通常被称为是‘民主的’。”[91]

在梨洲针对“君害”而提出的一系列制度性构想中,君主的政治权力实际上已被分割分享殆尽,君主即使有其名,亦只是公天下中、公法下之一职分,这就是梨洲所谓之“无君”之君。而此则已是一种君主立宪式的民主政治的骨架构想。梁任公说它“的确含有民主主义的精神”[92]。事实上《明夷待访录》的民主思想后来对晚清的维新改良运动发生过巨大的思想启蒙作用,为刺激青年最有力的兴奋剂,被梁任公、谭嗣同等节抄私印送人,作为宣传民主主义的工具。

不必讳言,梨洲之构想还不完备,谢国桢谓其“忽于实验”[93],即忽于可操作性,尤其未尝提出一使人人由道德主体自觉转显为一政治主体的哲学及其制度性设计。但作为对传统政治所作之“发扬民主精义”的“根本改造之想”[94],则其现代走向意义已毋庸置疑。换言之,梨洲构想乃一新政治制度即新外王构想。唯其精神仍承阳明外王指向而来,“君害论”即“格君心之非”说之直接发展。承阳明内圣学而欲开新外王,此即是从阳明之学到梨洲之学所展示的精神方向。此亦是宋明儒整体精神必有之方向。

【罗义俊　上海社会科学院研究员】
原文刊于《中国文化》1993 年 01 期

---

[90] 详见拙著《汉武帝评传・序论》,上海人民出版社,1988 年。
[91] 《权力论》,第 153 页。
[92] 《中国近三百年学术史》,第 47 页。
[93] 《黄梨洲学谱》,第 40 页。
[94] 钱穆:《中国近三百年学术史》,第 34、35 页。

# 试论《明夷待访录》政治理念的"近代性"

冯天瑜

明清之际思想家黄宗羲(1610—1695)始撰于清顺治十八年(1661),完稿于康熙元年(1662)的《明夷待访录》有"奇书""怪书"之称,近人更将其称作"中国的《民约论》"。但也有人认为,与《孟子》中的民本思想相较,《明夷待访录》并无太多新意,不过是传统民本思想加上中古政治异端的结合,没有近代性可言,中国只是在19世纪中叶西方近代文化大举东渐以后,近代性民主理念才逐步展开。这就提出一个问题:包括政治理念在内的中国思想文化"近代性"的获得,全然是外在的,还是拥有一定的内在根源,由内外因素交会而成?

探讨这个切关宏旨的论题,以《明夷待访录》为具体解析对象是比较恰当的。其一,此书涉及政治理念的一系列重要范畴,如君权的来源、君主制的合法性和正义性、君臣关系、纵向分权、权力的舆论监督、官僚制度、法制、兵役制、土地—财税制,等等。透过对《明夷待访录》关于这些问题所作阐发的剖析,可以看到17世纪中叶藏之草野的激进政治理念在"传统性"与"近代性"之间徘徊过渡的真实状况。其二,《明夷待访录》成书之际,中国的政治思想领域还没有受到西方影响,虽然利玛窦、艾儒略、汤若望等西欧耶稣会士自明代万历以后在中国传教,并带来若干西方文化,但限于科技知识和天主教教义,故成书清初的《明夷待访录》的政治理念全然是本土文化产物,从其思想内涵、范畴体系到术语使用来看，都是中国化的。因此，这部政治哲学论著可以作为我们考察前近代中国思想文化中的“近代性”因子的合适标本。

## 一

探讨政治理念的“近代性”，首先要厘清与其对应并且为其渊源的“传统性”。

中国的政治领域存在一个沿袭久远的宗法—专制君主体制，这种“王权支配社会”的体制决定着中国政治理念的“传统性”。其特征有如下几方面。

**（一）国家的最高权力集中于君主手中，君权不受制衡**

在中国，君权被论证为来自上天的赐命，国君是“天之元子”，也即天帝的长子，又是万民的严父和导师，“口衔天宪”，其意志言论即法律，集“天地君亲师”于一身，其权力至高无上，既不可分割也不可转让。这就使中国的王权具有绝对性，与欧洲和日本存在明显差异。欧洲中世纪经历了封建君主制向专制君主制的过渡，封建君主制并无强有力的王权，国王与贵族、领主分享权力。即使在专制君主制时期，王权亦受到教会、贵族、领主、市民的制约，尤其是教会，在精神领域居于王权之上，教皇或主教向国王加冕的场景多次在欧洲各国演出，便生动地展示了欧洲王权的限定性。日本的天皇在大多数情况下不过是神道教的教皇，实际政治权力掌握在称之为“关白”的权臣及幕府时代的征夷大将军手里，形成一种政教二元的统治结构。而中国自周秦以降便没有凌驾国家之上的宗教和教皇，以“天子”自命的王者兼掌政权与神权，故中国绝无教权限制王权的可能。而始于战国，完成于秦代的郡县代封建的变革，大大削除了贵族和领主对皇权的制约力，使中国早在两千年前已完成从封建君权向专制君权的过渡。而中国市民社会素不发达，历来缺乏市民政治传统，直至明末方偶有市民抗议暴政的运动，但仍未构成对君权的有效制衡。凡此种种，使得秦汉以迄明清两千年间的专制君权基本不受制约。某些士人试图以“王者师”身份，通过说教和谏诤来限制君权，如汉代董仲舒提出以天抑君的“天谴说”构想（见《春秋繁露·必仁且智》)，宋代理学家遵循孟子“格君心之非”(《孟子·离娄上》)的指示，作过教化帝王的努力，但这些尝试均不能形成对王权的体制性制衡，加之士大夫本身即皇权的派生物(士人获得仕进全凭皇权的“选举”或“科举”)，“忠君”成为士大夫的人生第一要义，故士大夫在君威面前直不起腰杆，无力实现对专制君主体制的限制，而只能充当这个体制的帮忙或帮闲。甚至博学如韩愈者，竟然申明自己的知识和智慧全然来自皇上的恩赐，所谓“读六艺之文，修先王之道，粗有知识，皆由上恩”(《韩昌黎文集校注》第629页)。至于广大下层民众，则被排斥在政治生活之外，只是当他们失去生计，揭竿而起时，方以武力赢得某种政治发言权，但农民本身也是王权主义者，他们展开的武力抗争终究成为改朝换代，即所谓“易姓革命”的工具。而通过农民战争、异族入侵、宫廷政变等途径建立的新王朝，因文化生态未获更新，其专制君权的独断性不会有任何松动，从秦汉经唐宋至明清，专制君权的基本趋势是日渐强化，形成一种如司马迁所称的“天盖”式统治，“六合之内，皇帝之土”“人迹所至，无不臣者”(《史记·秦始皇本纪》)便是君权控驭天下的写照。

**(二)“治民”权术发达，而“民治”传统缺如**

中国的宗法—专制君主政体建立在农耕经济基础上，以农民为主体的民众是贡赋、劳役的提供者，民众安居乐业，维持简单再生产，是国家稳定的前提。如果民不聊生，起而造反，即会导致王朝倾覆。故中国素有“君舟民水，水可载舟，亦可覆舟”的说法(见《荀子·王制》《贞观政要》等)。因此，何以“治民”，也即如何处理专制君主政体与以农民为主体的民众的关系问题，历来是中国传统政治学研讨的重点，“驭民术”成为儒、道、法诸家反复辩难的议题。法家极端尊君贱民，强调君主对臣民的绝对权威，所谓“君上之于民也，有难则用其死，安平则用其力”(《韩非子·六反》)，即使君昏主暴，臣民也唯有屈从，所谓“人主虽不肖，臣不敢侵也”(《韩非子·有度》)。道家一方面深切同情民众的苦难，谴责“以百姓为刍狗”的做法是“不仁”(《老子》七四)，另一方面又主张愚民，如老子说“古之善为道者，非以明民，将以愚之。民之难治，以其智多”(《老子》六五)。不惜陷民于愚，以达到治平目的，这当然是站在王者一侧的制民权术。庄子则一面试图超脱王者政治，去“任自然”，一面又在琢磨如何“应帝王”，仍然未能摆脱王权的统驭。儒家充分意识到民众在君主政治中的基础地位,很早便指出“民惟邦本”“本固邦宁”(《尚书·无逸》),由此生发出“重民”“恤民”“爱民”的民本思想,其辉煌论述如《左传》的“民,神之主也”,《穀梁传》的“民者君之本也”和孟子的“民为贵,社稷次之,君为轻”(《孟子·尽心下》),孟子还认为,诛讨夏桀、商纣这样的暴君并非弑君作乱(见《孟子·梁惠王下》)。然而,即使孟子这样达于极致的民本主义者也是尊君论者,只要看看孟子与滕文公、梁惠王等君主的对话,便会发现这位老夫子苦口婆心地劝诫,是在为王者的长治久安作打算,他对暴君、暗主的猛烈抨击,衬托着对圣君、明主的期盼,表明他是深谋远虑的王权主义者,其学说称之“王道”,画龙点睛地揭示了这一精义。孟子虽然多有同情民众疾苦的言论,曾发出“庖有肥肉,野有饿殍”的不平之鸣,千载之后被诗人杜甫衍为“朱门酒肉臭,路有冻死骨”的名句,但孟子又认定民众只能被治,不能自治,他关于“劳心者治人,劳力者治于人”的论述,从肯定脑力劳动与体力劳动分工而言,是有价值的,但从取消民众参政权而言,则对中国传统政治“民治”缺位负有相当责任。总之,中国传统政治学说几乎全然被王权主义所覆盖,民众不过是被治、被牧的对象,充其量受到同情和怜悯,如《左传》《诗经》对“民人苦病”“民人劳苦”的叹息,而罕见关于民众“自治”“自主”的思想萌动。王权主义笼罩下的民众也没有自主意识,只是期盼明君、清官的治理,而绝无“民治”的诉求。汉唐以降的政治异端,如东晋阮籍的《大人先生传》、唐代的《无能子》、宋元之际的《伯牙琴》等有着逸出君本位轨道的意向,但它们除复归“无所司牧,濛濛淳淳”(《无能子·圣过》)的原始无君社会,或向往子虚乌有的“桃花源”式的无差别境界外,别无积极的社会主张与王权主义相抗,民众如何在文明社会获得自身的基本权利,仍然不得要领。

**(三)臣为君设,君尊臣卑**

介于君民之间的臣,或曰官吏阶层,在王权政治格局中,其功能是替君治民、代君行政,他们的权力、禄位来自君主的恩赐,其生、杀、予、夺皆取决于君主的一动之念,因此,臣下只对君上负责,而不对民众负责。韩愈将王权政治下的君、臣、民三者关系概括为:“君者出令者也,臣者行君之令,而致其民者也。民者出粟米麻丝、作器皿、通货财以事其上者也。君不出令则失其所以为君。臣不行君之令而致之民，民不出粟米麻丝、作器皿、通货财以事其上则诛。”（《原道》）代君治民的臣，又曰官，具有双重人格：在民众面前高高在上，官与君同义或近义。在君主面前则唯命是从，臣“像屈服之形”（《说文解字》），君尊臣卑被视作天经地义，中国传统政治理念讲究的“臣道”多论及此。所谓“君臣相与高下之处也，如天之与地也”（《管子·明法解》），又所谓“天地者，生之始也”，君臣“与天地同理，与万世同久”（《荀子·王制》）。学者如此论证，君主也如此颁旨，清康熙帝在《君臣一体论》中说：“天尊地卑，自然之定位也”“君尊臣卑，百王之大经也。”君臣悬隔既如天地，君臣关系即若主奴，臣子在君主面前以“犬马”“爪牙”“奴仆”自命。当然，中国传统政治理念中也有“道高于君”的卓越命题，如荀子说“从道不从君”（《荀子·臣道》），晏婴主张“不死君难”，劝人不要替“为己死而为己亡”的昏暴之主殉葬（见《左传·襄公二十五年》）。法家虽极端尊君，却也有法高于王的论说，并力倡“贵公”“尚公”，认为“王子犯法，与庶民同罪”。然而，“道高于君”“法高于王”的观点与王权主义并不是对立的，这里的“道”与“法”归根结底是王权的规律与法则，韩非子说：“道者，万物之始，是非之纪也。是以明君守始以知万物之源，治纪以知善败之端。”（《韩非子·主道》）将道与君纳入一个整体。君主既然是道的体现者，臣子尊君也即是崇道。总之，无论从利害得失考虑，还是诉诸道义原则，君为臣纲都是毋庸置疑的，自秦汉以降一以贯之，诚如朱熹所说“秦之法，尽是尊君卑臣之事，所以后世不肯变”（《朱子语类》卷一〇八）。

概言之，因特定的经济、社会、文化条件的孕育，中国有着王权主义的强势传统，它笼罩着君民关系、君臣关系，规范着君、臣、民三者互动的轨迹，使法制、官制、军制、财制等大政无不受其支配。而君权绝对化、民治缺位、尊君卑臣、人治（也即君治）压倒法治、纵向分权无制度保障，便是中国政治理念传统性的突出表现，包括民本主义在内的中国传统政治思想皆在此轨范之中。而《明夷待访录》却对这些“传统性”的某些基本命题提出大胆质疑，并加以系统而犀利的评析，若干论点闪耀着启蒙思想的光辉，构成前近代中国政治哲学的亮点。

## 二

黄宗羲青中年时代生活的明朝,君主专制政治发展到登峰造极的程度,病端也愈益昭著,以天下国家为己任的士子批评时政的党社活动应运而兴。与此同时,东南地区的工商业有长足进步,又遭到矿监、税监一类虐政的摧折,谋求生存与发展的工商业者与党社士人联系渐趋紧密,其共同愿望是舒缓专制政治的高压,这便招致朝廷对士人党社活动和市民抗争的残酷镇压。与此同时,明清间的民族战争、遍及南北的农民战争愈演愈烈,各种社会矛盾空前激化,统治者无法照旧统治,被统治者也无法照旧被统治。从精神领域而言,皇帝、朝廷、理学教条的权威发生动摇,朝野间的认识形成巨大反差,"外论所是,内阁必以为非;外论所非,内阁必以为是"(《明儒学案》卷五十八《东林学案》)。争取参政权、非议君主专制的思想言行日渐张大,被士子中的"正人"视作楷模,如顾宪成等人"公是非于天下"的号召,冯琪等人对君主敛财的抨击,李三才制伏内监淫威的业绩,杨涟对宦官干政危害的揭示,叶向高还实权于宰相的谠议,陈龙正、刘宗周以分治不独治的倡言,都启迪着青年黄宗羲,成为他日后创作《明夷待访录》的直接前导。

黄宗羲三十五岁时发生明清更革,这不仅是一般的改朝换代,还是少数民族入主中原的华夷剧变,有着强劲的文化冲击力,士人们尤觉创巨痛深。黄氏把自己所处的时代称之"天崩地解",同时的王夫之则称之"天崩地裂",都是身历巨大历史性震撼之后的概括。时至清初,当明清更革战争的尘埃落定后,从烈火硝烟中退回书斋的士人,于痛定思痛间纷纷著述以总结历史教训。承袭着东林、复社议政传统,反映着早期市民挣脱君主专制的政治憧憬的黄宗羲,近取对明季弊政的切肤感受,又远纳三代以下的思想资源,并放眼来世,成就一部兼具现实性、超越性、前瞻性的政治哲学杰作。

是书原名《待访录》,黄氏生前及辞世后的一个世纪,此书仅有抄本流传于少数士子间。全祖望撰《梨洲先生神道碑文》,始称该书名为《明夷待访录》,乾隆年间，慈溪郑性订定、其子郑大节刊刻是书，此即二老阁刻本，题名《黄梨洲先生明夷待访录》，共21篇（原君、原臣、原法、置相、学校、取士上、取士下、建都、方镇、田制一、田制二、田制三、兵制一、兵制二、兵制三、财计一、财计二、财计三、胥吏、奄宦上、奄宦下），另有《明夷留书》五篇（文质、封建、卫所、朋党、口史），今仅见文质、封建二篇，经考证，亦为《待访录》篇目。① 我们讨论《明夷待访录》，即以此23篇为对象。

黄宗羲将是书命名《待访录》，含义在《题辞》中有所交代：

> 昔王冕仿《周礼》，著书一卷，自谓"吾未即死，持此以遇明主，伊、吕事业不难致也"，终不得少试以死。冕之书未得见，其可致治与否，固未可知。然乱运未终，亦何能为"大壮"之交！吾虽老矣，如箕子之见访，或庶几焉。

可见黄氏志在高远，他深知是著与强势的王权主义相对抗，不可能见容于当世，而他对自己思想的真理性充满信心，寄望未来，故以"待访"名书。全祖望、郑性又在"待访录"前加"明夷"二字，则点明是书产生的时代特征。"明夷"是《周易》六十四卦中的一个卦名，唐人孔颖达疏曰：

> 明夷，卦名。夷者，伤也。此卦日入地中，明夷之象。施之于人事，暗主在上，明臣在下，不敢显其明智，亦明夷之义也。（《十三经注疏·周易正义》卷四）

黄氏自己在《待访录》的《题辞》也有"夷之初旦，明而未融"的语句，可见以"明夷"概括作者的时代，符合黄氏本意。

综合"待访""明夷"二义，《明夷待访录》书名可释为：在日入地中、贤人政见不得伸张的黑暗时代，记录下这些建策，留待未来的圣者访求。

---

① 参见《黄宗羲全集》第一册附录吴光《黄宗羲遗著考(一)》，浙江古籍出版社1985年版。

这里随之产生一个问题：黄氏恭候造访的圣者是何许人？是著托望于怎样的时代？

《明夷待访录》作于清初顺、康之际，其时南明几个小朝廷（弘光、隆武、永历等）已相继沦亡，对明朝遗民而言，复国之望已经决绝，加之黄氏本来就对明朝的极端专制深为不满，故黄氏期待的来访圣者不可能是明朝皇帝的遗脉，所托望的也不会是明朝那样的专制王朝的复兴。于是，有人揣想，黄氏作此书是给新建的清朝上条陈。清人黄肖堂有此推测（见全祖望《鲒埼亭集》卷二十二，《黄肖堂墓版文》）。清末民初学者、革命家章太炎也对黄宗羲有此类讥弹（见《太炎文录》卷一，《说林》上）。然而，综观《明夷待访录》全文和黄氏生平，上述判断不能令人信服。黄氏的民族气节不容置疑，他中年抗清，始而亡命日本，继而起义兵于浙江，避清兵于四明山，出生入死，艰辛备尝。直至晚年，他仍坚拒清廷明史馆招聘，弟子万斯同去明史馆修史，黄氏特别向万交代，不得在政治上与清廷合作，赠诗曰：“不放河汾声价倒，太平有策莫轻拟。”（《南雷诗历》卷二，《送万季野北上》）万斯同遵循师训，以布衣史家为始终。而且，遍读《明夷待访录》，可见其政治理想决非承袭明制的清朝所可容纳。鉴于黄宗羲对明政的憎恶和民族气节的坚贞，他的希望既不会寄托于明朝的专制帝王，也不会寄托于清朝的异族皇上，因此，黄宗羲的目光只能是投向未来的。二百多年后的梁启超与黄氏心印相通，指出“梨洲云云，自为代清而起者说法”（《三百年来中国学术史》，东南大学刊《史地学报》三卷一期）。黄氏的同时代人顾炎武对《明夷待访录》的旨趣也心领神会，他读毕是书后致函黄氏说：

> 大著《待访录》，读之再三，于是知天下未尝无人，百王之敝，可以复起，而三代之盛，可以徐还也。（《明夷待访录》附录）

顾氏认为黄氏书可以复起“百王之敝”，指的是救正秦汉以降君主专制的弊端。徐还“三代之盛”，则是逐步实现三代那种君民平等、君民共治的“公天下”境界。顾氏准确把握住《待访录》以“复古”为外观的超越现状的前瞻式运思方式，可谓“英雄识英雄”的洞见。梁启超的估量、顾炎武的评断是言之有据的，这可从《明夷待访录》全书的内容得到明证。

## 三

“三代盛世”是儒家虚拟的一种理想社会模式,所依托的是氏族民主制传说。这类论述不仅成为士人的口头禅和高悬的乌托邦,也是具有社会批判意识的思想家抨击现实专制暴政的利器,《明夷待访录》通篇以“三代之盛”对比“百王之敝”,在“复古”的外观下多有“开新”,尤其是对传统的“君论”“臣论”“法论”“学校”等核心问题有所更革和创获。

**首先,《明夷待访录》质疑传统君论,从总体上否定专制君主,对专制君主制度的合法性和正义性提出尖锐挑战。**

以往讨论黄宗羲的君论,多将其归类于《左传》《孟子》以下的民本主义。此说虽有道理,却又并不尽然。其实,黄宗羲固然与先秦以降的民本主义君论有着深刻的渊源关系,但已有所超越。民本主义的旗手孟子认为,桀、纣一类暴君可诛、可讨,那些“四境不治”的昏君也可撤换,君主有大过错,经谏诤,“反复之而不听,则易位”(《孟子·梁惠王下》)。这已经达到民本论的极致,然其抨击的对象仅限于昏暴之君,绝无否定君主制度之意。孟子寄望圣主明君,并且认为“无父无君,是禽兽也”(《孟子·滕文公下》)。可见,以《孟子》书为旗帜的传统民本主义并未脱出尊君论轨道,它期待的圣明之君正是中国王权主义推崇的有道、行道君主。故传统民本主义是王权主义的题中应有之义。而《明夷待访录》则与此异趣,它在传统民本主义批判昏暴之君的基础上,向前跨进了一大步:将声讨的范围扩及全体“今之君”,也即秦汉以降的一切专制君主,发出“然则为天下之大害者,君而已矣”的强劲呼声(见《明夷待访录·原君》,以下引自《明夷待访录》者仅注篇名)。这就使《明夷待访录》突破了尊君论的樊篱,给王权主义以洞穿式打击。

黄宗羲在实现上述突破时,采用了对“君”作古今区分的论证方法。他扬弃君权天授的陈说,从“有生之初,人各自私,人各自利”的功利观立论,说明君主制的起源:“有人者出,不以一己之利为利,而使天下受其利,不以一己之害为害,而使天下释其害。”这便是“古之君”,他们“以千万倍之勤劳而己又不享其利”。“今之君”则反其道而行之,“以我之大私为天下之大公”。黄氏在对“古之君”和“今之君”的褒贬扬抑间,发挥自己崭新的“君论”。

黄氏所谓“古之君”,约指原始共产时期的公举领袖,如传说中的尧、舜、禹,他们深受民众拥戴,“古者天下之人爱戴其君,比之如父,拟之如天,诚不为过也”(《原君》),其原因在于:

> (古之君)不以一己之利为利,而使天下受其利,不以一己之害为害,而使天下释其害。(《原君》)
>
> 古者以天下为主,君为客,凡君之所毕世而经营者,为天下也。(《原君》)

黄氏对“古之君”的这类描述虽有理想化成分,却大体符合氏族民主制的实情,其所本为《尚书》等中华元典关于上古原始民主的记载。摩尔根等近代文化人类学家对现存于世的原始部落的考察,也证明氏族公社民众公举的酋长无私产、私利,尽瘁于民众,故在民众中享有的爱戴,远胜于文明时代的国王、总统。而黄宗羲对利天下的“古之君”的推崇,正是为着衬托对害天下的“今之君”的谴责,而鞭辟入里地揭露“今之君”的贪婪、残暴,是《明夷待访录》的主旨。

黄氏所谓“今之君”,又谓“后之为人君者”,是一个与氏族原始民主时代的“古之君”相对应的概念,约指阶级社会和国家确立后的君主,尤其是指秦汉以降的专制君主,他们与“以千万倍之勤劳而己又不享其利”的“古之君”大相径庭:

> 后之为君者不然。以为天下利害之权皆出于我,我以天下之利尽归于己,以天下之害尽归于人……视天下为莫大之产业,传之子孙,受享无穷。(《原君》)
>
> 今也以君为主,天下为客,凡天下之无地而得安宁者,为君也。(《原君》)

黄氏还揭露,“今之君”为夺取权力,不惜“屠毒天下之肝脑,离散天下之子女,搏我一人之产业，曾不惨然”；得天下后，又“敲剥天下之骨髓，离散天下之子女，以奉我一人之淫乐，视为当然”。因此，今之君必然招致民众的仇恨与唾弃：

今也天下之人怨恶其君，视之如寇仇，名之为独夫，固其所也。(《原君》)

对尧、舜、禹等上古君主作理想化描述，古已有之，黄宗羲的“君主古今两分法”立论于此，而又有新的创获，这便是以人群的功利为出发点，以“天下”为衡量君主制正义性的标尺，从这种“天下本位论”出发，“利天下”的“古之君”被颂扬，“害天下”的“今之君”遭谴责，从而对王权主义提出尖锐挑战，突破了君权天授、君权神圣的“君主本位论”框架。

**其次，一反尊君卑臣的传统“臣论”，给士人指出挣脱王权主义桎梏的精神路向。**

王权主义的要义之一是尊君卑臣，认为臣僚为君主而设，为君主所用，臣是君之奴仆、犬马。而黄宗羲的“臣论”则另有主旨，他对“臣为君而设”的流行论调提出正面驳议，其论据也是前述的“天下本位论”。黄氏说：

缘夫天下之大，非一人之所能治，而分治之以群工。故我之出而仕也，为天下，非为君也，为万民，非为一姓也。(《原臣》)

士人既然为天下而出仕，就不应当是君主的奴仆。由此，黄氏提出“君臣同事说”和“君臣师友说”。关于前说，黄氏有一生动比喻：

夫治天下犹曳大木然，前者唱邪，后者唱许。君与臣，共曳木之人也。(《原臣》)

黄氏的逻辑是，君与臣都是“为天下”而设，便是服务于天下的同事，好比是一群抬大木头的人，前者呼，后者应，共同完成搬运大木的任务。这对“君主臣奴”“君阳臣阴”之类传统观念是一根本性突破。

黄宗羲又从君与臣皆"以天下为事"的基本点出发，力倡君臣师友论。君臣师友论是古老观念，孟子曾说，从政治地位看，君上臣下，但从道德看，君应视臣为师、为友(见《孟子·万章下》)。唐人虞世南说："帝者与师处，王者与友处，霸者与臣处。"(《唐文拾遗》卷十三)黄氏承袭先贤的这些思想，又于明清之际阐扬之，有其针对性。明代君主专制达于极端，大臣权力空前低落，万历年间大学士张居正为一特例，他因是帝师，又得太后和太监的支持，在万历帝年少的十年间权倾朝野，成就了著名的"张居正改革"，是明代罕见的有为重臣，而张居正由于功高震主遭到非议，也为万历帝所忌恨，身后竟被剖棺鞭尸。黄宗羲概述其事曰："万历初，神宗之待张居正，其礼稍优，此于古之师傅未能百一。当时论者骇然居正之受无人臣礼。"(《原臣》)黄宗羲不认同这种尊君抑臣的舆论，指出张居正的问题不在什么"受无人臣礼"，而恰恰在于没有把帝师身份坚持下去，为了维持既得权势，不惜巴结太监和后妃，有悖于君臣师友之道，落入了君主臣奴的窠臼。黄氏说：

夫居正之罪，正坐不能以师傅自待，听指使于仆妾，而责之反是，何也？是则耳目浸淫于流俗之所谓臣者以为鹄矣！又岂知臣之与君，名异而实同耶？(《原臣》)

如果说，"君臣师友论"古已有之，黄氏将其运用于君权极端的明朝，有着特殊的针对性和战斗性，那么，"君臣不可等同父子论"则是黄氏的发明，对宗法—专制君主体制更具杀伤力。中国传统政治理念历来以"君"比"父"，"君父"与"子民"是相配对的两个概念，所谓"夫臣之事君，犹子之事父，欲全臣子之恩，一统尊君"(《白虎通义·朝聘》)。黄宗羲对这种风行的"君父—臣子说"直接提出挑战：

或曰：臣不与子并称乎？曰：非也。父子一气，子分父之身而为身。……君臣之名，从天下而有之者也。吾无天下之责，则吾在君为路人。出而仕于君也，不以天下为事，则君之仆妾也。以天下为事，则君之师友也。夫然，谓

之臣，其名累变。夫父子固不可变者也。(《原臣》)

中国的王权主义一向以宗法观念作认知基石和情感底蕴，所谓“忠孝同伦”“家国一体”。《大学》说：“孝者，所以事君也。”《孝经·士章》说：“资于事父以事君则敬同……故以孝，事君则忠。”武则天更有“欲求忠臣，出于孝子之门”(《臣轨至忠》)的名言。黄宗羲思想的新颖处在于，突破“忠孝同伦”的故辙，将君臣关系与父子关系剥离开来，指出父子乃天然的血缘关系，君臣乃后天的社会关系，前者不可更改，后者则可随时变化。这就揭去了“君父、臣子说”温情脉脉的血缘宗法外衣，无异于对王权主义的臣论釜底抽薪，并且隐约透现着君臣关系从“身份”转向“契约”的方向。而人的社会关系从命定的“身份”观转向后天的“契约”观，正是政治理念近代转型的标志之一。黄宗羲是中国思想史上较早昭示这种转化的先哲，尽管其表述还比较朦胧、简约。

君尊臣卑、君主臣奴、君父臣子的观念，长期以来被认作毋庸置疑的真理，宋明间的精神权威二程说：“父子君臣，天下定理，无所逃于天地之间。”(《二程集·河南程氏遗书》卷第五)而黄宗羲鄙弃此论，将其称之“小儒规规焉以君臣之义无所逃于天地之间……岂天地之大，于兆人万姓之中，独私其一人一姓乎”(《原君》)。这在程朱理学将王权主义伦理化、理论化的时代，是惊世骇俗的叛逆之论。黄氏的君臣同事说、君臣师友说、君臣名分可变说，固然都能在民本思想的前驱那里找到一些影像，但黄氏论说的尖锐性、抨击专制君权的不妥协性，却前无古人。同时，他的这些观点不是零星散漫的，而是共同集结在“天下本位论”的旗帜下，明确地与“君主本位论”相拮抗，从而显现了冲决王权主义罗网的集束性攻击力。

《明夷待访录》在创立新的君论、新的臣论的基础上，向政治领域的纵深处拓展。

**其三，从“天下本位论”出发，区分“三代以上之法”与“三代以下之法”。**

与赞扬“利天下”的“古之君”，谴责“害天下”的“今之君”相类似，黄宗羲提出“三代以上有法，三代以下无法”(《原法》)的命题。之所以说三代以上有法，是因为三代以上之法“未尝为一己而立”，精义在“藏天下于天下者也”，其法全然为天下大众谋利益。之所以说三代以下无法，是因为“后之人主，既得天下，唯恐其祚命之不长也，子孙之不能保有也，思患于未然以为之法。然则其所谓法者，一家之法，而非天下之法也”（《原法》）。黄氏将秦代变封建为郡县、汉代重建藩屏、宋代解除方镇都归结为“何曾有一毫为天下之心哉”。这种法是“藏天下于筐箧者也”，黄宗羲将其称之“非法之法”，这样的法愈繁密，“天下之乱即生于法之中”。这种对“今法”的否定，也是与理学教条相违抗的，二程说：“居今之时，不安今之法令，非义也。”（《二程集·河南程氏遗书》卷第五）而黄宗羲从总体上揭露“今之法令”是为专制帝王私利服务的，不承认其为真正的公法，显示了锐利的批判精神。尤具创意的是，黄氏一反“人治高于法治”的传统，力主法治重于人治。他指出：

即论者谓有治人无治法，吾以谓有治法而后有治人。自非法之法桎梏天下人之手足，即有能治之人，终不胜其牵挽嫌疑之顾盼……使先王之法而在，莫不有法外之意存乎其间。其人是也，则可以无不行之意，其人非也，亦不至深刻罗网，反害天下。故曰有治法而后有治人。（《原法》）

这就将社会治理的关键诉诸优良、健全的法制的建立，有好的法制（黄氏称“先王之法”），好的执政者可以放手行政，坏的执政者也不至于做太多坏事。这便较之流行的将天下治理寄望于明君、清官的观念深刻得多。

**其四，为克服君主世袭制的弊端，力倡发挥传贤的宰相的功能，并猛烈抨击绝对君权的派生物宦官干政。**

如果说，利天下的“古之君”、藏天下于天下的“三代之法”，是黄宗羲树立的理想境界，它们高悬于既往的上古，是同黑暗的现实相对照的天国，那么，关于纵向分权的具体设计，则是黄氏针对君主专制提出的现实解决方略，其中最重要的是“置相”之议和“学校”之议。

丞相制的设置是中国官僚政治的一个重要环节。丞相掌管朝廷政务，“宰制万端”，故又称宰相，“共议国政，此宰相职也”（《新唐书·百官志序》）。作为帝王的主要助手，宰相既是君权的执行者，又在某种程度上制约君权，对整个朝政的正常运作至关紧要，故人称其为“君之辅。一日非其人，天下受其害矣”（《胡宏集·中兴业》）。自周秦以至汉晋唐宋，相权虽有扬抑起伏，却始终发挥着施政枢纽功能。明朝是中国专制君主集权政治登峰造极的时期，明太祖朱元璋为了“收天下之权以归一人”（王世贞《弇州史料》卷一一），于胡惟庸案后，取消沿袭一千余年的丞相制和沿袭七百多年的三省制，使六部直辖于皇帝，并相权入君权，朱元璋还下诏，此制永不更改，有议复丞相者斩。果然，此后的明朝二百余年一直不设丞相，帝王独断专行，愈演愈烈。清承明制，也不设宰相。黄宗羲作为明朝遗民，对此深有感受，故发出沉痛的呼声：

> 有明之无善治，自高皇帝罢丞相始也。（《置相》）

黄氏论相权，大体沿袭传统旧说：

> 原夫作君之意，所以治天下也。天下不能一人而治，则设官以治之。是官者，分身之君也。（《置相》）

但黄氏毕竟有超越凡庸的卓见，他欣赏“昔者伊尹、周公之摄政，以宰相而摄天子”，厌恶“后世君骄臣谄”。他从朝廷礼制角度，称颂古代君臣平等，批评后世君臣愈趋悬隔，“古者君之待臣也，臣拜，君必答拜。秦、汉以后，废而不讲，然丞相进，天子御座为起，在舆为下。宰相既罢，天子更无与为礼者矣”（《置相》）。这些评述的潜台词，仍然是黄氏向往的君臣同事论。

黄宗羲论置相，最富创意的是对世袭制和传贤制的议论。他说：

> 古者不传子而传贤，其视天子之位，去留犹夫宰相也。其后天子传子，宰相不传子。天子之子不皆贤，尚赖宰相传贤足相补救，则天子亦不失传贤之意。宰相既罢，天子之子一不贤，更无与为贤者矣，不亦并传子之意而失者乎？（《置相》）

可见,黄宗羲对丞相制的肯定,着眼于其传贤,认为能对君主世袭制的弊端有所救正。他的论证逻辑是,传贤制最为理想,天子传子,因有传贤的丞相而保存若干传贤制的良法美意,明朝连丞相制也加以扼杀,传贤制荡然无存,故无善政可言。

黄氏还评议了明朝取消丞相后的两大内廷机构——内阁和宦官的功能:

> 或谓后之入阁办事,无宰相之名,有宰相之实也。曰:不然。入阁办事者,职在批答,犹开府之书记也……吾以谓有宰相之实,今之宫奴也。(《置相》)

以明代的内阁大学士比拟宰相,是当时和后世的习惯说法,某人出任大学士,即有“入阁拜相”之称。而黄宗羲指出,内阁只相当于皇帝的秘书,不能与宰相等同,真正掌握行政大权的是宦官,而作为皇帝家奴的宦官之所以能执掌政权,是绝对皇权不信任外臣(丞相为外廷之臣的首脑)所致,“故使宫奴有宰相之实者,则罢丞相之过也”(《置相》)。

宦官是被阉割了的内廷侍从,一般不得干预朝政,但其上层分子因是帝王最亲近的奴才,每能占据要津,执掌权柄。尤其是当帝王欲行使极端君权时,往往宠用身边人,如后妃、外戚、宦官之类。后妃、外戚易结党营私,宦官多取自底层,无所依凭,自幼即为帝王家奴,帝王深为信任,以其监视并抑制大臣,进掌军政司法大权,形成尾大不掉的宦官干政局面,所谓“窃持国柄,手握王爵,口含天宪”(《后汉书·朱穆传》)。中国历史上,“东汉及唐明三代,宦官之祸最烈”(《廿二史札记·东汉宦官》)。明朝作为君主专制达于极峰的朝代,又取消了丞相制,宦官干政尤为严重,天启年间太监魏宗贤权势熏天,修生祠,称九千九百岁,距万岁一步之遥,作恶天下,祸及官民。黄宗羲的父亲东林党人黄尊素便被宦官迫害致死,崇祯初年平反冤狱,黄宗羲击毙宦官,一时传为佳话。黄宗羲正是怀着国恨家仇,声讨宦官干政。他指出:

> 奄宦之祸,历汉、唐、宋而相寻无已,然未有若有明之为烈也。汉、唐、宋

有干预朝政之奄宦，无奉行奄宦之朝政。(《奄宦上》)

黄氏称明代有“奉行奄宦之朝政”，是恰如其分的评议，因为明代的政令颁布、财政掌握、刑狱实施，都操控在阉人手中，朝官尚在其次，黄氏说：

本章之批答，先有口传，后有票拟。天下之财赋，先内库而后太仓。天下之刑狱，先东厂而后法司。其他无不皆然。则是宰相六部，为奄宦奉行之员而已。(《奄宦上》)

“本章之批答”指对官员奏章的批答，具体政策政令由此决定，而明代首先由太监“口传”皇帝的旨意，由于皇帝不可能事必躬亲（何况明代还有万历、天启这样基本不上朝、不理朝政的皇帝），这些所谓“口传”多半是太监的意见，内阁代皇帝拟定的批答（称之“票拟”）不过是根据“口传”形诸文字。这样一来，政策政令的决定权实际上操之太监，故明代有些太监被称作“立皇帝”（皇帝坐着，司礼秉笔太监一旁站立着）。下文所说“内库”，指太监掌管的宫内财库，“太仓”指外廷财库。“东厂”为太监掌管的特务机构，以监视官民为务，“法司”指外廷司法部门。明朝“奄人以为内臣，士大夫以为外臣”，政治各领域都是“先内后外”，决定权把持在皇帝的身边人宦官手里。以至吏、户、礼、兵、刑、工六部成了奉太监之令行事的吏员。

黄宗羲痛恨宦官干政，他说“奄宦之如毒药猛兽”。而他对阉宦之害的批判锋芒直指专制君主，认为此一“人尽知之”的弊政之所以不能禁止，“则由于人主之多欲也”。帝王多欲之论古已有之，《管子·权修》说“人君之欲无穷”，黄宗羲由此申发道：“后世之君，视天下为娱乐之具。崇其宫室，不得不以女谒充之，盛其女谒，不得不以奄寺守之。”(《奄宦下》)既然阉宦众多（如明代中后期宦官数以万计，明末竟达十万）源于嫔妃众多，黄氏认为限制阉宦的办法是大大减少嫔妃数量。他说：

吾意为人主者，自三宫以外，一切当罢。如是，则奄之给使令者，不过数

十人而足矣。(《奄宦下》)

黄氏的这一建策,是在保留阉宦制度的前提下的一种小修小补办法,显得软弱无力。但他在驳斥那种担心减少嫔妃,帝王后嗣太少的说法时,又展现其固有的锋锐:

议者窃忧其嗣育之不广也。夫天下何尝之有!吾不能治天下,尚欲避之,况于子孙乎!……故尧、舜有子,尚不传之。宋徽宗未尝不多子,止以供金人之屠醢耳。(《奄宦下》)

这里所发挥的,仍然是“天下本位论”的精义。

**其五,为制衡君主独断,主张学校议政,公是非于天下。**

中国的王权主义政治讲究“王者执一……一则治,两则乱”(《吕氏春秋·执一》)。国家权力和名分由君主独控,孔子说“唯器与名不可以假人,君之所司也”(《左传·成公二年》)。这种君主独裁的首要条件是臣民绝对遵从君主的意志,士人深悟个中奥妙,以不得妄议政治自律。热衷于参政的孔子把“思不出位”称之“君子之德”(《论语·宪问》),又把“礼乐征伐自天子出”与“庶人不议”相并联,视作“天下有道”的理想境界(《论语·季氏》)。宋代理学家更告诫士子,切勿“不倡而和”,即皇帝没有表露某种倾向性意见时,臣子千万不要率先表述,臣子只能“待倡而和”,不为事始(见《周易·程氏传坤卦》)。总之,中国的王权政治绝不容许言论自由,然而,中国的士大夫并未全然就范,在忧患意识支配下,耿介之士坚持着议政传统,著名者如东汉的太学生、明代的东林党人。东林书院题写的对联“风声雨声读书声声声入耳,家事国事天下事事事关心”,正表述了这种以天下国家为己任的议政情怀。专制君权独控舆论与士大夫议政之间往往形成冲突,结果总是议政士人被镇压,以“诽谤”“妖言”论罪,轻则贬谪、流徙,重则弃市、灭族。黄宗羲的父辈东林党人便惨遭屠戮。黄宗羲一代士子继东林遗风,又有复社、几社等党社继起,聚会于书院、学校,品议朝政,裁量人物,对社会舆论发生相当大的影响。黄宗羲正是从这种历史背景走来,提倡士人议政,其场所在庙堂之外的学校。

黄氏这一新命题的提出，立论于学校功能的扩大。他说：

> 学校，所以养士也。然古之圣王，其意不仅此也，必使治天下之具皆出于学校，而后设学校之意始备。（《学校》）

中国古来缺乏政治分权传统，古希腊、罗马的立法、司法、行政三权分立的思想和制度，以及与此相联系的公民代表大会（即议会）制度，中国古代一概缺如，帝王独断（最好的情形也是“兼听独断”）被视作天经地义，故专制君权无以制约。痛感君王“箝天下之口”弊害的黄宗羲，试图从中国固有的精神资源和制度资源中，寻觅限制专制君权的办法，学校议政便是构思之一。他诉诸古史，说明上古各种朝政、制度并非君主的个人意志，原先都是在辟雍（古代学宫名）商讨出来的，由此黄氏指出：

> 天子之所是未必是，天子之所非未必非，天子亦遂不敢自为非是，而公其非是于学校。是故养士为学校之一事，而学校不仅为养士而设也。（《学校》）

黄氏认为，学校不仅是养士、育才之地，还是思想库、政策源，应成为天下舆论的枢纽，“公其非是”的机关。有了这样的议政机关，便可以防范“三代以下，天下之是非一出于朝廷”造成的偏颇。黄氏列举史例说明：

> 东汉太学三万人，危言深论，不隐豪强，公卿避其贬议。宋诸生伏阙捶鼓，请起李纲。三代遗风，惟此犹为相近。（《学校》）

黄氏此论与孟子的“听政于国人”有近似处，却又有所发展，其与君主独控舆论相抗衡的意向更加鲜明、强烈。胡适在评论《明夷待访录》时曾指出，黄宗羲设计的议政学校，已具有某种代议制机关的意味，黄氏的学校近似议会。此说虽有拔高之嫌，却也把握住黄氏学校议政、以舆论监督朝廷的构想与近代议会政治间的某种相似性。

## 四

《明夷待访录》远袭先秦以降民本主义的社会批判精神和“从道不从君”的狷介气质，又有所突破，集中到一点，便是不限于指斥某些昏君暴主，而是对私有制、阶级社会确立后的专制君主及其下辖的各项制度给予总体性批判。它又近承明朝遗民的“明亡之思”，并放而大之，如莳菊逸民在《明季见闻辑录·序》中，针对崇祯帝“朕非亡国之君，诸臣皆亡国之臣”的说法加以反诘：“亡国之臣，谁使之处枢要，侪仕途？”而黄氏则从对崇祯帝这一个专制君主的批判，扩及对整个君主制度的清算，这就使《明夷待访录》否定王权主义具有普遍性和彻底性，并在如前所述的若干重要领域超越传统民本主义。这无疑使《明夷待访录》在思想史上占有特殊地位，有的论者认定，此即《明夷待访录》的近代性表现。笔者以为，此说似嫌粗疏，尚需置于更广阔的思想史背景，作深一层的探讨。

近代政治的显著特征是从“君治”走向“民治”，因此，批判君主专制是近代政治思想的题中之义，然而，抗议君主专制的政治异端早在中古初期即已出现，几与君主制度共始终。恩格斯指出，“反封建的革命反对派活跃于整个中世纪”（《德国农民战争》），故不能将一切反专制君主的思想都视作政治理念近代性的表现。

通观中国政治思想史，超越民本主义框架，与占统治地位的王权主义作根本性对抗的理念，并非始于明清之际，当然也不是发轫于《明夷待访录》，自秦汉以下早有向王权主义挑战的异端思想存在。这些异端思想不同于批评暴君、期待明君的民本主义，而多以非君论、无君论现世，对专制君权痛加谴责，全盘否定。《明夷待访录》显然采摘了这些异端思想的观点和语言。如《明夷待访录》对专制君主发起总攻击，首先立论于对“君权天授”说的否定，而东汉末年的仲长统对此早有论及，仲氏指出，君主得国不过是“伪假天威”，实际靠的是强力（见《昌言·理乱》）。《明夷待访录》抨击君主虐民、残民，其愤激、尖锐的措辞用语，与两晋的阮籍、鲍敬言如出一辙(参见阮籍《大人先生传》,葛洪《抱朴子·诘鲍》)。而唐代的《无能子》不仅谴责桀、纣、王莽,还借严子陵之口,怒斥汉光武这样的"明君"为夺取天下,不惜杀戮天下人,其观点可视作《原君》的前导。宋元之际邓牧的《伯牙琴》称颂古代"至德之世"君民平等,讥讽后世之君为保守权力而"日夜以盗贼为忧,以甲兵弧矢自卫""而君益孤,惴惴然,若匹夫怀一金,惧人之夺其后"。这类论述正启发了黄宗羲礼赞古之君、詈骂今之君。有理由认为,《伯牙琴》是《明夷待访录》君论、臣论的范本。清人邓实即指出这一点:

> 梨洲著《明夷待访录》,其《原君》《原臣》二篇,实本先生(指邓牧——引者)。(《伯牙琴跋》)

近人陈登原也认为,《伯牙琴》《明夷待访录》"二书论君论吏,几乎大略相同……伯牙思钟期之倾听,明夷愿新王之来访,书名相似,当非偶然"(《国史旧闻》第二分册)。

黄宗羲与汉唐宋元的政治异端有着渊源关系,其谴责专制君主的激烈程度不相上下,但他们又存在明显差别。而黄氏政治理念的近代性因子,正蕴藏于这种差异性之中。鲍敬言、无能子们向往的是无君无臣的无政府世界,那里的人们"身无在公之役,家无输调之费,安土乐业,顺天分地,内足衣食之用,外无势利之争"(《抱朴子·诘鲍》),所追求的是桃花源式的乌托邦,社会分工、国家制度、商品经济等皆被其否定,基本取向是反文明的、复古倒退的。黄宗羲的理想与此大相径庭,他是"有政府主义者",期望建立的政治秩序是:上有"明乎为君之职分"的"为天下"的君王,下有作为君王师友的贤臣,传贤的宰相可代天子"批红",士人们在学校制订国策,议论国政,纵向分权得以合理解决,社会在"公法"指引下运作,士农工商所操行业,都是为天下谋福利的,应平等待之。黄氏理想的表述虽然略显陈旧,究其实质却是进步的、非倒退的。以经济思想而言,他力主轻赋敛、革奢侈、切民用(见《财计三》),倡导商品及货币流通,使"千万财用流转无穷"(《财计二》),更针对传统的农本商末论,阐发全新的本末论。黄氏所称赞的"古圣王崇本抑末之道",以切于民用的事业为"本",以不切于民用的虚套及迷信为“末”，并总论曰：

> 世儒不察，以工商为末，妄议抑之。夫工固圣王之所欲来，商又使其愿出于途者，盖皆本也。（《财计三》）

这便是后人概括的黄氏的“工商皆本”说，它昭示了新兴的工商业者发展商品经济的强烈要求，表明黄宗羲虽然披挂着古装，其实演出的是新时代的戏剧。这便是《明夷待访录》与一切主张倒退的非君论、无君论的根本差别。

综上所述，《明夷待访录》对传统的民本思想有因有革，对中古异端既采纳又扬弃，在此基础上，开展政治领域清理旧地基、开辟新地基两方面的工作。就前者而言，可谓大刀阔斧，酣畅淋漓，对专制君主制度进行了词情并茂的整体性批判，将运行到前近代的此一制度的种种弊害揭示天下，其内容的系统性、彻底性，不仅在中国思想史上是空前的，就是与欧洲 18 世纪启蒙大师抨击封建专制君主制度的论述相比，也并不逊色。

就后者而言，也不乏建设性创见，如传贤代世袭论、君臣同事论、学校议政以监督朝廷论、工商皆本论等等，都直逼近代政治理念。但就总体而言，黄氏正面论及政治建设，往往徘徊不前、进退失据，其设计往往在“三代古制”的名目下，曲曲折折表达出来，为未来政治勾勒出的是一幅新旧杂糅、真实同虚幻共存的图景，近代性与传统性相纠缠，尚未分化、剥离，往往是“死的拖住了活的”，其特别具有创识的君论、臣论、法论、学校论亦是如此。而且，那些饶有新趣的政见，多缺乏具体规定性和可操作性。而黄氏详细论列的施政举措，如郡县学官、郡县公议（见《学校》），科举之法、荐举之法、太学之法（见《取士下》），重定天下之赋、屯田之行（见《田制二》），兵民合一、文武并重（见《兵制二》），金银易钞（见《财计一》）等等，固然较为坐实，并且对时政不乏参考价值，却少有超出传统的近代性。与孟德斯鸠的《论法的精神》、卢梭的《社会契约论》所描绘的可操作的近代政治蓝图不可同日而语。《明夷待访录》的这种性状，真实反映了中古晚期的中国初级启蒙思想的特征。

《明夷待访录》在“破旧”与“立新”两方面的建树，反映了 17 世纪中叶中国政治哲学所能达到的时代极限。在“破旧”方面，它基本上完成了对君主专制制度的批判，此后，以词锋锐利著称的17世纪末唐甄的《潜书》、19世纪初龚自珍的《明良论》《壬癸之际胎观》《乙丙之际塾议》等清算专制主义的论著，都没有多少超过《明夷待访录》的内容。即使是19世纪后期、20世纪初期，近代民主主义者批判君主专制的言论，也与《明夷待访录》的意蕴乃至语言相当近似。我们阅读冯桂芬1861年的《校邠庐抗议》，郑观应1875年的《易言》，王韬19世纪80年代的《弢园文录外编》，康有为、梁启超19世纪90年代的政论，均有此印象。20世纪初邹容的《革命军》已大量采纳西方近代民主理念，但在说明革命是为了排除“障碍吾国民天赋权利之恶魔”时，所作的历史论证也效法《明夷待访录》的思路和用语：

> 有生之初，无人不自由，即无人不平等，初无所谓君也，无所谓臣也。若尧、舜，若禹、稷，其能尽义务于同胞，开莫大之利益以孝敬于同胞，故吾同胞视之为代表，尊之为君，实不过一团体之头领耳，而平等自由也自若。后世之人，不知此义，一任无数之民贼独夫，大盗巨寇，举众人所有而独有之，以为一家一姓之私产，而自尊曰君，曰皇帝，使天下之人，无一平等，无一自由。

将邹氏这段横议与此前二百多年的黄氏《原君》对照，除新增“平等”“自由”“天赋权利”等从欧美引进的新术语外，好像出自同一手笔。

在“立新”方面，《明夷待访录》还保留着若干“天之生斯民也，以教养托之于君”（《学校》）这样的陈旧论调，当然更不可能提出三权分立、君主立宪、人民主权、民主共和之类理念，但透过其传统的表述方式和古典词语，可以发现它的若干观点所指示的方向，隐约与近代政治大体一致，具体如下。

近代政治的走势是以“民治”代“君治”、“群治”代“独治”，主张制衡和分权。《明夷待访录》对传贤制的赞赏、对世袭制的批评，以相权分君权的设计，对领主分权的追怀（如《封建》说“若封建之时，兵民不分，君之视民犹子弟，民之视君犹父母，无事则耕，有事则战”云云），这些论述虽然都未脱出古色古香的衣衫，其指归却与近代政治相似。

近代政治认为公民应当议政并监督政府。声言保障公民权利是政治的基本点。《明夷待访录》力倡学校议政，公是非于天下，又强调“盖天下之治乱，不在一姓之兴亡，而在万民之忧乐”（《原臣》）。其趣旨也与近代政治庶几相当。

近代政治使“臣民意识”转向“公民意识”，使社会关系从“身份”演变为“契约”，变“人治”为“法治”。《明夷待访录》批判“君主臣奴”、“君父民子”论，倡言君臣同事、君臣师友论，否定君臣等同父子，将君臣关系规定为可变更的合作关系，又认为“有治法后有治人”，其意蕴亦与近代政治相通。

正因为《明夷待访录》对中国传统的君主专制制度开展了总清算，又提出若干新的政治理念，虽然在作者的时代受到冷落，清中叶还被列为禁书，但时至清末，当政治改革的使命提上日程之际，吸取西方近代民主理念的觉醒者从这部蒙上厚重尘埃的著作中找到了本土文化的印证。梁启超在回顾自己投身变法事业的精神历程时说：

> 我们当学生时代，（《明夷待访录》）实为刺激青年最有力之兴奋剂。我自己的政治运动，可以说是受这部书的影响最早而最深。（《中国近三百年学术史》）

谭嗣同则指出：

> 三代下无可读之书矣！……则黄梨洲《明夷待访录》其庶几乎，其次为王船山之《遗书》，皆于君民之际有隐恫焉。（《仁学》卷下）

谭氏看重《明夷待访录》的，是其对君主专制的深切批判。梁启超进而谈及是书在清末民主运动中发挥的作用：

> 后此梁启超、谭嗣同辈倡民权共和之说，则将其书节钞，印数万本，秘密散布，于晚清思想之骤变，极有力焉。（《清代学术概论》）

梁氏称梁、谭"倡民权共和之说",不甚确切,说他们"倡民权及君主立宪之说"则较为恰当,本文不拟深论于此,而特别注意梁氏文字的以下意蕴:维新派在向国人宣传从西方输入的"民权""立宪""共和"理想时,曾大力借助《明夷待访录》,而此书在民众间广为流播又确实推动了"晚清思想之骤变"。这一不争的历史事实表明,作于前近代的《明夷待访录》为二百多年后的近代中国政治改革提供了宝贵的思想资源,而且,中国人接纳来自西方的民权、立宪、共和、民主等理念,在相当程度上依靠《明夷待访录》之类中国典籍提供的思想资源作底蕴。

【冯天瑜　武汉大学中国传统文化研究中心教授】

原文刊于《中国文化》2002 年 Z1 期

# 黄宗羲的思想创新

## 纪念他的四百周年诞辰

吴　光

## 一、黄宗羲[①]的社会批判精神

浙江学人历来富有社会批判精神。东汉时代的大哲学家王充(浙江上虞人)就是一位伟大的批判家。他立足于"元气自然"宇宙观和"无神无鬼"唯物论,以"实事疾妄"为著书立说的根本宗旨[②],系统而深刻地批判了盛行当时的"天人感应"论、"王权神授"论、"天命目的"论、"灾异谴告"论、"人死为鬼"论以及关于历史兴衰、政治得失、自然灾变、风水时令、民风习俗等方面形形色色的歪理邪说与谶纬迷信。后世许多浙江思想家,如宋代的陈亮、叶适,明代的王阳明、刘宗周,清初的陈确、吕留良,清末的龚自珍,近代的章太炎、鲁迅,都继承发扬了

① 黄宗羲的准确生卒年月日是:生于明万历三十八年八月八日(1610年9月24日),卒于清康熙三十四年七月三日(1695年8月12日),过去有些著作(包括拙著)在月日换算上存在错误,应予纠正。

② 今人多以王充在《论衡·佚文篇》说过"《论衡》篇以百数,亦一言也,曰:疾虚妄"一语,将"疾虚妄"作为王充学说的根本宗旨。此说实为片面。笔者早已指出,王充在阐述自己写书宗旨的《论衡·对作篇》篇末指出:"《论衡》实事疾妄,无诽谤之辞。"这才是概括王充学说根本宗旨与特点的点睛之笔。参见拙文:《王充学说的根本特点——实事疾妄》,原载《学术月刊》1983年第6期,收入《浙学研究集萃》一书,上海古籍出版社2005年1月版。

这种“实事疾妄”的精神，从而形成了浙江文明史上一个优秀的传统——求是批判的人文传统。黄宗羲即是这种求是批判精神传统的一个典型代表。

黄宗羲的社会批判精神，集中体现在其探讨“治乱之故”“条具为治大法”的《明夷留书》与《明夷待访录》中。这两部书的写作与流传并非偶然，而是有着深刻的时代背景、打上了鲜明的时代烙印的。这个时代背景，一是明王朝被农民起义所推翻、南明政权又被清兵逐个消灭所反映出来的制度腐败及社会积重难返的弊端；二是由明王朝的腐败上溯到秦汉以来历朝历代所反映出来的整个君主专制制度的腐败与残忍；三是明代中叶以后在中国，特别是东南沿海地区出现的新型生产关系——资本主义萌芽所代表的社会变革方向。这都促使那些以“天下兴亡，匹夫有责”自任的士大夫知识阶层对社会弊端做出深刻的批判与反思，并提出社会改革的蓝图。

黄宗羲的父亲黄尊素是明末统治阶级改革派东林党人的政治代表之一，因为参与了反对魏忠贤宦官集团的斗争而惨死诏狱。黄宗羲也亲身参与了明末清算阉党余孽崔呈秀、李实、阮大铖的政治斗争，并在家乡余姚组建“世忠营”投入浙东鲁王政权的反清斗争，历时十年之久。虽然最终仍以失败告终，但这些政治实践对于黄宗羲日后著书立说、揭露批判君主专制制度的种种弊端与罪恶无疑有极大的帮助。

清顺治十年（1653），告别了抗清斗争的黄宗羲，痛定思痛，开始认真总结明朝灭亡的历史教训。他纵观历代治乱兴亡的历史，尤其是明朝兴亡史，写下了一部很重要的政治思想著作，即《留书》一卷八篇。八篇篇名是：《文质》《封建》《卫所》《朋党》《史》《田赋》《制科》《将》。他在《留书・自序》中说：

古之君子著书，不惟其言之，惟其行之也。仆生尘冥之中，治乱之故，观之也熟；农琐余隙，条其大者，为书八篇。仰观宇宙，抱策焉往？则亦留之空言而已。自有宇宙以来，著书者何限？或以私意搀入其间，其留亦为无用。吾之言非一人之私言也，后之人苟有因吾言而行之者，又何异乎吾之自行其言乎？是故其书不可不留也。癸巳九月，梨洲老人书于药院。[3]

这说明作者写书的目的具有强烈的政治意义。他是要总结历史上的“治乱之故”，著书立说，留待后人去实行。“留书”的含义，就是“为后人治国留言之书”。

《留书》的内容，突出反映了黄宗羲对明朝腐朽政治的批判和对清朝新政权的仇视。尤其是《封建》《卫所》《史》篇，也在一定程度上反映了黄宗羲对君主专制制度弊病的认识及对地方自治制度的肯定。但他当时的思想水平，还主要停留在批判“夷狄乱中国”的反清民族主义立场上，还没有上升到民主启蒙思想的高度。时隔十年，即康熙元年至二年间(1662—1663)，黄宗羲在《留书》八篇基础上加工扩写为《明夷待访录》二卷，其政治思想发生了质的飞跃。他不再像《留书》那样仅仅把批判矛头指向明王朝和来自“夷狄”的清王朝，而是指向了秦、汉以来统治中国的整个君主专制制度，他从政治、经济、法律、军事、教育、文化等各个方面对君主专制制度进行了严厉批判，提出了具有民主启蒙思想倾向的对未来理想社会的政治设计，从而奠定了黄宗羲作为伟大启蒙思想家的历史地位。[4]

《明夷待访录》的社会批判，主要是针对自秦汉以来延续近两千年的君主专制制度。在黄宗羲看来，中国在秦以前的夏商周三代是“封建”社会[5]，秦以后则是君主专制的郡县制社会。他认为，自秦“废封建”之后，造成了中国近两千年“有乱无治”的状况，所以他得出了“为天下之大害者，君而已矣”的政治结论，于是将批判的矛头，直指秦以后的君主专制制度。《原君》篇说：

古者以天下为主，君为客，凡君之所毕世而经营者，为天下也。今也以君为主，天下为客，凡天下之无地而得安宁者，为君也。是以其未得之也，屠

③ 《留书·自序》，沈善洪主编、吴光执行主编：《黄宗羲全集》第11册，浙江古籍出版社2005年增订版，第1页。

④ 关于《留书》与《明夷待访录》的写作背景及相互关系，详见拙著《黄宗羲著作汇考》，台湾学生书局1990年5月版，第1—10页。

⑤ 古人所谓“封建”即“封邦建国”之意，指殷周时代的诸侯分封制。与我们今天以生产方式区分社会性质的“封建”社会涵义不同。黄宗羲将秦以前的古代社会笼统称为“三代”“封建”时代，将秦以后的君主制社会称为“郡县”时代。为免混淆，本文将秦以后的“封建社会”通称为“君主专制”社会。

> 毒天下之肝脑，离散天下之子女，以博我一人之产业，曾不惨然！曰“我固为子孙创业也”。其既得之也，敲剥天下之骨髓，离散天下之子女，以奉我一人之淫乐，视为当然，曰“此我产业之花息也”。然则为天下之大害者，君而已矣……古者天下之人爱戴其君，比之如父，拟之如天，诚不为过也。今也天下之人怨恶其君，视之如寇雠，名之为独夫，固其所也。

在这里，黄宗羲将君主专制的弊端揭露无遗。其“君为民害”论包含了三大内容：第一，君以天下为一家之私产，垄断了天下的资源；第二，君是天下不得安宁的根源；第三，君为夺取天下而大肆杀戮，使人民妻离子散，夺取君位之后则骄奢淫逸、对人民敲骨吸髓；第四，由于君主以天下为私产任意挥霍，必然招致人民怨恨、唾弃甚至诛杀。总之一句话，秦汉以来的君主是天下人民的大害。

除了无情鞭挞专制君主之外，黄宗羲还批判了君主专制制度下的法律制度、财税制度、军兵体制、科举取士制度乃至宫廷宦官制度与基层胥吏制度。例如他指出：秦以前的三代之法是“天下之法”。秦以后历代“所谓法者，一家之法，而非天下之法”，其弊“足以害天下”（《明夷待访录 · 原法》，以下只注篇名）；历代税制改革，不仅没有减轻农民负担，反而弊端丛生，“有积累莫返之害，有所税非所出之害，有田土无等第之害”，总之是“利于一时者少，而害于后世者大”（《田制三》）；明代科举取士，失之于“取士严（只有科举一途）而用士宽（滥用官吏，用人唯亲）”，致使许多豪杰之士“老死丘壑”而“在位者多不得其人”（《取士下》）。他如兵制上的“文武分途”之弊，财金制度上“重金银而轻钱钞”之弊、宦官干政之祸、基层小吏不用读书人之陋习，如此等等，黄宗羲都一一作了分析批判，并提出应对之策，这充分体现了黄宗羲社会批判的深度与锐度。

## 二、黄宗羲的思想创新

黄宗羲在全面批判君主专制各种弊端的基础上，提出了他的社会改革蓝图，在政治思想、哲学思想以及史学、文学、科学方面提出了许多重要的思想理念与战略对策。但其思想创新的重点与亮点乃在于他具有民主启蒙性质的新民本政治思想和为社会变革提供理论依据的力行哲学。

笔者将黄宗羲的民本思想定位为“具有民主启蒙性质的新民本政治思想”，是因为其思想已经超越孟子以来“由君王作主”的“尊君重民”式民本思想旧范式，而转型为“由民作主”的“民主君客”式的新民本理论，因而不像某些学者所说的是“传统民本思想的极限”，而是中国近代民主思想的“开端”。

黄宗羲的新民本思想主要由五部分构成：一是政治模式。包括他的“封建”论、“君为民害”论和“民主君客”论。其“君为民害”论一如上述，此不赘陈。而更重要的是他破天荒第一次提出了“天下为主，君为客”的重要命题（见《原君》）。这个命题包含了三层政治涵义：一是“天下”是人民共有的，而非君王一家一姓所私有；二是天下大事应由人民当家做主，而不应由君王一人垄断；三是君与民的关系是完全平等的，君的权力来源于人民，君由民推选出来为天下兴利除害，因而必须尽心尽力为民服务。显然，这已是地道的“民主”思想而非“君主”思想了。黄宗羲的“万民忧乐”论，也蕴含着天下是人民的天下，而非君主一家私产的“民有”观念。

既然“君为民害”，人民自然有权“怨恶其君，视之为寇雠，名之为独夫”（同上），甚至得而诛之。所以，历史上诛杀暴君、改朝换代是天经地义的。既然“天下为主君为客”，则“天下利害之权”在民不在君，君的职责就是为民兴利除害，以使天下人民“受其利”“释其害”（同上）。显然，黄宗羲的民本思想，已经包含主权在民、君须为民服务的民主思想，达到了“民主启蒙”的思想高度。

二是法制模式。他提出了“藏天下于天下”“有治法而后有治人”（《原法》）的思想命题，并以“托古改制”笔法，肯定“三代之法”是“天下之法”，而批评三代以下之“法”为“一家之法”。黄宗羲认为，所谓“天下之法”，是为天下人民谋利防乱的公平之法，而“一家之法”，则是专为帝王一家谋私利的“非法之法”。他说，“三代以上之法，固未尝为一己而立”，“三代之法，藏天下于天下者也……贵不在朝廷也，贱不在草莽也……后世之法，藏天下于筐箧者也。利不欲其遗于下，福必欲其敛于上”（《原法》）。“藏天下于天下”的说法古已有之（最早盖见于《庄子・大宗师》《淮南子・俶真训》），宋明以后学者也有引用（如《宋名臣言行录》所载江公望言论，明代学者焦竑的《庄子翼》、潘士藻的《读易述》均有引证），但前人所谓“藏天下于天下”多从天下为公、无为而治的角度论述。黄宗羲所谓“藏天下于天下”的涵义，除包含天下为公、无治之治的传统意义之外，进而引申为公法与私法、治法与治人的论述。他所谓“贵不在朝廷，贱不在草莽”之说，已包含了无论贵贱、在法律面前人人平等的思想主张，甚至包含了天下应由人民共同治理的民权、民治思想萌芽。他认为，天下之大，事务纷繁复杂，非一个人所能治理，而必须由众多臣工共同治理。而君臣关系并非像父子那样是不可改变的亲情关系，而是像师友那样可以选择的平等关系。人们出来做官，是“为天下，非为君也；为万民，非为一姓也”，而天下的根本大事，“不在一姓之兴亡，而在万民之忧乐”，所以，君臣之间就像前呼后应拉木头的人们一样，共同“以天下万民为事”，忧民之忧，乐民之乐。这种以“万民之忧乐”为头等大事的思想，不仅是对传统儒家民本思想的继承与发扬，而且已具有近代民治思想的新因素。

三是经济模式。黄宗羲新民本思想在经济思想与经济政策上的表现，一是提出了“工商皆本”的经济伦理命题。二是主张改革税制，要求按“三十税一”的原则“复位天下之赋”。三是主张“废金银”而“通钱钞”的金融改革。

中国古代社会始终是以农立国的社会。上古时商业并不发达，所以也就没有抑商的需要和必要。到春秋战国时期，商贾贸易日益发展，所以就提出了农商本末问题。战国末年尤其是秦汉以后的统治者以及大多数思想家，基本上都是主张农本商末、重农抑商政策的。但黄宗羲则借“古先圣王”之口对“本末”问题做了与众不同的诠释。他说：

> 故治之以本，使小民吉凶一循于礼；投巫驱佛，吾所谓学校之教明而后可也。治之以末，倡优有禁，酒食有禁，除布帛外皆有禁。今夫通都之市肆，十室而九，有为佛而货者，有为巫而货者，有为倡优而货者，有为奇技淫巧而货者，皆不切于民用，一概痛绝之，亦庶乎救弊之一端也。此古圣王崇本抑末之道。世儒不察，以工商为末，妄议抑之。夫工固圣王之所欲来，商又使

其愿出于途者，盖皆本也。⑥

在黄宗羲看来，古代所谓“崇本息末”，是崇尚礼治，而禁绝那些巫蛊、佛事、倡优、奇技淫巧之类不切民用的末业，而非贬抑工商之类有利民生的本业，所以他提出“工商皆本”的思想。这是对千百年来“重农抑商”政策的历史性批判，反映了当时新兴市民阶级要求发展商品经济的强烈要求。

关于赋税制度，先秦有初税亩，有什一税。两汉先后实行过十五税一、三十税一和什一税制，魏晋实行户调制，唐代实行租庸调制，宋代改行两税制，明代又有一条鞭法。但改来改去，救得一时之弊，救不了根本之弊，反而造成“积累莫返之害”，即不断增加农民负担的恶性循环。黄宗羲主张复位税率，按照最低标准三十税一收税。尽管这种主张在君主专制社会中不可能实现，但确是有利于减轻广大农民“暴税”之苦的积极主张。黄宗羲经济思想的另一个亮点是“废金银”而“通钱钞”的币制改革设想，其实质是要确保货币的流通与商品市场的活力，以维护国家的“久远之利”。

总之，黄宗羲以“工商皆本”“复位税则”“废金银、通钱钞”为主要内容的经济改革理论，反映了要求打破自然经济的传统结构和发展工商业、改革税制和金融政策的历史要求，这些经济主张，尽管多有空想成分，但在客观上有利于资本主义生产关系的萌芽与成长，其理论勇气与远见卓识值得赞许。⑦

四是教育模式。黄宗羲的民主思想还突出表现在主张人民议政权和监督权方面。他把这两项权利归之于学校，在他看来，学校既是培养知识分子的基地，也是评议朝政、实施舆论监督的场所。

在君主专制的社会中，不仅是普通民众，甚至连一般士子（知识分子）都没有评论政治得失的权利，更没有监督君权和政府行政权（实是君权的延伸）的权

⑥ 黄宗羲：《明夷待访录·财计三》，《黄宗羲全集》第1册，第41页。

⑦ 值得注意的是，黄宗羲提出上述经济改革主张并非偶然，而是一种时代思潮的反映。在明清之际，还有一些与黄宗羲同时代的士大夫也提出了类似主张。如万历时的官僚冯应京在《月令广义》中提出了“士农工商各执一业”“九流百工皆治生之事”的思想，明末东林党人赵南星在《赵忠毅公文集》卷四《寿仰西雷翁七十序》中提出了“士农工商，生人之本业”的思想，顾炎武的《日知录》、陆世仪的《思辨录》在诸如封建、郡县、井田及货币、赋税等问题上的主张也与黄氏接近，而颜元甚至提出了“天地间田，宜天地间人共享之”的“平均地权”思想（见颜元《四存编·存治》），较之宗羲更为激进。

利。是非的标准不由客观实践决定,也不由广大士民评判认定,而是“天下之是非一出于朝廷(君主)”。黄宗羲反其道而申之,认为“天子之所是未必是,天子之所非未必非”,主张“必使治天下之具皆出于学校”,“公其非是于学校”(均见《明夷待访录·学校》)。这里的“治天下之具”,当指治理国家的根本大纲、基本制度与发展战略,使之“出于学校”,则学校就具有政治设计院的性质,而“公其非是于学校”,学校就具备了舆论监督的功能。应该承认,这是对“是非一出于朝廷”的君主专制的否定,是对人民议政权和监督权的肯定,因而是具有民主性的政治主张。

五是哲学思维模式。黄宗羲在后半生长期从事学术史思想史的整理,沉浸在深刻的哲学思考之中。他要对历史上的治乱兴亡寻求普遍的理论说明,特别是要对明清之际“天崩地解”时代的社会大变动作出哲学的回答。他要为其具有民主启蒙性质的新民本政治思想提供一个哲学基础,需要对憧憬中的未来社会——代替君主专制而起的“民主君客”理想国做出哲学的论证,力图建立一个新的哲学理论体系。他在哲学上的理论创新,是建立了基于“工夫”实践的“力行”哲学,提出了“心无本体,工夫所至,即其本体”“必以力行为工夫”“致即是行”的重要哲学命题,从而实现了从阳明心学到“力行”实学的理论转型。

王阳明提出以“良知”为本体、“知行合一”为方法的“致良知”说,实现了从程朱理学的“格物穷理”(向外求理)到阳明心学“求理于吾心之良知”的理学转型。黄宗羲则提出“心无本体,工夫所至,即其本体”的命题,强调在实践工夫的体悟中呈现本体的思想。在知行关系上,王阳明强调即知即行、即本体即工夫的“知行合一”说,黄宗羲则特别强调实践之“行”的作用,将传统儒家的“学、问、思、辨、行”等致知环节归结为一个“行”字,强调“圣人教人只是一个行”,又通过提出“致字即是行字”的命题而将王阳明的“致良知”导向“行良知”,即“良知的实践”⑧,这都反映了黄宗羲已摆脱宋明理学家那种支离、空疏的学风而走向实用、实学的新境界。这个“力行”哲学模式虽然还不够系统完整,但却开拓了以

⑧ 本段引文散见于黄宗羲的《明儒学案·序》《明儒学案·姚江学案序》(《黄宗羲全集》第7册,第3、197页)和《万充宗墓志铭》(《黄宗羲全集》第10册,第417页),恕不详引。参见拙著《黄宗羲与清代浙东学派》第4章,中国人民大学出版社2009年版,第125—148页。

"经世应务"为目的的清代实学新方向,对古代儒学超越宋明理学而走向近代实学做出了积极的理论贡献。

黄宗羲的思想创新,虽然主要表现在政治思想与哲学思想上,但不限于此。他在史学理论、文学理论、科学思想方面均有新思维、新观念。例如,在史学理论上,他强调以"经世应务"为治史的根本目的和为学宗旨[9],在治史方法上,主张"考信不诬",去伪存真,并兼取各种史料之长,坚持"国史取详年月,野史取当是非,家史备官爵世系"[10]的治史原则。在文论方面,提出了"元气生至文"[11]的观点,其所谓"元气"是指一种百折不挠、慷慨激昂的浩然正气,是古往今来可歌可泣的"豪杰精神"[12];其诗论,则坚持"诗以道性情"[13]"诗补史之阙"的观点[14]。在科学思想方面,黄宗羲虽然有"西学中源"的偏见,但他不仅不拒绝学习西方科学知识,写了十多部会通、解说西洋历算学的专著,在科学观上主张兼融中西的"会通归一"之说与"实得实用"的实学学风,提出了"穷理者必原其始"的科学研究方法论,并站在儒家立场上斥责佛教轮回、报应之说和天主教的"上帝"说教为"邪说"[15]。

综上所说,黄宗羲的思想创新是多方面的,由此也奠定了黄宗羲作为明清之际伟大的民主启蒙思想家、哲学家、史学家、文学家与科学理论家的历史地位。

## 三、黄宗羲的学术成就

著名历史学家戴逸先生在"新版《黄宗羲全集》座谈会"上尝发表题为《学术大师的标准》的讲话(载《光明日报》2005年8月18日读书版),提出学术大师必

---

⑨ 转引自全祖望:《梨洲先生神道碑文》《甬上证人书院记》,载黄云眉编注:《鲒埼亭文集选注》,齐鲁书社1982年12月版,第105、347页。

⑩ 转引自阮元:《国史儒林传稿·黄宗羲》。

⑪ 黄宗羲:《谢皋羽年谱游录注序》,《黄宗羲全集》第10册,第34页。

⑫ 黄宗羲:《靳熊封诗序》,同上册,第62页。

⑬ 黄宗羲:《南雷文定四集·马雪航诗序》,同上册,第63页。

⑭ 黄宗羲:《撰杖集·万履安先生诗序》,同上册,第49—50页。

⑮ 黄宗羲的科学思想,除体现在其《历学假如》《授时历故》《易学象数论》等专著之外,还集中体现在《叙陈言扬勾股述》《破邪论·上帝》《破邪论·地狱》等文章中。参见《黄宗羲全集》第1、9、10、11册。

须具备的四条标准是:“第一,学术上博大精深,他有很多重要著作、学术成就,是一个多面手;第二,创造性的思想贡献;第三,桃李满天下,学术上薪火相传,有许多的追随者、继承者;第四,学术大师不仅学问高,而且道德也高。”他说:“黄宗羲完全具备了这些条件”“黄宗羲在中国学术史上是一座丰碑,永远闪耀着灿烂的光芒,是名副其实的学术大师。”戴先生的这些评论是十分中肯、恰如其分的。

黄宗羲的学术贡献,除了上节所论思想创新之外,最主要的有两个方面:一是其著作成就,二是其讲学成就。

首先,谈谈黄宗羲的著作成就。

黄宗羲一生著述弘富,涉及领域也很广阔,举凡经学(含哲学、政治学)、史学、文学、历学、算学、地理学乃至金石、音律、文字学等领域,都有著作成果,可惜由于迭遭水火之灾、战乱之劫以及文网的禁锢,致使其中不少著作散佚,今已无法搜罗齐全。虽然如此,我们还是可以从现存梨洲遗著实物以及历代学者的著录、考证、年谱、传记中了解梨洲著作的总体情况。笔者在主编《黄宗羲全集》的过程中,在综合辨析梨洲子弟后学如黄百家、邵廷采、全祖望、黄炳垕及近现代史家黄嗣艾、谢国桢、洪焕椿等人有关黄氏遗著的著录基础上,对黄宗羲的著作情况作了全面系统的考证辨析,撰写了《黄宗羲遗著考》七篇长文,分别附录于《黄宗羲全集》各册书末,又在此基础上撰成《黄宗羲著作汇考》一书,由台湾学生书局于1990年单行出版。据笔者考证,梨洲著作总计有一百十二种,一千三百余卷,两千余万字。这些“著作”,并非全属本人撰著,其中十九种近千卷约计一千多万字,是由黄宗羲主持编选的宋、元、明人著作。如按著作性质分类,则梨洲遗著大体可分三类:一是文选汇编类,如《明文案》《明文海》《明史案》《宋元文案》等,共十九种,约一千卷;二是自撰专著类,如《明夷待访录》《明儒学案》《宋元学案》《易学象数论》《孟子师说》《行朝录》《弘光实录》《四明山志》《历学假如》等,共六十五种,约三百卷;三是自著诗文集类,如《南雷文案》《南雷文定》《南雷杂著》《南雷诗历》等,共二十八种,七十余卷(其中多数是重复结集,如删其重出者,则只有四十余卷)。现在尚存者,有文选十种,八百九十五卷;专著二十八种,二百十一卷;诗文集十八种,六十七卷。总计尚存五十六种,一千一百七十二卷,其中属于宗羲本人撰著的仅存四十六种,二百余卷。其他都已亡佚难寻。限于篇幅,本文只能选择几种影响较大且有代表性的著作略作介绍。

黄宗羲对后世影响最大并最受重视的著作,除了前述《明夷待访录》之外,就是《明儒学案》了。该书凡六十二卷,约百万字,是黄宗羲编撰的明代学术思想史专著。《明儒学案》在中国思想文化史上的贡献有二:第一,它系统整理了一代学术思想史资料,开创了一种新的史学体裁——学案式的断代学术史体。该书共立学案十九个,分卷六十二,论列学者二百余人,系统记载和评论了明代儒学主要流派、重要学者的生平、事迹、著作及其学术思想的演变情况,条理清晰,结构严整,师承分明,宗旨历然。十九个学案又以王阳明及其后学所占比重最大,突出了明代学术重心之所在。第二,黄宗羲通过《明儒学案》的编著,建立了"一本而万殊,会众以合一"的辩证学术史观。

《宋元学案》是继《明儒学案》以后又一部学案体断代学术史专著,对于了解宋元思想学术的来龙去脉及各家各派的思想宗旨与学说内容具有极大的史料价值。该书实际上是由黄宗羲搜辑数据、起例发凡、确定方向而由其子弟后学陆续编纂而成的,其中出力最多的是黄百家、全祖望、王梓材三人,其他参与编纂、修订者还有梨洲门人杨开沅、顾諟,梨洲五世孙黄璋,慈溪后学冯云濠等。该书自康熙中叶至道光十七年(1837)由王梓材、冯云濠最后定稿,前后经历了一个半世纪;而自王、冯定稿初刻以后至今广泛流行,又经历了一个半世纪,其编纂、刊刻、出版过程与版本情况均相当复杂,笔者另有详细考证文章,在此仅略作简介[16]。

《明文案》和《明文海》,是黄宗羲费时最长、用力最勤的两部明人文选。黄宗羲为了保存有明一代文章之精华,不辞劳苦,从康熙七年(1668)起,就开始搜集整理明人文集,经过七个寒暑,到康熙十四年(1675),终于编定了一部洋洋二百七卷、约四百万字的《明文案》。他对这部文选非常满意,自信"有某兹选,彼千家之文集庞然无物,即尽投之水火,不为过矣!"[17]《明文案》编成以后,宗羲继续四出访书、抄书、新增明人文集三百余家,终于在康熙三十二年(1693)八十四

---

⑯ 详见吴光:《〈宋元学案〉成书经过、编纂人员与版本存佚考》,《杭州师范大学学报》2008 年第 1 期。

⑰ 黄宗羲:《明文案序上》,《黄梨洲文集》,中华书局 1959 年版,第 388 页。

岁高龄时,扩编为《明文海》四百八十卷。书成以后,他对儿子百家说:“非此不足存一代之书”[18],可见他对此书文献价值的高度重视。《四库全书总目》也赞誉《明文海》:“搜罗极富,所阅明人文集几至二千余家……亦可谓一代文章之渊薮,考明人著作者必当以是编为极备矣!”[19]

黄宗羲的史学代表作,除上述两个学案之外,最重要的是《行朝录》《弘光实录钞》和《四明山志》。《弘光实录钞》是关于南明小朝廷——南京弘光帝短暂历史的实录,《行朝录》则记载了南明小朝廷隆武帝、永历帝、监国鲁王的始末历史,而以鲁事记载最详。《四明山志》,是黄宗羲记载四明山名胜古迹及历代文人墨客的诗文遗作而编定的名山志。其经学代表作是《易学象数论》和《孟子师说》。《易学象数论》六卷,是黄宗羲的重要哲学著作,也是在《周易》研究中廓清象数问题上伪科学迷雾的自然科学著作。《孟子师说》七卷,是黄宗羲阐发其师刘宗周学术宗旨并具体阐扬孟子“民本”思想与“仁政”学说的一部经学力作。

此外,黄宗羲还撰著了十多种天文历算专著,如《授时历故》《历学假如》《新推交食法》《气运算法》《勾股图说》《开方命算》《测圆要义》等等,还有《授书随笔》《子刘子行状》《思旧录》《破邪论》《今水经》等经史学专著及大量诗文。他在这些著作中始终贯彻了“经世应务”“切于民用”的实学指导思想。

总之,黄宗羲的著作成就,无论是在数量上或是在质量上,都不亚于古之名家。这些著作对后世的影响极其巨大,至今未尝衰减。

其次,谈谈黄宗羲的讲学成就。

黄宗羲不仅勤于写作,而且诲人不倦。他在清初长期从事讲学,培养了许多有用人才,并开创了学术史上一个重要学派——清代浙东经史学派。

黄宗羲的讲学活动主要在康熙二年(1662)至十八年(1679),即他五十四岁至七十岁这段时间。他先后到语溪(今属桐乡市崇福镇、明称崇德县,清改石门县)、海昌(今海宁县)、越城(今绍兴市)、甬上(今宁波市鄞州区)等地设馆讲学。而在这前后,还有许多学者上门求教。他总是一一为之讲解,将平生学到的知识传授别人。二十年间,拜他为师的人多达数百名,甚至不少地方官员也专门

---

⑱ 黄百家:《明文授读序》,《黄宗羲全集》第 11 册,第 199 页。

⑲ 《四库全书总目·明文海提要》,中华书局 1985 年 5 月影印本,第 1729 页。

邀请他去讲学,或到他下榻处听讲。全祖望《梨洲先生神道碑文》记梨洲讲学盛况说:

> 问学者既多,丁未(康熙六年),复举证人书院之会于越中,以申蕺山之绪。已而东之鄞、西之海宁,皆请主讲,大江南北,从者骈集,守令亦或与会。已而抚军张公以下,皆请公开讲,公不得已应之,而非其志也。

这里,我们将他在语溪、海昌、越城与甬上证人书院的讲学情况略作叙述。

康熙二年(1663)四月至六月,黄宗羲应朋友吕留良的邀请,首次到语溪设馆讲学,并与吕留良、吴之振、吴自牧一起选编《宋诗抄》。自康熙二年至五年,黄宗羲在语溪设馆教书陆续经历三年。

康熙十五年至十九年(1676 — 1680)间,黄宗羲曾多次到海宁讲学。当时,海宁县令许三礼(字酉三)约请了一些官僚士大夫前来听讲。其中有在朝任詹事的昆山徐秉义(号果亭),其兄刑部尚书徐乾学(号健庵)也派门人来海宁听讲。黄宗羲因材施教,给他们讲论"爱民尽职"的道理。他在海宁讲学前后经历五年,听讲人员数以百计,但最重要的成果,是培养了一个精通历算学的弟子陈訏。

黄宗羲在青年时代拜蕺山先生刘宗周为师,学于越城(绍兴)证人书院。刘宗周殉国后,证人书院停办了二十多年。到康熙六年(1667)九月,黄宗羲会合同门学友姜希辙、张应鳌等人,又在绍兴恢复证人书院的讲学活动,以阐扬先师的道德气节与学术思想。其后两年,他曾数度与学友们会讲于绍兴证人书院。[20]

然而,黄宗羲讲学影响最大且最有成就的地方,还是在宁波,即在甬上讲经会和甬上证人书院讲学时期。由黄宗羲开创的清代浙东经史学派的主力军及其活动中心,也是在宁波地区。

甬上证人书院,是在当地望族万泰祖孙、董德偁父子、郑溱父子以及黄宗羲好友陈赤衷、李邺嗣等人拥护下,由黄宗羲担任主讲而创办起来的。康熙四年,

---

[20] 参见黄宗羲:《子刘子行状》《董吴仲墓志铭》,《黄宗羲全集》第1、10册。

万氏、董氏兄弟与陈赤衷等将几个文社合并建立了“甬上策论会”。这年春天，万斯大、万斯同、陈锡嘏、陈赤衷、董允瑫、董允璘、仇兆鳌等二十余名策论会成员相约到余姚拜梨洲先生为师。康熙六年(1667)，策论会改名为讲经会，以讨论五经为主要科目。康熙七年三月，黄宗羲再次到宁波讲学。他的数十名学生在鄞县广济桥和延庆寺等地分别举行大会，正式建立了“甬上证人书院”。之所以以此命名，是表示要继承刘宗周的学术事业，改变明代文人讲学的积习流弊，造就一种新学风。甬上证人书院从康熙七年(1668)创建，到康熙十四年(1675)结束，前后经历八年。期间共有百余人参加讲会，向黄宗羲问学。其中不少人成了著名经学家、史学家或文学家。有的则考中科举当了官，把学到的知识用于“经世致用”的实践。㉑

黄宗羲的讲学，是有明确宗旨和独特风格的。这就是：反对束书空谈，重视真才实学；提倡明经通史，主张经世致用。他对那些空谈道德性命而没有真才实学的人十分鄙夷，对那种虚妄学风提出了严厉的批评。他说：

> 尝谓学问之事，析之者愈精，而逃之者愈巧……今之言心学者，则无事乎读书穷理；言理学者，其所读之书不过经生之章句，其所穷之理不过字义之从违。薄文苑为词章，惜儒林于皓首。封己守残，摘索不出一卷之内。其规为措注，与纤儿细士不见长短。天崩地解，落然无与吾事，犹且说同道异，自附于所谓道学者，岂非逃之者之愈巧乎！㉒

这对那些空谈家们真不异当头棒喝！那么应当提倡什么呢？黄宗羲特别强调学者要明经通史，以求经世致用。他要求前来受业的学生“必先穷经”，同时“兼令读史”。全祖望评论说：“凡受公之教者，不堕讲学之流弊”，可见黄宗羲讲学，确有“救偏补弊之功”。

黄宗羲讲学，并不局限于经学和史学，同时还讲授天文、历法、数学、地理等自然科学知识。如他在海宁讲学时，培养了一个精通数学的学生陈訏。他还向

---

㉑ 详见《南雷文定·陈夔献墓志铭》，《黄宗羲全集》第10册，第452—454页。

㉒ 《南雷文定·留别海昌同学序》，同上册，第645—646页。

海昌知县许三礼传授了有关《授时历》《西洋历》《回回历》的科学知识。他的学生万经(万斯大之子)在《寒村先生七十寿序》中回忆说:黄梨洲在甬上讲学时,他的弟子对经学、史学以及天文、地理、六书、九章至远西(指西方国家)测量推步之学,都能刻苦学习。尽管黄宗羲的自然科学知识水平不算最高,接受的西方自然科学知识也还不算丰富,但在那风气未开的专制时代,可谓凤毛麟角。他同他的朋友方以智一样,在自然科学领域也是站在时代前列的,比起那些只懂经史之学而不懂"质测"之学的正统老儒来,黄宗羲确实要高明得多了。

黄宗羲通过诲人不倦的讲学活动与孜孜不倦的著书实践,树立了一代学术大师的风范,也培植了一个具有独特风格的学派——清代浙东经史学派。

"浙东学派"的概念,最早是黄宗羲提出的。他在《移史馆论不宜立理学传书》中,批评了明史馆馆臣所谓"浙东学派最多流弊"之说,指出:"有明学术,白沙(陈献章)开其端,至姚江(王阳明)而始大明……逮及先师蕺山(刘宗周),学术流弊,救正殆尽。向无姚江,则学脉中绝;向无蕺山,则流弊充塞。凡海内之知学者,要皆东浙之所衣被也。今忘其衣被之功,徒訾其流弊之失,无乃刻乎!"[23]而黄宗羲所谓"浙东学派",指的是从王阳明到刘蕺山的"浙东学脉",而非现代意义上的"浙东学派"。现代意义上的"浙东学派"概念,是由近代学术大师梁启超首先提出的。梁氏于1902年所撰《中国学术思想变迁之大势》一文中说:"浙东学派……其源出于梨洲、季野而尊史,其巨子曰邵二云、全谢山、章实斋……吾于诸派中,宁尊浙东。"[24]但梁氏论清代浙东学派却存在一个偏向,即把这个学派仅仅看作史学流派。他在《清代学术概论》中论清代学术说:"大抵清代经学之祖推(顾)炎武,其史学之祖当推宗羲。"又在《中国近三百年学术史》中说:"梨洲学问影响后来最大者,在他的史学。"[25]自梁氏以后,学者论及清代浙东学派者,大多受梁氏影响,而称"浙东史学"或"浙东史学派"云云[26]。

---

㉓ 《南雷文定·移史馆论不宜立理学传书》,同上册,第221页。

㉔ 梁启超:《饮冰室文集·中国学术思想变迁之大势》,《饮冰室合集》第3册,上海中华书局1936年版,第95—96页。

㉕ 二书均见《梁启超论清学史二种》,第14、147页。

㉖ 参见何炳松著:《浙东学派溯源》,上海商务印书馆1932年初版;陈训慈:《清代浙东之史学》,《史学杂志》2卷6期(1931年4月出刊);杜维运:《清代史学与史家·黄宗羲与清代浙东史学派之兴起》,台北东大图书公司1984年版,中华书局1988年版。

其实,黄宗羲不仅重视史学,而且重视经学,其学术特色是经史并重的。他强调学问必须"以六经为根柢",要求"受业者必先穷经",然后"兼令读史",提倡"学必原本于经术而后不为蹈虚,必证明于史籍而后足以应务"的经世实学。正因如此,所以其弟子在宁波创设"讲经会",以辩论五经、阐扬经学为宗旨。黄宗羲自己的学术成就,不仅有《明儒学案》《行朝录》一类史学著作,而且有《易学象数论》《孟子师说》《授书随笔》一类经学著作。其弟子与私淑、后学,如万斯大、万斯同、邵廷采、全祖望、章学诚等,虽然各有侧重,但都并非偏废经学,而是兼治经史的。如著名史学家万斯同,除了《明史稿》《补历代史表》等史学名著外,还有《庙制图考》《石经考》《群书疑辨》《讲经口授》等经学著作,而其兄万斯大则是著有《经学五书》的著名经学家。被称为"浙东史学"传人之一的邵晋涵,虽然一生主要从事史书编纂,但最重要、最有影响的著作却是经学专著《尔雅正义》。所以,不能将浙东经史之学割裂分析。正如近现代学者刘师培所论:"浙东学派承南雷黄氏之传,杂治经史百家,不复执一废百。鄞县万氏承之,学益昌大。若祖望之学,殆亦由万氏而私淑南雷者欤?"㉗关于清代浙东学派的学术特色与定位,笔者在二十多年前发表的《黄宗羲与清代学术》一文就对梁氏之说提出异议,拙文指出:

> 关于清代浙东学派,前人往往作狭义的理解,称之为"浙东史学派",并以章学诚为其殿军,恐怕有失偏颇。愚意以为,浙东学派是一个包括经学、史学、文学、自然科学在内的学术流派,虽以史学成绩显著,但不应仅仅视作一个史学流派。这个学派的主要代表人物,以史学为主兼治经学的有万斯同、万言、邵廷采、全祖望、邵晋涵、章学诚,以经学为主兼擅史学的有万斯选、万斯大、黄百家、王梓材,其文学代表人物则有李邺嗣、郑梁、郑性等,自然科学代表人物则有陈訏、黄炳垕等。㉘

㉗ 刘师培:《全祖望传》,转引自董平撰《浙东学派之名义及其内涵》文。

㉘ 吴光:《黄宗羲与清代学术》,原载《孔子研究》1987年第2期。收入吴光论文集《儒道论述》一书,台北东大图书公司1994年6月版。

尽管二十年前的研究还有些粗糙，但我的基本看法至今未变，并且自信可以成立。我认为，以黄宗羲为首的清代浙东学派，是一个涵括经学、史学、文学、科学等多个学术领域而以经史之学为主体的学术流派，可以称之为“清代浙东经史学派”，而非“浙东史学派”。[29]

## 四、黄宗羲思想的当代启示

黄宗羲是一位通古明今的伟大思想家和继往开来的学术大师。其思想与学术并非历史的陈迹，而是具有重要的现代价值与永恒意义的。我们在大师诞辰四百周年之时来研究其思想的当代价值，仍然会感到极大的心灵震撼，给我们以十分有益的启示。本文拟从五个方面略作论述。

第一，黄宗羲在《明夷待访录》中提出的“君为民害”论、“民主君客”论和“万民忧乐”论，一方面是对儒家传统民本思想的继承，另一方面超越了自《尚书》《孟子》以来的传统儒家重民、爱民、为民请命的旧民本范式，而开始走向民有、民主、民治、民主监督的新范式。黄宗羲的“君为民害”论，从理论上对君主专制制度进行了明确而深刻的批判，比起孟子的“民贵君轻”论来更富有战斗性。他所谓“天下为主，君为客”的政治命题，已是地道的“民主”思想而非“君主”思想。而其“万民忧乐”论，也蕴含着天下是人民的天下，而非君主一家私产的“民有”观念。他主张建立“天下之（公）法”等主张，则反映了其朴素的民治思想，这比传统儒家的“礼治”主张更接近于近代的法治观念。黄宗羲这种以“民有、民主、民治”为中心的新民本思想，在清末至近代的民主革命运动中曾经起了极其重要的思想启蒙作用，梁启超、谭嗣同、孙中山均评价极高[30]。不仅如此，当代中国领导人也高度评价了黄宗羲的民主思想。2005 年 3 月 22 日，温家宝总理在《致史晓风先生函》中指出：黄宗羲的“许多思想具有朴素的科学性与民主性”“天下之大事莫过于万民之忧乐。行事要思万民之忧乐，立身要先天下之忧

---

[29] 详见吴光：《为“清代浙东经史学派”正名》，2008 年 10 月 19 日《光明日报》理论版。

[30] 详见拙著：《天下为主——黄宗羲传》，浙江人民出版社 2008 年 11 月版，第 271—278 页。

而忧,后天下之乐而乐”[31]。这些论述,深刻体现了当代中国领导人坚持“以民为本、执政为民”根本宗旨的思想风格与行为准则,也从正面反映了黄宗羲朴素民主思想的当代意义与价值。

第二,纵观古今中外,历史上比较成功的改革,从来都是政治、经济配套进行的全方位改革。战国时代的商鞅变法如此,日本近代的明治维新也是如此。黄宗羲作为一个坚持改革的理论家,他的《明夷待访录》是一部熟观“治乱之故”进而“条具为治大法”以推动社会变革的根本纲领,他所提出的改革蓝图同样是政治、经济、军事、教育、文化等领域全方位配套进行的,并非只搞政治改革而忽略经济、社会、文教改革,也不是只搞经济改革而忽视政治体制的根本性变革。这就启示我们,中国肇始于二十世纪八十年代的“改革开放”尽管在经济体制改革、经济社会发展方面取得了巨大的成功,但如果不能持续地、深入地开展政治体制、管理体制的深刻变革,则经济改革的成果很有可能收效于一时而不能持久,甚至可能得而复失。

第三,黄宗羲的宏富著作及其对历史经验的总结,可以帮助我们了解历史的真相,以便做到“以史为鉴,古为今用”。黄宗羲作为一个史学家,特别重视对“近现代史”的研究与整理。他那个时代的“近现代史”,主要是指宋、元、明三朝特别是明朝(包括晚明)的历史。他撰著的主要史学著作如《行朝录》《明儒学案》等是对晚明史和明代学术史的总结,他编辑的卷帙最繁重、费时最长的文献资料书是《明文海》和《明史案》。他编书的目的,旨在总结“治乱之故”,要“存一代之书”,要发掘“三百年人士之精神”。而更重要的是,黄宗羲非常明确地把“经世应务”[32]作为治史的根本指导思想,就是要吸取历史经验,为社会变革的实践服务。这一治学宗旨,也是值得当今学者继承和发扬的。

第四,黄宗羲的“一本万殊,会众合一”的哲学史观与学术史观,可以启迪我们的理论思维。“一本万殊,会众合一”的思维方法,既是分析的,又是综合的,

---

[31] 温家宝论黄宗羲思想的亲笔信首先发表于《浙江学刊》2005 年第 4 期,其后《光明日报》《文汇读书周报》《中国哲学史》等报刊作了转载。

[32] 关于黄宗羲的“经世应务”思想,见于黄宗羲的《补历代史表序》以及全祖望的《梨洲先生神道碑文》《甬上证人书院记》。文繁不具引。

既是开放性思维,又是兼容性思维,是一种科学的、辩证的思维方法。有人说,中国传统思维方法只有宏观的综合而缺少微观的分析,这其实是一种偏见。黄宗羲在《明儒学案》中论明人讲学特色是“茧丝牛毛,析之也精”,这难道不是分析性思维吗?他的“一本万殊”论,如果没有分析,能够把握万物之殊吗?所以,黄宗羲的辩证思维方法是深具启发性的,尤其对于我们在全球化背景下促进异质文化交流、推动文化创新、提升人文精神具有积极的指导作用。

第五,黄宗羲思想中一个非常突出的特色是其批判求实精神及力主改革的理论勇气,这体现了中国传统知识分子“士志于道”“天下兴亡,匹夫有责”的人文精神和历史使命感,也激励着我们今天坚持改革的决心和理论创新的勇气,并为当今的政治改革(如民主、法治、制度建设)、经济改革(如使产业结构合理化、避免黄宗羲定律、使农民增收减负)、文化创新(如使西学中用、中学新用、综合创新)提供了历史的借鉴。尤其是作为有社会良知的现代知识分子,更有必要学习和发扬黄宗羲的理性批判精神和呼吁改革的理论勇气,为进一步推动中国的改革开放、为中国的现代化、民主化建设而大声疾呼,并且身体力行。

这或许就是黄宗羲思想的内在价值所给予我们的当代启示吧!

黄宗羲在抗清失败后避居深山时(50岁,1659)写下了一首感怀诗,曰:

锋镝牢囚取次过,依然不废我弦歌。
死犹未肯输心去,贫亦其能奈我何!
廿两棉花装破被,三根松木煮空锅。
一冬也是堂堂地,岂信人间胜著多!

三个半世纪后的今天,我们朗诵这首充满豪情的诗歌,既为诗人坚韧不拔的顽强意志所感动,也为思想家的弦歌不废而庆幸。现在,黄宗羲的思想与学术成就已经被越来越多的人所研讨发扬,其思想学说的民主性、科学性也日益焕发出启迪后人智能的巨大价值。我在前年出版的《天下为主——黄宗羲传》的结尾情不自禁地写下了几句赞语,现在移植来作为本文的结语,曰:

### 黄梨洲生平赞

慷慨赴阙，击刺奸党；从学蕺山，道弘志广；
毁家纾难，十死亦往；纵览兴亡，留书待访；
纂要钩玄，学案始创；研微知几，历数不爽；
著书百种，讲学一方；经史并重，学派发皇；
浙东风采，南雷文章；民主启蒙，中国脊梁；
会众合一，开来继往；青史垂名，百世流芳！

（完稿于2010年9月2日）

【吴　光　浙江省社会科学院哲学研究所研究员】

原文刊于《中国文化》2010年02期

# 说“戾气”

## 明清之际士人对一种文化现象的反省与批判

赵　园

明代的政治暴虐，已是一个常识性话题，且已获得某种象喻资格——常常被人因特定情景而提到，如在20世纪三四十年代，丁易那本《明代特务政治》，就是当时的讽喻之作，一时的左翼史学家，很少不利用这现成的题材的。我以为，较早而有力地运用了这象喻的，仍然是鲁迅。这是后话。在本文中，我更关心亲历过那时代的士大夫的反应和反应方式，尤其他们对其所处时代的批判及其所达到的深度，以及他们对其所置身其间的时代氛围——也即他们本人的生存情境的感觉与描述。明代学术虽以“荒陋”为人诟病，明代士人却不缺乏对自己时代的批判能力，尤其在明清之交，在经历了劫难的那一代人，在其中的思想家。那是一个制造思想的时代，首先是批判思想。那一代士人中的优秀者所显示的认识能力，为此后相当一段时间的士大夫所不能逾越。

我注意到了王夫之对“戾气”、对于士的“躁竞”“气矜”“气激”的反复批评。以“戾气”概括明代尤其明末的时代氛围，有它异常的准确性。而“躁竞”等等，则是士处此时代的普遍姿态，又参与构成着“时代氛围”。

我还注意到同处此时代的著名文人，与如王夫之这样的大儒的经验的相通：对上文所说“时代氛围”的感受，以至于救病之方；尽管他们完全可能是经由不同的途径而在某一点上相遇的。但这决不像是偶然的邂逅。事实与认识的积累,使得有识之士在不止一个重大问题上默契、暗合。就本文所论的问题而言,我注意到的,就有钱谦益的有关议论。

钱谦益以其文人的敏感,也一再提到了弥漫着的戾气。他在《募刻大藏方册圆满疏》中描述他对于世态人心的体察:“劫末之后,怨怼相寻,拈草树为刀兵,指骨肉为仇敌,虫以二口自啮,鸟以两首相残……”(《牧斋有学集》卷四十一)他说到普遍的“杀气”,说“刀途血路”,说毁灭人性的怨毒和仇恨。他另由一时诗文,读出了那个残酷时代的时代病。“兵兴以来,海内之诗弥盛,要皆角声多,宫声寡;阴律多,阳律寡;噍杀恚怒之音多,顺成啴缓之音寡。繁声多破,君子有余忧焉。”(《施愚山诗集序》,同上书卷十七)“噍杀”是他常用的字样。以降清者作此诗论(所论且多为遗民诗),你得承认,是需要点勇气的。由此不也可见钱氏的气魄?无论开的是何种药方,钱谦益是明明白白提到了“救世”的。他所欲救的,也正是王夫之、顾炎武们认为病势深重的人性、人心。①

一时的著名文人间也有认识的相通。吴伟业也说戾气、杀气,甚至也用“噍杀”的字面(诗论),当然也不是偶然的思路相遇。②

王夫之等所提供的以上描述,并不足以标明“深度”。由儒家之徒与受儒家思想熏陶的士人说出上述明显事实,是不会令人惊讶的。明清之际有识之士的深刻处,更在于他们由此而对明代政治文化、明代士文化的批判,比如对暴政所造成的精神后果的分析。在这方面,王夫之的有关评论,仍然具有更为犀利的性质。

## 一

不消说,明末上述民情士风,是整个明代政治的结果。王夫之借诸史论(亦

---

① 钱氏在《徐季重诗稿叙》中引师旷语(“南风不竞,多死声”云云),说“何谓死声?怨怒哀思怗懘噍杀之音是也”,其与夏声皆“生于人心,命乎律吕,而著见于国运之存亡废兴,兵家之胜败”(《牧斋有学集》卷十八)。在《题纪伯紫诗》中,说“愿伯紫少阏之”,“如其流传歌咏,广贲噍杀之音感人而动物,则将如师旷援琴而鼓最悲之音,风雨至而廊瓦飞,平公恐惧,伏于廊屋之间,而晋国有大旱赤地之凶,可不惧乎!可不惧乎!”(同书卷四十七)但钱氏非全用此一标准,如《题燕市酒人篇》,即有对时调的理解。《牧斋有学集》,上海商务印书馆缩印康熙甲辰初刻本《四部丛刊》初编集部,下同。

② 见吴伟业《太仓州学记》《观始诗集序》《扶轮集序》等篇,均见《吴梅村全集》。《吴梅村全集》,上海古籍出版社 1990 年版,下同。

政论)对于暴政的批判,有着无可置疑的针对性。

士所谈论的政治暴虐,首先系于士群体的经验,也即施之于士的暴政。明太祖的杀戮士人,对于有明两百余年间"人主"与士的关系,是含意严重的象征。明初的士人,就已由此敏感到其生存的极端严峻性。苏伯衡比较了元明当道的对于士,以为元之于诸生,"取之难,进之难,用之难者,无他,不贵之也。不贵之,以故困折之也"。明之于诸生则不然,"取之易,进之易,用之易者,无他,贵之也。贵之,以故假借之也"。苏氏不便明言的是,与其"假借之",不如"困折之":"夫困折之,则其求之也不全,而责之也不备。假借之,则其求之也必全,而责之也必备。"(《苏平仲集》)到明清之交,士人对其命运的表达,已无须如此含蓄。黄宗羲就径直说明代皇帝对士"奴婢"蓄之,怨愤之情,溢于言表。③

明代士人对施之于士的暴政,批判在"厂卫"及"廷杖""诏狱"上尤为集中。据《明史·刑法志》,明代的廷杖之刑自太祖始;到正统时,"殿陛行杖"已"习为故事"。诏狱始于汉武帝,"明锦衣卫狱近之,幽系惨酷,害无甚于此者"。"廷杖""诏狱"是士人蒙受耻辱的标记,透露着明代"人主"面对士人时的复杂心态,包括隐秘的仇恨。王夫之在其史论中说到廷杖、诏狱之为对臣的污辱("北寺之狱,残掠狼藉,廷杖之辱,号呼市朝"),以之为"为人君者毁裂纲常之大恶"。④ 王氏更关心三代以下对于士的戮辱的后果,"身为士大夫,俄加诸膝,俄坠诸渊,习于诃斥,历于桎梏,褫衣以受隶校之凌践",隐忍偷生,又怎能指望他们"上忧君国之休戚,下畏小民之怨讟"呢!⑤ 王夫之无疑以为弥漫天下的"戾气",正由人

③ 参见《明夷待访录·奄宦上》,《黄宗羲全集》第1册,浙江古籍出版社1985年版,下同。他选录其师刘宗周语(《孟子师说》):"顾后来元明之开创者,不可称不嗜杀人,而天下为威势所劫,亦就于一,与秦隋无异……盖至此天道一变矣""然后世君骄臣谄,习而成故,大略视臣如犬马,视君如国人者,居其八九。顾亦有视臣如土芥,而视君如腹心者,君子多出于是,如黄石斋、成元升之类……"(《黄宗羲全集》第1册)。

④ 《读通鉴论》卷三十。祁彪佳也说过:"盖当血溅玉阶,肉飞金陛,班行削色,气短神摇。即恤录随颁,已魂惊骨削矣。"(《明季南略》卷二)也应说明,王氏论此,着重处更在臣道,即臣之处此奇耻大辱。《读通鉴论》,见《船山全书》第10册,岳麓书社1988年版,下同。《明季南略》,中华书局1984年版,下同。

⑤ 《读通鉴论》卷二。

君所激成。[6]

处此时代，士人的命运之感，其精神创伤是不待言的。王夫之说宋太祖的“盛德”（其对立物即“凉德”），即不免是一种命运感的表达，充满了遗憾与无奈。“易代”固然是痛苦，但如王夫之、黄宗羲的大胆言论又使人想到易代的某种“解放意义”——那种批判以及怨愤表达，也只有在明亡之后才能成为可能；虽然即使激烈如黄宗羲，也并未发挥其“君”论、“公私”论的逻辑可能性，比如对其自身社会角色，其与“明”的政治关系，做出不同于他人的描述。

历史文本关于廷杖、诏狱以及其他肉刑的记述中，往往即有创伤感，比如由明遗臣或亲历过明末政治的士人参与撰稿的《明史》有明两百余年间，关于廷杖、诏狱以及明代刑法的其他弊端，屡有批评。[7] 即如廷杖，批评者所强调的，几乎从来不是肉体的痛楚，而是其作为对于士的侮辱。明代人主似乎特别有侮辱臣下的兴致。太祖朝即有大臣“镣足治事”（《明史》卷一百三十九《茹太素传》）；成祖则在“巡幸”时，令“下诏狱者率舆以从，谓之随驾重囚”（《明史》卷一百六十二《尹昌隆传》）；正德朝“杖毕”了公卿即“趣治事”（《明史》卷九十五），也就不能不说合于祖宗的家法了。[8]

王夫之在其《宋论》中，说宋代人主的宽仁（“不杀士大夫”，“以宽大养士人之正气”，“文臣无欧刀之辟”，[9]“其于士大夫也……诛夷不加也，鞭笞愈不敢施也”[10]），无疑有甚深的感慨在其间。但王氏不同于常人的思路，更在对士大夫反应方式的关注。堪称怪论的是，他以为正是士的隐忍偷生，鼓励了暴政。士处廷

⑥ 《读通鉴论》卷二十四。王氏说：“习气之熏蒸，天地之和气销烁无余。推原祸始，其咎将谁归邪？习气之所由成，人君之刑赏为也。”万斯同《读洪武实录》也说明太祖“杀戮之惨一何甚也”，“盖自暴秦以后所绝无而仅有者”（《石园文集》卷五，四明丛书）。钱穆《晚学盲言》四十一《帝王与士人》：“在中国历史上，开国之君与其同时之士最疏隔者，在前为汉高祖，在后为明太祖。而明太祖尤甚。”（《晚学盲言》，台北东大图书股份有限公司版）

⑦ 洪武朝刘基、叶伯巨，嘉靖朝霍韬，万历朝李沂，南明弘光朝祁彪佳对廷杖、诏狱的批评，均载在《明史》。（分别见《明史》卷一百三十六、卷一百三十九、卷九十五、卷二百三十四、卷二百七十五）。

⑧ 其他如武宗的剥光臣子的衣服，与景帝的命中官掷钱于地，令经筵讲官遍拾，均之为辱。（见《明史》卷一百八十八《刘士元传》、卷一百五十二《仪铭传》）。

⑨ 《宋论》卷一。《宋论》，《船山全书》第 11 册，岳麓书社 1992 年版，下同。

⑩ 《宋论》卷十。

杖、诏狱之辱的对应方式，应是如高攀龙似的以自杀保全尊严。⑪ 这里姑且不论责人以死的是否正当，不妨认为，王氏在此所论“臣道”（即不辱身），更出于某种深刻的失望，以至不屑用“士职”的名义作生的辩护。

由王夫之的著述看，似乎“竞”“争”等字样，更能概括他所以为的明代的政治文化性格，与他所感受到的时代氛围。君臣“相摧相激”（《读通鉴论》卷八），“尊卑陵夷，相矫相讦”（同上书卷六），主上刻核而臣下苛察，浮躁激切，少雍容，少坦易，少宏远规模恢阔气度，君臣相激，士民相激，鼓励对抗，鼓励轻生，鼓励奇节，鼓励激烈之言伉直之论，轻视常度恒性，以至“天地之和气销烁”；更由“习气之熏染”，“天下相杀于无已”（同书卷二十四）——可由明清之交种种酷虐景象证明。王夫之之谓“戾气”，首先即指此相争相激的时代风气。在他看来，人之有邪正，政之有善恶，均属“固然”；“尤恶其相激相反而交为已甚也”（同书卷二十一）。明亡于此种“争”。对此，那些一味与小人“竞气”的君子，“使气而矜名”的正人，是不得辞其咎的。这意思他也不厌重复地说过，可见感慨之深。

上下交争，构成了明代政治文化的特有景观，有关的历史文本，令人看到的，是极度扰攘动荡的图画。正德、嘉靖朝诸臣的群起而争，人主对群臣的大批杖杀、逮系，足称古代中国政治史上的奇特一幕。“诸臣晨入暮出，累累若重囚，道途观者无不泣下。而廷臣自大学士杨廷和、户部尚书石玠疏救外，莫有言者。士民咸愤，争掷瓦砾诟詈之”（《明史》卷一百八十九）。这场面在正德朝。至若嘉靖朝，则“笞罚廷臣，动至数百，乃祖宗来所未有者”（《明史》卷一百九十）。两朝诸臣之争，都声势浩大。史称“抗言极论，窜谪接踵，而来者愈多；死相枕籍，而赴蹈恐后”（《明史》卷一百八十九）。至于景帝时，且有廷臣群殴，当场捶杀政敌，“血渍廷陛”者。清议也参与了争持，“居官有所执争，即清议翕然归之”（《明史》卷二百五十四）；“朝所为缧辱摈弃不少爱之人，又野所为推重忾叹不可少之人。上与下异心，朝与野异议”（《明史》卷二百五十八）。⑫ 至于“草民”，则以

⑪ 《读通鉴论》卷二。王氏说：“臣之于君，可贵、可贱、可生、可杀，而不可辱。”“至于辱，则君自处于非礼，君不可以为君；臣不知愧而顺承之，臣不可以为臣也。”“使诏狱廷杖而有能自裁者，人君之辱士大夫，尚可惩也。高忠宪曰：‘辱大臣，是辱国也。’大哉言乎！故沈水而逮问之祸息……”

⑫ 《明儒学案》，中华书局 1985 年版，下同。

"罢市""诉冤""遮道号哭"(或"诟詈")以至登屋飞瓦(击奄),来干预政治。这里还没有说到其他的形式多样的对抗,以及规模愈来愈大的民变、奴变。梁启超在其《中国近三百年学术史》中,说明代"士习甚嚣",印象即应得自有关的历史文本。不妨认为,明末士人的前赴后继地赴死,也应因这个蔑视生命的时代,和无休止的对抗所激发的意气。

以布衣参与明史局的万斯同,所见也正是这样的戾气充溢的时代。他说嘉靖朝"……至大礼议定,天子视旧臣元老真如寇雠。于是诏书每下,必怀忿疾,戾气填胸,怨言溢口。而新进好事之徒,复以乖戾之性佐之。君臣上下,莫非乖戾之气……"[13]"人主略假以恩宠,遂人人咆哮跳踉,若猘犬之狂噬"。[14] 黄宗羲《子刘子学言》卷一录刘宗周语,谓"上积疑其臣而蓄以奴隶,下积畏其君而视同秦越,则君臣之情离矣,此'否'之象也;卿大夫不谋于士庶而独断独行,士庶不谋于卿大夫而人趑人诺,则寮采之情离矣,此'睽'之象也"。黄宗羲本人描述明末政治,也以"上下交战于影响鬼魅之途"为言。[15] 儒家之徒从来不乏此种政治敏感。

乖戾、睽、否,已属共识。王夫之持论的特出处,在于他所说"戾气",不只由人主的暴虐,也由"争"之不已的士民所造成。这里的"士"的"民"的批评角度,才更是他特具的。

王夫之不斤斤于正义论,他更注重"争"这一行为的破坏性,近期与长期效应,尤其于士本身的精神损害,自与俗见时论不同。他一再批评明代士人的"气矜""气激""任气""躁竞","激昂好为已甚",好大言"天下",好干"民誉","褊躁操切","矫为奇行而不经";批评他们所恃不过"一往之意气""一时之气矜","有闻则起,有言必诤"(《读通鉴论》卷五、卷八等);说"争"中的君子小人,因其"术"近(即争之不以其道),相去不过"寻丈之间而已"(《宋论》卷三),适足以贻害世道人心;[16]真正的"社稷之臣"不如此,他们"夷然坦然","雅量冲怀","持志

---

[13] 《书杨文忠传后》,《石园文集》卷五,四明丛书。

[14] 《书霍韬传后》,《石园文集》卷五,四明丛书。

[15] 《光禄大夫太子太保吏部尚书谥忠襄徐公神道碑铭》,《黄梨洲文集》,中华书局 1959 年版,下同。

[16] 王夫之在《宋论》卷六中说言之启争,由"所争者正"到"以争为正",终至君子小人"杂糅"于争这一行为中而难以区分。

定”而不失“安土之仁”，是“不待引亢爽之气自激其必死之心”的（同上书卷八）。这意思，他也不厌其烦地一再说过。

明代士习之嚣，不只表现于朝堂之上。黄宗羲以及钱谦益、吴伟业等人都说到过士人的好攻讦，后进晚生的好妄评前辈诋毁先贤（黄宗羲比之为“里妇市儿之骂”）；钱谦益本人亦蒙好骂之讥。[17] 至于王夫之所说士大夫的“诋讦”“歌谣讽刺”（《读通鉴论》卷二十七），则仍属政治斗争的手段，是廷上之争的继续。

然而王夫之所开的药方也未必恰对症候。“正人”不与争锋，使小人“自敝”，代价若何？王氏的“非对抗”（不相激，不启衅，守义俟命）的原则，其实践意义是大可怀疑的。可以确信的是，到启祯朝，“交争”之势已无可改变，虽然争亦亡不争亦亡，其间得失仍有事后不可轻论的。且“不争”说亦嫌笼统。“争”也有种种。陈垣论明清之交法门纷争，说：“纷争在法门为不幸，而在考史者视之，则可见法门之盛。嘉隆以前，法门阒寂，求纷争而不得。”（《明季滇黔佛教考》卷二）至于王氏本人的史论，其锋锐犀利，也正是明人作风，在王氏，不消说出诸“不容已”——不也可据此理解明代士人之争？

## 二

我们到现在为止，还只谈到了明代士人对暴政反应之一种：对抗姿态，还未及于这种反应之于他们本身的作用，以至他们与暴政的更深刻的联系。我们将逐步涉笔这一层面。

不妨认为，明代的政治暴虐，非但培养了士人的坚忍，而且培养了他们对残酷的欣赏态度，助成了他们极端的道德主义，鼓励了他们以“酷”（包括自虐）为道德的自我完成——畸形政治下的病态激情。即如明代士人对于“薄俸”的反应。

“薄俸”较之廷杖诏狱，是动机更为隐蔽的虐待。《明史》中所描述的士人

---

[17] 钱氏也自承其好骂。如说“余评诗论禅多所诃骂”（《莲蕊居士传》，《牧斋有学集》卷三十七）。

（且是其“仕”者）之贫多出乎常情，“贫不能葬”“殁不能具棺殓”“贫不能归”“贫不能给朝夕”“贫不能举火”“炊烟屡绝”“所居不蔽风雨”等等。曾秉正“以忤旨罢”，“贫不能归，鬻其四岁女。帝闻大怒，置腐刑，不知所终”（卷一百三十九），是洪武朝的事。宣德皇帝也不禁叹曰：“朝臣贫如此。”（卷一百五十八）

薄俸鼓励“贪墨”，也鼓励极端化的“砥砺节操”。士以“苦节”作为对虐待的回应，“士论”“民誉”则有效地参与了这一塑造“士”的工程。轩輗，“寒暑一青布袍，补缀殆遍，居常蔬食，妻子亲操井臼”（《明史》卷一百五十八）；秦纮“廉介绝俗，妻孥菜羹麦饭常不饱”（同上卷一百七十八），均号称廉吏。陈有年“两世朊仕，无宅居其妻孥，至以油幕障漏。其归自江西，故庐火，乃僦一楼居妻孥，而身栖僧舍”，时人许为“风节高天下”（卷二百二十四）。陈道亨“穷冬无帏，妻御葛裳，与子拾遗薪爇以御寒”，与邓以赞、衷贞吉，号“江右三清”（卷二百四十一）。然而终明之世，对薄俸的批评，较之对廷杖诏狱的批评，声音要微弱得多。因而王夫之对薄俸的人性后果的分析就尤为难得，对此，我们将在下文中谈到。

平居贫，临难死，且是可不贫之贫，非必死之死——似与生命有仇，非自戕其生即不足以成贤成圣。这里有传统儒家的“造人”神话，但在如明代这样严酷的历史时代，儒家道德仍不可避免地被极端化了。一种显然的政治虐待，被作为了士人被造就的必要条件；被强加的政治处境，倒像是成全了苦修者。这种准宗教精神，开脱了暴政，将施虐转化为受虐者的自虐（且以“甘之若饴”为高境界）。明儒相信“紧随身不可须臾离者，贫贱也”；[18]相信“苟不能甘至贫至贱，不可以为圣人”。[19] 至于王艮的说尊生，以为“人有困于贫而冻馁其身者，则亦失其本而非学也”，[20]在道学中人，真乃空谷足音。

“砥砺”至于极端，即是自虐；有关的清议，士论，欣赏、赞美苦行，则属帮同肆虐。明人的自虐并非只在宗教修行的场合。你读徐渭、李贽的传记材料，会震惊于其人的自戕所用方式的残酷——施之于自身的暴力。宋明儒者好说“气象”，如说“王道如春风和气，披拂万物，墨者之憔劳瘠觳，纯是一团阴气”[21]。而

---

⑱ 《明儒学案》卷二十五明经朱近斋先生得之《语录》。

⑲ 同上书卷十九御史刘三五先生阳。

⑳ 同上卷三十二处士王心斋先生艮《心斋语录》。

㉑ 《孟子师说》卷三，《黄宗羲全集》第1册。

明代士人提倡坚忍颂扬苦行，其气象正有近墨处。从朝堂上的争持，到明亡之际的“赴义”，凡知其不可而为的，有不少即出于自虐以至自杀（死是最甚的虐待）的冲动，其“从容”与“慷慨”（王夫之对这二者，又有精细的辨析），常常正源于绝望的惨烈激情。

《小腆纪传》卷五十六记姜埰事：“……与熊开元同下诏狱，逮至午门，杖一百，几死，复系刑部狱。甲申正月，谪戍宣州卫。”明亡，姜氏自称“宣州老兵”，“病革，语其子曰：‘敬亭，吾戍所也，未闻后命，吾犹罪人也，敢以异代背吾死君哉！’卒葬宣城”。吴伟业“髀肉犹为旧君痛”句（《东莱行》）即记此事。姜埰事，黄宗羲也曾记及，作为明臣不记旧怨尽忠于明的例子。归庄《敬亭山房记》记姜、熊之狱，说崇祯“始不知辅臣之奸，故罪言者，然刑亦已滥矣”；到“劾者之言既验”，“而犹久锢之狱，烈皇帝毋乃成见未化而吝于改过欤”！同案的熊开元“每言及先朝，不能无恨”，姜埰的“绝无怨怼君父之心”，“可谓厚矣”（《归庄集》）。在有关姜埰的记述中，确也是将其作为对待政治不公正的范例表彰的。

明儒好谈处患难，也因“患难”是他们的经常处境。[22]《明儒学案》中屡见明代士人以廷杖诏狱为修炼的记述。“周子被罪下狱，手有梏，足有镣，坐卧有匣，日有数人监之，喟然曰：‘余今而始知检也……’”[23]聂豹系诏狱，慨然曰：“嗟乎！不履斯境，疑安得尽释乎！”[24]杨爵久处狱中，以为“今日患难，安知非皇天玉我进修之地乎？”[25]而狱中讲学论道，更被传为佳话。吴伟业所记黄道周事，有令人不忍卒读者。“……予杖下诏狱，万死南还，余与冯司马遇之唐栖舟中，出所注《易》读之，十指困拷掠，血渗漉楮墨间，余两人瞡眙叹服，不敢复出一语相劳苦，以彼其所学，死生患难岂足以动其中哉！”[26]但你毕竟不是吴伟业。你由此类记述中，读出的就不只是明儒的坚忍，还有他们心性的“残”与“畸”，他们的以受虐（亦自虐）为政治摧残下痛苦的宣泄；你甚至疑心这种嗜酷，掩蔽着弱者式的复

---

[22] 但也必须说明，苦行仍然只是一部分士人的生存方式。明人（尤其江南文人）的豪奢，也屡见于记述，且被作为“江左风流”而为人所乐道。如黄宗羲所记陈继儒、吴伟业所记冒襄。吴氏《冒辟疆五十寿序》中有“青溪、白石之盛，名姬骏马之游，百万缠头，十千置酒”等句。

[23] 《明儒学案》卷二十五恭节周讷溪先生怡《囚对》。

[24] 同上书卷十八文恭罗念庵先生洪先《杂著》。

[25] 同上书卷九忠介杨斛山先生爵《漫录》。

[26] 《工部都水司主事兵科给事中天愚谢公墓志铭》，《吴梅村全集》卷四十五。

仇:以血肉淋漓、以死为对施虐的报复。当然黄道周、刘宗周之类的大儒或应除外。明代学术不足以夸炫,令明人骄傲的,或许即此一种"刀锯鼎镬学问"的吧。

患难之大,莫过于死,关于处生死的谈论自是士人的常课——并非到明亡之际才如此。据说王守仁居龙场时,"历试诸艰,惟死生心未了,遂置石棺,卧以自炼"。㉗ 可知士人于明亡之际的处生死,亦渐也,非一朝一夕使然。明代士论不仅鼓励难进易退,且鼓励难生易死。"平日袖手谈心性,临难一死报君王。"谈心性固属士风,而不惜一死,亦可认为是一种"士风"。

自虐式的苦行以及自我戕害,更是明遗民的生存方式。受虐与自虐,在许多时候难以再行区分。至于遗民的"苦节",甚至在形式上都与节妇烈女如出一辙,其自虐且竞为"不情"极其相像:有关"节操"表达式的匮乏。顾炎武的"饵沙苑蒺藜",尚可言"恢复"的准备,而其他著名遗民(如李颙、徐枋)的苦节,则更像蓄意的自惩:既未能死,即以苦为(自我)惩创。全祖望记周元初明亡后与友唱和,其诗"务期僻思涩句,不类世间人所作",其行之奇僻亦类此:"黄齏脱粟,麻衣草履,极人间未有之困,方陶然自得也。"㉘方以智以贵公子、朝臣(崇祯朝与永历朝)一旦披缁,即如苦行头陀,"披坏色衣,作除馑男",亦像刻意为之。厉风节而趋极端,一向为明代士风所鼓励。辞受取与不苟,必至绝粒如沈兰先(沈昀),"风节"才堪称"殊绝"㉙——时人及后人,乐道的即此"殊绝";在这一点上,"雅""俗"文化正有同好。㉚ 遗民中更有自戕以祈死者。周元懋狂饮成疾,全祖望说:"其四年中巧戕酷贼以自蛊,其宋皇甫东生之流欤?"㉛这里尚未说到"遗民社会"(姑名之)的自身监督,其较之平世尤为苛酷的道德标准(竟少有人能"确然免于疑论"),明遗民在此士风时论之下用心之苦、守节之难。㉜ 在我看来,明遗民的

㉗ 《明儒学案》卷二十二宪使胡庐山先生直《论学书》。

㉘ 《周监军传》,《鲒埼亭集》卷二十七。《鲒埼亭集》,上海商务印书馆缩印原刊本四部丛刊初编集部,下同。

㉙ 《鲒埼亭集》卷十三《沈华甸先生墓碣铭》。李天植(蜃园先生)的穷饿而死更是显例。其事见全氏《蜃园先生神道表》,《鲒埼亭集》卷十三。

㉚ 也有逆反——务为平易;可视为对一味求奇僻的士风士习的反拨,也不独在明亡之际。记述遗民的文字也有强调其人平易不为奇行的,亦出于对时尚的反拨。

㉛ 《周思南传》,《鲒埼亭集》卷二十七。

㉜ 这里所说,仍不免是遗民中的"一部分"。遗民中亦有另一种生活:不但不废吟咏,且依然置酒高会,声伎满前,虽诗中例有愁苦之句,日常生活却颇不寂寞。如清初吴中诗人的社集、文酒之会,豪兴不减明亡之前。

自我惩创也正因于创伤感——这是否有点难以索解？这也是明清之交时代病之一种。不妨认为，明遗民行为的极端性，是有明二百余年间士风的延展；但因有此极致，其不合理，其为对生命的戕害，也更清楚地呈露出来，启发了士之有识者的批判意识。

自虐而为人所激赏的自然还有节妇烈女，亦乱世不可或缺的角色。本来，苦节而不死的贞妇也是一种“遗民”，其夫所“遗”，倒不为乱世、末世所特有，也证明了女性生存的特殊艰难。[33] 士之失节者则另有其自虐。读吴伟业文集，你不难感知那自审的严酷，与自我救赎的艰难。这一种罪与罚，也令人想到宗教情景。

处“酷”固属不得不然，但将处酷的经验普遍化（也即合理化），不可避免地会导致道德主义；更大的危险，还在于模糊了“仁”“暴”之辨，使“酷虐”这一种政治文化内化，造成对士人精神品质的损伤。这种更隐蔽也更深远的后果，是要待如王夫之这样的大儒才能发现的。

## 三

道德化是儒家文化的一部分，自虐式的“砥砺”仍可认为是反应过当。更令有识之士为士风民俗忧的，是远为凶险且不易救治的精神疾患：普遍的残忍（包括士的嗜杀）与刻核。这类时代病的发现与救治要求，才出诸更深入的人性体察，也更能见儒家之徒的本色。至于如王夫之的将上述精神病象归因于明王朝的政治性格对于士人的塑造，出自独见，亦其史论及政论的深度所在。他的政治文化批判，同时指向朝廷政治的苛酷与士人的刻核，同时指向施之于自身的与施之于他人的暴力（尤其其间的逻辑联系），于此而论病态政治下士人人性的斫丧，于此而论“仁”“暴”之辨，尤令人惊心动魄。

---

[33] 明清之际的文献，记烈妇贞女，其死亦有至惨者，时论之嗜“奇”嗜“酷”，更甚于对男子。论男子之死，尚顾及所谓的“经”，对妇人女子，则更许其“过”（过情之举）。那些出诸男性手笔的节烈事状，正透露着男性的自私与偏见。

袁崇焕之死在崇祯三年。据《明季北略》卷之五，袁崇焕被磔时，京都百姓“将银一钱，买肉一块，如手指大，啖之。食时必骂一声，须臾，崇焕肉悉卖尽”。另据《玉堂荟记》，置袁氏于死地的“蜚语”“皆出自内阁也”。前于此，另一名将熊廷弼亦死于人主的苛察刚愎与朝臣的党争。每周朝审，行道之人必以瓦砾掷熊流血满面（此亦草民干政的情景）——如此人主，如此阁臣，如此百姓！这才可称末世景象。崇祯朝的杀袁崇焕与杀郑鄤，是杀戮士人（且均残酷到令人发指）的突出例子。在这方面，明王朝也有始有终，“完成”了其政治性格。

鲁迅在《忽然想到》（四）中说：“试将记五代，南宋，明末的事情的，和现今的状况一比较，就当惊心动魄于何其相似之甚，仿佛时间的流驶，独与我们中国无关。现在的中华民国也还是五代，是宋末，是明季。”此时乃1925年。鲁迅以为可比的，首先即“凶酷残虐”。他另在《偶成》中提到剥人皮的永乐皇帝与流贼张献忠。在《晨凉漫记》里，又说到张献忠的“为杀人而杀人”。写《病后杂谈》时，他再次谈到记述张献忠暴行的那本《蜀碧》以及《蜀龟鉴》，仔细录出其中记剥皮的文字，由张献忠之剥皮说到孙可望之剥皮，更上溯到永乐的剥皮，说“大明一朝，以剥皮始，以剥皮终，可谓始终不变”。关于永乐的残忍，还在《病后杂谈之余》中说起过。但鲁迅以为“酷的教育，使人们见酷而不再觉其酷”，“所以又会踏着残酷前进”（《偶成》），仍是那个革命年代的趣味，与下面将要谈及的王夫之，思路容或不同。[34]

为鲁迅所痛疾的剥皮，确也更是明代人主的嗜好：由太祖朝的剥皮囊草，到武宗（正德）的剥流贼皮制鞍镫，“每乘骑之”，[35]到熹宗朝厂卫的剥皮、刲舌。至若张献忠、孙可望的剥皮，师承有自，所谓上有所好，下必甚焉。[36]

在当时的儒家之徒，更可怕的，是士论、人心普遍的嗜酷。顾炎武为人所陷，令他震撼的，是倾陷者“不但陷黄坦，陷顾宁人，而并欲陷此刻本有名之三百余人也”，“其与不识面之顾宁人，刻本有名之三百余人何雠何隙？而必欲与黄氏

---

[34] 《忽然想到》，《鲁迅全集》（1981年版）第三卷；《偶成》，全集四卷；《晨凉漫记》，全集五卷；《病后杂谈》《病后杂谈之余》，全集六卷。

[35] 《明史》卷九十四志第七十《刑法》二。

[36] 参见《明史》卷三百九十及二百七十九有关张献忠、孙可望剥人皮的记述。

之十二君者一网而尽杀之”[37]。明清之际杀机四伏,其时的告讦,多属借刀(清人之刀)杀人(仇人)之类,顾炎武更发现了上述莫名其所自的仇恨。

三百余年之后,你更由当时的文字读出了对残酷的陶醉——不只由野史所记围观自虐的场面,而且由野史的文字本身。那种对暴行的刻意渲染,正令人想到鲁迅所一再描述过的“看客”神情。这里有压抑着的肆虐、施暴愿望。在这方面,士文化与俗文化亦常合致。[38] 你由此类文字间,察觉了看客与受虐者的相互激发,那种涕泣号呼中的快感。这里有作为大众文化品性的对“暴力”“暴行”、对酷刑的嗜好——弱者的隐蔽着的暴力倾向。嗜杀也即嗜血。在这类书的作者,似乎唯血色方可作为那一时代的标记,也唯血色才足作为士人激情的符号。二十四史固是“相斫书”,但有关明史的记述,仍有其特殊的残忍性。

在为风尚所鼓励的普遍的复仇中,士人的复仇之举,仍然更为怵目惊心。如《清史稿》所载王余恪、余严的复仇。顺治初,其父“为仇家所陷,执赴京。余恪挥两弟出,为复仇计,独身赴难,父子死燕市。余严夜率壮士入仇家,歼其老弱三十口”。如此血腥的复仇,仍有上官“知其枉”而“力解”使“免”,亦可见时论对于“复仇”行为的态度。[39] 至于黄宗羲的袖锥刺仇,顾炎武的处死叛奴,则更非承平之世的学人、儒家之徒所能想见(王夫之则有自创行为),[40]对这类行为,其同时人不但不以为异,且不吝称许。三大儒中,王夫之对于那个暴力充斥的时代,持更清醒而严峻的批判态度,其议论也更能代表那个时代及士人的反省深度。

洞见了“嗜杀”对于人心的戕害的,不只王夫之。钱谦益在《冯亮工六十序》中说:“余闻之天地之大德曰生。圣人,天地之心也,是以好生而恶杀。杀者非他也,杀吾之心而已矣,杀天地之心而已矣。杀一生即自杀一心,杀两生即自杀

---

[37] 《亭林佚文辑补·与人书》,《顾亭林诗文集》(中华书局1959年版)。

[38] 王氏主张不为矫激。他说:“微生之直,仲子之廉,君子察其不堪。室远之《诗》,漂杵之《书》,君子辨其不实。”(《宋论》卷二)他强调“不易之常道”“大经”,不满于“激于俗而毗于好恶者”之“矫枉过正”(《读通鉴论》卷八)。在《读通鉴论》卷末《叙论》三中,他谈到立论的标准,即不为“奇诡”“恢奇”。当时也不止王夫之有此主张。终明之世,始终有“道平易”的反复强调,有“不立崖岸”的平易态度,只不过不足以移易世风时尚罢了。

[39] 《清史稿》卷四百八十“王余佑传”。

[40] 黄宗羲:《思旧录·周延祚》自述“会审对簿”,“因以长锥锥彼仇人,血流被体”及“捶死”狱卒颜咨等(《黄宗羲全集》第1册)。

两心,杀百千万亿生即自杀百千万亿心。"[41]另在《募刻大藏方册圆满疏》里说:"但谓此人杀彼人,不知自心杀自心。"[42]被明代士人奉为宗师的方正学(孝孺)说过:"仁者阳之属,天之道也,生之类也;暴者阴之属,地之道也,杀之类也。"[43]到明亡之时,此义已不为士人所愿知了。但儒家之徒中的敏感者,仍未失去他们的警戒。据《清史稿》:"山阳祁彪佳以御史按江东,一日,杖杀大憝数人,适国模至,欣然述之。国模瞠目对祁曰:'世培,尔亦曾闻曾子曰"如得其情,则哀矜而勿喜"乎?'后彪佳尝语人曰:'吾每虑囚,必念求如言。恐仓促喜怒过差,负此良友也。'"[44]但到了杀声四起之时,士人的"不杀"说,也的确像是迂论。如唐枢所说须有"一片不忍生民之意","只有不杀倭子的心,便可万全"云云,迂则迂矣,但其所谓"若惟以杀为事,乃是倚靠宇宙间戾气",[45]与王夫之所说"嗜杀者非嗜杀敌,而实嗜杀其人",[46]都确属洞见了世情人心的清醒之论。顾炎武《日知录》卷十三"正始"条那段著名的话——"有亡国有亡天下","易姓改号,谓之亡国;仁义充塞,而至于率兽食人,人将相食,谓之亡天下",也必置诸明清易代之际的历史情境中,才便于解释。

王夫之论"仁""暴"之辨,最精彩处,我以为在其对张巡许远这一历史公案的诠释。张、许的守睢阳而至于人食人,也如"窃负而逃""证父攘羊"之类,是对儒家之徒伦理论辩能力的考验。这里的难点似更在"忠义"与"仁"孰轻孰重上。王夫之在《读通鉴论》中说:"若巡者,知不可守,自刎以徇城可也。"最不可谅的是食人。"至不仁而何义之足云?孟子曰:'仁义充塞,人将相食。'"(卷九)同书中还说:"无论城之存亡也,无论身之生死也,所必不可者,人相食也。"张巡"捐生殉国",功固不可没,但"其食人也,不谓之不仁也不可"(卷二十三)。人相食,"必不可",这是一条绝对界限,守此,是无条件的。正是在此一"必"上,才足以见出儒者面目。

---

[41] 《牧斋有学集》卷二十二。
[42] 同上书卷四十一。
[43] 《明儒学案》卷四十三文正方正学先生孝孺《侯城杂诫》。
[44] 《清史稿》卷四百八十《沈国模传》。
[45] 《明儒学案》卷四十主政唐一庵先生枢《语录》。
[46] 《读通鉴论》卷十三。

王氏之论，当然绝非出自纯粹的史学兴趣。王夫之的批判激情正由于明清之交一再重演着张巡许远故事。李桧守贵阳，围城中人“食糠核草木败革皆尽，食死人肉，后乃生食人，至亲属相噉。彦芳、运清部卒公屠人市肆，斤易银一两”，“城中户十万，围困三百日，仅存者千余人。孤城卒定，皆桧及永安、锡元功”（《明史》卷二百四十九），南明金声桓等守南昌，“城中饥甚”，杀人为食，“呼人为‘鸡’”，“有孤行者，辄攫去烹食，弃骸于道，颅骨皆无完者，食脑故也”㊼。但你也会感到，这里的“重演”，更少道义支撑。王夫之曾说攻城之为“嗜杀其人”，守城何尝不为“嗜杀”？只不过人们惑于狭隘的节义论，于此不觉罢了。㊽

或许自明太祖（一度）罢祀孟子，刘三吾奉旨为《孟子节文》，明代士人就多少冷落了孟子的有关思路。心性之学也像是对现实政治尖锐性的回避。明清之交刘宗周、王夫之的说孟子，说仁暴，各各提示了某些重要的原则。仁暴之辨，也即人兽之辨。在如王夫之这样的儒者，明清之交最严重的危机，即此施暴嗜杀以至受虐自戕中“人道”的沦丧。“人道不存”是较之亡国更为绝望的情境。有识者于此看到了比经济残破更可怕的人心的荒芜。在此，王夫之一类大儒，以存人道（也即所以存天下）为己任，就是顺理成章的了。㊾

王夫之的犀利，尤在他对于“隐蔽的”暴力倾向的察知，如已成风尚的苛酷“刻核”。“苛”几可视为明代士人（包括明儒）的性格。这本是一个苛刻的时代，人主用重典，士人为苛论，儒者苛于责己，清议苛于论人。虽有“名士风流”点缀其间，有文人以至狂徒式的通脱、放荡不羁，不过“似”魏晋而已，细细看去，总能由士人的夸张姿态，看出压抑下的紧张，生存的缺少余裕，进而感到戾气的弥漫，政治文化以至整个社会生活的畸与病。“苛”，即常为人从道德意义上肯定的不

㊼ 黄宗羲：《行朝录》，《黄宗羲全集》第2册，浙江古籍出版社1986年版。

㊽ 王夫之在其史论中，一再谈到“民之生”之为原则，即对所谓“篡”“弑”亦区以别之，若“止于上”，“下之生”“不惊”，则“天下”犹存（《读通鉴论》卷十七）；还说“圣人之所甚贵者，民之生也”（同书卷十九）；以为当“君非君而社稷亦非社稷”之时，能“贵重其民”，“顺民物之欲者”，“许之以为民主可也”（同书卷二十七）。

㊾ 此种忧惧亦不唯儒者才有。钱谦益在《太原王氏始祖祠堂记》中表达的忧虑亦与此相通，如对于“宗法之亡”，人之为禽兽，文化荒芜等的忧虑。吴伟业《太仓州学记》则描绘了礼坏乐崩的景象：“天下靡然，皆以阴谋秘策、长枪大刀，足以适于世达于用，而鄙先儒之言为迂阔……其牧守师傅亦因循苟且，无守先崇圣之心，无讲道论德之事，即使遇阙里，登其堂，摩挲植柏，观俎豆与礼器，恐无足以感发其志思者……”

觉其为“病”的病。

黄宗羲说刘宗周“门墙高峻，不特小人避其辞色，君子亦未尝不望崖而返”[50]。此亦时人乐道的“儒者气象”。文人亦然。有人批评陈子龙“标榜太高，门墙过峻，遂使汝南之月旦，几同释之之爰书”（徐世祯《丙戌遗草序》）。非但不苟且，不假借，且有严格的道德自律，近于宗教苦行，如此才足称士则世范。至于东林复社中人的严于疾恶，务求“是非”了了分明，更酿成风尚。你不难注意到那个时代无处不在的“正义论”，随处必辨的善恶邪正（君子小人、善类非善类、正人非正人等等）。“苛察”从来更施之于士类自身。全祖望论庄昶，以陈献章、黄宗羲对庄氏归而复出的批评为非“中庸”：“二先生之言高矣。然则定山之仕竟为晚节之玷乎？全子曰：殆非也……必谓当以不仕为高，圣贤中庸之道不然也。”[51]

此士风的“苛酷刻核”，正与“朝廷政治性格”互为因果。王夫之的“循吏论”批评有关的政治性格，也与其对明士风的批判相表里。在《读通鉴论》中，他说：“有宋诸大儒疾败类之贪残，念民生之困瘁，率尚威严，纠虔吏治，其持论既然，而临官驭吏，亦以扶贫弱、锄豪猾为己任，甚则醉饱之愆，帘帏之失，书箑之馈，无所不用其举劾，用快舆论之心……听惰民无已之怨讟，信士大夫不平之指擿，辱荐绅以难全之名节，责中材以下以不可忍之清贫。矜纤芥之聪明，立难撄之威武……当世之有全人也，其能几也？……后世之为君子者，十九而为申、韩，鉴于此，而其失不可掩已。”（卷二十二）这番议论，痛快之至！王氏屡次说到“申韩之惨核”，他以为虐风淫刑不但自小人始，更须推究“君子”因“狷疾”（亦一种心理疾患）而用申韩的政治责任。于此，他已经指出了道学君子的残忍性（亦“贼仁”）。由士论“民誉”所称许的清官循吏看出“申韩”，看出残忍，看出人性的畸与病，是要有锋锐的洞察力的吧。[52]

海瑞或可置诸明代循吏之首，王夫之以其与包拯为“弗足道”，以为“褊躁以徇流俗之好恶，效在一时，而害中于人心”，[53]其所谓“害”，即应指使得草民习暴与嗜酷。《明史》海瑞传记海瑞“下令飚发凌厉，所司惴惴奉行……而奸民多乘

---

[50] 黄宗羲《子刘子行状》卷下，《黄宗羲全集》第1册。

[51] 《鲒埼亭集》卷二十九《庄定山论》。

[52] 当时亦有大儒追求“高明广大气象”，强调“涵容”，似也因此物的匮乏。

[53] 《读通鉴论》卷四。在同书卷七、卷二十二，他均提到包拯、海瑞的“狷疾”“狷急”，以为“不足论”。

机告讦，故家大姓时有被诬负屈者”。还记其曾“举太祖法剥皮囊草”“论绞”等“劝帝虐刑”以“惩贪”；“有御史偶陈戏乐”，他即“欲遵太祖法予之杖”。他本人的清贫，则“有寒士所不堪者”（卷二百二十六）——正合为王氏之论作注。海瑞之为“现象”当然不是孤立的。吴伟业记张采，说其“敢为激发之行，数以古法治乡党闾左，铢两之奸，辄诵言诛之，若惟恐其人弗闻知者”（《复社纪事》《吴梅村全集》）。本文已谈到廷杖诏狱，这里则让人看到了其“社会基础”，虽然这基础也应由廷杖诏狱所造成。至于海瑞式的“刚”与人主及时代空气的“戾”的一致性，更是赖王夫之这样的大儒才能洞见的。

正如暴力到明亡之际发展到了极致，士论之苛当此际也达到了极致。如对于迟死者的苛评，如遗民施之于同类的苛论。全祖望传状明遗民，常慨叹于明人的“过于责备贤者”，以为“必谓”遗民“当穷饿而死，不交一人，则持论太过，天下无完节矣”[54]。全氏作为清初学者，不得不一再为明末忠义辩诬：“呜呼！忠义之名之难居也。”[55]“长逝者之屈其有穷乎！”[56]士人留给同类的生存空间何其狭窄！[57]

王夫之看出了明代士风的偏执，溪刻——不但殊乏宽裕，且舆论常含杀气，少的正是儒家所珍视的中和气象。他更由政治暴虐，追索造成上述人性缺损之深因。王氏关于忧患之于人性、“坎坷”“疢疾”之戕贼性情的论说，或更足作为其人性洞察力的证明。其间，尤深刻者，我以为是关于忧患影响于“正人”的分析。王夫之将有关后果归结为“德孤”：摧残之余的正人，不复有“先正光昭俊伟之遗风”，“含弘广大之道”，其性情心性的残缺，其“隘”其“苛”，注定了其器使之途的不能广，体道的不能弘，“正”则正矣，终不能成“天下士”“社稷臣”。我从中读出了明代士大夫最深刻的“命运”表达。屡为摧折的明代士人中，确不乏“正人”，他们“婞婞”而“硁硁”，强毅而未能弘通，节亢却“过于绝物”，多属苦节

[54] 《鲒琦亭集外编》卷二十五《春酒堂文集序》。
[55] 同书卷十《王评事状》。
[56] 同书卷十《屠董二君子合状》。
[57] 刘宗周亦明末大儒，其在南明朝廷弹劾路振飞，以及主张“凡系逃臣皆可斩”，均可作为“苛”的例子（黄宗羲《行朝录》卷三，《海外恸哭记》，均见《黄宗羲全集》第2册）。其大弟子黄宗羲批评钱谦益好骂，他本人论及时人，苛刻决不逊于钱氏，笔下常不免愤愤。如说“余见今之亡国大夫，大略三等，或龌龊治生，或丐贷诸侯，或法乳济、洞，要皆胸中扰扰，不胜富贵利达之想，分床同梦，此曹岂复有性情”即大有骂倒“一切”的气概（《宪副郑平子先生七十寿序》，《黄梨洲文集》）。

之士，诤谏之臣，却终不能称王夫之所谓“君子之器”“天下之才”。这又可读作对贫贱忧戚“玉成”非常之人的政治神话的有力质疑。所谓“劫运”，被王夫之视为对人性的劫夺。这使他的流品论虽有强烈的等级偏见，却仍含有洞察人事的特殊智慧，其言未必“当”，却自有警策。[58] 至于黄宗羲归结政治压抑（“以奴婢之道为人臣之道”）的精神文化后果，为“一世之人心学术为奴婢之归”，则属另一思路，也另有其深刻性。[59]

不妨认为，明代政治的暴虐，其间特殊的政治文化现象，引发了富于深度的怀疑与批判；而“易代”提供了契机，使对于一个历史时代的反顾、审视成为可能。活在当代的人们，仍不免惊叹于明清之际的思想家关于“政治—人性”批判的深度，甚至可以从中读出有关人被造就的条件、涵养健全人性的社会政治环境的思考。这里也有明清之际的士人所提供的重要的思想史材料。

## 四

同样显示着儒者本色的是，像是无可比拟的残酷，反而鼓励了明清之际的士人对于理想政治、理想人格的向往，甚至可能正是这种残酷，使有关的向往及其表达明晰化了。王夫之所向往的理想人格、理想政治性格，自然是“戾气”“躁竞”“气激”等等的对立物，如“守正”“坦夷”“雅量冲怀”“熙熙和易”等等。他一再说“中和”之境（如“先王中和之极”），说“太和之气”，说“中和涵养之化”，说人主以其仁养天地间和气。他称许宋初守令之“日事游宴”，“率吏民以嬉”，以为可静民气，平民志，消“嚣凌之戾气”，[60]故对申韩远较对老氏严厉。他的“中和”，自然不止于政治关系，而且是社会生活的全局，大至朝政，细微至于个体人生的境界。他几乎是醉心于有关的意境、气象。宽仁，规模宏远，雍容和戢，涵泳

---

[58] 参见《读通鉴论》卷十一、卷二十二。

[59] 《明夷待访录·奄宦上》，《黄宗羲全集》第1册。

[60] 《宋论》卷三：“禾黍既登，风日和美，率其士民游泳天物之休畅，则民气以静，民志以平。里巷佻达之子弟，消其嚣凌之戾气于恬愉之下，而不皇皇然逐锥刀于无厌，怀利以事其父兄，斯亦平情之善术也。”他还据此论及诗赋取士的优长（见《宋论》卷四）。

从容，是政治情景，又是风俗，是朝臣（“社稷臣”）风度，也是士风——气象说本来就通常是整体论。为此，非但不可为矫激，也不可为苛察曲廉小谨。但以王夫之的政治经历，他又警戒无条件的退守。明代道学中有人说“端居无事时，且不要留心世事，遇不平有动于中，则失自家中和气象”[61]，王氏不可能持此论。他倒是批评佛老“皆托损以鸣修，而岂知所谓损者……并其清明之嗜欲，强固之气质，概衰替之，以游惰为否塞之归也哉”，以为一味用“惩”用“窒”，适足以斫伤元气，而“损者，衰世之变也”[62]。他的说“去”说“退”说保全而又力图区别于乡愿，也因不忘世，且尽己，作为儒者，以善俗为务：尽管决不赞同于循吏式的“化”。[63]“吾尽吾仁焉，而道穷于时，不穷于己”（《读通鉴论》卷十）。

本文开头提到文人（如钱谦益）对时代病的察知和“救世”愿望。其人或许可议，其议论却仍能证明处同一时空的士人在历史文化批评中的契合，尽管文人诗人另有其表述方式。即如钱氏，对于他意识到的畸与病，即希望救之以温柔敦厚，救之以“鸿朗庄严”“富有日新”。[64] 在大劫难之后，在士夫穷乏蹇困之时鄙弃“寒乞之气”，以光华富丽的贵族气象为追求，也仍然需要大气魄的吧。文化有其史，诗亦有其史，不因明亡而文化亡、诗亡，非但不亡，而且正当此际，呼唤文化复兴（包括“诗道中兴”）：其中不但有信念，而且有反抗命运的意志。活在那个严酷的时代，有识之士力求超越历史限囿，超脱时代氛围，走出死境，再造文化盛期——我将在其他场合谈到这里所显示的不同于某些遗民的生命理解，并不因其人的“可议”即失去了价值的。

【赵　园　中国社会科学院文学研究所研究员】

原文刊于《中国文化》1994年02期

---

[61] 《明儒学案》卷五十二庄裕徐养斋先生问《读书札记》。

[62] 《周易外传》，《船山全书》第1册，岳麓书社1980年版。

[63] 王夫之说：“由此而知忠孝者，非可立以为教而教人者也。”（《读通鉴论》卷十九）“夫以德而求化民，则不如以政而治民矣。”“持德而以之化民，则以化民故而饰德，其德伪矣。”（同上）在同书卷二十八，他还说到“相因以动”“感动”。

[64] 钱谦益在《施愚山诗集序》中说：“诗人之志在救世，归本于温柔敦厚一也。”同文中还说“神之听之，终和且平，和平而神听，天地神人之和气所由接也……”（《牧斋有学集》卷十七）在《答杜苍略论文书》中说：“故吾于当世之文，欲其进而为元和，不欲其退而为天复。”（同书卷三十八）吴伟业也说过：“尝语同志，欲取惠泉百斛，洗天下伧楚心肠，归诸大雅。”（《扶轮集序》，《吴梅村全集》卷第六十）

# 废园与芜城

## 祁彪佳与他的寓园及其他

赵　园

### 明末士大夫之营园

写明末文人故事，几乎不能不写其时的名园，因为许多故事本以大小园林为敷演之所，也赖有这一种特殊的背景而展开。陈寅恪的《柳如是别传》就写到了陆氏南园、杞园、三老园、不系园等。祁彪佳说其时越中园亭之盛，"回廊曲榭，遍于山阴道上"①。张岱《陶庵梦忆》《西湖梦寻》所记，既有作者自家之园，也有其时公认的名园、他本人游屐所经之园。在作者笔下，诸园不但各有面目，且像是各有性情。其中如筠芝亭，如砎园，祁氏《越中园亭记》也有描写记述。通常是，园以人名；名士之园，与伧父俗子的园，有品级的区分。

陈垣《元西域人华化考》说，"自唐以来，庄园之风极盛，离宫别馆，榱栋相望"。到元代，"爱慕华风"的西域人，竞相仿效。② 承此风气，士大夫热衷于经营

① 《越中园亭记》之三，《祁彪佳集》卷八，中华书局，1960年，第199页。

② 该书还说，"山房之名，宋始有之，大抵为山居读书之所"，元西域人如马祖常如余阙，均以山房为名，"而以耕读相标榜"（卷六，上海古籍出版社，2000年，第120页）。赵翼记"元季风雅相尚"（《廿二史札记》卷三〇）；"风雅"不但见诸诗文，也见之于园林。

园林,终有明一代。[3] 甚至官方机构,也从事此不急之务。刘献廷《广阳杂记》曰"南都各部,皆有花园。凡公会宴饮,于是乎在。吏部名文园,兵部名衎园,工部名藏春园,独礼部无之。后孔玉衡贞毓为宗伯时,亦建园……"[4][5]范景文崇祯七年任南京右都御史,后拜兵部尚书,对南京官府的营园颇有记述。其《衎园小记》中说:"往时南国承平久,士大夫擢官入白门者,目为仙吏,簿书有暇,辄命觞咏寄傲,或薙荒畦、扩隙壤,遥睇云岚烟岫,以资拄笏。从壁上观蚁斗,自谓过之,不似车尘骡渤之为乐也。以是六曹皆有园,以供游憩。"[6]由此看来,南方的建园之风,未必不也由官方推动。范氏在南司马任上,虽羽书旁午,也仍不放弃修葺营造,甚至讥笑王世贞当年任南京少司马未能有所"畚筑"——风气的力量如此之大! 当此危机时刻,南中的官员们,或即以"好整以暇"自得。上引范氏所云"从壁上观蚁斗"云云,所指明确。被目为闲曹的南中官员,遥看京城里的争斗,未必没有置身局外的庆幸,且有优游岁月、不为京城"车尘骡渤"所污的轻松——当然,说这些话,未见得没有一点酸。其时官场中的人物,没有几个安于、甘于投闲置散,否则他们又何苦要拼尽了力气跻身官府?

布罗代尔曾写到16世纪地中海地区的平原。那平原上四处分布着的贵族领主的城堡,是一些饰有大型纹章的宫殿。到布罗代尔的时代,仍能看到城堡上的"大小塔楼及其古色古香的侧影"。城堡的主人并不常年住在这里,城堡只是他们的临时居所[7]。同一时期中国乡村与城镇的士大夫园林,自然不如城堡、塔楼的坚固,不具备防御功能,易遭破坏,它们所呈现的,是富足与闲适,当然,还有园主的教养与品味。

---

③ 顾公燮说,"前明缙绅,虽素负清名者,其华屋园亭,佳城南亩,无不揽名胜,连阡陌,推原其故,皆系门生故吏代为经营,非尽出己资也。"(《消夏闲记摘钞》卷上《明季缙绅田园之盛》,转引自谢国桢《明清之际党社运动考》,中华书局,1982年,第212页)流风所被,即戚继光这样的武将,也于军旅之暇营造亭池(参看《止止堂集·横槊稿中》所收《重修汤泉乞文叙事》《九新亭题语》等)。武夫热衷于经营园林,不止于戚,郑芝龙就曾购置田地,建亭台楼阁(参看谢国桢《南明史略》,上海人民出版社,1957年,第136页),危幕累卵,夷然不顾。

④ 《广阳杂记》卷一,中华书局,1957年,第43—44页。

⑤ 朱彝尊说,"古大臣秉国政,往往治园囿于都下",他对此的解释是,其人既然"身任天下之重","劳则宜有以佚之"(《万柳堂记》,《曝书亭集》卷六六,国学整理社,1937年,第768页)。恐怕建园的动机没有如此简单。

⑥ 《范文忠公文集》卷七,畿辅丛书。

⑦ 《非利普二世时代的地中海和地中海世界》中译本第一卷,商务印书馆,1996年,第77页。

江右的魏禧避乱山中，仍不放弃对园林的癖好，在翠微峰上对他的“勺庭”着意经营。对比友人的贫窭，禧自惭其生活的优裕，笔下也仍不掩得意之色，说自己“性好治居室”，“居翠微山中，桃、李、梧桐之花高于屋，高竹成长林，庭中有周轩曲槛，槛前方池二丈，池上有露台游眺之乐”[⑧]。他甚至由观画而得到了想象的满足，一再说到对泰西画作上宫室宅第的痴迷，悬挂庭中，“日视之，尝若欲入而居者”[⑨]。无独有偶，崇祯九年卢象升三十七岁那年，也曾描述了他拟想中的园，他所谓的“纸上园林”[⑩]。两年后，卢氏死于阵前。由那篇“园记”看，即使他能得善终，也并无财力营造园林；他本人也自比邯郸卢生。那毋宁说是想象的奢侈，却也可知刻苦自厉的卢象升，自有对于另一种生活的向往。

明中叶的何瑭曾批评当时的“风俗奢僭”，其表征之一，就是“一宫室台榭之费，至用银数百两”[⑪]。归有光也极言“江南诸郡县”风俗奢靡，富家豪民，“妇女、玉帛、甲第、田园、音乐，拟于王侯”，归氏说，人们因此“以江南为富”，不免误解，“不知其民实贫也”[⑫]。贫的不止于“民”，也有士夫。许孚远曾造孟化鲤之庐，“见茆屋数椽，书史狼藉其中，叹曰：‘孟我疆风味，大江以南未有也。’”[⑬]

到了大厦将倾的崇祯年间，仍有几位后来殉明的著名忠臣孜孜于经营自家的园林，由后来的事态看过去不免古怪，至少像是有点不智。其中就有倪元璐、祁彪佳。[⑭]

乾隆间全祖望说倪元璐奉刘宗周、黄道周两大儒，刘氏“清苦刻厉，有布衣所不堪者”，黄氏亦然，而倪“则颇极园亭池榭之胜，衣云阁之风流，当时所艳称”[⑮]。[⑯] 曾与倪氏交游的黄宗羲，对倪、祁的营园大不以为然，以之为“通人之

---

⑧ 《答杨友石书》，《魏叔子文集》卷五，《宁都三魏文集》，道光二十五年刊本。

⑨ 《答曾君有书》同上；另见卷一二《跋伯兄泰西画记》。

⑩ 《湄隐园记》，《卢忠肃公集》卷一一，光绪三十四年重修板刊本。

⑪ 《民财空虚之弊议》，《明经世文编》卷一四四，中华书局，1962年。

⑫ 《送昆山县令朱侯序》，《震川先生集》卷一一，上海古籍出版社，1981年，第254页。

⑬ 《明史》卷二八三《儒林二》。

⑭ 与倪、祁同为“忠臣”的瞿式耜，当家居时，“为园于东皋，水石台榭之胜，亦擅绝一时。邑人有‘徐家戏子瞿家园’之语，目为‘虞山二绝’云”（王应奎《柳南随笔》卷一，中华书局，1997年，第23页。按徐，徐锡允）。所说即瞿氏的东皋草堂。

⑮ 《明太保倪文正公祠堂碑铭》，《鲒埼亭集》卷二四，四部丛刊初编集部。

⑯ 祁彪佳《越中园亭记》记倪元璐衣云阁，以为“绝胜”（之二，《祁彪佳集》卷八，第195页）。据祁氏日记，崇祯十一年十一月二十二日，祁氏登衣云阁（《祁忠敏公日记·自鉴录》）。十二年四月十九日，与倪氏酌于该阁（《祁忠敏公日记·弃录》）。十三年七月二十七日，观倪氏新园（《祁忠敏公日记·感慕录》）。据此，衣云阁外，应另有他园。《祁忠敏公日记》，民国二十六年八月绍兴县修志委员会校刊，远山堂原本。

蔽”，说倪氏治园而竟“以方、程墨调朱砂涂堊墙壁门窗”（按方、程墨皆墨中名品），在三层楼上植竹数千竿，说的就是全祖望所谓的“衣云阁”。黄氏说，倪元璐殉明之后，自己“再过之，其地已为瓦砾矣”⑰。在其他处黄氏也谈到倪氏、祁氏园林之为“身后之累”⑱。

朱彝尊记倪氏所营园及倪氏心态，刻绘较细，说倪氏该园在绍兴府城南隅，园中建筑，由倪元璐“手自绘画”，“巧匠见之束手，既成，始叹其精工”。还说适逢黄道周至越，倪氏“施以锦帷，张灯四照”，黄氏以为艰难时世不宜有此，倪氏却笑道，自己不过在与黄氏诀别罢了。朱彝尊接下来写道：“既北行，遂殉寇难。”⑲这样叙述，似乎倪氏有意将极尽繁华作为对于斯世的最后回眸——自然是事后的一种揣测。不同于黄宗羲、朱彝尊或许更乐于欣赏倪氏当危机时刻的从容裕如，不以兴废介怀的达人高致。全祖望也说倪氏“先世故膏粱，尊人四历二千石”，其人营园，“亦行乎其素耳。试观其立朝死国，何者不同！然后知三先生（按指刘宗周、黄道周、倪元璐）之趋一也”（《明太保倪文正公祠堂碑铭》）。然而如祁彪佳、倪元璐，是否真的不关心亲手设计、躬亲督造的园林的久暂兴废，谁又说得清楚！

祁彪佳、倪元璐同为明末名臣、廉吏。如下文将要提到的，祁氏居乡曾从事赈饥，施粥、施药，躬亲从事，不遗余力，经营私家园林却挥金如土，与刘宗周一流刻苦自励的儒者显然神情不侔。或许可以认为，祁、倪以营园示人以不废风雅，不以为做好官就应当茹淡食贫。他们所理解的节操，想必也不以节制物欲为条件，不认为这方面的欲求会成为道德人格之玷。由某种角度看去，明人的“道德严格主义”与名士风流，后者的确也充当了前者的调剂与补偿。⑳

王夫之论《诗》郑风，说治民者欲使民“不淫”，应当丰裕其生，是一种非同寻常的思路。他说“先王审情之变，以夙防之，欲畜其情，必丰其生”，还说“善治民

⑰ 《思旧录·倪元璐》，《黄宗羲全集》第1册，浙江古籍出版社，1985年，第343页。

⑱ 《董太夫人七十寿序》，《黄宗羲全集》第11册，浙江古籍出版社，1985年，第20页。

⑲ 《静志居诗话》卷二〇《倪元璐》，人民文学出版社，1990年，第612页。年谱崇祯十年五月，记倪氏“治宅城南之罗纹”，十二月，规模略成（《倪元璐年谱》，中华书局，1994年，第40页）。此所谓“宅”，当为黄宗羲所批评的衣云阁。同谱记崇祯十一年黄道周曾盘桓于倪氏之“庐”（同书第41页），应即朱彝尊所记。年谱对于倪氏的治宅营园，像是刻意淡化，避免渲染。

⑳ 鲁王监国，张肯堂避地舟山，也仍然有兴致“多树梨花，作亭其间”（《鹿樵纪闻》卷中，《扬州十日记》，上海书店，1982年，第147页），即所谓“雪交亭”，并不因危在旦夕而苟且。永历朝瞿式耜也曾在桂林“筑室仿虞山东皋水竹之胜”，即曰“小东皋”（《鹿樵纪闻》卷下，《扬州十日记》第174—175页）。

者,广生以息民"[21]。"丰"或许偏重于物质性,"广"就不限于物质了。"宽裕"是一种人生境界,王氏对此理解甚深。这里也有关于物质生活状况影响于人的心性、影响于民风的一种解释,决非腐儒所能知。不将"贫"诗意化,不将"贫"作为达成德行(以及使民风淳厚)的条件,又是王氏的一贯思路。

## 祁彪佳与他的寓园

祁彪佳明亡前夕的经营园林,由传世的日记(即《祁忠敏公日记》)看,真可谓"痴绝"。

很可能是,当崇祯八年辞官南归之时,祁氏即已动念经营寓山。是年的日记记七月二十四日,"闻刘念台(按即刘宗周)有召,命共商其出处之节。予因自述硁硁入山之志,将终身焉";八月初六抵寓山,"颇有卜筑之兴";九月初六日,登寓山,"有结庐之志";十月二十一日,"放舟寓山,登其巅,画卜筑之规制";同月二十七日,即记"同内子卜筑于寓山"(《归南快录》)。次年的日记《居林适笔》,小引说最初并没有大计划,"不过山巅数椽",后来"构置弥广,经营弥密,意匠心师,每至形诸梦寐"(《居林适笔引》)。

寓园兴筑的过程,在日记中记述相当完整。你由日记知道,"卜筑"时祁氏正参与白马山陶石梁主持的讲会;还知道崇祯九年正月十六日,祁氏听到了"流寇已渡长江"的传闻,"相顾踌躇";而次日却仍然到寓山,"垒石成峰",说"观者几不能辨真伪",得意的神情在文字间。二十日,则与其兄至寓山,"搜剔山中有古石奇峭者,不觉抚掌称快",兴致甚高。这年工程大段告竣,此后续有兴作,兴致不稍减,"督率工匠",至"不停瞬,不住足"(《山居拙录》,十年正月二十九日),精益求精,正如文人之于诗文。他自撰的《寓山注》,逐一介绍寓园的主要景点,其作意,意境之佳,构思之妙。其中《约室》一篇,说自己"无端有开园之

---

[21] 《诗广传》,《船山全书》第3册,岳麓书社,1992年,第351页。

举，初亦以一轩一堂已耳，后渐广之，情以境移，心随物转”，一发而不可收[22]；说其时兴致之高，“勃不可遏”，“极虑穷思，形诸梦寐”[23]。祁彪佳显然以寓园为自己的作品，且是晚年的得意之作。他对每一细部都刻意经营，精雕细镂，用心之细，用力之勤，确可比之于文人的推敲文字。其中若干设施（如所谓的“瓶隐”），规制出于巧思，更是得意之作的得意之笔。

这段时间里，祁氏一面致书询问“都门近状”、“流贼”踪迹，一面力图“厘革”地方弊政，商议御“贼”之策，寓山的工程无丝毫停止之意。即如九年八月初三日，“阅邸报，知奴虏合逞，声息颇亟”。次日即“至山督工役”。对此却又不无自责。九年二月十一日，记王朝式（金如）对自己的规戒，“切中膏肓，令人通身汗下”。次日晓起，“稽首于金如，谢其教言，自兹称先生，执弟子礼”。十年二月二十日又记与王朝式至寓山，“金如以予盛饰土木，殊为不怿。晚得其手书，以予负君、负亲、负己，而金如自愧不能谏止，亦是负友。予为之竟日悚惕”。二十一日，买屋构堂，“即名四负堂，以志吾过”。为“志过”而更“构堂”，像是一种讽刺。据《寓山注·四负堂》，“四负”即负君、负亲、负己、负友[24]，似乎对营构寓园自责太过。而由该篇的下文看，祁氏正得意于此作，何尝真有悔意！[25] 十二年的日记《弃录》，《小引》说“碌碌土木，迄无已时。自去年之冬至此岁之夏，凡十阅月，皆以建室拮据，不遑朝夕”；而“自此岁之秋，以迄于冬，卜筑寓山，尽罄床头之费”，说自己“愧而不悔，悔而不改”，却依旧一边自责，一边兴筑不已。[26] 一个坚毅果决（甚至果于诛杀）的官僚，孜孜于寻求入道之途，始终关心民瘼，对于拯饥济溺挺身担当，经营起园林来，却无异于其时的名士，冲动之强烈，不可抑制，即使由

---

[22] 《祁彪佳集》，第 162 页。

[23] 《寓山注》，同上第 150 页。

[24] 《祁彪佳集》卷七，第 168—169 页。

[25] 十年五月初五日，记深愧“立志不坚，不能拔出嗜欲”。十一年正月初七日，记拜佛礼忏，“作疏以土木频兴、定省有缺，深致忏悔之意”（《自鉴录》）。《自鉴录小引》“自鉴”其“卜筑不已，良友之规箴不能从”，“缔构新居，以有用精神埋没于竹头木屑”。是年构楼建屋，“暇则督率运诸砖瓦”（九月二十八日），未必不乐于忙那些“竹头木屑”。

[26] 该年正月初一日，记自己“诣族中贺岁，见吾族贫窘之状，因叹予辈居室园亭，种种溢分，亟更思赈赡之举”。十三年正月十五日，记“甚以土木频兴为悔”（《感慕录》）。直至十六年，日记中仍有类似记述。该年十一月初十日“至族，问一切尊长昆弟子侄辈，见其萧条之状，甚为恻然，因思园亭之乐，大为过分，欲以赡族增充用补予过”（《癸未日历》）。同年十二月初二日，记僧人三宜以其构园“相规”，“作书辨之”。

近人看去，也略近于病态的吧。祁氏文集中有寄汪然明一札，自说“仆仆多事”——未必不正自喜多事。至少当此时，祁氏对未来的生活是相当乐观的吧。

上文已经说到倪元璐对他园中的建筑，“手自绘画”，“巧匠见之束手”。祁氏、倪氏的园林，均由他们亲自设计。祁氏还将其“设计思想”形诸文字（即《寓山注》）。可见精力的不吝投注，心思运用的细密。说那是他们最富创意的作品，谁曰不然！倪、祁营园中的设计兴趣，与其时士大夫制器（尤其火器、战车）的兴趣，可以在同一视野中看取。他们在此种活动中，都显示了为“设计”所需要的空间想象力。在此过程中，对技术、技艺的传统偏见，未必不暗中转移。㉗寓园不如说是祁氏与园林专家、工匠合作的结果。他甚至于“督视工役”外，偶尔也“躬荷畚插”（十年六月初一日），“手为种植”（十一年十月十六日，《自鉴录》）。

十一年正月十六日，陈姓朋友至寓山画图，祁氏“以意中所欲构之景”令其人“补之图中”；十七日、二十四日，记自己由《琅嬛录》《酉阳杂俎》《瀑园志》《十洲志》诸书，为园中之景择名，均可证对自家园林迷恋之甚。十五年十一月动身北上赴任，途中仍作书“叮嘱寓园，尤惓惓焉”（《壬午日历》）。且即使在此危机时刻，在险象频生的路途中，也仍随时游园，正像其时的名士。祁氏不但好游且精于鉴赏。经营寓园前及兴筑期间的日记中，颇有游园的记述。其《越中园亭记》对其时家乡名园，踏勘殆遍，一一点评，务穷其妙，可以想见他本人的营构园亭，有诸多参照，规制取境，必先已烂熟于心。台湾学者曹淑娟《流变中的书写——祁彪佳与寓山园林论述》说同一时期的祁氏，不但有“辟建园林与参访园林的双重行动”，且有园林书写的展开㉘。

在祁彪佳，故乡与园林，是二而一的。身在京城的祁氏，有暇即不忘游园，游园即引动乡愁。坐方以智书室，“观桃花已开，不胜故乡之思”（《癸未日历》，十六年二月十七日）。偶在别人园中见大堤植柳，以为“俨有江南风”（同月二十

㉗ 据冯其庸、叶君远《吴梅村年谱》，甲申年正月，吴氏还在请张涟为他营建梅村（见该书第135页，江苏古籍出版社，1990年）。关于梅村，参看同书第136—138页，注1。也据同谱，吴氏经营梅村费时颇长，旧学庵建成在明亡之前，鹿樵溪舍建成乃在顺治十四年（参看该年谱崇祯十七年注1，第136—137页）。吴氏经营的，是一份生活，一段人生，赋予的意义想必有因时的变易。

㉘ 《流变中的书写——祁彪佳与寓山园林论述》，台北里仁书局，2006年，第334页。

日）。“盘桓德胜桥，观流水稻田”，亦以为“俨然江南风味”（六月初五日）。与人“共述居园之乐”，自说“乡思转深”（六月二十二日）。是年八月十六日出都，虽道路不靖，仍沿途游园；对步洲的沚园，无锡惠山的邹园，皆从容记述，意态闲逸（十月初一日、初三日）。十月抵家后，即继续经营寓园，构室，造庄（即丰庄），乐此不疲。因“卜筑乏资”，竟不惜“邀族叔倾销银杯数事”（十一月十八日）。[29]

由日记看，寓园初成，祁氏几于无日不至，坐卧其中，以园为家。且也如当时的其他名园，至少在一年中的特定时间，开放而为与细民共享的游乐之所。这固然循了惯例，却也应当与园主人的理念有关。祁彪佳有《寓山士女春游曲》（《祁彪佳集》卷九）。《寓山注·踏香堤》也提到“春来士女联袂踏歌”[30]。日记记有十一年四月十一日，得张岱所作《寓山士女春游曲》。张岱该诗有“春郊漆漆天未曙，游人都向寓山去”、“今见名园走士女，沓来连至多如许”、“谁使四方同此地，园中主人得无意”等句。却也有不胜其烦扰的时候：“因女士游观甚众，午后即归”（九年十月初六日）；“游人竟日，士女骈联，喧声如市”（十年正月十五日）；“妇女游观甚盛”，不得不避之某庵中（同年二月初七日）。因了这番热闹，竟然会“甚有悔恨卜筑之意”（同月二十九日）。也偶尔因了“习静”而谢却游人（同年三月初十日）。

寓园的设计将农夫的耕作作为园林景观的一部分，当然不是基于经济方面的考虑，而是出于观赏的需要。[31] 祁彪佳说其父所构之曲水园“居然城市山林”[32]；记趺雷馆，曰“游者忘其城市矣”[33]；说文漪园，“入门忘其为城市”[34]——无非在城市而有山居、乡居之乐。在士大夫的想象中，田与园本不可分，田父野叟，亦如亭榭楼台，乃景中画中之一物。因而在寓园中，“豳圃”“抱瓮小憩”“丰庄”之属，象征意义固大于“实际意义”。崇祯九年二月二十五日的日记中，就记有

---

[29] 弘光朝，政敌以寓园为口实，说祁氏“所构寓园，层台曲榭，皆三吴八闽膏血”（董旸所撰祁氏传，《祁彪佳集》卷一〇《遗事》，第251页）。所引乃御史张振孙一疏。

[30] 《祁彪佳集》卷七，第153页。

[31] 曹淑娟《流变中的书写——祁彪佳与寓山园林论述》：“寓山园林中包括丰庄、豳圃等农作经济园区，是它的一大特色，也是时人评论祁彪佳与寓园时往往特别着意之处”（第278页）。

[32] 《越中园亭记》之二，《祁彪佳集》卷八，第188页。

[33] 同上。

[34] 同上，第191页。

“至寓山，同野老步行田陌间，见平畴如绣，因识田家之乐”。在祁氏的解释中，象征意义包括了劝农、恤农、悯农，以及“学稼学圃”。其中“抱瓮小憩”，据他说乃怜“庄奴”“暴炎日中”而设(《寓山注》)，由后人尤其今人看去不无讽刺的吧，在祁氏，毋宁说正是本色，合于他的一贯作风，且未必不包含了奢侈生活中的心理补偿——他的确是心心念念着“民间疾苦”的，尽管决不会因此而想到放遣奴仆，解除其人身依附。

祁氏显然以为经营园林与拯饥济溺以及修身讲道，并无扞格抵牾。日记中的祁彪佳，随时周济着贫窭的族人乡邻。即如崇祯八年十二月二十四日“驾小舟诣近村，凡贫窭者，人给以钱米”。其时风雨大作，衣尽沾湿，同行者说“何自苦乃尔”，祁氏回答：“彼饥无食，寒无衣，其苦不百予乎?”十五年二月二十四日，因连日霪雨，想到村族中必多饥饿者，“乃举应赡之家，每口给米二升”。年终岁末，照例要赡族济贫，且躬亲从事。他会不辞辛劳，与妻子“驾舟至各村，给贫家赡米”(十年十二月二十七日)；会特意增加赡族银两，“分赠贫友卒岁之需”；不但自己示范，且作《赡村缘起》，冀影响他人(十二年十一月二十八日、十二月二十一、二十三日)；却也是在年终岁末，苦于“贫族穷亲”的“纠缠”(十三年十二月二十六日)。

即使到了乙酉年五月下旬，祁氏已决计避地入山，也不曾忽略“赡村”、“赡山邻”(二十九日日记)。自己所乘马“有误伤人田禾者，亟以银偿之”(同月三十日)。直至六月初十日，还“更定赡族约”；二十九日，仍在与人商议“平粜”，“发赡村之告白”。而此时距他的自沉，不过几日。寓园在乱世能得保全，与祁氏处宗族、乡邻的方式，应当有关的吧。

祁氏对寓园的营构，毕竟在极为动荡的时世。崇祯八年即寓山开工的那年，年初高迎祥、张献忠等部破凤阳，焚皇陵，明廷震动；[35]九年，李自成军克和州，陈兵逼江浦，南京骚然；清军入昌平喜峰口，后东归。这年七月孙奇逢参与容城守御；同月定兴城破，鹿善继为清兵所杀；十年，清兵陷皮岛；十一年入墙子岭，京师戒严；这年秋天孙奇逢与诸友避地五峰山；十一月，高阳陷落，孙承宗阖门殉难；

---

[35] 崇祯十四年二月十五日祁彪佳日记：“暇阅中枢奏议，至卢九台贾庄殉难，身被三刀四箭，生气凛然，欲为之掩泣。”(《小捄录》。卢九台，卢象升)是时已是卢象升殉难两年多之后。

十二月，卢象升兵败于巨鹿，死乱军中。而上文已经说过，崇祯八年到十年，寓山的工程正紧锣密鼓地进行；十年、十一年，倪元璐则在经营他的园林。据年谱，每遇月夕，倪氏“辄留连庭除，倦或倚石小眠，复起叹曰：‘一年几回月，有月几回明。’意气闲远，悠然莫及”㊱。由此看来，同一时刻里的南方与北方，的确不像在同一世界。时间差造成了人各不同的经历“易代”的方式，个人历史间丰富的差异；这丰富性往往掩蔽在了“大叙事”下，残留在文献中的碎片尚待搜寻。

祁彪佳岂能察觉不到局势的动荡。十一年十月二十一日，他“闻虏警围密云”；次日，“又闻虏信已薄近畿”；同月二十九日，“知荆襄贼势甚急”；十一月初六日，听说“流贼造舟荆楚，其势甚盛”；而次日的日记即有“前编竹为篱，下种黄花，真堪元亮醉倒”云云。看来关于时局的坏消息，不足以败坏祁氏的兴致。同日还记有听别人说顾某举自己“边才”，“殊出意表，然不以易予山水之兴也”。由事后看过去，难免想到危幕累卵之类，活在当时的人们，未必这样感受，似乎随时在刀锋上行走。但忧虑是难免的。同月二十日，“阅邸报，知虏信颇紧，心甚忧之”；十二年正月十九日，“闻虏骑南迫，深为忧之”。这年二月十四日的日记，记了因时事而与刘宗周、管志道等人商应对之策，说“刘先生忠愤见于颜面，欲以公书促抚军入援”，他自己则主张为“桑梓之防”。这一时期的祁氏很读了些与城守有关的书，以及《武备志》《武编》等，撰《乡兵议》，自说“阅《保越录》《伪吴杂录》《靖康传信录》及《钓溪立谈》诸书，知守御之难，流离之苦”（同年二月二十五日）。由崇祯十二年的日记《弃录》到十四年的《小捄录》，都有辑录城守、御寇方面文献的记述。《小捄录》即记有该年三月初三日，听说“流贼”已破灵璧、虹县，“内荒外乱，相对愁叹”，与他人“订共图桑梓之计”，以为“此时固万分难行，然行得一分，且竭之心力，万勿推诿”。

祁氏里居，绝非如他自己所说“杜门不预户外事”（《己卯弃录小引》）。他不但干预时政，积极主持、参与宗族事务，还躬亲处理当地的保甲事宜。崇祯十四年的日记题作“小捄”，指的是救荒。《小捄录》中的祁彪佳，边阅读、整理有关救荒的文献，边实际从事救荒赈饥，自那年的正月到七月，殚精竭虑。“小捄”尚且

㊱ 《倪元璐年谱》第41页。

如此，何况“大捄”！此后他的毅然一出，亦势所必至，且一旦决定，即万难而不避。

“小捄”期间，寓山较少在日记中出现，祁氏的生活状态、心境也像是为之一变。其间偶尔在倪元璐处“传觞闻乐”，他竟“深悔之”（四月初五日）。与人谈起“四境纷乱，襄阳已破，上流可虑，东省路梗，入都无地，不觉惨戚欲涕”（同月初十日）。却也曾忙里偷闲，卧月赏花。八月初，赈饥施药事告一段落，他的生活也就回复故道。这年十月下旬、十一月中下旬，两度出游，渐渐恢复了闲逸的心境。营园之外，继续探幽访胜，访客会友，举酌演戏，分韵赋诗，读经礼佛，无异于其他文人。

祁氏的循环往复的“营构——自悔、自责其营构”，难免使阅读他的日记者生厌，尤其在他崇祯十五年岁末由京城回到寓山之后。距甲申北京陷落如是之近，浙东受到的威胁也日甚一日，日记中的祁彪佳对于“御寇”，竟不如对累石植木更关心、热心，实在有点匪夷所思。对此可以有不同的解释，比如当危急关头的从容镇定，比如至死不放弃的“对生活的热爱”。还有一种可能，即因了并不邻近战地，资讯的不完全，对未来尚有别种想象，比如指望江南的抵抗支撑较多时日，再如，即使清军占领了江南，也仍有可能以寓园为终隐之地。在亲友的一片指摘声中，祁氏不顾一切的坚持，“癖嗜”之外，确也像是另有动力。

释澹归（即金堡）记吴之振于板荡之际经营园林，当其时“属有风鹤，邑人仓卒奔避。孟举夷然若无所闻，指画精审，尺寸不失。人以为系心无益，遗其身家。予于此见其识定而量远……”[37]在我想来，吴氏的淡定，也应因了尚有余裕。冯其庸、叶君远《吴梅村年谱》记甲申年五月初，吴氏“闻国变讯，号恸欲自缢，为家人所阻”（第135页）。而那年的正月，他还在经营梅村，想必心情闲逸。由于地域的悬隔、信息传输的迟滞，不同于身临其境者，难以产生迫在眉睫的紧张，这一点固然不是“信息时代”的人们所能体会，也非前信息时代、却身在事局中的人所能充分体会。即使黄宗羲，对倪、祁的营园有事后的批评，也未见得不是出于后见之明。他自己的热衷于聚书，不也会被人认为“身后之累”？

---

[37] 《吴孟举诗集序》，《徧行堂集》卷三，上海国学扶轮社，1911年。

其实祁彪佳、倪元璐何尝真有那样糊涂！祁氏甲申年岁末还山后，发现其父所建的密园已“多见颓败，竹木亦残毁，为之感叹”（《乙酉日历》正月初五日）。《寓山注》注寓园的“读《易》居”，说因“家世受《易》”，自己虽不能解《易》理，“于盈虚消息之道，则若有微窥”，明白“成毁之数，天地不免”，自家园林亦不能外[38]。尽管是滥调，说者未必不认真。他说“所乐在此不在彼”[39]，倘若“此”指及身的享用，“彼”就应当指长久地守护、保有。寓山别业大致建成后，祁氏享用自己的这作品不过四五年。倪元璐也于十五年冬，“募健丁数百骑，夹驰入京师”[40]，且一去不回。吴应箕将自己的园题名曰“暂”，以为园不必有，更不必久（《暂园记》），[41]何其洒落。张岱说“四明缙绅，田宅及其子，园亭及其身，平泉木石，多暮楚朝秦，故园亭亦聊且为之，如传舍衙署焉”[42]，或也知其“暂”的吧。上文所引范景文的《衎园小记》也说，“余往昔家居为且园，石脚松根，草略布置”，以为所营之园“岂必尽崇构盛饰哉”！一“且”一“暂”，思路未必不相通。无论吴应箕、范景文还是四明缙绅，当兴造之时，对“平泉木石”未来命运的预测已包含在了设计中。在那年代，癖嗜而能于必要时放弃、割舍，不为此“物”所累，确也被作为一种境界。有癖嗜，才能执着，有生命的深；必要时断然放弃，超越世俗得失利害，也才有可能追求更高的意义之境。

祁氏崇祯十五年由京城返回浙东后，迟迟不肯赴任，拖到甲申年三月下旬才勉强动身，行前“周视山中诸亭榭，恋恋不忍释”（《甲申日历》三月二十五日），途中还不忘“诫谕寓园灌园者”（四月十三日）。弘光朝他曾一度巡按苏、松，在极度混乱中度过了一段艰难的日子。他在书札中对岳父说自己“劳苦万状”，“因过于劳剧，七月间几成怔忡”[43]，说的就应当是甲申年北京陷落后任职弘光朝时的事。当着那年岁末由弘光朝脱身，九年前动工营造的这个园子，为他提供了理想的休憩之地。《甲申日历》说“及暮抵寓山，故乡鱼鸟，俱来亲人”（十二月二十

[38] 《祁彪佳集》卷七，第152页。
[39] 同上。
[40] 《甲申传信录》卷三，上海书店，1982年，第40页。
[41] 《楼山堂集》卷一七，《贵池二妙集》，贵池先哲遗书，1920年刊本。
[42] 《陶庵梦忆·日月湖》，上海古籍出版社，1982年，第4页。
[43] 《寄外舅商等轩先生书》，《祁彪佳集》卷三，第56页。

五日),欣喜、快慰之情满溢纸上。不是较为抽象的"故乡""故园",而是这寓山,使他由纷乱中安顿下来,重又找回了家居生活的安适与宁静。也是这片园林备极体贴地伴他度过了生命中最后一段岁月,直到乙酉年的闰六月。

祁彪佳陶醉地享用着他的寓园,且在园中续有营建,累石构堂,刻不容缓。乙酉年正月十二日记记与友人赏雪,"晚悬灯梅花树上,雪光共月光相映"。同月二十八日:"率庄奴及石工垒石梅坡,种蔷薇于豳圃",说"梅花至是始发香,颇有悠然之趣"。他往往躬亲督工役,"以此为乐"(二月十七日);自说"时时置身香雪中"(二月初八日);见"诸氏园亭已荒落"(二月初十日),黯然而又不无庆幸,不但无意将工程停下来,且不惜"镕银杯为修园之费"(二月初二日)。因而《乙酉日历》所记,不但与其时的北方,且与他本人的上一年,都不像在同一世界:不但可以用来证明明清易代中南北之不同,且让人看到同在南部中国、且同一人,状态的因时因地因情境之变。即使易代中士大夫生活也未失丰富性,由这里不也可以得一例证?

在营园这一事业上,祁氏堪称"完美主义者"。当清兵近逼,祁氏筹划着避地,且周济着贫穷的族人乡邻,寓山的兴作也仍未停止,继续"开土构楼"(三月十七日),改筑重建增设,对既有设施一再"删改",务求了无缺憾,正如文人对文稿的反复修订。尽管这时的密园、寓山,已成避难之所,卜居者纷至。他似乎迫切地要完成这部作品;置于其时的背景上,你由此甚至读出了一种悲壮的激情。当着死亡临近,祁氏所营造的,更像是天国的花园。乙酉五月十日夜,福王由南京出逃;五月十五日,清豫王多铎进入南京。祁彪佳日记中关于修整寓园的最后的记述,在六月初二日,那天与人"芟竹于后圃"。

做出自杀的决定之后,祁氏与几个亲友来到寓园。关于祁氏的传记文字,对于那个夜晚都有记述。其弟祁熊佳所撰《行实》,说其人弘光朝辞官回乡后,"自分一死,预为榇置之山中"[44]。早办一死,亦其时忠臣传状中的套话,似乎非如此不足以言"忠"。在祁氏,棺木可能早已备办,却未必只为自己准备了这一条路。至少可以相信,在赴水前的一段时间里,他并没有将身殉作为仅有的选项。他对

---

[44] 《祁彪佳集》卷一〇,第239页。

自己易代后的人生另有设计。由文集看，他本人曾说过欲终老于寓园[45]；所作《水龙吟·寓山闲话》也说“山翁问我行藏，一丘一壑吾将老”[46]。“可以生而生”，“可以死而死”（《列子·力命篇》）。情况可能是，只是到了清当局逼迫他由藏身之处走出，他才最终决定了放弃寓园（也即放弃生命）。这样一来，虽寓园为了生而建，却终于成了死地——也仍然合于祁氏立身行事的逻辑。烛光，静夜，柳树之阴。关于祁氏自沉的记述都强调了他死的方式的优雅，即死而不破坏美感。祁氏本人未见得没有想到这一层，否则他也许会选择其他地点了却此生。由这最后一幕看去，经营寓山，确也像是为自己预备了死所。

《年谱》记临终当晚祁氏到寓山，登“四负堂”，回头对儿子说：“尔翁无大失德，惟耽泉石，多营土木耳。昔文信国临终贻书其弟，嘱以所居文山为寺，吾欲效之，汝当成吾志。”应据祁熊佳所撰《行实》及杜春生所辑《遗事》（均见《祁彪佳集》）。张岱所述微有出入。其《石匮书后集》祁彪佳传，记祁临终前对其子理孙说自己有“耽泉石、多营构”之过；由此说到文天祥的嘱以文山为寺，“吾亦欲捐此堂，栖禅侣以忏吾过”[47]。寓山原有僧庵。由日记看，祁氏生前有浓厚的佛学兴趣，且颇有方外交，经常出入寺院，同衲子礼佛，听僧人说法。崇祯八年由京城南归，曾“静坐小斋，扫除一室，供达摩、观音、弥勒诸像，时时持佛号”，欲“稍摄纷驰之心”（十一月初五日）。他热衷于佛门仪式，如“照禅堂规则”，坐香习静（崇祯十年十一月初十日），“作课念佛”，俨然居士。自说曾与名僧数辈坐对，“或听呗梵潮生，铎铃风动，令人心神俱寂”[48]。甚至推动整理“佛门规则”，以“护法”自任，可见与佛门关系之深。其时的名僧迩密、三宜、无迹等人常在寓园盘桓，讲经说法（祁氏与另一名僧天童也有往来）。密云还曾在园中小住。日记中一再记有读《楞严经》。在祁氏，与僧人研讨佛经、请教佛理，与推究心性之学似并行不悖。

但祁氏仿效文天祥的以山为寺，也应当出于极现实的计虑。元明间的陶宗

---

[45] 《卜筑寓山闻何芝田开果园奉寄》，《祁彪佳集》卷九，第221页。

[46] 《祁彪佳集》，第230页。

[47] 《石匮书后集》卷三六，中华书局，1959年，第218页。

[48] 《寓山注·静者轩》，《祁彪佳集》，第163页。

仪记某园主人构亭水心,“潇洒莫比”,有人欲以其事告官,园主人“亟塑三教像于中”,名之曰“三教堂”,以此保全了该园[49]。道光十九年阮元再跋李斗的《扬州画舫录》,说书中的楼台园馆,僧守者尚在,“凡商家园丁管者多废”,可知寺院于保全园林方面的贡献。谁说文天祥、祁彪佳、冒襄的请僧人入驻自家园林,不也出于保全的一念呢。[50] 祁氏的夫人商景兰诗作中有《喜谷虚师住密园》一首(《祁彪佳集》附录《商夫人锦囊集》),另有《诉衷情 · 雪夜怀女僧谷虚》,可以推想夫妇间的心意相通。至于黄宗羲说祁氏身后寓园有“浮屠窜处”[51],多半出于成见的吧。

据高彦颐的《闺塾师——明末清初江南的才女文化》,祁氏身后寓园未即废,且依然是祁家的游宴之地。商景兰与家族中的其他人物继续利用着祁氏精心设计、躬亲督造的那一带园亭。商氏本人有《春日寓山观梅》《寓园》《寓山看芙蓉》《卜算子 · 春日寓山看花》等诗作,《烛影摇红 · 咏雏堂忆旧》中“歌声撩乱,环佩玎珰,繁华未断”[52]云云,正以园林的依旧“繁华”,映衬自己内心的凄凉。据《年谱》胡蓄跋,寓山、密园至少到1657年,“芳馨未歇”。甚至道光十七年龚沅的跋中尚有“寓山不改,密园垂四负之颜”云云。看来情况是,纵然有祁六公子班孙的长流宁古塔,澹生堂藏书的散失,这个家族至少在一段时间里,仍然维持了上流社会的生活方式。至少当商氏在世其间,寓园应当无恙的吧。[53] 寓园“废”于何时,对于本文不那么重要,重要的是不即废。在大破坏中,即使暂时的保全也需要理由。寓园的不即废,既应由于僧人的保护,祁氏遗属的努力,也未必不托庇于祁氏的亡灵:这样一个广受爱戴的人物,足以赢得清初当道的敬重。但忠臣身后,也未必都如此幸运。朱彝尊《静志居诗话》就说倪元璐所建阁,“顺

---

[49] 《南村辍耕录》卷二六《浙西园苑》,中华书局,1959年,第329页。

[50] 冒襄顺治十二年撰《水绘庵约言》,说自己将水绘园改作僧舍,曰“园易为庵,庵归僧主。我来是客,静听钟鼓”(《巢民文集》卷五,《如皋冒氏丛书》)。于此编辑文集的冒广生有如下按语:“沧桑以后,先生易园为庵,以僧为主,以我为客,听其荒落,其痛深矣。”

[51] 《董太夫人七十寿序》,《黄宗羲全集》第11册,第20页。

[52] 《祁彪佳集》附录《商夫人锦囊集》,第288页。

[53] 《闺塾师——明末清初江南的才女文化》中译本(江苏人民出版社,2005年)第六章关于商氏,说“长达30年的寡居生活,使她在家内领域拥有了自由和受人尊敬的空间”(中译本,第239页)。商氏生于万历三十三年(1605年),应卒于1675年左右。至于刘畲《寓园》中“残碑卧草荒烟合,古木平崖夜雨生”(曹淑娟《流变中的书写——祁彪佳与寓山园林论述》所引,见该书第385页),未知是否实写。

治初尚存”,“今已鞠为荒草矣”[54]。朱氏另有《偕谢晋、吴庆桢登倪尚书衣云阁》一诗,中有“十余年间亭已坏,游客经过增感慨”等句[55]。

本文以“废园与芜城”为题,却花费了大量篇幅于祁氏的经营寓园,多少也因了对祁氏日记的兴趣:日记作为“材料”的可能性,它在何种意义上提供了据以想象明亡前夜士大夫生活(包括想象士人间的南北差异)的线索。以此种兴趣读这份日记,自然又因了已知祁氏在明末政治中的姿态,他的作为著名忠臣的身份,令人难免预先认定了“日常生活”(这里不免将“日记”等同于“日常”)中的祁彪佳,不可能不随时与时局有关。正是由“最后一幕”看过去,祁氏始于崇祯八年的对寓园的经营——亦其人“晚年”的一项重大活动——置于时局的背景上,意义见出了暧昧。

你仍然不便过于信任日记这种据说“私密”的文体。日记从来是记所欲记,不足以据此判断“真相”“实况”,只不过为了解“真相”“实况”提供了线索而已。任何一种文体(即使如日记这样的理应更“个人化”的文体)都有其规范。当然,有所不写未必只是格于规范,还有其他种种可能。在利用日记这种材料时,较之作者写了什么,你不妨更关心不写什么,尤其刻意不写的是什么。这当然很费猜详,且不易引出“判断”“结论”。即如意识到“最后时刻”的可能临近,与继续兴致勃勃地营造寓山园林之间,有些什么样的思绪、念头被回避了。中国的士大夫如祁彪佳,记日记的当时就难免会想到日后可能的刊刻行世,不可能无所戒备。在书信、日记久已作为著述之一体之后,任一文人当下笔之时,都不可能不预想到这一点。

因所记简略,性质不可兼容的活动生硬地并置、对接,使日记中祁彪佳的“日常生活”内容驳杂而对比刺目,似乎时而与人商议守御,时而悠然地弈棋品茗、修饰园亭。这自然更是日记的书写方式所造成的印象。如上文所说,我在阅读祁氏甲申、乙酉两年间的“日历”时,注意的不免更是涉及时局的文字,与有关“私人生活”的记述,试图在想象中将二者置于同一画面,推想二者在祁氏此一

---

[54] 《静志居诗话》卷二〇《倪元璐》,第612页。

[55] 《曝书亭集》卷三,第28页。

时段生活中的关系。在我们的想象中,这二者尽管处于两端,通常被分别用了“公”“私”指称,私领域却不能不在“时局”的笼盖之下,而“日历”却让我们看到了其间的缝隙——当着与友人,与亲人,与亲人中尤亲的妻子相处,“时局”并不随时在场。你由文字间感染了祁氏的一份单纯的喜悦,面对他园中的花木,面对他精心设计的亭榭楼阁。而由甲申到乙酉,祁氏的生活状态差异之大,也有可能据此而得到一点解释。甲申之变后弘光朝那个精明强干而又刻苦自励的官员,也正是乙酉年时时沉湎于精致生活的同一个江南士大夫。但甲申年的经验不再出现在《乙酉日历》中,并不就意味着遗忘,倒更可能因了难以忘怀,因而避免提及的吧。

## 作为符号的废园与芜城

读明清之际,你总有机会想到孔尚任《桃花扇·余韵》中著名的《哀江南》套曲:“俺曾见金陵玉殿莺啼晓,秦淮水榭花开早,谁知道容易冰消。眼看他起朱楼,眼看他宴宾客,眼看他楼塌了……”还有:“行到那旧院门,何用轻敲,也不怕小犬哰哰。无非是枯井颓巢,不过些砖苔砌草。手种的花条柳梢,尽意儿采樵;这黑灰,是谁家厨灶?”美国学者梅尔清注意到,中国的诗歌“通常不用坍塌的建筑和房屋等来描写废墟,而用杂草丛生来形容废墟”[56]。但上面的文字写的正有坍塌的建筑,甚至被遗弃的院落。与狭义的“故园”同一命运的,从来就有“故宅”。阎尔梅《至徐州过万年少故宅》:“……荒草埋虚阁,秋风鼓败扉。多情惟燕子,还向旧巢飞。”[57]当然,梅尔清的阅读经验也确有根据。榛莽丛芜,“杂草丛生”,通常被作为田园已芜、园亭已芜、城已芜的明证。

李格非处北宋末年,其《洛阳名园记》篇末议论道:“方唐贞观、开元之间,公卿贵戚开馆列第于东都者,虽千有余邸。及其乱离,继以五季之酷,其池塘竹树,兵车蹂践废而为丘墟;高亭大榭,烟火焚燎化而为灰烬,与唐共灭而俱亡者,无余

[56] 《清初扬州文化》中译本,复旦大学出版社,2004年,第11页注3。

[57] 《白耷山人诗集》卷五,《四库禁毁书丛刊》集部。万年少,万寿祺。

处矣。予故尝曰:园圃之废兴,洛阳盛衰之候也"[58]。名园与朝代"共灭而俱亡",是一再重演的故事。处宋元之交的周密,记宋代名园"没于蔓草,影响不复存",不但奇石"芜没于空山"[59],假山也"为有力者负去","荒田野草,凄然动陵谷之感"[60]。元末明初的陶宗仪,则说某园当全盛时,"春二三月间,游人如织";一旦园主人辞世,"未及数月,花木一空,废弛之速,未有若此者"[61]。张岱记宁波府日月湖中"栉比皆士夫园亭,台榭倾圮,而松石苍老"(《陶庵梦忆·日月湖》)。祁彪佳《越中园亭记》开篇即"考古",记其时仅见之于记述、实已不存的名园。同书也记有当时已濒于"废"或竟已废的园。耆园"虽古木参差,而亭台半以荒落"[62];何山园"亭榭已废,惟竹木尚存"[63];章庄"数椽尽颓废"[64];让木园"今鞠为茂草"[65];灌溪书舍"久不葺治,堂宇荒落"[66]。《静志居诗话》卷一九《朱茂时》曰朱氏前辈所营园林,当万历间,觞咏者尚"题壁淋漓","今则大树飘零,高台芜没,止存卧柳断桥而已"(第599页)。[67] 钱谦益曾题咏过的萧士玮的春浮园,到顺治十八年,已经兵火,方以智曰其"萧条冷落,大非昔比"[68]。张岱于鼎革后忆旧,记园,记亭,记斋,记曾经坐卧其中的山房、书屋,悼亡伤逝,"不胜人琴之感"[69]。冒襄康熙三年有《水绘庵六忆》,记自家水绘园昔日景象及其"龟坼","崩圮"(《巢民文集》卷四)。凡此,似乎只堪为世事无常作一见证。兴废无常,

---

[58] 《景印文渊阁四库全书》史部地理类,台湾商务印书馆。
[59] 《癸辛杂识》前集《吴兴园圃》,中华书局,1988年,第12、13页。
[60] 同上《假山》,第15页。
[61] 《南村辍耕录》卷二六《浙西园苑》,第329页。
[62] 《越中园亭记》之二,《祁彪佳集》卷八,第187页。
[63] 《越中园亭记》之三,第202页。
[64] 《越中园亭记》之三,第203页。
[65] 《越中园亭记》之四,第208页。
[66] 《越中园亭记》之五,第215页。
[67] 朱彝尊比较园林丘壑与"学人才士著作之地",谈所以存、废,说:"思夫园林丘壑之美,恒为有力者所占。通宾客者盖寡,所狎或匪其人,明童妙妓充于前,平头长鬣之奴,奔走左右。舞歌既阙,荆棘生焉。惟学人才士著作之地,往往长留天壤间。若文选之楼,尔雅之台是矣。吴多名园,然芜没者何限!而沧浪之亭,乐圃之居,玉山之堂,耕渔之轩,至今名存不废;则以当日有敬业乐群之助,留题尚存也。"(《曝书亭集》卷六六《秀埜堂记》,第773页)祁彪佳《越中园亭记》之二记作为士人社集之所的弦圃,说"此园他日当以人重矣"(《祁彪佳集》第191页);记徐渭的酬字堂,也说"今堂虽湮没,而地以人重,不可不存斯名"(同上)。
[68] 《方以智年谱》,第217页。
[69] 《陶庵梦忆·奔云石》,第7页。

园亭的确是现成的表征，敏感的文人仅由此就不难得盈虚兴废的消息。对于士夫的上述生活方式素持批评态度者，由“荒”“废”读出了警示，另有一番感慨。李颙就说，“昔之画阁楼台，今为荒丘砾墟者何限，当其金碧辉煌，未尝不左顾右盼，畅然自快，而今竟安在哉？”[70]

城之芜通常在大破坏中，而园之废，则升平世界也时有发生——因了财产易主，因了人事代谢，因了不那么戏剧性的个人事件。君子之泽，五世而斩。财富的转移，是古代中国随时演出着的故事。“不以良田遗子孙”，也因了其难以保有。更何况我们在这里谈论的，不是如中世纪欧洲的坚固的城堡，而是不设防的园林。但平世正常发生的财产转移，一旦有了“易代”这一背景，读来就显然不同。园林易主与江山易主，将前者作为后者的寓言，是板荡之际特有的修辞。这多少也因了那一历史时刻，废园随处可见，在引发士大夫的麦秀黍离之感，为那个大故事提供了太过现成的提示或注脚。下文还将谈到，废园被作为怀旧的触媒，其功能更是文学的；某种颓废，正出于心理需求。颓废有待表征，废园就充当了表征。诗人在夕阳中瞥见了园的荒芜，不免要想到一个王朝的倾颓，一代人文无可挽回的末运。著名义士、乙酉年殉明的吴应箕，生前感慨于其时名园的频繁易主，说顾起元所记的几处，自己曾去踏勘，“已数更主，园之存废不可问矣”；自己所见其他诸园，“十年之间，主半非其旧”（《留都见闻录》卷之上《园亭》，贵池先哲遗书）。不惟园亭，秦淮河边令名士流连的河房，也无不是一片衰飒的风景。大厦未倾，园亭已芜，甚至公署亦“圮”（同上，《公署》），明亡前江南半壁江山的残破可知，不能不令有志于恢复的士人心惊。方以智于骚乱后回到家乡桐城，说“入城怆然，瓦砾遍地”，园林则“薪毁半尽”（《流寓草》卷五《驰还》小序）。年谱系此诗于崇祯七年，大破坏不过刚刚开始。

较之园之废，城之芜显然严重到了不可估量：与城同“芜”的，是众多人生。

在当时、其后的文献中，明清之交的“芜城”，仍然特指扬州。1645 年发生在扬州的攻防，尤其城陷后的六日之屠，则是致芜的原因。这当然多少因了王秀楚那篇著名的《扬州十日记》。由该篇文字看，这座城的毁灭，并不始自屠城；城破

---

[70] 《二曲集》卷三八《四书反身录·论语下》，中华书局，1996 年，第 489 页。

之前,守军已“践踏无所不至”[71]。高杰一个月的围困,清军七天的围城,足以将这座城市的生机消耗殆尽。由发生在后来的事情看,戴名世《弘光乙酉扬州城守纪略》的如下记述不免有残酷意味:清军攻扬州,扬州“郊外人谓城可恃,皆相扶携入城,不得入者稽首长号,哀声震地,公(按即史可法)辄令开城纳之”[72]。到清豫王下令屠城,这些人多半成了刀下之鬼的吧。

因有鲍照的《芜城赋》在前,发生在扬州的破坏,像是再次兑现了一个古老而凶险的谶言,所谓在劫难逃。吊诡的却是,正因了有那篇著名的赋,演出在明清之际扬州的极其血腥的一幕,成为扬州的一部分标记,使那意象与这个城再不可分。由美国学者梅尔清看去,正是“清统治者对扬州犯下的暴行”,“使得扬州本身成为一个象征”,甚至成为“一处风景”[73]。她以为扬州因其特殊的历史际遇而获得了“两重的文化遗产”,即巨大的经济繁荣与毁灭性的破坏(第 10 页)。扬州之“芜”成为该城所拥有的一部分文化资源——是屠城中的杀戮者与受难者以及孑遗如《扬州十日记》的作者不可能想到的。不但同样经历了屠戮的嘉定、江阴,而且历经兵燹的金陵,都不曾分有这种奇特的命运。巨大破坏使这城市享有了作为那个时代的某种象征的地位,而仅有七千字的《扬州十日记》对于造成这种地位,无疑有特殊的贡献。

扬州的劫运尚不止在鲍照的时代与明清之际。孔齐《至正直记》:“洪容斋笔记云:‘女真之寇乱扬州,百里之间,虚无人烟,至隆兴以后复盛,德祐末兵乱又废。’父老尝云:自扬州至中原,七百余里无人烟,至元贞以后复盛。至正甲午以后,今如荒野,不知何时复兴也。”[74]《明季南略》卷三记史可法扬州殉节,计六奇按:“宋恭帝时,元右丞相阿杰围扬州,日久而无成功,筑长围困之。城中食尽,死者枕籍满道。明太祖遣将缪大亨克扬州,止余居民十八家而已。然则自宋、元以迄于今,扬民已三罹兵劫矣。岂繁华过盛,造化亦忌之耶!”[75]一座城市的死与生,竟成一再演出的故事!

---

[71] 《扬州十日记》,上海书店,1982 年,第 229 页。
[72] 《戴名世集》卷一三,中华书局,1986 年,第 358 页。
[73] 《清初扬州文化》中译本,第 13—14 页。
[74] 《至正真记》卷四《锺山王气》,中华书局,1991 年,第 112 页。
[75] 《明季南略》卷三,中华书局,1984 年,第 206 页。

但我仍然疑心上文所引梅尔清云云，多少出于遥远事后的判断。我注意到《鹿樵纪闻》记“史可法殉扬”，对清兵屠城，却无一语记及。李斗的《扬州画舫录》中的用典，频率较高的，是“绿杨城郭”、“扬州梦”；尽管也时见“芜城”字样，却像是避免直接指涉发生在明清之际的那一事件。倘若真的如此，那么直至李斗生活的乾、嘉年间，扬州屠城，仍然是一个被蓄意掩藏的故事。[76] 汪中出生的那年（1745），正是扬州屠城一百周年。《广陵通典》据说计划写到明清之际的史可法守扬州的，不幸因病中辍，无从揣测他将如何写，所写与正史有何不同。当然蓄意的掩藏往往又是发露。“芜城”的字样本身或许已成醒目的提示也未可知。

上文已经写到了某些士大夫在设计他们的园林时，将暂时性体现在了“设计思想”中。由废园所呈示的，就有文人生活理想的脆弱、易于毁坏。中国式园林中的建筑部分，也如其他中国式建筑，因所使用的材料而预先注定了不能经久；其“人工自然”的部分，则因出于对自然的模仿，一旦毁坏，即沦为丛莽，与荒芜了的“自然”无异。国外汉学家就发现中国的古建筑在营造时，即不以恒久保存为追求。史景迁提到，“文艺复兴以后欧洲较大的城市都以砖石构筑，给人以坚不可摧的感觉，而大多数情况下，中国的城镇并非如此”[77]。这也应当是一个旅行者所获得的最直观的印象。牟复礼《元末明初时期南京的变迁》一文引用了梁思成《中国建筑史》所说“中国建筑的四个特点”，其中之一即，既不求其永存，也就不重视使用能保证历久不朽的材料[78]。关于宋代，谢和耐说，“由于中国建筑所用材料的轻脆，竟连一件建筑上的碑铭也没有留传下来。能够向我们提供日常生活细节的，主要来自绘画作品”，当然，还有“丰富已极的文字材料”[79]。梅尔清也注意到“中国的历史名胜不像18、19世纪欧洲伟大的旅行家沉思的那种雅典和罗马的废墟，它们要么真正地且常是有创意地被重建，要么完完全全地

---

[76] 却也不尽然。《明季南略》卷三《史可法扬州殉节》颇记扬州屠城事，一再说“屠杀甚惨”；城破后清兵“悉屠其民”；“直杀至数十万”，“扬州烟爨四十八万，至是遂空”；“扬州初被高杰屠害二次，杀人无算。及豫王至，复尽屠之。总计前后杀人凡八十万，诚生民一大劫也”（第204、205、206页）。但该书虽脱稿于康熙十年（1670），至嘉、道间才得刊行。

[77] 《追寻现代中国——1600—1912年的中国历史》中译本第一章，上海远东出版社，2005年，第7页。

[78] 施坚雅主编《中华帝国晚期的城市》中译本，中华书局，2000年，第125页。

[79] 《蒙元入侵前夜的中国日常生活》中译本，江苏人民出版社，1998年，第6页。

消失。这个差异至少部分地是由于木材建筑在中国的首要性造成的"[80]。"不重视使用能保证历久不朽的材料",其背后谁说没有古代中国人的"历史哲学"、人事经验和智慧呢。

但城墙不在此列,有可能务求其坚,"给人以坚不可摧的感觉",甚至像是"固若金汤",除非无意于防守——为此发展出丰富的造墙经验与技术。明清之际的文献中往往可见"所过无坚城"的字样,这里"城"应指城墙。"无坚城"是对强大攻击力的渲染;不坚的未必是城墙,而是守御者的意志。意在放弃,即有城池,也一触即溃,与墙的坚否无关。关于杭州,谢和耐说,"为了行政目的而设立的区域划分体系与杭州城的实际地理毫不相干。唯有城墙才是识别城市的标志"[81]。魏斐德《洪业——清朝开国史》写明亡前夜的南京,说"在那厚重坚固、令人心安的城墙背后,生活一切如常,好像没有什么事情会来打扰这些特权者的享乐"[82]。在清军进入南京的那一刻,"南京巨大的城墙中沉重的玄武门摇摇晃晃地打开了……"[83]到了此时,坚厚的城墙已不再作为抵抗的象征。钱穆说宋对于元的抵抗之强韧,元对于宋之征服之费力,原因之一,即"列城相望,百里之间,必有一城"[84]。见诸记述,元明之际张士诚用来抵御朱元璋的苏州城,明清之际曾抵挡过农民军汹涌冲击的开封城,均可作为"坚城"的样品。城墙我固可守,彼亦可守;即使我不能守,也不能令他人守之。据说张献忠败退之时,下令堕毁成都及州县城墙,却因成都城墙"自垛口以下坚硬如铁",不得已而放弃[85]。可惜的是,如陈垣所说,中国士大夫"从来轻视工程学者",故有关工艺的记述往往阙略[86]。

在古代中国文化中,墙兼有象征意义与实用意义。当然,规模、功用不等的墙,其象征意义大有不同。所谓"固圉",首在清楚地划定界限,设置安全屏障——意义既可能是实际军事的,又兼有心理的乃至纯粹象征的。《剑桥中国

---

[80] 《清初扬州文化》中译本,第157页。
[81] 《蒙元入侵前夜的中国日常生活》中译本,第13页。
[82] 《洪业——清朝开国史》中译本,江苏人民出版社,1992年,第120页。
[83] 同上,第534页。
[84] 《国史大纲》修订本第七编第三十五章,商务印书馆,1996年,第636页。
[85] 参看南炳文《南明史》,南开大学出版社,1992年,第184页。
[86] 《元西域人华化考》,上海古籍出版社,2000年,第98页。

明代史》一再写到元朝的不修复倾圮毁坏的城垣[87]——应当出于草原民族的习性。朱元璋则不同。即使没有老儒朱升"高筑墙,广积粮,缓称王"的提示,对城墙也不至于等闲视之。以至牟复礼认为明代是"中国伟大的筑城时代"——由都城的城垣,其他大小城市的城墙,到长城,"当时仿佛举国都着了防御迷"[88]。[89]收入《皇明经世文编》的关于修筑边墙(边塞防御工事)与否、筑墙的利弊的争论,出于对立的军事主张。筑城的呼声,在象征层面上,令人读出的,毋宁说更是一种防御心态——非欲恃强凌弱,而是意识到了自身的弱。边塞的筑城,到了后来,确也不像是为了进攻的防守,而一意在自我保全,取其便于龟缩避战,令主张拼死抵抗者切齿痛恨,力图将软懦者逐出龟壳,逼其作背水之战。

著名明遗民中,顾炎武、孙奇逢等人,都曾参与城防。当此之时,城防工程也负载了某种象征性,是抵抗意志的显示;有无可能进行有效的抵抗,则非所计也。发生于城头、城墙上的争夺,往往是最后的对决,决定了一个城的归属。甲申三月十九日的前夜,京城已在事实上陷落——那是一座既失去了防御能力,又丧失了防御意志的城市。

即使不能如伤悼废园的屡屡见诸文字,明清之际残破衰败的城仍然有人凭吊。陈维崧就一再写到金陵的破败,说其父去世后,自己频过该地,"而风景顿殊,人琴都异。畴昔板桥、鸣珂诸巷,荒烟蔓草,零落不堪"[90]。该篇所跋乃王士禛的游记。陈氏说自己的心情不同于王氏,"掩抑摧藏,泫然书此",不胜唏嘘。同卷《邵潜夫先生八十寿序》亦写该城之芜,"金陵鸣珂巷,昔日所为狭斜游者,已化为圈牢处矣"。其序吴应箕《留都见闻录》,说"自癸酉迄今,已阅四十余年","余尝孑身独游,旁皇冶城、桃叶间,欲问儿时巷陌,往往迷不得其处,所云成贤街旧宅,已转徙数易主,其他宋氏园亭、邹氏阁子,及鹫峰诸旧寓,尽灭没荒

[87] 《剑桥中国明代史》中译本,中国社会科学出版社,1992年,第67、74页。

[88] 《元末明初时期南京的变迁》,施坚雅主编《中华帝国晚期的城市》中译本,第151页。

[89] 牟氏同时认为筑墙的主要意图与其说在军事上,不如说更在象征层面,比如"显示城市的尊严"(同上,第152页)。至于长城,则"标志着汉人在汉民族政府的边塞,在汉民族生活方式的疆界上的存在"(同上,第151页)。而"南京的城正像政府的其他行动一样,是为加强这种神秘性与维持政府所在的威严而设计的"(同上,第152页)。这种判断无疑有启发性,却也有商榷的余地。

[90] 《金陵游记跋》,《湖海楼全集·文集》卷四,乾隆乙卯浩然堂刊本。

烟断霭中，惝惘至不可问。盖人世沧桑，而岁月之不足供把玩也遂如此”[91]，所凭吊的，毋宁说更是自己与故明联结的一段历史。陈维崧有感伤气质，心性敏感而柔弱，“残破”的印象最宜于由他感知与表述。

陶宗仪《南村辍耕录》说杭州到元末（至正壬辰以降），“数毁于兵，昔时歌舞之地，悉为草莽之墟，军旅填门，畜豕载道”[92]。金陵在明清之际，并未遭遇军事破坏，不曾如扬州似的“芜”；如陈维崧所见的凋残衰颓，即非易代，也不可免；但由陈氏写来，仍别有意味。士大夫在历史动荡中失去的，是旧日的全部生活，而非止一宅一园；在曾经的贵族，则是《乌衣巷》的意境在他们生活中的真切再现。

“断壁颓垣”从来被认为藏了故事，待人去猜详。废园、芜城无不联系于创伤经验——残破了的人生与生活世界，呈现为物质形态的“伤口”，暴露在外有目共见的创口；却也因其残缺不全，开启了某种想象的空间。令士大夫留连低回的，是留在榛莽与废墟上的历史事件与人生故事，掩蔽在荒烟蔓草中的人的命运。废园通常是繁盛之遗。倘若作为故事主人公的园主人隐去了，故事也就更扑朔迷离。人物因其不出场而成悬念。睹物伤情，触景兴感。故国，故园，故旧，都要赖物质碎片辨认。一时凭吊追怀之作，往往有类似的言述策略，即以旧物为符码，亦举隅，以局部、片段指涉已然逝去的全部生活——张岱的《梦忆》《梦寻》最是著例。

废园、芜城，是中国的士大夫熟识的符号；当明清之际，又是他们身历目击的真确一景。每当这种时刻，诗文中总会有“象征”的泛滥。人们已习惯于借助象征符号记忆历史，以此给记忆以形式，使感受有所附丽。废园、芜城与铜驼荆棘、麦秀黍离等，因了重重叠叠的书写而意蕴深厚，意指明确，挟着积久生成的象征意涵，正宜于用来起兴。文人通常是借助了诗文记忆的。无以数计的前在的诗，引导了他们的感觉。类似的意象，象征，构成了文学用以表达其“历史沉思”的形式。较之繁华，文学往往更钟情于凋残，为了从中看出人的命运的永恒的悲剧性。在他们的运用中，废园、芜城同属那种永劫轮回以至不可逃避的毁灭的符

---

[91] 《湖海楼全集·文集》卷三。按癸酉，崇祯六年。

[92] 《南村辍耕录》卷二《占验》，第 29 页。

号。但也应当说,符号及其内涵是如此现成,未见得能开启、激发,有时或许正妨碍甚至阻断了士人的感觉,使得经验同质化了。你却又不便据此认定想象力的匮乏。感受以及感受方式、方向的重复,或也因了历史生活本身的重复,循环。你似乎是在重演别人的人生。

我们再回到扬州。我至今还没有读到过关于劫后扬州的具体描写。康熙三年冒襄写过一篇《后芜城赋》,刊刻其遗作的冒广生(鹤亭)谓此文"直是一篇有韵《扬州十日记》文"(《巢民文集》卷一),不免夸张——那篇赋的修辞方式,足以妨碍而非激发人们的想象。似乎不曾有人将这座城"毁灭—再生"过程中的细节记录在案。力图重现清初扬州的梅尔清,就抱怨"缺乏详细记载这一时期扬州城由衰败走向繁兴的明显材料"[93],在当时的文学作品中,"几乎缺乏对扬州物质实体的描述"(第 4 页)。[94] 扬州六日的血腥杀戮与 18 世纪重归繁盛之间(即 1645—1700 年),究竟发生了什么?废墟上的重建,经历了怎样的过程?关于一个城市的艰难重生,历史叙述中略过了一些什么,在何种环节上留出了空白?

城的再生必然伴随着遗忘,主动的与被诱导的。诸种历史叙述塑造了记忆,亦促使了遗忘。丰富的历史信息早已被掩埋在废墟中,无从发掘。让掩埋在城市废墟下的故事与城同其湮灭,未必不是当道的意愿。这样看来,倘若没有王秀楚的那篇文字,人们关于扬州屠城的事件该如何记忆或是否还有可能记忆?

有一点却是可以相信的,即生活在劫后的修复,其速度之快,往往非劫难中人所能逆料。牟复礼考察元末明初的南京,说,"1367 年冬宣布新王朝成立后的二十年间,此城人口从可能约十万人增至约百万人,其中大部分人都是中央政府新官的眷属。在明太祖宣布定都南京时,该城所起变化的程度以及完成这种变化的速度,在西方的历史经验里也许是没有现成的相似事例的。至少我们定会

---

[93] 《清初扬州文化》中译本,第 2 页。

[94] 梅尔清说,"近现代西方历史研究中对于从 1645 年至 1700 年,也就是扬州从清统治者的征服中恢复过来的这一段时期历史向来没有被纳入清史的叙述范围。直到最近,对清初历史的绝大多数研究,还是要么集中在清征服中的军事和制度建设方面,要么集中在对明王朝忠贞的议题上"。梅尔清说她的那本书"重点探讨清初几十年物质重构的价值及各种建筑物的象征意义",还说该书研究的是"社会灾难对于扬州的历史后果及扬州对社会文化的崩裂和损失迅即作出的回应"(《清初扬州文化》中译本,第 3 页)。

感到惊异。”[95]元明之际的南京如此,明清之交的扬州也如此。朱彝尊记扬州平山堂,说自己旧时过扬州,“登堂之故址,草深数尺,求颓垣断砌所在,不能辨识。忾然长谣,谓兹堂之胜,殆不可复睹。曾几何时,而晴阑画槛,忽涌三城之表,且有飞楼峙其后”,不能不“感废兴之相寻”[96]。[97] 惊异的也是速度,“革故鼎新”的速度。这种速度足以遮盖创口,甚至抹掉或修改记忆。陈维崧记其甲辰暮春游扬州北郭门外的依园,“园门外,青帘白舫,往来如织”[98]。甲辰即1664年,甲申北京陷落20年。[99] 这一种消闲文化的兴盛赖有财富的积累。财富重新聚集的速度,则又由消闲文化的发达作了证明。到1675年,即扬州城破三十年后,扬州的经济已有了充分的恢复。即使创伤仍在,也足以被抚平。只不过该城于此后的岁月又经了盛衰。道光十四年阮元跋李斗的《扬州画舫录》,说到了此城由乾隆四五十年间的“全盛”,而“渐衰”而“荒芜”,不胜今昔之感。这已经出了本文的论述范围了。

2008年7月改定

【赵　园　中国社会科学院文学研究所研究员】

原文刊于《中国文化》2008年02期

---

[95] 《元末明初时期南京的变迁》,施坚雅主编《中华帝国晚期的城市》中译本,第152—153页。

[96] 《真赏楼记》,《曝书亭集》卷六六,第767页。

[97] 据王利民《朱彝尊大事年表》,朱氏康熙三年、十年均到过扬州。见氏著《博大之宗——朱彝尊传》,浙江人民出版社,2006年。

[98] 《依园游记》,《湖海楼全集·文集》卷四。

[99] 据说到1664年,已经有一百多座私家园林坐落在扬州城外的运河沿线(梅尔清《清初扬州文化》中译本,第155页。

# 明清之际的女性词人

叶嘉莹

## 一、序论

“词衰于明”，这几乎是研究词与词史之人的一个普遍共识。即如刘毓盘之《词史》，就曾写有专章，题曰“论明人词之不振”[①]。吴梅之《词学通论》亦以为“词至明代可谓中衰之期”[②]，至于王易之《词曲史》，则直指明词为“入病”[③]。但是就在这种认明词为衰落的普遍观念中，我们却应注意到在词之发展史中与此恰好相反的另一现象，那就是如果换一个性别角度来看，我们就会发现原来明代却正是女性词之兴起的一个极值得注意的起点。私意以为这种迥然相反的情况，其实却正说明了文化背景对于不同的性别所可能造成的不同的重大影响。

先从男性词作何以在明代趋于衰落的文化背景来看，前人对此也曾做过一些反思：即如前所举引的几位词学家，刘毓盘就曾列举方孝孺之被族诛，宋濂之死于道路，以及高启之被腰斩等事例，而将明词之衰落归因于统治者对文人士子

① 刘毓盘：《词史》，上海书店，1985年据上海群众图书公司1931年版复印，第169—187页。
② 吴梅：《词学通论》，太平书局，1964年版，第142页。
③ 王易：《词曲史》，广文书局，1960年版，第401页。

的诛戮和迫害，以为因此而使元气斫伤，文风不振，乃致“引近慢词，率意而作，绘图制谱，自误误人”④。而吴梅则提出了明词之四弊，以为“两宋以后诸名家”在明代皆“不显于世”，“惟《花间》《草堂》诸集，独盛一时，斯为其弊之一”；再则明代过于重视科第，对于词学无所究研，以致“连章累篇，不外酬应”，斯为其弊之二；更加之明自中叶以还，“李于鳞跋扈于先，谀闻下士，狂易成风，句摭字捃，神明不属，斯为其弊之三”，再加之明代传奇戏曲之盛行，“为词者以优孟缠达之言，作乐府风雅之什，好行小慧，无当雅言，斯为其弊之四”⑤。至于王易则以为明代“变化相乘，迄无宁日，党祸文狱，足摧士气。上无右文之君，下惟举业是务”，对于词，“一二才人……皆以传奇手为之，宜乎词之不振也”⑥。以上诸家之论，固皆属有见之言。只不过值得注意的则是，何以在这些使得男性之词趋于衰落的因素中，却竟然促成了女性之词的兴起，这当然是应当引起我们思考的一个重要问题。关于此一问题，私意以为其值得注意的一点乃是，此一时期女性作者之涌现，原来并不是由于女性之自觉的争取而来，而正是由于男性观念之转变而来。而男性观念之转变，则又正与本文在前面所述及的那些使男性之词趋于衰落的时代文化背景，有着密切的关系。下面我们就将对此种现象的因果关系略加探讨。

说到文化背景，我们可以分别从政治思想及文学风气两方面来加以考查：先就政治思想而言，明代自太祖立国以来，首先就采取各种设施，加强了中央的统治大权，又借用尊孔及礼教为工具，表面上推尊拉拢著名的学者文人，而实质上则对知识分子异常猜忌，如前举宋濂、高启等人之遭遇，便是极好的例证。加之其后又规定了以八股取士的科举制度，因而乃使得自宋代以来理学家所推尊的圣贤之说，因介入了功名利禄之追求而渐流于虚伪。于是在思想方面乃有王阳明的“心学”之兴起，一反程、朱之理学，而以为“心即理也”⑦，此种学说对晚明思想文化之转变，产生了极为重大的影响。而另一方面，就文学风气而言，则也因八股取士之科考制度对于士人思想的限制，而引生了以李梦阳及何景明为首的

---

④ 同注①，第169页。
⑤ 同注②，第142—143页。
⑥ 同注③，第401—402页。
⑦ 《王阳明全集·传习录》，广智书局，1959年版，第2页。

前七子之复古运动的兴起。《四库提要》对此曾有一个较为持中的论述，以为“李梦阳振起痿痹，使天下复知有古书，不可谓之无功；而盛气矜心，矫枉过正”[⑧]。于是遂被其后的宋文运动之倡导者唐顺之等讥为“贫人借富家衣”，“极力装做，丑态毕露”[⑨]。不过宋文运动并未形成气候，乃又有后七子李攀龙及王世贞等人之兴起，而后者之模拟拘狭，则较之前七子犹有过之。因此《明史·文苑传》乃谓李攀龙之古文“聱牙戟口，读者至不能终篇”[⑩]。又谓王世贞之作“藻饰太甚，晚年攻者渐起”[⑪]。于是乃又有晚明的公安、竟陵二派之兴起。公安派自是以湖北公安的袁宗道、袁宏道及袁中道三兄弟为代表，三人中又以袁宏道之著述为最富，声名亦最高，而其评论诗文，则每常以“性灵”为言，即如其为其弟中道之《小修集》所写的《序》文中，就曾称其所作之“大都独抒性灵……非从自己胸臆流出，不肯下笔”[⑫]。又在《叙呙氏家绳集》中说：“凡物酿之得甘，炙之得苦，唯淡也不可造，是文之真性灵也。”[⑬]至于竟陵派则以湖北竟陵之钟惺及谭元春为代表，其论诗文之主张，与公安派本无大异，只不过因公安派之末流，不免产生了一些流弊，如钱基博在《明代文学》一书中，即曾指袁宗道“颓波自放”或不免流为“鄙俚”，而袁宏道则“清新轻隽”又不免流为“俳谐”[⑭]。于是竟陵一派乃欲以“孤峭”矫之。至于自写性灵反对模拟之主张，则两派之观念原是一致的。而如果以文学风气之演变与前所述及的文化背景相参看，我们就会发现，公安、竟陵二派主性灵之说的兴起，实应受有王阳明心学中泰州一派的李贽之说的影响。阳明心学原来乃是作为与程、朱理学之对立面而出现的，以为“心即道，道即天，知心则知道知天”[⑮]。其所言直指本身心性，一时颇有截断众流之势。所以顾炎武曾谓王氏“以绝世之资倡其新说，鼓动海内”[⑯]。于是遂诱发了泰州学派之王艮、李贽等人之抉破藩篱的被目为“异端”的思想与学说之出现。关于此

---

⑧ 《四库全书总目提要·论李梦阳》，中华书局，1987 年版，总页数 1497。
⑨ 钱基博：《明代文学》，商务印书馆，1934 年版，第 48 页。
⑩ 《明史·文苑传》，中华书局，1974 年版，总页数 7378。
⑪ 同上，总页数 7381。
⑫ 《袁中郎全集》，世界书局，1935 年版，第 5 页。
⑬ 同上，第 10 页。
⑭ 钱基博：《明代文学》，商务印书馆，1934 年版，第 97 页。
⑮ 《王阳明全集》，广智书局，1959 年版，第 14 页。
⑯ 顾炎武：《日知录集释》卷十八《朱子晚年定论》。

种思想史上之复杂的问题,本文在此不暇详论。现在只就公安一派曾受有李贽思想之影响的一点而言,袁氏三兄弟之诗文论著中明白记有与李贽有关的作品甚多⑰。袁氏兄弟与李贽之初晤,盖在万历十八年⑱,其后李贽曾以其所著之《焚书》相寄赠。袁宏道且曾写有《得李宏甫先生书》(按,宏甫为李贽之号)五言律诗一首以记其事⑲。而正是在此一部《焚书》中则载有李贽最著名的《童心说》一文,以为"夫童心者,绝假纯真,最初一念之本心也……天下之至文未有不出于童心焉者也"⑳。而本文在前面所引的袁氏之《小修集·序》一文,则正为袁氏宏道读李贽《焚书》以后之所作,然则其所倡导的"性灵"之说,曾受有李贽思想之影响,自可想见。而此种思想及文学之潮流,则与女性诗文之写作的兴起和繁盛,实在有着密切的关系。因为王阳明既主张要"在此心纯天理上用功"㉑,而"此心"则"人人自有,个个圆成"㉒,自应本无男女之分别。所以李贽在其《焚书》中,就还曾收录有一篇与友人"论女人学道"的书信,谓"昨闻大教,谓妇人见短,不堪学道"㉓,而李氏以为此种差别实源于男女生活环境之不同,盖以"妇人不出阃域,而男子则桑弧蓬矢以射四方,见有长短,不待言也"㉔。至于若就心性之本质言之,则男女本无差别,故李氏乃提出了他的一段名言:"谓人有男女则可,谓见有男女岂可乎?谓见有长短则可,谓男子之见尽长,女子之见尽短,又岂可乎?"㉕这在传统的对妇女加以百般局囿的性别文化中,实在是一段振聋发聩的宣言。而且李氏还不仅在言语文字中有此大胆的冲破藩篱的说法而已,李氏在行为上也公然与女性有大胆的往来,此在其《焚书》中也有明白的记述。如其在卷四《杂述》中所载录的《答澹然师》《与澄然》《答明因》等有往来书信者,就都是女性㉖。而且李氏还曾在其"感慨平生"的一节文字中,特别对这些女子大

---

⑰ 陈书录:《明代诗文的演变·三袁有关李贽专论或兼论简表》,江苏教育出版社,1996版,第14页。

⑱ 袁中道:《柞林纪谈》,见《珂雪集》附录二(据陈书录《明代诗文的演变》转引,同注⑰,第373页)。

⑲ 钱伯城:《袁宏道集笺校》,上海古籍出版社,1981版,第25页。

⑳ 李贽:《焚书·童心说》,见《李贽文集》册一,燕山出版社,第126页。

㉑ 《王阳明全集·传习录》,广智书局,1959版,第21页。

㉒ 同上。

㉓ 李贽:《焚书·童心说》,见《李贽文集》册一,燕山出版社,第81页。

㉔ 同上,第82页。

㉕ 同上,第82页。

㉖ 同上,第207、211、203页。

加赞美，谓澹然之姊善因“以冢妇而养诸姑，婚嫁尽礼……时时至绣佛精舍，与其妹澹师穷究……故我尤真心敬重之”㉗。又在《豫约》一则文字中，特别称美澹然，谓：“梅澹然是出世丈夫，虽是女身，然男子未易及之。”㉘考李氏之与梅澹然相识，盖缘李贽在辞去官职以后，乃决意落发，居住于麻城（在湖北）城外一座山中之佛院中。而麻城有一位名人，就是曾做过大同巡抚的梅国桢。李氏所称美的梅澹然则是梅国桢的一个孀居的女儿。其他与李氏有往来之诸女子，亦多为梅府之女眷。㉙ 当李氏发为此种大胆之言行时，虽然他已是一位年近七旬的老人，但仍引起了不少争议，麻城之地方官且曾将李氏所居住之佛院焚毁。于是乃有李氏之仰慕者迎其北上，居于通州。而通州既与京师相近，因而乃有礼科给事中张问达对之提出参劾，遂下之于狱，最后李氏乃趁狱卒不备，以剃刀割喉自刎而死。㉚ 此在当时自是一件引发不少争议之事。而公安派之袁氏三兄弟，则与李氏始终保有往来。当李氏居麻城之时，袁宏道且曾致书李氏云：“家弟为梅大巡抚（按即麻城之梅国桢）接去。”㉛以为当与李氏相见不远，又因李氏曾以新出版之《焚书》一部相赠，袁氏谢称“幸床头有《焚书》一部，愁可以破颜，病可以健脾，昏可以醒眼，甚得力。有便莫惜传示”㉜，足见其来往之密。李氏卒后，袁中道更曾写有《李温陵传》，对之极致景仰。以上我们只是简单地介绍了李贽之说的一种现象，并无暇对之做深入之分析和讨论。不过尽管只是简单的一点介绍，读者们也足可想见此种现象之产生的背景及其所可能造成的影响之一斑了。在此种思想背景之影响下，于是男士们对妇女之写作诗词乃开始有了不同的看法。即如与李贽差不多同时的田汝成之子田艺蘅在其《诗女史》一书之《叙》文中，即曾谓“阴阳相匹……男女适敌。虽内外各正，职有攸司，而言德交修，材无偏废……夫宫闱闺咏，皆得列于葩经，俚语淫风，犹不删于麟笔”㉝。又在《凡例》中

㉗ 李贽：《李贽·童心说》，见《李贽文集》册一，燕山出版社，第224页。
㉘ 同上，第222页。
㉙ 黄仁宇：《李贽——自相冲突的哲学家》，见《李贽文集》，燕山出版社，第45页。
㉚ 同上，第50—51页。
㉛ 钱伯城：《袁宏道集笺校》册上，上海古籍出版社，1981版，第221页。
㉜ 钱伯城：《袁宏道集笺校》册上，上海古籍出版社，1981版，第221页。
㉝ 田艺蘅：《诗女史·序》，见《四库全书存目丛书》集部，册321，齐鲁书社，1997版，第686页。

说:“妇女与士人不同,片言只字,皆所当记。”[34]足见其对妇女作品之重视。于是继田氏的《诗女史》之后,乃又有受公安派之影响的竟陵派之领导人钟惺编印了《名媛诗归》一书,计共有三十六卷之多。而且在其《叙》文中,特别提出了诗之特质在“清”,而女子之作则正以“清”为主。谓“男子犹借四方云游,亲知四方。……而妇人不尔也。衾枕间有乡县,梦魂间有关塞,惟清故也”[35]。在此种风气之影响下,于是妇女之写作诗词者乃日益增多,其夫其父亦皆以其妻女之能写作诗词为荣,而纷纷加以刊刻。延至清代,乃更有诗人名士如袁枚、陈文述等人,各以广收女弟子为美谈。妇女之能写作诗词者既日益增多,于是妇女乃亦纷纷结社,更且亲自参与了对妇女诗词的编选和刊刻。因此明清两代之女诗人,乃蔚然集一时之盛。仅据胡文楷《历代妇女著作考》之所著录,自上古迄清代末期,妇女作者之可考者,共得四千余人,而仅明清两代即有三千七百五十余人之多,“占总人数之百分之九十以上”[36]。其阵容之庞大可想。

由以上之叙述,我们自不难认知,明清两代妇女文学之兴盛,原来主要乃是由于男性士人之观念的改变,因此在男性士人之倡导下,当时的江南一带遂形成了不少以女诗人而著称的名门世家。即如郭延礼在其《明清女性文学的繁荣及其主要特征》一文中,就曾举引过一系列以妇女能文而著称的士族之家,例如桐城方氏、杭州许氏、吴江叶氏、仪征阮氏、太仓毕氏、闽南郑氏等,[37]就都曾以家族妇女之能文著称一时。而其中最为值得注意者,则是曾经编有《午梦堂全集》的吴江叶绍袁氏之家族妇女的写作。叶氏字仲韶,号天寥道人,明熹宗天启进士,曾官工部主事,因不耐吏职,乞养归。[38] 其妻沈宜修,字宛君,为明代著名曲家沈璟之犹女。沈氏生有八男五女,皆有文采。长女叶纨纨,次女叶小纨,三女叶小鸾,在明代妇女作者中,尤为著称[39]。不过,我们现在提到吴江叶氏,原来还不仅

---

[34] 田艺蘅:《诗女史·序》,见《四库全书存目丛书》集部,册321,齐鲁书社,1997版,第687页。

[35] 钟惺:《名媛诗归》,见《四库全书存目丛书》集部,册339,齐鲁书社,1997版,第3页。

[36] 胡文楷:《历代妇女著作考·自序》,上海古籍出版社,1985年增订本,第5—6页。

[37] 郭延礼:《明清女性文学的繁荣及其主要特征》(原发表于《文学遗产》2002年6月,《中国古代文学研究》复印于2003年3月,第68—78页)。

[38] 叶绍袁见《吴江县志·节义传》,第919—920页,台湾成文出版社《中国方志丛书·华中地方第163号》(据清乾隆十二年石印重印本册3卷31《节义传》,第13页)。

[39] 见叶绍袁《午梦堂全集》,卷首有薛凤昌崇祯乙卯书耑(丙辰暮春宁俭堂重刊本,前有曹学佺序文)。

是因为其一门妻女同以诗名的妇女文学之盛而已，私意以为更值得注意的，其实乃是叶氏在为其妻女编定午梦堂一集时，前面曾写有一篇序文，文中传述出了当日之名门士族对于妇女能文的一种男性的理念。如本文在前面所言，晚明妇女文学之兴盛，原是由于男性士族之观念的改变。因为在中国旧日传统中，妇女基本上一直是处于一种弱势的地位，当男子认为女子无才是德，于是妇女就谨守阃教，不敢妄自吟写。而当男子改变了观念，认为女子也可以有才时，于是女子在男子的鼓励下，方敢于大胆地展现出自己的才华，不过男子对于女子一直有一种由男子之性别优势而订立出来的对于女性的要求。叶绍袁在其《序文》中，就清楚地表明了这种男性的理念，那就是“德、才、色”三方面的兼长并美。叶氏在序文的一开端就说：“丈夫有三不朽，立德、立功、立言。而妇人亦有三焉，德也，才与色也。”说到此种男子对于女子的期许和要求，早在我撰写《论朱淑真词》一文中，就曾提出过，说：“就一般男性的心态而言，则最能使男子动心者，其实基本上仍然是以容色为主；在其倡导妇女之作时，有色而兼能有才者，固为男性才士所欣赏之上选；但德行之忠贞则在传统之性别文化中更为男性自我中心之心态中之一种基本要求。”何况叶绍袁是为自己之妻女编订诗集，其特别要标举“德”为第一，自属必然。所以当时之名门世族之以才媛著称者，一般亦多以德行为重。而如果我们要将前文所提出的“词衰于明”的现象，放在性别文化之背景中一做观察，我们就会有一个重要的发现，那就是词之美感特质的形成及发展，与作者之生理性别及时代背景之性别文化，实在有着密切的关系。先从词之美感特质一方面来说，词之为体，在早期初起之时，原只不过是配乐而歌的曲子词而已，士大夫对之并未加以重视。《花间集》所编录的原来只不过是为了增加“西园英哲”的“羽盖之欢”而提供的一些“诗客曲子词”而已。虽然如我在以前一些论文中所曾提出的，这些叙写美女与爱情的歌词，也曾因为“双重性别”及“双重语境”的种种原因，而于无意间蕴含了一种足以引发读者许多言外之想的感发之潜能[40]，但这种潜能，在当时既未被词人在理性上有所认知和论述，因此一般士人对于所谓“小词”，遂不免往往心存一种鄙视之态度，所以有明一代对于诗

---

[40] 以上诸说分别见旧作。

与文虽曾前后有过两次所谓“复古”的运动,对之表现了极大的重视,但对于“词”,则在明代一般作者之心目中,却始终未曾加以重视。虽然在两宋词人中,也已经有过东坡、稼轩等大家的出现,但在明人心目中则一直都以婉约为正宗,而以豪放为别派。对苏、辛词之佳处既全然未能体会,对周、姜词之声律也全然不知讲求,所以前引之刘毓盘《词史》,乃讥明人之制谱为“自误误人”。此种缺失,可以举明代张綖之《诗余图谱》为代表。何况明代之戏曲盛行,而明人对词之美感与曲之美感的差别,则并无明白的认知,如前引吴梅《词学通论》所讥的“杂以缠达优孟之言”,乃成为明词的一种普遍的现象。加之以如王易《词曲史》所言的“上无右文之君,下惟举业是务”的时代背景,于是有了王阳明之“心学”的兴起。本来王氏“心学”如前所言原是为了对当日程、朱理学之已趋于伪的一种矫正,所以乃提出了心性本体之重要性,以为“若解向里寻求,见得自己心体,即无时无处不是此道……心即道,道即天,知心则知道知天”的说法[41]。不过人之心性却原是极其微妙和复杂的一种抽象之本体,其中虽有纯乎天理的良知,但却也杂有人性本然之私欲,所以连王氏自己就也曾对此心性提出过“成色分量”之说,以为“学者学圣人,不过是去人欲而存天理,犹炼金而求其足色”,又说:“成色愈下,则锻炼愈难。”[42]何况人之气质本有清浊之异,因此自王学之泰州学派衍生出李贽之说,只着重在人之本体心性之追求,而不能对其驳杂精微之处严加约辨,则不免就滋生出了一些流弊。这正是李贽之说何以被人目为“异端”的缘故。而一般之人乃在此异端之说的影响下,释放出了不少在心性中原属于私欲的一些表现和追求。所以在此种时代背景下,明代文学乃出现了一批不再避写私心情欲的戏曲和小说,此在文学史中虽自有其值得重视的价值和意义,只不过就词体而言,则词与曲在表面看来虽似乎颇为相近,但就其美感特质言之,则二者实有极大之差别。曲尚显,而词尚隐;曲尚直,而词尚曲;曲以痛快淋漓为美,而词则以含蓄蕴藉为美。而如果就王氏心学之影响于词者言之,则词体既本以写情为主,因而自早期的《花间》之作,就表现出了一种微妙的现象,而此一微妙之现象,则与性别文化有着密切的关系。那就是《花间》词中,十八位作者虽

[41] 《王阳明全集·传习录》,广智书局,1959版,第14页。

[42] 同上,第18—19页。

皆为男性,但在作品中所取的叙写者之口吻不同,其美感特质乃大有不同。一般言之,则是凡以男性口吻叙写者,其所写之情往往多含有一种“欲”的成分;而凡以女性口吻叙写者,其所写之情乃往往多含有一种“德”的成分。而这其实也正是词之美感特质之形成与《花间》之早期词作中的“双重性别”所引生之微妙的作用,有着极为密切之关系的缘故。而当明代泰州学派的心学盛行之后,男性作者在词曲之创作中,对于情欲之叙写乃有了更为大胆的表现。此种表现在曲之为体中犹可说也,而对于词体来说,乃往往不免流入于浅俗淫鄙之讥。这其实才正是明代男性作者之词作何以落入于“不振”“中衰”和“入病”之境地的一个重要的原因。而如本文在前面所言,妇女诗词之写作却正是因为受到泰州学派心学之影响而兴盛起来的,那么明代女性词作之美感特质又是怎样的呢?下面我们就将对此一问题略加探讨。

## 二、以吴江叶氏为例的才媛之生活与写作

关于一位才媛之成长的条件,我们以前在论述李清照与朱淑真二家词时,对此已曾有所探讨。首先,作为一个女子,要想养成诗词写作的才能,第一就必须要有一个自幼就可以接触诗词之读诵与吟咏的环境,不过在李、朱二人之时代,一般妇女还大多都被拘限于旧传统之女子无才为德的保守观念之中。李、朱二氏之能有大量作品传世,除了家庭环境以外,更重要的一点实由于她们两人都有着一种较强的想要突破约束和压制的性格和精神。李氏之特色在于她生而具有一种好胜之性格,朱氏之特色则在于她对于要想得到一个相爱之才郎,一直有一种执着追求的精神。所以方能突破当时旧传统之约束,而为我们留下了较多的作品。可是到了晚明的时代,这种情况却有了极大的改变。这当然因为如我们在前文所言,主要乃是由于男性的知识分子在观念上有了改变的缘故。男子既然开始认为女子也可以有才,于是女子之才遂被释放出来,而一时涌现出了大量女诗人。但同时也值得注意的一点,则是女子虽接受了男子释放给她们的写作的权力,但在同时却也仍承受着男子所制定的、旧社会对于妇女一贯的“有德”

的要求。本来,若就人性本身的修养来说,则无论其为男为女,“有德”本来都应是一种基本的要求。但在晚明之社会中,对于不同的性别,却有着截然不同的标准。男子可以不顾人性修养所应具的“有德”之基本的要求,而放纵情欲;但女子则除了人性修养所应具的“有德”之基本的要求以外,更要遵守许多旧礼教所加之于女子身上的压制和约束。而在任何一个社会中,由性别文化所形成的一种约定俗成的力量都是非常强大的,妇女们既都想做一个被广大社会所承认的贤媛淑女,因此也就不得不接受了这种种的压制和约束。而也正是这一种被压制和约束的痛苦,却往往成为她们的作品中之主要的质素。因此在论述她们的词之美感特质以前,我们实在就不得不先对她们在现实中的实际生活情况有一些基本的了解。一般而言,这些有“德”的才媛,普遍都既有她们可乐的一面,也有她们可悲的一面。就其可乐的一面而言,则当日江南的妇女文风之盛,使她们既在幼少年时代就享有了学习读诵的环境,而在长成以后更享有了与众多女性之亲朋戚友互相唱和投赠的乐趣。即以叶氏家族而言,叶绍袁在其《午梦堂全集·序》中,就曾对其妻女之读诵唱和的乐趣有所描述,说:“我内人沈宛君夙好文章,究心风雅。与诸女题花赋草镂月裁云,一时相赏,庶称美谈。”也曾对其妻之安于贫穷在艰苦中作乐之生活有所记叙,在其所写的《亡室沈安人传》中写到他自己辞官还家后的家居情境,就曾说:“自赋归来,仅仅征借数亩之入……入既甚罕,典更几何,日且益罄,则挑灯夜坐,共诵鲍明远愁苦行,以为笑乐。诸子大者与论文,小者读杜少陵诗,琅琅可听。两女时以韵语作问遗。”又记沈氏对子女之教导云:“儿女扶床学语……四五岁君即口授《毛诗》《楚辞》《长恨歌》《琵琶行》,教辄成诵……夫妇每以此相慰。”凡此种种记叙,当然都属于一门风雅的可乐之处。但埋藏在这些风雅可乐的生活之底层的,却是这些号称有德之贤媛的极为深重难言的悲苦。沈氏生前固未曾对自己之悲苦有一字明言,但叶绍袁在沈氏殁后的一些哀祭之文字中,却曾对此有难以抑制的委婉的透露。据叶氏在其《百日祭亡室沈安人文》及《亡室沈安人传》二文中之记叙,知沈氏来归,年方十六,而叶氏之母则因“先大夫早谢世……身后几不能谋生……故太宜人望余不啻朝青霄而夕紫闼也。恐以妇诗分呫哔心”[43],所以叶氏之母对其妻沈氏之好吟咏极为不喜。家居亦往往不令二人同房,所以“即居家中,亦不敢一私入君帏,非太宜人命,寒篝夜雨,竹窗纸帐,萧萧掩书室卧耳”[44]。又谓“太宜人止余一子,且又早孤,然爱深训挚,以慈闱兼父道焉。即通籍后,余夫妇夔夔斋栗,三十年一日也”。又谓“君因太宜人不欲作诗,遂弃诗。清昼虚寂……兀兀为余录帖括耳”[45]。原来叶氏先曾屡试不第,天启五年,始中进士。其后曾一度北上,任国子监助教,升工部虞衡司主事。叶氏自谓“太宜人不欲入燕,余孤琴独剑,往返高渐离市上二三载,君(指其妻沈氏)留事暮年高堂,曲尽勤瘁。既以鸾镜无双,锦衾空烂,不无天涯梦远、他乡藁砧之思”。又因叶氏之母不喜沈氏作诗,往往“命小婢侦之,云不作诗,即悦;或云作诗,即仳仳形诸色”[46]。因此沈氏乃弃诗而“究心内典”。所以叶氏一门莫不耽于佛经禅理,盖有由也。至其长女纨纨,则十七结缡,据叶氏《祭长女昭齐文》,知其婚后无所出,夫妻亦不相得。但夫妻间事,在旧礼教中乃妇人之所必不可出诸口者,故叶氏在其《祭文》中乃谓其“口无言而心结,貌不悴而神伤……眉怜自锁,怨恐人知”[47]。又在其《遗集》前之《序》文中云:“灵修数化,君臣也;周道茂草,父子也;郁陶余心,兄弟也;黄鹄远别,朋友也。凡厥五伦,咸臻一焉。而闺房帏屏之间,独无以寄其欷歔纡悒之致乎哉”[48]。此数语之记叙虽极为简略,但叶纨纨婚姻之不幸及此不幸之不得出之于口的种种苦楚,则已可概见一斑了。又据沈氏之弟沈自征为其姊沈宜修之遗作《鹂吹》集所写的《序》文之记叙,曾谓其:“姑太夫人年高,姊矜严事之……每下气柔声,犹恐逆姑心。迨夫儿女林立,姑少有不怿,姊长跪请罪,如此终身。”[49]叶纨纨为沈之长女,然则沈氏为妇之委曲无违之妇德,必当为其所习知惯见。是以叶绍袁为其《遗集》所写之《序》文中乃曰:“其箧笥篇什无几,手自录

---

[43] 叶绍袁:《午梦堂全集》,册一,第11a—12a页。
[44] 同上,第12a页。
[45] 同上,第12a页。
[46] 同上,第12b页。
[47] 同上,册四,第5b页。
[48] 同上,册四,序,第1b页。
[49] 同上,册一,第4a页。

本，题曰《愁言》……呜呼，诗以‘愁’著，讵忍言哉。”[50]而沈氏母女中，实当以其三女小鸾为最负盛名。小鸾之得名，尚不在其作品的数量之多，而在小鸾之死的突然，以及其死后之种种灵异之传说。据其母沈宜修所写的《表妹张倩倩传》及《亡女小鸾纪略》之记叙，小鸾生甫六月即寄养于其舅父沈君庸之家，君庸妻张倩倩为沈氏之表妹，生二女一子，俱早亡，遂以小鸾为女，育于其家。倩倩亦能诗文，自小鸾幼时即教之读《离骚》、古今诗词，故沈氏谓小鸾“清才旷放，殊有妗母风焉”。而其舅君庸，则“为贫鬼揶揄，送穷无策，蒯缑一剑，北游塞上”。时在甲子之年（熹宗天启四年），远游不归。直至倩倩于丁卯年（天启七年）逝世，君庸未尝一返。倩倩享年不过三十四岁而已[51]。小鸾“十岁归家”，其母沈氏曾于秋夜出语云“桂寒清雾湿”，小鸾应声答云“枫冷乱红凋”，其天性之敏慧可知。其后小鸾遭妗母之变，舅又久滞燕都，“每言念顾复之情，无不欷歔泪下”[52]。我之琐琐记叙小鸾之母、姊及舅妗之种种生活琐事，只是欲以之说明当日所谓士族之家，其妇女虽幸而较之前代得有为“才媛”之机会，但在现实生活中，则实在有着种种难言之悲苦。只不过在一般妇女之诗词文集中，乃大多只有作品而罕有记事。叶氏妻女之得有如许资料可供参考，盖幸因叶氏之有《午梦堂全集》之辑录。而此集之所以被辑录，则正因叶氏家门之不幸，在短短数年间乃迭遭家人死丧之痛。所以此集所辑录者实乃以五种《遗集》为主。那就是叶氏之妻沈宜修之《鹂吹集》、叶氏次子叶世偁之《百旻遗草》、叶氏三子叶世傛之《灵获集》、叶氏长女叶纨纨之《愁言》（又称《芳雪轩遗集》）、叶氏三女叶小鸾之《返生香》（又称《疏香阁遗集》）。而除此五种遗集外，还收有一册杂辑之文字，计为《窈闻》一卷、《续窈闻》一卷、《伊人思》一卷、《彤奁续些》上下两卷。其中《伊人思》一卷，内容全为沈宜修生前所辑录的当时妇女之作，计共录有作者十八人，各体作品一百九十四篇。此一集之值得我们重视，乃是因其为明代妇女编选女性之诗文集之首见于记录者。至于《彤奁续些》两卷，其所收者则皆为当时叶氏亲友之哀挽悼念叶纨纨与叶小鸾姊妹二人之作，上卷所收录者计共有诗文词曲等一百一十

[50] 叶绍袁：《午梦堂全集》，册一，第 4a 页。
[51] 同上，册一，第 81b—82a 页。
[52] 同上，册四《返生香·附集》，第 16b—17a 页。

七篇，皆为叶氏亲族中的女性之作，且其中多有“曲”之作品，则乃因沈宜修原为明代戏曲大家沈璟之侄女，故其家族中之女性往往于诗词外兼长于曲之写作，这也是在妇女文学史中极值得注意的一件事。至于下卷所收录者则为叶绍袁及其诸子的哀挽叶纨纨与叶小鸾之作。根据以上诸资料之记述，我们可以知道叶氏家门所发生之悲剧次第如下：计叶小鸾之死在崇祯五年十月十一日，叶纨纨之死在同年之十二月二十二日，叶世偁之死在崇祯八年二月二十四日，世偁卒后其已聘未娶之妻来归于三月十七日，叶绍袁之母以哀痛乃遽尔逝世，而叶氏之第八子亦于四月十六日殇亡，于是沈宜修遂一病不起，延至同年九月中溘然长逝。至于叶氏之三子世傛则是在沈氏亡殁之后五年于崇祯十三年闰正月相继逝世。而据叶绍袁在《百日祭亡室沈安人文》之叙写则当沈氏之殁，其家贫窘之况乃至“箱无余衣，家无存珥……一切营丧治殓悉资亲友成之……昨来索棺价者，迫未有应，即生诟厉，嚣呶不止”[53]。而叶氏之所以一贫至此，自然是因为叶氏之辞官不肯出仕，而叶氏之不仕则实与晚明阉宦专权之时代背景有密切之关系。而叶氏家门第一桩不幸，其三女小鸾之暴卒，私意以为亦与叶氏家贫难以备制妆奁有关。

据沈宜修所撰《季女琼章传》，知小鸾曾许字于昆山名门张鲁唯之子张立平。及小鸾年十七，张氏促婚。时为壬申之九月，沈传详记其事，谓小鸾于“九月十五日粥后犹教六弟世倌及幼妹小繁读《楚辞》，即是日婿家行催妆礼至，而鸾儿即于是夕病矣。十月十日父不得已许婿来就婚，即至房中对儿云：‘我已许彼矣，努力自摄，无误佳期。’儿默然。父出，即唤红于（婢女）问曰：‘今日何日？’云：‘十月初十。’儿叹曰：‘如此甚速，如何来得及？’未免以病未有起色，婿家催迫为焦耳。天明遽有此惨祸也”[54]。沈氏又谓其“临终之前，举体轻便，神气清爽，略无昏迷之色……会欲起坐，余恐久病无力，不禁劳动，扶枕臂间，星眸炯炯，念佛之声，明朗清澈，须臾而逝”[55]。按小鸾婚期原订在是月十六日，乃竟先期五日而卒。关于小鸾之遽逝，历来颇有些人对之有所猜测，冀勤辑校之《午梦堂

[53] 叶绍袁：《午梦堂全集》，册一《鹂吹·附集》，第 11a 页。
[54] 同上，册一，第 79b 页。
[55] 同上，第 80a 页。

集》就曾经指出"明内本《午梦堂集》在《鹂吹》《愁言》《返生香》集中多有铲挖之处"。该书原收藏者李一氓眉批曾指出"删去这一段,想掩饰什么?此段文字隐隐道出小鸾之死为婚事也"[56]。至于何以为婚事而遽殁,则未尝详言。私意以为自叶绍袁之《祭亡女小鸾文》观之,叶氏与婿家或曾因婚期早晚颇有误会,叶氏文中曾云:"我四旬丝鬓,三径生涯。鸡肋久抛,鼠橐弥破,为汝施鞶,勉贷金钱,然珥乏齐姬,环无吴妾……我屡遣辞婚,第汝婿家不信,疑我故托,恐沮泮水……以为应此佳期,自当勿药。讵想猝生异变,曾不崇朝"[57]。而且从前引沈氏《季女琼章传》之记叙来看,小鸾之父至其房中所说的"我已许彼矣……无误佳期"云云,其语气亦颇似对婿家之催婚未免负气,小鸾之敏慧,对其父之不得已的苦衷,也必然可以想见。故其遽殁纵非有何意外变故,其心情之苦,盖亦可以想见矣。何况其母、其姊及其妗母婚姻后之种种悲苦,固已当早为小鸾所深知切感,是其内心原也可能早对婚姻存有一种恐惧之感。而在当日之士族贤媛又绝无可逃于婚姻之外的另一生活归宿,所以叶氏母女乃往往在诗词中表现有一种对学道的向往。即如前引沈宜修在其《季女琼章传》中,记小鸾临终前情事即曾谓其"念佛之声,明朗清澈,须臾而逝"[58]。叶绍袁在其《祭长女昭齐文》中,也曾记叙"纨纨哭妹来归",一恸不起,距小鸾之死不过七十日,纨纨亦卒于母寝。临终前"唤人扶起,对母曰:'吾病恐不能支,奈何?'母曰:'四大本假,安用恋此?耑心我佛,自无烦恼。'即点首默应,抗身危坐,敛容正襟,合掌礼念,作声一谇,通身汗下,豁然大悟,遂尔瞑逝"[59]。盖正因叶氏家中存有此宗教之信仰,而小鸾与其姊纨纨之死,更复如此匆遽,因而叶绍袁在其《午梦堂全集》中,乃收有《窃闻》及《续窃闻》两卷全记鬼神灵异之事。关于此种记述,我虽不敢信其真有,但亦不敢必其全无,故而乃暂置此灵异之说不谈。我之记述只是想把叶氏母女之作品还原到她们当日的真实生活背景中去一作考察而已。下面我们就将选取沈宜修、叶纨纨、叶小鸾母女三人的一些词作来略加评述。

本文因主题及篇幅之限制,不能于各体多作讨论,现在仅据《午梦堂全集》

[56] 冀勤辑校《午梦堂集》前言第9页,中华书局,1998版。
[57] 叶绍袁:《午梦堂全集》,册四《返生香·附集》,第9b—10a页。
[58] 同上,册一,第80a页。
[59] 同上,册四《愁言·附集》,第6a页。

所收之三人词作来看,其母沈宜修之词作的数量为最多,计共三十七调一百九十阕,叶纨纨之词作较少,综计仅得十三调四十七阕,叶小鸾之词作则共得三十六调九十阕。对于叶氏母女之词作,私意以为或可分别为两部分来看:一者是属于晚明时代女性词作之共相者,又一者则是属于叶氏母女三人之各具个相者。现在我们先从其共相者言之。晚明乃是一个妇女之“才”在写作方面虽已被释放出来,而妇女之生活则仍在传统“妇德”的拘束限制之中的时代。在此一时代背景下,有才之女子虽往往可以由其才情之禀赋而写出一些美丽的辞句,但由于生活内容的贫乏,所以除了写一些游春赏花或与家人亲友的唱酬之作以外,实在无法写出什么伟大的作品来。而这一类内容空乏之作,则往往被男性读者誉之为“清”(见前引钟惺《名媛诗归·序》)。有些妇女也往往以被誉为“清”而沾沾自喜。其实在男性对女性之作以“清”相赞誉时,其中实在也隐含有一些以女子之作为空乏不足的贬义。俗语云:“至清无物”“水清无鱼”,盖正由于女性之作品的内容空乏,既不能如男子之“藉四方之游亲知四方”,而又颇有才情,文辞秀丽,在无可称誉之下,有意寻求一个可以称誉的字眼,所以乃称之曰“清”。这一点是我们在讨论女性词作之美感时,所先要认识清楚的。就以我们现在所讨论的叶氏家族中的母女之作而言,当其生活安乐未遭遇到死丧变故之前,她们所写的诗词之内容,盖不过正如叶绍袁在《全集·序》文中之所言,大多只是一些“题花、赋草、镂月、裁云”之作而已。即如沈氏词作中之《如梦令·月夜》(月晕天边常有)[60]、《点绛唇·春闺》(啼鸟娇春)[61]、《浣溪沙·春日》(细雨庭皋湿翠苔)[62]等作,叶小鸾词作中之《满宫花·咏游春人》(日融和)[63]、《点绛唇·夏日雨景》(竹径深深)[64]、《浣溪沙·春思》(红袖香浓日上初)[65]等,就都是属于此一类的作品。至于叶纨纨所写的词作,则数量不多,大半皆属“愁言”,当于“个相”中论之,此处暂时从略。除去以上一种共相外,叶氏母女之词作中,还表现有晚明女

---

[60] 叶绍袁:《午梦堂全集》,册一,第49a页。
[61] 同上,册一,第50a页。
[62] 同上,册一,第52a页。
[63] 同上,册四,第16a页。
[64] 同上,册四,第12a页。
[65] 同上,册四,第12a页。

性作品中之另一极有特色的共相,那就是当时妇女逐渐表现有一种对于男性词中之写女性之美色与爱情之作的向往。盖因早期词作虽然本以叙写美女与爱情为主要之内容,但在传统礼法中,则女性除了叙写对于丈夫的相思怀念与自我之孤寂的形象外,原来很少有人敢于对外在之对象的美色与爱情有所叙写。只是因为晚明之时代既对美色与爱情之叙写普遍减少了禁忌,因此女性遂对于男性作品中之此类浪漫的情思也不免产生了向往之心,于是自晚明以来遂有一些妇女作者也往往想要在自己所接触的女子中,寻找一个较自己更为弱势的女性来作为满足自己之叙写浪漫之情的对象。于是明清的女诗人遂也就往往出现了一些"赠婢""赠妓"之作。此在叶氏母女中就有着一组极佳的例证,那就是她们同以"赠婢女随春"为题所写的几首《浣溪沙》词[66]。不过此类作品,虽然在性别文化之角度下,可以说给我们提供了一些女性对男性浪漫之情有所向往的例证,但就内容言,则大多只不过是游戏笔墨,并无深意可言,也可以姑置不论。此外若就各别之"个相"言之,则叶氏母女乃颇有可资评述之处,而这些"个相",则与《午梦堂全集》所反映出来的叶氏家门之迭遭死丧的悲剧,有着密切的关系。而叶氏家门之死丧,则首起于叶小鸾之暴卒。所以我们首先就将以叶小鸾为例证,举出她的一些作品来一看。

叶小鸾在晚明的女诗人中,可以说是一个颇具特色的人物。叶小鸾之被众口传述,当然主要因其婚前之暴卒,以及其殁后的种种灵异的传说。关于其婚前暴卒,我们在前文已做过扼要的叙述,至于一些灵异的传说,则我们对之将取一种置而不论的态度,也已如前所言。我们现在只想就现实中之小鸾的为人与小鸾的作品来一做考察。首先谈一谈小鸾之为人,据其母沈氏在其《季女琼章传》中之记叙,谓其"性高旷,厌繁华,爱烟霞,通禅理"[67],又谓"今年春夏来余制罗衫裙几件,为更其旧者,竟不见着。至死时检之犹未开褶也",又谓"父尝戏谓儿有绝世之姿,儿必愠曰:'女子倾城之色何所取贵?父何必加之于儿?'"又谓其"作诗不喜做艳语。集中或有艳句,是咏物之兴,填词之体……每日临王子敬《洛神赋》,或怀素草书,不分寒暑,静坐北窗下,一炉香相对终日……其爱清幽恬寂有

---

[66] 叶绍袁:《午梦堂全集》,分别见于册一,第 52a 页;册四,第 11b 及 13a 页。

[67] 同上,册一,第 78b 页。

过人者”[68]。仅据其母之描述,我们已可具见小鸾之不仅迥异于世间庸俗之妇女,即使如我们以前所论述过的两位著名之女词人李清照与朱淑真二家,小鸾也与之大异其趣。小鸾既没有李氏的争强好胜之心,更全无朱氏的追求世俗情爱之念,小鸾词中所表现的往往是一种清寂之怀与超悟之致。如其《捣练子·暮春月夜》一阕小令所写的“春寂寂,月溶溶。落尽红香剩绿浓。明月清风同翠幕,夜深人静小庭空”[69],便与一般闺阁所写的妇人女子相思怨别的闺情大有不同。又如其《鹊桥仙·题山水画》下半阕所写的“平波淡淡,长松历历。玉洞仙床咫尺。闲来看尽思悠悠,恨不得将身飞入”[70]数句,其玩赏之情的真切与投入,便也有不同于世俗之处。而小鸾词作中,最为世人所称述者,则是她的题为“壬申春夜梦中作”的五首《鹧鸪天》词。现在我们就把这五首词抄录下来一看:

**其一**

一卷《楞严》一炷香,蒲团为伴世相忘。三山碧水魂飞远,半枕清风梦引长。　　依曲径,伴回廊,竹篱茅舍尽风光。空怜燕子归来去,何事营巢日日忙。

**其二**

春雨山中翠色来,萝门欹向夕阳开。朝来携伴寻芝去,到晚提壶沽酒回。　　身倚石,手持杯,醉时何惜玉山颓。今朝未识明朝事,不醉空教日月催。

**其三**

野径春来草放齐,碧云天晚乱莺啼。紫笙吹彻缑山上,清磬敲残鹫岭西。　　红馥馥,绿萋萋,桃花杨柳共山蹊。遥看一抹烟云处,带雨春帆近日低。

---

[68] 叶绍袁:《午梦堂全集》,册一,第79b页。
[69] 同上,册四,第11a页。
[70] 同上,册四,第18a页。

**其四**

雨后青山色更佳，飞流瀑布欲侵阶。无边药草谁人识，有意山花得我开。　　闲登眺，莫安排，啸吟歌咏自忘怀。飘飘似欲乘风去，去住瑶池白玉台。

**其五**

西去曾游王母池，琼苏酒泛九霞卮。满天星斗如堪摘，遍体云烟似作衣。　　骑白鹿，驾青螭，群仙齐和步虚词。临行更有双成赠，赠我金茎五色芝。[71]

这确实是极可注意的五首词。一般而言，梦中得诗，大多为断句或绝诗，很少见有能写出如此长的五首连章之作的人。意者，小鸾或者是曾于梦中得句，醒后足成五章者。不过这五首词果然写得一气流转，完全不见雕饰的痕迹，确实有出自梦中的一份自得之致，萧然意远，全无闺阁之气，这确实为中国的女性词作添了一份异彩。而除去此一组题为梦中作的《鹧鸪天》以外，小鸾还写有另一组颇值得注意的作品，那就是她的另一组题为《演连珠》之作。此一组作品共有九首，标题下曾注明云："刘孝绰有艳体连珠，戏拟为之。"[72]所谓"连珠"之作，据傅玄《连珠序》云："所谓连珠者，兴于汉章帝之世，班固、贾逵、傅毅三才子受诏作之……其文体词丽而言约……必假喻以达其旨……欲使历历如贯珠……故谓之连珠也。"[73]迄于南朝遂往往有艳体连珠之作。是则此一体式固原与隋唐以来兴起的"词"之为体本不相干。不过其"词丽而言约"的一点特色，实在又与"词"大有相近之处。何况其所谓"艳体"者乃大多以叙写女性的形体面貌之美为主要之内容，本来词之为体自《花间》以来就多有对于女子容色衣饰之美的叙写，只不过其主旨仍在写相思怨别之情而不在于专写女子的形体之美，至南宋刘过乃有《沁园春》等专咏"美人指甲"及"美人足"之类的作品出现。所以小鸾之《演

---

[71] 叶绍袁：《午梦堂全集》，册四，第17b—18a页。

[72] 同上，册四，第23a—24b页。

[73] 傅玄：《傅鹑觚集》，《续修四库全书》册1584，上海古籍出版社，2002版，第417页。

连珠》虽非正式词体，然亦颇有相近之处，只不过小鸾的《演连珠》之作，则与男性之吟写女性形体者，大有不同。而且小鸾之标题为《拟连珠·九首》，其前面八首虽是分咏女性之“发”“眉”“目”“唇”“手”“腰”“足”“全身”等身体之各部位，但其第九首所咏者则是《七夕》。私意以为小鸾此一组作品实为艳体中之别调，因为其前八首表面虽是咏女子之美色，但其主旨则在弃绝伪饰崇尚本色与自然。而第九首《七夕》则更是对于自古相传的美女与爱情之故事的全盘否定。我们由于篇幅的限制，不能将九首完全列举，现在只举出其第一首与第九首来一看：

**第一首　发**

盖闻光可鉴人，谅非兰膏所泽；髻余绕匝，岂由脂沐而然？故“艳陆离”兮，曼鬋称矣；“不屑髢也”，“如云”美焉。是以琼树之轻蝉，终擅魏主之宠；蜀女之委地，能回桓妇之怜。[74]

**第九首　七夕**

窃闻神女行云，皆由于诞；姮娥奔月，亦岂为真？故世咸谓曾得支机之石，私窃以为未至饮牛之津。是以乞巧空传，误信蜘蛛之织网；填河何据，漫言灵鹊之渡人。[75]

第一首写“发”，用了《诗经》《楚辞》中的一些形容辞语，和有关魏文帝宫人莫琼树之蝉鬓，及桓温娶蜀女为妾，发长委地，得桓妻之怜爱的一些典故，全部极写发之美，但在开端两句却分明指出，所有的美都当出于本质之美，而不当出于外表的兰膏脂沐的涂饰。至于第九首之咏“七夕”则更是对于有关历史中种种神话传闻中之美女与爱情之全面否定。此种风格与内容，就一般同类作品而言，可以说无论是在男性作品或女性作品中，都极为罕见。就以小鸾的母亲和父亲所写的同题唱和之作而言，沈氏之写发，就仍有“鬟晓秦宫，竞萦妆之撩扰”的竞

---

[74] 叶绍袁：《午梦堂全集》，册四，第 23a 页。

[75] 同上，册四，第 24b 页。

美之心。叶氏之写七夕也仍有“巫峡行云，家艳襄王之梦；洛川解佩，人思交甫之游”的对爱情之想象。比较之下，我们自不难认识到小鸾才情之不同于流俗。这当然都是属于小鸾之个相中之值得深思之处。

其次再就沈宜修之词作言之，如我们在前文所征引的叶绍袁在其《祭亡室沈安人文》及《沈安人传》二文之所透露者，沈氏婚后慑于叶母之严威，固应有多少屈抑难言之心事，然而我们现在所看到的沈氏之词作，除了她的两个爱女相继逝世后所写的悲痛悼亡之作以外，她的基本的色调则是对于四时景物的一片锐感和柔情。即如她用《浣溪沙》一调所写的《春情》“淡薄轻阴拾翠天”和“槛外游丝树树穿”[76]，与《秋思》的“细雨浮烟隔绛纱”和“桂蕊侵香树影斜”[77]诸作，及同调《咏雪》的“昨夜银屏透峭寒”及“细剪瑶华屑作尘”[78]诸作，便皆属于此类之作，而更可注意的是她用《望江南》牌调所写的《湖上曲》十二阕[79]，分咏杭州西湖的各种景色，其观察与感受之精微，及拟比与联想之丰富，皆有可称述之处。不过比之于欧阳修所写的咏颍州西湖的十首《采桑子》词，则沈氏之作终不免大有不及者，则是六一之词有其平生宦海浮沉之遭遇为其底色，所以虽是写景之作，而内含感慨遥深，沈氏之写景则只是写景而已，意境终嫌浅薄。此是限于生活范围之拘狭，故尔胸襟怀抱皆有不及，非仅关乎才情之高下也。在沈氏词中写得最为凄怨的是她的一组十首题为《秋思》的《乌夜啼》词，词前有一小序，其中有“北书之来雁无闻”及“桂香半冷，欲传捣练之情”[80]之句，意者此一组词，当是前引叶绍袁在其《亡室沈安人传》中所云，“余孤琴独剑往返高渐离市……君留事暮年高堂，曲尽勤瘁”时之所作。叶氏在其《百日祭亡室沈安人文》中，亦曾叙及“君留敝庐，供奉我母，不知几许忧风闷雨”[81]，及至叶氏还家，沈氏曾相语云，“今日幸复见君，我在家中，两袖未曾一日干也”。这一组词应是沈氏写得最为凄切哀婉的十首词，现在我们抄录其首尾两阕来一看：

---

[76] 叶绍袁：《午梦堂全集》，册一，第 50b 页。
[77] 同上，册一，第 51a 页。
[78] 同上，册一，第 53b 页。
[79] 同上，册一，第 60a—61b 页。
[80] 同上，册一，第 59a 页。
[81] 叶绍袁：《亡室沈安人传》，《午梦堂全集》册一《鹂吹・附集》，第 9a 页。

**乌夜啼　十首之一**

一树薇花竞艳，半廊萝荫含秋。秋风未冷江莼老，清怨锁高楼。　梦断碧云易散，花飞明月空留。映阶细草茸茸绿，无意寄人愁。[82]

**乌夜啼　十首之十**

人事何如昔日，月明犹似当时。韶华本是无情物，过去不堪思。　一瞬漫教重忆，半生忽自凄悲。鹿蛸拂落还萦网，休问几千丝。[83]

这在中国女性传统的思妇之词中，可以说是写得最为隐忍而悲苦的一组作品，较之李清照的“才下眉头，又上心头”及“帘卷西风，人比黄花瘦”等句之单纯只写相思且有意邀人爱宠之作，沈氏之作虽字句或者不及李氏之活泼生色，但沈氏之作却似乎更多了现实生活中之一片艰辛的底色。这与富贵家庭安享舒适生活的思妇之作，当然有着很大的不同。只是说到李清照，沈氏却似乎也颇有想要在字句上与李氏一争短长之意。李氏曾经写有一首极为著名的《声声慢》，以开端连用十四叠字而被人称颂一时。沈氏也曾写有一首《声声慢》词，现在就把这一首词抄录下来一看：

**声声慢　仿旧人作，韵用八“声”字**

春光难问，烟草忘情，凭将彩管新声。宫额初消，雕梁紫燕声声。湘帘半卷影碧，画阑干几树鹃声。杏花下，把琼箫低按，试学秦声。

绮陌香车竞艳，听清歌缓缓，是处春声。小院人闲，飞花悄悄无声。松风忽来绣户，韵生凉，吹作涛声。更有那，杨柳外莺语数声。[84]

这首词自是沈氏有心仿李氏之作，故题目云“仿旧人作”。只不过李氏押的是入声韵，而沈氏押的是平声韵；李氏以叠字取胜，而沈氏则用叠韵取胜。其有

---

[82] 叶绍袁：《亡室沈安人传》，《午梦堂全集》册一《鹂吹·附集》，第59a页。
[83] 同上，册一，第59b页。
[84] 叶绍袁：《午梦堂全集》，册一，第68a页。

意以文字争胜是明显可见的，这也是一般才媛喜欢舞弄文字之常态，所以沈氏就还写有不少回文的词作。不过私意以为凡以文字之工巧取胜者，都只是才技之卖弄，决非诗词之最高境界，故不具录。此外沈氏之可称述者，则当属她的大量的哀悼亡女之作。记得我在以前论文《不成家数的妇女哀歌》一篇文稿中，就曾经提出说“苦难挫伤也同样是一种创作的动力”[85]。沈氏连丧二女之不幸，同样也为沈氏留下了不少出色的作品。我们因为篇幅所限，现在只能抄下她的一首作品来给大家一看：

**水龙吟**

庚午秋日余作《水龙吟》二阕，儿辈俱属和，书之扇头。今又经三载，偶简箧中，扇上之词宛然，二女已物是人非矣，可胜肠断。不禁泪沾衫袖，因续旧韵赋此。（二首录一）

空明击碎流光，回肠一霎难寻旧。芳华消尽，凉蝉何意，半垂疏柳。飞叶恨惊，凝云愁结，重重还又。怆秋宵寥廓，夜虫凄楚，伤心几回低首。
盼望音容永绝，断肠只剩文如绣。横烟拂汉，征鸿将度，月寒花皱。斜日衔红，围山敧陌，昔年时候。痛而今泪与江流，总向西风同奏。[86]

如果按我们前文所引的“苦难挫伤是一种创作动力”而言，沈氏的诸多哀悼亡女之词，固大都写得情真感切，绝胜一般妇女之只有一“清”更无他物的浮滥之作。不过若以沈氏的哀悼之作与我在《不成家数的妇女哀歌》一文中所举引的戴石屏妻的《祝英台近》（惜多才，怜薄命）及徐君宝妻的《满庭芳》（汉上繁华）诸作相较，则戴妻、徐妻写词之后各以身殉，其所作固全为血泪写成，而沈氏之作则已是其二女亡殁的三载之后，情感之强烈度固已有绝大不同。这当然是我们所需

---

[85] 叶嘉莹：《不成家数的妇女哀歌》，《中国文化》2008 年第 2 期。

[86] 叶绍袁：《午梦堂全集》，册一，第 70b 页。

要了解的。[87]

最后让我们再略看一看沈氏长女叶纨纨之作。纨纨传世之作品无多，计共得诗六十四首词四十七首而已。但诗之五七言与古近体皆备，词之令慢各体亦皆工。现在只举出她的小令及长调各一首来看：

**浣溪沙**

闲闷闲愁不自持，几回消尽又如丝，小庭惆怅日迟迟。　细雨斜风寒食后，子规残月梦回时，此情试问有谁知。[88]

**水龙吟　次母韵早秋感旧同两妹作**

秋来忆别江头，依稀如昨皆成旧。罗巾滴泪，魂销古渡，折残烟柳。砌冷蛩悲，月寒风啸，几惊秋又。叹人生世上，无端忽忽，空题往事搔首。

犹记当初曾约，石城淮水山如绣。追游难许，空嗟两地，一番眉皱。枕簟凉生，天涯梦破，断肠时候。愿从今但向花前，莫问流光如奏。[89]

纨纨所留存的少量词作，总体而言，从外表看来，她所写的内容与一般妇女的凄怨哀愁之作似乎也并无明显的不同。但仔细吟味便会发现，她所写的凄怨哀愁，与一般妇女在词中所写的伤春悲秋的伤离怨别之作实在有着基本的不同。一般妇女（包括以前所曾论说过的李清照与朱淑真二家）所写的，大都是有关人际的聚散怀思之情，但纨纨所写的则是纯出于一己内心的一种凄寂难言的悲苦。她的前一首《浣溪沙》词，可以为这一类情思的代表作。至于第二首《水龙吟》词所写的，则是对其母与其妹的怀思，而主要则致慨于她们当初所期望的“石城淮水”之游的不能实现。我在前面论说其母沈氏《望江南》写西湖景色的一组词时，原曾论及沈氏咏浙江西湖的这一组词，较之欧阳修咏颍州西湖的一组词在意

---

[87] 补：其实明代才媛中亦有一首全以血泪写成之作，那就是王娇鸾的《长恨歌》，但因其所写为七言古风而非词体，我们只好对之割爱了。王氏《长恨歌》见钟惺辑《明媛诗归》卷廿七，《四库全书存目丛书》集部册 339，齐鲁书社，1977 版，第 311—313 页。

[88] 叶绍袁：《午梦堂全集》，册四《愁言》，第 11a—11b 页。

[89] 同上，册四《愁言》，第 16a 页。

境上有所不及,而这当然是由于在性别文化中妇女之生活受到了诸多拘限的缘故。此种拘限还不仅在于妇女之不可能有男性的志业和事功,而是在整体生活方面甚至连山水之游也受到了很大的拘限。沈氏的那一组写西湖的《望江南》词,前面原有一篇小序云:

> 余自初笄时随姑大人往天竺礼大士,过西湖堤上。时值暮秋,疏柳环烟,岚光凄碧,回波清浅,掩映空山。恨不能周览湖光山色,怅然别归,徒然神往。至戊辰岁已二十年矣。复随姑大人再礼大士过此,时落红将尽,余绮翻风,细草茸青,鸟啼碧野。聊欲登览,又已斜日衔山,暝烟笼树,大人急问归途,已月出矣。时正暮春十日,遥忆湖光泛影,山色净岚,此际不知是何景也。聊作《望江南》十二阕,以纪其略,惜余之游非游,愧余之词非词尔。

这与欧阳修在其一组《采桑子》词前所写的一段"并游或结于良朋,乘兴有时而独往"的潇洒自得的游湖的心态当然有绝大的不同。现在我们再看纨纨《水龙吟》词所写的"追游难许""天涯梦破"之句就可以想见,在当时这些"有德"的"才媛"之生活中,要想游赏山水乃是一种何等渴望而不可得的难事了。所以小鸾在梦中所写的五首《鹧鸪天》词,乃对"三山梦水""飞流瀑布"的景色和生活,有着无穷的向往,而在偶然看到了一幅"山水图"时,乃竟然有着"恨不得将身飞入"的激情了。

前些年,加拿大麦吉尔大学(Megill University)的方秀洁教授曾写过一篇题为《性别与经典化之失败》的论文。文中论及明代后期对于编纂和印刻妇女诗集,虽曾蔚然形成一种风气,但却始终未见有经典化之女性诗集出现。方氏以为那主要由于当时之编纂妇女诗集者,盖不外两种目的,一是由于迎合风气的商业之目的,一是由于想要辑录保存之目的,但却都没有为女性诗人之作品建立什么文学经典的兴趣。其实我们平心而论,明代女诗人之未尝建立起什么可以称为经典的专集,其原因还并不仅在于编辑者之本无此一理想与目的,而且也在于女性诗作之本身就还缺乏着可以树立为经典的出色的代表性作家与作品。在此情形下,我们要想从众多的明代女性诗人中寻找出一些具代表性的诗人已经不易,何况是更属于弱势地位的女性的词人。在此种情况下,要想从性别与文化的角度来讨论晚明的女性之词人与词作,则叶氏母女当然是最好的代表。她们所留下来的不是任何一个个人的经典的成就,但整个《午梦堂全集》所记录和展现出来的她们的生活和作品,却给我们留下了在晚明之特定的时代,当妇女之才初始被释放出来,而妇女之身心则仍在旧传统之性别文化所严格压抑和拘束着的时代,她们的一些微弱的向往和追求。她们的作品不是要树立成经典使人们尊崇和仰慕,而是要使我们对之有一种理解和同情。妇女要想写出更具特色的经典之作,还有一段漫长的路程,等着她们随时代与性别文化之演进而不断地去探索和追求。

本文写到前面,本来已可告一结束。但我却还想要在此加上一段赘言,那就是叶氏母女除去我们在前面已曾讨论过的其长女纨纨与三女小鸾以外,原来叶氏的次女小纨也是一个极具才华的女作者,只是小纨不仅能写诗词,而且更以其剧曲著称。小纨之工于剧曲盖因其既为沈宜修之女,自幼既受有良好的诗词写作之培育,而沈宜修本为明代著名曲学家沈璟之侄女,其后小纨更嫁与沈璟之孙沈永桢为妻,在母家与夫家两处之熏陶下,所以小纨的剧曲写得极为出色。华玮所编辑点校的《明清妇女戏曲集》所收录的第一本剧曲,就是叶小纨所写的《鸳鸯梦》。据华玮所写的《作家与作品简介》,谓"此剧为小纨哀悼其姊纨纨与其妹小鸾之夭逝而作"。剧中将其三姊妹之情谊托为天上三位仙人之三名侍女,分别降世为男子,后此三男结义为兄弟,而此结义之三兄弟,又经死生离合之变,而最终则重返于仙班。其中既流露有妇女对化身为男子的向往,也流露了对人世无常的悲慨。这些自然也都反映了晚明之时代妇女之"才"被释放出来以后的更进一步的追求与反思,与我们前文所讨论过的其母沈宜修、其姊叶纨纨及其妹叶小鸾在词作中所反映出来的晚明妇女心态之共相正相吻合,故亦附及于此。至于以剧曲艺术而言,则剧曲之创作要比诗词繁难得多,以其既要有人物、情节,更要有辞藻韵律和科白;既要能雅,也要能俗。而小纨的此一本《鸳鸯梦》则实可以说是今日可见的妇女剧作中之一本早期的佳作。剧后附有其舅父沈君庸的一篇《小序》,称小纨之作"其俊语韵脚不让酸斋、梦符诸君",信不诬也。

至于明清易代的国变,则不仅对男性词人造成了很大的冲击,使词风产生了巨变,对女性词人也同样产生了极大的影响,如徐灿等人,我们将于下一节再加论述。

二〇〇九年八月廿一日写毕于温哥华

**【说明】**本文为作者《从性别文化谈女性词美感特质之演进》系列著作之第五节,原标题为《在晚明德才色并重之性别文化背景中的才媛之生活与作品》。

【叶嘉莹　南开大学中华古典文化研究所所长,教授】
原文刊于《中国文化》2010 年 02 期

# 明清之际文化近代化的萌动与夭折

刘志琴

## 一、中国文化近代化的起点

明清交替，是中国历史的又一次改朝换代，与历代鼎革不同的是，发生在16、17世纪之交的中国大变动，余响不绝，进入20世纪后更成为国人关注的热点，这不仅因为推翻封建王朝的辛亥革命，最初是以反清复明的种族革命为号召，以宗奉明代认同华夏子孙，更重要的是发生在明末的政治、经济变动与社会思潮，对现代中国的政治运动与思想发展有重要的影响。

早在20世纪初，胡适在《文学改良刍议》中，就提出"中国文艺复兴"的问题。1923年梁启超考察近三百年的学术思想说："总而言之，最近三十年思想界之变迁，虽波澜一日比一日壮阔，内容一日比一日复杂，而最初的原动力，我敢用一句话来包举他，是残明遗献思想之复活。"[①]这"残明遗献"，指的是清代禁书黄宗羲的《明夷待访录》，他认为这部著作："对于三千年专制政治思想为极大胆的反抗，在三十年前——我们当学生时代，实为刺激青年最有力之兴奋剂。我自己

① 《中国近三百年学术史·四、学术变迁与政治影响下》，中国书店，1985年，第29页。

的政治运动,可以说是受这部书的影响最早而最深。”[②]19 世纪末提倡民权共和的思想家们将该书摘抄,刊印数万本,秘密散发;孙中山将这部书的初稿《留书》赠送给日本友人,表示反对封建专制统治的决心,1912 年民国初建,即以临时大总统的名义发布《祭明太祖文》,以昭告天下;1944 年是甲申年,恰逢明亡 300 年,郭沫若撰写《甲申三百年祭》,在延安被毛泽东列为整风文件,教育共产党人;新中国成立前夕毛泽东最先召见的历史学家是著名的明史专家吴晗,与之畅谈明朝的兴亡;张学良被囚禁后,政治失意,经常阅读的是明史。一部明史尤其是晚明的思想何以有那么大的魅力,在 300 年后的现代中国吸引许多思想家和政治家?

20 世纪中叶一批学者就对此展开了学术探讨。1945 年侯外庐《中国近世思想学说》问世,提出“早期启蒙说”,50 年代中期更名为《中国早期启蒙思想史》出版,该著作认定 16 世纪末的中国,在传统思想文化中发生异动。虽然在这以前梁启超与胡适都认为晚明的学术思想类似西方的“文艺复兴”,但这只是着眼于文化现象的类比,侯外庐借用明朝遗民王夫之“破块启蒙”的语词,用“早期启蒙”来概括明清之际大变动中的新思潮,并进行系统的论证。认为这是“在社会意识上产生了个人自觉的近代人文主义”,又说“人文主义的自我解放或自由的思想,和他的政治哲学脉络相贯,而为近代启蒙者精神”,其“以天下之权寄之天下”的政治理想,体现了“市民的民主要求”。明确指出中国早期启蒙思想,表现为明清之际以李贽、黄宗羲、唐甄及其王学左派王艮等为代表的社会思潮。这就无异说,中国早期启蒙的发轫,并非受之于西方思想的刺激,而是本土思想发展的结果,这为中国传统文化近代化的内在因素提供了历史依据和理论基础。从梁启超、胡适到侯外庐对中国早期思想启蒙的发掘和研究,揭示了中国传统思想发展到明末出现异质因素,这股发自晚明的新思潮,突破封建专制主义思想体系的藩篱,萌发民主性的光华。对中国思想史的这一发现,横跨 20 世纪直到 21 世纪,主导中国思想史研究一百年之久。

这一观点所以经得起历史的检验,是因为这是现代人在西方文化大举进入

② 《中国近三百年学术史・五、阳明学派之余波及其修正》,中国书店,1985 年版,第 47 页。

中国后，参照中西文化比较的深刻思考，梁启超早就断言，黄宗羲的“这部书是他的政治理想，从今日眼光看去，虽像平平无奇，但三百年前——卢骚《民约论》出世前之数十年，有这等议论，不能不算人类文化之一高贵产品”[③]。

百年前对晚明思想做出这样高度评价，殊属难得可贵之见，要知道《明夷待访录》等“残明遗献”在清代被列为禁书，以致淹没无闻，沉埋二百多年之久。这股思潮的代表人物如王艮、李贽、黄宗羲等都崇奉王阳明的心学，自认为王学的传人，而清代学者对王学及其异端思潮多持以不屑的态度，甚至加以呵责。清初号称“千秋理学正宗”的陆陇其说：“考有明一代盛衰之故，其盛也，学术一而风俗淳，则尊程朱明效也。其衰也，学术歧而风俗坏，则诋程朱之明效也。每论启、祯丧乱之事而追原祸始，未尝不叹息痛恨于姚江，故断然以为今之学非尊程朱黜阳明不可。”[④]此人是由雍正皇帝亲自下谕，第一个进入孔庙从祀的清代理学权威，他的观点对官员士大夫有举足轻重的影响，后来的学者大多承其余绪，交口责难王学，以至有明代亡于王学之说，此所谓王学也就是指与正统理学相背离的异端思潮。在这严峻的文化氛围中，一批先进的中国人发掘被清代泯灭的异端思想，并以此为“原动力”，以复古为革新，猛烈抨击封建专制主义，激励仁人志士为追求国家的现代化，抛头颅、洒热血。虽然这未必是原著的初衷，但历史的发展却选用了300年前的异端之论，营造新一代的思想武器，尽管这里面有现代思想家和革命家的改造和发挥，但无可否认的是“残明遗献”中蕴有的民主意识和人文思想，在清末民初的社会大变革中具有振聋发聩的作用。这批沉睡二百多年的残明遗献，在创建现代社会之初大放异彩，首先得力于现代思想家们的远见卓识和重新解释。

百年来，学术界对明清之际启蒙思想的评价不尽相同，高低不一，有些问题也有争议。但无一例外的是这个问题的讨论，突出了中国文化近代化（或早期现代化）的起点问题。

“近代”在古人只是表述时间远近的词汇，如《战国策》所言“近代所见”云

---

③ 《中国近三百年学术史·五、阳明学派之余波及其修正》，中国书店，1985年版，第46页。

④ 陆陇其：《三鱼堂文集》卷八，文渊阁《四库全书》本。

云[5]，作为近代历史概念的使用源于欧洲，17世纪后的产业革命与思想启蒙运动将欧洲的历史推进到新阶段，“近代”成为新时代的代名词，这一时代是以思想启蒙与工业文明为标志，所以近代化的主要内容不外于这两大特征。从社会属性来说，从前近代向近代社会的转型，经济上要从农业社会向工业社会过渡；文化上要伸张人权，追求个性解放，摆脱神权和专制主义统治。由于欧洲从文艺复兴到思想启蒙，启动了一个伟大时代的转折，成功地走出中世纪，成为人类历史上第一个完成从传统社会向近代社会转型的典型，为后发现代化国家所标榜。

从现代化历史的发展进程来看，各个国家从前近代向近代社会的过渡，几乎都要经历思想启蒙的阶段。欧洲从15世纪的文艺复兴到18世纪的思想启蒙运动，经过三百年的积蓄、动员和发展，方才确立科学、民主、理性的现代理念。所以文化的近代化，不仅蕴含人文主义与反封建专制的民主要求，也是从前现代的农业文明向现代工业文明转型不可分割的一部分。

中国文化的近代化与中国社会的转型是互为表里，相应相称的问题。社会的近代化不仅是意识形态的改观，更重要的是物质生产方式的变革和新的社会结构的发育，是比文化近代化更为综合的、整体意义的近代化运动。社会的近代化往往以文化的近代化为先导，文化的近代化又必然以社会的近代化为依归，这两者的发展需要同步运行，却不一定等量齐观。文化是经济的反映，却比经济拥有更为广阔的社会影响。发生在思想上的异端思潮，相互感染，不胫而走，波及社会的各个层面，这两者的功能不是等量发挥，两者的步伐也不是等速前进。文化现象受制于社会背景和经济条件，又不拘于经济条件的约束，比经济现象更有生命力。当新兴的经济因素被抑制的时候，文化近代化的进程可能被打断，但文化近代化的成果却可能积淀在民族精神中，超越时空的局限，潜藏着与时更进的活力，这也就是晚明遗献在300年后重放异彩的重要原因。

由于中国的文化转型与社会变革紧密联系，曾经被中外学者反复论证，也就是说中国社会近代化的开端起自何时，在20世纪前期就有争议，有持以宋元说、明清说、鸦片战争说，莫衷一是，1949年后大体上统一于以鸦片战争为界限。这

---

⑤ 《战国策》卷十七：“近代所见，李兑用赵，饿主父于沙丘，百日而杀之。”

有两种情况,一种是以社会性质划分为准则,认为自鸦片战争以后中国进入半封建半殖民地社会形态,凡在这一社会形态中所发生的文化问题都属于近代文化的范畴,以与鸦片战争前相区别;再一种是美国学者费正清提出并为一些中国学者所呼应的"冲击—反应"模式,认为中国社会缺乏突破传统的动力,只有当19世纪以来中国面临西方经济、军事、政治和文化的强大冲击,中国社会和文化才被迫做出反应,一步步向近代演进。毫无疑问,这两种看法都把19世纪中叶看作中国文化近代化的开端。所以在学术界关于文化近代化的起点问题,几乎都定于鸦片战争以后,长期以来鲜有争议。在20世纪50年代修改出版的侯外庐《中国早期启蒙思想史》,原本是《中国近世思想史》,特地将"近世"改为"早期启蒙",就是为适应鸦片战争后始有近代化开端一说,而为该书作的定位。

改革开放以后,文化研究中有关明清之际是中国文化近代化开端的问题重又复出,引人注目。以萧萐父为首的武汉一批老中青学者再次提出这一课题的新论证,认为明清之际出现突破封建藩篱的早期民主主义意识;重视新兴的"质测之学",主动吸取西方科学技术的新成果;开辟一代重实际、重实证、重实践的新学风。所以就其学术思想的一般倾向看,已具有了对封建蒙昧主义实行自我批判的性质,出现了一批异端思想者和启蒙的新动向。同时指出,费正清的"冲击—反应"模式,虽然有合理因素,但由于忽视中国社会自身的变异,把中国社会的近代化看成西方文化的位移,这是西方文化中心论的偏见,并不能全面、准确、深刻地揭示中国文化近代化的进程。⑥

有的学者从社会史的视角考察文化现象,认为既有的论证往往局限在精英文化的层次,偏重以思想家的思想为研究对象,而对当时的社会效应与民众意向甚少涉猎。思想家的思想固然为一代文化之精华,但又往往高于民众,或得不到流传。事实上黄宗羲、唐甄等人的著作在当时并未得到印行,更没有在民众中发生影响,黄宗羲也意识到这点,他的初稿署以《留书》,后又改名为《明夷待访录》留之后世,以期待未来知音的造访。一种著作的思想不论如何先进,如果束之高阁,得不到传播,那就不能发生启蒙效应。启蒙的原意正如《风俗通·皇霸》所

---

⑥ 参见冯天瑜主编:《东方的黎明——中国文化走向近代的历程》代序言,巴蜀书社,1988年版。

说"祛蔽启蒙",祛谁之蔽?向谁祛蔽?都要有受众,没有民众性的传播,就不能形成社会思潮。启蒙也并非只有一种路径,问题的多样性在于,虽然这些著作在当时没有得到传播,听不到民间的反响,但在民众中却潜滋暗长着非君、非圣、非经的思潮,一种真正属于民间的自发思想,在社会下层广为扩散,这是不同于精英著作传布的另一种渠道。研究的深入,有待扩大视野,从社会史的领域发掘这样的文化资料。由此深刻地揭示思想家的思想所具有的社会基础和理论形态,这是思潮研究者不能不具有的社会意识。⑦

外国学者对这一问题也表示了极大的关注。余英时在《现代儒学的回顾与展望》中,主张从晚明以降的儒学中发掘近代思想的源头。沟口雄三在《中国前近代思想演变》中认为,中国前近代的概念可以上溯到明清之际,这段历史可以作为近代的胚芽期或胞胎期。

上述见解在不同程度上突破了以鸦片战争为近代化起点的看法,并超越前人在精英文化求索的局限,扩大视野,到社会史的领域发掘资料,使这一问题有了重要进展。实际上也在不同程度上对美国学者费正清论述中国近代化的"冲击—反应"模式表示了异议,认为这一观念忽视了中国社会和文化自身的发展。晚明是处在时代转折的社会,从其社会形态来说,它与汉、唐、宋一脉相承,不同于汉、唐、宋末世的是,在社会母胎内部不可抑制地涌现异己的文化因素并形成社会性浪潮,伴随新兴的经济现象,不断地撞击封建经济秩序,侵蚀封建伦理的统治。这一衰变发生在明末,不只是一姓王朝的衰败,而是整个封建专制主义的经济结构和思想体系的衰变。它又不同于清末的是,16、17世纪之交的中国,尚未面临外来资本主义强权的干涉,纯系中国封建社会自身运行的事态。这时虽有欧洲传教士带来的西方科技与基督教文化,有助于扩大中国人的眼界,丰富中国人的思维方式,但只局限在上层少数官员士大夫和为数不多的教民,对社会没有发生波动性的影响,并没有对朝政和制度的干预,更没有政治、哲学、社会思想的输入。这从一定意义上说,晚明是尚未受到外来影响的、原装的封建社会,研究这一时期的文化变异,从传统文化中孕育出什么新质因素?用今天的眼光来

⑦ 参见刘志琴:《中国文化近代化的开启》,《社会学研究》1993年第2期。

衡量,它又能达到怎样的高度？可能发生什么样的转向？

当欧洲已开始步向近代化的背景下,中国的经济、文化并不比欧洲逊色。据新近出版的美国著名学者贡德·弗兰克《白银资本——重视全球化中的东方》估计,从16世纪中叶到17世纪中叶,即从明中期到明末,百年间流入中国的白银有7000到1万吨,相当于2亿到3亿两白银。也就是说晚明拥有的白银约占世界白银总产量的1/3,这庞大的数量已超过欧洲国家白银的总和;在文化上也不次于欧洲,梁启超说,具有启蒙意义的《明夷待访录》比卢骚的《民约论》还要早数十年。明朝拥有这样的优势,为什么不能突破王朝更替的内循环,迎上历史潮头,走向近代化的康庄大道？有哪些不能逾越的障碍,阻滞中国社会的前进？致使文化转型举步维艰,这是研究中国文化转型的本土特征不能不面对的问题。

## 二、理学的裂变——从正统思想中滋生异端

16、17世纪的中国,时当明中叶以后,封建主义专制主义社会经历一千多年的发展,正在经受前所未有的变动,它不仅表现在经济上产生有别于封建生产关系的资本主义萌芽,还表现在文化上涌现与正统思想相叛离的因素。有关资本主义萌芽问题,在学术界有不同意见,见仁见智,有所争议;但对于文化上的异端或启蒙思潮基本上得到共识。问题是中国早期启蒙思潮的具体内容与西方相比,有哪些相似,又有什么不同？过去习惯于以西方模式套用到中国,几乎成为思维定式,然而用西方启蒙的话语解释晚明的文化现象,是否符合历史的实际？

发生在晚明社会的思想变异具有哪些特征？有没有可能走出传统文化的范畴,走向近代化？这是需要深入探讨的问题。

一种社会形态的文化,自有一种核心的意识形态作为一个族群共同的价值取向,中国自古以来就以伦理道德为本位,汉代以后又尊儒学为正统,这一思想体系发展到宋代,进一步吸收佛家和道家思想,形成以“存天理,灭人欲”为主旨的理学,被称为儒学发展的新阶段。理学是由北宋的程颐、程颢奠基,由南宋的朱熹完善,世称程朱理学,到明代得到统治者的尊崇,受到广泛的崇奉。明初是

程朱理学的全盛时期，明太祖多次诏令官员士大夫非濂络关闽之学不讲，非四书、五经不读。洪武二年规定："国家明经取士，说经者以宋儒传注为宗，行文者以典实纯正为主。"⑧。明成祖颁布《性理大全》作为权威典籍，士大夫的必读书目。不准任何人非议程朱学说，从此"世之治举业者，以四书为先务，视六经为可援：以言《诗》，非朱子之传义弗敢道也；以言《礼》，非朱子之《家礼》弗敢行也。推是而言，《尚书》《春秋》，非朱子所授，则朱子所与也；言不合朱子，率鸣鼓而攻之。"⑨《大明律》专设《禁止搬做杂剧律令》，不准艺人在民间戏曲中扮演程朱形象，违令者都按亵渎圣贤治罪。由此可见，程颐、程颢和朱熹成为神圣不可侵犯的圣贤偶像，程朱理学被奉为统治思想，独霸学坛，气势炙人。

明中叶以后王学兴起，首倡者王阳明，本名守仁，浙江余姚人，因在绍兴会稽山筑室阳明洞讲学，人称阳明先生。初始信奉程朱理学，自述在竹林中沉思冥想朱熹格物致知的学说，突然感悟格物之道并非在物，而在心，由此转向陆象山"心即理"的学说。认为"惟象山陆氏，简易直捷，有以接孟氏之传"⑩。陆象山是南宋著名理学家，因与朱熹在鹅湖之会中进行"道问学"与"尊德性"的论辩，开创心学一派。自朱熹被奉为理学的正宗后，心学逐渐被淡出。王阳明发掘冷落已久的陆象山心学，融合儒佛道三家的心性理论，以"吾心"判断是非善恶，重新确立心学体系，史称陆王心学。王阳明的主要成就是提出"致良知"的学说，所谓"良知者，孟子所谓'是非之心，人皆有之'者也。是非之心，不待虑而知，不待学而能，是故谓之良知。"⑪又说："知是心之本体。心自然会知，见父自然知孝，见兄自然知悌，见孺子入井自然知恻隐，此便是良知，不假外求。"⑫"良知在人心，无间于圣愚，天下古今之所同也。"⑬这良知即是道德仁义，都出自人心，不用外求，不分古今圣愚，是人人皆有的内在本性。

陆王心学的本义也是弘扬"存天理，灭人欲"，这与程朱并无二致，但又补正

---

⑧ 佚名《松下杂抄》卷下，丛书集成续编。
⑨ 朱彝尊《道传录序》。
⑩ 《明史・王守仁传》，中华书局 1974 年版。
⑪ 《王文成公全书》卷二六《大学问》，商务印书馆 1934 年版。
⑫ 《阳明全书・传习录上》，上海古籍出版社 1992 年版。
⑬ 《阳明全书・传习录中》，上海古籍出版社 1992 年版。

程朱理学过分拘泥一事一物，而疏于人格修养的缺陷，提出天理即良知，良知即知善知恶，天理存于人心的见解，把善恶的标准，伦理道德的根本问题，归结为人心的灵觉，因此说："天理在人心，亘古亘今，无有终始。""心即理也，此心无私欲之蔽，即是天理。以此纯乎天理之心，发之事父便是孝，发之事君便是忠，发之交友治民便是信与仁，只在此心去人欲、存天理上用功便是。"⑭

在王阳明看来，只要做到心中没有一丝人欲之私，即能洞见天理。得到天理，即是圣贤，克欲之道便是致圣之功，人人都有此良知良能，更无圣愚之分，因此满街人都可以成为圣人。这就把人们对外部现实世界的追求，引向内心世界的磨炼，而磨炼又在于如何泯灭人生的各种欲望，从心灵深处自觉奉行纲常名教，使人格的完善与认识论、本体论融为一体。

这种学说把陆象山"万物皆备于我"主观唯心主义推到极端，心外根本没有事物的存在，更无天理可言，天理只存在心中，给"吾心"赋以极大的主观能动性和自主性。王学力图最大限度地克制人欲，不得不极度推崇内省的功能，一旦把个人的自省抬到成圣成贤的高度，以致上通天理，达到神圣化的境界，在客观上就不能不引起冲击传统偶像的后果，动摇人们对孔孟程朱的信仰，这对长期受儒学禁锢的人心是一种释放。尤其是王学所标榜的"良知良能，愚夫愚妇与圣人同"的命题，打破尊卑贤愚不可逾越的界限，倡导在道德面前人人平等，这不仅给士大夫大开眼界，也受到庶民百姓的欢迎。在程朱理学独霸学坛，人心被禁锢之际，"致良知"一出，犹如当空霹雳，振聋发聩，引发人们对圣贤偶像的怀疑和责难。诚如当时人的评论："当士人桎梏于训诂词章间，骤闻'良知'之说，一时心目俱醒，恍若拨云雾而见白日，岂不大快，然而此窍一凿，混沌遂亡。"⑮"文成以绝世之资，唱其新说，鼓动海内。嘉靖以后，从王氏而诋朱子者始接踵于人间。"⑯

素来被尊为不可亵渎之圣贤，如今遭受前所未有的轻蔑，朝廷也为之震惊，在《明世宗实录》中可以看到皇帝与大臣这样的对话："吏部会廷臣议故新建伯

⑭ 《阳明全书·传习录中》，上海古籍出版社1992年版。

⑮ 顾泾阳：《小心斋札记》卷三，《顾端文公遗书》，《四库全书存目丛书》，齐鲁书社1994年版。

⑯ 顾炎武：《日知录》卷十八《朱子晚年定论》，上海古籍出版社1985年版。

王守仁功罪，说：'守仁言不师古，言不称师，欲立异以为名，则非朱熹格物致知之论。知众论之不与，则著朱熹晚年定论之书。号召门徒，相互唱和……'上曰：'卿等议是。守仁放言自肆，诋毁先儒；号召门徒，声附虚和；用诈任情，坏人心术。近年士子传习邪说，皆其倡导。'"于是"都察院仍榜谕天下：敢有踵袭邪说，果于非圣者，重治不饶。"⑰虽然当政者对王学采取排斥政策，但王学在民间却不胫而走，愈到明后期愈益昌盛。人们声称："时心学盛行，谓学惟无觉，一觉即无余蕴，九容、九思、四教、六艺皆桎梏也。"⑱"今天下之好称守仁者十之七八。"⑲这不仅打破程朱理学一统学界的局面，实际上已大有取代程朱的趋势。黄宗羲的《明儒学案》将明代学术分为十七家，属于王阳明心学系统的有姚江、浙中、江右、南中、楚中、北方、粤闽、止修、泰州、蕺山十家，占全书六十二卷中的二十八卷，几近小一半之多。因此有人说："姚江之学，嘉隆以来，几遍天下。"⑳"门徒遍天下，流传逾百年。"㉑这不是过誉之词，而是社会思潮的反映。

民众乐于接受某种学说，固然因为这种学说能代表自身需求的实际利益，还可能从中寄寓对未来世界的理想和追求，从而按照自己的愿望解释、发展这种学说。最有代表性的是泰州学派，它的创始人是王艮，他出身泰州的灶丁，从社会最底层崛起，19岁经商，取得致富之道，30岁开始识字读书。他聪慧绝伦，狂放不羁，经常以先知先觉为己任，广招门徒，自称其学说非为一经，乃是"总经"，"五经总义"，"大成之学"，表示对传统经典的藐视。在《大成歌》中自诩为孟子之后："随大随小随我学，随时随处随人师。掌握乾坤大主宰，包罗天地真良知。自古英雄谁能比，开辟以来惟仲尼。仲尼之后惟孟子，孟子之后又谁知？"㉒

王艮曾拜会王阳明，以阳明弟子自居。他对王学最大的贡献是在于，以百姓日用之学阐释致良知学说，提出："以日用见在，指点良知。""良知天性，往古今来人人俱足，人伦日用之间举措之耳。"㉓从而把王学引向人人可以从日常生

⑰ 《明世宗实录集释》卷八，嘉靖八年二月甲戌。
⑱ 《明史·邓元锡传》，中华书局1974年版。
⑲ 王世贞：《弇州史料前集》卷二五。
⑳ 汤斌：《汤子遗书》卷五《答陆稼书》，四库全书本。
㉑ 《明史·儒林传序》，中华书局1974年版。
㉒ 《王心斋先生遗集》卷二《大成歌寄罗念庵》，《王心斋全集》，江苏教育出版社2001年版。
㉓ 《王心斋先生遗集》卷二《答朱思斋明府》，《王心斋全集》，江苏教育出版社2001年版。

活中体认的天理。严格说来,百姓日用之学并不始于王艮,但他用人的自然性、尊身、人同此欲对百姓日用之学做出新的提升。

人,是自然性与社会性的统一,人本身即为大自然进化的产物,以个体与个体的关系才组成社会,没有个体就没有社会的存在,所以自然性是社会性的基础,个体是社会之元。然而,在古人眼中,人不是独立的个体,而是以群体相类别的一员,《礼记·曲礼》说"儗人必于其人","儗,犹比也;伦,犹类也"。没有类别即没有伦,没有伦即不成为人,人之所以为人,就是有等级的类别及其成为类别的规范,这就是《孟子》所说:"教以人伦,父子有亲,君臣有义,夫妇有别,长幼有序,朋友有信。"类别是整体性的,个人只有承担类别的义务,遵循整体的规范,才是一个称职的角色。只言人的社会性,无视自然性,以群体消融个体,导致抹杀人性,这是极权主义统治的社会通病。先秦的儒家尚且认同"食、色,性也",承认人的合理欲望,而程朱理学公然提出灭人欲的主张,并上升为"天理"这最高权威来进行终极裁决,从根本上否定人人都有满足生活需求的本能愿望,这是扼杀人性的理论。王艮的日用之学别树一帜,对天理做了新的解释,他说:"天理者,天然自有之理也。才欲安排如何,便是人欲。""天性之体,本是活泼。鸢飞鱼跃,便是此体。""良知之体,与鸢鱼同一活泼泼地。"这是"自然天则,非人力安排","人性上不可添一物"。又说:"君子之学以己度人,己之所欲,则人之所欲,己之所恶,则人之所恶。"㉔人的本性是自然,自然趋向快乐,因此作《乐学歌》"人心本是乐",以歌颂快乐人生。穿衣吃饭是自然需求,顺应自然要求,就是至道和快乐。从理论上提出"人同此欲"是"自然天则"的命题。一反"存天理,灭人欲"的说教,强调人欲与天理并非天生对立,以己欲度人欲,顺应自然的发展,乃是顺人意、应天理的行为。在程朱理学中天理与人欲是不能两立的,王学发展到泰州学派,天理与人欲可以相互兼容,或者说人欲存于天理之中,以天理论证了人欲的合理性,这表示理学的根本问题已有所转向,这在程朱理学被尊为统治思想的明代,殊属惊世骇俗之论。

由肯定人欲进而提出"尊身"的思想,认为"身与道原是一体,至尊者此道至

㉔ 《王心斋先生遗集》卷一《语录》,《王心斋全集》,江苏教育出版社2001年版。

尊者此身。尊身不尊道,不谓之尊身。尊道不尊身,不谓之尊道。须道尊身尊才是至善”。“道尊则身尊,身尊则道尊”。由此又推出“爱身如宝”的思想:“知保身者,则必爱身如宝。能爱身则不敢不爱人。能爱人,则人必爱我。人爱我则我身保矣。能爱人,则不敢恶人。不恶人,则人不恶我。人不恶我则身保矣,能爱一家,则一家必爱我矣。一家者爱我,则吾身保矣。吾身保,然后能保一国矣,以之治国,则能爱一国矣。能爱一国则一国者必爱吾也。一国者爱我,则吾身保矣。以之平天下,则能爱天下矣。能爱天下,则天下凡有血气者莫不尊亲。莫不尊亲,则吾身保矣。吾身保,然后能保天下矣。”[25]把尊身提到尊道的地位,认为身是天地万物之本,保身与保国、保天下是一致的,这是对“身”的最高评价,显然,这“身”是依托个体的人而存在的,有身尊才能做到道尊,实际上已超越群体,属于个体性的范畴。在群体为本位的文化形态中,突出“身”的观念是对个性苏醒的呼唤。

儒学注重社会性,忽视个体。中国人文启蒙恰恰是从发现个人存在的意义开始,王艮的最大功绩是强调了自我的价值,在王学著作中,经常有“只眼”“独家”“自得”以及反自锢等类张扬自我的语词。发现自我要以承认人的自然性为前提,王艮把身与道联系在一起,说尊身即尊道,把身提高到道的地位。这“身”与“人”并不一样,中国人使用“人”的概念,往往是用作类称、众称、他称,却不是自称,如知人善任、文如其人、大人、小人、圣人、好人等诸种说法是泛称,都落不到自身。“身”却是个体的,感性的,身有喜怒哀乐,七情六欲,自己都可能沉浸之中。按程朱理学看来,“身”最忌的是受到欲的侵蚀,历来的理学家们都要求灭人欲,而王艮强调的却是人同此欲,以欲与身相连,因而提倡及时行乐、享受生活。他的不事诗书,不假文字的悟道方法,给平民百姓直入经典的堂奥打开了方便之门,受到平民百姓的欢迎。在缺少个体和民众意识的封建伦理中,增加了个性化和平民化的色彩,这就从中国传统文化中最薄弱的环节提出了前人没有提出的问题。

王艮这样重视人身的价值,提高人的生存意义,这与理学灭人欲的初衷是相

---

㉕ 《王心斋先生遗集》卷一《明哲保身论》,《王心斋全集》,江苏教育出版社 2001 年版。

违背的，这也反映他已成为王学蜕变的肇始者和创始人。王学传至李贽、颜山农、何心隐更对人生的合理欲望作了充分的论证，李贽提出："穿衣吃饭，即是人伦物理；除却穿衣吃饭，无伦物矣。世间种种皆衣与饭类耳。"[26]又进一步从哲理上进行论证说："夫私者，人之心也。人必有私，而后其心乃见；若无私，则无心矣。"[27]他坦言私心乃是真心，此心最可贵的是保持绝假纯真，认为："童心者，真心也。若以童心为不可，是以真心为不可也。夫童心者，绝假纯真，最初一念之本心也。若失却童心，便失却真心；失却真心，便失却真人。人而非真，全不复有初矣。"[28]宣扬天下尽市道之交。何心隐身体力行，舍弃君臣、父子、兄弟、夫妇之义，独留朋友一伦，公然背叛五伦之教，把没有血缘连结的师友作为人伦的首要关系，这对传统的宗法关系是一大挑战，有人斥之为"大奸"，也有誉之为"掀翻天地，前不见古人，后不见来者"[29]。大毁大誉引起轩然大波。对此顾宪成从私心、利欲的角度做出分析说："心隐辈坐在利欲胶漆盆中，所以能鼓动得人。"[30]至此王学已非本来面目，后世的研究者因而有王学左派的称谓。

王阳明以灭人欲的良知说传道授业，可他的再传弟子却鼓吹利、欲乃是人的本性、正当的追求。正因为有利和欲的驱动，人们才得以不断提高生活和生产水平。王学左派以明道、践仁，来论证"私""欲"的合理性，为新的百姓日用之学奠定坚实的理论价值和学术基础。百姓日用之学也得力于王学的"不轨弟子"，在晚明发扬光大，风靡天下。对这变迁，黄宗羲在《泰州学案》中做出这样的总结："阳明先生之学有泰州、龙溪而风行天下，亦因泰州、龙溪而渐失其传……泰州之后，其人多能以赤手搏龙蛇，传至颜山农、何心隐一派，遂复非名教之所能羁络矣。"

像这样背叛名教自非王学的本义，却又受之王学的导引，这二律背反的后果使理学异化，走向它的反面，这是王阳明始料不及的后果，但作为一代理学大师，又不乏有此隐忧。晚年他在南京讲学时，风闻弟子有背师教时，不无感慨地说：

---

[26] 李贽：《焚书》卷一《答邓石阳》，燕山出版社 1959 年版。
[27] 李贽：《藏书·德业儒臣后论》，中华书局 1959 年版。
[28] 《焚书》卷三《童心说》，燕山出版社 1959 年版。
[29] 黄宗羲：《明儒学案》《泰州学案》，中华书局 1985 年版。
[30] 顾泾阳：《小心斋札记》卷三，《顾端文公遗书》，《四库全书存目丛书》，齐鲁书社 1994 年版。

“吾年来欲惩末俗之卑污，引接学者多就高明一路，以救时弊。今见学者渐有流入空虚，为脱落新奇之论，吾已悔之矣。”在他去世后，愈益不可收拾，以至有人把风俗的败坏归罪于王阳明说：“守仁放言自恣，诋毁先儒，号召门徒，虚声附和，用诈人情，坏人心术。近士子传习邪说，皆其倡导。”[31]

理学作为明王朝的统治思想，发展到明后期孕育了异端思潮，造就出破坏自身的反对派，尽管这并非始作俑者的本意，但是16、17世纪的社会大潮，使他们不由自主地顺流而下，带着困惑和矛盾，冲破理学的禁锢，为启蒙思潮的喷涌打开了渠道。这是王学的“过错”，又非王学的过错。明代社会政治、经济的发展必然要在思想领域有强烈的反映。理学作为封建社会后期文化思想的主干，不可避免地“向左转”，发生分裂、蜕变，从而兴起反理学的思潮。

纵观明代思想史，程朱理学独霸学坛，至明中叶已经失控，陆王心学的崛起，更使程朱理学威信日下，二派争讼激烈，有以王学攻程朱者，也有以程朱非王学者。异端之说蓬勃兴起，有的近于佛学，有的又近于道学，有致力于经世之用的实学，还有向基督教寻求救世良方者，纷纷扬扬，多元并存。百姓日用之学如异军突起，既传之儒家的经典之教，又融入阐扬利、欲的新说，冲破了传统的程朱陆王、佛道儒法的禁锢，联翩地涌现非圣无法，倒翻千古是非的“危言邪说”。

这是真正撼动社会的浪潮。以异端自诩的士大夫们一反陈规旧说，“厌常喜新，慕奇好异”，“六经之训目为陈言，刊落芟夷，唯恐不力”[32]。在文学中，公安派独抒性灵，不拘格套的铭言，深得人心。袁宏道宣称：“世人喜唐，仆则曰唐无诗；世人喜秦汉，仆则曰秦汉无文；世人卑宋黜元，仆则曰诗文在宋、元诸大家。”[33]冯梦龙扬言：“天不自醉人醉之，则天不自醒人醒之，以醒天之权与人，而以醒人之权与言。言恒而人恒，人恒而天亦得其恒，万世太平之福，其可量乎？”[34]都以叛逆者的个性张扬于世。性灵说、醒世说、市道之交说、童心说、情教说，以及形形色色的钱神论，引得附和者如痴如狂。素来为道学家不屑的市井文艺，在民众中津津乐道。酒店茶肆，“多异调新声，汩汩浸淫，靡焉勿振，甚至娇

---

[31] 孙承泽：《春明梦余录》卷二一，四库全书本。

[32] 于慎行：《谷山笔麈》卷八，中华书局，元明史料笔记丛刊。

[33] 《袁中郎全集》卷二十二《与张幼于》，齐鲁书社1997年版。

[34] 冯梦龙：《醒世恒言·序》，人民文学出版社1999年版。

声充溢于乡曲，别号下延于乞丐”[35]。“诲淫异欲”的俚曲，在民间风靡一时。评话、传奇和戏曲中放浪形骸的主人翁，追求纯情的故事，脍炙人口。从学术思想到日常生活，从官员士大夫到平民百姓，激荡着一股离经叛道、追新求异的时尚。正是这种从上到下、不拘守祖宗成法的异端言行，涌现一股新鲜气息。毫无疑问，文化变异现象的出现是社会面临变革的先兆。

## 三、非君思潮对封建伦理的撼动

西方文艺复兴的核心是人的发现，它以恢复古希腊人文精神的名义，反对教会的禁欲主义，重新肯定人生价值，从追求人间幸福、享受生活到确立天赋人权与民主自由的信念，完成世纪性的巨变。可以说从15世纪的文艺复兴到18世纪的思想启蒙运动，三百年来西方思想发展的起点和归宿都是以人为主题。因此卢梭高度评价古希腊德尔斐神庙镌刻的箴言：“认识你自己！”认为这句话“比伦理学家们的一切巨著都更为重要，更为深奥”。[36] 这一论断道出了启蒙思想的普遍价值在认识人，发挥人的主体作用。晚明思潮汹涌澎湃，从学术思想到日常生活，离经叛道，追新求异，都不离人的主题，尤其是自我的发现，谱写了中国思想史的新篇章。参照西方的文艺复兴、思想启蒙，评价晚明社会的文化思潮是应有之义，在这方面国内外学术界的研究都已取得可观的成就。

然而，参照西方思想启蒙的模式研究中国文化思潮，是一个富有时代感和历史感的问题。不同的文化都是人类在一定的生存环境中的创造，普天下的文化莫不具有相通、相融的一面；但是不同族别的文化又有各自生长、发展的空间，自然的、社会的、人文的、心理的不同条件造就不同的文化传统，这就使各个国家、民族的文化又有不同的特色。例如有关近代化的释义，《不列颠百科全书》(电子版)的解释是：“从传统的、乡村的、农耕的社会向世俗的、城市的、工业的社会

---

[35] 《博平县志》卷四。

[36] 卢梭：《论人类不平等的起源和基础》，商务印书馆1979年版，第62页。

转型。”这是西方社会从传统向近代化转型的标志，那是因为中世纪的欧洲没有城市，全封闭的庄园经济在乡村自给自足；教会把人生视为苦难的赎罪，压抑世俗生活。而中国并不缺少繁荣的城市，宋代拥有 10 万人以上的城市多达 40 多个。没有神权统治也就没有天堂与世俗的分野，百姓日用之学的盛行，说明中国自古以来就重视世俗生活。在不列颠的三条标准中，这两条并不适应中国的国情。但是不符合西方的转型模式并非没有中国的近代化。近代化是人类社会发展的普遍规则，是社会进步必经的历史进程，各个国家由于不同的国情和社会条件，有不同的路径选择。有关中国近代化的研究，不仅要看到与西方的共同性，更要注意与西方模式不同的民族特色，文化转型是属于精神世界的问题，这比经济转型更为丰富和复杂，所以对晚明早期启蒙思潮的研究，最能揭示中国文化近代化的本土特征。

在 16、17 世纪的中国，最现实的问题是，高压在民众头上的磐石不是神权，而是政权，是封建伦理的最高权威君主专制及其意识形态，不撼动这高压在民众精神上的磐石，就不足以构成启蒙思想的主潮。

封建社会的文化是以伦理为本位，封建伦理本身即是以血缘为纽带的等级隶属关系及其相应的道德规范，这是封建专制主义的社会制度，也是占据统治地位的意识形态。此种制度和思想体系沿袭数千年，它的发展变化都以愈来愈加严密化为趋向，诸多流派，万变不离其宗，经史子集一切意识形态，都以扶持名教为宗旨，以忠君为核心。汉代董仲舒的《春秋繁露》对君主予以“君权神授”和“天人感应”的论证，提出“君为臣纲，父为子纲，夫为妻纲”的三纲，说这三纲是天意的体现，“天不变，道亦不变”。《忠经》一书提出：“天之所覆，地之所载，人之所履，莫大乎忠。”把忠君与尊天、敬祖融为一体，系统地建立了以忠君为核心的封建专制主义伦理体系。皇帝口含天宪，言出法随，既是人间的至尊，又兼有天子之贵，族长之荣，集皇权、族权、神权于一身，是为人世间至高无上的主宰和绝对权威，忠君成为最高的价值判断、政治原则和道德准绳。

明代是皇权统治最严酷的一个王朝，朱元璋在军事、政治、文化方面采取前所未有的集权措施，断然取消从秦代以来通行 1400 年的宰相制，将宰相行使的行政权收归己有，一切都由皇帝独断。为了消弭先秦儒家“民贵君轻”的影响，肆意删砍《孟子》一书，取消孟子配享先圣的资格，两千年前的圣贤尚且不放过，对当朝更是严厉控制，有人因写“遥瞻帝扉”的颂词，谐音“帝非”，被处以极刑，大兴文字狱；为了确保朱氏一姓王朝的万世基业，屠杀功臣，株连数万人；在宫廷树立铁碑，儆戒后世，永远不准宦官、后妃干政；窥探文武官员隐私的特务，密布朝廷上下，由此建立了中国历史上最独裁、强悍的专制王朝。过度强化中央集权的后果，是把皇帝的权威推到极致，臣民形同草芥和奴隶，匍匐在天子脚下。君主不论是昏是暴，是白痴还是幼儿，为臣的只能顶礼膜拜，歌功颂德，不能说一个“不”字，任何对君主的不敬和亵渎，都要受到重处，甚或破家灭族。直弄得君要臣死，臣不死不足以尽忠，对君主效忠到如痴如迷、若愚若傻的地步。

在忠君已成为压抑人性、扭曲人格的超强压力下，怎能设想不触动这精神重负，能有思想启蒙的发生？晚明思想启蒙与西方人文启蒙不同的是，主要是针对君主专制独裁发出的抵制和呐喊，表现在政治思想上对伦理信仰的最高原则——忠君信条——的怀疑、动摇和抨击，而且下延到广大民众，蔚为社会性的思潮，这是中国思想启蒙最重要的特色。

明朝是封建专制主义中央集权制度极度发展的王朝，高度集权的建立，有赖于开国皇帝的干练和勤政，朱元璋每天要批处的公文多达数百件，这不是每个皇帝都能有的能耐。穷苦出身的朱元璋可以做到勤政有为，依靠人治集大权于一手。可他的皇子皇孙却从锦衣玉食中成长，富有四海的君主制度，造成绝对权力的绝对享受。一代又一代的世袭君王，为所欲为、骄奢淫逸的生活方式，销蚀了他们治理国家的能力和意志，庸君、昏君多而明君少是历代王朝的通病。明代最负盛名的改革家张居正这样说：“自尧舜以至于今，代更几世，主更几姓矣，而其可取者三十余君而已……卓然可为世表者，才什一耳。”[37]真正有作为的君主才有十分之一！在四百多年前的中国做出这样的估计，不愧为远见卓识。诚如其言，朱元璋的后人多不争气，荒淫无道的，怠玩嬉戏的，少不更事的，数十年不上朝的，一代不如一代。依靠人治统率的集权制度，一旦人不当职，这制度就可能发生空隙而至裂变，这是制度性的危机，非人力可以挽回。梁启超在《中国历史

---

[37] 《张居正集》第一册，卷三，奏疏三，张舜徽主编：《张居正集》，湖北人民出版社 1987 年版，第 107 页。

研究法补编》中说:“明代有种种特点,政治家只有一张居正。”获得如此高度评价的张居正,以他过人的智慧和胆识,辅佐十岁的小皇帝,殚精竭虑地推行改革,也不能挽救王朝的没落。恰恰在他身后,这位长大成人的万历皇帝神宗,创下31年不上朝的记录,任凭奏疏堆积如山,不审不批,把一切政事置之脑后,深居内宫,寻欢作乐。神宗以后的几代皇帝,光宗短命,即位不足一年撒手而去;熹宗是个出名的糊涂虫,痴迷木工,整天弄斧,对政事一窍不通,一切依赖宦官魏忠贤和乳母客氏,连他的妻妾遭人毒手也不暇顾,不论是治国还是理家已到了麻木不仁的地步。毅宗在农民大起义前夕临朝,想望治平,但是大厦将倾,积习难返,纵有治国之志,也无回天之力。极度专制的封建社会结构滋养出一代又一代昏愦的帝王,再也无能驾驭庞大的国家机器。

皇帝不理国政,泱泱大国的首脑形同虚设,一些不可思议的现象也就相应而生。神宗不上朝,大臣和他见不着面,上了奏疏也不看,临到大臣辞职都没法辞,于是按惯例送上一封辞呈,也不管准不准,弃官回家。左都御史詹沂、户部尚书赵世卿、李廷机等中央大员就这样自行卸任。内阁首辅申时行、王锡爵、朱赓也一度闭门而去,管理国家事务的最高行政机构竟然空无一人。地方官员更是擅离职守,有的衙门长达十多年无人负责,到万历四十年中央六部尚书只剩下一个刑部尚书赵涣,吏部、兵部、礼部、户部、工部都没有专人负责。都察院八年没有正官,当官的跑了,下级也就不上班,有的衙门索性锁上大门。吏部、兵部因无人签证盖印,致使上京候选的数千名文武候补官员不能赴任,有的久困京城旅舍,穷愁潦倒,不得已途中拦道,攀住首辅的轿子苦苦哀求号哭。边防军请发军饷,无人签发,多年不进行军事操练。地方遇有盗匪,互相隐匿。各地解银,无人受理。边疆少数民族进京朝贡,无人接待。文渊阁大印被盗,查无踪迹。太仓库失窃,宫廷值班金牌丢失多年,无人发觉。刑部长年不审案,犯人无人问断。万历四十五年监犯家属百余人跪哭在长安门外,要求断狱,震动京师,成为旷古奇闻。

官员不理公务,却奔竞于朋党之争。官场中党同伐异,爱恶交攻。吏部选用地方官,因为竞相请托,相持不下,不得已由抽签定夺,时人讥笑吏部成为“签部”。从中央到地方,门户林立,派系深重,各有自己的羽翼,互相攻击和报复。为了一件小事,闹得不可开交,一吵就是数十年。轰动一时的宫廷三大案,成为朋党倾轧的焦点，愈演愈烈，官僚机构之分崩离析，已经到了"职业尽失，上下解体"的地步。国家机器不能正常运转，激烈的党争又导致官僚集团的严重分裂，这就极大地削弱了封建专制主义体制。

不受约束的权力是肇致政府机构瘫痪的主要原因。皇帝是封建主义集权制度的最高代表，按理说，皇帝的利益与政府利益是一致的，但是在分配财富方面也会发生矛盾，明朝政府的库藏与皇帝的私库是分开核算的，王朝的主要收入田赋、税收由户部征收，每年从中提取一定的金花银归入皇帝的私库，供皇室开销，户部银供军国之需，不能另作他用。这种规定的本意既要方便皇帝的挥霍，又要对皇室的耗费有一定的限制，这是符合王朝长远利益的措施。贪得无厌的神宗不顾这一规定，动辄向国库索银，使户部不胜负担。万历二十四年干脆踢开官府，自派宦官作为矿监税使到地方直接征税，本该是政府的税收，源源不断地流入皇帝的私库，这就引起矿监税使与地方官的矛盾。

从中央到地方的官僚机构，是王朝法定的组织系统，也是皇帝赖以统治社会的主要支柱。官员是国家的命臣，依据法定的统治秩序，执行管理社会的职能，他们的职权理应受到政府和法制的保护，这是维持社会稳定的底线。但是神宗无视国家的法定系统，由宦官另立中使衙门，凌驾在地方官府之上，强取豪夺，杀人越货，逍遥法外。那些忠于职守的地方官，奉法的士大夫，自然就成为他们横行不法的障碍，受到空前的迫害。这引起官员的强烈反抗，在全国掀起反对矿使税监的城市民变。在这期间批评、抨击皇帝的奏疏连篇累牍，仅在《神庙留中奏疏》所见，就有数十篇之多，载于《明史》的也屡见不鲜。户科给事中田大益说："臣观十数年来，乱政亟行不可枚举，而病根总在货利一念。"㊳又说："陛下驱率虎狼，飞而食人，使天下之人，剥肤而吸髓，重足而累息，以致天灾地坼，山崩川竭。衅自上开，愤由怨积，奈何欲涂民耳目，以自解释，谩曰权宜哉！"㊴工科给事中王德完指责神宗："（皇上）只知财利之多寡，不问黎元之死生。民何负于君？而鱼肉蚕食至于此极耶！"㊵有的直指"皇上嗜利心滋，布满虎狼，飞而食人，使百

---

㊳ 文秉：《定陵注略》卷四，北京图书馆出版社 1984 年版。
㊴ 《明史·田大益传》，中华书局 1974 年版。
㊵ 《明神宗实录》卷三四九，台北历史语言研究所校印本 1962 年版。

姓剥肤吸髓，剜肉刺骨，亡家丧身，掘冢剖棺，抵充皇上私藏，而未曾锱铢佐国。”[41]大理寺少卿李三才疏陈矿税之害说说：“陛下爱珠玉，民亦慕温饱；陛下爱子孙，民亦恋妻孥。奈何陛下欲崇聚财贿，而不使小民享升斗之需；欲绵祚万年，而不使小民适朝夕之乐。自古未有朝廷之政令、天下之情形一至于斯，而可幸无乱者。今阙政猥多，而陛下病源则在溺志货财。”并警告皇帝：“天人共愤，大难将作。”“一旦众畔土崩，小民皆为敌国。”[42]有的历数皇帝犹如夏桀、商纣、周幽王、宋徽宗等六大昏君说：“陛下迩来乱政，不减六代之季。”[43]有的痛斥神宗“酗酒”“恋色”“贪财”“尚气”，“四毒俱全”[44]，其言词之激烈、情绪之愤慨，简直到了破口大骂的地步。官僚士大夫以批鳞为荣，或以抵牾执政获得清流的美名。《国榷》以“批鳞君子”称誉敢于抗上的人士。由此可见，这些慷慨激昂的奏疏已超出一般的讽谏，它所起的效果已不仅仅是规劝帝王的过失，而是对君主肆虐的揭露和控诉，客观上成为与皇帝离心的力量而汇入社会性的非君思潮。

在朝的大僚是如此，在野的士大夫更是肆无忌惮，归庄的一曲《万古愁》从秦始皇、汉高祖骂到唐宗、宋祖；王世贞的《鸣凤记》，用戏剧痛斥严嵩父子，揶揄到先帝嘉靖；讥评朝政更是到了街谈巷议的情景。

讽谏帝王并非启蒙。当王朝统治发生危机的时候，官员士大夫中会出现一些有识之士对皇帝劝谏，指出皇帝的某些过失，唤起皇帝励精图治，这本是封建伦理道德所许可的行为。中国自古以来并不乏有劝谏君主的理论，在儒家典籍中有丰富的论述，《国语》说：“天道无亲，唯德是授。”[45]《孟子》说：“君之视臣如手足，则臣视君如腹心；君之视臣如犬马，则臣视君如国人；君之视臣如土芥，则臣视君如寇雠。”[46]《荀子》说：“君者，舟也；庶人者，水也。水则载舟，水则覆舟。”[47]都为匡正君主过失提供了伦理依据；主张“穷天理，明人伦”的理学家朱熹

---

[41] 文秉：《定陵注略》卷五，北京图书馆出版社 1984 年版。
[42] 《明史 · 李三才传》，中华书局 1974 年版。
[43] 《明史 · 田大益传》，中华书局 1974 年版。
[44] 《明史 · 雒于仁传》，中华书局 1974 年版。
[45] 《国语 · 晋语六》。
[46] 《孟子 · 离娄下》。
[47] 《荀子 · 王制》。

也断言:“天下者,天下之天下,非一人之私有故也。”[48]在他注释《孟子》的“闻诛一夫纣矣,未闻弑君也”说:“一夫,言众叛亲离,不复以为君也。《书》曰:‘独夫纣。’盖四海归之,则为天子;天下叛之,则为独夫。”[49]这都是儒家的千古名言。在先秦与儒家分庭抗礼的墨子也强调:“天子为善,天能赏之;天子为暴,天能罚之。”[50]主张圣君无为的道家,晋代有鲍敬言的非君论,元代有邓牧的“君道”说:“天生民而立君,非为君也,奈何以四海之广,足一夫之用邪? ……今夺人之所好,聚人之所争,慢藏诲盗,冶容诲淫,欲久治长安,得乎?”[51]即使讴歌君主专制的法家,也不是听凭君主为所欲为,慎子说:“立天子以为天下,非立天下以为天子也;立国君以为国,非立国以为君也;立官长以为官,非立官以为长也。”[52]韩非则反对“人主释法用私”,主张以法治国可以“矫上之失,诘下之邪”[53]。

由此可见,不论是儒、墨还是道、法,是先秦儒学还是程朱理学,各家各派在不同程度上都提出匡正君主的见解和主张,正是因为有这样的共识,在中国形成“从道不从君”的“道统”,与忠君的“政统”相应相补。每当王朝末世,朝纲腐败,颓风难振之时,都有一批官员士大夫挺身而出,大义凛然地维护道统,批评君主的过失。但是像万历时期这样抨击君主成风,直闹到街谈巷议,连说书卖唱的都肆无忌惮地抨击当朝,政府机能几乎解体,在整个封建王朝史上是空前未有的景象,清末也没有出现这样不堪收拾的局面。

朱元璋一手建立高度集权的专制制度,但是皇权至上,不受任何监督的结果,又导致自毁长城。高度集权与高度涣散在同一王朝的首末出现,这是封建专制政体不可克服的矛盾。危机表现在这种瘫痪的局势不是来自敌对阶级的冲击,而是来自统治阶级的最高层,这预示王朝已失去自我调节的功能,只能沿着瓦解的趋势走向灭亡,清代学者赵翼在《二十二史札记》所述“论者谓明之亡,不亡于崇祯,而亡于万历云”指的就是这不能逆转的趋势。

---

[48] 朱熹:《四书章句集注·孟子集注》卷九。
[49] 朱熹:《四书章句集注·孟子集注》卷三。
[50] 《墨子·天志中》。
[51] 《伯牙琴·君道》。
[52] 《慎子·威德》。
[53] 《韩非子·有度》。

真正对王朝构成威胁的是来自民间的抨击君主的思潮，它无需借助文本的传播，主要是口耳相传，也不受官员士大夫和道统的规范，按照实际生活表现民众的真情实感，以民歌、民谣，说唱、戏剧的方式自发扩散，在社会上兴起一股强劲的浪潮，猛烈地冲击了传统的忠君观念。

值得注意的是，冯梦龙对这时期的民歌、民谣进行了大量的收集和整理，提出"情教说"，把"色胆大如天"的贬词改为"情胆大如天"的褒词，这不仅仅是鼓动情欲至上，重要的是把追逐情爱的行为与忠君孝亲的理念相提并论，他说："语云，色胆大如天，非也，直是情胆大如天耳。天下事尽胆也，胆尽情也。杨香孱女而拒虎，情极于伤亲也；刖跪贱臣而击马，情极于匡君也。由此言之，忠孝之胆，何尝不大如天乎？总而名之曰情胆。聊以试世，碌碌之夫，遇事推调，不是胆歉，尽由情寡，呜呼，验矣。"[54]在这里，儒家伦理中最高的道德准则忠孝，被改换为情感的表现，至忠至孝的行为，都是源于"情"的有胆有识，并非出自天意所归，这就撼动了忠孝的神圣性。至今在冯梦龙的研究中，只把"情教"的启蒙意义，看成是对情欲的伸张，或是从文学领域评价，那就低估了"情教"说的真正价值，是对政治伦理的冲击和分解作用。

在他收集的民歌中，屡屡出现离经叛道的意识，有一首《黄山谜》说："三皇是我兄，五帝是我弟。欲罢而不能，因非而得罪。"谜底是一个"四"字。三皇五帝是历代王朝崇奉的先祖，神圣不可侵犯，可在民谣中，平民百姓不仅与他称兄道弟，这被奉为至尊的先祖若有过失，一样被问罪，这样赤裸裸、大胆地藐视圣祖权威，要求平等的意识，真是亘古未有之高论。

可这高论不是出现在庙堂，也不是出现在书斋，而是活跃在民众的口头，在市井谣谚中广为流传，这不得不使统治者震惊。万历王朝的首辅沈一贯在《请修明政事收拾人心的揭帖》中陈述 1598 年的社会情景说："往时私议朝政者不过街头巷尾，口喃耳语而已。今则通衢闹市唱词说书之辈，公然编成套数，抵掌剧谈，略无顾忌。所言皆朝廷种种失败，人无不乐听者，启奸雄之心，开叛逆之路。此非一人口舌便能耸动，盖缘众怀怨愤喜于听耳。"[55]刑部侍郎吕坤上疏陈

---

[54] 冯梦龙：《明清民歌时调集》上册，上海古籍出版社 1987 年版。

[55] 沈一贯：《敬事草》卷三。

述天下之安危说:“今禁城之内,不乐有君。天下之民,不乐有生。怨讟愁叹,难堪入听。”[56]像这样从中央到地方的各级官员纷纷出动,抨击君主,在社会上更是家传户诵,自上而下形成社会性的风潮。

民间社会对封建伦理的冲击达到前所未有的高度,人们都熟知《西游记》孙行者大闹天宫的故事,殊不知,在明代还有一个比孙大圣更有造反精神的土地神,明清刊本《土地宝卷》说的是土地公公逛南天门,受到天兵天将的阻挡,“土地曰:‘乞众公方便,将门开放,我今随喜。’众神闻言,唬一大惊,众神大咤一声:‘你这老头,斯不知贵贱,不晓高低!你在这里还敢撒野。’土地曰:‘我从无到此,随喜何碍!’青龙神将走将过来,(舀)着土地,连推带搡。众骂老不省事,一齐拥推。土地怒恼,使动龙拐,望众打去。众将一躲,打在南天门上,将天门打开。天门开放,毫光普遍,六方振动……”

土地一出手,天兵大败,“玉帝又下令:‘差众神兵,左右天蓬,率领天兵天将,二十八宿,九曜星官同去围住,拿将他来。’众神排阵,一拥齐来,围住土地,各使兵刃,踊跃前来,土地观见,不慌不忙,一柄拐去,指东打西,遮前打后。天兵虽多,不能前进,难得取胜,土地这拐使开,无有遮挡,万将难敌,只打的个个着伤,头破血流,天兵后退。”土地爷再次还击又大获全胜,不免得意洋洋,乐呵呵地唱道:“土地呵呵笑,我把天宫闹,神兵不能敌,听唱《雁儿落》。”“土地拐一根,摇动晃乾坤,神仙敌不住,听谓《柳摇金》。”待到天兵再次围攻的时候,土地又往地下抓了一把土满天一撒,害得这些天兵连眼都睁不开,弄得玉帝无奈,向佛求救,佛遣派四大天王、八大金刚助阵,岂知土地立即倒在地上,化作树木森林,烧起漫地大火,只烧的天兵袍破甲烂,奔走无门。天帝眼看招架不住,又调动大闹天宫的孙行者来对阵,谁知这齐天大圣又败在土地手下。这故事绘声绘色地描写了土地爷使天兵天将一败再败的花招,文中还夹有大段奚落天将天兵唱词说:

土地神通不可量,大闹天宫逞高强。
一切神仙都散了,行者回来战一场。

---

[56] 《明史·吕坤传》,中华书局1974年版。

各显手段能变化，土地傍里细端详。
行者变了千千个，土地一身总包藏。
撑天拄地是土地，行者见了也着忙，
玉帝灵山把佛问，佛说混沌劫数长。
无极分化天和地，土生土长养贤良。
诸佛菩萨地上住，从地修道转天堂。
尊敬土地休冒犯，恼了土地实难当，
玉帝闻言心自悔，谢佛指教拜佛王。

这真正是“土地拐一根，摇动晃乾坤，神仙敌不住”。最后连如来佛也感叹：“土地之神，只可尊敬，不可冒犯，冒犯土地，我也难敌。”[57]这则故事说明地位卑微的土地神，冒犯贵贱之别的天条，把天宫闹得落花流水，此为不忠的范例。

20世纪60年代出土的明代《花关索出身传》则是又一件背叛封建伦理的故事，它说的是，刘、关、张三结义时，关羽、张飞表示为了跟随刘备成其大事，决心互相杀掉对方的老小，以消除后顾之虑。于是关羽杀了张飞的全家，张飞杀了关羽一家十八口后，顿生不忍之心，放了关羽怀孕的妻子胡金定。这样一个极其残忍的杀掉自家人起事的本身，完全违反中国自古以来重视家室伦理的传统，更有悖于封建道德的是，关羽的次子花关索出生以后，练就一身好武艺，长大成人到荆州认父归宗，岂知关羽不认，花关索一怒破口大骂：

看你今朝哪里去，如何不认自家人。
好生今日认儿子，做个遮枪付剑人。
若是言声言不认，横山落草做强人。
投了六国曹丞相，领其干戈动战争。
来打兴刘铁脚寨，拿捉官员五虎人。

---

[57] 《土地宝卷》，转引自郑振铎《中国俗文学史》第十一章，上海书店1984年版，第334—338页。

在这段唱词中，儿子竟然威胁他的老子说，如果不依他，就要投奔曹操，挑起战争，捉拿关羽等五虎上将。儿子做到这份上，当是不孝之至。这样一个离奇古怪有悖纲常伦理的故事，竟然编成剧本，有说有唱，在民间流传，还成为墓穴中的殉葬品，可见这已得到民间的认同和赏识。这个唱本出现在一贯以礼仪之邦自诩的中国，尤其是以纲常名教立国的明代，不能不使人耳目一新，所以有识者认为这一唱本的发现“实在并不亚于长沙马王堆的帛书”[58]，因为这是极为罕见的，不同于正史、实录，文化精英们记述的另一种社会现象和伦理观念。

这样忤逆的作品并不多见，但却生动地表现了另一种社会层面的价值观，郑振铎在《中国俗文学史》中指出，即使“有三五篇作品，往往是比之千百部的诗集、文集更足以看出时代的精神和社会生活来的。他们是比之无量数的诗集、文集，更有生命的”。这是非常中肯的评价。

不能小视民间的异端言行，这是对既存的封建秩序和传统文化格局的抵制和消解，启蒙思潮正是从这解构的裂隙中获得蓬勃滋长。只要看一看流行在坊间里巷的吴歌、戏文、小说、民谣、笑话、谜语，莫不为这一时期“大逆不道”的言行和非君思潮而震撼。

毫无疑问，在这股思潮中，官员士大夫们直言不讳，激昂慷慨地抨击君主，起了带头的作用。关于这点连清代学者也为之震惊，主编《明史》的张廷玉评论说：“神宗中年，德荒政圮。怀忠发愤之士，宜其激昂抗词以匡君失。然纳谏有方，务将以诚意。绞讦摩上，君子弗为。谓其忠厚之意薄，而衒沽之情胜也。”[59]这是把抨击君主的思潮归罪于进谏官员的有失忠厚，这是一种偏见；同是清代人的观奕道人在《槐西杂志》中却认为这是积百年怨气的爆发，他说：“是以下伏怨毒，上干神怒，积百年冤愤之气，而发之一朝。”[60]清末郭嵩焘对此却赞誉说：“明人则一人言之，咻咻然群起而和之，学士大夫采其一疏，互相标榜曰，是真敢言者也。”[61]

---

[58] 转引自王学泰：《游民文化与中国社会》序，学苑出版社 1999 年版，第 3 页。
[59] 《明史》卷二三四，列传第一百二十二，赞曰。
[60] 《槐西杂志》，《历代小说笔记选》第三册。
[61] 《郭嵩焘日记》，湖南人民出版社 1983 年版，第 471 页。

## 四、政治伦理启蒙是时代的最强音

“从道不从君”为劝谏君主提供了道义的依据，然而非君思潮符合不符合中国封建文化模式？合情合理的是不是合法？这是思想家需要回答的问题。所谓模式即是人们在器用、认知、情感、道德、法权方面的综合表现及其稳定性的范式，是社会制度，也是人们自发遵循的习惯势力。中国封建文化模式表现为以礼为中心的一系列的意识形态和社会制度，它以血缘为纽带，以等级分配为中心，以伦理道德为本位，渗透政治、经济、文艺、教育、人际交往和社会生活的一切领域。所以“礼”是古人用以定亲疏、别尊卑、辨是非的准则。生活在明清之际的思想家们，受到社会浪潮的激荡，以自己的聪明才智对“非君”做出符合“礼”的论断。傅山提出“非君合于礼”的见解，对非君的合理性做出新的解释说：“非其君而君之曰‘礼也’，非礼也；而有不君之，‘非礼也’，礼也。”[62]形式上合于礼的未必真正符合礼的本意；非君虽有非礼之嫌，却体现了礼的本质要求。在他的笔下，“非君”于情、于理、于法都具有正当性。何心隐还就君主与民众的关系提出君者“群而均”的看法，把君与国家的职能理解为“均平”基础上的群众组织，说：“君者，均也；君者，群也。臣民莫非君之群也，必君而后可以群而均也。”[63]这些言论都是中国思想史前所未有的创新之论，其中最杰出的当数黄宗羲的《明夷待访录》和唐甄的《潜书》。

这两个同时代而从未谋面的思想家，不约而同地对君权至上的弊端提出质疑和抨击。黄宗羲从历史发展的角度指出，君道失落致使君主与天下人为敌的严重性：“古者以天下为主，君为客，凡君之所毕世而经营者为天下也。今也以君为主，天下为客，凡天下之无地而得安宁者为君也。是以其未得之也，屠毒天下之肝脑，离散天下之子女，以搏我一人之产业，曾不惨然，曰我固为子孙创业也。其既得之也，敲剥天下之骨髓，离散天下之子女，以奉我一人之淫乐，视为当

---

[62] 傅山：《霜红龛集·礼解》。
[63] 何心隐：《爨桐集》卷一。

然,曰此我产业之花息也。然则,天下之大害者君而已矣。"[64]如果说这一见解是言人之未言,道出人人可感受的专制主义的罪恶,唐甄则一语中的,揭示君主的本质是"凡为帝王者皆贼也"。在《室语》中记述他与妻子的悄悄话说:"妻笑曰:'何以谓之贼也?'曰:'今也有负数匹布,或担数斗粟而行于涂者,或杀之而有其布粟,是贼乎,非贼乎?'曰:'是贼矣。'"[65]他认为:"天子之尊,非天帝大神,皆人也。""圣人定尊卑之分,将使顺而率之,非使亢而远之。为上易骄,为下易谀;君日益尊,臣日益卑。"这尊卑不是人的属性而是权位造成的后果。并从理论上进一步阐明,提出"势尊自蔽"的命题说:

"人君之尊,如在天上,与帝同体。公卿大臣罕得进见;变色失容,不敢仰视;跪拜应对,不得比于严家之仆隶。于斯之时,虽有善鸣者,不得闻于九天;虽有善烛者,不得照于九渊。臣日益疏,智日益蔽;伊尹、傅说不能诲,龙逢、比干不能谏,而国亡矣。

"蜀人之事神也必冯巫,谓巫为端公;禳则为福,诅则为殃。人不知神所视听,惟端公之畏,而不惜货财以奉之。若然者,神不接于人,人不接于神,故端公得容其奸。人君之尊,其犹土神乎!权臣嬖侍,其犹端公乎!无闻无见,大权下移。诛及伯夷,赏及盗跖;海内怨叛,寇及寝门,宴然不知。岂人之能蔽其耳目哉?势尊自蔽也。"[66]

"势尊自蔽"尖锐地指出,位置愈高,权力愈大,愈容易受到蔽目塞听,因此,权位至上有可能肇成祸国之源,这不在于他人所为,而是权力本身造成耳目闭塞的后果,这才有《抑尊》的篇章出世,明确提出抑制权力的主张,这样深刻地对专制集权之弊的思考,已接近"绝对权力导致绝对腐败"的现代思想。

对于怎样抑制君权,明清之际的思想家们提出过许多设想,对后世影响最大的是黄宗羲的方案,其要点有三方面:

**(一)用加强官僚机构职能的办法,分散君权的独揽**

他说:"天下之大,非一人所能治,而分治之群工。故我之出而仕也,为天

---

[64] 《明夷待访录·原君》,中华书局 1981 年版。
[65] 唐甄:《潜书·室语》,中华书局 1955 年版。
[66] 《潜书·抑尊》,中华书局 1955 年版。

下,非为君也;为万民,非为一姓也。吾以天下万民其见,非其道,即以形声强我,未之敢从也,况于无形无声乎!”又说:“治天下犹曳大木然,前者唱邪,后者唱许,君与臣共曳木之人也。”[67]他强调的是,臣子任职是为天下不是为君主,治国理政需要君臣共同协力,像抬大木头一样此唱彼和,相互配合,用一种近乎平等的观念来看待君臣关系。他痛感君主世袭之弊在于皇帝不能进行优选,但非世袭的宰相是可以选择的,“天子传子,宰相不传子,天子之子不皆贤,尚赖宰相传贤足相补救,则天子亦不失传贤之意。宰相既罢,天子之子一不贤,更无与为贤者矣。”为了保障最高执政的贤明,主张由可以挑选的宰相与皇帝共同议政。他说:“有明之无善治,自高皇帝罢宰相始也。原夫作君之意,所以治天下也。天下不能一人而治,则设官以治之。是官者,分身之君也。”他把明朝治理的不善,归罪于宰相撤销之故,因此主张恢复宰相制,“宰相一人,参知政事无常员。今日便殿议政,天子南面,宰相、六卿、谏官东西面以次坐。其执事者皆用士人。凡章奏进呈,六科给事中主之,给事中以白宰相,宰相以白天子,同议可否,天子批红,天子不能尽,则宰相批之,下六部施行。”[68]由宰相协助或代行皇帝批文,使皇帝不能独断,宰相也不能独行其事,下面要设政事堂,参与议事的成员不设专职,任用新科进士,并经常更新,每日对国家大事进行评议,使皇帝、宰相、议事堂之间发挥互动作用。在这里,官员作为君主的“分身”参与最高决策,最大限度地避免朝纲独揽的弊病。对此,顾炎武有热烈的呼应,他在《日知录·守令》一文中提出:“以天下之权寄之天下之人的”思想,认为:“自公卿大夫至于百里之宰,一命之官,莫不分天子之权,以各治其事。”可见,以分权的措施,缓解君主高度集权的弊端,在明清之际是广有影响的社会思潮。虽然这要求君主让权,不免是一种空想,最终必将沦为泡影,但这表现了忧国忧民的士大夫们殚精竭虑的智慧,和上下求索所能尽到的最大努力。

**(二)用扩大地方权力的措施,减少中央集权之弊**

从秦代实行郡县制以来,就存在中央与地方的关系,这是封建专制主义体制内部权力和利益的再分配。明代是高度集权的王朝,一切利权收归朝廷,地方事

---

[67] 黄宗羲:《明夷待访录·原臣》,中华书局 1981 年版。

[68] 《明夷待访录·置相》,中华书局 1981 年版。

无大小，一切都要听命于朝廷，明朝的灭亡促使人们思考，过度集权未必能使国运昌盛。顾炎武在《郡县论》中指出："封建之失，其专在下；郡县之失，其专在上。古之圣人，以公心待天下之人，胙之土而分之国；今之君人者，尽四海之内为我郡县犹不足也，人人而疑之，事事而制之，科条文簿日多于一日。"黄宗羲更从历代兴亡的考察中得出这一教训："今封建之事远矣，因时乘势，则方镇可复也。自唐以方镇亡天下，庸人狃之，遂为厉阶，然原其本末则不然。当太宗分制节度，皆在边境，不过数府，其带甲十万，力足以控制寇乱。故安禄山、朱泚皆凭方镇而起，乃制乱者亦藉方镇，其后析为数十，势弱兵单，方镇之兵不足相制，黄巢、朱温遂决裂而无忌，然则唐之所以亡，由方镇之弱，非由方镇之强也。是故封建之弊，强弱吞并，天子之政教有所不加；郡县之弊，疆场之害苦无已时。欲去两者之弊，使其并行不悖，则沿边之方镇乎。"主张在北方辽东、蓟州、宣府、榆林、宁夏、固原、延绥等地设立方镇，这有五大好处："统帅专一，独任其咎，则思虑自周，战守自固，以各为长子孙之计，一也；国家有一警急，尝竭天下之财，不足供一方之用，今一方之财自供一方，二也；边镇之主兵常不如客兵，故常以调发致乱，天启之奢酋，崇祯之莱围是也，今一方之兵自供一方，三也；治兵措饷皆出朝廷，常以一方而动四方，既各有专地，兵食不出于外，即一方不宁，他方宴如，四也；外有强兵，中朝自然顾忌，山有虎豹，藜藿不采，五也。"[69]方镇是统领一方的军事长官，这"一方之财自供一方""一方之兵自供一方"的想法，是将中央的财权和军权分派于地方，用缩减中央权力、扩大地方权力的办法，巩固地方政权，以稳定王朝的统治。

**（三）提高士大夫议政意识，公其是非于学校**

中国自古以来就有平民议政的传统，尽管这平民要有一定的身份和地位，与今日之民众迥然不同，但却使政事在一定程度上得到公开，达到与民共议。《左传·昭公六年》有"作封洫，立谤政"的记载，《管子》有"啧室之议"，刘向的《新序》说："齐有稷下先生，喜议政事。"对吸收士人议政的传统也有不同意见，在实行中也有各种阻挠，韩愈为此撰写《子产不毁乡校颂》，称赞子产在郑国执政时

---

[69] 《明夷待访录·方镇》，中华书局1981年版。

反驳禁议者说:“其所善者,吾则行之;所恶者,吾则改之。是吾师也,若之何毁之!”这些都作为三代之遗风受到后人的推崇。

黄宗羲认为设立学校的目的不仅是养士人,更重要的是协助朝廷治理天下,因此说:“学校,所以养士也。然古之圣王,其意不仅此也,必使天下之具皆出于学校而后设学校之意始备。”把士大夫咨议国政,提升为是非善恶的价值判断,改变以君主之命是从,唯皇帝为圣明的观念,提出:“天子之所是未必是,天子之所非未必非,天子亦遂不敢自为非是而公其非是于学校。”并以东汉的太学生的学潮为例说:“东汉太学三万人,危言深论,不隐豪强,公卿避其贬议;宋诸生伏阙捶鼓,请起李纲,三代遗风,惟此犹为相近。使当日之在朝廷者以其所非是为非是,将见盗贼奸邪慑心于正气霜雪之下,君安而国可保也。”力求以公共舆论代替天子的独断,为此太学的“祭酒,推择当世大儒,其重与宰相等,或宰相退处为之。每朔日,天子临幸太学,宰相、六卿、谏议皆从之。祭酒南面讲学,天子亦就弟子之列。政有缺失,祭酒直言无讳”。极大地提高学校的政治地位,以加强士大夫议政的影响力。“郡县学官,毋得出自选余;郡县公议,请名儒主之。自布衣以至宰相之谢事者,皆可当其任。”[70]郡县一级的基层学官,不分资格、身份,概由推选产生,这就充分调动了士大夫的参政意识。将朝政的是非公布于学校,实施公开监督,这是前朝列代所不能达到的高度。

在提高平民参政意识的同时,唐甄进一步提出,皇帝要以平民意识来对待自己的权位,“位在十人之上者,必处十人之下;位在百人之上者,必处百人之下;位在更下者必处天下之下。”[71]主张“贵为天子,亦可以庶人之夫妇处之”。“入则农夫,出则天子,内则茅屋数椽,外则锦壤万里,南面而临天下,何损于天子之尊[72]?”要求天子与平民同食、同住、同劳动,“入则农夫,出则天子”,表达了一介书生追求的理想社会,尽管这是不可实现的乌托邦,但此种言论出现在三百多年前,无疑是石破天惊之论。

在中国历史上,有关以天道、礼制、道德限制君权的种种主张,最终都要求在

---

[70] 《明夷待访录·学校》,中华书局1981年版。
[71] 《潜书·任相》,中华书局1955年版。
[72] 《潜书·去奴》,中华书局1955年版。

皇帝的自律中得到落实。黄宗羲、唐甄与此不同的是，力图从权力结构的本身，分解出制约君主的力量，从对君主的他律中实现“抑尊”的主张，这在一定程度上接近孟德斯鸠“以权力制约权力”的思想。当世界走向近代化的16、17世纪，西方的科技、宗教思想经传教士输入中国，却从未发现有政治思想的引进。这就是说，这样接近“以权力制约权力”的言论，是在没有任何西方政治思想影响下，从中国本土萌生的社会思潮，这比卢梭、孟德斯鸠早一个世纪，这在中国并无资本主义，更无工业革命的情况下，在思想上却超越经济的发展，先期提出限制君权，改革君主制的设想，表现出思想启蒙的早熟。从“非君”到“抑尊”，是中国政治思想史上的飞跃。

## 五、启蒙的夭折，文化转型胎死腹中

晚明社会不仅有这样卓越的思想家，还拥有一批学术渊博的科学家，李时珍的《本草纲目》，潘季驯的《河防一览》，朱载堉的《律吕精义》，徐光启的《农政全书》，宋应星《天工开物》以及《徐霞客游记》，等等，都具有世界级的水平。顾炎武提倡的“士当求实学，凡天文、地理、兵农、水火，及一代典章之故，不可不熟究”[73]。反映了士大夫从修身、齐家、治国、平天下的政治伦理学说，向经世致用的实学转化，以很大的热情投入科学技术的研究。这表明中国在农学、医学、音律学、地理学、工艺制造学方面的成就并不亚于工业革命前的欧洲。

此时的士大夫有强烈的聚众结社意识，有案可查的民间社团达170多家，[74]从沿海到内地，广布在江浙、福建、河南、湖广、四川一带，成员多者至数千人。崇祯二年(1629)有尹山大会，崇祯三年(1630)有金陵大会，崇祯六年(1633)有虎丘大会。此类集会有很高的组织水平，在虎丘大会前，先行散发传单进行宣传、动员，“至日，山左、江右、晋、楚、闽、浙、以舟车至者数千余人”，“大雄宝殿不能容，生公台、千人石，鳞次布席皆满”。那些“游于市者”，“争以复社会命名，刻之

[73] 《亭林余集·三朝纪事阙文序》，商务印书馆1931年版。

[74] 参见郭绍虞：《照隅室古典文学论集》，上海古籍出版社1983年版，第519页。

碑额，观者甚众，无不诧叹，以为三百年来从未有此也”。[75] 可见成员之多，规模之盛大。

恩格斯曾经指出，文艺复兴时代是一个需要巨人，并且是产生巨人的伟大时代。晚明社会杰出的人才和思想，预兆中国有可能酝酿社会的大变革，然而这种变革终其三百年也未到来。

值得注意的是，代表晚明启蒙思想最高成就的《明夷待访录》和《潜书》都完成在清初，黄宗羲和唐甄都是明代的遗民，经历了亡国破家的灾难，黄宗羲还亲自参加了反清复明的斗争。虽然大势已去，明代的覆灭已成定局，但夷夏之辨的观念还在，堂堂的华夏民族，竟然亡于蛰居关外的满族，这严酷的事实促使他们对明朝的溃败，专制集权的弊病，作了清醒、理性的总结。正因为有种族兴亡的切肤之痛和强烈的种族意识，催熟了对君主专制的认识。虽然《明夷待访录》比《民约论》早出数十年，但与《民约论》有完全不同的社会基础。在西方从文艺复兴到思想启蒙经历了二三百年的积蓄、动员和发展，历经宗教改革，工业革命，限制君权法案，到法国大革命形成高潮。启蒙思想伴随资本主义生产方式和新兴资产阶级的成长逐步推进。第三等级的崛起，新兴的社会力量是西方启蒙思想坚实的社会基础。洛克的自然权利说，卢梭的天赋人权论，孟德斯鸠的三权分立，从理论到实践，确立科学、民主、理性的信念，成功地完成了文化转型。

在中国政治伦理启蒙有它难以超越的局限，表现在早期启蒙思想家的各种方案中找不到新兴的社会力量来制约君权，只能依靠皇权自身的切割：宰相与天子同议，可宰相是由皇帝来选择任命，并非出自民意；学而优则仕，士大夫依附皇权的传统很难使他们言论独立，“公其是非于学校”必将沦为泡影；复方镇也没有越出中央和地方是强干弱枝还是弱干强枝的传统格局。同样是权力制衡，是依靠皇权的自身切割，利用既定的封建官僚体制本身行使对皇权的监督，还是实施孟德斯鸠的立法权、行政权和司法权的独立和相互制衡，使三权分立，主权在民？这一步之遥，却相距一个时代。

明清之际的启蒙者往往具有双重人格和悲剧性的遭遇，本人在叛离封建主

---

[75] 眉史氏：《复社纪略》卷二，明代野史丛书，北京古籍出版社2002年版。

义藩篱的同时，也可能是封建礼教的维护者。王艮笔下的百姓日用之道是向平民推行儒家伦理。史书记载说，他头戴高高的五常冠，身穿三代时期的深衣，迈着方步，招摇过市。这一身古怪的服装在当时引起不小的轰动。有人说他这是狂放、乖张的性格。其实个性是次要的，重要的是他用服装穿着表明他的道德理想。五常冠，是喻以君臣、父子、夫妇、兄弟、朋友这五种伦理关系，戴在头上，高高上置；深衣是上衣下裳连在一起的长袍，这裳是一长裙，有十二个裥，代表一年十二个月的天道观，鞋子前圆后方，表示天圆地方，这是服装也是宣言，以穿衣着装来标榜他崇尚的道德伦理观念，表明他也有卫道士的一面。唐甄、黄宗羲也有此局限，唐甄在提出“乱天下者惟君”的同时，还提出“治天下者惟君”[76]，并称之“大清有天下，仁矣”[77]。黄宗羲所等待的亦是贤君的造访，所以他们反对专制并不反对皇权，追求的是明君仁政，仍然不脱儒家的社会理想。

在晚明社会活跃着一股鼓吹情欲，张扬个性，发现自我的新鲜思潮，有力地冲击了存天理、灭人欲、以公灭私的正统观念，成为思想启蒙中的一支劲旅，然而它不可能发展到主体在人的思想高度，因为人的主体性首先要有人的独立性和自主性，这是启蒙思想的核心。封建社会层层相隶属的社会关系，最大的弊病就是使人丧失自主性。在君臣、父子、夫妇、兄弟、朋友的五常伦理中，作为人，不是父即是子，不是君即是臣，不是兄即是弟。在家事父，竭其力尽孝；在外事君，致其身尽忠。忠孝都以服从为天职，只有义务，没有权利，由君臣父子推演的诸多关系，形成强大的社会关系网，人，只有隶属在他人的关系中才有存在的价值。政治、经济的严格等分，附以血缘的纽带，使个人有强烈的隶属感，表现在人格上多受制于他人，实际上是受制于权力。政治伦理启蒙虽然有唤起人文觉醒的效应，但它以抨击君主专制为主要内容，最高的社会理想为开明专制，这与倡导人格独立，呼唤主体性觉醒，建立民主制的西方启蒙运动有导向之别。

这一差别还表现在中西经济思想的落差，主要表现在这些杰出的思想家们对商人资本的发展与白银的使用都持以保守、倒退，违反历史潮流的态度。

明代商品经济发展的重要突破，是一条鞭法实施赋税改革后，广泛用白银作

---

[76] 《潜书·鲜君》，中华书局 1955 年版。

[77] 《潜书·室语》，中华书局 1955 年版。

为支付手段，正如马克思在《资本论》中所说："商品交换越是打破地方限制，商品价值越是发展成为人类劳动一般的体化物，货币就越是归到那种天然最适于担任一般等价这种社会机能的商品，那就是贵金属。"[78]但是具有启蒙意识的思想家们，几乎都提出废除白银的主张，王夫之说："生民者农，而戕民者贾。"[79]"商贾者，王者之所必抑。"[80]认为用银使得"奸者逞，愿者削，召攘夺而弃本务，饥不可食，寒不可衣，而走死天下者，唯银也"。[81] 唐甄认为："古者言富，唯在五谷，至于市易，则有龟、贝、金钱、刀布之币……自明以来，乃专以银。至于今银日益少，不充世用。有千金之产者尝旬月不见铢两；谷贱不得饭，肉贱不得食，布帛贱不得衣；鬻谷肉布帛者亦卒不得衣食；银少故也。当今之世，无人不穷；非穷于财，穷于银也。"[82]顾炎武主张"凡州县之存留支放，一切以钱代之"。[83] 黄宗羲更为坚决："吾以为非废金银不可。废金银，其利有七：粟帛之属，小民力能自致，则家易足，一也；铸钱以通有无，铸者不息，货无匮竭，二也；不藏金银，无甚贫甚富之家，三也；轻赍不便，民难去其乡，四也；官吏赃私难覆，五也；盗贼胠箧，负重易迹，六也；钱钞路通，七也。"因此主张恢复到唐代以前，"上而赋税。下而市易，一切无事于金银。"[84]

诚然，白银流通范围的扩大，未必减轻农民的负担，但这是资本积累、经济发展的现象，商品交换先后以牲畜、龟贝、五谷、布帛为一般等价物，最后稳定在金银这贵金属上，是经济近代化的普遍规律，任何国家也不例外。他们把物价上涨、贫富对立、农民逃亡的现象，封建社会的基本矛盾，归结为白银作祟的结果，似乎取消白银货币就能解决社会危机，这种认识是时代的误差。

黄宗羲不是提出"工商皆本"吗？取消白银货币，工商又以何为本！其实他的"工商皆本"是有许多限定的，他的原话是："今夫通都之市肆，十室而九，有为佛而货者，有为巫而货者，有为倡优而货者，有为奇技淫巧而货者，皆不切于民

---

[78] 《资本论》卷一，人民出版社 1991 年版，第 750 页。
[79] 王夫之：《读通鉴论》卷三《景帝》，中华书局 2004 年版。
[80] 王夫之：《读通鉴论》卷十四《孝武帝》，中华书局 2004 年版。
[81] 王夫之：《读通鉴论》卷二十《（唐）太宗》，中华书局 2004 年版。
[82] 《潜书・更币》，中华书局 1955 年版。
[83] 《顾亭林诗文集・钱法论》，中华书局 1983 年版。
[84] 《明夷待访录・财计一》，中华书局 1981 年版。

用，一概痛绝之，亦庶乎救弊之一端也。此古圣王崇本抑末之道。世儒不察，以工商为末，妄议抑之。夫工固圣王之所欲来，商又使其愿出于途者，盖皆本也。”他的工商为本，是以生产、销售生活必需品为本，取消一切奢侈品的生产和经营，“何谓奢侈？其甚者倡优也，酒肆也，机坊也。”[85]他所言的奢侈包括戏曲、酒楼乃至机器作坊，奇技淫巧，因此“倡优有禁，酒食有禁，除布帛外皆有禁”，废除白银，退回用钱的时代，以保持上古的俭朴生活。这是维护封建生产方式，违背历史潮流的小农思想。可见他的“工商为本”是不成体系，自相矛盾，含混不清的，并无多大实际意义。与此相比，欧洲早期的重商主义者从人文主义出发，用商人眼光看待经济发展，宣布金银货币是唯一的财富，反映了商人积累货币的要求，从而成为商人资本的代言人。怎能设想取消白银，缩小货币，坚持农民不离乡土，甚至恢复到小国寡民的上古社会，能够反映新兴的资本主义萌芽的利益？所以晚明思想家的政治思想与经济思想很不相称。思想的动力不是受之于经济发展的推动，而是明亡清兴，山河破碎，民族遗恨。正因为如此，梁启超、孙中山等思想家和革命家看重的“残明文献”是政治伦理，而非经济思想，尤其是在明亡清兴、国破家碎的特定时期，晚明遗民的反清情结，与清末推翻清王朝的民众心理引起强烈的共鸣，扩大了这些文献的影响力。

所以晚明社会虽然活跃着政治伦理启蒙思潮，但是催生新社会的力量先天不足，流传的范围也只限于士大夫和城镇居民，广大农村仍然是自然经济的汪洋大海，纲常名教在那里有稳固的基础。地主和农民是古老的阶级，年复一年地坚守小农家园，不能开辟新的生产方式；商人依附权力，勾结官府，以捐纳博取功名的倾向，使得商人不能成长为独立的社会力量；商人资本受到封建经济结构的限制难以转化为产业资本，只能买田买官，流向土地，加固了封建生产关系；社会拥有大量白银，但多用于粮草折色，田赋、税收、窖藏，很少投入生产经营；个人附着群体的文化模式，士大夫“学而优则仕”的出路，很难从封建藩篱中突围。生产方式的滞后，没有新兴社会力量的支持，肇成早期启蒙缺少个性解放和人格独立的社会基础。不挣脱层层隶属的封建等级关系，个性的张扬很难上升到人格独

---

[85] 《明夷待访录·财计三》，中华书局 1981 年版。

立和主体性觉醒的高度，从抨击君主专制而萌发的民主性光华，不可能迈向出民权思想。政治伦理启蒙超越经济发展的早熟，恰恰又是不成熟的表现。

黄宗羲、唐甄等一代思想家们，身处明清鼎革之际，目击明朝的衰败而至不可振救，亲身经受国亡、家破、杀身的泣血饮恨，在痛定思痛中发出抑制君权的呐喊，虽然缺少现实的条件和经济动因，毕竟提出了前瞻性的思想，如果不是清兵入关，循此发展不是没有可能成为文化转型的先导和催化剂。

真正扑灭启蒙思潮的是清王朝重建的封建统治。清初定鼎以后，就抬出程朱理学，贬斥王学，实施文化专制。首先从出书、印书着手，发布一系列的禁令，封杀文本传播的源头。顺治九年(1652)规定："坊间书贾，止许刊行理学政治有益文业诸书；其他琐语淫词，及一切滥刻窗艺社稿，通行严禁。违者从重究治。"[86]康熙二年(1663)又重申此项禁令："嗣后如有私刻琐语淫词，有乖风化者，内而科道，外而督抚，访实何书系何人编造，指名题参，交与该部议罪。"[87]对于民间俚曲、歌谣，一律加以管制。康熙二十二年(1683)收复台湾，统一全国，为剪除汉人反清的种族意识，大兴文字狱，凡有嫌涉清朝声誉的文章，都以大逆治罪，制定律例发布到全国各地，所禁止的内容从淫词琐语到非圣非经之作，凡是毁谤圣贤，非议朝政，不利当朝的作品，一概禁毁勿论。康熙诏谕礼部说："朕治天下以人心风俗为本，欲正人心，厚风俗，必崇尚经学，而严绝非圣之书，此不易之理也。"[88]雍正杀年羹尧的借口之一是，进献的贺表"朝乾夕惕，励精图治"，误写成"夕惕朝乾"，以为这是对皇上的大不敬，由此还牵连一批文人学士，侍讲钱名世因给年羹尧写过颂诗，定为"名教罪人"，由雍正书写成匾额，悬挂在钱宅，令在京官员观摩，按照皇帝定的调子，各写诗文，进行揭露、讨伐，侍读吴孝登、陈邦彦因为写的不合圣意，被革职查办。这种诛心之术是清朝文字狱一大发明，现代学者认为这是发动群众大批判的滥觞。乾隆年间文字狱扩大到市井文学，《水浒传》也遭到毁版的厄运，一批晚明的野史如《酌中志》《南迁录》《潞河纪闻》《日本乞师记》《豫变纪略》《樵史演义》，等等，统统销毁，有敢以私藏者，按谋逆大罪

---

[86] 素尔讷等撰：《钦定学政全书》卷七，《书坊禁例》，续修四库全书。
[87] 《钦定学政全书》卷七，《书坊禁例》，续修四库全书。
[88] 《清圣祖实录》卷二百五十八。

处死。每一禁令都牵连一批人死于非命。在这样严酷的迫害下,活跃在晚明社会的一股追新求异的时尚,也就烟消云散,那离经叛道的启蒙思潮就此偃旗息鼓,胎死腹中。

毫无疑问,从古代社会向近代社会的文化转型,是以民主和民权思想的建树,实现文化核心的转换。没有结构性的变动,不足以完成文化转型的使命。晚明启蒙思想与现代意识接轨,必须转换文化的结构与核心,从以伦理为本位转换为以民权为本位,才能发生全新的作用。晚明政治伦理的最高成就,是提出用分权削弱君权的思想,这在封建制度下只能起到调节君主与臣民关系的作用,不能越出用王权制衡王权的局限,可是这一思想与主权在民的现代政治思想相结合,却具有反对封建专制主义的全新意义,这已是三百年后的事了。使黄宗羲始料不及的是,他的《明夷待访录》等到的不是贤明君主,而是掀翻封建王朝的革命志士。中国文化的近代化经历了开启—中断—再开启的艰难历程。历史的因缘际合,使这一过程推迟了三百年。

【刘志琴　中国社会科学院近代史研究所研究员】

原文刊于《中国文化》2007 年 02 期

# 易代之际的生存伦理

## 历史的相似情境及其诠释

蒋　寅

### 一、千古艰难唯一死

历史在任何时候都是一面镜子:在撰写的历史中投入自己的心境,在阅读的历史中窥见自己的身影。有人聆听时,拿历史炫耀自己的学识;无人可倾诉,以历史寄托自己的沉思。清初士人因在现实中出处维艰,彷徨无着,更格外留意过去的和邻近的历史,对历史上的相似情境倍加关注并付以深刻的反思。

历史上文人的境遇和命运,自然是文人最关注的问题。但自从人们发现"心画心声总失真,文章宁复见为人"(元好问《论诗绝句》其六),意识到诗歌作者和本文的相关性存在很大疑问,对历史人物的评价就更增强了"知人论世"的意识。清初的诗歌批评也显示出这种倾向,诗论家因自身处境的进退维艰,格外关注前代文人在政权转移之际的行藏。顾炎武《日知录》卷十九专门有"文辞欺人"一条,论古代作家言行不一的情形,而斥谢灵运、王维为古来以文辞欺人之最。全文很长,为说明问题还是截录一段:

> 灵运身为元勋之后,袭封国公。宋氏革命,不能与徐广、陶潜为林泉之侣;既为宋臣,又与庐陵王义真款密。至元嘉之际,累迁侍中。自以名流应参时政,文帝惟以文人接之,以致觖望。又上书劝伐河北,至屡婴罪劾,兴兵拒捕,乃作诗曰:"韩亡子房奋,秦帝鲁连耻。本自江海人,忠义动君子。"及其临刑,又作诗曰:"龚胜无余生,李业有终尽。"若谓欲效忠于晋者,何先后之矛盾乎?史臣书之以逆,不为苛矣。王维为给事中,安禄山陷两都,拘于普施寺,迫以伪署。禄山宴其徒于凝碧池,维作诗曰:"万户伤心生野烟,百官何日再朝天。秋槐叶落空宫里,凝碧池头奏管弦。"贼平下狱,或以诗闻于行在。其弟刑部侍郎缙,请削官以赎兄罪。肃宗乃特宥之,责授太子中允。襄王僭号,逼李拯为翰林学士,拯既污伪署,心不自安。时朱玫秉政,百揆无序,拯尝退朝,驻马国门,为诗曰:"紫宸朝罢缀鸳鸾,丹凤楼前立马看。唯有终南山色在,晴明依旧满长安。"吟已涕下。及王行瑜杀朱玫,襄王出奔,拯为乱兵所杀。二人之诗同也,一死一不死,而文墨交游之士多护王维,如杜甫谓之"高人王右丞"。天下有高人而仕贼者乎?今有颠沛之余,投身异姓,至摈斥不容,而后发为忠愤之论,与夫名污伪籍,而自托乃心,比于康乐、右丞之辈,吾见其愈下矣。①

这里痛斥谢灵运、王维为古来以文辞欺人之最,可谓是古今最严厉的判词。向来"口夷齐而心盗跖""口山水而心轩冕"的文人很多②,鼎革之际首鼠两端的例子也不少,为什么独挑谢、王二人呢?看到末尾论及今人的表现,我们就知道,王维乃是作为"投身异姓"的先例,用来比照时流的,"至摈斥不容"云云自指钱谦益无疑,而"名污伪籍"以下恐怕就指包括吴梅村在内的全部贰臣辈诗人了。改朝换代的世事翻覆,带来前所未有的心灵激荡,文学中既有最强烈的情感表现,也充斥着心口不一的虚假言辞。所谓"末世人情,弥巧文而不惭,固有朝赋《采薇》之篇,而夕有捧檄之喜者。苟以其言取之,则车载鲁连,斗量王蠋矣"③。至于那

① 黄汝成:《日知录集释》,花山文艺出版社 1990 年版,下册第 852 页。
② 余云焕:《味蔬斋诗话》卷一,宣统二年鸿雪楼石印本。
③ 黄汝成:《日知录集释》卷一九"文辞欺人"条,下册第 853 页。

些贰臣诗中的虚假忏悔,甚至托古人以自解,对最坚定的遗民顾炎武来说更是绝对难以忍受的。所以他论诗的基本宗旨就是对士大夫群体普遍的文行悖离给予猛烈的抨击,以捍卫文学的真诚性。

不过,持顾炎武这样的激烈态度的批评家终究是少数,因为绝大多数人都不具备他那样峻洁的操守,于是对历史人物的出处行藏,更多的还是抱以同情之理解,设身处地去体谅其苦衷。李绂论及王维失节问题,惋惜他未能引决,是为学佛所误。因为欧阳修说过,老氏贪生,释氏畏死[4]。实际上问题没那么简单,人既有性格软弱的一面,事也有不得已的情形,能否引决显然与诸多因素相关。当时被捕的官员中,还有古文家李华。独孤及《检校尚书吏部员外郎赵郡李公中集序》载:

> 时继太夫人在邺。初,潼关败,书闻,或劝公走蜀诣行在所。公曰:"奈方寸何?不若间行问安否,然后辇母安舆而逃。"谋未果,为盗所获。二京既复,坐谪杭州司功参军。太夫人弃敬养,公自伤悼:以事君故践位,乱而不能安亲;既受污,非其疾而贻亲之忧;及随牒愿终养,而遭天不吊,由是衔罔极之痛者三。故虽除丧,抱终身之戚焉。谓志已亏,息陈力之愿焉。因屏居江南,省躬遗名,誓心自绝。无何,诏复授左补阙,又加尚书司封员外郎。玺书连征,公卿已下,倾首延伫,至止之日,将以司言处公。公曰:"焉有隳节夺志者,可以荷君之宠乎?"遂移疾请告,故相国梁公岘之领选江南也,表为从事,加检校吏部郎中。明年遇风痹,徙家于楚州。疾痼贫甚,课子弟力农圃,赡衣食。雅好修无生法,以冥寂历思虑,视爵禄形骸,与遗土同。[5]

这是因高堂之累忍辱偷生的例子,事后他和王维一样,都深怀失节之耻,谢人事,远离庙堂,低调地度过余生。由于他不如王维名气大,被羁过程及授伪职也没什么详细记载,在历史上不太引人注意,后世论及降臣也很少提到他。而宋末降元的方回就没有这么好的运气了,虽然他才名远不能和李华相比,但投降经过及心

④ 李绂:《王右丞全集笺注序》,《穆堂别稿》卷二十五,珊城阜祺堂道光十一年重刊本。
⑤ 独孤及:《毗陵集》卷十三,四部丛刊初编本。

理活动班班可考，终于成为后人议论出处问题的一个话题。

台湾学者萧启庆曾根据政治态度的不同，将宋元之际的遗民分为激进、温和、边缘三类，其边缘一类以周密和方回为例，论其特征，说："'边缘型'之遗民，乃指其人政治态度模棱两可，虽然忠于宋室，却不排斥元朝统治，亦不避讳与北人为友。而且政治行为前后不一，或是先归隐山林，而后出仕元朝；或是先归顺元朝，却又罢官归田，并不失遗民节操。"⑥我不太理解萧先生出于什么理由将周、方二人划为"遗民"，更不太理解他为什么将先隐后仕或先仕后隐的人物算作遗民，这恐怕不符合传统观念吧？按自古以来的看法，方回的经历只能让人将他归入贰臣中。

关于方回降元前后经过，周密《癸辛杂识》有这样一段记载："先是，回为庶官时，尝赋《梅花百咏》以谀贾相，遂得朝除。及贾之贬，方时为安吉倅，虑祸及己，遂反锋上十可斩之疏，以掩其迹。时贾已死矣，识者薄其为人。有士人尝和其韵，有云：'百诗已被梅花笑，十斩空余谏草存。'所谓十可斩者，盖指贾之幸诈贪淫褊骄吝专谬忍十事也。以此遂得知严州。未几北军至，回倡言死封疆之说甚壮。及北军至，忽不知其所在，人皆以为必践初言死矣。遍寻访之不获，乃迎降于三十里外，大帽毡裘，跨马而还，有自得之色，郡人无不唾之。遂得总管之命，遍括富室金银数十万两，皆入私橐。有老吏见其无耻不才，极恶之。及来杭，复见其跪起于北妓之前，口称小人，食猥妓残杯余炙，遂疏为方回十一可斩之说，极可笑。"⑦这段记载在明代虽受到都穆《南濠诗话》的质疑，但终因未举出有力的论据而为《四库提要》所不取，相沿遂成定论。据方回《先君事状》说，至元十三年(1276)正月辛卯，南宋朝廷递交降表并诏谕州郡归附，郎中王世英、萧郁代表朝廷带兵五千到严州传达诏谕，这与《元史》的记载是一致的。而括富室金银皆入私囊的记载，看来也是周密要证明其降元出于"人品卑污"的丑诋⑧。或许是士林的物议使方回感到难以忍受的羞辱，他在至元十九年(1282)撰写的《先君事状》篇末特别"泣血再书"，交代降元始末及用心。据他自述，降元的理由有

⑥ 萧启庆：《宋元之际的遗民与贰臣》，《内北国而外中国：蒙元史研究》，中华书局2007年版，第151页。

⑦ 周密：《癸辛杂识》别集卷上，影印文渊阁四库全书本。

⑧ 罗超：《方回降元之文化诠释》(《殷都学刊》2001年第2期)对此有辨正，可参看。

三点:首先是国亡主迁,奉诏而降;其次是为免屠城之灾,保全一方生灵;第三即所谓“屈伸出处,《易》有时义”。第一个理由如上所述,确是事实;第二个理由,他举出历史依据:“陈寿书谓,霍戈、罗宪各保一方,举以内附,此虽非人臣之正道,然国亡主迁,土地人民无所归,为小郡者力不能全国矣,全其郡民可也。”在当时的形势下,抵抗肯定是徒劳的,就像他在《兀林答问》里记载的元将查喇温劝降邳州的话:“金国土宇河南河北,皆我朝有矣。汝邳州不过一掌之大,汝不知天命,不顺人心,不好投拜,破城之日,无男女龆龀不留,徒死何益?”[9]如果选择抵抗,玉石俱焚,自己却能博得忠烈之名;而选择投降,城池人民可全,但自己将以失节永远在历史上留下骂名。最终他选择了投降,也就是说甘愿以个人的千秋骂名换取严州官兵士民的性命。为了让世人理解自己的苦心,他在《南唐》一诗中借南唐降宋来说明这种历史情境的两难抉择:“失身亡国非无痛,保士全民尚可矜。”[10]这并非不是实情。唐代张巡、许远死守睢阳最终使江淮得以保全,遏止了安史叛军南下的势头;而在国亡主迁,大势已去的此刻,以严州一城生灵拼死抵抗,除了博得个人的忠烈之名,套唐代曹松《己亥岁》的名句就是“一将功成万骨枯”外,更无任何意义。所以,在方回降元的理由中我是很赞赏这一点的。第三个理由,根据儒家的处世原则,乱世择主向来是天经地义的。更何况他衷心认为“天以大元世祖皇帝圣神文武,一统天下,时则有若巴延丞相,如阿衡之于成汤,太公之于武王,可谓声应气求,云龙风虎之会哉!”“然则以世祖皇帝之圣,佐以巴延丞相之贤,天固与之。宋以老后幼主,佐以权臣贾似道之奸,其罪之尤大者,叛盟爽约,留信使于淮郡,援逆雏于山东,天实亡之。福善祸淫皆天也”[11]。而且他还引用孔子所谓“殷有三仁”之说,肯定微子离君去国,箕子佯狂欺君,比干死节谏君,都不失为正当的选择。其说不可谓不辩,可是这些理由都绕不过夷夏大防的问题。比如第三点,直到清末林传甲在光绪二十六年(1900)日记中还提道:“刘昶、萧宝夤受异姓之王封,刘歆、李振、赵孟颒受异姓之禄养,莫不以微子之去为说,是诬古人矣。”[12]

---

⑨ 方回:《兀林答问》,段松苓辑:《益都金石记》卷四,光绪刊本。
⑩ 方回:《桐江续集》卷三,影印文渊阁四库全书本。
⑪ 方回:《平宋录序》,刘敏中:《平宋录》卷首,影印文渊阁四库全书本。
⑫ 林传甲:《筹笔轩读书日记》,商务印书馆 1915 年版,第 164 页。

方回自己心里又岂能不清楚？如果不是投降异族，这些理由都是很坚硬的，但就因为屈身投事的是异族，传统的夷夏之防的观念经常让他陷入进退失据的尴尬境地。自撰《虚谷桐江续集序》，竟标举"读《春秋》而知天子诸侯大夫陪臣内夏外夷之名分"⑬，他自然不会不知道宋元也有内夏外夷之分，儒家出处原则并不适用于夷夏之间。因此，他虽然为自己的降元百计辩解，冀望得到"后世之公论"的谅宥，但"失身"之感仍像蛇一般缠绕着他。尤其是想到死节的友人，每有"默数前死者，愧兹今独生"的惭疚⑭，总也摆脱不了"失身羁妇过昭君冢，偾军老将上李陵台"的负罪感⑮。直到休官后所作《二月十七日偕宾旸市饮二首》还说："误着儒冠玷甲科，休官重到旧沙河。未妨缓步微行好，犹恐傍观窃议多。"⑯《自释休官之意》也说："七载休官学老农，间关垂死脱兵锋。折腰早觉身难屈，饶舌悬知世不容。"⑰这种心中有愧、忧讥畏哂的心态有时也流露在文学批评中。大德三年(1299)作《刘元德诗评》论及其咏陶诗："我爱陶元亮，忠肝义胆存。不忘一饭报，况受累朝恩。解印彭泽县，归田栗里村。贫非无粟在，宋粟不堪飧。"方回说："此等诗当忘言。且陶元亮六十三以死，刺史王宏之酒亦不拒也，刘裕后何曾不吃饭来？用夷齐周粟事，恐徒多纷纭。"⑱表面上是规劝朋友勿盲目拔高陶潜，骨子里不乏为自己解嘲的意味：陶公也是人嘛，何况我辈呢！晚年的方回，心境异常凄凉，舆论的压力，内心矛盾的不可调和，加上对元朝幻想的破灭，使他陷于身体和心灵都没有归宿的绝望状态中："他乡仍故国，何处可求安？"⑲他本来做了一个有价值的选择，保全了一城老幼的性命，可终究因为浸渍于传统的伦理观念尤其是夷夏之防的意识太深，就陷入失节的耻辱和道德的自责而无法自拔，这不是他个人的悲剧，而是整个文化的悲剧。罗超说："方回降元并不是单独个人的道德品质问题，而是支配他的文化观念出了问题。在中国士大夫文人的传统意识中，这种'委屈出处'的处世原则，往往蜕变为'识时务者为俊

---

⑬ 方回：《桐江续集》卷三十二。
⑭ 方回：《西斋秋日杂书五首》之五，《桐江续集》卷五。
⑮ 方回：《闻笛叹》，《桐江续集》卷九。
⑯ 方回：《二月十七日偕宾旸市饮二首》之一，《桐江续集》卷十。
⑰ 方回：《桐江续集》卷十三。
⑱ 这一节参考了罗超《方回降元之文化诠释》一文的论述，谨致谢忱。
⑲ 方回：《次韵志归十首》之一，《桐江续集》卷四。

杰'的投降哲学,我们从方回降元到《桃花扇》中的侯方域降清,以至近代周作人降日,都可以看出这种懦弱而麻木的文人心态。联想法国作家都德所写的《最后一课》,不是让人觉得中国传统文人身上缺少一点英雄气概吗?"[20]这样看问题我觉得稍微有点简单化。投降哲学恰恰是西洋文化的产物,别忘了,法国是在二战中正式投降德国的。如果我们承认生命有天赋的价值,保存生命就能成为投降的理由。中国正因为没有这种投降哲学,加上夷夏之辨的文化优越感,就造成社会严酷的舆论环境和个人内心不可调和的剧烈冲突。

其实,为人谁不爱生而恶死呢?陈子龙诗云"男儿捐生苦不早"(《岁晏仿子美同谷七歌》其二),不过是急欲为国捐躯的慷慨豪情,也是壮志难酬的焦虑。但在宋元易代之际,贰臣的偷生之辱及随之而来的舆论谴责,竟让为之惋惜的人生出一种奇特的判断,即相对苟活而言,早死乃是一种幸运。南宋淮南节帅夏贵降元后,四年而卒,有人赠诗云:"自古谁无死,惜公迟四年。问公今日死,何似四年前。"又有吊墓者赋诗云:"享年八十三,而不七十九。呜呼夏相公,万代名不朽。"只要回顾一下历史,我们就会发现这种对士大夫殉节的要求和偷生的惋惜,是前所未有的一种社会意识,是宋代理学风行,士大夫重视纲常、崇尚名节的结果。不要说在朝代更替频繁、士大夫历仕数代(如沈约)的南北朝时期不可能出现,就是隋唐五代之际也没看到类似的议论。但从元代以后,士大夫群体和社会观念普遍对殉节持鼓励态度[21],类似的讥讽便为世所习惯,不觉得有什么过分了。

后人咏夏贵的两首诗,到清末曾被金武祥与查慎行咏钱谦益的"死无他恨惜公迟"之句联系起来,说二诗虽各有其妙,但不如查诗"语简而词婉"[22]。陈夔龙《梦蕉亭杂记》也感叹钱谦益"乙丙之际不恤徇乡人之请,首先列名劝进,晚节不终,识者惜之。然太史亦老态龙钟,不久即归道山。傥早没数载,宁非全福?

⑳ 罗超:《方回降元之文化诠释》,《殷都学刊》2001年第2期。

㉑ 关于这一点,可参看吴鹏《论杨龙友的文化选择:兼论晚明士人"殉死心态"》(《贵州社会科学》2004年第6期)、姚蓉《男儿捐生苦不早:论陈子龙之死兼谈明末士人对待死亡的心态》(《中山大学学报》2003年第1期)两文的讨论。

㉒ 金武祥:《粟香二笔》卷三,光绪刊本。

昔查初白吊钱蒙叟云：'生不同时嫌我晚，死无遗憾惜公迟。'"[23]两人所引查诗文字略异，就对仗论当然以金引为长，但"死无他恨"暗示"独有此恨"，犹有体谅其忏悔之意，"死无遗憾"则见略无羞怍之意，更近于诛心。引人惋惜的当然不只是钱谦益，深刻忏悔的吴梅村更让后人怜悯。如吴本锡《读吴梅村诗有感》云："一死可怜非易事，令人却忆息夫人。"[24]甚至入清后仍不改旧日公子做派的侯朝宗，也同样令人惋惜不早死而致失节。周茂源有《阅侯朝宗壮悔堂集诗以吊之》写道："漫怜玉树埋黄土，一死无虞晚节倾。"[25]人们不约而同地都付以类似的叹息：如果这些名士早死几年，不就能避免晚年失节的耻辱了吗？这种感觉无疑是众所共有的，但也不可否认是出于对一首经典作品的共鸣。

从前后引述的作品中，我们一再看到"一死"和"息夫人"两个词，这正是与贰臣境遇及评价相关、构成特定诗性话语的关键词，它们出自邓汉仪《题息夫人庙》一诗：

> 楚宫慵扫黛眉新，只自无言对暮春。
> 千古艰难唯一死，伤心岂独息夫人。

诗以咏古的形式，曲折地表现了贰臣的处境和遗民的心态，所谓"微词胜于直斥，不著议论，转深于议论也"。息夫人的故事见于《左传·庄公十五年》："楚子如息，以食入享，遂灭息，以息妫归。生堵敖及成王焉，未言。楚子问之，对曰：'吾一妇人而事二夫，纵弗能死，其又奚言？'"到唐代，这个忍辱偷生的故事就以鲜明的伦理色彩成为现实情境的参照。孟棨《本事诗》载："宁王曼贵盛，宠妓数十人，皆绝艺上色。宅左有卖饼者妻，纤白明媚。王一见注目，厚遗其夫取之，宠惜逾等。环岁，因问之：'汝复忆饼师否？'默然不对。王召饼师，使见之，其妻注视，双泪垂颊，若不胜情。时王座客十余人，皆当时文士，无不凄异。王命赋诗，

---

[23] 陈夔龙：《梦蕉亭杂记》卷二，香港龙门书店1996年影印本，第198页。
[24] 吴本锡：《寄云楼诗集》卷三，嘉庆二十五年刊本。
[25] 周茂源：《鹤静堂集》卷七，天马山房藏版本。

王右丞维诗先成:‘莫以今时宠,宁忘昔日恩。看花满眼泪,不共楚王言。’”[26]宋张表臣《珊瑚钩诗话》又举杜牧《息夫人》诗:“细腰宫里露桃新,脉脉无言几度春。至竟息亡缘底事,可怜金谷坠楼人。”认为相比王维之作“语意远矣。盖学有浅深,识有高下,故形于言者不同矣”[27]。到清初,邓汉仪用息夫人的身世来比拟贰臣的境遇及其难言的苦楚,既有本质的相似性,又合乎香草美人的传统表现方式,于是在当时引起广泛的共鸣。虽然一时还难以断言它是由什么途径被经典化的,但起码《国朝诗别裁集》的选录,会使它广泛传播。同时及后世作品一再显示的互文性,足以说明它在当时脍炙人口,并在很长时间内影响到同类文本的取意和构思。

然而在国变关头,决然赴死的节烈之士毕竟是少数,大多数人都随着岁月步入新朝,以不同身份度过他们的后半生,这些人也需要有一个说法。姚光《徐闇公先生残集序》称引邓汉仪“千古艰难唯一死”之句,以为“夫一死固难,然有激于一时之义愤,则慷慨赴死,亦易事耳。凡人遇国亡之际,往往偷延残喘,卒贻污名于书史,此皆操守之不坚;故一死非难,唯不死而侘傺无聊,困苦备尝,仍能守节不渝以终者,为尤难矣”[28]。这里做了一个翻案文章,强调苦志守节、矢志不渝,是比激于一时义愤、慷慨赴死更为不易的事,这就给无数遗民一个莫大的安慰。

士大夫阶层不仅是文化的传承者,而且是文化的塑造者。他们的作品所显示的价值观,直接影响到伦理的确立及传播。“千古艰难唯一死”,在哂笑贰臣辈贪生畏死的同时,无形中也化解了死节的必然性和强制性,给当事人一个自我解嘲的借口,也给旁观者一个宽容的理由。对于身处王朝代兴之际的文士,即使未能死节的,也该谅其苦心,审其出处之迹,尊重当事人的政治选择。比如,顾嗣立《元诗选》以元好问冠首,就引起后人的不满。杨学易《顾侠君选元百家诗以元遗山先生冠其首因题于后》论之曰:“古人立身有终始,麦秀歌残肯再仕。选诗莫作文艺看,是中微具《春秋》旨……古来期颐最误人,每恨贤豪不能死。天

---

[26] 孟棨:《本事诗》卷一,《历代诗话续编》,中华书局1983年版,上册第5页。

[27] 张表臣:《珊瑚钩诗话》卷三,《历代诗话》,中华书局1981年版,上册第471页。

[28] 姚昆群等编:《姚光全集》,社会科学文献出版社2007年版,第45—46页。

公欲使名德昌，早遣先生骑箕尾。生前不作莽大夫，死后应书前进士。谁将诗集冠蒙古，想见九原目犹视。渊明岂肯臣寄奴，我欲挥毫删宋史。若将公集殿《中州》，完颜一代成起止。”㉙这是说元好问虽出仕元朝，但内心始终以金人自居，取以冠《元诗选》，便扭曲了诗人的夙志。这种评论历史人物的厚道用心，与陈寅恪先生说的“同情之理解”是有相通之处的。

## 二、传承文化作为偷生的一个理由

亡国所以说是一个非常不好的境遇，就在于它将大多数士人逼到一个死不需要理由，而生的理由却需要论证的境地。享受王朝爵禄的士大夫就像一个借据到期的债务人，现在他需要以死来偿还王朝的恩典。“千古艰难唯一死”虽可聊以解嘲，但毕竟不足以摆脱耻辱，那些谊必殉节、应该引决的人，如果贪生怕死，同时又想逃避舆论的谴责，就必须为偷生找到一个正当的理由。

最近看到有学者说，“在改朝换代时，作为仕宦文人，选择珍爱生命，也就是选择了担当和传扬文化”㉚，并分别举出冯道、赵孟頫和方孝孺作为正反两方面的例子，我觉得大可推敲。对今人来说，抱有这种“同情之理解”当然是需要的，但也要看事主的行迹是否有助于传承文化，笼统地肯定选择生命，难免不成为苟且偷生的一种借口。这在历史上并不是没有先例。即以明清之交而言，就有一个历史人物的命运因涉及这一问题，而成为当时议论的话题。此人就是由元入明的危素。钱谦益《列朝诗集小传》甲集载：

素字太朴，金溪人。至元元年，入经筵为检讨，累迁至翰林学士承旨。元亡，召至南京。洪武二年，授翰林侍讲学士，知制诰，同修国史。三年，兼弘文馆学士。俄有诏，出居和州，再岁而卒。大兵之入燕也，趋所居报恩寺入井，寺僧大梓力挽起之，曰：“国史非公莫知；公死，是死国史也。”兵垂及

---

㉙ 杨学易：《抑隅堂集》，引自《亦园脞牍》卷二，光绪七年明州重刊本。

㉚ 杨居让：《传扬文化——改朝换代时仕宦文人的另一种选择》，《唐都学刊》2009 年第 1 期。

史库，言于主帅，辇而出之，累朝实录得无恙。入国朝，甚见礼重。上一日闻履声，问为谁，对曰："老臣危素。"上不怿曰："我道是文天祥来。"遂谪佃和州。有文集五十卷，宋元史稿若干卷，皆失传。[31]

这里的叙述大体本自宋濂所撰《危公新墓碑铭》，虽然危素投井被止的经过被删略一些细节[32]，但基本情节还是相符的，倒是危素被贬和州的原因，钱谦益省略了一个重要的情节："（洪武）三年，兼弘文馆学士。是年冬，监察御史王著等劾公亡国之臣，不宜用。公坐免，诏出居和州。"联系钱谦益本人的经历来看，被删节的这段话对他恰好是个讽刺性的对照，而僧大梓力止危素投井的话对他的仕清又不无辩护之意。按大梓的说法，危素不死的理由确实是很冠冕堂皇的。如果他除了保护实录，还为修《元史》做出贡献，那倒也罢了，但结果并不是那样，以致黄宗羲《补历代史表序》在表彰万斯同对《明史》的贡献时捎带谴责了危素的虚伪："嗟乎元之亡也，危素趋报恩寺，将入井中。僧大梓云：'国史非公莫知，公死，是死国之史也。'素是以不死。后修元史，不闻素有一辞之赞。及明之亡，朝之任史事者众矣，顾独藉一草野之万季野以留之，不亦可慨也夫！"[33]尽管如此，我们还是看到，传承文化确实可以作为偷生的一个理由，至于是否能得到当时或后世的认可，就要看当事人的所作所为了。

人们之所以对出于文化传承理由的苟生可以原谅，很大程度是因为对华夏文化拥有充分的自信。坚信只要保证华夏文明不至灭绝，它就终究能实现以夏化夷的理想远景。黄宗羲说："素中国行乎中国，素夷狄行乎夷狄。古老相传礼教二字，就是当路之准的。蒙古据有中国，许、赵之功高于弓矢万倍。自许、赵出，蒙古亦中国矣。"[34]这可以说是一种文化胜利的意识。他在《宋元学案》中仍

---

[31] 钱谦益：《列朝诗集小传》，上海古籍出版社 1983 年版，上册第 83 页。

[32] 宋濂：《危公新墓碑铭》："及再任翰林仅一年，而大兵入燕，公曰：'国家遇我至矣！国亡，吾敢不死？'趋所居报恩寺，脱帽井旁，两手据井口，俯身将就沉。寺僧大梓与番阳徐彦礼大呼曰：'公毋死，公毋死！公不禄米四年矣，非居位比。且国史非公莫知。公死，是死国之史也。'力挽起之。已而兵入府藏，垂及史库，公言于镇抚吴勉辇而出之，由是累朝实录无遗阙者，公之力也。"《宋濂全集》，浙江古籍出版社 1999 年版，第 3 册第 1464 页。

[33] 黄宗羲：《南雷文约》卷四，乾隆刊本。

[34] 黄嗣艾：《南雷学案》卷一引，上海正中书局 1936 年版，第 7 页。

旧将元儒置于儒学承续、流传的统系中,并不以其处于夷狄之世而夷狄之,正是基于这种认识。

清朝定鼎中原,汉族士大夫再度置身于类似元代的文化境遇中。他们所以能忍受薙发易服之辱,偷生苟活,就是相信能够以学术救天下。李二曲《答许学宪》云:“世道隆污,由正人盛衰;而正人盛衰,由学术明晦。故学术明则正人盛,正人盛则世道隆。此明学术所以为匡时救世第一务也。”㉟将此言与陆世仪《答汉阳黄赤子论学书》参看,可以体会当时有识之士欲以振兴学术来救亡图存的信念。唯此之故,士大夫面临死殉的质疑时,也可以用学术来解嘲。张凤翔在明已官尚书,为士林所推,仕清为刑部尚书。年七十余恋栈不去,后侍宴跌仆,帝令致仕,乃上所撰《礼经》《乐经》而去。自撰年谱云:“甲申之变,欲死而不得。吏部侍郎孙二如昌龄谓已曰:‘箕子不死者,以《洪范》也。公有《礼》《乐》二经,道统在焉,亦箕子之九畴也,何必死?’”㊱这未免像清末林传甲说的,“刘昶、萧宝夤受异姓之王封,刘歆、李振、赵孟頫受异姓之禄养,莫不以微子之去为说,是诬古人矣”㊲。但在清初的文化语境中倒也不失为一种说辞。

其实遗民们的生存感觉也不是很好,虽然他们无须为不死而辩解,但并不意味着就活得快乐。我觉得他们中的许多人似乎都是为学术、为将来活着。像顾炎武说的“意在波乱涤污,法古用夏,启多闻于来学,待一治于后王”㊳,“有王者起,将以见诸行事,以跻斯世于治古之隆”㊴。即使在当时得不到实践,也要保证理论上的正确,因为他们视之为元理论建设。正如魏禧《寄费所中》所坦言的:“我辈学术,都无实事可见,只得向纸上勘取。然此虽空言,正如农家播种,此处一差,满田生发都错。”㊵当然,他们也极留意经世之学。魏禧《左传经世序》称:

---

㉟ 李颙:《二曲全集》卷十七,中华书局1996年版,第172页。
㊱ 王士禛:《池北偶谈》卷八,中华书局1982年版,上册第186页。
㊲ 林传甲:《筹笔轩读书日记》,商务印书馆1915年版,第164页。
㊳ 顾炎武:《与杨雪臣》,《顾亭林诗文集》,中华书局1983年版,第139页。
㊴ 顾炎武:《与人书二十五》,《顾亭林诗文集》,第98页。
㊵ 魏禧:《魏叔子文集》卷七,宁都三魏文集本,道光二十五年谢若庭绂园书塾重刊本。

读书所以明理也，明理所以适用也。故读书不足经世，则虽外极博综，内析秋毫，与未尝读书同。经世之务莫备于史。禧尝以为：《尚书》史之太祖，《左传》史之大宗，古今治天下之理尽于《书》，而古今御天下之变备于《左传》。[41]

因此他治《左传》专着眼于经世之用，撰有《左传经世》《春秋战论》，又研究兵法，著《兵谋》《兵法》。顾炎武更是毕生致力于经济之学，在明末就“感四国之多虞，耻经生之寡术”[42]，自崇祯十二年（1639）开始撰著《天下郡国利病书》和《肇域志》。明亡后又作《军制论》《形势论》，并在《日知录》中系统地阐述自己研究历代政治、思想、制度沿革的心得。后人称其著述“繇体及用，简其大法，当可行于天下，而先王之道必不衰”[43]，顾炎武及其同代人的学术无不具有这种现实意义和历史意义。

每当朝代变换、世道转折的关头，读书人所能做的只是以学济世，所以基本思路和现实策略也不外乎讲求学问：“欲挽世运，必先正人心；欲正人心，唯有讲学。”[44]直到清末民初，情况依然如此。

民国三年（1914）吴宓与汤用彤讨论亡国时的自我选择问题，吴宓说“上则杀身成仁，轰轰烈烈为节义而死；下则削发为僧，遁于空门或山林，以诗味禅理了此一生”，而汤用彤则说，亡国之后，作为学人不必一死了却，因为有两件事可以作为选择：从小处说，是效匹夫之勇，以武力反抗，以图恢复；从大处讲，发挥学人的内在精神力量，潜心于学问，并以绝大的魄力，用我国五千年的精神文明，创造出一种极有势力的新宗教或新学说，使中国在形式上虽亡，而中华民族的基本精神和灵魂不灭，且长存于宇宙。这将是中华民族不幸后的大幸[45]。应该说，两人的选择都有传统和历史的依据，但汤用彤的主张无疑更符合中国古代士人面临现实处境时的态度和选择。

---

[41] 魏禧：《魏叔子文集》卷八，宁都三魏文集本。
[42] 顾炎武：《天下郡国利病书》序，《顾亭林诗文集》，第131页。
[43] 简朝亮：《朱九江先生讲学九记》引，《读书堂集》卷一，民国间排印本。
[44] 王守恂：《仁安笔记》卷二，民国十年刊本。
[45] 沈卫威：《早年吴宓》，《人物》2000年第3期。

## 三、出处与守节的“分谊”

时过境迁，当有关死节的争议尘埃落定，为文化传承而偷生的理由也获得认可，这时，一个与多数士人的命运与选择相关的问题就浮现出来：死节之臣毕竟是凤毛麟角，传承文化也并非任何人都有此能力，那么大多数普通士人将以什么姿态、什么方式进入新朝呢？

近代以来，顾炎武、黄宗羲、王夫之和钱谦益、吴梅村分别被视为遗民、贰臣的代表，其命运与选择所带来的荣耻毁誉，学界都已有定论。只有侯方域，情况比较复杂。孔尚任《桃花扇》将他写成一个有气节、隐遁以终的烈士，而欧阳予倩改编此剧，却将他的形象描绘成“两朝应举”的变节者。六十年代后“投降变节”之说遂成定论。直到何法周、谢桂荣先生发表《侯方域生平思想考辨》一文，考证侯朝宗的两次应试都出于清廷的逼迫，而他始终未就范，“坚决不向清方屈节”，这才使所谓“变节”问题得到澄清㊻。弄清侯朝宗出处问题的真相，当然是很有意义的，但何、谢两先生立论的前提却值得斟酌，因为它是基于这样一个判断：应试出仕属于变节行为，丧失气节，品行卑污。这意味着，如果侯朝宗最终被证实果真应试出仕，那就难辞投降变节之咎了。也许两位作者没想这么多，但从侯朝宗之世直至今天，人们确实都是这么看的。仕清不只是个做贰臣的问题，屈事异族更有汉奸之嫌。

不是吗？“江左三大家”虽负诗文盛名，只因名列贰臣，一直未获得较高评价；而学术地位相当的顾炎武、黄宗羲、王夫之等人，却因坚守遗民立场而备受推崇。这巨大的反差，仅以王朝政治认同是难以解释的，它背后有着更为复杂的夷夏之辨的问题。历史上，韩非子的仕秦，萧何、张良的仕汉，房玄龄、杜如晦等十八学士的仕唐，以传统道德看都属于丧失气节、品行玷污之举，但没见人加以非

---

㊻ 何法周、谢桂荣：《侯方域生平思想考辨》，《文学遗产》1992 年第 2 期。卞孝萱先生也根据侯方域应试前后的一贯言论，认为他应试不是心甘情愿的，见《侯方域论》，《卞孝萱文集》第五卷，凤凰出版社 2010 年版，第 262—270 页。

议。因为那是良禽择木而栖，良臣择主而事，更主要的是他们效忠的都是汉人，不是异族。而方回、王沂孙的仕元，钱牧斋、吴梅村等人的仕清，因系投降异族，就让人无法容忍。渗透于历史评价中的这种夷夏观念，不仅在当时主导着社会舆论，直到今天也在下意识中影响着我们对历史人物的评判。

我有些奇怪，为什么时至今日，“异族”的偏见仍横亘在我们的脑子里挥之不去？在此我不想搬用“多民族统一国家”的主流话语，也不想引证现代民族国家的理论，来谈论这一问题。而只想追问：所谓不事新朝、不事异族（这常与民族气节、爱国主义联系起来），这究竟是出于一种什么样的观念？说穿了就是家臣之忠和民族优越感。从夷齐的不食周粟到谢叠山的绝粒于大都，自来奉行的都是一个观念：受一朝的恩典，享一朝的荣华，便要奉一朝的正朔，做一朝的人臣。君臣之不可改换，正像父子的名分。从传说中的夏禹传位其子后，天下便成了君主独自拥有的东西。新王朝的诞生总是从旧王朝手中夺取天下，于是天下递为姬、嬴、刘、司马、李、赵、朱家的天下。这就是《礼记·礼运》所说的“大道既隐，天下为家”。然而人总要生存，旧王朝覆灭时，臣民不可能“靡有孑遗”；更何况，这里还有个生存境遇优劣的问题，否则便不会有“奚我后”的渴望了。就明清之际而言，连老百姓都不愿做朱家的子民，要随李闯王造反；士大夫如陈之遴，在甲申之变中作《燕京杂诗十二首》，“局外快心之语多，故国旧君之感少”；王铎在弘光帝被逮往南京，明旧臣进见时“独直立戟手，数其罪恶，且曰：‘余非尔臣，安所得拜！’遂攘臂呼叫而去”[47]；吴伟业撰《绥寇纪略》（又名《鹿樵纪闻》），甚至将南都陷落、薙发令下后再抗清的黄淳耀、阎应元、吴易、徐石麒等人归入“南都愚忠”之列。而我们生于三百年后的人，却还责晚明士人为故国守节，这合乎情理吗？

当明朝气数将尽之际，四方逐鹿者一如项羽、刘邦之于秦末：“彼可取而代之也。”顾代之者为谁耳。无论福临代之，吴三桂代之，还是张献忠、李自成代之，其结果对于臣民都是一样的；而对于历史来说，那就是物从天择，强者生存。乾隆间史学家章学诚已说过：“我朝以讨贼入关，继绝兴废，褒忠录义，天与人归，而于故明但有存恤之德，毫无鼎革之嫌。”所以他宣称“自唐虞三代以还，得

---

[47] 董潮：《东皋杂钞》卷三，艺海珠尘本。

天下之正者,未有如我大清”[48]。如果说实斋于文字狱盛行之际出此言,可能还有些矫饰的成分,那么在清末强大的排满思潮中,人们就应该能直言满清王朝的合法性了。张廷骧《不远复斋见闻杂志》说:“天之视中外原无分种族,惟能仁者归之。满洲入主中夏,在李闯陷北京,壮烈殉国之后,非篡弑可比,其得国尚近于正。”[49]这种议论明显受到近代物竞天择的自然法则的影响,故旗帜鲜明地肯定满清代明的正当性和优越条件。其实,明清的代兴已清楚表明,汉族堕于游谈心性的礼乐文化,在女真人强悍的武力面前毫无自存的能力。此刻,谁是可栖之木、可事之主,实在是一目了然。按传统观念,自以屈事异族为耻,但站在今天的立场上,我们还能持那样的偏见吗?当然,也许有人会说,对有扬州、江阴屠城之仇的敌族,怎么能卑躬屈膝?这在感情上的确是难以接受的。但我们还是应该想到,每一个新王朝都是建立在白骨堆上,每一个开国皇帝都是双手沾满鲜血的。看看五代朱全忠的传记,就知道杀戮和残暴在藩镇战争或民族战争中是没有差别的,同民族品性、夷夏之辨也没有必然的联系。这样,对易代之际的士民来说,出仕与否就完全是一个个人的现实选择问题,在明清之交人们已看得很透彻。

中国古代知识分子因缺乏必要的经济基础,只能靠学而优使自己的身份由士转变为仕。在任何时代,生存的需要都将他们推向封建王朝的官僚体制,而达则兼济天下的人生理想更将他们推向英明可靠的统治者。做范文程还是做史可法,不仅关系到个人前途,也影响及天下民生。宋荦《筠廊二笔》记载他所看到的范文程奏本,曾高度赞扬其建议对安定天下、减少兵燹破坏所起的良好作用。中国传统的社会理想是“大道之行也,天下为公,选贤与能,讲信修睦”,后人将“天下为公”解释为“天子之位,传贤而不传子也”[50]。这虽是儒家对原始社会形态的美化虚构,但从某种意义上说却符合历史发展的要求。既然天下是公众的,要以贤能的标准选择主宰(在现代就是政府),那么在民族和文明力量的竞争结果面前,我们还有什么好说的呢?我们可以为明代政治的黑暗腐败而愤慨而扼腕,也可以为顾炎武一辈仁人志士发奋图强,谋求改造文化的出路而振奋,但又

---

[48] 章学诚:《丙辰札记》,中华书局1986年版,第67页。
[49] 张廷骧:《不远复斋见闻杂志》卷七,民国间铅印本。
[50] 孙希旦:《礼记集解·礼运》,咸丰十年瑞安孙氏盘谷草堂刊本。

有什么理由苛责晚明士人的仕清呢？难道都要他们效死于糜烂的南明小朝廷，成为庸主奸臣的殉葬品吗？

这里触及一个根本性的问题，即个人与国家的关系。自春秋、战国以后，以氏族宗法制为主体的国家形态彻底瓦解，个人与国家的关系不再是基于血缘关系的分封与世袭，而转变为官僚体制下“主卖官爵，臣卖智力”的雇佣关系[51]。血缘关系是不能选择的，而雇佣关系却可以选择。这意味着人们在出处之际与择主而事上，相比孝道有着更大的自由。在这一点上，有个为清人乐道的故事很发人深省。说洪承畴死时备极哀荣，但墓志的叙述颇让人犯难，怎么也无法将他在明朝的显赫地位与降清后的勋业不碍眼地叙述在一篇文章中。据说后来是一个老儒毛遂自荐，以“弑吾君者，吾仇也；弑吾仇者，吾君也”两句斡旋其间，博得洪家重赏。不过，这在当时也遭到非议，说以此类推，女子道“杀吾夫者，吾仇也，杀吾仇者，吾夫也”；男子道“杀吾父者，吾仇也；杀吾仇者，吾父也”，可乎？这确实是一个很俏皮的讽刺，会永远使洪承畴的形象显得滑稽可笑。但那可笑是在掩饰的努力本身，而不在其逻辑推理的荒唐。因为君臣与夫妻、父子之间并不存在类比关系，即使要比的话也是另一种比法。就像前文曾引及的陆世仪《答徐次桓论应试书》所说：

> 闻吾兄为学校所迫，已出就试，此亦非大关系所在。诸生于君恩尚轻，无必不应试之理。使时势可已则已之，不然或父兄之命、身家之累，则亦不妨委蛇其间。今学校逼迫如此，是亦迫斯可以见之义也。近吴中人有为诗歌，以六年观望笑近日应试者，予谓六年后应试与六年前应试者毕竟不同。盖臣之事君，犹人子之事其亲而已。主辱臣死，固为臣之大义，至于分谊不必死者，则不过等于执亲之丧。丧以三年，而为士者能六年不就试，是亦子贡筑室于场之志矣。而必欲非笑之，刺讥之，使之更不如六年前应试之人，则甚矣人之不欲成人之美也！但恐六年之中，其所以不就试者，非出于思念旧君之诚，而徒出于观望规避之私；六年之后其所以就试者，亦非迫而后起，

---

[51] 《韩非子·外储说右下》，陈奇猷：《韩非子集释》，上海人民出版社1974年版，下册第772页。

> 真为斯世斯民起见，而只动心于富贵利达，是则真可鄙耳。弟尝有言：士生斯世，不能致君，亦当泽民。盖水火之中，望救正切耳。[52]

陆世仪以理学名世，明亡后不应科举，讲学以终，可以说是个气节之士。但他的这段议论却十足体现了韩非子君臣相市的观念。他认为臣之报君有“分谊”，到什么地步说什么话。徐次桓在明代只是诸生，谊不必终生守节，迫于各种压力也不妨应试。

很明显，“分谊”在这里是问题的关键，它意味着义务的限度。前文提到，臣僚守节的义务限度与享禄的深浅有关。金亡时，右丞完颜仲德率将士六百人突围，逃到汝水，仲德下马对将士们说：“国已亡，余居宗室，且备位宰相，义固当死；诸公宜早降。”诸将大噪：“相公能死，吾辈独不能死耶？”结果六百人悉赴水死[53]。完颜仲德身为宗室，且位居宰相，其死节自属分谊之内，其他将士效死便超出分谊了。刘宗周当明亡之际，绝食以殉，或劝勿尔，他说：“吾自秀才通籍，历官至御史大夫，今国破家亡，哪得不死？”他也很清楚以自己的职位，死是分谊内的事。魏禧《许秀才传》载，薙发令下后，许王家决意以死殉。或劝曰：“君一秀才耳，未食天禄，奈何遽以身殉乎？”王家曰：“国家养士三百年，所养何事？吾已名列学宫，亦朝廷士也。先师杀身成仁、求生害仁之义，吾讲之熟矣。”卒赴水死[54]。照陆世仪的说法，即使诸生食饩已算享受君恩，“分谊”也不到不可应试的地步，那么殉节就更不是“分谊”内的事了。这是我们谈论时人的出处问题时所必须注意的。

## 四、超越“出处”的文化选择

执“分谊”而尽守节的义务，已明显是用公事公办的态度事君。而陆世仪言“分谊”，还将不可选择的事亲之孝画出界限，以比况报君的限度，更显出他在君

---

[52] 陆世仪：《论学酬答》卷三，小石山房丛书本。
[53] 迺贤：《金台集》《汝水》诗自注，《元诗选》初集，中华书局 1987 年版，第 2 册第 1453 页。
[54] 魏禧：《魏叔子文集》卷十七，宁都三魏文集本；亦见沈德潜《归愚文钞》卷十《明死节四文学传》。

臣关系上持通达的态度。除了重视“分谊”，他还着眼于动机的诚伪，联系到天下民生之苦来判断出处的宜忌，而不是抽象地谈论出处是非。这说明，时人看待出处问题，主要不是着眼于行为本身，而更关注动机如何。黄宗羲《明夷待访录·原臣》曰：“夫天下之大，非一人之所能治，而分治之以群。故我之出而仕也，为天下非为君也，为万民非为一姓也。”陆世仪激励徐次桓济世泽民，正是基于这样的认识。

由于清初社会对士人出仕普遍持宽容态度，亲友的出处，大家都不是很在意。顾炎武虽然很反感李因笃劝李二曲应征，但他同徐乾学兄弟的甥舅关系并未因他们仕清显达而断绝，只是嫌进京住在徐家时“见彼蝇营蚁附之流，骇人耳目”而已[55]。顾炎武本人在66岁时拒绝博学鸿儒之征，固然举世钦佩；但这一年施闰章、汤斌、彭孙遹、汪琬、李因笃、朱彝尊、毛奇龄、孙枝蔚、尤侗、陈维崧、严绳孙、李来泰等186位名士应召之京，也没给这些人的生平带来污点，相反此科倒是有清一代为人乐道的盛事，“抡才之典于斯为盛[56]！”如果说侯朝宗名列明季“四公子”之一，就该奉明正朔，不食清粟，那不就成了黄宗羲所鄙视的“君为己死而为己亡，吾从而死之亡之，此其私昵者之事”了吗？[57] 于情于理无论如何是说不过去的。

更何况，出处问题虽然关乎气节，但明哲保身也夙为儒者处世的原则。仕清一事，褒贬存乎其人之所行而已，并没有什么必不可的理由。且看陈瑚《报李映碧廷尉书》是怎么说的：

> 夫子曰“危行言孙”，《诗》曰“明哲保身”，圣贤之学，蠖屈龙蛰，以全其用。今吾党之爱阁下者，非虑回面易行而丧其所守也，但恐制行太高，立身太洁，触要人之忌，成周章之局耳。谓宜相机观变，稍示委蛇。当事固请，不妨一见谢之，不必逾垣闭门，为已甚之行。此在阁下未为屈节也。[58]

---

[55] 顾炎武：《与潘次耕札》，《顾亭林诗文集》，中华书局1983年版，第167页。

[56] 王士禛《古夫于亭杂录》、法式善《槐厅载笔》、董潮《东皋杂钞》都有类似议论，可参看。

[57] 黄宗羲：《明夷待访录·原臣》，浙江古籍出版社1985年版，第1册第4页。

[58] 陈瑚：《确庵文稿》，清末排印本。

当时有人举荐李映碧，映碧闭门坚拒，陈瑚担心他由此贾祸，因示以权宜之计。宋征舆《钱先生寿序》载，钱谷工制举业，为有司所招，乃父语之曰："与汝约，不十年不可以出。十年者，天道之周也。《易·象》曰：十年乃字，反常也，礼故国者如是而足也。"[59]谷不敢违命，十年后方出应试。凡此种种，后人应该体谅当事人的选择，而不应以正统的封建道德标准来衡量，正像对古代的"节妇"不必去赞美，对追求爱情的"淫奔"也不必去谴责一样。为什么我们在男女情爱方面能以现代人的眼光体谅古人，在出处问题上就不能了呢？说到底还是意识深处的夷夏之辨在作祟。

历史地看，以单一民族为主体的国度，遭到异族侵略，为异族所统治，国民都会有屈辱感，尤其是意识到统治者的文化品位低于本民族时。可历史就是这样无情，汤因比已用大量史实证明，"无论在什么时候，只要在文明和野蛮之间的边界稳定下来，时间永远是对蛮族有利的"。而且，任何一个蛮族入侵者如果未先受过任何其他文化的影响，就很可以成功。[60] 努尔哈赤到多尔衮时代的女真人正符合上述条件，他们的确也成功了。这严酷的事实在当时所激起的并不只是对异族的仇视，更多的倒是对本民族文化的深刻反思；一代人的悲哀心境也不只是对朱家王朝的眷恋，更多的不如说是对汉民族文化的哀挽。史学家章学诚曾说："亡国之音，哀而不怨。家亡国破，必有所以失之之由。先事必思所以救之，事后则哀之矣。不哀己之所失，而但怨兴朝之得，是犹痛亲之死而怨人之有父母也。故遗民故老没齿无言，或有所著诗文，必忠厚而悱恻。其有谩骂讥谤为能事者，必非真遗民也。"[61]姑不论末句对遗民的论断是否有道理，他对亡国遗民的反思意识的强调是符合清初历史状况的。

梁启超在《无聊消遣》中引顾炎武的话说："天下兴亡，匹夫有责。"这句话自近代以来成为最脍炙人口的名言、最激动人心的口号，然而它却并不是顾炎武的原话。顾炎武本来是这么说的：

---

[59] 宋征舆：《林屋文稿》卷四，康熙刊本。

[60] 汤因比：《历史研究》，曹末风等译，上海人民出版社 1966 年版，上册第 178 页、中册第 230 页。

[61] 章学诚：《乙卯札记》，中华书局 1986 年版，第 20 页。

有亡国,有亡天下。亡国与亡天下奚辨?曰:易姓改号,谓之亡国;仁义充塞,而至于率兽食人,人将相食,谓之亡天下……保国者,其君其臣,肉食者谋之;保天下者,匹夫之贱与有责焉耳矣![62]

这或许可视为当时文化救亡意识的觉醒。在对历史的冷静审视中,顾炎武看到了历史模态的循环,历史悲剧的重演,感到汉民族的礼乐文明正走向沦亡,将被异族的野蛮文明所取代。为此他向民族的每一分子(其实主要是"以天下为己任"的士大夫阶层)发出了拯天下沉溺,挽救民族文化于危亡的呐喊。这里值得注意的是,他将国家和天下这两个素来混为一谈的概念作了区分:国家指王朝,是一个政治概念;天下则意味着中原大地和生息在这片土地上的人众、文明,是一个文化概念[63]——黄宗羲《原臣》"天下之治乱,不在一姓之兴亡,而在万民之忧乐"的宣言正是在这一意义上提出的。王朝的存亡,自有食其爵禄者为之负责;而民族和文化的存亡,则与民族的每一分子相关,作为文化承载者的知识人更应理智地审度自己的命运和选择。因为这时个体的命运已同民族、文化的命运联系在一起,个体的选择将成为民族、文化的选择,并决定其未来的前途。

在这严峻的历史关头,最重要的问题是如何兴灭继绝,拯救汉文化的沉沦;个人的出处穷通,相比之下根本无关紧要。因此,陆世仪《与张受业先生论出处书》说:

大约当今时事,不待智者而后知其不可为……窃谓士君子处末世,时可为,道可行,则委身致命以赴之,虽死生利害有所不顾。盖天下之所系者大,而吾一身之所系者小也。若时不可为,道不可行,则洁身去国,隐居谈道,以淑后学,以惠来兹,虽高爵厚禄有所不顾。盖天下之所系者大,而万世之所系者尤大也。[64]

---

[62] 顾炎武:《日知录》卷十三"正始"条,《日知录集释》,花山文艺出版社1990年版,上册第590页。

[63] 郭英德《论顾炎武的遗民心态》(《新国学》第1卷,1999年12月版)一文,说"所谓'天下',乃是一个地域概念,指中国、宇内;所谓'国'(或'国家'),则是一个政治概念,指皇权、朝廷"。此言"天下"为地域概念,与我的理解微有不同。

[64] 陆世仪:《论学酬答》卷一,小石山房丛书本。

的确,在民族文化的现实命运和未来前途这样的大问题面前,个人的出处还有多少可掂量计较的分量呢?说到底不过是个人良心是否说得过去的问题罢了。所以答复徐次桓问出试时,陆世仪说"此亦非大关系所在"。那么,什么是大关系所在呢?首先当然是抗清。顾炎武、阎尔梅、王夫之、毛奇龄、屈大均、吕留良、黄宗羲、归庄、朱彝尊,这一批名士无不参加过抵抗运动,然而形势已无可挽回。用武力已难与清朝抗争的现实,迫使他们为汉民族及文化的前途另选择一条道路,一条切实可行的真正的自救之道。

在对亲身经历的亡国史和明代兴衰史进行深刻反思后,他们达成共同认识,救治汉文化的虚脱和积弱,首先要从改造学风开始。于是他们选择了崇尚实学的道路,希望由此改变汉文化风雅有余而经济不足的根本弊病。当时影响最深远的学术,诸如顾炎武的地理学、音韵学,朱彝尊的经学史整理,王夫之、颜元的哲学,李二曲的性理之学,黄宗羲的政治学、思想史研究,无不是这一信念的具体实践。顾炎武致黄宗羲书,清楚地说明了他们那一代人学风的转变:

> 某自中年以前,不过从文士之后,注虫鱼、吟风月而已。积以岁月,穷探古今,然后知后海先河,为山覆篑,而于圣贤六经之指,国家治乱之原、生民根本之计渐有所窥。[65]

这里的"积以岁月"正是明亡清立的那段时间,他们都在此期间完成了学风的转变。顾炎武《与潘次耕札》说"君子之为学也,非利己而已也。有明道淑人之心,有拨乱反正之事,知天下之势之何以流极而至于此,则思起而有以救之",扼要地阐明了一代学人崇尚学问的动机和宗旨。正因为抱有如此崇高的目的,他们才能很自负地宣言:"天下有道之士不可多得。吾辈学问进一分,则世界人心有一分受用;吾辈学问减一分,则世界人心有一分陷溺,其所关系诚有非浅鲜者"[66]。志士仁人生当末世,无以自达,无以达人,作为文化传统的承传者,只能读书明理,探究传统文化尤其是离自己最近、与自身关系最密切的传统(对清人

---

[65] 盛百二:《柚堂笔谈》卷四引,清刊本。

[66] 陆世仪:《答汉阳黄赤子论学书》,《论学酬答》卷一,小石山房丛书本。

来说就是明代)的得失,及于现实生活的适应性,从而加以改造和新的诠释。这是知识人在时不可为之后唯一能做的事,也是他们的责任。以顾炎武、王夫之、黄宗羲为代表的一批学人正是这么做的。在抗清失败后,他们就走上了改造学风进而改造民族文化的道路,期望"明学术,正人心,拨乱世以兴太平之事"。即使此生看不到理想的实现,也要"藏之名山,以待抚世宰物者之求"[67],为日后"有王者起,将以见诸行事,以跻斯世于治古之隆"[68],做好理论和知识的准备。

他们的选择至今看来仍是值得赞赏的。正如陈寅恪先生所说,"自古世局之转移,往往起于前人一时学术趋向之细微。迨至后来,遂若惊雷破柱,怒涛振海之不可御遏"[69]。在当时,改造学风首先意味着知识分子对自己的思想工具进行改造,其直接的结果就是走出汉文化中心主义封闭自足的方阵,去应对历史的挑战——一种文化只有不断地面对挑战并成功地应战,才能保持它机体的活力。更进一步,崇尚实学,由风雅之学转向经济之学,必将赋予汉文化一种经济的实践性格,而求实的科学作风最终也会培养成追求真理的精神(这已为西方思想史所证明)。这种学术趋向不仅与明代以来汉文化的空疏、虚矫、愚妄相对立,从根本上说,也是与封建体制的意识形态专制相对抗的。沿着这条路走下去,中国历史很可能就是另外一种景观。令人惋惜的是,他们的思路没有逃过满清统治者警觉的目光。玄烨分明已感觉到这股学术思潮的力量,预见到它鲜明的经济倾向必将给汉文化带来空前的活力,于是他坚决地通过意识形态干预压制了这股思潮,并以康熙十七年(1678)诏举博学鸿儒为发轫,大力提倡文治风雅,与文字狱的威慑相结合,最终将清代学术和文化扭曲为思想贫瘠的乾嘉学风。

清代前期学术史的这一趋势,早已是文史研究者熟知的常识。我想借此说明的是,在明清之交,知识阶层最关切的是汉民族汉文化的前途和命运,他们清楚地意识到自己的责任。在斯文斯民存亡未卜之际,个人的出处实在是微不足道的问题。我不想否认,处在钱谦益和吴梅村的位置,当然无法以拯救文化沉沦

---

[67] 顾炎武:《日知录自序》,《日知录集释》,花山文艺出版社 1990 年版。
[68] 顾炎武:《与人书二十五》,《顾亭林诗文集》,中华书局 1983 年版,第 98 页。
[69] 陈寅恪:《朱延丰突厥通考序》,《寒柳堂集》,上海古籍出版社 1980 年版,第 144 页。

这样的宏大理由来自辩和自解,也难以摆脱“名节”观念的沉重负担,更不能抑制沧桑变幻中个人命运难以自主的悲哀。但在个人与国家的一体化关系早已解除,并且能将君主视为异己的东西加以排斥,认识到“为天下之大害者,君而已矣”的明清之际,我们还能以是否出仕来评判这些所谓“贰臣”的大节吗?读一读《明夷待访录》:“小儒规规焉以君臣之义无所逃于天地之间,至桀、纣之暴,犹谓汤、武不当诛之,而妄传伯夷、叔齐无稽之事,使兆人万姓崩溃之血肉,曾不异夫腐鼠。岂天地之大,于兆人万姓之中,独私其一人一姓乎?”[70]当时人对君臣关系、个人与国家的关系已有如此清醒的认识,今天还根据出处来评判他们的节操,就不仅显得观念太陈旧,眼界也显得太狭窄了。当时人早已超越了出处问题的道德取向,三百年后我们还拘泥于此,不是见识远不及古人吗?

凡是不平常的时代都有不平常的课题。每个历史关头,人们思考的是什么,要做的是什么,这是后人必须了解的,否则历史研究就会成为一通歪批《三国》。就侯方域来说,不要说应试,就是真的出仕,在今天也不必作为操行污洁的问题来讨论。他之所以比不上顾炎武等人,决不在于他应试而顾炎武拒绝。根本的问题是他缺乏顾炎武那种责任感,那种对明代文化的反思,缺乏改造学风的决心和勇气。他一直是个公子,入清后仍然是一副名士做派。黄宗羲《思旧录》载:“朝宗侑酒,必以红裙,余谓尔公(张自烈字)曰:‘朝宗之大人方在狱,岂宜有此?’尔公曰:‘朝宗素性不耐寂寞。’余曰:‘夫人不耐寂寞,则亦何所不至。吾辈不言,终为损友。’”[71]如此不耐寂寞的名士,应不应举,出不出仕,有没有气节,于人于己都是无所谓的。我们倒是应该警惕,像侯方域这样的个人出处问题,一旦与爱国主义、民族气节及对祖国的忠贞不渝联系起来,是否就改变了这些概念的内涵,使忠于王朝、爱君主、爱现政权的实质性要求披上了美丽的光晕?

在日常语境中,祖国与王朝或国家一向混用不分。然而“祖国”其实是不适合用来讨论问题的名词,因为它缺乏内涵和外延两方面的具体限定。一般意义上,祖国泛指国土与生息其间的民族和文化,故比喻为母亲。如果人和祖国真是亲子般的关系,那就是不可选择的,而且原则上必是互爱的。然而在现实生活

---

⑳ 《黄宗羲全集》,浙江古籍出版社1985年版,第1册第3页。

㉑ 《黄宗羲全集》,第1册第358页。简朝亮《读书堂集》卷一《朱九江先生讲学九记》亦转述此事。

中，当祖国的意义体现于现政权及其建构的生活环境时，人们常感觉不到亲子式的互爱。当郁达夫《沉沦》的主人公凄绝地呼吁：“祖国呀祖国，我的死是你害我的！你快富起来，强起来罢！”当老舍《茶馆》里的人物哀婉地长叹：“我爱中国，可谁爱我呢？”当美国影片《第一滴血》续集的结尾主人公悲愤地嘶喊：“美国，我们是爱你的，可是你爱我们吗？”（大意）这里的祖国、中国、美国，既不是亲爱的母亲，也不是一个抽象的政治、文化区域，而只指具体的政权控制的行政区域，分别为北洋军阀、国民党政府统治下的中国或约翰逊政府主宰的美国。事实上，祖国的意义总是通过国家，更具体地说是现政权、政体及由此决定的经济基础和上层建筑、意识形态的总和体现出来的。如此说来，就绝不存在什么抽象的爱国主义和民族气节。所谓爱国，首先是指爱现行国体和社会生活，在封建社会就表现为爱现政权也就是世袭的某姓王朝。这虽然与乡土人情意义上的爱国有根本的不同，但历来总是将两者混为一谈，而近代以来的执政者更是竭力模糊两者的差别，让人误以为爱国就是爱现政权，或将对现政权的拥护视为爱国行为。

梁启超将顾炎武“国家兴亡，肉食者谋之，天下兴亡，匹夫有责”的对照，缩略为“天下兴亡，匹夫有责”一句，已使天下的内涵因失去参照系而变得模糊。今人援引时又改成“国家兴亡，匹夫有责”，这有意无意的改篡，或许暗示了个体的某种趋同性或依附性倾向吧？这不是个简单的语义学问题，也许关系到本文论述的士人在易代之际的命运和选择问题。对此若无清醒的认识，不仅会妨碍我们合理地看待古代士人的命运与选择，甚至还容易纠缠于无关大局的细节，忽略真正重要的时代精神问题，以致丧失知识分子应有的价值自居。

【蒋　寅　华南师范大学文学院教授】

原文刊于《中国文化》2011 年 01 期

# 汤若望在明清鼎革之际的角色意义

## 为纪念这位历史人物的四百周年诞辰而作

**刘梦溪**

**【内容提要】**汤若望本人是一名传教士，但他在明清鼎革这一特殊历史背景下具有多重的角色意义。他因擅长天算推步和掌握制造火炮的技术而见重于中国最高当局。明朝最后一个皇帝崇祯和清初的顺治都与他建立了极密切的关系。特别在顺治亲政时期他获得了一名西士在中国所能获得的最高荣宠。他是明清鼎革的历史见证人，同时也是顺治崩逝以后清朝上层权力攘夺的牺牲品。作为一个历史角色，汤若望本身的角色意义常常为衍生出来的外在角色担当所掩盖，在角色与角色期望之间充满了矛盾。

汤若望整整四十年的曲折丰富的在华经历为研究者留下不可穷尽的课题。论者有的诋议他在华的工作不够理想，甚至责难他没有利用自己的方便条件促使崇祯和顺治两位帝皇皈依上帝，这种看法恰好是未能理解汤若望的本身角色和角色期望之间的矛盾。如果说他没有成功，那不是他的过错，而应该从中西不同的信仰原则中去寻找原因。

如同许多学者所指出，中国人的宗教观念一直没有得到充分的发展。能不能叫没有宗教，尚待商榷，但认为中国文化的人文特点并不以确立终极信仰为条件，则是无可争辩的事实。也可以说我们重视崇拜，不重视信仰。不敬祖宗的罪过比亵渎神明要严重得多。从根本上说，中国缺少有利于宗教发展的合适的土壤。佛教所以能够在中国立足,那是因为佛教经过了漫长的中国化的过程。佛教的本义是使未觉悟者获得觉悟,基督教则可以说是觉悟后的信仰。佛教是自性假定,从自我出发;基督教是他性假定,从上帝出发。佛教追寻的是果,基督教追寻的是因。比较起来佛教更接近中国人的传统思维特性。

正因为如此,我们宁愿撇开困扰明清之际各派传教士之间的"礼仪之争",而对利玛窦开其端、汤若望继其后的探索基督教与中国固有文化相融合的尝试,给予高度评价,并充分肯定汤若望在这探索的路上所扮演的多重角色的意义。

我们所纪念的这位历史人物把我们带进了一个时代——中国历史上最为纷乱、动荡而又充满辛酸和潜伏无穷变数的时代。

一五九二年,即我们这位历史人物诞生的那一年,明朝的万历皇帝已消极怠工五年之久,史家称为醉梦时期。[①] 一六二〇年,当我们的历史人物远涉重洋、抵达澳门的第二年,万历帝在临而不御四十八年后崩逝,承继大统的明光宗在位仅一个月,就被人用一种红色铅丸毒死,旋即又由明熹宗继位,是为天启元年。一年之中,两帝同殁,三易其号,[②]为世界历史所罕见。而到一六六六年我们的历史人物离开人世,明清易代已二十有三年,这中间李自成攻入北京,明朝最后一个皇帝崇祯吊死煤山,清兵入关,以代人雪耻伐罪的名义夺得政权,并于第二年举兵南下,扬州十日,嘉定三屠,演出中国历史最惨烈的一幕。如果说明朝中后期的几个皇帝大都庸弱无能,致使后妃与阉官交相专权,朝政不可收拾,清初的顺治和康熙则是以稚龄登基,开始一段时间,内外政令悉出自辅臣之手。所不同者,清人以北方强悍之血,尚存生机,明室撑废弛之躯,尽显灭相。但明清易代,掺杂有种族的因素,满汉之间的文化冲突,在有清一朝,始终没有停止过。

问题是我们的历史人物汤若望在如此纷乱动荡的明清鼎革之际,处于何种位置,作为一个历史角色,他的活动具有怎样的意义,本文想循绕历史演变的轨迹略加追寻。

---

① 参见孟森《明清史讲义》第二编第五章"万历之荒怠",中华书局 1981 年版上册,第 257—274 页。

② 明神宗朱翊钧于公元 1620 年崩逝,时为万历四十八年;光宗常洛同年八月即帝位,旋即死去,改由明熹宗朱由校继统;廷议采纳左光斗的意见,以八月前为万历,八月后为泰昌,明年为天启,三个年号均为 1620 年这一年所议改,鲜有前例。

汤若望个人的身份当然是传教士，但他一六二三年到达北京，除一六二七至一六三〇年在西安传教，直到逝世，前后有四十个整年基本上都是在政治中心北京度过的，明清两朝的种种变局为他所目睹亲历，因此可以说他扮演了明清易代的历史见证人的角色。他撰写的《生活回忆录》，对一六四四年甲申之变有极详尽的记载，包括李自成的队伍在这一年的四月包围京城，太监曾化淳敞开彰仪门作为内应，崇祯帝带领护从欲逃无路，于是回到宫中逼令皇后自尽，自己则登上煤山，自缢于寿皇亭。汤若望不无哀悼地写道："竟这样耻辱，这一代君王崩殂。他或许是世界上最伟大君主的，而在性格的优良上，决无可疑，他不落于任何人之后。然而殂落时，竟这样凄惨孤独，为一切的人所撇弃，年龄仅三十六，为他愚昧可叹的行动之所牺牲。他的崩殂，因之也使有二百七十六年历史之大明帝国，与约近八万人口之大明皇族，悉行沦亡。"[③]迄今为止搜集材料最完备的《汤若望传》的作者魏特证实，汤若望对甲申之变京城状况的叙述，"一切的都经他由最近处所目击目睹"[④]，看来是可信的，因为与其他史料参证，大体上都能符合。当然他的同情在明代朝廷和崇祯皇帝一边，因此对农民军进城以后的作为，叙述中不时掺有偏见。农民军撤离时焚烧劫掠严重，初入城时尚比较规矩，特别对皇室成员，也还保持一定礼遇。计六奇撰《明季北略》对内臣献太子一事有如下记载：

> 内臣献太子，自成留之西宫，封为宋王。太子不屈。初，太子走诣周奎第，奎卧未起，叩门不得入，因走匿内官外舍，至是献之。自成命之跪，太子怒曰："吾岂为若屈耶？"自成曰："汝父何在？"曰："死寿宁宫矣。"自成曰："汝家何以失天下？"曰："以误用贼臣周延儒等。"自成笑曰："汝亦明白。"太子问曰："何不速杀我？"自成曰："汝无罪，我岂妄杀？"太子曰："如是，当听我一言：一不可惊我祖宗陵寝，二速以皇礼葬我父皇母后，三不可杀戮我百姓。"又曰："文武百官最无义，明日必至朝贺。"次日，朝贺者果一千三百余

③ 参见魏特：《汤若望传》第1册，杨丙辰译，商务印书馆1949年版，第207—208页。
④ 参见魏特：《汤若望传》第1册，杨丙辰译，商务印书馆1949年版，第206页。

人。自成叹曰："此辈不义如此，天下安得不乱。"[5]

史载崇祯帝自缢前在衣襟上写有"逆贼直逼京师，皆诸臣误朕也"，以及"可将文官尽皆杀死，勿坏陵寝，勿伤我百姓"[6]等语，与太子所申说的如出一辙，而李自成并不以此为怪。但汤若望《生活回忆录》中的记述，对李自成的这一方面似有意略而不取。

对汤若望本人，李自成采取的也是优遇的态度。坐落在宣武门附近的耶稣会所竟然未受到大的骚扰，虽有起义军进入，并没有破坏性的举动，拿走一条毛毡，也是在经允许后拿走的。第二天，"勿扰汤若望"的警示牌就挂在会所的门口。又过了几天，汤若望被一主帅请去待以茶酒，殿堂外面有人拍手欢迎，纷传"大法师来了"。事后汤氏解释说，"大法师"的意思是指被揭发藏有财宝的人，[7]其实他误会了，在明清这一称呼是对道教掌坛者的尊称，丝毫不含贬义。按中国传统道德，如何对待故国旧君，成为考验士人特操的一块试金石。明朝对汤若望虽非故国，崇祯帝却相当于旧君，以特操论，汤之所为应属于不失忠厚。只是这样一来，他自身的角色与作为历史见证人的角色期望之间，便有了一定程度的矛盾。

汤若望在明清鼎革之际的另一重角色意义，是他曾协助明军制造大炮，这在当时可不是一件小事，直接关系到双方军事力量的消涨问题。他造的大炮也许没有用于实战。一六二六年宁远之役，袁崇焕用大炮守城，击毙后金兵一万七千多人，[8]致使努尔哈赤愤愧而死，是明清攻伐史上第一次使用这种武器，来源为徐光启派人从澳门购得。第二年后金以复仇为动员，大举进攻宁远和锦州，也是慑于这种炮火的威力而败溃。从此努尔哈赤的继承人皇太极决心造炮，终于在一六三一年造成，取名为"天祐助威大将军"[9]，并很快改变了明清战局。

---

⑤ 清计六奇撰《明季北略》卷之二十"内臣献太子"条，中华书局 1984 年版下册，第 458 页。

⑥ 参见萧一山著《清代通史》卷上之第二篇"明清之兴替与满洲典制述要"，中华书局影印本第 1 册，第 265 页。

⑦ 见魏特《汤若望传》第 1 册，第 211—212 页。

⑧ 《徐光启集》上册，上海古籍出版社 1984 年版，第 116 页。

⑨ 《清太宗实录》卷八"天聪五年三月"载："造红衣大炮成，镌曰天祐助威大将军，天聪五年孟春吉日造。监造官总兵官额驸佟养性，监造官游击丁启明，备御祝世荫，铸匠窦守俭，铁匠刘计平。"

皇太极所造之炮，系佟养性所监造，参加者为丁启明、祝世荫、窦守俭、刘计平等四人，尤以丁启明对造炮技术最为娴熟。丁原是明朝的副将，在战场上被俘，因造炮有功，一六三三年授以二等参将之职。他的造炮技术据信是从传教士那里学来的。而佟养性一家，更与天主教关系密切，子侄弟兄中接受洗礼者多有其人。[10] 总之决定明朝与后金变局的西洋武器大炮，与传教士的活动是分不开的。虽然一六三一年以后，构成后金主要火力的大炮，一部分为自己制造，另一部分是孔有德、耿仲明等明朝降将所携归，但携归这一部分，与信仰耶教的山东名将孙元化直接相关，[11]归根结底还是来自荷兰、葡萄牙等国，具体途径是徐光启通过传教士多方努力的结果。汤若望造炮的时间在崇祯十五年，即一六四二年，当时火炮已不算神秘，“敌不但有，而今且广有之矣”[12]，因此他造的二十尊大炮试验成功后，在战场上发没发生作用，人们不得而知。重要的是他亲自制造了火炮，并著有《火攻挈要》二卷，由焦勖译纂，刊行于崇祯癸未即一六四三年，[13]讲述诸种制炮技术甚详，实际上是他指导制炮的操作技术总结。

这样一来，身为传教士的汤若望又扮演了火炮专家的角色。可以想象，当崇祯末年，面临建州和张、李双重威胁之际，朝廷上下可能更看重他的火炮专家的身份，连天算推步的专长也降到了次要地位。果不其然，制炮工作尚未结束，崇祯帝又派汤若望察看北京城外的防御工事，希望他这位军事专家提出改进意见。[14] 至少一六四二和四三这两年，汤若望在人们眼里，与其说是传教士，不如说是技术娴熟的军事专家。问题在于应该怎样看待他的教士以外的身份和行动。我们不妨看看《汤若望传》的作者魏特对这个问题是怎样回答的。他在书中写道：

在这里有一个根本问题应行提及。就是汤若望以天主福音之使者，可

[10] 关于佟养性家族的宗教信仰和与制造西洋大炮的关系，方豪著《中国天主教史人物传》中册，第49—54页、牟润孙《注史斋丛稿》第431—439页考订甚详，两书由中华书局分别于1988年和1987年出版，可参阅。

[11] 参见徐光启崇祯四年十月二十一日《钦奉明旨敷陈愚见疏》，《徐光启集》上册，第313—314页。

[12] 汤若望授、焦勖纂《火攻挈要》卷上“概论火攻总原”，北京图书馆善本室藏嘉业堂藏书。

[13] 北京图书馆善本室嘉业堂本《火攻挈要》卷前的墨笔说明有“是书明崇祯癸未曾刊行”字样。

[14] 参见杨丙辰译《汤若望传》第一册，第166页。

以做这种以屠杀为目的的军事工作么？当在他于长久的拒绝之后，终于拜命受诏时，在他的心里对于这件事情在教会方面之容许，他决定有把握的，甚至他还是视这种工作为一种间接传教方法。连一切同他一起传教的弟兄们也都觉得，这没有甚么不合教规之处。在当时的一切传教报告中，我们连一句责难的和疑虑的言词也发现不出。根据他在此项工作上已经一年多，用去了他全部时间上的大部分的理由，我们也可以假定，他曾获有传教会各会长之明文赞成的。即我们今日之下，亦可完全了然原谅他这种教士以外的行动。[15]

《汤若望传》的作者显然非常重视程序的合法性，即使史料难以征实，也宁愿假设传主的参与军事工作获得了教会会长的批准。接着又从道德与文化的角度给予论证："汤若望是中国国家的公民，皇帝的臣属。中国是一个有高度文化的国家，这文化的高度是在非基督教的世界内，自希腊与罗马以后从未曾有其他的国家能得达到的。而当时中国军事防御的工作，又系目的在防止盗匪与文化低劣之游牧民族之侵袭。况且皇帝又不是一位不堪当他的地位的人物。如果他的力量过于软弱，不能铲除宦官的恶势力和改良恶劣腐败的官僚政治，那这便不足为离弃他不辅助他的理由。"[16]站在维护中国文化传统的立场，自然会认同于魏特所阐述的理由，而且与汤若望当时的实际处境和思想状况亦甚为符合。

但魏特的这种解释也存在着危险，因为没过多久，汤若望就成为代明而立的清初帝皇的近臣，如果过分强调文化与道德的价值判断，势必陷入阐释上的矛盾。不如换一个角度，改从角色转换的理论加以说明，也许更为稳妥。

实际上，明清易鼎之后，汤若望的角色意义已经发生了变化。他来华的头几年，主要是学习所在国的语言和风俗习惯，积累有关的历史文化知识，然后赴西安传教。一六三〇年经徐光启推荐，特调来北京参加修改历法的工作，包括译书和推测日月食。后来边事紧强，又让他去制造火炮。这对一个传教士来说，已经是衍生出来的角色负荷，只不过异国传教，不能不走迂回曲折的道路，角色虽有

---

⑮ 参见杨丙辰译《汤若望传》第一册，第167—168页。

⑯ 参见杨丙辰译《汤若望传》第一册，第167—168页。

转换，却未失主动。入清以后，情况有所不同，已经有新的角色等待他去扮演。

研究汤若望的学者不约而同地遇到一个难以绕开的问题，这就是他在清初何以获致那么多的荣宠。一六四四年清兵入关，同年十一月诏封汤若望为钦天监监正。一六四六年即顺治三年“加太常寺少卿衔”。一六五一年“诰封汤若望为通议大夫，又谥封若望父、祖为通奉大夫，母与祖母为二品夫人”。一六五二年御赐“钦崇天道”匾额。一六五三年赐号“通玄教师”，后为避康熙的名字玄烨之讳，改称“通微教师”。一六五七年又授以“通政使司通正使加二品又加一级衔”，并赐给御书“通微佳境”堂额。一六五八年“诰授汤若望光禄大夫，并恩赏若祖先三代一品封典”。历来外臣在中国做官，很少达到如此高位。还不要说摄政王多尔衮死后，顺治亲政，与汤若望之间建立的关系有多么密切。据汤若望回忆，光是一六五六和一六五七两年，顺治帝曾二十四次到过他的住处，有时随便地吃饭、喝茶，[17]称他为“玛法”，这在汉语中相当于“尚父”，亦即爷爷的意思。遇到重要事情，汤若望进谏，顺治也比较能听得进去。此时的汤若望事实上已兼有辅臣的角色。

至于汤若望与顺治帝建立起超乎寻常的密切关系的客观依据是什么？也许可以从心理学的角度求得解释。顺治七岁登基，十四岁亲政，到一六六一年驾崩，也不过刚二十四岁。与汤若望关系最密切时期，正值顺治的少年时代，可以想象，他对霭然长者的西方传教士一定充满了好奇心。别的不说，汤若望会舍的那些奇巧之物，也会让一个住在深宫里的少年人感觉到兴趣。另外与汤若望交谈，可以得到平时接触不到的知识，包括日食和月食的道理，彗星和流星问题，以及琥珀油是如何采制的等等，[18]这样的交谈可以满足少年人的求知渴望。顺治的性格，与明朝的万历皇帝有些相像，他们都有一种崇尚自由的精神，不愿意为宫廷的清规戒律所束缚。万历的办法是自己给自己放了假，顺治则迷狂于狩猎，

---

[17] 汤若望《修历纪事》1942年拉丁文、法文版第256页写道：“在两年中，也就是本世纪的56年、57年中，他亲自到我住处来了二十四次。他在我的住处耽了不少时间，并且他还在我的住处吃饭、喝茶。这是他之前任何一个皇帝也没有这样做过的。”参见《汤若望传》第二册，第277页。

[18] 魏特著《汤若望传》杨丙辰译本第二册第274—275页记载：“有一次正值冬日，皇帝召汤若望携带一仆人至游猎苑囿，为的是要知道，那一种为人所极珍视的琥珀油是怎样采制法。仆人一方面在工作着，皇帝和汤若望则翻阅书籍，以研究其制法。”

或者干脆到汤若望会舍的园子里摘果子玩。他从汤若望的独立直言的性格里能够感受到一种可以激活自己的平等意识。这在汤若望,可是不曾想到的。当然心理的原因并不是他与顺治关系密切的唯一依据,因为在顺治亲政之前、多尔衮摄政时期,汤若望的地位就已经很稳固了,因此还必须从另外的角度探究我们的历史人物在清初获致特殊荣宠的原因。

就汤若望本人而言,他身怀长技,掌握天文历算的推步知识,固然是一个基本条件,但胆识同样重要。李自成攻入北京时,全城一片混乱,官员离散,百姓噤声,任何人都难以保证不会有不测发生。但汤若望一个人坚守北京耶稣会所,镇定自若,毫不动摇。而傅汎济、龙华民两位传教士则事先离开了。清兵入关,汤若望应对有法,迅速改善了自己的不利处境。多尔衮下令东、西、中之城居民一律迁移至南北二城,谁敢不遵?独汤若望奏报新朝,要求仍在原地居住。他的奏疏写得很巧妙,不妨抄录如下:

> 修政历法臣汤若望谨奏,为恳乞圣明垂鉴远旅孤踪,格外施恩事。臣自大西洋八万里航海来京,不婚不宦,专以昭示上帝、阐扬天主圣教为本,劝人忠君孝亲、贞廉守法为务。臣自购买天主堂、圣母堂共一所,朝夕焚修,祈求普佑,迄今住京二十余年。于崇祯二年间,因旧历舛讹,奉前朝敕修政历法,推测日月交食、五星躔度,悉合天行。著有历书表法一百四十余卷,测天仪器等件向进内庭,拟欲颁行。幸逢大清圣国俯念燕民遭贼荼毒,躬行天讨,伐罪吊民,万姓焚顶,没世难忘。乃天主上帝宠之四方,降以君师之任,救天下苍生于水火者也。臣仰读内院传示令旨,中、东、西三城居民搬移于南北二城,以便大兵憩息。是诚圣明轸恤便民至意,敢不即便钦遵。但念臣住居宣武门内城下中城地方,房屋半为贼火焚烧,仅存天主、圣母二堂并小屋数椽,朝夕在内,虔诚诵祷。况臣八万里萍踪,一身之外,并无亲戚可倚,殊为孤孑堪怜。且堂中所供圣像,龛座重大,而西方带来经书不下三千余部,内及性命微言,外及历算屯农水利,一切生财之道,莫不备载。至于翻译已刻修历书板,数架充栋,诚恐仓猝挪移,必多散失。而臣数十年拮据勤劳,无由效用矣。伏乞皇上轸念孤忠,特赐柔远之典。倘蒙俯准微臣仍旧居住,使臣

得以安意精修，祝延圣寿，而保存经典书籍，冀图报于异日，洪德如天，感恩无地矣。臣为此激切冒渎天聪，惟圣明俯宥，垂察施行，臣不胜瞻仰惶悚待命之至。为此具本亲赍，谨具奏闻。⑲

具奏的日期是顺治元年五月十一日，据信是由汤若望亲自交给宫廷的，第二天就有摄政王颁给的清字令旨一道，准予汤若望仍住原处。这封奏疏的起草人不一定是汤若望自己，然而措词得体，既介绍了自己的身份和在前朝所做贡献，又说明包括"备载""一切生财之道"的书籍和"已刻修历书板"等贵重物品所在多有，如"仓猝挪移，必多散失"，后果无法弥补。而且还提及"贼火焚烧"问题，表示曾遭受过李自成军队的侵扰，对新朝则"冀图报于异日"。这样一封奏疏，必定为多尔衮所欢迎，自不成问题。何况接待汤若望的是事清已久的边疆大吏范文程，在掌握政策方面，考虑得肯定比较周详。十二天以后，即顺治元年五月二十三日，汤若望又题写一篇奏疏，具陈修历公署的来历和在编官生的状况，属工作汇报性质。随后又把八月初一日京师所见日食限分秒和起复方位及各省所见日食多寡先后不同诸数，一并按西洋新法开列进呈。还进呈一批仪器，计有浑天银星球一座、镀金地平日晷一具、窥远镜一具、舆地平图六幅、诸器用法一册。七月初九日进呈，初十日即获旨："这测天仪器准留览，应用诸历，一依新法推算。"⑳新法推步有了钦定的合法性。待到八月朔日的月食经大学士冯铨率钦天监官员，亲临观象台得到验证，汤若望的声望更为高涨，宜乎有钦天监监正之授。

我们从汤若望在甲申之变前后的种种表现，可以明了这位历史人物的性格特征。他有条不紊，不动声色，轻而易举地完成了从效力前朝到供职新朝的过渡。他对自己充满了自信。还是在明朝灭亡之前他就说："如果这个皇帝不在了，会再来一个，对我也许比他更好。"㉑话虽这么说，历史事实的演变可比历史人物的主观意志要冷静得多。这话用于从崇祯到顺治，可谓不幸而言中；用于从顺治到康熙幼年四辅臣执政，就适得其反了；否则汤若望为什么会陷入"历狱"？

---

⑲ 见明崇祯清顺治间刻本《西洋新法历书》第一册，北京图书馆善本室藏。

⑳ 本文所引汤若望奏疏及御批均见北京图书馆善本室藏《西洋新法历书》第一册和第二册。

㉑ 转引自张力、刘鉴唐著：《中国教案史》，四川省社会科学院出版社，1987年版，第53页。

不过这是后话,留待下面再谈。

汤若望在清初获得特殊荣宠,就执掌权力的朝廷一方来说,也不是没有深层的缘由。角色的选择是相互的。而且选择的主动权始终在清廷方面,而不是由汤若望来决定。明清易代,原本是一个生产力低下的文化落后的民族用武力夺得了全国的统治权,鼎革之际对生产力的破坏和对固有文化的摧残,都极其严重。但清所以代明而兴,特别是入关以后势如破竹,很快控制全国,实得力于武力与怀柔相配合的两手政策。清兵进北京,纪律相当严明。多尔衮与诸将誓约:"此次出师,所以除暴救民,灭流寇以安天下也。今入关西征,勿杀无辜,勿掠财物,勿焚庐舍,不如约者罪之。"㉒范文程更向一般民众发表文告:"义兵之来,为尔等复君父仇,非敌百姓也。今所诛者惟闯贼。官来归者,复其官;民来归者,复其业,必不尔害。"㉓结果逃匿之民众,纷纷归来,明朝的文武百官则迎出五里之外。公平地说,清兵入京比李自成攻入北京然后又撤出,其破坏程度要小得多。而这些政策的制订,又得之于范文程、洪承畴等明朝降将。没有任何朝代能够像清朝那样重用降臣。这样来看,汤若望在清初得到重用,被任命为钦天监监正,就不为偶然了。降清的明臣尚且委以重任,多年来华的西士不是更可以放心委用吗?

顺治十年诏赐汤若望为"通玄教师",为此发布的圣旨写道:"国家肇造鸿业,以授时定历为急务。羲和而后,如汉洛下闳、张衡,唐李淳风、僧一行,于历法代有损益。元郭守敬号为精密,然经纬之度,尚不能符合天行,其后晷度遂以积差。尔汤若望来自西洋,精于象纬,闳通历法。徐光启特荐于朝,一时专家治历如魏文魁等,实不及尔。但以远人,多忌成功,终不见用。朕承天眷,定鼎之初,尔为朕修大清时宪历,迄于有成。又能洁身持行,尽心乃事。今特锡尔嘉名,俾知天生贤人,佐佑定历,补数千年之阙略,非偶然也。"㉔行文中特地把清代的用人政策和明代加以对比,说明本朝宽大,野无遗贤,明代偏狭,有才不用。因此汤若望在这里又扮演了一个新的角色,即成为一朝的阔大胸襟与用人政策的象征。清初用汤若望,实在是最聪明的办法。有的研究者认为,顺治初年西南七省尚在

㉒ 参见萧一山著《清代通史》第一册,第278页。

㉓ 参见萧一山著《清代通史》第一册,第278页。

㉔ 《清史稿》列传五十九"汤若望传",中华书局校点本第33册,第10020页。

永历治下，永历两宫皇太后、皇后、皇太子都是受过洗的教徒，教友瞿式耜、焦琏等在致力于复明活动，波兰教士卜弥格奉太后之命曾远使教廷，西士在西南各省仍具有影响力，而汤若望在西士中最称杰出，给他以荣宠可以收其他教士之心。[25] 如此说可信，那么汤若望作为清初政策的一种象征的角色意义，更可以确定无疑。

汤若望晚年的“历狱”，人们对其原因的看法，多归之于杨光先的陷害及与此相联系的中西历法之争和宗教信仰的不同。不能说这种看法没有事实依据。还是在明崇祯初年，徐光启奉命修改历法，一些守旧人士就对用西法治历持有异议。对他推荐汤若望和罗雅谷参加历局的工作，更心存疑忌。所以当崇祯七年，徐光启已死，后任李天经在书器告成的奏疏中还不得不加以解释：“远臣罗雅谷、汤若望等，译书撰表，殚其夙学；制仪缮器，攄以心法；融通度分时刻于数万里外，讲解躔度交食于四五载中，可谓劳苦功高矣。说者动以异域视之，不知皇上君临万邦，覆载之下，莫非王臣；法取合天，何分中外？”[26]希望按徐光启生前的请求，奖给汤若望、罗雅谷以田宅。可见使用西法治历阻力之大。待到顺治十四年，汤若望处在荣宠的巅峰之时，被革职的回回科秋官正吴明炫还上疏弹劾汤若望的“舛谬三事”[27]。至于杨光先其人，一直是新法治历的反对派，政讦固未尝少停，但并未动摇汤若望的地位，反而使自己遭受贬黜。吴明炫亦因奏事诈妄，部议当死，后来得到赦免。而汤若望在被弹劾之后反而授予光禄大夫，恩赏先世三代一品封典。因此汤若望的“历狱”不发生在顺治朝，也不发生在康熙亲政之后，而发生在顺、康交替过程中的索尼、苏克萨哈、遏必隆、鳌拜四人辅政时期，此一时间涵度大可究诘。

笔者认为中西历法之争构不成陷汤若望于囹圄的充分理由，宗教信仰的冲突也不致导此结局。康熙三年七月杨光先上《请诛邪教状》，主要以谋反罪构陷汤若望，所以状中有“若望借历法以藏身金门，窥视朝廷秘密，若非内外勾连，谋为不轨，何故布党立天主堂于京省要害之地，传妖书以惑天下之人”[28]等语。而

---

[25] 参见方豪著《中国天主教史人物传》中册，第 12—13 页。

[26] 参见方豪著《中国天主教史人物传》中册，第 4 页，并《徐光启集》下册，第 427—428 页载崇祯六年十月初六日“治历已有成模恳请恩叙疏”。

[27] 《清史稿》列传五十九，中华书局校点本，第 10021 页。

[28] 参阅张维华：《明清之际中西关系简史》，齐鲁书社，1987 年版，第 134 页，及《中国教案史》第 133 页。

这些"罪状"在顺治十七年十二月杨光先所具呈的《辟邪论》中已有所陈述,但顺治帝并没有听信他的话。只是在顺治崩逝之后,索尼等四大臣辅政康熙,杨的目的才得以实现。于是在康熙三年八月,即杨光先呈状后一个月,辅政大臣鳌拜发旨将汤若望等系狱,经过几个月的审讯,议决当斩。很明显,这是朝廷内部一场权力攘夺的结果,其矛头指向为顺治皇帝。所以太皇太后悉知案情后立即大怒,说:"汤若望向为先帝所信任,礼待极隆,尔等欲置之死地毋乃太过。"㉙后来为昭雪冤案,南怀仁、利类思等受康熙旨意写的申诉书中,也强调:"世祖章皇帝数幸堂宇,赐银修造,御制碑文,赐若望嘉名。若系邪教,先帝圣明,岂能如此表彰?"㉚进一步透露出此案的政治背景。实际上,我们的历史人物在晚年遭逢的冤狱中又出演了一个新的角色,即朝廷权力攘夺的牺牲品的角色。四辅臣上台,在很多方面改变了顺治的政策,康熙亲政又是对四辅臣的挑战,因此汤若望在顺治朝荣宠独高,四辅臣为他制造冤狱,康熙替他平反,看起来曲曲折折,其实并不难理解。后来雍正代替康熙和乾隆代替雍正,不是把历史的曲折又重演一遍吗?

写到这里,我们需要回过头来审视一下汤若望作为一名传教士的本身角色的问题了。自耶教东传以来,传教士中最重要的人物当然是利玛窦。但利玛窦之后,最重要的人物要推汤若望。如果说利氏是中国天主教事业的奠基者,那么汤氏则是在南京教案之后,在明清易代的特殊历史条件下,把此项事业重新固基并加以推进的人物。他自己对其角色担当的意义亦甚明了,请看顺治七年北京天主堂落成后他撰写的碑记:

> 自昔西汉时,有宗徒圣多默者,初入中国传天主正教。次则唐贞观以后,有大秦国西士数人,入中国传教。又次明嘉靖时,圣方济各入中国传教,至万历时西士利玛窦等,先后接踵入中国传教,译有经典,著有书籍,传衍至今。荷蒙清朝特用西法,定造时宪新历、颁行历务告竣,谨于都城宣武门内虔建天主新堂,昭明正教。时天主降生一千六百五十年,为大清顺治七年,

㉙ 参阅张维华:《明清之际中西关系简史》,齐鲁书社,1987年版,第134页,及《中国教案史》第134页。

㉚ 见《正教奉褒》康熙八年条及《圣祖实录》。

岁次庚寅。修政历法汤若望记。[31]

利玛窦之后其他传教士的名字碑记中没有具列,这不是汤若望不谦逊,而是利氏之后确没有另外的人能和他的历史作用相比。陈援庵先生在《三版主制群征跋》中写道:“综其在中国四十余年,其半在明,其半在清,实明末清初圣教会绝续安危之所系,所以与利玛窦称为耶稣会之二雄也。”[32]诚为的论。继利玛窦掌管在华教务的龙华民,对祀天、祭祖、拜孔等中国传统礼俗持否定态度,企图厉禁,结果事与愿违,终酿成南京教案,反而影响了耶教的传播。

汤若望的思想直承利玛窦而来,主张尝试走一条与中国固有文化相融合的道路。利玛窦在他的《中国札记》中写道:“为了使一种新宗教的出现在中国人中间不致引起怀疑,神父们开始在群众中出现时,并不公开谈论宗教的事。在表示敬意和问候并殷勤接待访问者之余,他们就把时间用于研习中国语言、书法和人们的风俗习惯。然而,他们努力用一种更直接的方法来教导这个异教的民族,那就是以身作则,以他们圣洁的生活为榜样。”[33]他相信他的想法终有一天会得到中国皇帝的认可。他说:“当已经有了相当数量的基督徒时,向皇帝进呈备忘录不是不可能的,其结果至少能达到允许基督徒按基督教律法生活,只要这不违反中国的法律。”[34]在一定意义上,汤若望称得上实践利玛窦的主张的楷模,利氏没有实现的目标,有的在他身上得到了实现。至于有人认为他的工作成绩尚不够理想,甚至责难他没有利用自己的方便条件促使崇祯和顺治两位帝皇皈依上帝,这未免求之过苛。魏特的《汤若望传》援引大量翔实的史料,介绍我们的历史人物极尽一切可能向崇祯和顺治布道的情形。如果说他没有成功,那不是他的过错,需要从中西不同的信仰原则中去搜寻原因。

崇祯皇帝和顺治皇帝,作为治理国家的帝王来说,实在谈不上是什么英主,但他们个人的禀赋和资质不差,具备皈依宗教的先天条件。《烈皇小识》一书关

---

[31] 杨丙辰译:《汤若望传》第一册,第 253 页。

[32] 《陈垣学术论文集》第一集,中华书局 1980 年版,第 81 页。

[33] 《利玛窦中国札记》,中华书局 1983 年版,第 167—168 页。

[34] 汾屠立:《利玛窦神父的历史著作》第 2 卷,第 381 页,参见谢和耐:《中国文化与基督教的冲撞》,辽宁人民出版社 1989 年版,第 3 页。

于崇祯命人毁掉佛像、第五子悼灵王死后又幡然悔悟的记载是否可信，可以不去管它，但崇祯十三年以后，因丧皇子而疏远了与汤若望的关系，则是事实。顺治与汤若望的关系，其密切程度远在崇祯之上，一度曾朝夕相处，不乏传教布道的绝好机缘。但结果是越到晚年顺治与汤若望越疏离，不仅未皈依天主，反而自行剃发，产生了出家之念。陈援庵先生所著《汤若望与木陈忞》一文，对顺治晚年佛教僧人与汤若望争夺之战考订甚详，并从各个角度缕析汤不敌木的原因。[35]不过归根结底还是不同的信仰原则在起作用。顺治十四年的《御制天主堂碑记》写道：

> 若望素习泰西之教，不婚不宦，祗承朕命，勉受卿秩，洊历三品，仍赐以通玄教师之名。任事有年，益勤厥职。都城宣武门内向有祠宇，素祀其教中所奉之神，近复取锡赉所储，而更新之。朕巡幸南苑，偶经斯地，见神之仪貌，如其国人，堂牖器饰，如其国制。问其几上之书，则曰此天主教之说也。夫朕所服膺者，尧、舜、周、孔之道，所讲求者，精一执中之理。至于玄笈贝文，所称《道德》《楞严》诸书，虽尝涉猎，而旨趣茫然。况西洋之书，天主之教，朕素未览阅，焉能知其说哉。但若望入中国，已数十年，而能守教奉神，肇新祠宇，敬慎蠲洁，始终不渝，孜孜之诚，良有可尚。人臣怀此心以事君，未有不敬其事者也。朕甚嘉之，因赐额名曰“通玄佳境”，而为之记。[36]

顺治在这篇碑记中明确表示，他对佛教和道教均不感兴趣，天主教当然更不在话下，而只信服中国传统的儒家之道，但对汤若望个人的“守教奉神”精神给予高度评价。这就是说，我虽然不信仰你提倡的宗教，但对你的信仰我表示尊重。到康熙执政的后期，对基督教的态度更为随便，在一条给传教士的谕旨中这样写道：“朕因轸念远人，俯垂矜恤，以示中华帝王不分内外，使尔等各献其长，出入禁廷，曲赐优容致意。尔等所行之教与中国毫无损益，即尔等去留也无关

---

㉟ 《陈垣学术论文集》第一集，中华书局1980年版，第500—513页。

㊱ 参见《汤若望传》第二册，第315—316页。

涉。"[37]几乎是无所谓的态度了。

这种无所谓的比较随便的态度，恰好从一个侧面反映出中国传统文化中宗教观念的特征。如同许多学者所指出，中国人的宗教思想一直没有得到充分的发展。[38] 能否叫作没有宗教，尚待商榷，但认为中国文化的人文特点并不以确立终极信仰为条件，则是无可争辩的事实。在大多数情况下，我们的信仰总是和怀疑联系在一起的，很难分辨信仰中的肯定成分和否定成分到底哪一方更占优势。也可以说我们重视崇拜，而不那么重视信仰。按传统礼法，不敬祖宗的罪过比亵渎神明要严重得多。中国的人文环境从根本上说不利于宗教的生长。来自印度的佛教所以立住了脚跟，那是因为经过了佛教中国化的过程。当然与基督教相比，佛教精神更接近中国人的思维特性，也是它得以植根中土的一个原因。佛教的本义是使未觉悟的人获得觉悟，基督教则可以说是觉悟后的信仰；佛教是自性假定，从自我出发，基督教是他性假定，从上帝出发；佛教是感性假定，基督教是理性假定；佛教追寻的是果，基督教追寻的是因。两相对比，佛教的传播简便少障，基督教则繁复多障，显然是佛教而不是基督教更容易与中国人的思维惯性一致起来，因而两教在中国的影响势力悬殊，就不难理解了。

正因为如此，我们宁愿撇开困扰明清之际各派传教士的"礼仪之争"，而对利玛窦开其端、汤若望继其后的基督教与中国固有文化相融合的尝试，给予高度评价，并充分肯定汤公在这条具有开辟意义的道路上所扮演的多重角色的意义。

一九九二年四月二十三日草讫

【刘梦溪　中国艺术研究院终身研究员，
中央文史研究馆馆员，《中国文化》杂志社社长兼主编】

原文刊于《中国文化》1992 年 02 期

---

[37] 参见陈垣辑录之《康熙与罗马教皇使节关系文书》影印本。

[38] 参见熊十力《论中国文化与中国哲学》一文，载《中国文化》第 3 期，北京三联书店、香港中华书局、台湾风云时代出版社联合出版，1990 年秋季号；又此期之"编后"系笔者所撰，略及中华民族的原始崇拜和宗教的关系，亦可参阅。

# 清王朝的缔建与红衣大炮的轰鸣

韦庆远

本文着重探讨自努尔哈赤崛起于我国东北，以迄清初顺治朝，即从16世纪末到17世纪60年代初叶，在此六十余年间，清朝（及其前身后金国和清国），如何从使用传统的弓矢剑戟、腰刀刺枪等冷兵器，发展为拥有较大数量的配置有相应的铅丸和炮弹，采用硫黄炸药以推动射击和引爆，具有较大杀伤力的火炮和枪支，亦即一般被称为热兵器的装备。研究其如何从无到有，从小到大，从处于落后的劣势转变为优势，如何引进和仿造西方的军工技术，大量制造并装备部队，组建成专门的炮队，配合满蒙铁骑以从事实战的过程。

## 一

满族的先世女真族，自古以来就生息在祖国东北的广大地区，以采集渔猎为生。在努尔哈赤兴起之前，还没有掌握采矿冶炼以制作军器的技术。为了生存和生活需要，所使用的仍限于棍棒弓矢，“屈木为镫，削鹿角为镞”①，“以熊骨久

① 《朝鲜李朝成宗实录》卷五十二，六年（明成化十一年，1475年）二月庚辰。

沉于血,则其坚如铁,故用以为镞"[2]。这种斫竿截木,制作棍棒,利用动物骨血以制作箭镞的办法,应该说是比较原始的。当时,也有极少数部族的首领人物,通过物物交换,或采取走私、高价收买等手段,突破了明朝和朝鲜的"铁禁",取得了少量铁器,用以改制为军械刀枪等,但为数极有限。到努尔哈赤崛起之后,随着其势力的急遽膨胀,统辖地区的迅速扩大,八旗牛录的编组定型和使用于战阵,自然迫切地提出改良战具的要求。但当时的目标仍不外是要求以铁器代替骨木兵器。为达到此点,一必须解决原料供应,二必须解决制作技术的困难。在取得原料方面,当时的途径仍然不外以下渠道:扩大通过贸易走私和收买铁器是其一,在战场缴获和抢掠是其二,在辖区内"始炒铁开金银矿"[3]是其三。在解决技术困难方面,努尔哈赤意识到,必须引进技术和人才。在这方面,他表现出一个创业汗王所具有的远见和气魄,一再饬令从俘虏而来的人口中,细心挑选出其中的铁匠,给予特别的优待,"欣然接待,厚给杂物,牛马亦给"[4]。他为这些匠人提供了能继续从事冶炼制作的工作条件,并鼓励他们传授技术。由于采取了这些有力措施,辖区内"铁物兴产"[5],"银、铁,革、木,皆有其工,而惟铁匠极巧"[6]。为对付外敌环伺、战斗不息的局势,当时的制作技术及其成品,最主要的当然仍是用于军备方面。后金国时期的满洲军队,大多已配备了腰刀铁枪,使用了铁制箭镞。

但应指出,努尔哈赤时期对军备的改进,仍然处在一个比较初步的阶段,即以逐步换用铁制刀枪、箭镞、镫铠甲胄为标志,虽间有使用缴获而来的土枪土炮,但为数甚少,且弹药不继。当时的八旗部队,仍然停留在以使用冷兵器为主的阶段。与明朝已经拥有以红夷大炮为主力的各式大炮、新式"火箭"、鸟枪[7]等相

② 《朝鲜李朝成宗实录》,卷五十,五年(明成化十年,1474年)十二月己巳。

③ 《满洲实录》卷三,时在明万历二十七年,1599年。

④ 《朝鲜李朝宣祖实录》卷一百三十四,三十四年(明万历二十九年,1601年)二月乙丑。

⑤ 《朝鲜李朝宣祖实录》卷一百三十四,三十四年(明万历二十九年,1601年)二月乙丑。

⑥ 李民寏:《建州见闻》。

⑦ 这里所说的红夷大炮,是指明朝万历时期,在澳门等地从葡萄牙人手中购进的新型大炮,这种大炮是葡萄牙人仿制荷兰大炮而成。它射程远,命中率高,杀伤力大,附有瞄准器,配有炮车,重型的自重可达五千斤,施放实心铁弹。明朝政府引进了这种大炮后大力仿造,以配备给边防部队。所谓火箭,乃是将一些助燃性的硝磺等物射向敌阵,引起爆炸和燃烧。所谓鸟枪,是当时的用语,实非仅为猎鸟的用枪而言。这是一种以铁铸枪管,辅以木托,在前镗入火药,点燃火绳以施放的军械,是当时犀利的火器。当时鸟枪的射程最远可达二百余米。所用弹药,初期多用散装铅铁砂,以后逐渐配用与枪管口径相同的铅丸(子弹)。

比,显然在火力上处于劣势。在一些关键性的战役中,努尔哈赤和他的继任人皇太极,都为此吃过大亏。后金天命十一年(明天启六年,1626年),努尔哈赤率精锐铁骑六万人围攻明之边卫重镇宁远,期在必克,明守将袁崇焕用红夷大炮密集轰击之,辅以飞火球、火药罐等,"炮过处,打死北骑无算"⑧。后金军被迫溃退,努尔哈赤本人亦负伤,大怀忿恨而回,不久,即懑恚以殁。翌年,即天聪元年(1627年),皇太极以歼敌复仇为动员,亲率八旗大军再攻宁远和锦州,但亦因无法抵御明军的猛烈炮火而败归。皇太极及其麾下诸人都深知,自己的失利,主要是由于武器不如人,明军"倚仗火炮,死守城池,以图幸免,除此无他计"⑨。痛切地认识到,如不能突破此点,则必关塞难越,不足以语入主中原。他在创深痛巨之余,下决心仿制红夷大炮及诸式枪炮。(由于满人讳用夷字,其文件多改称为红衣大炮)根据《实录》及其他史料查考,皇太极是在败归之后便立即着手造炮的,因为后金国最早使用炮队以作战是在天聪四年(明崇祯二年,1630年),翌年,即正式宣布制成重型大炮。从集匠、备料、冶炼、做模、铸炮、制弹,训练施放技术等,起码要用二三年的时间。皇太极在败衄之余,未因挫折而气馁,立即有针对性地妥谋对策,决定铸炮练兵,应该说是既勇悍而有谋略,不愧为创业开基的卓越君王。笔者认为,从天聪元年宁锦败归到天聪七年,实为后金国在军队装备上关键性的转型期,即从火力对比上的劣势转变为相对优势,从战略战役上的被动地位转变为相对主动。大体上可以说,从天聪二、三年开始造炮,四、五年开始用炮,到七年便组成相当规模的炮队,以之作为八旗兵主力之一。史载:

> 【天聪五年三月】,造红衣大炮成,镌曰:天祐助威大将军。天聪五年孟春吉日造。监造官:总兵官额驸佟养性。监造官:游击丁启明,备御:祝世萌。铸匠:窦守俭。铁匠:刘计平。⑩

根据上引该炮炮座上镌刻的文字,再参照史实,可以看到两点:

---

⑧ 张岱:《石匮书后集》,《袁崇焕传》第11卷。
⑨ 《内国史院译档》上册,第146页,天聪九年(明崇祯七年,1635年)二月,降人张文衡奏言。
⑩ 《清太宗实录》卷八,天聪五年三月壬午。

第一，参与造炮的人员中，除佟养性一人具有贵戚宠臣身份外，其余的监造官和工匠均是汉人而精于技术者，有的人甚至是战俘，如丁启明其人，“原任明地方微职，阵获收养之，以铸红衣炮功，授为二等参将”[⑪]。当时，皇太极不惜给予一些俘降人员以高官厚禄，用以换取他们贡献出技术和志愿效忠，当然不仅是对丁启明一人而言。类似丁启明的人还有一批，诸如，“【天聪六年三月】上以王天相创铸红夷炮成，升为备御。嗣后，金世昌不掘土为模而能铸之，亦升备御。董成功擢为千总。”[⑫]正是由于皇太极采用了这样大胆使用降人，充分发挥他们的知识才能，并支持他们改良技术的做法，才有可能在很短的时期内成批地铸成大小火炮，组建成自己的炮兵部队。

第二，对于任用额驸佟养性承担监造大炮的主要责任，也绝不是偶然的。佟养性此人的身份经历相当复杂，他具有满洲血统，但又长期在明朝境内营商，熟悉汉人社会的民情风俗，而且掌握造炮技术和炮兵战术。努尔哈赤赏识其才能，以宗女妻之，其后，从克辽东，建有军功。努尔哈赤又任命他总理“汉人军民诸政”，“各官受节制”[⑬]。皇太极选派这个熟谙满汉社会动态，与汉宫汉匠有多方面联系，又有用兵经验并掌握技术的人监造大炮，其后又委派他统率炮兵参战，可谓慧眼识人，用副其才。据记载：

> 【天聪五年】，是岁，初铸炮，使养性为监。炮成，铭其上曰“天祐助威大将军”，凡四十具。师行则车载以从，养性掌焉。八月，上伐明，围大凌河城。养性率所部载炮越走锦州道为营，击城西台，台兵降；又击城南，坏睥睨；翌日，击城东台，台圮，台兵夜遁，尽歼之。九月，明兵出兵援锦州，上遣亲军迎击，养性以所部兵五百从，敌溃遁。明监军道张春合诸路兵援大凌河，夜战，上督骑兵击破之。方追奔，明溃兵复阵，上命养性屯敌垒东，发炮毁敌垒。十月，攻于子章台，发炮击台上堞，台兵多死者。十一月，祖大寿以大凌河降，上命尽籍城中所储枪炮弹药付养性。寻率兵隳明所置台壕，自大

⑪ 《内国史院译档》上册，第 43 页，天聪七年十月十七日。可见丁启明从天聪五年职任游击，两年之间，又再被提升为参将。

⑫ 《清太宗实录稿》，天聪六年三月十九日。

⑬ 《清史稿》卷二百三十一，《佟养性传》。

凌河至于广宁。

六年春正月，上幸城北演武场阅兵，养性率所部乌真超哈试炮，擐甲列阵，军容甚肃。上嘉养性能治军，因追奖大凌河战功，赐雕鞍页良马一，白金百……养性疏言："……火器攻城，非炮不克，三眼枪，佛朗机鸟枪特城守器耳，宜增铸大炮。"⑭

这一段记载，不啻是一篇记述天聪五、六年间，满洲初建成炮兵立即用以转战四方，并立有赫赫军功的战史，读之恍似如闻炮阵轰隆，如见八旗精锐在硝烟弥漫中攻坚克敌的情景。佟养性其人，不但是"兵工厂厂长"，而且身兼"炮兵司令"，他秉承皇太极的旨意，造炮成功，亲赴前敌，所向披靡，又兼并了明降将祖大寿的军火弹药，进一步壮大了满兵的力量。更重要的是，他还能从理论上说明"非炮不克"，并主张"增铸大炮"。正因为皇太极嘉纳了这些合理建议，并采取一系列有力措施以实现之，才可能实现了上文所说的八旗军队在装备上关键性的转型。

对于明朝来降将帅携来的部队和枪炮装备，皇太极也采取了区别处置的办法。对大凌河降将祖大寿所部，是采用缴械改编的办法，一因祖大寿本来是明朝骁将，以能坚守打硬仗著名，今因受袁崇焕株连，畏惧被杀才势穷来降，其投奔后金是出于不得已，对明政权仍存着万缕千丝的联系和感情恋栈，尚处在动摇之间，皇太极难予完全信任；二因祖大寿当年协助袁崇焕，在宁远"佐城守，发巨炮伤数百人"⑮，其部队有相当战斗力，且长期与后金兵恶战，皇太极绝难放心让他们仍挟有原装备的枪炮弹药，保持原建制，生怕一旦变起不测，成为心腹之患，故收缴其枪炮以付佟养性部，并将祖大寿部属改编遣散。但对于孔有德和耿仲明所部，则是采取仍保持原建制原装备，命作前驱的办法。天聪七年（明崇祯六年，1633 年）下谕给孔、耿："兴师在即……卿等携来红衣炮及大小火炮，即以付卿，枪炮弓矢教演，不得间断。"⑯这是由于孔、耿的经历及关系和祖大寿截然不

⑭ 《清史稿》卷二百三十一，《佟养性传》。又《清文献通考》卷一百九十四，《兵考》十六，《火器》，记载天聪五年造炮成功及其对满兵作战的作用，"先是未备火器，造炮自此始，其年征明，久围大凌河而功以成，用大将军力也。自后师行必携之"。可证。

⑮ 《清史稿》卷二百三十四，《祖大寿传》。

⑯ 《清文献通考》卷一百九十二，《兵考》十六，军器。

同,他们原来都是明朝皮岛总兵毛文龙的部属,毛为袁崇焕所杀,孔、耿惧不免,因此先后叛明,并曾一再与明军作战,在挫败穷蹙之后,得到皇太极的救援接应,命他们渡过鸭绿江以来归,“有德等舟数百,载将士、枪炮、辎重及其孥毕登”[17]。他们对明朝怀有刻骨仇怨,而对后金则感恩戴德,皇太极无虞他们反复,故此因势利导,让他们调转炮口以攻打明军,收为臂助。对收编并有效使用孔、耿部队,后金国统治集团是早有考虑的,其谋划甚至是在孔、耿归顺之前:

> 【天聪七年四月】参将宁完我奏:“臣窃料孔耿二人携数万人口,败入海岛,西南无路,朝鲜不亲,岛中粮少,非常存之地,其势不久必我属也……此数千兵丁,不劳编派而得,诚天送汗以成大事者……臣每虑红夷炮攻城甚妙,而路运为艰,若孔耿来降,可得船百余只,红夷六七位,再添我国红夷数位,载之船上,杂以我兵……水陆二路,约期并进,内外夹攻,山海可得矣。”[18]

从宁完我的密议中可以看到,后金国之以隆礼高爵纳孔耿降,并放手使用这支部队,一因既深知他们已绝复归明朝之望,二亦因重视其包括拥有船只炮火的实力。其后皇太极在伐朝鲜、攻江华岛、取皮岛,进迫锦州、松山诸大战役,孔有德所部的炮兵部立有重大战功。[19]

在短短数年之间,皇太极通过引进技术和人才以仿造火器,收缴敌炮和大胆使用敌方炮兵的办法,已经卓有成效地将八旗部队的装备水平和作战能力大大提高。到天聪七年(明崇祯六年,1633年)十月,他在沈阳大阅部队,已经能够在八旗军伍之前,“设红衣炮三十位及各种大小炮队伍”[20],并且命令炮军“声炮对战”,以此作为演习的重要内容之一。[21] 当时的满洲八旗均已轻重炮俱备,三眼枪、佛朗机、鸟枪等齐全,在大多数牛录,亦均已配备有专门的炮手、鸟枪兵,可以初步实行骑、步、弓、枪炮兵协同作战。皇太极针对这些变化,指示在进行重大战

[17] 《清史稿》卷二百三十四,《孔有德耿仲明传》。
[18] 宁完我:《请收抚孔耿办法奏》,载《天聪朝臣工奏议》卷中。
[19] 《清史稿》卷二百三十四,《孔有德耿仲明传》。
[20] 《清文献通考》卷一百九十二,《兵考》十四,大阅。
[21] 《清文献通考》卷一百九十二,《兵考》十四,大阅。

役时,“八旗士卒齐列炮冲击,俟炮将尽,八旗蒙古兵进攻”[22]。以八旗铁炮配合和支持八旗铁骑,组成新的阵法和进攻序列,是皇太极从战争实践中提炼出来的新的指挥构想。

## 二

清人在入关前,在皇太极的重视和亲自督办下,在枪炮等火器的制造方面,不断扩大产量,提高质量,技术上精益求精,并且加强了管理。

有确凿的史料说明,在入关以前,后金(清)国铸制枪炮的规模不断扩大,一度设置过“铸炮牛录章京”之职,降官而精于技术的金世昌、王天相等人都曾被委充过此一职务。必须注意到,以天聪五年(1631 年)到入关前的十余年之间,清人所造的炮,炮身一再加长,炮位一再加重,规格一再增加,附带设备逐渐齐全。并且规定,在境内造炮行军时,如军用驮马不足,地方官必须从民间征用足够的牛车服役,必须保证如期将重炮运到前线,如有违误,依贻误军机判罪。

以制造言,“崇德七年(1642 年),遣官往锦州监造大炮,钦定名号为神威大将军。铸以铜,前弇后丰底少敛,长八尺五寸,隆起四道,重三千八百斤,用药五斤,铁子十斤,炮车全”[23]。又,“【崇德】八年,命固山额真刘之源、吴守进,同梅勒章京金维城、曹光弼卒将士赴锦州督铸红衣炮”[24]。像这样一批接一批地派遣负责官员前去监造,说明当时的锦州已经建成为清国军火工业的制造基地,这显然是为了迎接更大的战役,为了准备挺进中原而加紧生产的。当时明清对峙,双方经常展开比较激烈的炮战,仅以比较早期的松山一役而言,皇太极即严令调运炮弹万颗,炸药万斤,到阵前备用,反映出火炮已成为大兵团作战和攻坚的必备利器。[25]

---

[22] 《清文献通考》卷一百九十四,《兵考》十六,火器。

[23] 光绪《大清会典事例》卷八百九十四,《工部》,军火铸炮,另据《清文献通考》卷一百九十四,《兵考》十六,火器,记载的材料,这次被派遣前去监造大炮的将校官员,共有梅勒章京,侍御、铸炮朱录章京等二十人以上,可见重视。

[24] 《清文献通考》卷一百九十四,《兵考》十六,火器。

[25] 《清太宗实录》卷六,天聪四年正月戊子。

从天聪六、七年开始，明清两方的战争形势发生了日益明显的变化，这就是清方锐气愈炽，而明方颓势毕露。本来明王朝恃以抗衡满蒙铁骑，最主要的只有重炮火器，依靠其巨大的杀伤力以摧挫对方的冲刺，从而得以维持士气，保持实力对比相对的平衡。但正是从这个时候起，由于清方已逐渐拥有各式枪炮，明方的优势便逐渐被抵消了。武器装备当然不是决定战争胜负的主要因素，决定的因素是政治，是执掌武器者的战斗意志，明军在这方面更绝不能与正处在新兴阶段的八旗满蒙兵相比拟。一支官兵隔阂、缺乏斗志而又渗透腐败的军队，一旦丧失掉原来在火器上的优势，便恍如泄了气的皮囊，很难再有真正的振作。㉖ 更有甚者，到清军入关前后，明军在一些要塞或进行重要战役时，其配备炮火的数量和质量，有时甚至低劣于清军。或者在溃败之际，将己方的枪炮弹药拱手缴纳于人。当时尚为明朝服务的著名西洋传教士兼军火专家汤若望惊呼道："孰意我之奇技，悉为彼有"，"目前火器所贵西洋大铳，则敌不但有，而今且广有之矣"㉗。这段话反映着汤若望当时的震惊，但却说明了一个难以逆转的严酷的真情实况。㉘

对于如何建立和健全在炮火生产、管理和使用等方面的规章制度，皇太极也能虚心吸取明军原有规定中的合理部分。有一些降官降将也对此提出过不少建

---

㉖ 据天聪九年二月，明降官张文衡给皇太极的奏章说，"明国文武官员，俱从贿赂得知：文官无谋，武官无勇，管军者克军钱粮，造器者匿官钱，军士不得休息，器械亦不堪实用。如此，军士何以用命？……兵多如此，虽众何益？"（载《内国史院译档》上册，第146页）

㉗ 汤若望：《火攻挈要》卷上，概论火攻总原，审量敌情斟酌制器。

㉘ 明代的枪炮制作，一方面继承了中国传统兵器，特别是宋元以来的工艺，另一方面又大力引进了西方的技术和方法，较之前代，确有了很大的进展。据明末著名军事理论家茅元仪于天启元年（1621年）写成，篇幅达240卷的巨著（武备志》的介绍，当时根据战场地形，战争规模和攻防需要，配备给明军使用的火炮即有38种之多，其名目诸如什么佛朗机炮、百子连珠炮、烧天猛火无拦炮、飞云霹雳炮、毒雾神烟炮、八面旋风吐雾轰雷炮等等，不一。书中对这些炮的大小轻重、型号、规格、口径、射程，所用弹药及其配方，不同的杀伤力及其在实战中的不同用途等，均有具体说明，并各附有图式和简要的铸造方法。在用枪方面，亦列出24种，其名目诸如什么鸟咀铳、子母铳、拐子铳、夜敌竹铳、万胜佛朗机铳、神威烈火夜X铳、五雷神机铳等等，不一。书中对每一种枪支的长短轻重，枪管木托的用料，火门、扳机、火绳、铅子、火药配方以及在实战上的不同用途等，亦都做了具体说明，也各附有图式和简要的制作方法。书中对某些型号的枪炮，是在何时何地由何人从西方引进，也作了较为准确的说明。比《武备志》出版略早一些的，还有明万历时文华殿中书赵士桢所著的《神器谱》一书，其中记述了赵氏对改进多种土洋火器的设计，对于枪炮战车的型号制造工艺，施放方法以及实战应用等均有详细说明。由此可见，明代的军工生产曾经是比较发达的，明军的枪炮火器配备曾经是比较齐全和先进的，但在腐败的政权和军队中，却并未能发挥出应有的战力。相反，一因这些先进武器在历次战役中成批地被清军缴获，甚至随同降清将帅携来转为清人所用；二因皇太极坚定地执行了招降纳叛，优容并重用熟谙军工技术汉官汉将汉匠的政策，以最快的速度建立起较具规模的以沈阳和锦州为中心的军工基地，有力地支持了侵明战争。汤若望所引以为震惊的"我之奇技，皆为彼有"，乃是如实地反映出此一重大转折。

议,其中建言最系统的为马光远其人。马光远原是明朝建昌城的参将,于天聪六年率全城军民归顺后金国,并将他原住北京的母亲兄弟等全家都接来沈阳,还利用各种关系,从北京招引了明朝将官王登甲等人来降,以表示效忠不移。皇太极对此人比较赏识,树立他为“新汉官”的榜样,将他本人从参将拔擢为一等总兵官,并委任其弟马光先为二等参将,另一弟马光辉为游击等职,一再“注入赏册”[29]。光远受此恩宠,铁心投靠,卖命献策。他本来熟谙对军火的生产和管理,遂在有关方面“一一筹虑”,天聪七年(1633年)三月,疏言:

> 火炮虽有,要平日收拾得所,演放得法,方为实用。今将现在火炮,查堪应随营者,即着落营官管理;应守城者,即着落守城官管理,务要经心收藏,不许风雨损坏,责任分明,缓急有赖,临期不致推诿误事矣……
>
> 大小火炮车辆,已经采用木植造作矣,但造成之后,如仍前不收拾,不扇盖,万一出行,方才手忙脚乱收拾车辆,怎得坚固?临期岂不误事?事在该管车辆之官时时查看,时时修理,又要总兵额真时时稽查,不许惰误,自干罪戾,方得实用矣……
>
> 火药硝磺造作,虽有派就人夫收藏,务要得法,给散务要分明。造作不堪,罪在匠役:分发不明,罪在将官。计人计药,多多备办,或出或入,俱要节省。如硝磺交收,火药分发,俱要本管将官呈报兵部衙门,记下数目,候年终,必一类算,庶无虚费也……
>
> 城守一节,根本大事。宜在秋成之日,将守城步兵,调齐到城,分发信地垛口,写定官兵名姓,派就防御火器。无事散堡务农,有事赴信防守。至于朗机大炮、火罐等项,不可不早为制备,以壮国威,以备实用……
>
> 炮局、药局,虽有地方,而无房屋,凡遇暴日寒天,匠役无处遮盖,苦楚难言。合无每局造厂房十数间,以蔽风雨,庶匠役不致偷安,造作可得长便矣……[30]

[29] 参见《内国史院译档》上册,第9、10、42、43页。

[30] 马光远:《请整饬总要奏》,载《天聪朝臣工奏议》卷中。

马光远此奏,既针对当时后金国军火生产、管理和使用中存在的问题,同时也是凝聚着明朝长期以来治军治械的经验教训。徒有军火,但知战时使用,而不知加强平时的管理,不注意保管维修,不勤加训练,车辆不配套,装备不齐全,发生事故不追究责任或责任不清,交收发放审批级别不明,账目混乱,等等,不仅是军事后勤方面的失误,而且往往贻误战机,导致失败。马光远向其新主子历陈此数点,应该说是切中需要而有见地,是后金国处在军火工业初建时期所应认真注意的。他建议造设固定的房舍以安置炮局和药局,改变当时仅在旷野上造炮炼制炸药的草创形态,亦是切合当时发展阶段的合理要求。与此密切相关,马光远还奏请进一步优待相继从明方吸引而来的"造炮铁匠,并造药匠役","既要令他打造,必须厚加吃穿,此人方得安心效力矣。伏乞速议养赡之典"㉛。对于从俘虏中挑选出来的炮兵,更应妥为安插并在生活上照顾,以便能从速有效地收为己用,投入战斗,"今蒙皇上恩典,收选新旧将军备御及永平、大凌河炮手,已有二百余人矣。合无将各炮手着落六家喇善知炮火将官备御,定名管领,闲时率领演放,有事率领攻打,使兵将相亲,演习惯熟,临时不致错乱。炮手皆只身无靠之人,虽有田地,无人耕种,还乞皇上议帮丁,始终优养,方为长便"㉜。应该说,上引马光远的献策都切中肯綮,都是关系到当时政策策略以及管理规章中的关键;说明对于军火生产、保管、训练、使用、有关技匠和专业兵的安置待遇等方面都亟需制定配套的规章。诸如此类的问题,已经提到了后金国裁决军政重务的议程上了。

## 三

自天聪七年(明崇祯六年,1633年)以后,后金(清)国所发动的历次重大战役,几无例外地都配合使用了炮兵,并且取得了重大的战果。满、蒙、汉军八旗是在红衣大炮的轰鸣声中攻城略地的。当年八月,皇太极派遣贝勒岳托、贝勒德格

---

㉛ 马光远:天聪七年三月,《请整饬总要奏》,载《天聪朝臣工奏议》卷中。

㉜ 马光远:天聪七年三月,《请整饬总要奏》,载《天聪朝臣工奏议》卷中。

类等,携带重炮率师进犯朝鲜,还师之时,"抵国境后,将炮车留于盖州"[33],这显然是为了保持威慑力量,并为下次用兵做好准备。崇德二年(明崇祯十年,1637年)正月,皇太极又亲率大军犯朝鲜,豫亲王多铎、睿亲王豪格、一等公额驸扬古利以及孔有德、耿仲明、尚可喜等所谓"汉三王",均率所属部队参战。春节期间,北渡汉江,营于江岸,距朝鲜王京东郊仅二十里,双方进行拉锯战,扬古利在正月初七日中枪阵亡,可见战况的激烈。清国由多罗安平贝勒负责"护运红衣炮、将军炮、火药重器等车"抢渡,冒着临津江渡口有解冻之险,及时将所有重兵器运抵前线,在此次战役中发挥了重大作用。豪格又奉命即率领部分炮队攻克江华岛,奏言:"我军至岛,有朝鲜兵船四十余艘,于渡口迎战,我军以红衣炮、将军炮轰击,彼等不能当,东西逃散。我军遂乘所携船进攻,日出时入江华岛,时有鸟枪手百人迎战,先杀败之,又击杀伏兵千余。"[34]正是恃此兵威,迫使已移驻江华岛的朝鲜国王李倧以及文武诸臣出降。皇太极又及时将兵锋转指明朝。二月初二日,"命贝勒硕(岳?)托、恭顺王(孔有德)、怀顺王(耿仲明)、智顺王(尚可喜)率每牛录甲兵四人及三王下汉军全数,携红衣炮十六位,并朝鲜王之五十艘兵船,往取明皮岛。"[35]不论从豪格的奏疏或皇太极的谕旨中,都着重提到了使用以红衣炮为代表的火炮作战的问题,将之放在重要的战力和装备的位置上,这是前所未有的。以后,在崇德四年(明崇祯十二年,1639年)、六年、七年的攻明战争中,清军都充分部署和使用了炮兵。特别是崇德六年五月至七年四月,清军组织了攻克塔山、杏山、松山、锦州四大战役,歼灭明军十三万人,生擒明总督洪承畴,巡抚邱尼仰,及其辖下的总兵曹变蛟、王廷臣等十余员,再次迫降祖大寿,击溃吴三桂等号称六总兵的援军,取得了空前的重大胜利,形成摧枯拉朽之势。[36]在进行每次战役时,清方前敌将帅济尔哈朗、多尔衮、豪格、阿达礼、多铎等都一再奏报使用炮兵得手的情况,例如:

---

[33] 《内国史院译档》上册,第31页。
[34] 《内国史院译档》上册,第237页。
[35] 《内国史院译档》上册,第244页。
[36] 参见《清史稿》卷三,《太宗本纪》二。

(崇德六年五月)以红衣炮攻锦州。[37]

(崇德七年四月十二日)以用红衣炮攻明塔山城捷音,内秘书院学士额色黑奏报圣汗曰:和硕郑亲王、多罗睿郡王、肃郡王,钦遵上谕,率右翼将士及两翼巴雅喇官兵、汉军将士,载火器至塔山城西,列红衣炮,初八日始发炮,至初九日午时,城崩二十余丈,我兵由崩处登城。[38]

在包围了杏山城,尚未发动总攻击时,皇太极又亲自下谕给前线将帅,具体指示,应选择什么时机使用炮击,又应如何进行炮击,如何炮步兵配合:

将此敕谕晓示城内(按,指皇太极谕杏山官属兵丁招降敕谕),再以善言招抚之,来降则已,否则听在彼诸王,相机而行。若城可击,用红衣炮击之,倘一举炮,彼即归顺,不得加害。举炮时,不可击城上女墙,当击城之中间,俟十分颓坏,方令我兵登进,其小有破坏处,毋妄令登进。[39]

此可见,皇太极运筹帷幄,已及时掌握了某些炮兵战术要领,知道可以挟火炮的巨大威力以战迫降,知道必应集中炮火以轰击对方城防的要害处,并应在经炮兵作战取得绝对把握时,才使用步兵登城。果然,济尔哈朗、多尔衮等就是在切实执行皇太极指示的作战方针,然后取得克城纳降战果的,奏报说:"以红衣炮击破(杏山城墙),城中之人,畏惧屠戮,城内众官,来营叩首,言或杀或宥,唯命是听。"[40]

与清军的主动出击相反,明朝的守军多次中伏受挫,又被切断饷道,据守的各城均已成为孤立被包围的据点,摆着挨打被歼的态势,"婴城守,不能战"[41]。往往在清军炮声一响,一二天内即失守或投降,其配备的大量枪炮弹药,转瞬之

---

[37] 《清史稿》卷三,《太宗本纪》二。

[38] 《内国史院译档》卷上,第467页。按,当时的郑亲王为济尔哈朗。睿郡王为多尔衮,肃郡王为豪格,他们二人都是在崇德六年三月,因率兵驻营在锦州城外三十里,又时遣军士回家,被皇太极下谕从亲王降为郡王的。

[39] 《内国史院译档》上册,第468—469页,崇德七年四月十一日。

[40] 《内国史院译档》上册,第475页,崇德七年四月二十八日。

[41] 《清史稿》卷三,《太宗本记》二。

间便成为清军的战利品，今摘引济尔哈朗、多尔衮等人向皇太极奏报两份俘获物品清单有关部分以说明之：在塔山之役，计缴获“红衣炮子八十发，将军炮子二百九十五发，把子总枪子二千发，小炮鸟枪子弹九金斗，大红衣炮一位，发贡炮二位，大小将军炮四百九位，佛朗机炮三十七位，把子总三位，三眼枪十一位，单眼枪四杆，大小炮四百六十五位，火药一窖又一百瓶，硝磺五十筐，火药坛六个”㊷。

在杏山一役的缴获品有，“红衣炮二位，大将军炮六位，二等将军炮一百二十二位，行营炮一百八十二位，佛朗机炮六十五位，班绰嘴炮三位，三眼枪三百九十杆，单眼枪八十三杆，火药三万八千五百斤，硝一万斤，黄药三千斤，红衣炮子五百三十发，将军炮子三百发，子弹一石四斤斗，弹铅五千五百斤”㊸。

我们清醒地估计到，上引清单所开列的军火枪炮，只应该是战后的残余，其在交战中消耗毁损之数均未列入，清军各部队查点上报之数是否准确无误也成问题，但仅依清单所列，配备给明军的枪炮弹药应该说是品种齐全，数量充足的。明方覆败的根源乃在于其军政各方面的腐朽腐败，在于其战略指挥上的一再失误，而非在于装备之不足不良，这是显而易见的。所必须说明的是，当时明清对峙优劣之势已经相当明朗，明军节节失利，一再溃退，真可谓兵败如山倒，要逆转这样的局势，是极不容易的。清军入关已成既定方针，明王朝势必难逃覆灭的厄运。李自成大顺军的攻占北京，吴三桂的洽降乞师，无非是历史演变过程中的触发点而已。

## 四

顺治元年（明崇祯十七年，1644 年）春天，形势发生突变。在明、清、农民起义军三种对立的政治力量之间，出现了极其急剧而复杂的变动。以李自成为首的农民起义军在三月十九日攻占北京，推翻了明朝的中央政权，明毅宗崇祯帝煤

---

㊷ 《内国史院译档》上册，第 467—468 页。

㊸ 《内国史院译档》上册，第 474 页。在这些清单中，还详细开列了俘获明朝文武官吏的姓名、官阶、职衔、人数、民间妇孺、生员名口，以及各种牲畜粮食物资之数，因与本文的关系较小，故不赘引。

山自缢。清朝统治集团抓住此一极有利的时机，二十天之后，即在四月初九日，“摄政和硕睿亲王（多尔衮）率大军西征明国”㊹，以最快的速度进逼关内。十三日，师次辽河；十五日，明朝的平西伯、山海关总兵吴三桂上书；“泣血求助”，以“割地分田”“金帛子女之大利”等哀求清兵“除暴剪恶”㊺，请求共同镇压农民起义军。多尔衮得书大喜，当日发令，“命汉军赍红衣炮，进发山海关大路”㊻。二十四日，清、吴联军在山海关击溃农民军二十余万，多尔衮向顺治奏报，“臣仰借上天眷佑，皇上洪福，亲率大军，与吴三桂总兵马、步红衣炮直捣燕京”㊼。

清军入关以后，立即对农民起义军以及明朝在南方的残余势力全力进行镇压。

以对农民起义军而言，六月间，清军与起义军扫地王康文道、仁义王郭庄吉等所部五万余人在真定府进行过较为激烈的炮战，据清方右翼军的固山额真□□等人向多尔衮报告：“扫地王康文道之炮台，经我军施放红衣炮，亦被攻破，贼首亦被斩。”㊽八月，清朝大军自怀庆府开入潞安府属各县，向起义军王老虎、财粮王等股进攻，克服了“狼车岭道路阴峻”，仍成功地将红衣炮运入潞安，增加了战力㊾。十月，在进攻太原城时，据前线固山额真叶臣的战报：“臣等前往太原府，太原府陈有福统辖流贼占之八府，我军至后，派员招降，然贼不从，遂以红衣炮攻之，于十月初三日破之。城上贼兵，皆被我登城兵一杀而尽……太原府五州二十县皆归降。”㊿这些出自前敌指挥官的战报，他们对于红衣炮作用的估价应该说是恰当而可信的。年底，豫亲王多铎亲率大军进逼潼关，李自成的主力在此坚守，多铎畏惧，距潼关二十里立营，专候援军大炮[51]，一直等到“（顺治二年元月）初九日清军红衣大炮至，本日炮攻潼关”[52]。正因为多铎采取了稳扎稳打，不作浪战，坚持等到红衣大炮运到前线，才发动攻击，一举攻占潼关重镇，迫使李自

㊹ 《内国史院译档》中册，第 1 页。
㊺ 《内国史院译档》中册，第 3、4 页。
㊻ 《内国史院译档》中册，第 3、4 页。
㊼ 《内国史院译档》中册，第 3、4 页。
㊽ 《内国史院译档》中册，第 45 页。
㊾ 《内国史院译档》史册，第 59 页。
㊿ 《内国史院译档》中册，第 54—55 页。
[51] 史松、林铁钧等：《清史编年》卷一，第 56 页。
[52] 史松、林铁钧等：《清史编年》卷一，第 56 页。

成还兵西安。[53] 我们还注意到，清军在与起义军作战诸役中，也缴获了一些枪炮弹药，例如在攻克太原城一役，即收缴了红衣炮五门、发贡炮十七门、三眼铳一万三千杆。[54] 这些军火显然是起义军夺取自明军，然后又被缴给清军的。

在对付仍据守南方的明朝残余军力方面，清朝军队亦挟大炮以进军，参用炮火以取胜，特别在江南水域，满洲骑兵难以驰骋追杀，更有必要更多地施用枪炮。顺治二年(1645 年)三月，清大军包围扬州，史可法拒降死守，清军从泗州运攻城之红衣大炮至，以重炮轰击扬州城，城破，可法殉难，扬州被屠城。[55] 五月，清军沿江扫荡，据领兵官固山额真准塔等奏报："臣等遵旨于五月十八日率师前往睢州，十九日渡潞河，将红衣炮二、将军炮三十，置于四十只船上，水陆同行……二十五日过清河县，随有刘泽清属下总兵官马华豹、副将张思义等，恃黄、淮、运三河，念我军之必由之路，遂率一万七千兵，列千余船只，施红衣炮。臣等随遣一梅勒章京并甲喇章京及蒙古章京等，并陪派兵员，乘船一同渡江而去。另有游击范炳、吉天相，率步兵放炮，贼弃船骑马遁走。我军追过清江浦，直至淮安，获船五百六十一，马四百七十六，红衣炮二十六，驼十九。斩副将一，参赞一……二十八日攻克淮安，总兵官刘泽清、总漕田仰俱遁走。"[56]多尔衮对此一战役的胜利给予很高的评价，批示说："览此奏文，得知淮安府诸州县及船、炮、马、驼俱获"。"各官大功茂著，理应查明议叙。"[57]

特别是顺治五年(1648)十二月至六年九月间，对于山西大同的攻防战，清方更是重视使用炮兵。清大同总兵姜瓖，原是明大同总兵，一度投诚大顺军，其后又降清，留任原官，此人虽降清任职，但心怀疑惧，"部下故多骁勇，久蓄异志，及见交山乱(按，当时晋冀之间农民抗清风起云涌)，愈心动思逞"[58]。十二月初三日，杀清巡抚等官，易明冠服，宣布反清，联合原任明宁夏巡抚的李虞夔等进窥西安，连陷潼关、蒲州、解州，一时西北震动，十余城军民皆叛应。[59] 清朝统治集

---

[53] 戴笠：《怀陵流寇始终录、甲申剩事》，《清世祖实录》卷十四。
[54] 《内国史院译档》中册，第 54—55 页。
[55] 应喜臣：《青磷屑》(下)。
[56] 《内国史院译档》中册，第 87 页。
[57] 《内国史院译档》中册，第 87 页。
[58] 夏骃：《交山平寇始末》。
[59] 徐鼎：《小腆纪年附考》卷十五。《逆臣传》卷四。

团对于姜瓖降而又叛，举兵戕官之举视为心腹之患，更害怕影响其他降官降将，引发其他叛变。因此摄政王多尔衮一知悉此凶耗，便飞檄派梅勒章京阿喇善、侍郎噶达率八旗兵增援山西：英亲王阿济格“闻姜瓖反，即统兵于本日（初四日）包围大同城，并奏请清廷发给红衣炮，以为攻城之用”[60]。多尔衮闻奏批准，即于十七日命固山额真巴颜等率军载红衣炮赴阿济格军前，同讨姜瓖。[61] 不仅如此，多尔衮还相继采取了配套的后续行动，他亲自从各旗中选派得力军官和炮手参战，谕令，“正红旗章京雅木山，正蓝旗汉军章京陈三阶，镶黄旗炮手一名、正黄旗炮手十二名、正白旗炮手四名、镶白旗炮手六名、正红旗炮手三名、镶红旗炮手三名、正蓝旗炮手二名、镶蓝旗炮手四名，皆派往大同军中，至和硕巴图鲁亲王（阿济格）前听用”[62]。多尔衮以皇父摄政王之尊，连日为围攻大同城，戡平姜瓖叛变事调兵遣将，送运大炮，甚至具体至于从八旗中某旗调用若干名炮手，也要直接分派，此不但反映出他对姜瓖叛乱一事的焦灼操切，也充分说明了对使用炮兵的重视。

甚至在对大同众官军民的公开告谕中，多尔衮亦以使用红衣大炮攻击并屠城进行恫吓，企图在心理上造成威慑，以有利于瓦解城中军民斗志、孤立姜瓖等极少数首要人物，谕云：

> 姜瓖自造叛逆大罪，摇惑众人，干连无辜。尔众被围大同城中，孤城独存，岂有此理？止因姜瓖一人作恶，遂致无辜众人同陷死地矣。即命不准城中人逸出，扎寨掘壕，而后发放红衣大炮攻破，尽行诛戮。此前凡有官民人等执姜瓖来投，或杀其来投者，皆予赦免，记功恩养。如此，不惟尔等免死，乃至立功，即尔等之妻子亦可因此而保全矣。[63]

文告发出之后，清军果然在大同城外挖掘深壕，筑建长围，在围外排列红大大炮，其炮口均指向城内。姜瓖针对此点，亦采取对策，一再加厚加高城垣，派兵偷袭

---

[60] 史松、林铁钧等：《清史编年》卷一，第209页。
[61] 史松、林铁钧等：《清史编年》卷一，第209页。
[62] 《内国史院译档》下册，第18页。
[63] 《内国史院译档》下册，第13页。

清营,填壕毁寨,互有杀伤,双方的攻防争夺是很激烈的,一直相持到顺治六年八月,历时二百六十余天,此在清军统一全国的战争中是突出的。但应看到,上引多尔衮的文告还是起了重大作用。特别是在围城日久,外援皆被扑灭,城内弹尽粮断之际,更能有力地引起内部分化。果然,到八月二十八日,姜瓖部将杨振威等二十三人即密通清军,杀姜瓖及其兄弟等,献首级降,清军次日入城。多尔衮、阿济格在取得戡平姜瓖叛军胜利之后,对大同军民表示出极大的凶残,下谕除对杨振威等二十三员及家眷并所属兵六百人外,对“从逆”的官吏兵民尽行诛屠,大同顿成空城。此犹不足,又下谕将城垣自垛撤去五尺,以免再发生据城叛乱之事。在此一重大战役中,最后虽以策反毕其功,但红衣大炮威慑之力亦不可没。

对于另一原已降清,后又复归南明,“效命原主”,称臣于永历小朝廷的江西提督金声桓、副将王得仁等,清统治集团亦是仇视已极。顺治五年(1648 年)元月二十七日,金、王等在南昌举兵叛清,擒杀清的巡抚、巡按等多人,引起很大的震动。多尔衮决定,以武力剿平之,其对策大体上与对山西的姜瓖相同,委派谭泰为征南大将军,率军扫荡外围,然后集中兵力围攻金声桓等困守的南昌,同样掘壕筑寨,禁绝交通。不时发炮轰击城内,双方拉锯战斗,几及一年。谭泰奏请增拨大炮,多尔衮准奏饬行。到顺治六年(1650 年)元月十九日,“至是红衣炮至,急攻南昌。本日午时城破,金声桓自投于城之东湖,王得仁突围被擒杀……其余各将或巷战死,或被俘不屈死”[64]。南昌之役,其影响不下于大同,其结局亦以叛军覆败告终。其不同之处是,南昌是清军直接以红大大炮攻破城垣而取胜,大同则是以强大炮火为威慑后盾,策反顺利以成功。

以上我们列举了清军入关之后,在真定、潞安、太原、扬州、淮安、大同、南昌诸重大战役中,几乎都发挥了炮兵配合作战的作用,在某些战役的某一阶段,甚至发挥出主要的作用。清军入关以后对全国各地的大进军,大清王朝的缔建和巩固,确是在红衣大炮的轰鸣中得以实现的。能够正确估评红衣大炮作为当时最犀利最精良的武器之一的作用,并相机使用之,应该说是清朝取得胜利的条件之一。以多尔衮为首的统治集团,是明确地认识到这一点的。

---

[64] 史松、林铁钧等:《清史编年》卷一,第 215 页。

## 五

如果我们细读清初对军人的记功酬赏档案,还可以发现一些饶有意义的记载,那就是,有些曾经参战的满、蒙、汉军将士,其所以受赏赐、获晋升、得恩袭,往往与他们曾经在战场上得力地使用红衣炮有关。纪功史册上对此都做了具体明细的登载,而且在这方面建立功勋的人还不少,这也从另一侧面说明炮战在清兵入关前后,在其缔建大清王朝过程中,所曾经起过的一定作用。以下摘引数例:

> 袁晋后于皇叔父摄政王率兵克复前屯卫之次,攻前屯卫时,与其属下以红衣炮攻城。固山额真叶臣等克复太原府之次,攻太原府时,会同许昌朋以红衣炮克城。为此,赠一等甲喇章京加半个前程,降一级,袭职七次。
>
> 金自成后于皇叔父摄政王等三此(次)围锦州城,战洪军门三营时,会同梅勒章京隋天总击败之。摄政王率兵克复前屯卫之次,以其所属之红衣炮克城,故升三等甲喇章京为二等甲喇章京,加一级,准袭五次。
>
> 张懋德原为骁骑校,皇叔父摄政王率兵围前屯卫之次,攻克中卫所、前屯卫两城时,独身放红衣炮。固山额真叶臣等克复太原府之次,攻城时,独身射放红衣炮。念其克城有功,赠半个牛录章京,准袭一次。
>
> 董文魁原为虚衔牛录领催,固山额真叶臣克复太原府之次,攻城时,独身放红衣炮而中箭身亡。故赠半个牛录章京,准其子董旒锡袭职位,战亡准再袭,病故则免之。[65]

从这些恩赏立功记录中,固然可以看到清军在入关前后已经相当普遍使用红衣炮作战。更重要的,还应看到,在清朝的军队中,已经培育出一批熟谙炮兵战术和操作规程,而且勇敢善战的官兵,反映出一个要求蓬勃发展的新兴政权的活

---

[65] 《内国史院译档》下册,第 274、275、291 页。

力,正处在上下一心以建功立业的时期,他们当时是难以被战胜的,故此一旦掌有红衣大炮,便能充分发挥其摧敌毁城夺取胜利的作用。反视之明朝,“文官皆纸上铺张,武官皆纨绔债帅”[66],其腐败已经深入骨髓。即使在阶级矛盾和民族矛盾极端激化的时刻,少数人虽然痛心疾首,毁家御侮,统治集团上层仍然贪图苟安,内讧不息,是以虽然仍拥有一些优良装备,但实际上仍等同虚设,绝难保持持久的旺盛的战斗力量。种种枪炮利器,恰成资敌之械。明末某些志士仁人虽然竭智尽虑,继之以效死,但亦绝难挽回其必然灭亡的厄运。大炮诚威武,难以救颓亡。读史至此,能不唏嘘?

【韦庆远　中国人民大学档案学院教授】

原文刊于《中国文化》1990 年 02 期

⑯ 王舜:天聪六年九月《恭陈末议奏》,载《天聪朝臣工奏议》卷中。

# 关于图理琛的《异域录》

柳存仁

## 一

清康熙朝后期五十一至五十四年间(1712—1718)满洲官员图理琛(1667—1741)①和他参加的使团奉命辛苦地从喀尔喀蒙古(Khalka),进入鄂(俄)罗斯国

① 因为写了这部《异域录》替中国和整个世界增添了很多了解当时俄国的情况和中俄关系的资料,更不用说替土尔扈特部族添了有意义的信史。但是图理琛本人其实还不是使团的首领。他先在"管理礼部牛羊群事务总管"任内,因为"才识庸劣",也许是失职,曾遭康熙帝的谴责,罢官家居了七年多的岁月。《异域录》开始说出使是他自己仍思戴恩图报,曾"具呈叩请遴选",引见之后蒙恩"俯赐原官品级……特命前往"的(《雍正本》,第2b页;《四库本》,卷上,第2b页)。近年在新疆发现的用满文和托忒文写的康熙谕阿玉奇(气)汗敕书,图理琛在使团的地位实居第三,列在内阁侍读学士殷札纳、理藩院郎中纳颜之下,似乎本来不该归他写奉使的报告的。但是后来他作的自述式的详细报告竟然被皇帝批准印行了。我们仅看他这次出使以后以至他在雍正朝对俄外交的一些活动,或可窥知他曾特别受康熙皇帝的信任。如本篇下文所述的旁的例子,可以互相参照。康熙谕阿玉气敕书的文字,见马大正、郭蕴华《康熙谕阿玉奇汗敕书试析》,《民族研究》第2期,1984年;那篇译文是中国社会科学院民族研究所汪玉明先生从满文译的。托忒文是十七世纪根据卫拉特(Uriad)方言制定的一种蒙古文,现在新疆维吾尔自治区里,也还在使用。同时用几种语文书写文件,是这个时期常见的惯例。如蒋良骐《东华录》卷20康熙四十四年十一月"大学士等以鄂罗斯贸易来使赍至原文翻绎之文呈进。上阅之,谕曰:'此乃喇提诺、托多乌祖克、鄂罗斯三种文也。'"(中华书局1980年,第323页)喇提诺是拉丁,托多即蒙古托忒文。

西伯利亚朝西行了许多地方，[2]耗了两年多的时间，才到达占据在里海北边乾旷草原牧地的土尔扈特汗国（Turgu Khanate），和它的国王阿玉气（Ayuki）见面，得以传达清政府对土尔扈特的善意，途中撰成《异域录》。

这个土尔扈特，是元代蒙古帝国瓦解之后，剩留在西蒙古（特别是在今青海和新疆一部分地方）活动的厄鲁特部族（Eleuths）组成的卫拉特（Uriad，联盟性质）的一个单位。这个联盟除了土尔扈特，还有和硕特（Khoshotes）、准噶尔（Sungars 或 Dzungars）和杜尔伯特（Derbets）三个部族，合称四卫拉特。它们的上世，在记载上常和瓦剌（Oirat）这个名词相混，可能是因为译音的关系。所以土木之役擒获了明英宗的也先（Esen）、嘉靖时屡扰畿甸的俺答（Altan-gaγan），他们的活动多数是很含混地记在《明史》的《鞑靼传》（卷 327）和《瓦剌传》（卷 325）里，说明不够清晰。但是清史方面，像《清史稿》卷 523，对土尔扈特的事情就有较全面的叙述。[3]

---

② 他们的行程是出张家口，经过喀尔喀蒙古（即外蒙古）各地，最初到了离喀尔喀部长台吉、车陵扎布的边界博拉约二百余里的楚库柏兴（Cuku Baising，即 Selenginsk；柏兴谓小城镇，其实只是聚落，没有城垣），是俄国和蒙古的边界。在楚库柏兴一住五个月，要等候俄国察罕汗（Cagan Han）即沙皇[tsar]大彼得 Peter the Great 来了信，才能继续行程。信到之后，他们从这里沿着色楞格河（Selenga River）到乌的柏兴（Udinsk），更向西北经柏海儿湖（今译做贝加尔湖 Lake Baikal），然后来到厄尔库（伊尔库次克 Irkutsk）。因为西伯利亚的总督噶噶林（Mathiev Petrovitch Gagarin）曾吩咐他的下属"将天使大人由水路接来"，这样他们在厄尔库又住了三个月，等候昂噶拉河（Angura River）冰解，然后方得乘船到托波儿（托波儿斯克 Tobolsk）：在那里才与噶噶林初次见面。再由托波儿启程，经过图敏（Tumin，即 Tyumen，今译秋明），喀山（Kazan）、西穆必尔斯科（Simbirsk 今译辛比尔斯克），直到在佛尔格河（Volga River 今译伏尔加河，土尔扈特国人却称它作厄济儿河 Etchil River）上的萨拉托付（Saratov），这儿方是俄国和土尔扈特两国接壤之处。这时又因为大雪，和土尔扈特人误会了迎接的程序，竟使这个使团又在萨拉托付度过了一个严冬。他们是康熙五十一年（1712）旧历五月二十日离开北京的，到康熙五十三年（1714）六月初一日才到土尔扈特国阿玉气汗驻扎的马奴托海（Lake Manych-Gudilo），次日相见，才宣读敕书。返程仍回托波儿，又经历塔喇斯科（Tarask）和托穆斯科（Tomask），耽搁时间较短，康熙五十四年（1715）三月二十七日就回到北京了。图理琛的记载大体翔实，然而从今天我们能读到的记录中，也还见到偶有差误的地方，例如《异域录》记五十三年正月十二日从塔喇斯科起程，越十四宿于十五日至托穆斯科地方，五十三年实是五十四年，正月十二日当作正月初二日，《雍正本》第 70b 页，《四库本》卷下第 40b 页俱误；日本今西春秋先生《校注异域录》（第 168 页）用的满文本，正月初二不误，但五十三年仍误，这也见钞书、刻书的人的马虎。又如《雍正本》第 5b 页说使团"于壬辰年五月二十日自京师起程"，第 73a 页则云五月二十二日，《四库本》卷上第 7a 页、卷下 43b 并同；但《校注异域录》第 64 页及第 172 页满文俱作二十日不误。

③ 这个时期的史事当然和康熙皇帝平定噶尔丹的战役有关系。标点本除《明史》卷 328《瓦剌传》及《清史稿》外，可参温达等编《亲征朔漠方略》（康熙四十七年 1708，这书有《四库本》）；祁韵士《皇朝藩部要略》卷 9—10《厄鲁特要略》（道光二十五年 1845）；《皇朝文献通考·四裔考》（乾隆二十六年 1761，有《四库本》）；张穆《蒙古游牧记》，何秋涛补，16 卷本（光绪二十九年 1903 金匮浦氏静寄东轩石印本）；原著一卷本，收《小方壶斋舆地丛钞·再补编》第 2 帙：何秋涛《朔方备乘》八十卷本，卷 37—38；亦收入《北徼汇编》。

在清初的四卫拉特联盟之中，这个时候准噶尔的势力更为强盛，对其他的部族常加侵犯。阿玉气的曾祖和鄂尔勒克（Kbu Urluk）受不了准噶尔的首领和多和沁（Khotokhotsin），习惯上或用他更著称的名衔巴图（Batur 或巴图尔珲台吉 Batur Kontaisha）的压迫，大约在明崇祯二年（1629）左右率领本部和一部分的杜尔伯特及和硕特的人民，共有五万帐搬迁到俄属佛尔格河下游，当时还是无人地带的大草原来居住和游牧。后来土尔扈特和鄂（俄）罗斯之间的关系，就很像是鄂罗斯的“羁縻州”④。康熙中叶因为厄鲁特·噶尔丹（Galdan）扰乱喀尔喀蒙古和西北的边疆，皇帝曾经三次亲征⑤，这个噶尔丹，就是巴图的一个儿子。

图理琛一行人康熙五十一年（1712）旧历五月从京师出发，五十三年六月在阿玉气驻扎的马奴托海和国王见面，宣读旨意，直到下一年三月底才回到北京，耽搁的时日很长。耽误的理由一方面是因为俄国天气严寒，河流冰冻之后，等候解冻很费时间，但是俄国方面总是说要水运，很可能是当局故意阻延，怀疑清廷为了一件平常的事情远派使臣可能别有用意。《皇朝藩部要略》卷 10《厄鲁特要略二》说“俄罗斯故导我使纡道行”，后来《清史稿》卷 283《图理琛传》就全抄了祁韵士的话⑥。冷静些观察可以知道康熙要联络这个远离中国土地漂流异域的民族是有一定的用意的：就是在图理琛等人出发那一年的春天，土尔扈特也派了使臣萨穆坦（Saltan Koulyouhov）等人⑦经过俄国到北京来呈递文书并叩见康熙

---

④ 汉朝人发明了羁縻的巧妙涵义，如《汉书·张骞传》云“大宛以西，皆自恃远，尚骄恣，未可诎以礼，羁縻而使也”。唐、宋史书常用此义，如《旧唐书》卷 41，《地理志四》就“黎州统制五十四州，皆徼外生獠，无州，羁縻而已”，但下面仍开列五十四州之名。我们这里仅是借用，其实当时俄国向土尔扈特要钱要人，《异域录》里也记俄国向土尔扈特索兵一万去攻瑞典军，又讽他们三千人敌不过瑞典兵三百，岂只羁縻？

⑤ 康熙二十九年（1690），三十五年（1696）及次年（1697）。

⑥ 房兆楹先生不甚同意此说，他从资料上说明清廷发出对俄联络的文书太迟，使团出国前一周才把公文发出，是俄国沙皇复信迟缓的原因；看房先生写的图理琛传，收 Arthur W Hummel 编 *Eminent Chinese of the Ch' ing Period*（《清代名人传略》），Washington，1943—1944，pp.784—787。

⑦ 萨穆坦之名照《异域录》（《雍正本》第 2b 页，《四库本》卷上第 3a 页）。外文译述如史坦东（Sir George Thomas Staunton）在 1821 年（道光元年）出版他的 Narrative of the Chinese Embassy to the Khan of the Tourgouth Tartars' p.9 作 Sa-mo-tan。史坦东就是乾隆五十八—五十九年间（1793—1794）英国派来中国的马戛尼（George Macartney）使团的副使。今西先生《校注异域录》满文和对译部分注 22（P.58）称这位来使的名字为 Samtan，但又引カーエン氏的书（P.119—120），那里引用了乾隆四十八年（1709）沙皇准许土尔扈特 SaltanKoulyoukov 一行人自由通行的敕令，推想这就是去中国的使臣。这部今西引的书，就是 *Gaston Cahen，Histoire des Relations de la Russieavec la Chine sous Pierre le Grand*（1689—1730），Paris，1912。这书近年有汉文译本：江载华、郑永泰译，葛斯顿·加恩著《彼得大帝时期的俄中关系》，商务印书馆 1980 年版，可并检。

皇帝，远来的理由是要和清廷商量能否接留居在甘肃嘉峪关西牧地的阿玉气的侄儿阿拉布珠儿（Arabjur）经由俄国返回土尔扈特的问题。名义上说，这也是图理琛他们奉派去土尔扈特传旨的借口。

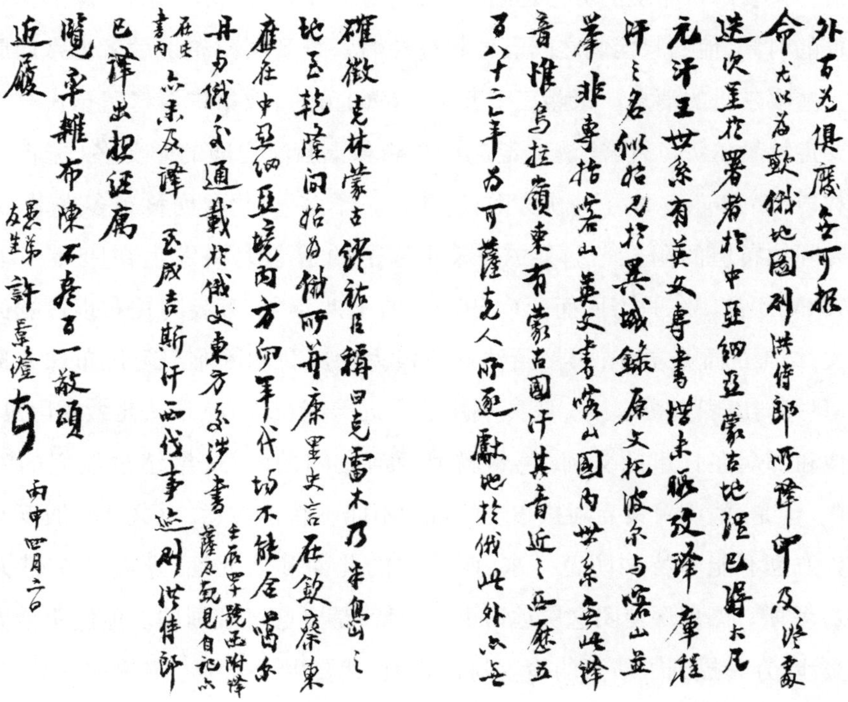

这是光绪二十二年四月初二日（1896 年 5 月 14 日）还在驻法、德、意、荷、比、奥钦使任上的许景澄（1845—1900）写给当时在北京任户部江苏司郎中兼总理各国事务衙门俄国股章京的沈曾植（子培，寐叟，1850—1922）和其弟沈曾桐（子封）的信。函中提及《异域录》里的托波儿（Tobolsk）、喀山（Kazan）、库程汗（Khan Kuchum），从叙述中可见学者们对中亚细亚、蒙古地理及俄国向西伯利亚西北扩展的情况，不过是“已得大凡”。许景澄是精明的外交家，后负责对俄国的交涉。光绪二十六年因反对义和团，和袁昶同被朝命处决而冤死。

阿拉布珠儿在康熙三十七年（1698）陪母亲率领一群信徒从佛尔格河下游出发去西藏礼佛，在那里住了五年。返程却遭遇了土尔扈特汗阿玉气和准噶尔·策安阿拉布坦（Tsewang Araptan）之间正在发生的战争。这个策安阿拉布坦在这个时期直到往后十几年的历史中，也是边疆斗争的一位重要人物。他是噶尔丹的侄儿。他的父亲僧格(Senga)是噶尔丹同母的哥哥,父亲巴图死后,僧格就继任了珲台吉的位置。僧格不幸被另一位嫉妒他的长兄谋杀致死,噶尔丹替他报了仇,自己却接任了珲台吉,后来更称准噶尔汗,因此叔侄之间的感情并不融洽。策妄阿拉布坦的势力逐渐膨胀,当噶尔丹扰乱喀尔喀蒙古,康熙皇帝就要亲征的时候,他们叔侄俩之间已经起过衅端⑧,策妄阿拉布坦后来也常向康熙报告一些噶尔丹的消息。康熙三十五年(1696)五月,战争中清将费扬古知道噶尔丹要走特勒尔济口,设法诱他走进肯特岭和土腊河之间的昭莫多(蒙古语指大森林曰 Jao Modo),吃了一次大败仗,死亡三千多人,仍要向科布多逃走,又遭到策妄阿拉布坦的阻拦⑨。阿拉布珠儿母子的遭遇大概发生在康熙四十三年(1704),距离噶尔丹穷困而死(1697)已有七八年了,策妄阿拉布坦占据的地盘更大,结聚的部众更多,自然给清政府极大的威胁和困难。阿拉布珠儿遭到损失,只好向康熙皇帝求援。康熙利用这个局势,就封阿拉布珠儿做固山贝子,允许他和部众在甘肃的党河、色尔腾河两河之间的地方,继续过他们的游牧生活⑩。但是,清朝对策妄阿拉布坦的行动不能不特别注意,对这又一股新兴准噶尔势力也不能不特别防范。东、西蒙古的北面和西北面,还有一个偌大的鄂(俄)罗斯。图理琛使团这次远访土尔扈特,是要通过俄国的。他们跟俄方的人员交涉,万一提到了新兴的策妄阿拉布坦,就要用十分小心谨慎的言辞,丝毫不吐露清朝政府的真实态度。这一番话,康熙只在五十一年四月二十二日图理琛使团诸人请训时,露了些口风,装作是跟土尔扈特汗阿玉气说的口气,并没有提俄国。记录中另有不少要向俄国人提的话,更完全不涉这一节。如果使臣们听了不谙他的含意,不能够举一反三,那就不像是懂得外交的干练的人才了。首先,康熙要他们告诉阿玉气:

---

⑧ 蒋良骐:《东华录》卷 16 康熙三十年(1691)二月:"策妄阿拉布坦及阿奴等遣使奏与噶尔丹交恶始末,厚赐遣之"(第 257 页),可作概述。参看《清圣祖实录》卷 145/11a;150/9a—b。阿奴(Ana dara)是噶尔丹兄僧格的遗孀,后嫁噶尔丹。《清史稿》卷 7《圣祖本纪二》三十年二月戊午(第 231 页),王先谦《东华录》卷 47 略同蒋(录),惟增"并令郎中桑额护其行,其使人起行之先,令见噶尔丹来使告以故"。(广东刻本,第 1b 页)

⑨ 肯特岭、土腊河、昭莫多这些地名,俱见《清史稿》卷 281《费扬古传》。《异域录》里,图理琛也提到这些地方,见壬辰年(康熙五十一年 1712)七月初三日,惟书作召磨多、土喇河、根特山(《雍正本》第 7a 页七;《四库本》卷上第 8b—9a 页)。

⑩ 看《清史稿》卷 211《藩部世表三》土尔扈特部;卷 520《藩部三・额济讷》系之康熙四年,误。

至于阿拉布珠儿归路，业遣侍卫祁里德前往策旺拉布坦处计议，尚未到来。如到时，移会尔等。彼若言欲会同夹攻相图策旺拉布坦，尔等断不可应允，但言策旺拉布坦与大皇帝甚是相得，不特遣使请安入觐，大皇帝亦时加恩赐。虽其势力单弱，穷迫已极，我圣主断不征伐。此事甚大，我等未便相允。尔虽将此事奏请圣上，以我等思之，我皇上但愿天下生灵各享升平，断无摇撼策妄拉布坦之意，此事我等可保。（《雍正本》第 2b—3a 页；《四库本》卷上 3a—b，"於"字作"于"，余悉同。）

又言：

尔等往见阿玉气，亦照见策旺拉布坦礼相待。（《雍正本》第 3a 页；《四库本》同上 3b，唯"气"字改作"奇"。）

康熙教使臣向阿玉气说策妄阿拉布坦"穷迫已极"，恐怕只是大皇帝要在小邦的面前表示自己的威风和实力罢了。其实，就在图理琛他们返回北京的那一年（五十四年，1715）还未进京的时候，甘肃提督师懿德已经疏报："二月初四日，哈密扎萨克达尔汉白克额敏咨言，'厄鲁特 · 策妄阿拉布坦还兵至其北境，侵掠五寨。三月二十五日抵哈密城下'。臣檄总兵路振声兵先赴哈密，臣俟出厂马调到，即亲身往救。"这奏章上去之后，不久得旨："发西安满兵三千，令将军席柱与副部统一员带领；总督标下营兵二千，令副将军带领：甘肃提督亦令带领标下兵，星速救应。西安将军亲往不便，又令大臣管辖，着吏部尚书富宁安前往，与将军席柱等公同商酌而行。"[11]连上文提到命他去策旺阿拉布坦商议放阿拉布珠儿等归路的侍卫祁里德，这时也有新的任命：

法脑着随去，祁里德着授为散秩大臣，前往推河。[12]

---

⑪ 蒋良祺：《东华录》，卷 22，第 366 页。王《录》卷九十五文字稍繁，二月初四咨文改为四月初二，更有初三日咨。

⑫ 同上注蒋《录》。

清政府这样的张皇,幸而这一次策妄阿拉布坦不过是小试其锋,不久师懿德再来报告,驻防哈密的游击潘至善、笔帖式常保住等在三月二十六日率领官兵二百多人,同哈密的白克额敏已在哈密击败了策妄阿拉布坦兵两千人,敌兵撤退了。然而蒋良祺《东华录》里跟着仍有一连串调兵的上谕:

> 调右卫察哈尔归化城、黑龙江索伦、打虎儿、喀喇沁鄂尔多斯兵往推河地方驻札,令将军伯费扬古帅领调遣。⑬

康熙皇帝何尝小觑这个"穷迫已极"的准噶尔的领袖呢?策妄阿拉布坦活动的根据地是伊犁,但是其欲逐逐,不久还待进攻所有蒙古部族人人尊崇顶礼膜拜的拉萨呢!图理琛回北京之后大约不过三个月,离开俄国的土地不过半年,五十四年(1715年)旧历六月清军调动已毕,正像《异域录》说的"值征剿逆寇策旺拉布坦有事之际",他又被派以新补兵部员外郎办理军务的身份,再去鄂(俄)罗斯的楚库柏兴,重晤西伯利亚总管"噶噶杯马提飞"(即噶噶林),告诉他"如策旺拉布坦部下有流窜逃亡者,令尔边境之人即行收纳,我国并不讨取"(《雍正本》第81b—82a页,《四库本》卷下第2页)。又说:

> 曩者策旺拉布坦不时遣使入觐,进贡方物,我大皇帝亦甚加怜恤,屡颁恩赏,通使往来已有年矣……剿灭噶尔丹之后,其准噶尔部落人民应属我国。我大皇帝明知不纳,听其在彼,以遂其生计,但欲率土人民各获生全,同享雍熙。虽洞悉策旺拉布坦势力凋敝,穷迫已极,我大皇帝不忍征伐,豢育至今。

接下去就数说策旺的罪恶:

> 其策妄拉布坦赋性奸伪,背恩寡信,率土之国无不知者。盖其天性使

⑬ 蒋良祺:《东华录》。王《录》仅云"[四月]庚辰,征外藩兵集归化城,以右卫将军费扬固总理军务"。(第4a页)

然,终莫能悛。即今言之,尔国之塔喇斯科及托穆斯科[14]边陲地方居住之巴尔巴忒并塔塔拉人等[15]归附尔国已久,犹勒取贡物。其已归尔国之货通人等,彼复屡次遣使索取。又邀夺尔国贸易之人,羁留数月,其后得脱,往我国之西宁贸易,回时不敢往策旺拉布坦路行走,请路于我国,乃将遣人送至楚库地方。至于盐场屯兵,狂悖妄举诸事,其不道无知,昭然可见矣。

最后还报告我们上文提过的策妄派人攻哈密失败的近事:

近者策妄拉布坦不自量力,不度其丑类罹灰烬之祸,乃敢潜遣贼众,侵我边隅回子所居之哈密地方。伊所遣二千厄鲁特人为我国二百汉兵、数名狪子击败三四次鼠窜。[16]

这一番话是图理琛私人给噶噶林写的的书信,他却还要冒着炎热亲自跑到蒙、俄边境楚库柏兴那边去投书,目的只是要求俄国守中立,不要帮策妄阿拉布坦的忙。康熙皇帝真可说是用心良苦,但是这件事情性质的严重,也就可以不言而喻了。这样说来,康熙五十一年赴土尔扈特使团使命的重大,各方面关系的错综,自不止于贝子阿拉布珠儿个人安危的问题。

我们且看这件大事名义上的要角阿拉布珠儿自己对他的出处问题怎样处置。图理琛再去楚库柏兴投书后返回北京的次年(康熙五十五年,1716)旧历三月,阿拉布珠儿这时虽然留在甘肃,已经奏请愿意"军前效力",参加打策妄阿拉布坦的战役了。朝命允许他"领所属于青草发时,前往噶斯口防守"[17]。这"青草

⑭ 两城今通用名已见注(2)。

⑮ 巴尔巴忒人、塔塔拉人图理琛俱说是塔喇斯科至托穆斯科沿途所见归附俄罗斯杂处的野人(《雍正本》第70b—71a页;《四库本》卷下40b)。巴尔巴忒(Barba,Barbat)当时大约居留在今西伯利亚铁路Barabinsk一带。《异域录》托波儿条言"塔塔拉"在厄尔齐斯河沿岸及托波儿并喀山一带居住。询其来历,鄂罗斯人曰:"原系库程汗之人,又名货通。其托波儿等处地方归併我国之后,将伊等散处于阿儿台山后、沿厄尔齐斯河一带,及托波儿并喀山等地方。"(《雍正本》第36b—37a页;《四库本》卷上,45b)按,库程汗(Khan Kuchum)十六世纪后期(1582)在今西伯利亚地区曾与哥萨克(Cossacks)争夺土地,因不识用火器而失败。(引文"于"字《四库本》作"于")

⑯ 以上所引三节。俱见《异域录》雍正本第80b—81b页;《四库本》卷下第52a—53b页。

⑰ 蒋良骐《东华录》卷23,第372页。

发时”的谕旨，不是意在拖延阻碍他，凡是参加过这些塞外战役的，都知道“三月中旬草初青时”的重要⑱。这个噶斯口在青海，是准噶尔通往青海和唐古特的要隘⑲。据当时去巡查的人报告，“噶斯口三面雪山，中有一线水草，皆系芦苇……乃策妄阿拉布坦出入咽喉要路”⑳，“去那里守御任务不是轻松的”。《清史稿》卷520《藩部三》说“认率兵五百，驻噶斯”。不久他就死了，他的儿子丹衷承袭他。这个丹衷，《清史稿》卷283《图理琛传》作丹忠。卷211《藩部世表三》土尔扈特部记阿喇布珠尔康熙四十三年封固山贝子，五十五年卒。下文说“其长子丹忠初袭固山贝子，雍正七年（1729）晋多罗贝勒，乾隆五年（1740）卒”。这个世表，一直承袭到丹忠以下的八代，到光绪二十五年（1899）止，最后一位袭爵的人是达什。

## 二

《异域录》的汉文原文，有一卷本和二卷本，只是篇次的分歧，差别不大。这些本子有单行本，也有收在包括《四库全书》在内的各种丛书里的本子。它还有满文本，文字和汉文本相比都有些出入，需要有人做一番对勘的功夫。我这篇小文恐怕只可以做一点举例的工作。近世日本学者今西春秋先生（Prof. Imanishi Shunju）著有《校注异域录》（日本天理，1964），附有满文和拼音的满文、日译和直译性质的汉译。《异域录》很早就有几种外文的节译本或全译本，还有专做地

⑱ 殷化行《西征纪略》康熙三十五年正月五日得兵部文载议政大臣大学士等会议用刑部满尚书图纳语，《小方壶斋舆地丛钞》第二帙，台北广文书局影印本，1991年，第30a页。

⑲ 唐古特谓西藏，或称图伯特，即Tibet：参看《清史稿》卷525《藩部六·西藏》“西藏俗称其国……”条。卷522《藩部五·青海额鲁特》雍正七年（1729）：“上以准噶尔不靖，必扰青海及唐古特，因决策进讨。王大臣等议噶斯为准噶尔通青海及唐古特要隘，请选青海扎萨克兵千五百分屯噶斯及柴达木、得卜特尔、察罕乌苏诸路：允之。”在这以前，康熙五十五年（1716）秋七月辛未“命移喝斯口防军分戍察罕乌苏、噶顺”。（《清史稿》卷8《圣祖本纪三》，第290页；参看王先谦《东华录》卷98，第1a页。）这正是阿拉布珠儿声请效力军前的第一年。《圣祖本纪三》同年十月丙午，“策旺阿拉布但执青海台吉罗卜藏丹济布，犯噶斯口，官兵击走之”。参看王氏《东华录》同日，侍卫阿齐图奏，卷98，第5a页。察罕乌苏今称都兰。

⑳ 銮仪使董大成的报告。他大概是康熙皇帝的亲信，因为康熙常遣身边接近的人到各处去探查，如康熙四十三年遣侍卫拉锡等去探视河源，这里不过又增一例。不久得旨就叫他“回肃州，到后着勒限来京”，蒋氏《东华录》卷二十二，第370页。

理考证的著作，像丁益甫先生（谦）的《异域录地理考证》（杭州，浙江图书馆，1915）。丁先生上承十九世纪末治西北史地之学的大家们的余韵，这部书里有很多精辟的发现。其中也偶有小误失，不过读它时最令我们感觉困难的地方是他往往仅发其端绪，不曾告诉我们较细密的根据，所以我们后学一时就不容易判断该何去何从。我们这里仅能举一两个例子，也许可以为益甫先生补充。丁先生说：

楚库柏兴，以在楚库河上得名。楚库河一作赤奎河，发源外兴安岭阴，西北入色楞格河。柏兴译言域邑，或作拜商，或作噶珊，即《明史》所谓“板升”者是。

楚库柏兴的“柏兴”指的是没有城垣的小市镇，这意思《异域录》原书综述性的《楚库柏兴》条已经大致说明了（《雍正本》第11b页；《四库本》卷上第13b—14a页），但是《明史》里的“板升”还待觅寻。按，《明史》卷327《鞑靼传》说嘉靖三十三年（1554）正是蒙古俺答大举进攻宣府、宁夏的时候，朝廷出赏格购俺答首，也要捉引导俺答入寇的丘富、周原[21]。《传》中说：

时富等在敌，招集亡命，居丰州，筑城自卫，构宫殿，垦水田，号曰板升。板升，华言屋也。（第8482页）

这个丰州故地，地点在今内蒙古五原。板升大概是蒙古语，俄文中用它便不稀奇。

丁先生《考证》述及伊聂谢柏兴（Yeniseisk叶尼聂斯克）的情况，又说：

北地最寒，有一种兽行地内，遇阳气即死。身大重万斤，骨色白润类象牙，俄人用以制器。（第7b页）

---

㉑ 这一批人先有“叛人萧芹、吕明镇者，故以罪亡入敌，挟白莲邪教，与其党赵全、丘富、周原、乔源诸人导俺答为患”，见同卷，标点本，1974年，第8481页。

这一段话,是抄录的《异域录》原文(《雍正本》第 21a 页;《乾隆本》卷上第 26a 页),最后一句原文说“鄂罗斯获其骨,制碗碟梳篦用之”。(《四库本》作俄罗斯)按,蒋良骐《东华录》卷 24 康熙六十年三月“上谕大学士等”一段,末节引《神异经》云:

又《神异经》云“北方层冰之下有大鼠,肉重千斤,名为鼢鼠,穿地而行,见日月光即死”。今鄂罗斯近海北地,有鼠如象,穴地以行,见风日即毙,其骨类象牙,土人以制碗碟梳篦。朕亲见其器,方信为实。(第 392 页)

这段话亦见王氏《东华录》(卷 107,第 2a—b 页)。康熙皇帝所用的辞句,像“土人以制碗碟梳篦”,可以说是酷似《异域录》的原文。也许他的根据竟是《异域录》,或是图理琛或使团里别的大臣把收集来的土人制的器皿真的献给皇上,所以康熙才有“朕亲见其器”的说法[22]。

丁先生的研究里,最迷惑又最肯定的意见,是他说《异域录》里几次提到的沙障国,指的是什么地方、哪一个国家了。他很清楚地驳过前人沙障指厄纳特赫国汗名(Enethe),或沙障指木富沙支汗诸说(俱见《考证》第 16b 页“南面所有诸国部落名目”沙障条下面的原注),[23]根据的是《异域录》原文所说,图理琛和使团诸人到了俄国和土尔扈特接壤的萨拉托付,听说那里出产稻米和稷米:

因问及二米出产之处。鄂罗斯言:稷米乃本地所产,稻米本地不出,系沙

[22] 蒋氏和王氏两《录》里,就康熙这一段谈话,还说及旁的相关的事情。他说:“亦有似乎荒邈而竟实有其事者:东方朔记北方有层冰千尺,冬夏不消。今年鄂罗斯来朝云其地去北极二十度以上,名为冰海,坚冰凝结,人不能至,始知东方朔所云不谬。又从前有书吏三人遍传西边异兽形图,部议重罪具奏,朕从宽免死,令其往觅是兽。后将军祁里德等来自军前,奏云果有是兽,目在乳旁,口在脐旁,巡哨侍卫等曾亲见之。蒙古名其兽为‘鄂布’,又有飞者,名为‘积布’,蒙古人名恶人为‘鄂布泰积布泰’,是即《山海经》所谓刑天无首,‘以乳为目,以脐为口’也,放将发遣书吏放还。”(蒋《录》前引,第 392 页)。引《山海经》句见卷 7《海外西经》。

[23] 今西春秋先生《校注异域录》内满、和对译部分注 113 沙障汗条,亦述及沙障与 Armenia 的关连,及沙障汗即厄纳特赫国之说(第 107—108 页),似未重视丁先生《考证》的见解。仁按:《异域录》“南面所有诸国部落名目”有沙障(《雍正本》第 51a 页,《四库本》下卷第 16b 页,但误“障”为“漳”字)而没有厄纳特赫国。有趣的是,自《雍正本》以降、各本《异域录》卷前印有舆图的,都在图的下半幅图里邪斯科的下面,注上了“沙障汗即厄纳特赫国”一句,地点位置却是不符的。

障国所属科索里巴什地方所产，皆沙障汗国阿尔米牙那之货通人挽运贩卖。(《雍正本》第 46b—47a 页；《四库本》“鄂”字作“俄”，卷下第 11a—b 页)

货通人是什么？《异域录》叙说托波儿(Tobolsk)的风光时，也略涉及：

有一种人，鄂罗斯名之曰塔塔拉(Tatara)，在厄尔齐斯河(Irtysh R.)沿岸及托波儿、并喀山一带居住。询其来历，鄂罗斯人曰：原系库程汗(KhanKuchum)之人，又名货通。其托波儿等处地方归并我国之后，将伊等散处于阿儿台山(Altai Mts.)后沿厄尔齐斯河一带及托波儿并喀山等地方。其中有归入我教者，有不曾归入我教者。看其未入鄂罗斯教之人，貌似狍子，俱削发，戴小帽，不食猪肉，别供佛像。(《雍正本》第 36b—37a 页；《四库本》“鄂”作“俄”，“塔塔拉”作“搭搭拉”，“于”作“於”，“狍”作“回”，卷上第 45b—46a 页)

西伯利亚的库程汗和哥萨克人(Cossacks)的战争，是俄国历史的事实，也是俄国民俗故事的渊薮。这里面出了一个哥萨克的英雄耳玛克(Ermak Timofeevich)。他们不一定老打胜仗，但是哥萨克兵有火器，又有俄皇伊凡第四(Ivan IV)的人力物力的支持，库程汗只好抛弃他的都城卡史莱(Kashlyk)，跑到旷野大草原去过活。Tyumen(图敏，秋明)是 1586(明万历十四年)由俄国人建立的，下一年建立的就是托波儿，都是有系统的扩充地盘。贩卖稻米的阿尔米牙那(Armenia)货通人，丁先生说：

即阿尔县宜人(仁按：Armenians)，此种人散处里海东南各地。货通即塔塔拉，乃游牧族通称。此种稻米，盖由里海溯佛尔格河挽运而来。(第 15a 页)

又说：

产稻米之科索里巴什，即里海东阿思哈巴特。(原注：“今属俄，为杂喀思披省治。”)其地时属基洼，则所谓沙障汗指基洼王无疑。(同上引)

前面提过的丁先生为"南面所有诸国部落名目"沙障条作的原注又说：

> 沙障：按即基洼，以其地皆沙碛，故曰沙障。（第 16b）

这个基洼，严格地说，应称基洼汗（Khiva Khanate）[24]，沙障汗不过是一般的俗称，正像近世有时候大家称北美合众国为花旗国罢了。事实上说沙障汗指的是基洼汗国是很有史地根据的，要是丁先生考证说明得更详细些，就更容易帮助后学读他的书的人祛疑。世界上真正"其地皆沙碛"，并且时常容易为沙所障的地方，其实是不多的，著名的只有这一处。《异域录》记使团归程又在托波儿和西毕尔斯科（按，即西伯利亚）总管噶噶林晤谈，诸人回答噶噶林询问中国的道路途程时，他们答：

> 我中国地方，南至南海，东至东海，西与西藏之西沙章汗接壤。此等地方，我中国之人皆曾到过，惟沙章汗地方未到。在北员则有尔国地方我等初次到此。（《雍正本》第 66b 页，"章"字当作"障"；《四库本》卷下"东至东海"句"至"字讹作"之"，"章"字亦作"章"，同《雍正本》，第 35a—b 页）

这也说明了使团各人当时心目中沙障汗国应在的位置[25]。基洼的前身就是历史上蒙古成吉思汗西征攻占的花剌子模（Khorezm），地点在阿姆河（Amu-Dar'ya）东岸的花剌子模（或基洼）的绿洲上（南宋宁宗嘉定十二年，1219），南方和西南都很接近著名的卡拉·克姆沙漠（Kara-Kum）。花剌子模的历史悠久[26]，苦难也多，在蒙古之前，它也受过亚剌伯人和塞尔柱·突厥（Seljuks）的统治。蒙古之后，它又在十四世纪中受到帖木尔（Timur I Lang）的征服，十六世纪初受乌兹别克人（Uzbeks）的统治。图理琛访俄和土尔扈特时当朝的俄皇大彼得，也是觊觎这块土地和阿姆河产金的人。花剌子模的首府本来是兀笼格赤（Urganch）[27]，在乌兹别克人的时期，首府迁到基洼城，后来就称基洼汗国或沙障汗国。1873 年（清同

---

[24] 基洼现时译称基华。这里为行文方便，承用了丁先生书用的原名。

[25] 满文本这里西藏下多达赖二字。

[26] 今天基洼城仍保留了不少古迹，包括它的旧城堡（Kuin Arq）。

[27] 此从《元朝秘史》（Mongqol-un niuca tobca án）续卷 1，第 258 节。或译称玉龙杰赤，近人改译乌尔坚奇。

治十二年)俄国军队一万人分别从塔什干(Tashkent)、克拉诺浮德斯克(Krasnovodsk,里海的东岸)和渥伦堡(Orenburg,乌拉河右岸)进攻基洼,基洼几乎没有抵抗就屈服了。这个沙障汗国从1924年以来就包含在苏联的乌兹别克和土库曼(Turkmen)两个共和国的政治区划内。丁先生的书是民国四年(1915)出版的,用基洼之名是那个时候的人寖习。

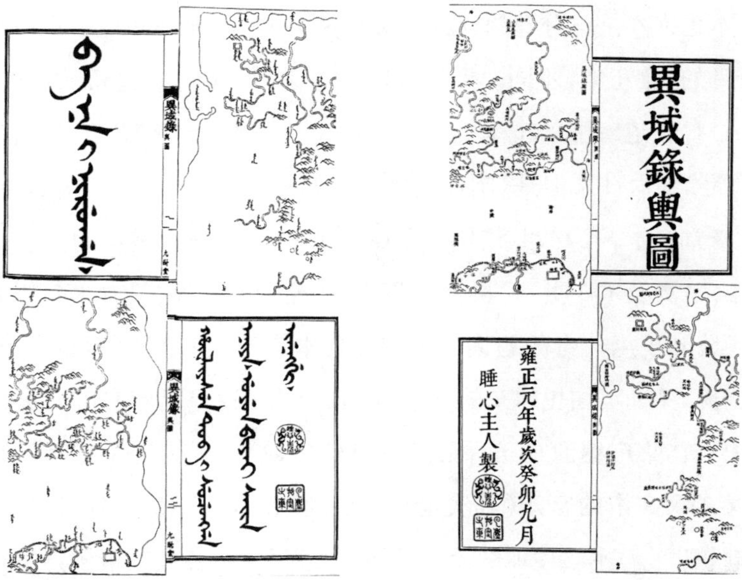


《异域录》卷首与图及牌记,汉文本系日本京都大学藏雍正初版本;满文本系北京大学藏九耐堂本

## 三

现在略述一下一般所知的《异域录》的版本。这里有满洲文本和汉文本,汉文之中依分卷言,又有二卷和一卷本之别,但是文字的内容其实只可以说仅有细微的差异。满文本的流传和诵读的人比汉文的少,今天可以说是专家之业,各图书馆收藏它的也不多。但是专研它的人,仍旧可以说有足够参考的资料[28]。满

---

[28] 据今西春秋先生的记录,北京大学,俄国、日本京都大学、东洋文库、剑桥大学和巴黎法国国家图书馆都藏有这书的满文本。清末研究满文本的著名学者 P.G. von Möllendrof(穆麟德)旧藏的刻本和钞本现在还存在德国 Tübingen 大学。

文本据今西春秋先生引用的北京大学收藏的九耐堂本，是分作两卷的，不过分卷的地方和汉文中的两卷本又不相同[29]。

汉文本的一卷本，以单行本的方式出现的，目前所知大约只有今西春秋先生引用的雍正元年(1723)和雍正二年(1724)的两个本子，前者是京都大学、后者是东洋文库的藏书。也许世上还有别的藏本，例如《四库本》的《异域录》根据的纪昀家藏本也许本是不分卷的，或如《昭代丛书》本所根据的祖本也有可能和我们现在所见的《雍正本》不同。例如《雍正本》第74a页报告皇帝的奏疏说“臣等于正月十二日自楚库柏兴起程”，“十二”原是错误的，检覆《雍正本》的前文(第11a页)实是“十六日”，但是《昭代丛书》本，两处都是“十六”(上海，古籍出版社影道光世楷堂刊本，第1424页上层及1436页中层)，正合满文的记载(今西满、和对译，第79页及173页)。再者，《昭代》本卷前刊的序，只有蒋廷锡和年希尧的两篇，卷终刊了惠士奇的题词。这些和日本藏的《雍正本》不同之处，都还待细心的勘合。又如英国史坦东的译本，是1821年(道光元年)印行的，出版还在《昭代丛书·已集广编》(道光十三年1833)之前[30]。因为他是乾隆间来华的使臣，译本又是汉文本的全译(其实也小有更动)，所以一般人多以为他译时用的是乾隆(即《四库》)本。检他的译书可知，图理琛使团各人答俄罗斯官吏问中国的官制里面曾提到外官有“Chinese generals(Ti-too)”(P.102)，括号内注提督二字。这个词《四库本》(卷上第41b页)是没有的，但是《雍正本》(第33b页)和《昭代》本(第1428中层)都有，而且史坦东书里的序文又曾说他使用的汉文本原有些序跋，译文都删掉了(第xix页)，足见他用的可能也是一个《雍正本》。近世蒙古学人恩咏春先生(华)著《八旗艺文编目》，它的史部收有《异域录》不分卷(北平，1941，第11a页)，这也可能是一个单行本[31]。

---

[29] 这个本子是今西先生(民国三十二年，1943)在北平的一间旧书店发现的，后来大概是他介绍给那时的北大图书馆收藏。这个本子现在全文影印收在今西先生的《校注异域录》里。

[30] 《异域录》收在《昭代丛书·已集广编》，书末刻有编者杨复吉的跋文，作于癸丑仲冬。这个癸丑，不可能是雍正十一年(1733)，因为杨复吉乾隆十二年(1747)才出世。所以它最可能是乾隆五十八年(1793)。嘉庆二十一年(1816)复吉编好了《丛书》的丁、戊、己、庚、辛五集，但一时无力刊印，曾将五集的跋文，在嘉庆二十三年(1818)刻了《昭代丛书五编题跋》；可是这个《已集广编》要等到道光十三年才得问世。

[31] 恩华先生是蒙古镶红旗人，光绪二十九年(1903)进士，清末曾任镇江都统，民初做过蒙藏院的副总裁。他家藏书甚富，近岁因研究《红楼梦》而受注意的清初如敦敏、敦诚等人的著作俱出其家。

本篇前文多处提到《异域录》的《雍正本》，藏于日本京都大学，卷首有很漂亮的内封面，大书“异域录舆图”，另有两面绘笔很工细的舆图，还有一面写着“雍正元年岁次癸卯九月”，另行写“睡心主人制”五个字。下面盖有圆、方形二章，前者中间篆书“睡心主人”四字，两旁围着两条细龙，下边的方形章是篆书“风尘拙叟之章”六个小些的字体。这一面有题有章的文字在书中安放的位置，很像明、清时代一些书籍的牌记。这一张牌记，就是把这部难得的本子全部影印在他的《校注》里的今西先生的证据，认为这书就是牌子说的这一年梓行的。书里卷前有好几位著名人士写的序，这些序文全部是照原件的笔迹镂刻的，各人又都盖了他们的印章。书的刻工也可以说是很精细。这些序文，照原书的排列作者和撰写的时间是这样：蒋廷锡（康熙五十九年五月）、颜绍祚（康熙壬寅夏月，按六十一年）、白潢（康熙辛丑孟春，按六十年）、杨琳（雍正癸卯孟冬，元年）、年希尧（雍正元年癸卯）、惠士奇（无年月）、蔡瑜（雍正元年小春月），末后还有蔡瑜一跋（无年月）。剩下的还有王国栋（雍正二年暮春）一序，胡彦颖一跋（雍正二年谷雨前），今西先生说来源是雍正二年的再刊本，当然指的就是东洋文库的收藏。今西先生说再刊本用的板子和初刊本相同，只是在下一年印的，添入加进去的序跋罢了。这样说来，这两个本子都可说是珍本，雍正元年的本子正文的首页，还有缪筱山先生（荃孙）的小印。关于这部书的八九位撰序人和许多印章，我想是没有什么问题的，仍旧希望有历史专家和对印鉴有特别欣赏和识见的人将来再发表卓见。

我只是对这个雍正元年（1723）的刊本发表一些肯定性的意见，还有几分怀疑，虽然这绝不表示我对今西先生这部书积年的贡献和他辛勤地把许多有关的、宝贵的资料堆聚在我们的面前的劳迹不知道感谢，我想这一点今西先生是会理解的。我积极地承认满文的九耐堂本，和今西先生提出来讨论的两个《雍正本》之间的密切关系，因为我们只要一看这些本子共同地在书中的重要地方，不论是舆图的题记（汉文《雍正本》和满文九耐堂本），或是序文的结尾（满文自序的尾页，4b）都钤上了同样的“睡心主人”和“风尘拙叟之章”的印鉴，二者毫无轩轾，据此就可以知道它们间的亲属关系了。汉文本的版心下端没有和满文本同样刻的九耐堂，是不重要的，这个不需要忧虑。但是，单凭舆图的说明写着癸卯九月的时间并且说明睡心主人制的文字恐怕是不能够解说成书的时间的，因为在汉语中没有这样的表达习惯。习惯上有许多事物我们仍然可以用“制”字来做一句的动词，甚至于作文章都可以说是制文，当然我们更可以说制图，但是，用“制”字来形容一部书的刻成，似乎还是有一些面生。

也许今西先生偶然也会起疑这两个刊刻时间太接近的本子本来不会只是一个本子，把原书上年月时间迟的序跋撕去了，保留的就剩时间早的序跋。我猜想书贾们这样的做法会是冒险的，也许竟是不可能的。但是我们这里说的《雍正本》竟有可能这样做。为什么呢？我们只要细研这部书每篇序、跋的版心页码就行了，因为它们每篇的页码是自为起讫的，并且假如一篇序结束的地方恰巧在一页文字的上半，它的下半页原来都是空白。我们自然希望这部大家喜欢的好书，不会真的有过那样的厄运。

今西先生《校注》的解题，曾经很仔细地说明《异域录》也在许多丛书里出现。《昭代丛书》本刚才我们已经说过是不分卷的一卷本，也许有少数的内容呈现它可能不全同于现在认为很珍贵的《雍正本》，但是，自从《四库全书》把《异域录》改成了二卷之后，许多丛书像《借月山房汇钞》《泽古斋重钞》《指海》收的都是这一个二卷本子了[32]。此外，像晚清的西北史地学者何秋涛编的《北徼汇编》(同治四年，1865)里也收录了这部书。还有光绪间(十七年，1891)王锡祺编印的《小方壶斋舆地丛钞》这部庞大到收集一千三百多种书的丛书里也有它，并且是一卷本，其实，那也还是和四库本相同的本子，不过竟不分上下两卷罢了。今西先生提到《守山阁丛书》，却是他的误记。《守山阁》虽然是钱熙祚收拾张海鹏刻过的书版，但是那是《墨海金壶》：收入《异域录》的还是他的《指海》。

《异域录》对近代历史是有深远影响的书。近年研究民族史和少数民族的人，已经有不少人对它另眼相看了。我们接触汉文本和满文本，就知道这两种本子有不少的地方表述是并不相同的。满文本的写成可能在先，所以我们就发现

---

[32] 从版本的历史来说，这三个丛书收的《异域录》仅是一个系统的本子。张海鹏在嘉庆十三年(1808)刻了《借月山房汇钞》，后来其家不慎失火，原有的一百三十五种书籍的版子就散佚了。陈璜买到一百十种的残帙，道光三年(1823)把它们补刊了，还做过一些厘定的工夫，改名叫作《泽古斋重钞》。其后《泽古》的残版又卖了给钱熙祚，由他重加校补，又改成《指海》九十种，道光十九年(1839)刊行。1935 年到 1938 年间上海商务印书馆发刊排印的《丛书集成·初编》，《异域录》就是用的这三种版本拼凑的。

汉文本有不少地方可以补充它。反过来说，满文本更有大段的材料，是汉文本缺失或根本没有的，例如满文关于乌拉山以东、西伯利亚西部平原的大城图敏(Tyumen)的描绘，其中的叙述也没有什么干犯双方朝廷的企图，汉文本却连过路客人例行性的记录文字都不见了。这些地方我们不但应该有精细的校订本《异域录》，还不妨参考俄文和其他语文有关涉的研究，多做些有意义的补充。

**【附识】**近读《异域录》，拟试撰小文，以寒斋书俭，引用各本多承台湾"中研院"文哲所林耀椿先生代为检寄，始得终篇，至为感欣，于此谢之。

二〇〇二年岁暮，作者谨识。

【柳存仁　澳大利亚人文科学院院士，香港中文大学名誉教授】

原文刊于《中国文化》2002年Z1期

# 《圣谕广训》

邓云乡

出版社拿来一份复印件,让我写一个前言或说明。我从封套中抽出来一看,原来是一份日本人印的、翻译成白话的《圣谕广训》,而且附有“上谕文言原文”。我一看不由得想笑出来,哪里弄到的这老掉牙的玩意儿,介绍解说是什么意思呢?难道要印出来让老百姓再来听宣讲上谕吗?不过作为古董观赏一下也是十分有趣的,其实说古也不算太古,不要说比不上恐龙蛋,比之秦砖汉瓦,也还是子子孙孙离开搭拉孙子辈也够不上呢!由颁上谕的雍正,往前数到所谓“圣祖仁皇帝”,即康熙六十年前,也不过一六六二年,距今也只三百三十五年,还不到五千年文明史的十分之一,真是“短来兮”无啥稀奇!不过现在年轻朋友看来已莫名其妙了。而比我大三四十岁的人(在下生于一九二四年),或更大些的人,他们小时候,都背诵过这玩艺儿。何以为证:抄一段一九八七年浙江古籍出版社所刊一九七〇年去世的杭州人钟毓龙老先生《科场回忆录》中的话,所记考童生后面说:

> 两文一诗完毕之后,尚有二事。一曰恭默《圣谕广训》。《广训》之纲凡十六条:一曰“敦考第以重人伦”,二曰“笃宗族以昭雍穆”,三曰“和乡党以息争讼”,四曰“重农桑以足衣食”,五曰“尚节俭以惜财用”,六曰“隆学校以

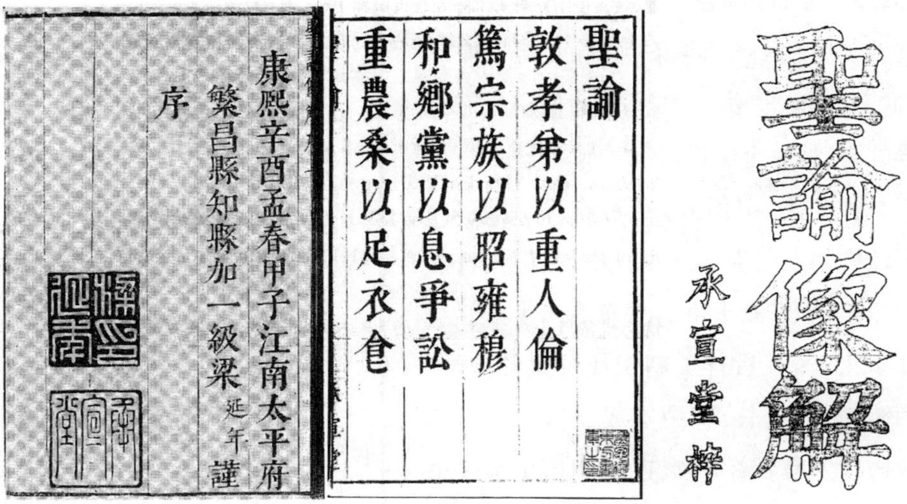


美国普林斯顿大学葛斯德图书馆

（Gesr Oriental Library and East Asian Collectios, Princeton University）

藏康熙辛酉（一六八一）原刻《圣谕像解》之扉页。

端士习”，七曰“黜异端以崇正学”，八曰“讲法律以儆愚顽”，九曰“明礼让以厚风俗”，十曰“务本业以定民志”，十一曰“训子弟以禁非为”，十二曰“息诬告以全善良”，十三曰“诫逃匿以免株连”，十四曰“完钱粮以省催科”，十五曰“联保甲以弭盗贼”，十六曰“解仇忿以重身命”。

此十六条，为康熙帝所定，演而为十六篇，篇约千余言。

定制，此十六篇之文字，考生均须熟读。故诗题之后即有《圣谕广训》题，例为自“某某”二字至“某某”二字。盖任取十六篇中之一处，约二三十字，令考生默写，以验其平日是否熟读也。当其初行时，想必人人熟读。然至余考时，则何尝熟读，并其书亦不之知。临考时，购取印成之黄纸小册，携以入场，查捡而钞之耳。此种具文公开之作弊，极为可笑。从此可知专制者，挟其雷霆万钧之力，强迫人民习一种不愿习之事，其结果必至于此，无足怪也。惟默写不得有脱误，违者贴出。但闻脱误亦不妨，不可添改，但求字数之不差耳。

钟著对《圣训广训》的来源、内容等说得很清楚。所引《圣训》条目，除二条“穆”、“睦”、十六条“仇”、“讐”等通假字稍有差异处，其他完全一样。

钟毓龙，字郁云，号庸翁，又号苏翁。浙江杭州人。生于一八八〇年，逝于一九七〇年，享寿九十岁。清光绪二十九年癸卯举人，辛亥后曾长期担任杭州各中学、师范教员、校长，新中国成立后曾任杭州政协副主席。著有浙江、杭州历史地理书多种。我国虽自唐以来，以开科取士为国家选举人才，自元之后，以八股文开科取士。明、清两代五百余年，科举制代，沿袭相因，连绵不断。如此漫长、重要之历史制度，除《明史》《清史稿》之《选举志》外，独少记载史实、研究得失之专书，不能不说是十分遗憾的事。清末废科举，辛亥革命又推翻清朝，建立民国。大小当官、教书的都还是清代科举出身的进士、举人，有的又到外国去留了学，得了学位。可是很奇怪，没有一个人想到写一本介绍科举历史、详细情况的书，更没有一个人肯用新的观点去回顾一下，研究一下科举制度的得失。直到新中国成立后五十年代才有了这方面的著作。一本是光绪三十年甲辰恩科（科举最后一科）探花商衍鎏的《清代科举考试述录》，一本就是这本《科场回记录》，这本书虽是一九八七年出版的，但是写时却是作者七十二岁时，即一九五一年夏天写的，前面有序说：

英国伦敦大学图书馆藏咸丰丙辰（一八五六）广东味经堂重刊本《圣谕像解》

科场定有条例，各省遵行，而应试情形，自来文人无详记之者……今距科举之废已数十年，虽谈历史者，犹知在昔有以科举取士之事，而无应试时之情形，则年在五十以下者，殆无人能知其详矣……余仅忝乙科，未至礼部，

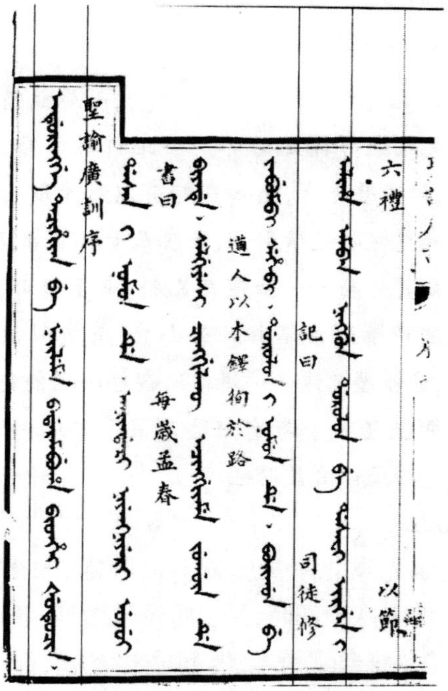


美国芝加哥大学藏满汉文《圣谕广训》

> 会试、殿试时情形余不知。若小试,若岁科试,若乡试,皆亲历其境……辄就所亲历而犹能记忆者,信笔记之……苟有好古之士,欲追求往迹者……亦足以资谈助也。

钟氏此稿先为北京文史资料处收录,未出版,十二年后,作者八十四岁时,又有所修改增补,老辈学人写作认真。虽自谦是本“信笔记之”的书,却是一册十分翔实扼要的科举小史。其记《圣谕广训》,就十分清楚具体。只所说“演而为十六篇,篇约千余言”句,就手边复印资料核对,字数不对,手边《圣谕广训》广训十六篇,篇后都注明字数,最多者只六百四十余字,字少者只五百九十余字。十六条解说词只一万字。十六条后注明:“共一万言”。十分清楚,与老先生回忆文稍有差误,不过亦很不容易了。回忆文中把十六条《圣谕广训》的题目记得那样清楚,不知写时是据数据摘引的,还是凭记忆来写的。不过老辈读书人,幼年读书全靠背诵，所谓读过的书，都是背得滚瓜烂熟的，因而小时候记忆力都受过长期严格的训练，现在人是很难想象的了。

钟文中说：此十六条，为清康熙帝所定，演而为十六篇。这就是雍正二年二月《圣谕广训序》中说的：

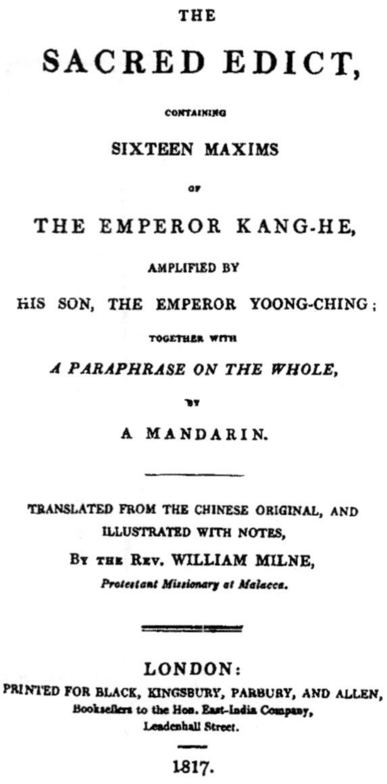
THE

SACRED EDICT,

CONTAINING

SIXTEEN MAXIMS

OF

THE EMPEROR KANG-HE,

AMPLIFIED BY

HIS SON, THE EMPEROR YOONG-CHING;

TOGETHER WITH

*A PARAPHRASE ON THE WHOLE,*

BY

A MANDARIN.

TRANSLATED FROM THE CHINESE ORIGINAL, AND ILLUSTRATED WITH NOTES,

BY THE REV. WILLIAM MILNE,

*Protestant Missionary at Malacca.*

LONDON:

PRINTED FOR BLACK, KINGSBURY, PARBURY, AND ALLEN,
Booksellers to the Hon. East-India Company,
Leadenhall Street.

1817.

英国伦敦大学藏威廉·米邻(Williamm Milne)英文译本《圣谕广训》

> 我圣祖仁皇帝，久道化成，德洋恩溥，仁育万物，义正万民，六十年来，宵衣旰食。只期薄海内外，兴仁讲让，革薄从忠，共成亲逊之风，永享升平之治，故特颁上谕十六条，晓谕八旗及直省兵民人等。自纲常名教之际，以至于耕桑作息之间，本末精粗，公私巨细，凡民情之所习，皆睿虑之所周。视尔编氓，诚如赤子，圣有谟训，明征定保，万世守之，莫能易也。朕缵承大统，临御兆人，以圣祖之心为心，以圣祖之政为政，夙夜黾勉，率由旧章。惟恐小民遵行奉行，久而或怠，用申诰诫，以示提撕，谨将上谕十六条，寻绎其义，推衍其文，共得万言，名曰《圣谕广训》……

序言把《圣谕广训》的颁布流传说得十分清楚，但时至今日，年代久远，为了说清楚这份文献，必须说清楚它产生的历史背景，首先必须把颁布这十六条的康熙说一说：

康熙，名玄烨。顺治三年（一六五四年）春出生，康熙六十一年（一七二二年）岁末去世。活了六十九岁。他是顺治的第三个儿子。清初满族对天花十分害怕，顺治因天花去世，康熙时年八岁，已出过天花，有了免疫力，可以活得长久，

美国普林斯顿大学葛斯德图书馆藏

康熙辛酉原刻《圣谕像解》插图之一

便继承了帝位。由八岁到十四岁，是康熙幼年由摄政顾命大臣鳌拜等人掌权时期。十四岁亲政后，首先是精心惩治了鳌拜的垄断集团，鳌拜等人被铲锄后不久，远在云南的吴三桂、耿精忠、尚可喜等藩王，因康熙有意削除其兵权，起而造反。康熙派兵平定西南，取得胜利，同时东南海上，派兵平定郑成功力量，建立台湾一府三县的建制，东北俄罗斯及外蒙等地，西北一带，均取得军事胜利，缔约和解。至康熙二十四五年时，这些重大事件都完成，更讲求经济文事，安定百姓，治理黄河，严格吏治，出版书籍，讲求历法，倡导宗教，巡视山川……总之，康熙是个文治、武功都了不起的皇帝，不但能使他在位的时候，百姓安定繁荣，也奠定了他以后雍正、乾隆、嘉庆三朝百年以上的繁荣稳定、国泰民安，这是十分不易的。早在康熙九年，即在他亲政的第三年，于铲除了鳌拜的专横集团之后，恢复内阁制度，恢复翰林院建制，这时颁布了这十六条《圣谕》。《清史稿 · 圣祖本纪》九年（一六七〇年）记云：

冬十月庚已，颁《圣谕》十六条。

而《东华录》八年十一月记云：

太和殿、乾清宫告成，御殿行庆贺礼，上由武英殿移居乾清宫，颁诏天下恩款十五条。

这十五条与《圣谕》十六条，可能是一回事，又在九年补充，以上谕形式颁发的。《东华录》九年所记甚简，未录颁发《圣谕广训》事（自然《圣谕广训》这个名称当时还没有）。

这《圣谕》十六条，每条只有七字，十分简洁，意在劝善，却非空话。每条都有实在内容，都是当时社会极为重要的问题。而且次序排列，都十分讲究。下此《圣谕》时，正是玄烨十六七岁，在位八九年。当时虽做皇上，但有抚政大臣，另有太皇太后，即顺治母亲、康熙祖母照顾，教育得十分认真，有皇帝师傅天天教读，这时已全部接受了中国传统儒家文化，正是英姿焕发的时候。太皇太后活了七十五岁，直到康熙二十六年才去世。康熙自己的生母佟佳氏，封孝康章皇后，康熙二年就死了，只活了二十四岁。而顺治另一妃子，孝惠章皇后博尔济查特氏，康熙即位，却尊为皇太后。开始陪侍太皇太后，后来她对康熙帮助甚大，活的岁数也大。康熙五十六年才去世，活了七十七岁。这年康熙也已六十四岁了。所颁这十六条内容如何呢？

一、二、三条是家庭伦理、宗族和睦、乡党秩序等儒家修齐治平的最基层、最基本的东西。开头各用一个最适当的动词"敦""笃""和"以贯注之。开头的动词呼应下面三个主要的动词："重""昭""息"。三句话贯彻好，结果就是家家父慈子孝，宗族间和睦相亲，乡里间没有争议，不打官司。

四、五条是经济生活。四是发展生产，以农立国，首重农桑，丰衣足食。五是

美国普林斯顿大学葛斯德图书馆藏

康熙辛酉原刻《圣谕像解》插图之二

提倡节俭，因农业社会，生产有限，耕作辛苦，所以中国几千年来，就有惜财节用的传统习惯。而这两条放在前三条之后，即只有家庭、宗族、乡里安定和美之后，才能提到发展经济，崇尚节约。如二者颠倒过来，把农桑放在前面，那乡间必增加陇亩利益之争。如把“尚节俭”放在前面，那衣食之不谋，又如何讲节俭。因而向老百姓一上来不能只讲吃苦。

六、七两条是教育。二者也是结合的。这是自汉代以来独尊儒术。但是“异端”二字，有宽有窄。当时儒学而外，佛道之外，当时西洋基督传教士也受到康熙重视，天主教传教士用奎宁（金鸡纳霜）治好了康熙的疟疾，康熙允许在皇

美国普林斯顿大学葛斯德图书馆藏

康熙辛酉原刻《圣谕像解》插图之三

城内明代西什库旧址建立天主堂……凡此种种，说明“隆学校”“端士习”，固定儒宗正宗，四书、五经、圣贤道理。而“黜异端”“崇正学”，这异端的范围，也放得很宽。但也不过分优崇僧道。康熙二十二年为题查正一真人事，还下过圣旨：“一切僧道，原不可过于优崇。若一时优崇，日后渐加纵肆，或别致妄为，尔等识之。”见《东华录》卷十二，此举可见一斑。

第八、九两条是讲求法治、法律，提倡礼让风俗。法律是要严格的，但法律不是万能的。法律只是儆戒、惩治少数愚顽之徒。对于整个社会，更提倡的是淳风厚俗，礼让为先。因为社会上的事，并不是所有问题都是法律所能判决的。所以儒家提倡温、良、恭、俭、让的淳风厚俗。

第十、十一、十二条又是以百姓本业为基础。士、农、工、商，各安其业。“人无恒产，而无恒心”，儒家传统安定的社会的根本，就是把人心系在土地上、产业上。土地、买卖、手艺、一技之长、医、卜、星、相……以及靠山吃山、靠水吃水各样生活，总之都要有业。青年人要立业，立业之后要安于本业。坚定本业信念，不要不安分，不要作无业游民，训导子弟安于本业，禁止为非作歹。从人人务本业要求起，是儒家传统的“君子务本，本固而道生”的思想。

第十二、十三两条，在现在读者看来，也许感到与前面各条有点不伦不类。实际这却是与当时历史有密切关系的。一是清代地方吏治，政府法律，民间诉讼，有一个长期流传的口号，就是“民不告，官不究”。一是刑事案件中实发案件，如命案、抢案、盗案等，有现场事主报案，或地方报案，官府才接受调查、破案、捉拿、审问、处理。其他案件大多如此。现在一般人都知道清代的文字狱各案，其实不少案件，都因人一再告状，才酿成惨案的。如康熙时最有名的庄廷鑨史稿案，株连而死者七十余人。最初却源于一个因贪赃被罢官的归安县令吴之荣，挟此书来庄家索贿三千两，庄家不理他，他便到杭州浙江巡抚衙门告状。巡抚照顾地方，自不愿多事，也不理他，吴之荣到北京摘书中忌讳语告状，结果成大案，害死几十人。始作俑者就是这个坏蛋吴之荣。案结之后，将庄氏家产查抄，一半给了这个坏蛋。吴后发恶病而死。当时各地恶讼师专门怂恿人告状。敲诈富户，诬告成风，据《东华录》卷九康熙六年四月记：

> 刑部议复御史田六善言：近见奸民捏词诈害，在南方不曰“通海”，则曰“逆书”，在北方不曰“于七贼党”，则曰“逃人”。谓非此不足以上耸天听，下怖小民。请饬督抚，即于审理情实者据实奏闻，情虚者依律反坐。如不候督抚审结径来叩阍者，依光棍律治罪……

据此可知这条“息诬告”的针对性。文中说“通海”，即通海外台湾郑成功。“逆书”即文字狱的书，诋毁清朝的书。“于七”事发生在顺治十八年。于七名小喜，本山东登州府捕快。拉竿子据锯齿牙山作乱，焚烧攻占八个县城。清朝派都统济席哈为靖东将军征剿，八旗分驻登、莱、胶三处，缉拿于七从党。前后将近一

美国普林斯顿大学葛斯德图书馆藏
康熙辛酉原刻《圣谕像解》插图之四

年,战事才结束。一时被诬告为于七从党的甚多。连著名学人宋琬也被诬告。《东华录》卷九康熙二年十一月载:

> 刑部议复:原任按察使宋琬通同于七谋反一案。旨:宋琬等原无通贼情节,着免罪。

“逃人”罪名,也是当时特殊的。“八旗”进关,享有特权,农村圈地,大批百姓投到八旗充役为奴,而且带田产来,以隐避差役田赋,其本乡本村即成为逃人,虽有大片土地,国家亦无处征收赋税,因有严禁逃人、捉拿逃人之严令。《东华录》卷七顺治十三年正月左都御史等奏：

> 爱民莫先除害，近闻八旗投充之人，自带本身田产外，又任意私添，或指邻近之地据为己业，或连他人之业隐避差徭，被占之民，既难控诉，国课亦为亏灭，上下交困，莫此为甚。宜敕户部，将投充之人，照原投部档查核给地外，其多占地亩，即退还原主，庶民累稍苏，而赋租亦增矣。又年来因逃人众多，立法不得不严，但逃人三次始绞，而窝主一次即斩，又将邻佑流徙，似非法之平也。窃谓逃人如有窝主者，逃人处死，即将窝主家产人口断给逃人之主，两邻甲长责惩。该管官员议处……

但过了不久，又有给事中李裀奏云："逃人一事，立法过重，株连太多，使海内无贫富、无良贱、无官民皆惴惴焉，莫保其身家……"可见顺治及康熙初年，"逃人"罪名，对北方农村百姓镇压惊扰多么残酷。所以"诫匿逃以免株连"七个字的背景，有多少家破人亡的血泪史。

十四、十五、十六最后三条，也各有其重要的历史背景。先说"十四条"，清代国家的收入主要靠农村地亩钱粮，其次是盐课。康熙元年全国人丁一千九百十三万有零，钱粮银征收二千五百七十余万有零。康熙二十年，西南云贵、两广、东南沿海用兵之后，人口锐减，全国人丁只二千七百二十万有零，钱粮征银二千二百一十万有零。人均钱粮在一两二钱白银，如再加地方增收，最少加倍。平均每人三两左右，为数亦颇可观。但交粮之后，即无其他摊派，所以北方山乡有"山汉交了粮，上山为了王"之谚语。乡间不能按时完粮，官府就要派人下乡催讨，谓之催科，春夏、秋冬各一次，谓之上比、下比。十五是保甲制度，保甲制度是农村城镇按户编制管理的制度。宋王安石新法，熙宁三年实行：十家为保，五十家为大保，十大保为都保，各有保长，户两丁选一保丁。明、清两代各有变更。清代保甲制度，十户编一牌头，十牌编一甲头，十甲编一保长，户给印牌，书丁(男)、口(女)姓名，出注去处，入注来处，出生、死亡均有注明。官吏到地方了解情况，先找保甲长。保甲互联，可以保证地方治安。最后十六条，是指当时南北农村各地宗族忿争，仇家械斗，常常几代寻仇，械斗不已，死亡甚重。官府每为之和解，所以民间留下了“冤家宜解不宜结”的谚语。从安定国家社会的总体出发，一切宣扬复仇主义的口号，等等，都是别有用心，不足取的。

这三百二十七年前十七岁的年轻皇帝颁布的这十六条圣谕，在今天读来有什么意思呢？我想如不是彻底否认历史者，却有几点很值得深思。

一是这十六条，每条只七个字，动词、宾语结构一样极为简洁明了，而又那样准确地涵盖了这一范畴的中心，虽是文言，却如白话，稍有文化，便可看懂。这种运用文字的功力，正显示了中国文字的特征，今日读来，仍甚有趣。

二是每条内容都扎实具体，既非高不可攀，又非空洞无物。落实到人，落实到社会，都切切实实可以执行，不过分要求，不琐碎，也不难做到。而综合十六条的全部内容，也足以安定当时的社会、国家。看上去平平常常，而全部却条理分明，设想周密。

三是理论根据，要求什么、不要求什么，政治敏感性十分敏锐，尤其值得我们今天读者注意。作为皇帝上谕，告诉老百姓，首先自然是遵从儒家传统。《论语》上说：“孝悌也者，其为人之本欤?”所以一上来，孝弟当先。后面宗族、乡党、农桑、教育、法律、风俗……后面十至十六条，中心都是讲国家法治，晓谕百姓，守法息争，这里面有一个很大特征，作为皇帝上谕，没有一个字要求百姓忠于皇上。最重要的“忠”字，在十六条中只字未提。“义”字就更不提了。这是很值得我们特别注意的。难道康熙认为“忠”不重要吗？为什么这样重要的告诫百姓的上谕一上来第一条不是“忠皇上以卫国家”呢？很值得我们玩味！

第一，为臣尽忠，为子尽孝，十六条上谕，是告诫百姓的，不是告诫群臣的。因而如告诫各大小臣子，应首先要求忠于陛下。而告诫百姓，只要家家父慈子孝，兄友弟恭，奉公守法……并不必要求人人忠于皇上，家家早晚跳忠字舞。

第二，疾风知劲草，乱世显忠臣。忠的概念、形象、名人都是在混乱亡国之际，或两种、几种政治力量纷争之际，或异族入侵之际才特别强调、特别显现，关羽、岳飞、文天祥、史可法等光耀千古的忠义之士，都是在分裂、民族危急甚至亡国时才显现的。在太平盛世，无所谓显忠不忠。清代开国、顺治之后，进入康熙初年，虽不久即有吴三桂三藩反清，东南郑成功反清，但清朝自认已是开国盛世，一切组织制度，都因袭明代，此际似不必宣扬“忠不忠”了。太平盛世，大国圣主,只有一代"名臣",无所谓忠臣,因而不要说对老百姓不必宣扬,即对大小官吏间亦不必宣扬。

第三,也许是更尖锐的、更敏感的、更重要的,即其时去明亡不久,顺治十八年,康熙元年交接之际,平西王吴三桂同大将爱星阿带大军进入缅甸,缅甸人才执明代最后一个流亡皇帝朱由榔给送给吴三桂。朱由榔给吴三桂的信道:

> 将军新朝之勋臣,旧朝之重镇也。世膺爵秩,藩封外疆,烈皇帝之于将军,可谓甚厚。讵意国遭不造,闯贼肆恶,突入我京师,殄灭我社稷,逼死我先帝,杀戮我人民。将军志兴楚国,饮注秦庭。缟素誓师,提兵问罪,当日之本衷,原未泯也。奈何凭借大国,狐假虎威,外施报仇之虚名,阴作新朝之佐命,逆贼授首之后,而南方一带土宇,非复先朝有也。南方诸臣不忍宗社之颠覆,迎立南阳。何图枕席未安,干戈猝至,弘光殄祀,隆武就诛,仆于此时,几不欲生,犹暇为宗社计乎?诸臣强之再三,谬承先绪。自是以来,一战而楚地失,再战而东粤亡,流离惊窜,不可胜数,幸李定国迎仆于贵州,接仆于南安……

信中所述,即崇祯在景山上吊,顺治在北京建立清朝之后,还有南明弘光、隆武、永历三帝在南京、福建、西南支撑残局,清代朝廷之内外,是明朝降臣,降将,西南三藩,吴三桂、尚可喜等,东南自洪承畴打下南京而后,明代大臣洪承畴、冯铨等降清于前,李建泰陛见于后。南明赵之龙、徐文爵、王铎、钱谦益亦相继降清,而自崇祯吊死,福王弘光、隆武、永历相继失败,明各省藩王,朱氏子孙相继被诛戮,而民间效忠前明思潮仍十分强烈,效忠前明,牺牲性命的前明臣子,假托明代后人号召抗清的什么"假称天启皇后""朱三太子"等案此伏彼起,接连不断……这时如在上谕中号召"效忠",那不就是为"复明抗清"表号召、制造舆论吗?这才叫"搬起石头砸自己的足"呢!这是康熙,也是清代入关最大的忌讳,不提是其最大的聪明处。

康熙这十六条上谕,对于安定社会,当时是起到十分重要深远的影响的,一颁布不久,即康熙十五六年之际。安徽繁昌县知县梁延年,字九如,就把这十六条上谕,旁征博引,详加注释,编了一套二十卷的书,取名《圣谕象解》,于康熙二十年(一六八一年)付梓刊行。清代木刻书,康熙时代刻的最好,世称“康版”。据说这部《圣谕象解》刻工印刷极为精美,是“康版”艺术的代表作。北图及美国均藏有此书。雍正二年二月颁布刻印的《圣谕广训》,已在此三十四年之后了。

雍正名胤禛,号破尘居士,是康熙的第四个儿子,康熙十七年农历十月丁酉生,母为吴雅氏。雍正出生时康熙二十五岁,正值青壮之年。康熙六十一年(一七二二年)康熙去世,翌年雍正即位,为雍正元年(一七二三年)。史称清世宗宪皇帝。这时雍正已四十五岁。康熙去世,雍正登基,历史上因雍正于康熙去世时,本应去天坛替康熙主持冬祭大典,他却未去,在康熙身边,因而种种猜疑,众说纷纭,莫衷一是。这且不去管他,只是他也是清代前期继康熙后大有作为的一个皇帝,自然他十分重视康熙这十六条《上谕》,即位之初,便重新颁布,并以自己的名义,逐条做了说明,共万言。名为《圣谕广训》,一卷。《清稗类抄·著述类》第一条《列圣钦定诸书目录》收此书入子部中。

按照当时国家规定,康熙这十六条上谕,各地督抚以下,以及州县官,每逢初一、十五、都要向军民百姓宣讲圣谕。康熙时,十六条较为简单,虽有梁延年的《圣谕象解》,但各地方官讲解时,未必据此详述。等到雍正的《圣谕广训》出来,那新皇上已定了调子,自不能随便增减讲说。但雍正的书,也是文言写的,讲说也不便,老百姓又听不懂原文,所以雍正的《圣谕广训》颁布不久,便由陕西盐运使王又朴(字从先、号介山)将其直译为口语,书名为《圣谕广训直解》刊布发行,便于各地官吏对老百姓讲解:如第一条开头一段,雍正《圣谕广训》原为:

> 我圣祖仁皇帝,临御六十一年,法祖尊亲,孝思不匮。《钦定孝经衍义》一书,衍释经文,义理详贯,无非孝治天下之意。故《圣谕》十六条,首以孝弟开其端。朕丕承鸿业,追维往训,推广立教之思,先申孝弟之义。用是与尔兵民人等,宣示之:夫孝,天之经、地之义,民之行也……

再看王又朴《圣谕广训直解》这段的解说译文:

万岁爷意思说：我圣祖仁皇帝，坐了六十一年的天下，最敬重的是祖宗。亲自做成《孝经衍义》这一部书。无非要普天下人都尽孝道的意思。所以《圣谕》十六条，头一件就说个孝弟。如今万岁爷坐了位，想着圣人教人的意思，做出《圣谕广训》十六篇来，先把这孝弟的道理，讲给你们众百姓听。怎么是孝呢？这个孝顺的道理大得紧，上而天，下而地，中间的人，没有一个离了这个理的……

不过这白话讲解，如在北方各省，照念即可。而到闽浙、两广、岭南一带，因语音关系，理解仍有难处，还要用当地土语讲解。过就是附在本书后面嘉庆十年冬广东署理总督韩崶等人《圣谕广训》重刊者跋中说的。也就是出版社送资料的祖本后面跋中语：

臣崶钦奉恩命由粤东臬司擢任巡抚，十二月兼署督篆……敬携前陕西盐运分司臣王又朴所刊《讲解圣谕广训》一册……爰命司铎官遴选口齿清楚佾生四人，于每月朔望，即以粤东土语，按文宣讲，一时环而听者，争先恐后，所以化导闾阎至亲切也，遂以是书颁布郡邑，俾司牧民之责者，广为宣谕……

还附有重刻此书的官员姓名："广东分巡高廉兵备道臣朱桓、高州府知府臣双寿、茂名县知县臣王勋臣敬谨重镌。"可见当时刊刻分布之广，已远在康熙颁布上谕百四十年之后的广东西南隅茂名了。但如此重要的《圣谕广训》，又过了不到百年，钟毓龙老先生考秀才时，已形同具文，童生已不是默写，而是照抄，亦十分可笑了。

不过因其影响和名气，外国也十分重视康熙这份上谕，也重视这部《圣谕广训》。出版社送来这份复印资料，虽是嘉庆十三年冬天广东茂名重印的，但却不是原书。而是日本铅字排印本。所有雍正《圣谕广训》文言原文，边上都印有日文假名小字动词语尾，过去日本人用文语读法，可以直接读这种汉文书，简单说，这份《圣谕广训》，是日本人印的日译本，只是日本出版印刷年代不知道。可能是昭和以前、大正或明治年代出版的，或者更早。因为据美国 A.W.恒慕义领衔主编之《清代名人传略》“玄烨传记载”，早在一八一七年，即有了威廉·米邻(Williamm Milne)的英文全译本，一八二一年又出版了乔治·斯丹东爵士(Sir George Staunton)的节译本，可见此书早在十九世纪初，即有了英文译本，走向世界了，据说还有不少西方语文译本，未一一列出译者姓名，不过亦可见其在世界上影响之深远了。

一九九七年七月十五日、农历丁丑六月十一完稿

于水流云在延吉新屋南窗下

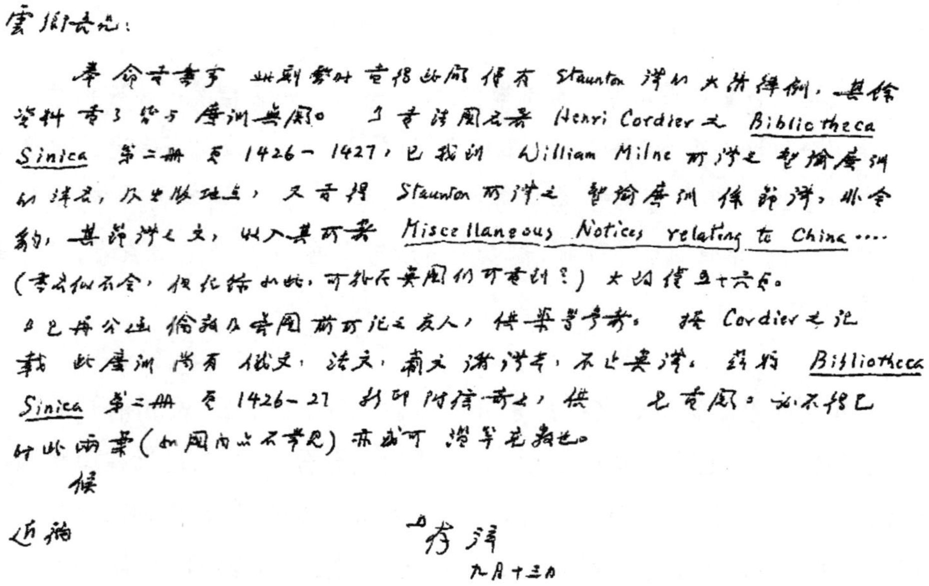

雲鄉吾兄：

奉命寻書事，此刻暫时查得此間仍有 Staunton 译的大清律例，其余资料查了皆与广训无関。又查法国名著 Henri Cordier 之 Bibliotheca Sinica 第二册页 1426–1427，已找到 William Milne 所译之圣谕广训的译名，及出版地点，又查得 Staunton 所译之圣谕广训系节译，非全豹，其节译之文，收入其所著 Miscellaneous Notices relating to China….（书名似不全，但记录如此，可托在英国的可查证？）大约仅五十六页。

弟已再公函伦敦及英国前所记之友人，供其等参考。据 Cordier 之记载，此广训尚有俄文、法文、满文诸译本，不止英译。兹将 Bibliotheca Sinica 第二册页 1426–27 影印附信寄上，供 兄查阅。如不得见此两书（如国内亦不常见）亦或可 谓等于存在也。

候

近祺

弟存仁

九月十三日

柳存仁教授致邓云乡先生函(原大)

【邓云乡　文史学者】

原文刊于《中国文化》1997 年 Z1 期

# 从爱的起源和性质初测《红楼梦》在世界文学史上应有的地位

何炳棣

**编者按：**本刊自创刊以来，只在第五期刊载过一篇已故历史学家顾颉刚先生在本世纪二十年代为俞平伯《红楼梦辨》所写序言的初稿。此稿比后来的定稿多出四千多字讲国故的部分，正是本刊所取义处，因此编置在“文献辑存”专栏。此后再没有刊载与《红楼梦》有关的文字。这次何炳棣教授的文章，系由本刊学术顾问汪荣祖先生所推荐，确为有创意之作，特在“文史新篇”专栏刊出，以飨读者。

笔者六十年来专治史学，对中西文学从未受过专门训练。但第二次退休以后，不时翻检西方文哲典籍自娱，无意中发现古今中外言情文学虽浩如烟海，然其意蕴内涵能深达抽象理论层次，如爱的起源这样基本问题的，中西总计不过三部著作而已。西方文学中有弥尔顿的《失乐园》，哲学中有柏拉图的《酒谈会》，中国只有曹雪芹的《红楼梦》。本文上篇即扼要讨论此三书的相关论点，并略作比较。

本文下篇撷取近年西方研究爱的性质的综合著作的精要,[①]结合近代心理分析学之理论与原则,来核对和评估《红楼梦》的成就和水准。本篇首先讨论贾宝玉的性格与怪癖,因为他是全书的核心。随即探究色欲和爱情的关系及其分际。最后举出实例以详细研讨曹雪芹特别提出的"意淫"的心理科学意义,并不得不对当代红学家们的诸种诠释略加检讨。

笔者必须声明,本文讨论范畴仅限于男女之爱,凡有关宗教、上帝、柏拉图、理想、浪漫诸式之爱,一概不论。因为"现实"的男女之爱,已经是人类文学上最普遍的主题之一了。更须郑重声明的是,笔者讨论《酒谈会》时,经过内心几度的辩论,决定完全避免涉及它的"博雅",即使介绍它狭义的爱之时,也不得不力求简易化,否则势必要大大超过本文的范畴和本期刊所能许可的篇幅。

## 上篇　爱的起源

### 《失乐园》

西方对人类男女之爱的起源问题最权威的"原材料"是《圣经·旧约》中的《创世纪》。《创世纪》中命令式平铺直叙的"纪事"的最精彩而又最权威的诠释是英国弥尔顿(John Milton, 1608—1674)长达 10558 行的史诗《失乐园》(Paradise Lost)[②]。弥尔顿在英国文学史上地位之重要仅亚于莎士比亚(1564—1616)是举世公认的,但除了专家之外,很少人知道弥氏学问之渊博。他对神学、宇宙学、天文、物理、炼丹术、化学、地质、动植物学、宗教、哲学、希腊及罗马古典文学、欧陆及英国文学几乎无一不能运用自如。在某种意义下,如以《失乐园》

① 西方关于爱的理论著作数量相当可观。本文所经常参考的是两部较新的综合之作。一是 Irving Singer,《The Nature of Love》,自上古至当代共三册,均由芝加哥大学出版社出版。第一册是 1984 年的第二版,第二册 1984 版,第三册 1987 版。二是 Martin S.Bergmann,《The Anatomy of Love》,哥伦比亚大学出版社,1987 版。前者是以古今文学及哲学为主而兼及当代心理分析。后者是从心理分析的原理和临床经验解释重要文哲著作。笔者必须声明的是本文是在中文图书相当有限、完全缺乏汉译西方文哲名著的条件下写撰的。

② 本文采用的版本是:M. Y. Hughes, ed,《John Milton Paradise Lost:A Poem in Twelve Books》New York:The Odessey Press, 1962.编辑者长序、详注及历代名家评论,俱极有用。

代表牛顿(Sir Isaac Newton,1642—1727)以前之综合知识之结晶亦非过分夸张。十八世纪法国最重要的启蒙思想家伏尔泰(Voltaire,1694—1778)曾于1726—1728访问英国两年半,以英文论弥氏之伟大史诗为法国文学所无法产生,并盛赞弥氏诠释《圣经》"创世纪"之精当:"如果上帝、天使、撒旦(魔王)真正讲话,我相信他们会按照弥尔顿那样来讲。"③

《旧约》"创世纪"所纪,耶合华上帝六天之内即把整个宇宙、所有非生物及生物和人类创造出来了,所以下令第七天休息。在第六天,"上帝说,我们要照我们的形象、按照我们的样式造人",并给人以管理一切陆、海、空中动物的特权。这天"上帝就照着自己的形象造人,乃是照着他的形象造男造女。上帝就赐福他们,又对他们说,要生养众多,遍满地面……"《旧约》此处叙事显然前后有矛盾,男人女人既于第六天已经造出来,而且还经过上帝赐福、俾能在大地上无限繁殖,可是第二章立伊甸(Eden)园以安置人时,却只有一个男人,上帝又说:"那人独居不好,我要为他造一个配偶帮助他……使他沉睡,他就睡了,于是取下他的一条肋骨,又把肉合起来。耶合华上帝就用那人身上所取的肋骨造成一个女人,领他(她)到那人跟前。当时夫妻二人,赤身露体,并不羞耻。"众所周知,男人就是人类始祖亚当(Adam),女人就是他的妻子夏娃(Eve)。由于夏娃受了蛇的诱惑,摘下"知识之果"吃了下去,而且使亚当也吃,因此对赤身露体感到羞耻,被逐出伊甸园,永远失去了长生,就像其他动物一样总逃不了死亡。这就是著名的"失足"或"堕落"(fall)和原罪(original sin)。"失足"和"原罪"过去两千年来为西方教会人士、神学家、哲学家、诗人、剧作家等写作中最通常主题之一,而以艺术技巧结合义理人性诠释爱的起源最明澈的,首屈一指当推《失乐园》。

《失乐园》排场之大,意蕴之深,艺术手法之灵活多样,无韵诗体节奏音响之卓越,早有公论。本文本节只能就远隔数千行、分散十二卷中直接有关爱的起源部分抽出,按事态发展程序,作一摘要。

首先必须指出,弥氏对伊甸园有多次多维度的描写,巧妙地以园中景物托衬

③ 《Voltaire's Essay on Milton》,英国剑桥私印,1954.P.4.

亚当和夏娃的情绪。亚当入世初醒、睡眼惺忪之际，已发觉四周有平畴绿野、丘陵鸣泉、林木垂荫、百花锦簇、仙果累累、甘芳欲滴，真如原诗中屡度综述，色(sight)、香(smell)、味(taste)无不具备，供他摘食享用。动物方面，猛如狮虎，驯若麋鹿，莫不和祥共处，各自成双，嗅吻狎昵。好一派春日迟迟，懒洋洋单身汉奈何不得的醉人情景！

正因如此，亚当听了上帝禁食“知识之树”之果的命令之后，立即向上帝诉苦，提出请求：“您已赐与所有方物，但就我而言，寂寞之中谁能独享……怎能找到满足？”④上帝故意与他辩难，提醒他所有天上飞禽地上走兽都听命于他，何以仍感寂寞。亚当回答，人与动物之间无平等关系可言，无法构成和谐的社会(society)；只有各自归类，匹配成双，才能美满。为协助亚当克服寂寥，上帝才抽出他的一条肋骨，合泥吹气，造出他的配偶夏娃⑤。

与此息息相关的是性爱与“原罪”孰先孰后的问题。《旧约》第三章的主题是“始祖被诱惑”，“逐出伊甸”。此章以下所述全是逐出乐园以后的事。第四章开头：“有一日，那人(亚当)和他的妻子夏娃同房，夏娃就怀孕。”这说明何以大多数历代神学家及经典注释家，甚至很多研究弥尔顿的专家们都认为性爱是亚、夏吃了禁果被逐出园后才发生的。因此，性爱和“失足”及“原罪”几可视为一事之两面。

实际上大大不然。弥氏《失乐园》中，有两次用间接的手法隐约地写出亚、夏洞房之夜(按：即是二人初生之日的傍晚)的做爱。一次是亚当向大天使拉斐尔(Raphael)的追忆，⑥一次是撒旦魔王决心引诱夏娃吃禁果之前，化身为鱼鹰儿(cormorant 鸬鹚，象征馋涎贪吃者)在树顶偷偷观察两人的做爱⑦。后者描写两人半裸拥抱的动作较为明显。做爱的前曲和过程中，不但各种花果异香四溢，虎豹狮象亦无不嬉嬉蹦跳，甚至宇宙间有些星辰都彼此相告，真可谓是普天同庆，只苦煞那垂涎欲滴的偷看者撒旦。

当代一位弥著专家特别指出，亚当对大天使拉斐尔综结洞房之事是“世间

---

④ 原诗，第八卷，363—367 行。

⑤ 原诗，第八卷，383—397 行。

⑥ 原诗，第八卷，510—533 行。

⑦ 原诗，第四卷，492—499 行，其他衬托的描写亦甚精彩。

幸福的总合(the sum of earthly bliss)"一语,肯定是对"失足"之前初次性爱的评价。[8] 全部史诗中初次性爱字面上的铁证是"破身 deflowred"一字的出现。[9] 这字出自亚当的回忆,确是发生于"堕落"之前。事实的经过是:二人婚后黎明即起,亚当告夏娃不可忽视园中工作的责任,建议两人在同一处工作。夏娃却愿各自一方,工作后再会面。就当她独自工作时,撒旦化身为蛇向她百般诱惑,更刺激她的虚荣心。她为了满足求知的欲望才吃了禁果。吃了才感到后果堪虞,于是走向亚当面告。亚当见她神色慌张,面容憔悴,聆悉之下,立即想到她命运的瞬刻巨变:由昨夜的无限青春妩媚立即要面对死亡。"损容、破身"等词就在想到这两极巨变中,如雷电般地在他脑海中一闪而过。亚当斟酌之后,坚信自己对夏娃之爱的真挚,宁愿冒死亡之险也要与她同命运。这样,他才决定也吃禁果,此后二人才被逐出乐园。

夏娃何时破身是研究西方爱的起源与性质里的关键问题。由于《新约》中保罗(St.Paul)的训诫在历史上发生很大的影响,此后基督教虽不得不默认夫妻行房为正当,但"正宗"者一贯鼓励自动禁欲,以独身贞操为美德,视一般性爱为污秽。弥尔顿对这种传统看法极为反对,在《失乐园》中微妙描述亚、夏做爱之后,立即从叙事转到评论,对传统视性爱为污秽的诸般"伪善者 hypocrites"痛加抨击。他进而提出,亚、夏的出生既基于上帝的意愿,二人的成婚又是上帝亲自主持的,这样神圣的结合中正当的快乐和幸福有何不洁之可言![10]

综结以上,西方宗教及文学上,爱起源于人的寂寞感,由寂寞而引起的对异性伴侣的要求是与人的原始性驱力无法分开的。希伯来和基督教的"原罪"是由于不服从上帝禁食知识树果的命令,与男女间正当的性爱无涉。《失乐园》中

---

⑧ 原诗,第八卷,522 行。详细的研究,见于"Peter Lindenbaum, Lovemaking in Milton' s Paradise,"《Milton Studies》,Pittsburg 大学,Ⅱ,1975, pp. 277—306,特别是 277 页的提要。

⑨ 此字出现于原诗,第九卷,901 行。参阅"Kathleen M. Swain, Flower, Fruit, and Seed: AReading of Paradise Lost",《Milton Studies》,V, 1974, pp. 155—176,特别是 155 页提要。

⑩ 原诗,第四卷,738—775 行;参阅 Lindenbaum 文。加拿大文学批评名家 Northrop Frye,《The Return of Eden》,Toronto 大学出版社,1965,pp. 60—88,详论弥氏就宗教原理对食、色有深刻的阐发。弥氏谓人与万物不同之处,在上帝造人时与人以灵魂,灵魂可分为三个不同层次:理智(reason)、意志(will)、欲望(appetite)。欲望受制于理智及意志,而意志又受制于理性。欲望既系神圣创世(creation)的一部分,当然是"善良"(good)的。

对爱的起源正确的诠释是符合近代生理学知识和心理分析理论的。

**《酒谈会》**

二十世纪西方盛行一种看法:全部西方哲学几可视为对柏拉图(大约前427—前337)一人著述的诠释。这种说法虽不免夸张,但有相当道理。即以爱的理论而言,柏氏名著之一,《酒谈会》(Symposium),就是必读之书。此书记有与宴七人的谈话,其中最重要的是喜剧家亚里斯多芬尼斯(Aristophanes,大约前448—前388)的寓言和柏拉图老师苏格拉底(前469—前399)的议论。二者代表对爱的两种不同理论,对后世俱有影响。

亚氏所讲的是极为幽默的寓言。这寓言说,最初的人是圆柱形的,每人具有四双手臂,四条腿,同一头颅有两个完全相似的面孔,而面孔朝向相反的方向。这种最初的圆柱人分为三性:出自太阳的具有双副男性生殖器官,出自大地的具有双副女性生殖器官,出自月亮的具有一副男性生殖器官和一副女性生殖器官。在这阶段他们之间还没有性的关系。圆柱人孔武有力,又非常傲慢,会向天神进攻,为天神所败。由于天神仍将需要人的经常祭献,所以主神宙斯(Zeus)不能将人消灭,而只能设法将人削弱。于是他就将圆柱人自上而下中分为二,并警告他们,今后如再抗命,他们将会再度遭受中分,到那时他们将只能用一条腿跳动了。宙斯又把原来的双副生殖器官中分后重新安置于每个新人的身上。此后每个新人才无止无休地渴望与原身另外一半的新人重新会合成为一体。由于圆柱人本有三性,所以中分之后有倾向男同性爱、女同性爱和异性爱的三种人。

按:亚氏寓言与更古的印度寓言大同小异,都说明最初的人是因为不甘孤寂才有对已失原我之半的重新结合的渴求,这种渴求本可释为最初的人对“爱”的需要。[11] 这正说明何以柏拉图以轻松的方式保持了表面荒唐、内藏真理的亚氏寓言的全部情趣。但是,我们有理由相信柏拉图爱的主论是借苏格拉底口中阐发的。按:《酒谈会》撰写的年代一般相信是在公元前385年前后,时距苏氏饮

⑪ 近代学人中有一派认为亚氏寓言仅仅是喜剧家开玩笑,并无深义。如A.E.Taylor的议论,见于《The Banquet Plato》,New York: Concord Press,1985,pp. 8991.但大多数学人认为亚氏寓言对后世爱的起源理论具有相当影响。心理分析专家Bergmann认为柏拉图可能对亚氏寓言的意蕴不完全洞悉,但为了周全,把它收在书里。如果真是如此,可谓幸而有中。笔者同意这个看法。

鸩自尽已十四年左右。再则《酒谈会》中七人谈话次序的安排显然以苏氏为最重要,而且苏氏在书中强调地指出:

> 现有一种理论认为相爱者是那些追求他们另外一半的人。但照我的理论,爱不是爱它的一半,或是整个,除非它是善美(good)。⑫

可见柏拉图虽兼容并包,内心中是以亚氏寓言为辅,自己的理论为主的。

由于柏氏借师说法,立意偏颇玄远,非参照古代希腊风尚,不易了解。古代希腊认为男人优秀,男性之间的爱高于异性之间的爱。异性之爱主要是为了传宗接代,使人类得以"不朽"。一般成年男子最初应以美少年为爱的对象,少年献身之后希望受到成年爱人的庇护和辅导以逐步发展智慧与德性。自成年人观点,爱所追求的是美,最初是个别男少年的身体之美,但美的追求决不应停在个人的阶段,必须提升到"共相"universal 的美的层次,这就不再以个人为对象了。再进一步就必须由"共相"的美更去升格追求精神及灵魂方面的美,也就是所谓的"绝对的美"。最后分析起来,"绝对的美"只能在哲学及科学之间去苦思深索。

显而易见,柏氏爱的主论是无法适应社会现实的,因为自古至今没有任何人类社会能全部或大部建在男同性爱之上的。他理论的另一致命伤是从爱中试图逐步剥除个人的成分。他的主论的目的是以苏格拉底为一实例以初步形成性的升华论。《酒谈会》最后一个谈话人是著名美男子、颇富政治潜力的阿尔西白阿的斯(Alcibiades),他到得最晚,已半有醉意,一见苏格拉底,即指斥他寡情,并自招如何崇敬苏氏,特别选苏为爱人,曾极力劝诱苏氏和他同床过夜,而苏氏竟终夜高谈哲理,对他身体的引诱丝毫无动于衷。据此,苏格拉底不愧是一升华实例。而柏拉图本人,享龄八旬的独身者,更是人类史上性的升华的最佳实例之一。事实证明,柏氏雏形的性升华论对心理分析的奠基人弗洛伊德(Sigmund Freud,1856—1939)是有贡献的。

---

⑫ Tom Griffith,Jr,《Symposium of Plato》,Berkeley 加州大学出版社,1989。原文在 205—e。

亚里斯多芬尼斯寓言中的圆柱人（采自 Su39 Q. Groden，tr.，《Thu Symposuin q platoz uiviv f Mars Preld，1990》）reprinted from THE SYMPOSIUM OF PLATO，Susy Q. Groden，transl.，Leonard Baskin，illustrator（Amherst：University of Massachusetts Press，1970），copyright (c) 1970 by The University of Massachusetts Press.

尽管当《酒谈会》撰写之际，柏拉图对亚氏寓言的"纯净 net"意义可能未能充分洞悉，寓言中此半新人和彼半新人重会的渴求，是与弗洛伊德性行为和个性发展必须追溯到婴儿阶段是前后映辉呼应的；从爱的起源的理论观点看，亚氏寓言的重要性，包括它在心理分析上的意义，是远远超过柏氏爱的主论的。

**《红楼梦》**

至晚从严复翻译西方名著起，中国有识之士即已开始探讨中西文化的同异。五四时期，对这问题了解最深刻、眼光最犀利、态度最坦诚、言之最有物的当推一代文史大师陈寅恪先师。早在一九一九年十二月廿四日，他就在哈佛大学与同窗吴宓（雨僧）先师纵论中西文化的不同：

> 中国之哲学美术，远不如希腊。不特科学为逊泰西也。但中国古人素擅长政治及实践伦理学，与罗马人相似。其言道德，惟重实用，不究虚理。其长短处均在此。⑬

中国古代宗教思想及体系更是以广义的人、不是主宰的大神为本，以祖先崇拜为重心。因此，神话虽不算少，但类皆东鳞西爪，缺乏丰富的幻想与哲理。即以比较晚出的创世神话而言，《山海经·大荒西经》只说："有神十人，名曰女娲之肠。"西汉《淮南子·览冥训》才提到女娲"炼五色石以补苍天"。清儒卢文弨所辑汉末《风俗通义》的《逸文》里，才谈到造人："俗说：天地开辟，未有人民，女娲抟黄土作人。务剧力不暇供，乃引絙于泥中，举以为人。故富贵者黄土人，贫贱者絙人也。"⑭

中国古代神话照例是平铺直叙，就事言事。中国传统文学虽在元明两代已不乏言情的戏剧和小说，但类皆以词藻艳丽称，缺乏生动的个性描写。所以中国古代的神话和文学都没有，也不可能提出，像爱的起源这样高度抽象理论性的问题。

如上文所示，西方文化之多元，宗教、文学、哲学创造之丰富，而较有系统论及爱的起源的仅有弥尔顿的《失乐园》和柏拉图的《酒谈会》两部"超级"著作。曹雪芹的《红楼梦》却是中国唯一的，也是世界上极少数的，对爱情探源的杰作。为集中研赏爱的起源的故事，我们对书中第一及第五回中的寓言架构及其作用暂不讨论；为审慎计，只用曹雪芹自己的文字叙述原委。以下曹氏原文采自《乾隆甲戌脂砚斋重评石头记》，因为此一版本既没有删节，也没有像现行其他版本中增添了与原义大相抵触的一句："只因当年这个石头娲皇未用，自己却也落得逍遥自在。"《甲戌重评》本叙述如下：

---

⑬ 吴学昭：《吴宓与陈寅恪》，清华大学出版社，1992，第9页。

⑭ 以上征引，俱见于袁珂《中国神话史》，上海文艺出版社，1988，第25、111页。袁氏序中谓中国神话丰富，如指条目数量，勉强可通；如指幻想意蕴，很难令人接受。

原来女娲氏炼石补天之时，于大荒山无稽崖炼成高经十二丈、方经二十四丈顽石三万六千五百零一块。娲皇氏只用了三万六千五百块，只单单的剩了一块未用，便弃在此山青埂峰下。谁知此石自经锻炼之后，灵性已通，因见众石俱得补天，独自己无材，不堪入选，遂自怨自叹，日夜悲号惭愧。

一日正当嗟悼之际，俄见一僧一道远远而来，生得骨格不凡，丰神迥别，说说笑笑，来至峰下，坐于石边，高谈快论。先是说些云山雾海神仙玄幻之事，后便说到红尘中荣华富贵。此石听了，不觉打动凡心，也想到人间去享一享这荣华富贵。但自恨粗蠢，不得已便口吐人言，向那僧道说道："大师，弟子蠢物，不能见礼了。适间二位谈那人世间荣耀繁华，心切慕之。弟子质虽粗蠢，性却稍通，况见二师仙形道体，定非凡品，必有补天济世之材，利物济人之德。如蒙发一点慈心，携带弟子得入红尘，在那富贵场中，温柔乡里，受享几年，自当永佩洪恩，万劫不忘也。"

二仙师听毕，齐憨笑道："善哉，善哉，那红尘中有却有些乐事，但不能永远依恃。又有美中不足，好事多魔八个字紧相连属。瞬息间则又乐极悲生，人非物换，究竟是到头一梦，万境归空，倒不如不去的好。"这石凡心已炽，哪里听得进这话去，乃复苦求再四。二仙知不可强制，乃叹道："此亦静极思动、无中生有之数也。既如此，我们便携你去受享受享，只是到不得意时，切莫后悔。"石道："自然自然。"那僧又道："若说你性灵，却又如此质蠢，并更无奇贵之处，如此也只好踮脚而已。也罢，我如今大施佛法助你助，待劫终之日，复还本质，以了此案，你道好否？"石头听了，感谢不尽。那僧便念咒书符，大展幻术，将一块大石登时变成一块鲜明莹洁的美玉，且又缩成扇坠大小的可佩可拿。那僧托于掌上，笑道："形体倒也是个宝物了，还只没有实在的好处，须得镌上数字，使人一见便知是奇物方妙，然后好携你到那昌明隆盛之邦，诗礼簪缨之族，花柳繁华地，温柔富贵乡去安身乐业。"石头听了，喜不能禁。乃问："不知赐了弟子那几件奇处，又不知携了弟子到何地方，望乞明示，使弟子不惑。"那僧笑道："你且莫问，日后自然明白的。"说着，便袖了这石，同那道人飘然而去，竟不知投奔何方何舍。

至于此后灵石的主要活动和它下凡前夕的情况，是第一回甄士隐昼寝梦中由另一僧人叙述的：

只因西方灵河岸上、三生石畔有绛珠草一株，时有赤瑕宫神瑛侍者（按：即灵石）日以甘露灌溉，这绛珠草便得久延岁月。后来既受天地精华，复得雨露滋养，遂得脱去草胎木质，得换人形，仅修成个女体，终日游于离恨天外，饥则食蜜青果为膳，渴则饮灌愁海水为汤。只尚未酬报灌溉之德，故其五衷便郁结着一段缠绵不尽之意。恰近日神瑛侍者凡心偶炽，乘此昌明太平朝世，意欲下凡，造历幻缘，已在警幻仙子案前挂了号。警幻亦曾问及灌溉之情未偿，趁此到可了结的。那绛珠仙子道："他是甘露之惠，我并无此水可还。他既下世为人，我也去下世为人，但把我一生所有的眼泪还他，也偿还得过他了。"

爱起源于寂寥，在全书提纲第五回中，另以曲子的方式浓缩地再行点出：

开辟鸿蒙，谁为情种？都只为风月情浓。奈何天，伤怀日，寂寥时，试遣愚衷：因此上演出这怀金悼玉的《红楼梦》。

《红楼梦》楔子的指导思想是东方"内在"（immanent）宗教和哲学，认为神灵寓于宇宙万物之中。因此，那块顽石初具灵性之后，而尚未化成人形之前，即已有求偶的强烈要求。此中真谛本是与亚氏寓言中圆柱人中分后两半重合的渴求和《失乐园》中亚当求偶之源出孤寂基本相通的。所不同者在于《红楼梦》中灵石在渴望求偶的同时即对仙草无条件地做出"自我奉献"——"日以甘露灌溉"。案：亚氏中分后的人都因感到性和情感上的不足才渴望重合彼半，此外似并无深意。弥氏《失乐园》手法高明，除明申丈夫亚当地位权力均高于妻子夏娃外，微妙地描绘出亚当为真的爱情所驱使，对夏娃的人格、个性、意愿都相当尊重，并极力地避免强施丈夫的种种特权。这一意境已相当接近"体贴"。但我们必须强调指出，这种近于"体贴"之情是他们成婚后逐步发生的，在亚当向上帝求偶之时,他的要求是单纯生理和心理的。当无法预料仙草是否将会回应之时,灵石已主动地、不计功利地向她做出自我奉献,这不能不说是《红楼梦》原爱理论中独具的“高贵”成分。

爱的起源本身,在逻辑上本与以后爱的发展和结局并无直接的必然关系。由于《红楼梦》是一部有关“爱”的综合巨著,爱的起源、发展和结局都是它重要的组成部分。更由于悲剧性的结局,楔子中讲爱的起源之时,即不得不尽先埋伏下悲剧的根苗——下凡前夕绛珠仙草以泪偿情的心愿。其中哲理是中国人所熟知的佛教因果姻缘的观念。但作者的艺术手法似乎比希腊悲剧中特尔斐(Delphic)女祭司传达神谕(oracle)还要高明。神谕虽多半因悲剧主角已犯伦理过失,但有时主角是正直不阿的英雄人物而无辜遭受悲惨的结局,以致剧中硬性的神谕会引起读者的不平。再则神谕或由人从女祭司处代传,或由合唱队唱出,从近代的观点看,总不免是一种外来(extrancous)的因素。而《红楼梦》楔子以后,宝、黛关系和命运几乎完全取决于复杂人事的发展,不受外在超自然力量的干扰。这种芝草以泪偿情的覃思奇构开门见山就给读者一种永恒凄婉的感受。由于全书主题及结构的不同,这种凄婉的感受是读西方两大名著中爱的起源时所不能得到的。

结束爱的起源的讨论之前,史料渊源问题理应略事检讨。积累研究明示《旧约·创世纪》故事中的多种“原材料”,如造人、乐园、蛇、人本不朽而因堕失而丧失不朽等等,皆可上溯到古代近东较早的农耕和游牧民族。希伯来人的天才在吸收了各种原材料而能创出迥然不同的宗教与伦理体系。弥尔顿是十七世纪欧洲最大的“通儒”之一,《失乐园》中的旧原料是多到不可胜数的,但他在这长篇史诗中艺术再创造水准之高、规模之大是举世公认的。

反观柏拉图所述亚氏圆柱人中分的寓言,是源于印度的,亚氏以喜剧家的天才对它略加修改,以诙谐不经的方式讲述出来的,因此,两千多年来迷惑了不知多少读者,其“精意”要等到弗洛伊德心理分析建成之后始大明于世。

《红楼梦》原爱故事中旧材料可称是最少的。石头这件原料确有其较早渊源。故事背后的老庄和禅悦是盛清士大夫普通的文化消遣。但顽石变成灵石,灵石以甘露灌溉仙草,仙草立愿以泪报偿雨露之恩(恩在此就是爱),这一构想和写法,即使不经系统的考证,也应该可以肯定是清新原始的,是代表曹雪芹个人对爱之始于寂寥的深刻而又沉痛的体会。依靠旧原料之多少虽与评估三大爱之起源的故事的高下并无直接的关系,但曹的故事所依靠的旧材料最少,原始性最高,却反映他幻想的丰富和创造天才的卓越。

## 下篇 爱的性质

### 宝玉的性格与怪癖

弗洛伊德心理分析理论的基石之一是自婴儿时期即已具有的恋母仇父情结(伊的帕丝 Oedipuscomplex)。这个理论,经过一个多世纪的广泛研讨和临床试验,已经证明大体上极为有用。但这原则不能直接应用于宝玉,基本原因是他的家庭不是近代西方式以父母子女构成的小家庭,而是盛清时代贵族大家族。当代心理分析学派早已承认社会环境和教育等因素的不可忽视,早已不以单纯的性潜能(libido)解释性格与行为了。

宝玉的生母是王夫人,荣府妇女中地位之高,仅亚于贾母。《红楼梦》书中曾有概述,贾府男女婴儿各由乳母一人喂奶,乳母称嬷嬷,在仆从中地位较高。喂奶之后,婴儿其余诸事均由各房丫鬟们看管侍候。婴儿及儿童照例是生长于很多妇女之手。以宝玉论,他最初吃奶,从口腔中得到满足之时,还没有观察老少美丑的能力;恐怕他自感官开始发育起,对乳母李嬷嬷即无好感,这可以从第二十回叙事中追测——宝玉初移入怡红院时,对李嬷嬷深恶痛绝到曾一度坚持要把她撵出去,以免她不断欺凌丫鬟们。宝玉自能辨声、色、味、嗅、温凉、皮肤接触之前,即已受到丫鬟们经常拍、抱、闻、吻,他的恋母情结一定是与王夫人无关,一定是复合型(composite)、多样型的。像宝玉这类的"个案",不特西方心理分析专家未曾研究过,中外心理、教育、社会、历史、文学等专家似也未曾注意及之。但我们有理由相信,宝玉自始即不具有对任何个别女孩子的恋结,等到知识稍开之后,即由对多型女孩的喜爱扩大转移到对女性(gender)的理想化了。"女儿是水做的骨肉……我见了女儿就清爽",也就不难理解了。

但是宝玉并非对整个女性都理想化。他厌恶老丑、生过孩子的女人，认为未出嫁的姑娘们最纯洁美好。弗洛伊德认为在开化社会中，一般而言，童贞成为男性占有、控制女性的欲望与权利的象征。[15] 这看法大体是正确的。[16] 宋明以后的中国，对程颐的"名言""饿死事极小，失节事极大"越来越重视，男子对女子童贞及贞节的单面自私的看法，也就更为变本加厉。

宝玉童稚时期既不是西方式的恋母，当然也不会像西方单纯的"仇父"。贾政是二府中最正直的"老爷"，性生活比较有节制，从未曾糟蹋过任何美貌侍女。所以从窄狭的潜意识讲，贾政在性方面从来不是宝玉嫉妒的对象。弗洛伊德的《自我与本我》是研究儿童个性的形成与发展的经典著作。[17] 按此书理论，婴儿初生时，其心灵结构中仅有"本我"(id)。"本我"是性潜能及其他原始强烈欲望的渊薮，最初婴儿每一欲望，如饥饿，必须立即满足。随着婴儿脑子及感官机能的逐步发展，诞生五六个月之后，那调节本我的"自我"(ego)已开始生长，但作为人的良心裁判者的"超我"(superego)大概要从五六岁或稍晚才开始生长。如在近代西方，儿童从五六岁起亟须父母的管教和对人事环境的初步了解。如果是男孩，这阶段中父教尤其重要。据心理分析原理，男孩最初的"仇父"心理，随着超我的生长，往往会变成对父亲的景仰，由景仰而模仿，以致还可能养成儿子渐具事业方面将来超过父亲的意愿和决心。由于贾政忙于公事，对宝玉既不能经常合理地加以督责和奖励，又不能采取放任政策由他去发展自己的个性和秉赋。宝玉的超我既然绝对不容许"仇父"念头的存在(因为在当时社会里，尤其是在簪缨诗礼之家，"仇父"是不容于国法家法，不齿于人类的)，他心理上"防御机制(defeuse mechunisms)中最自然的办法是把经常"惧父"的紧张转移到对全体男性的憎厌。这是"防御机制"中常用的"置换"(displacement)方法。此外，宝玉生长过程中亲自观察到宁荣两府成年男子行为的鄙劣和对女性的玩弄摧

---

⑮ 《弗洛伊德心理著作全集标准版》，《The Standard Edition of the Complete Psychological Works of Sigmund Freud》，以下简称《全集》，London：the Hogarth Press，1957 重印本，第十一册，pp.192—208："The Taboo of Virginity".

⑯ 古代希腊是一重要例外。Guilia Sassu，《Greek Vivginity》，哈佛大学出版社，1990。古代希腊对处女膜问题不甚重视。已有多次性经验的妇女，如果保持缄默，并无感情牵连，往往仍被认为处女。神话中不乏处女膜可以重获之例。

⑰ 《全集》，第十七册，《The Ego and the Id》.本文中多处有关心理分析的应用，多根据此书，不再一一详注。

残,当然更促成这种心理“置换”程序。因此,冷子兴口述宝玉说:“男子是泥做的骨肉……见了男子便觉浊臭逼人”,就容易理解了。

宝玉的“自我”开始生长远远早于“超我”,已如上述。宝玉在最初的五六年,也就是他的“自我”生长初期,他的基本需求和欲望的满足者和他对四遭环境人事的“教导者”,几乎全是女性,尤其是一群青春俊俏的丫鬟们。因此,这些少女在他童稚的心灵里种下了不少所谓的“先意识”(preconscious)。这种“先意识”在童稚阶段是“意识”(conscious),但随着生长过程而逐渐退藏于“潜意识”(unconscious)中,就不易感觉到了。及至成人阶段,因特殊事故而苦忆深索时,“先意识”往往会被重新发现。宝玉当初的“先意识”中女性影响之深而且巨,是毋庸置疑的。这就帮助说明何以他性格和作风之中具有部分的“女性”征象,何以他对女性的情感和需要有特殊深刻的了解与同情。

宝玉个性形成的程序也应略加综析。首先,他一出生就是全家的枢纽人物,就是贾母和王夫人等的宠爱的中心,已经注定是全家中最“特权”的人物。按理论,稍稍长大之后,自我的任务是观察社会现实,随时提醒充满自私欲望的本我行动不可逾限,但自我本身并不具有任何道德观念,仍是在现实许可范围之内和本我一起追求快乐的。所以在宝玉个性成长的很早阶段,享乐主义已经非常根深蒂固了。一般而言,男孩从五六岁超我开始生长时最需要父亲的教育。贾政忙于外事,不能给宝玉一个经常、稳定、恩威并施的父亲的形象与影响。贾政几度责打宝玉,结果反而引起贾母加倍庇护疼宠爱孙的决心和行为。这就更加强宝玉对科举仕进的深恶痛绝。凡此心理、人事、环境因素造成宝玉那种淳厚善良、广义爱美、贪欢享乐、逃避现实,但对女性心态具有特殊了解、对待女性非常温柔体贴的性格。但《红楼梦》作者在书中对自己一向贪欢、终身一事无成的责备却是出自超我的良心之言。

宝玉引人注意的怪癖莫过于喜欢吃或偷吃贾府以花瓣自制的胭脂。这也有心理分析的解释。婴儿时期的宝玉,醒时一定有丫鬟抱的,抱过他的丫鬟照例是年轻貌美的,用自制的胭脂化妆的。她们亲吻宝玉这样清秀可爱的婴儿的脸庞是正常而又经常的。宝玉自襁褓中即从此中得到快感,在成长过程中有爱吃胭脂的恋物癖(fetishism),本毫不足怪。

所可怪的是他求满足这一特殊恋物癖的方式。如第二十四回,宝玉回到怡红院自己房里,见鸳鸯坐在床上和袭人谈话。“宝玉便把脸凑在〔鸳鸯〕脖颈上闻那香气,不住用手摩挲,其白腻不在袭人之下。便猴上身去涎着脸笑道:‘好姐姐,把你嘴上的胭脂赏了我吃吧!”初读之下,已有性经验即将成人的宝玉竟当人面要求吸吮鸳鸯嘴唇上的胭脂,可能是对宝玉广义“好色”的夸张性描写。殊不知心理分析明示,好物癖经常是和偷偷摸摸的行为模式分不开的。例如一个有好妇女内衣裤癖的男子,如果去店中买,便觉得索然寡味;如果能从晒衣绳上偷来妇女用过的内衣裤,便觉得兴味百倍了。正是因为同样的道理,宝玉才决然冒一闺房中的小不韪,当袭人面提出这个要求。事实上,女孩子们心里喜欢宝玉这种要求,因为她们也从此中得到满足。但此类事如让贾母和王夫人知道,便不妥当,如让贾政知道,当然会有较严重的惩戒,所以求吃胭脂是属于偷偷摸摸之类的行为。这类恋物癖是出自“前意识”,而不是出自“潜意识”,所以在个性发展中只占次要的地位。爱偷吃胭脂之类事虽看来很琐碎,而事实上却反映曹雪芹对性心理确有第一手深刻锐敏的体会。

### 色欲和爱情

一位当代红学专家曾作过大略的统计:“王梦阮《红楼梦索隐》说‘全书纪事者不十之三,言情者反十之七。’他是就一百二十回说的,统计亦或不确。但作为‘谈情’一个重要组成部分的宝黛爱情描写,在前八十回中就占了十分之三的篇幅,这确是一个事实。”他再进一步把全书所言之“情”分为“风月之情”“儿女真情”和居此二者之间的“贾宝玉对少女们的尊重、体贴、关心和热爱,对她们‘倾情尽心’”⑱。

笔者认为这种分类大体可用,头两类不妨用现代词汇分别称之为“色欲”和“爱情”。可意会而不可言传的第三类,实际上大都可以归类为“意淫”。由于两百余年来对《红楼梦》中的“意淫”的诠释虽多,而其真正意涵至今不明,所以笔者暂时袭用此词而另辟专节以心理分析原则诠释它的意涵。

---

⑱ 邹进先:《试论〈红楼梦〉‘谈情’的思想意义》,《红楼梦学刊》,1981 年第四辑。

《红楼梦》中描写色情的故事很多,而且类皆合情合理,读来令人感到高度的真实性。如第二十一回贾琏趁着女儿大姐出痘和多姑娘幽会的描写之惟妙惟肖,便是一例,不必详加征引。更奇的是这故事余波的处理。按:平儿本是好心为他向凤姐保密的。书中续写:“贾琏见他(平儿)娇俏动情,便搂着求欢。平儿夺手跑出来。急的贾琏弯着腰恨道:‘死促狭的小娼妇儿,一定浪上人的火来,他又跑了。’……”真可谓写得入木三分,令人拍案。但本节的目的不在赞扬曹氏手法的高妙,而在评估他对性心理的体会是否真够正确而又深刻。因此,只选贾瑞和秦钟两例作为检讨的资料。

贾瑞这只癞蛤蟆想吃凤姐这块天鹅肉,两次遭了毒计,病势垂危之际,来了一个道士,给了他太虚幻境警幻仙姑所制的“风月宝鉴”这面镜子,叫他只许看背面,三日管保病好。为了心理分析之需,必须征引第十二回原文:

> 贾瑞接了镜子,想道:“这道士倒有意思,我何不一照试试?”想毕,拿起那“宝鉴”来,向反面一照,只见一个骷髅儿立在里面。贾瑞忙掩了,骂那道士:“混账!如何吓我!我倒再照照正面是什么?”想着,便将正面一照,只见凤姐站在里面点手儿叫他。贾瑞心中一喜,荡悠悠觉得进了镜子,与凤姐云雨一番,凤姐仍送他出来。到了床上,“嗳哟”了一声,一睁眼,镜子重新又掉过来,仍是反面立着一个骷髅。贾瑞自觉汗津津的,底下已遗了一摊精。心中到底不足,又翻过正面来,只见凤姐还招手叫他,他又进去;如此三四次……

笔者回想在高小初读、初中再读《红楼梦》时即一再感觉到镜子的正反两面代表贾瑞心灵中意志与欲望的斗争,道士和镜子等超自然的因素仅仅是象征,并非故事发展必需之物。可惜那时根本未曾听说过弗洛伊德的名字,更不知心理分析为何物。按弗氏说,本我是性驱力和潜意识的渊薮,超我才是本我严厉的道德良心裁判者。贾瑞幼失双亲,由穷书生祖父贾代儒养大。祖父的管教虽严而漏洞很多,贾瑞欺骗、逃避责任、私下寻乐的积习早已养成,他的超我之微弱自不待言。“风月宝鉴”反面的骷髅就象征他的超我在生死存亡的关头对他的本我的最后的警告，也就是弗氏学说中生存本能（life instinct）对死亡本能（death instinct）最后的挣扎。贾瑞故事对笔者少年心灵能有非常的冲击正是由于曹雪芹对人类潜意识的作用有深刻的体会。在心理分析科学基础奠立一百余年之前，曹氏能有这种体会和写作技巧，不能不归功于他个人的特殊天才。

※ ※ ※

《红楼梦》全书中可以肯定和宝玉有过性爱的只有四人：秦可卿、袭人、秦钟、宝钗。秦可卿事寓之于梦，宝、袭做爱有如蜻蜓点水，宝钗最后与宝玉成为夫妇。秦钟之事，书中所叙原委较详，且能肯定说明宝玉对男女两性俱有癖好，这是全面了解宝玉性格为人不可或缺的个案。由于作者在现存所有版本的第十五回中对秦钟故事故下存疑之笔，所以宝玉和秦钟性爱的真确性有稍事检讨的必要。

秦可卿殡仪举行于铁槛寺，因人多宝玉及秦钟等到馒头庵过夜。秦钟趁黑暗搂住业已心许的女尼智能求欢，她起初挣扎不许，《乾隆甲戌脂砚斋重评石头记》："秦钟求道：'好人，我已急死了！……'说着，一口吹了灯，满屋漆黑，将智能抱在炕上，就云雨起来。只见一人进来，将他二人按住，也不则声。二人不知是谁，唬得不敢动。只听那人嗤的一声撑不住笑了，二人听声，方知是宝玉，羞得智能趁黑地跑了。宝玉拉了秦钟出来道：'你可还和我强？'秦钟笑道：'好人，你只别嚷的众人知道，你要怎么样，我都依你。'宝玉笑道：'这会子也不用说，等一会睡下，再细细的算账。"脂砚在秦钟央求宝玉开头所说"好人"二字之旁，朱批："前以[此]二字称智能，今又称玉兄，看官细想。"再加上数行后脂砚双行小字朱批，宝玉和秦钟那晚的性爱是可以肯定的。

宝玉秦钟同性爱这一事实正说明柏拉图、弗洛伊德学说的正确——人的性格上男女之分并不如一般想象那样绝对的。据二十世纪四十年代金赛（Alfred Kinsey）性行为研究所对5300个男人调查的结果，内中大约一半在青春期前曾有过同性性行为，十六至五十五岁的，有四分之一生平会有过至少三年的同性性行为，但内中只有十分之一可被认为是同性恋者。此后另一广泛对七十六个不同社会的调查显示出所有这些社会虽都是异性为婚的，但三分之二的男子偶尔都有过同性恋行为；有些社会男少年间的同性恋行为几乎已仪式化，可是到青春期同性恋行为一般都已停止。[19] 从明清小说、笔记可以断定好男色并不少见。清代早晚各期的《学政全书》中都有严禁曾遭鸡奸男童参加童生考试的规定。《红楼梦》所述冯渊、薛蟠等之好男色，以及已有娇妻美妾的贾琏仍有娈童，应该都是写实。秦钟故事的最大意义在说明肉体和精神都是宝玉的"爱"的重要组成部分，某些极力想把宝玉的"爱"净化、理想化的企图是注定徒劳无功、不能令人信服的。

※ ※ ※

在中国传统社会里，宝、黛之爱不但堪称为至真至纯的爱，且是两百多年来红学欣赏、研究、辩论的重心。有关全书这两位主角的论著既已很多，本文本节仅试用西方的爱情理论对宝、黛之爱作一简要的分析。

十九世纪中叶德国哲学家叔本华（Arthur Schopenhauer，1788—1860）已经提出爱的最重要特征是双方都相信对方是世上最理想的、独一无二的、不可代替的。[20] 曹雪芹自撰的前八十回中已描述过宝玉多次向黛玉用剖心、招供、戏谑、挑逗、道歉、发誓各种方式表示她是他唯一真爱的对象。黛玉屡次反思之后也了解宝玉感情的真挚，不愧为真正的"知己"，但因自己身体羸弱多病，父母双亡，终身大事无人积极代她做主而悲伤自怜。第五十七回中，因紫鹃故意试探宝玉而谎说不久苏州林家族人会接黛玉回去，为她定亲，宝玉因此立即变得痴呆，一时造成家中一大危机。贾母究出真相，宝玉部分恢复神智之后，林之孝家的等人前来慰问，宝玉听见一个"林"字，"便满床闹起来，说：'了不得了，林家的人来接他们了，快打出去吧！'贾母听了也忙说：'打出去吧！'又忙安慰说：'那不是林家的人，林家的人都死绝了，再没有人来接她，你只管放心吧！'宝玉道：'凭他是谁，除了林妹妹，都不许姓林了！'"宝玉最后这句话似乎从未被征引过，谁知只

[19] 详见最近版《大英百科全书》，"homosexuality"专文。

[20] 详见 Bergmann，pp.130—131

有从这半疯半癫的幼稚话才最能巧妙地、深刻地反映出爱的最基本特征——独有性(exclusivity)呢!?

叔本华提出爱的第二个特征是得不到爱的痛苦是人间最大的痛苦。宝玉的屡痴屡癫、黛玉终身的以泪偿情还不够充分证明叔、曹二人不谋而合的卓识吗?

此外,西方传统中多注重相爱者对"合而为一"(merge)的渴求。最极端的例子是中古特里斯丹(Tristan)和伊索尔达(Isolde)的传说故事,这对爱人最后在"死"中才能求到完全的"合而为一"。从现实的观点,一对男女要求完全的"合而为一"是不可能的,但双方力求接近"会合"的情绪和状况是可能的。首先,宝玉初见黛玉即觉得好像曾经见过,这虽是旁示"前缘"的手法,却说明确是"一见倾心"。宝、黛从两小无猜直到长大,关系最为亲昵,而且二人价值观念也相同,彼此了解最深。黛玉经常为感到孤寂而悲伤,宝玉会向她招出自己心灵深处也有类似的孤寂,没有一个同母的弟妹。宝玉不止一次地向黛玉表示同生共死的愿望等等都是会合意愿的表达方式。事实上,早在第二十九回中,曹雪芹已有综合性的按语:宝、黛"两个人原是一个心"。总之,曹雪芹对宝、黛二人的真正爱情的刻画与描写是经得起严格的现代理论考验的。

当代一位心理分析专家提醒读者,叔本华的爱的理论只有在一个个性高度发展的社会才能提出,即使在个人主义渊源最久的欧洲也要等到十九世纪中叶才能有叔氏这种理论的出现。事实上,他的爱的理论原则对很多社会和文化都难以适用。[21] 反观康(熙)、雍(正)、乾(隆)初的清皇朝,正是汉化极深、严格以程朱"正统"意识结合礼教、宗族以统驭全民的时代。当时男女之间的不平等,正如第五十七回中紫鹃私下提醒黛玉:"公子王孙虽多,哪一个不是三房五妾,今儿朝东,明儿朝西?娶一个天仙来,也不过三夜五夜也就撂在脖子后头了。甚至于怜新弃旧反目成仇的,多着呢!"与西方比,宝、黛爱情之"专"是非打折扣不可的。然而在当时制度和礼教控制之下,黛玉和其他女人对男子的特权却早已认为是当然的。虽在这种时代局限下,宝、黛之间的爱,不但是他们本人,就是当

---

㉑ 详见 Bergmann,p.131。

时和近代的读者也还都认为是“真”而且“专”的。

**意　淫**

《红楼梦》的提纲第五回里，宝玉梦中警幻仙姑和他论“淫”的话，非常重要：

忽见警幻说道：“尘世中多少富贵之家，那些绿窗风月，绣阁烟霞，皆被那些淫污纨绔与那些流荡女子悉玷辱了。更可惜者，自古来，多少轻薄浪子，皆以‘好色不淫’为饰，又以‘情而不淫’作案，此皆饰非掩丑之语也。好色即淫，知情更淫。是以巫山之会，云雨之欢，皆由既悦其色，复恋其情所致也。吾所爱汝者，乃天下古今第一淫人也。”

宝玉听了，唬得慌忙答道：“仙姑差了，我因懒于读书，家父母尚每垂训饬，岂敢再冒‘淫’字？况且年纪尚小，不知‘淫’字为何物。”警幻道：“非也。淫虽一理，意则有别。如世之好淫者，不过悦容貌，喜歌舞，调笑无厌，云雨无时，恨不能尽天下之美女供我片时之趣兴，此皆皮肤滥淫之蠢物耳。如尔天分中生成一段痴情，吾辈推之为‘意淫’。‘意淫’二字惟心会而不可口传，可神通而不能语达。汝今独得此二字，在闺阁中固可为良友，然于世道中未免迂阔怪诡，百口嘲谤，万目睚眦……”

迄今解释“意淫”的红学家们，仁者见仁，智者见智，应该先摘其要，以备参考。最早的解释者是脂砚。在《乾隆甲戌脂砚斋重评石头记》第五回“意淫”行间朱批：“按宝玉一生心性，只不过是体贴二字，故曰意淫。”当代红学家冯宇认为宝玉“无论姐姐妹妹，还是奴隶丫头，他都一视同仁，尊重她们的人格，钦羡她们的才智，分担她们的忧愁，同情她们的遭际。宝玉的‘体贴’‘多情’，无不是纯真无邪的感情。这种感情，乃是经过净化，升华为纯洁高尚的一种精神世界”。在此之前，他还认为“‘意淫’很有柏拉图式的精神恋爱的味道”。[22] 另位红学家蔡义江诠释警幻情榜中所言“宝玉系情不情”，比较实事求是。他说：“‘情不

---

㉒ 冯宇：《论太虚幻境与警幻仙姑》，《红楼梦研究集刊》，第六辑，1981年8月。

情’,前一‘情’字是对……‘有情’的意思;‘不情’是指不知情的人或无知觉之物;也就是说,宝玉不但能钟情于有情的人,甚至也用情于无知者。”根据蔡的解释,另位红学家邹进先把“意淫”推广为超越了“男女之情”而成为“一种博爱思想了”。㉓

以上诸家对“意淫”的诠释,虽各有部分可取之处,但都不够正确,内中还有些看法是错误的。原因有二。首先,举世红学家们前此并无一人先去做“意淫”个案的搜集工作(当然搜集之先即需了解“意淫”大致为何物)。再则至今尚无一人按照生理、心理科学知识去分析每个“意淫”个案的内容、性质和科学意义。本文本节正是志在从事于这种前人未曾做过的工作。笔者先选六例依章回前后排列于下,每个案之后,再稍作分析与诠释。

第十九回,宝玉私访袭人的家,“见房中三五个女孩儿,见他进来,都低了头,羞得脸上通红”。等众人不在,宝玉向袭人称赞那穿红的姑娘,并表示“怎么也得他在咱们家就好了……我不过是赞他好,正配生在这深宅大院里,没的我们这宗浊物倒生在这里”。袭人道:“他虽然没这样造化,倒也娇生惯养的,我姨父姨娘的宝贝儿似的,如今十七岁,各样的嫁妆都齐备了,明年就出嫁。”“宝玉听了‘出嫁’二字,不禁又‘嗐’了两声。正不自在……”宝玉对穿红姑娘显然一见即发生性的吸引,其实那三五个女孩一见了他都“羞得脸上通红”也正反映她们潜意识中因性刺激而引起的正常心理、生理反应。宝玉在此片刻中的言行都说明他的念头是“自私”的,心灵深处本是想“占有”她的,所以一听见她明年将出嫁,即“不自在”。这是“意淫”之轻者,他的超我从开头就警告他不能对穿红及其他房内女孩过度生邪念。

第二十八回,宝玉要求瞧瞧宝钗臂上的香串子。“宝钗原生的肌肤丰泽,一时褪不下来。宝玉在旁边看着雪白的胳膊,不觉动了羡慕之心。暗暗想道:‘这个膀子若长在林姑娘身上,或者还得摸一摸,偏长在她身上,正是恨我没福。’忽然想起‘金玉’一事来,再看宝钗形容,只见脸若银盆,眼同水杏,唇不点而含丹,眉不画而横翠,比黛玉另具一种妩媚风流,不觉又呆了。宝钗褪下串子来给他,

㉓ 邹进先:《试论〈红楼梦〉‘谈情’的思想意义》,《红楼梦学刊》,1981年第四辑。

他也忘了接。宝钗见他呆呆的，自己倒不好意思的，起来扔下串子，回身才要走……”宝钗身体之美的刺激，使宝玉的本我中的潜意识做出极强烈的、马上要满足性爱的要求。当然有阻碍。“忽然想起‘金玉’一事”——唯有实现“金玉”前缘才能使性爱合法化——不是宝玉本我和自我闪电般快的最佳“辩论”依据吗？但那严格的良心裁判者，宝玉的超我，马上就严厉地回答：“此非其时，切勿作非非之想。”宝玉的发呆不就是反映他心灵深处倏那间的争辩吗？书中虽未明写，宝钗不但能容忍宝玉的发呆，其实她自己也陷入半呆状况，心灵中得到应有的信心和满足。这是“意淫”最大的“限度”了，因为这“淫”的“意”已濒临“肉”的危崖了。

第三十五回，“宝玉听说，便知是通判傅试家的嬷嬷来了。那傅试原是贾政的门生……宝玉素昔最厌勇男蠢妇的，今日却如何又命这两个婆子进来？其中原来有个原故。只因那宝玉闻得傅试有个妹子，名唤傅秋芳，也是个琼闺秀玉，常听人说，才貌俱全，虽自未亲睹，然遐思遥爱之心，十分诚敬，不命他们进来，恐薄了傅秋芳，因此连忙命让进来。”这是最轻的“意淫”，不需要再加分析。但在此应该一提的是这个故事与全部《红楼梦》中不少大体相类之事，都反映宝玉对所有长得过得去的少女开始都是轻泛的“占有欲”或“意淫”。

第四十四回，因贾琏与多姑娘幽会，凤姐怒中误打了平儿，宝玉让平儿到怡红院，对她百般安慰，并下令为她熨衣裳，用上好脂粉为她化妆。“平儿依言妆饰，果见鲜艳异常，且又甜香满颊。宝玉因自来从不曾在平儿前尽过心，且平儿又是个极聪明、极清俊的上等女孩儿，比不得那起俗拙蠢物，深以为恨……不想……竟得在平儿前稍尽片心，也算今生意中不想之乐，因歪在床上，心内怡然自得。忽又思及，贾琏之俗、凤姐之威，他竟能周全妥贴，今儿还遭荼毒，也就薄命的很了！想到此间，便又伤感起来。”这故事描述得非常成功，叙事中已经说明宝玉一向感到平儿对他“性”的吸引力，而他的超我自始即能有效地抑制他对平儿的潜在欲望。平儿的无辜遭责给予宝玉“性”升华良好的机会，经过“尽心”提升到对她“薄命”的深切同情。这故事是极富代表性的“意淫”升华实例。

第五十八回，宝玉“只见柳垂金线，桃吐丹霞，山石之后，一株大杏树花已全落，叶稠阴翠，上面已结了豆子大小的许多小杏。宝玉因想道：能病了几天，竟把杏花辜负了，不觉到‘绿叶成阴子满枝’了！因此仰望杏子不舍。又想起邢岫烟已择了夫婿一事，虽说男女大事，不可不行，但未免又少了一个好女儿，不过二年，便也要‘绿叶成阴子满枝’了；再过几日，这杏树子落枝空，再几年，岫烟也不免乌发如银，红颜似缟。因此，不免伤心，只管对杏叹息”。这个缺乏强烈刺激的触景生情故事，仍然属于“意淫”范围，原因是它的核心仍然是“性”。宝玉不但因“未免又少了一个好女儿”而忽焉不乐，他幻想之快，倏忽间连她未来因“性”而引起的生理变化等等都在脑海中一闪而过。这是次于傅秋芳的第二最轻的“意淫”实例。

第六十二回，“呆香菱情解石榴裙”。香菱和豆官等四五女孩找花草，香菱说她有“夫妻蕙”，遭到豆官等的玩笑，以致被推倒在地，婆婆薛姨妈给她做的崭新的石榴红裙在泥水中染污。宝玉力劝她等他回去叫袭人拿她的那条同色新裙给香菱换，这样可以避免薛姨妈等的责问。香菱同意等。在回怡红院的路上，宝玉“心下暗想：‘可惜这样一个人，没父母，连自己本姓都忘了，被人拐出来，偏又卖给这个霸王！’因又想起：‘往日平儿也是意外想不到的，今儿更是意外之意外的事了！’”袭人把裙子拿来之后，香菱让宝玉背过脸去，这才向内解下换上。换了之后，袭人马上回去了。这时“香菱见宝玉蹲在地下，将方才夫妻蕙与并蒂菱用树枝儿挖了一个坑，先抓些落花来铺垫了，将这菱蕙安放上，又将落花来掩了，方撮土掩埋平伏。香菱拉他的手笑道：‘这又叫什么？怪道人人说你惯会鬼鬼祟祟使人肉麻呢。你瞧瞧，你这手弄得泥污苔滑的，还不快洗去！’宝玉笑着，方起身走了去洗手。香菱也自走开。二人已走了数步，香菱复转身回来，叫住宝玉。宝玉不知有何话说，扎煞着两只泥手，笑嘻嘻地转来，问：‘作什么？’香菱红了脸，只管笑，嘴里却要说什么，又说不出口来……”

香菱换裙故事恐怕是全书中描写“意淫”发展过程最详细的例子，作者所用的艺术手法也最值得仔细分析。这故事原起于石榴裙，裙之为物（更不必加石榴两字）本身对男性就是一种性的刺激。袭人回去之前，香菱叫宝玉背过脸去，脱换裙子的举动势必增加双方性的刺激。此外还有“夫妻蕙”这一性的暗码和宝玉那么多情地以花瓣陪埋“夫妻蕙”的举动，这些高度象征性的因素，和旁无他人的有利机缘，更激动了香菱的性潜意识。因此，她才主动拉住宝玉的手，在这亲密皮肤接触的情况下,她更用女孩子惯使的“打情骂俏”的花招——笑宝玉“惯会鬼鬼祟祟使人肉麻”——来造成高度的性的紧张。由于高度紧张,双方不得不稍退,可是香菱潜意识里对情欲已很难控制,所以又回转身来叫住宝玉,但只红着脸,说不出话来。此刻的香菱,相当于凝视宝钗的丰肌玉臂而发呆的宝玉,“淫”的“意”已濒临“肉”的危崖了。要不是有人来打断,这故事就很难收场了。

综合以上六例,“意淫”的内涵是远比前此所有诠释为复杂。笔者认为“意淫”具有以下的特征。

(一)一般而言,“意淫”必须有具体的对象,对象必须具有性吸力。“意淫”绝不是“纯真无邪的感情”,“博爱”或“柏拉图式的爱”。

(二)“意淫”与体肤之“淫”同源:皆出自性潜能渊薮的本我。因此,二者后面的驱力是相同的,原来的目标都是在追求性的快乐与满足的。

(三)“意淫”的对象是超我严格视为性的“禁脔”的,换言之,是从伦理道德观点看不能也不应与之性交之人。

(四)“意淫”对象宽广而富弹性。试想:从未曾相识的傅秋芳,匆匆初见一面的袭人的姨妹,到平儿、香菱,甚至定亲以前的宝钗,都可成为对象。因此,“意淫”自始即有远近轻重和喜爱程度不同之别。

(五)“意淫”必须向对象投入自己心(psychic)、性(sexual)、能力(energy)总量的一部分,投入的多少视喜爱程度深浅而异。这种“投入”就是心理分析所谓的“欲能投入”(cathexis)。宝玉对傅秋芳的投入最少,对香菱的投入就多得多,所以对她换裙一事终身牢记在心,认为是意外而又意外的“快乐”。

(六)“意淫”最终一定会变成性的升华,因为如果走到头仍不能、不敢、不应实现性爱,就必须转移方向了。弗洛伊德认为升华就是心理“防御机制”里的“移代”(displacement)。他申论凡人类近于原始、侵略、攫取、满欲等粗暴行为,因受强烈社会制裁,迟早必会转化成比较温和文明的行为;因为这样才能见容于社会,甚至有时还会化干戈为玉帛。性升华亦同此理。性升华就是将潜意识中自私满欲的驱力提升转化为体贴、同情、怜悯。性升华不失为一种净化,而净化总是趋向高尚纯洁的。

正是由于性升化是一种净化，所以当代红学家中颇不乏从事于将宝玉全部感情高尚化、纯洁化的工作。内中以余英时教授的《红楼梦的两个世界》[24]影响最大，一时被誉为新的"典范"。在此文中他详释曹雪芹艺术架构的高妙，把大观园内外分成两个截然不同的世界：园外肮脏，园内纯洁。此文第62长注对这两个世界的鲜明的对照蜻蜓点水式地加以淡化，并特别讨论"意淫"的意义：

> 我们一再强调《红楼梦》的两个世界，一方面是泾渭分明的，而另一方面又是互相交涉的。情与淫的关系也正是如此。曹雪芹并非禁欲者……在第五回中他开宗明义地说"好色即淫，知情更淫"，而反对"好色不淫"，"情而不淫"之类的矫饰论调。大体说来，他认为情可以，甚至必然包括淫；由情而淫虽淫亦情，故情又可叫作"意淫"。但另一方面，淫决不能包括情；这种狭义的"淫"，他又称之为"皮肤之淫"。

世上具有爱情而做爱的是相当普遍的。如果"情"真能等同"意淫"，曹雪芹从他的感情经验和思维体系中何以在"情"字之外还要特别精心地另造"意淫"一词来？何以警幻对宝玉说"今汝独得此'意淫'二字"？何以"意淫"一词两百余年来不知迷惑了多少读者？让我们回到最浅显的起点，"意淫"似可先试释成"淫意"，换言之，就是有淫的意向和动机，而不是真正地行淫事。这忠实于字面的初步试释正与本文对"意淫"内涵特征的仔细分析几乎完全符合。而余先生对"意淫"的定义和诠释与语言逻辑和经验常识都相抵触。

为了彻底澄清前此的错误和了解的不周，我们有必要对"意淫"续加深索：

（七）从语言逻辑与心理内涵，我们必须指出"意淫"和"升华"或"净化"不能等同。"意淫"开始必须有对象和特殊引起"意淫"的情况，"意淫"必有它发展的过程，这过程走完，最后才达成"升华""或"净化"。全体和部分是不能等同的。

（八）"意淫"有两个层次：个别具体的层次和共相抽象的层次。本文所举六例都是属于前者的，经常的"意淫"也是属于前者的。宝玉对所有具有性吸力少

---

[24] 本文是采自胡文彬、周雷编《海外红学论集》，上海古籍出版社，1982。

女(包括未曾见过的)的广义的性的兴趣,和反映深层“占有欲”的对少女行将出嫁而发生的怏怏不乐都属于共相抽象的层次。宝玉的“意淫”如此深广,难怪警幻仙姑对宝玉说“吾所爱汝者,乃[因汝为]天下古今第一淫人也”。

正由于从上引宝钗、平儿、香菱三例看,作为宝玉的“意淫”对象的这三位少女都向宝玉做出或多或少的正面反应,都对他的“意淫”欣赏,并都从其中得到一定程度的快乐和满足。这正说明何以警幻仙姑对“意淫”的宝玉说他在闺阁中可为良友。因为自人性观点看,世上几乎没有任何妙龄女子不喜欢与青春少年调情卖俏的。

最后,“两个世界”的看法对研究曹雪芹的艺术构思和手法可能有相当参考价值,但对了解《红楼梦》主要意蕴的博大精深可能是一障碍。因为无论从爱的起源与爱的性质,尤其是从心理分析的科学观点看,人的心灵机构是万万无法强行中分为二的。

## 全文小结

举世谈爱之作汗牛充栋,但能系统地描述爱的起源之作,西方只有弥尔顿的《失乐园》和柏拉图的《酒谈会》,东方只有曹雪芹的《红楼梦》。这一极简单的事实也就最基本:它明示出曹雪芹在世界文学史上“超级”巨星的地位。

本文应用西方对爱的性质理论综合知识中的精华,特别是屡经修正的心理分析中的科学原则,来初步分析评估《红楼梦》的主要意蕴与内涵,发现《红楼梦》不但能符合西方理论的精华,而且处处经得起严格的科学考验。

更有一事引起炎黄子孙的深思。虽然爱的性质事实上是非常不易下一精确界定的,但西方对这问题用功最勤的学者,辛格(Irving Singer,麻省理工学院哲学教授),近年对合理的爱应具的基本特征,曾作以下极简短的概述,而且用的是问话的方式:

> 人类往往是自我取向的,具有占有和满欲欲的,常常是对最亲密的人

[企图]操纵支配的。我们如何才能使爱己和对他人善意的关怀，性的渴求和非满欲的(non-appetitive)对另方身心整体的接受，侵略[的本性]和一种同情、体贴的自我奉献，取得调协？㉕

笔者按：上引辛格的话是他检讨了自希腊至当今西方文、哲、宗教、心理等方面所阐发的各式各样的爱和斟酌当代高度个性解放的社会需要之后才做出的概述，而这概述只能代表他的希望和理想。可是几年前笔者匆匆初读他这概述之后，心中默默即刻的回答是："二百多年前贾宝玉不就基本上已经取得了这种调协了吗？"如果辛格和本文作者的理解不太离谱，曹雪芹所塑造的爱（姑先与古希腊悲剧中极端强烈的情欲相比），岂不是更普遍全人性、更能自"平凡"中见出"永恒"的伟大吗？

因此，笔者觉得曹雪芹只应与西方文学史上最具永恒、最具全人性价值的超级作家为俦伍。换言之，他应属的"俱乐部"里的会员是索福克勒斯（Sophocles，前496？—前406）、但丁（1265—1321）、莎士比亚、弥尔顿、歌德（1749—1832）、陀思妥耶夫斯基（1821—1881）、托尔斯泰（1828—1910）等一二十人而已。

一九九三年十一月底草就于南加州尔湾市
龟岩村寓所

## 后　　记

笔者长期读史，对王国维的《观堂集林》相当熟悉，却迄未曾遍翻王氏全集或遗书。年节后图书馆重开，取阅上海古籍书店重印之《王国维遗书》第五册，始初度获读王氏《红楼梦评论》全文。姑不论其所最尊崇的叔本华哲学之是否允当，静安先生对《红楼梦》之哲理意蕴、美学造诣，识见之宏，视野之阔，九十年来，世罕其

㉕ Singer，第二册，p.14。

匹。更可喜的是他论《红楼梦》的文学价值颇具比较观点，至今犹不可易：

夫欧洲近世之文学中所以推格代（按：即歌德）之《法斯特》（按：即浮士德 Faust）为第一者，以其描写博士法斯德之苦痛及其解脱之途径最为精切故也。若《红楼梦》之写宝玉，又岂有以异于彼乎？……且法斯德之苦痛、天才之苦痛；宝玉之苦痛、人人所有之苦痛也。其存于人之根柢者为独深，而其希救济也为尤切……

由叔本华之说，悲剧之中又有三种之别。第一种之悲剧由极恶（笔者按：或极英豪倔强）之人极其所有之能力以交构之者。第二种由于盲目的运命者。第三种之悲剧，由于剧中之人物之位置及关系而不得不然者，非必有蛇蝎之性质与意外之变故也，但由普通之人物、普通之境遇逼之，不得不如是。彼等明知其害，交施之而交受之，各加以力而各不任其咎。此种悲剧，其感人贤于前二者远甚。何则？彼示人生最大之不幸非例外之事，而人生之所固有故也。若前二者之悲剧，吾人对蛇蝎之人物与盲目之命运，未尝不悚然战栗，然以其罕见之故，犹幸吾生之可以免，而不必求息肩之地也。但在第三种，则见此非常之势力足以破坏人生之福祉者，无时而不可坠于吾前。且此等惨酷之行，不但时时可受诸己，而或可以加诸人，躬丁其酷而无不平之可鸣，此可谓天下之至惨也。若《红楼梦》则正第三种之悲剧也……

以上所引一代宗师所论，正与本文结语中所指出，较诸古代希腊及欧西伟大悲剧，《红楼梦》似更普及于全人性，“更能自‘平凡’中见出‘永恒’的伟大”，不谋而合。《红楼梦》不愧静安先生先我断定为“宇宙之大著述”，“可谓悲剧中之悲剧也”。

一九九四年一月五日补撰

【何炳棣　台湾“中研院”院士，美国艺文及科学院院士】
原文刊于《中国文化》1994 年 02 期

# 从皇商薛家看《红楼梦》中的物质文化

黄一农

**提　要**:在《红楼梦》中袭替其父担任"皇商"的薛蟠,应就是可先支领帑金来经营获官方授权之商业活动的官商。而与此小说创作过程关系密切的曹寅和李煦两家,恰同为该官商群体中的一员,又因他们所负责的江宁及苏州两织造,亦是承办皇室用品采买及督造的重要机构,故小说中尝以精致宫花、高级樯木、上等人参、珍贵牛黄及四神散等特殊品项,凸显当时上层社会所拥有的高端物质文化。惟先前红学界因少有人拥有相关背景知识,又欠缺足够研究工具与能力,以致对这些对象的珍稀性以及相应的专业术语,始终无法深刻掌握。本文即透过e考据之法以较精准且具策略的问题意识,首度具体厘清了前述品项的一些内涵(如宫花的价格、"樯木"为何、"芦泡须枝"及"渣末泡须"的意义,更发现四神散应与知名的安宫牛黄丸同源等),并因此对作者生活知识的厚实度增添许多了解,同时也让阅读这本小说的深度有机会进入较立体的层次。

**关键词**:皇商　官商　四神散　物质文化　红学

## 一、前言

《红楼梦》第四回提及贾雨村在就任应天府时,曾读到门子所递过来的一张

“护官符”，其上描写金陵当地望族薛家的俗谚为“丰年好大雪（甲戌本夹批：隐‘薛’字），珍珠如土金如铁（甲戌本侧批：紫微舍人薛公之后，现领内府帑银行商，共八房分）”，并形容薛蟠曰：

> 家中有百万之富，现领着内帑钱粮，采办杂料。这薛公子学名薛蟠，表字文龙，今年方十有五岁，性情奢侈，言语傲慢。虽也上过学，不过略识几字，终日唯有斗鸡走马，游山玩景而已。虽是皇商，一应经纪世事，全然不知，不过赖祖父旧日的情分，户部挂虚名，支领钱粮，其余事体，自有伙计、老家人等措办……二则自薛蟠父亲死后，各省中所有的买卖承局、总管、伙计人等，见薛蟠年轻不识世事，便趁时拐骗起来，京都中几处生意，渐亦消耗。薛蟠素闻得都中乃第一繁华之地，正思一游，便趁此机会，一为送妹待选，二为望亲，三因亲自入部销算旧账目，再计新支。

此处所谓在户部挂虚名可“支领钱粮”一事，非指薛蟠有薪可领，而是称其每年可向户部借支银两以进行获允承办之贸易，但前提是他得先销算旧帐。此应即所谓“生息银两”的制度，指皇帝在内帑或户部的库银中拨出一定的专门款项，交由北京总管内务府或盛京内务府，再分拨给相关衙门或商人进行营运，并责成他们用以滋生利息。①

查清代商人以其可否先支领帑金来承担政府的经济任务，大致分成官商和民商两大类。② 由于《清实录》《宫中档奏折》以及《军机处档折件》等文献，均未见“皇商”二字，知此词似非官方的正式用语，而有自褒自夸或抬举他人之意。如万历间有富人张嶷（音“逆”）妄言吕宋产金，上书请求往采获允，出

① 韦庆远：《康熙时期对“生息银两”制度的初创和运用：对清代“生息银两”制度兴衰过程研究之一》，《中国社会经济史研究》，1986 年第 3 期，第 60—69 页。

② 如嘉庆间宝苏局设官商、民商各一人，该采办洋铜之民商每百觔给价银十五两三钱，但官商则每百觔给价银十二两，单价明显低于民商。虽谓“因从前官商情愿报効，自请减价，是以与民商铜价不同”，其实，两者最主要的差别是官商拥有官方长期的买卖人执照，并可先支领帑金后依预先约定之量交货（所谓“先帑后铜”），而民商则只能先交货后请款（所谓“先铜后帑”），且官方不保证收购量。参见宋如林等修，石韫玉纂，《苏州府志》（“中研院”傅斯年图书馆藏道光四年刊本），卷 17，第 19—20 页；松浦章著，李小林译，《清代海外贸易史研究》（天津：天津人民出版社，2016），第 135—183 页。

海时福建海澄令宋之兰将张嶷上铐并命人随行，嶷曰："我皇商也，何辱我。"之兰笑曰："若得金归乃皇商耳，姑絷（音"执"）之。"③又，康熙朝官员在与朝鲜论及两国贸易时，也特将"蒙皇恩借公帑买办米石、贸易对象"之中国商人托称为"皇商"。④ 康熙八年四川巡抚张德地在敬陈采办楠木一事的奏疏中亦云：

> 故明初年专官采办，事克有济。及至末年，信用木商领银采办，一经入手，任意花销，且于采木地方动以"皇商"为名索取人夫，种种扰害，不一而足，以致里民惊逃，而银归之乌有。⑤

指称获得伐木专属权的商人为勒取人夫，对外常自称是"皇商"。

亦即，《红楼梦》中薛蟠所担任的"皇商"应只是"官商"的俗称。虽然先前已有许多社会经济史家曾致力于清前期官商的研究，⑥但由于此范畴仍有一些重要课题有待厘清（如内务府商人的运作方式以及民人官商所扮演的角色等），笔者稍后将另文详论。

至于与红学关系密切的李煦与曹寅两家，在真实世界中亦担任既官既商的"官商"，他们于雍正朝先后被抄没的史事，也与此类差使息息相关。本文因此尝试追索《红楼梦》中薛家的"皇商"角色，希望能够知道此与李、曹两家的生平事迹以及小说情境的铺陈究竟有无呼应，并将努力掌握与薛家相关之物质文化的内涵，让其不再成为一种阅读障碍，而能将小说的叙事从黑白的平面文字转化成带有瑰丽色彩且深具立体感的影像。而近年来大量清宫档案与清代文献的出版或数字化，应可提供我们不少站在前人肩膀上远眺的有利条件。

---

③ 廖大闻等修，金鼎寿纂，《桐城续修县志》（台北：成文出版社，《中国方志丛书》景印道光七年刊本），卷12，第21页。

④ 国史编纂委员会编，《朝鲜肃宗实录》（首尔：东国文化社，1955—1958），卷32上，第24页。

⑤ 黄廷桂纂修，张晋生编纂，《四川通志》（台北：台湾商务印书馆，《景印文渊阁四库全书》本），卷16上，第26—28页。

⑥ 如见阮明道，《清代前期官商研究》，《四川师范学院学报（哲社版）》，1989年第4期，第49—55页。

## 二、出自薛家的宫花、牛黄以及樯木

《红楼梦》中的薛家既为替皇室采买的“皇商”，故理应拥有一些常人接触不到的贵重物品，此在小说中即屡可体现。如第七回薛姨妈对周瑞之妻说：

> 这是宫里头作的新鲜样法堆纱花十二枝。昨儿我想起来，白放着可惜旧了，何不给他们姊妹们戴去……你家的三位姑娘，每人两枝，下剩六枝，送林姑娘两枝，那四枝给了凤哥儿罢。

由于薛姨妈称宝钗“从来不爱这些花儿粉儿的”，故有些红迷认为这些宫花应是为宝钗选“才人、赞善”时用的（第四回），但因她落选，遂拿来送人。这种使用“新鲜样法”的宫花应相当珍贵，故凤姐又转送了一对两朵给秦可卿。

依照乾隆元年宫中核定的物料价格，装饰花类有云：

> 宴花每枝旧例银三分伍厘，今核定银二分七厘；杂色绢花每枝旧例银一分，今核定银九厘；栀子花每枝旧例银一分，今核定银九厘；时鲜花每把旧例银一分二厘，今核定银一分；红纸顶花每朵旧例银八厘，今核定银五厘；像生宫花每对旧例银六钱，今核定银五钱四分。⑦

我们可发现宫花的成本远超过时鲜花卉或杂色绢花、红纸顶花等人造花，而所谓的“像生”应就是仿真之意。⑧ 又，阮元的继妻为孔子第七十三代长孙女，当她年

⑦ 迈柱等纂，《九卿议定物料价值（乾隆朝）》（香港：蝠池书院，《清代各部院则例》景印乾隆元年刊本），卷 3，第 31 页。

⑧ 如《水浒传》第五回在描写桃花山上大王的装扮时，称其“鬓傍边插一枝罗帛像生花”，而清代北京亦有“十二月卖像生花供佛”的风俗。参见陈康祺，《郎潜纪闻》（上海：上海古籍出版社，《续修四库全书》景印光绪间刊本），卷 12，第 5 页。

幼时,曾随祖母在曲阜跪迎出巡的乾隆帝,“蒙驻舆询年齿,且携手赐宫花一朵”,[9]亦知宫花的难得。

再者,第十三回秦可卿死后贾珍欲寻好板替她治棺,可巧薛蟠来吊问,因便说道:

> 我们木店里有一副叫做什么樯木,出在潢海铁网山上,作了棺材,万年不坏。这还是当年先父带来,原系义忠亲王老千岁要的,因他坏了事,就不曾拿去。现今还封在店里,也没人出价敢买。你若要,就抬来罢了。

并形容这副木板“纹若槟榔,味若檀麝,以手扣之,玎当如金玉”。该“樯”字应非树名,因在中国古代各种本草类的书籍从未见此!而此字通常是与“桅”或“帆”连用(如“桅樯”“樯桅”“帆樯”“樯帆”等),指用来做船桅杆之木(譬如楠木),[10]其特色是“木坚、质重、色比漆”。[11] 有婺源人潘启权于道光年间遭逢飓风,为避免海难,遂将船上的帆樯砍断,该“樯木”值数十金,[12]而小说中薛蟠为凸显己家那副樯木的贵重,遂夸称“拿一千两银子来,只怕也没处买去”。

此外,第八十四回叙及凤姐的女儿生病,“脸皮趣青,眉梢鼻翅微有动意”,判断应是得了“搐(音“抽”)风”,亦即手足痉挛。大夫因此向贾母称:“妞儿一半是内热,一半是惊风。须先用一剂发散风痰药,还要用四神散才好,因病势来得不轻。如今的牛黄都是假的,要找真牛黄方用得。”凤姐道:“人参家里常有,这牛黄倒怕未必有,外头买去,只是要真的才好。”王夫人曰:“等我打发人到姨太太那边去找找。他家蟠儿是向与那些西客们做买卖,或者有真的也未可知。我叫人去问问。”而查“中国基本古籍库”医学类的文本当中,共出现“牛黄”四千一百条,其中有三十二条具体指名要“真牛黄”,这些多属幼科重症的用药,亦知真品牛黄并不易得。

---

⑨ 张鉴,《雷塘庵主弟子记》(《续修四库全书》景印光绪间刊本),卷7,第9—10页。

⑩ 陈耀文,《天中记》(《景印文渊阁四库全书》本),卷16,第86页。

⑪ 彭兆荪,《小谟觞馆诗文集》(《清代诗文集汇编》景印嘉庆二十二年刊本),诗续集,卷1,第23页。

⑫ 潘荫东,《樵叟外集》(上海:上海古籍出版社,《清代诗文集汇编》景印民国十八年铅印本),卷2。

小说中接着描述巧姐儿(即妞儿)先吃了帖发散风痰药,“只见喀的一声,连药带痰都吐出来”,凤姐才略放了一点儿心。稍后,只见王夫人的小丫头拿着一点儿的小红纸包儿说道:“二奶奶,牛黄有了。太太说了,叫二奶奶亲自把分两对准了呢。”凤姐于是叫平儿配齐了真珠、冰片、朱砂,再用可精确量度药材重量的戥子,⑬按方秤了牛黄等物。

古代医方屡可见“四神散”之名,《中医方剂大辞典》中即出现多达二十五种的同名方剂,其药物组成各不相同,但无一是将牛黄、真珠、冰片、朱砂四味共同配伍使用的,且未见有能治小儿惊风的。⑭ 疑“四神散”不过指该方包含四种珍贵药材而已,此很可能与嘉庆《问心堂温病条辨》中的安宫牛黄丸同源,而非作者自拟方剂,该方与紫雪丹、至宝丹(见于《红楼梦》第九十一回,是王夫人送来给宝钗救命的)合称“中医温病三宝”,据传曾于2002年令被西医判定为脑死的香港凤凰卫视女主播刘海若挽回一命。⑮

安宫牛黄丸用牛黄一两、郁金一两、犀角一两、黄连一两、朱砂一两、梅片二钱五分、射香二钱五分、真珠五钱……专治“飞尸卒厥,五痫中恶,大人、小儿痉厥之因于热者”,⑯其中“飞尸卒厥”指突然昏死,“五痫”则是古代对各种痫证的统称,“中恶”为急惊风类证。安宫牛黄丸的用药即包含巧姐儿所服四神散里的牛黄、真珠、朱砂三味,而冰片别名“龙脑香”,⑰“味辛苦,性温无毒……又主小儿惊痫、大人痰迷”,⑱此乃龙脑香树之树脂凝结而成的结晶,以其白莹如冰而得名,而状若梅花瓣者尤佳,谓之“梅片”,该树出南洋,形似积年杉木(所谓“洋外老杉木浸成”;图1)。⑲

此处之牛黄指黄牛或水牛的胆囊结石,中医认为可主“惊痫寒热……疗小

---

⑬ 黄一农,《〈红楼梦〉中的戥子与计量单位“星”》,《自然科学史研究》,2017年第2期,第231—243页。

⑭ 李晓华,《〈红楼梦〉作者自拟方剂考论》,《社会科学动态》,2017年第3期,第100—104页。

⑮ 赵一帆,《北京同仁堂安宫牛黄丸古今谈》,《首都医药》,2014年7月(上),第37—38页。

⑯ 吴瑭,《问心堂温病条辨》(《续修四库全书》景印嘉庆十八年刊本),卷1,第24—25页。

⑰ 缪希雍,《先醒斋广笔记》(《景印文渊阁四库全书》本),卷4,第30页。

⑱ 李中梓,《镌补雷公炮制药性解》(《续修四库全书》景印清代刊本),卷5,第14页。

⑲ 唐慎微,《证类本草》(《景印文渊阁四库全书》本),卷13,第35—36页。

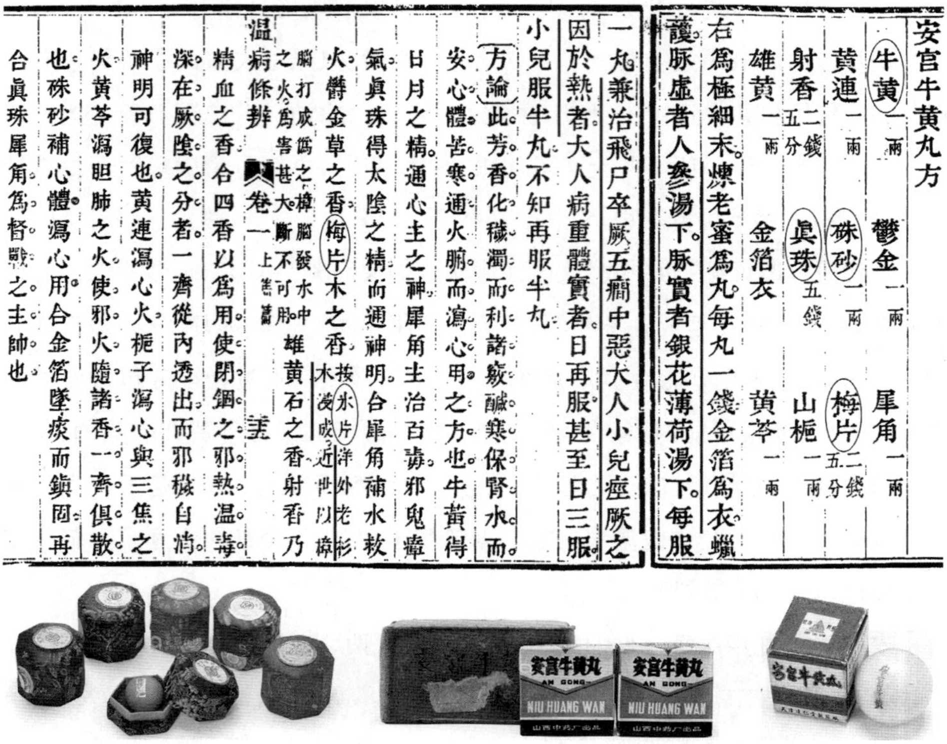

安宫牛黄丸方

牛黄一两 鬱金一两 犀角一两
黄連一两 硃砂一两 梅片二錢五分
射香二錢五分 真珠五錢 山梔一两
雄黄一两 金箔衣 黄芩一两

右爲極細末。煉老蜜爲丸。每丸一錢。金箔爲衣。蠟護。脉虛者人參湯下。脉實者銀花薄荷湯下。每服一丸。兼治飛尸卒厥五癇中惡大人小兒痙厥之因於熱者。大人病重體實者。日再服。甚至日三服。小兒服半丸。不知再服半丸。

方論 此芳香化穢濁而利諸竅。鹹寒保腎水而安心體。苦寒通火腑而瀉心用之方也。牛黄得日月之精。通心主之神。犀角主治百毒。邪鬼瘴氣。真珠得太陰之精而通神明。合犀角補水救火。鬱金草之香。梅片木之香。按冰片洋外老杉木浸成。近世以樟腦打成偽之。樟腦發水中之火。爲害甚大。斷不可用。雄黄石之香。射香乃精血之香。合四香以爲用。使閉錮之邪熱溫毒深在厥陰之分者。一齊從內透出。而邪穢自消。神明可復也。黄連瀉心火。梔子瀉心與三焦之火。黄芩瀉胆肺之火。使邪火隨諸香一齊俱散也。硃砂補心體。瀉心用。合金箔墜痰而鎮固。再合真珠犀角爲督戰之主帥也。

溫病條辨 卷一 上焦篇



图 1 《问心堂温病条辨》中的安宫牛黄丸方

儿百病诸癎热”,[20]清初之时价高达同重白银的八十倍,[21]远比人参珍稀,至光绪间也还贵到“银一两换一分”。[22] 另以明末赣州的货物税为例,药材类亦以牛黄每斤银一两最高,而香类最高档的沉速香,每百斤也才只抽税银一两。[23] 又,山西平遥县每年贡物清单中的药材,包括“藁本三十五斤、酸枣仁四两三钱、麝香四两三钱、牛黄二钱八分、连翘五十斤、五灵脂八斤、猪苓五斤、焰硝十斤、郁李仁

⑳ 唐慎微,《证类本草》,卷 16,第 13 页。

㉑ 陈鼎,《留溪外传》(台南:庄严文化公司,《四库全书存目丛书》景印康熙三十七年刊本),卷 14,第 13 页。

㉒ 此见翁同龢于光绪七年日记中所载他以牛黄治舌疾一事。参见翁同龢,《翁文恭公日记》(《续修四库全书》景印清代稿本),辛巳年,第 91 页。

㉓ 李本仁修,谢诏纂,《赣州府志》(《中国方志丛书》景印顺治十七年重刻天启元年刊本),卷 13,第 8 页。

四两三钱”,[24]从牛黄之量不到三钱且计及至分,亦可见此药极其难得。无怪乎,贾环还问凤姐:“你这里听的说有牛黄,不知牛黄是怎么个样儿,给我瞧瞧呢。”这位与宝玉同父异母的弟弟先前竟不曾见过。

由于《问心堂温病条辨》书中在配制安宫牛黄丸方时,其君药所使用的一两牛黄,约值八十至一百两银,又从该方各种药材的用量判断,应是一次就合药百余丸,每丸重一钱(每日服一至三丸,视体质与病情而异,小儿减半),推估一丸的成本约值银一两多,[25]此近乎乾隆十八年新订给予八旗养育兵的一两五钱月饷![26] 益知《红楼梦》中贾府用药的贵气。而北京同仁堂20世纪80年代生产的此药,也因遵用古方,并以天然药材配制,故目前每丸在拍卖市场上的价钱,常被炒到两万人民币左右。

安宫牛黄丸在制作时,要先将药材研细,再“炼老蜜为丸”,通常还需以金箔为衣,并护以可密封的蜡。惟小说中或仅将牛黄、真珠、冰片、朱砂等最主要的四种药材磨成粉末状,配制出所谓的“四神散”,其量应不多,因其包装牛黄时只用“一点儿的小红纸包儿”。

又,嘉庆十八年刊刻的《问心堂温病条辨》虽晚于曹雪芹的生活时代,然因此书乃吴瑭(1758—1836)检校明季吴有性的《温疫论》,并遍考晋、唐以来诸贤议论所编辑而成,且牛黄、冰片等配方的药效亦与巧姐儿的病情相合,知小说中的四神散应确有所本,不太像是任意编造的,这也凸显出作者曹雪芹医药知识之丰富。而安宫牛黄丸的前身或即四神散,为方便使用与存放,遂和以炼制的蜜糖做成药丸。

类似案例亦可见于第二十八回宝玉欲为黛玉配的“暖香丸”,该原本被视为文学虚构的配方,实乃源出《仁斋直指》的“秘传大补元圆”或《景岳全书》的“秘

---

[24] 王绶修,康乃心纂,《重修平遥县志》(中国国家图书馆藏康熙四十六年刊本),卷3,第13页。

[25] 虽然我们很难获得乾隆前期各种药材的价格,但或仍可从清代零星的资料略窥一二,如顺治朝的黄连每觔三两二钱、康熙十年的犀角每觔价银五两,光绪朝进口药材的税率是上等冰片每觔一两三钱、犀角每百觔二两。参见金鉷修,钱元昌、陆纶纂,《广西通志》(南京:凤凰出版社,《中国地方志集成》景印雍正十一年刊本),卷25,第2页;杞庐主人等,《时务通考》(《续修四库全书》景印光绪二十三年石印本),卷6,第1页;陈受培修,张焘纂,《宣城县志》(北京:中国书店,《稀见中国地方志汇刊》景印嘉庆十三年刊本),卷24,第10页。

[26] 方华玲,《清代八旗养育兵制探析》,《故宫博物院院刊》,2014年第6期,第115—121页。

传大补天丸”，只不过小说中为增添戏剧张力，遂在主药之前另行加入“头胎（紫河车）”“人形（带叶参）”“龟大（何首乌）”和“千年松根（茯苓脂）”等强调珍稀性的修饰语。而我们在一百二十回的程甲本中，更可发现共六十六回涉及疾病与医药，求医者有五十余人，出现中医术语一百六十多条、中药一百二十几种，共提及一百一十多种各科疾病。此一情形或有些家族渊源，查雪芹之祖曹寅的《楝亭书目》中就列有七十一种医书，而曹寅的岳父李月桂亦曾两度重修杨继洲原著的《针灸大成》。[27]

## 三、贾家与薛家的人参知识

《红楼梦》中多处提及以人参入药，如第七十七回记大夫替凤姐开了丸药方子治病，需用上等人参二两来配“调经养荣丸”，王夫人处因只找出“几枝簪挺粗细的”以及“一大包须末”，她焦躁道：“成日家我说叫你们查一查，都归拢在一处。你们白不听，就随手混撂。你们不知他的好处，用起来得多少换买来还不中使呢。”凤姐也称自己“只有些参膏，[28]芦须虽有几枝也不是上好的，每日还要煎药里用呢”。至于贾母处所寻出手指头粗细的人参，“固然是上好的，如今就连三十换也不能得这样的了”，亦因年代太陈，“已成了朽糟烂木，也无性力的了”。

王夫人所谓“用起来得多少换买来还不中使”的“换”，乃人参界的行话，如“三十换”即指人参的价格相当于三十倍等重的白银。[29] 现存七种收录有第七十七回的脂本中，仅列藏本独作“八十换”。[30] 此两种参价或有助于我们大致推断一些脂本的抄录或写作时间。

查清代民间可买卖之官参乃以四等参最好，而乾隆二十八年的参价，高者三

---

[27] 此段参见黄一农，《〈红楼梦〉中最珍贵的药方“暖香丸”新探》，《中国科技史杂志》，2018 年第 1 期，第 1—10 页。

[28] 蒙府本和戚序本误作“参羔”。

[29] 蒋竹山，《人参帝国：清代人参的生产、消费与医疗》（杭州：浙江大学出版社，2015），第 170—180 页。

[30] 冯其庸主编，《脂砚斋重评石头记汇校》（北京：文化艺术出版社，1989），册 5，第 4526 页。

十二换,次亦值二十五换,至三、四十年则达四、五十换,乾隆末年已到七、八十换。赵翼于嘉庆元年写《人参诗》时,更称“白金三百两易一两,尚不得佳者”。嘉庆十五年的四等参值二百四十换,道光初更达四百换。从清代持续飙升的参价,我们可以发现在《红楼梦》的写作期间,上好人参值三十换尚称合理,但若列藏本抄写于乾隆后半叶,则抄手有可能因人参的时价高涨,为符合原书中的语境,遂径自改抄成“八十换”,另从参价亦可推估该本的抄写不晚于嘉庆元年。再者,由于康熙末年内务府交办所属售卖人参之价格,头等参不过五换,[31]即使市价较高,也不至于接近三十换,亦即,《红楼梦》绝无可能如某些红迷所宣称,乃成书于康熙年间。

至于“参膏”应就是《景岳全书》提及的人参膏,其制法为:

> 用人参十两细切,以活水二十盏浸透,入银、石器内桑柴火缓缓煎取十盏滤汁,再以水十盏煎渣,取汁五盏,并入前汁,合煎成膏,磁瓶收贮,随证作汤使调服。[32]

该参膏通常是用较便宜的次参、碎参或参须熬制而成,方便随时冲服,其药性亦较平和。

王夫人因一时找不着合适的,正欲派人去买,在坐的宝钗笑道:

> 如今外头卖的人参都没好的。虽有一枝全的,他们也必截做两三段,镶嵌上芦、泡、须、枝,掺匀了好卖,看不得粗细。我们铺子里常和参行交易,如今我去和妈说了,叫哥哥去托个伙计过去和参行商议说明,叫他把未作的原枝好参兑二两来。不妨咱们多使几两银子,也得了好的。[33]

先前包含红研所本在内的大部分《红楼梦》校注本,多将“芦泡须枝”之意略过不

---

㉛ 故宫博物院明清档案部编,《关于江宁织造曹家档案史料》(北京:中华书局,1975),第161—162页。

㉜ 张景岳,《景岳全书》(《景印文渊阁四库全书》本),卷53,第60页。

㉝ 庚辰本、戚序本、甲辰本、列藏本、程甲本以及程乙本均作“芦泡须枝”,惟梦稿本误作“芦泡须丁”。

谈，少数则称此指泡制过的人参，[34]或谓“芦泡”是位于人参主根上端的芦头（图2），[35]并含混称因其“形似泡”。[36]

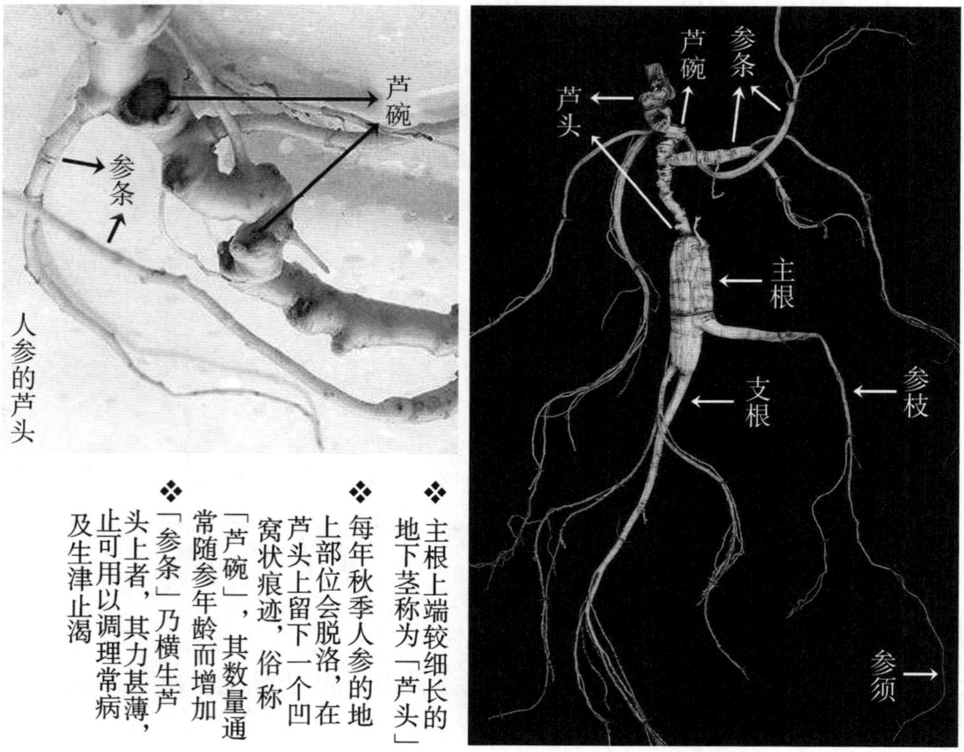


图2　人参各部位的名称

其实，透过大数据我们可发现古代文献中罕见“芦泡”一词，仅《红楼梦》曾出现过一次，此应指的是人参的芦头、泡丁、参须和参枝（指参须上端较粗的部位）等部位。当时参行多动手脚将一枝全的参身截做两三段，再镶嵌上其他芦头、参须和参枝加以改造，宝钗遂要其兄薛蟠托个伙计去参行找真正原枝的好参。

---

[34] 曹雪芹，《红楼梦校注本》（北京：中华书局，1998），中册，第1177页。

[35] 芦指“参之根”，芦头就是人参主根（参身）以上的地下茎部位。参见黄叔灿，《参谱》（板桥：艺文印书馆，《百部丛书集成》景印清代钞本，嘉庆十三年初刊），第13页。

[36] 先前学界对《红楼梦》中关涉人参叙事的理解，有许多与笔者相异于之处，详见原所贤、暴连英，《文苑杏林话中医》（北京：科学技术文献出版社，2007），第193—196页；侯会，《红楼梦贵族生活揭秘》（北京：新华出版社，2010），第195—205页。

查乾隆中期江苏一带的参行，每于到货时先将人参分作三等：

> 拣坚结红大、熟多糙少者，名统货；其色次红瘪皱、糙多熟少者，名拗色；又次色浮白微红、质薄肉少者，加入条参者，名曰泡丁。[37]

黄叔灿初刊于嘉庆十三年的《参谱》中，尝称“泡者轻也，谓其无肉，外皮而朴（农按：指粗糙如木皮）”，[38]嘉庆《直语补证》中亦谓“凡物虚大谓之泡”，[39]知“泡”字乃用来形容人参主根或支根的内虚松软（即所谓“质薄肉少”，是生长不完全或虫蛀所致）。又，道光《说文通训定声》称“以丁入物亦曰丁”。[40] 据此，“泡丁”应指在参皮之下以人工塞入条参，而由于此词出现在《参谱》中凡二十一次，然却罕见于诗文别集和笔记小说，知其应属相当专门的人参术语。

《参谱》一书或曾描述制造“泡丁”的过程：

> 其参出土早，质薄体松，刨夫渔利，乘其鲜时插以铅条、铁珠、柳木、牛箸、玉竹等物，或以条参实于中，谓之“塞肚”。其参中有铅者，谓之“插铅”；舍铅外而杂插者，皆曰“塞肚”也。[41]

该在质薄体松的参根内塞入物件之举，称作“塞肚”，其中插以铅条者被特别命名为“插铅”，但若是用条参者，应即前谓的“泡丁”。方以智于崇祯末年尝称“近以泡参胶接小参，殊自难辨”，就点出当时已出现用塞肚胶接之法制造假人参的情形。[42] 然而，文献中也有将“插铅”者称作“带铅泡丁”，如嘉庆十五年谕旨就指出盛京、吉林、宁古塔一带所办解的官参，除堪用参以及泡丁外，竟然还掺杂有不少秧参（指以秧苗人工栽培出的人参）与带铅泡丁，旋命将其交原解官照数更换

---

[37] 唐秉钧，《人参考》（《百部丛书集成》景印光绪间刊本，乾隆四十三年成书），第3页。
[38] 黄叔灿，《参谱》，第12页。
[39] 梁同书，《频罗庵遗集》（《续修四库全书》景印嘉庆二十二年序刊本），卷14，第3页。
[40] 朱骏声，《说文通训定声》（《续修四库全书》景印道光二十八年刊本），卷18，第40页。
[41] 黄叔灿，《参谱》，第3页。
[42] 方以智，《物理小识》（《景印文渊阁四库全书》本），卷5，第5页。

补解。[43]

前述之“条参”或为“参条”的异名,《本草从新》释之曰:“乃横生芦头上者,其力甚薄,止可用以调理常病及生津止渴。”[44]又,黄叔灿的《参谱》在描述参的种类时,有云:“顶太参,取有头尾六七厘至分外者,短而熟,自成小参之形,始称其名。今则不然,以壮短条参,亦杂入而冒其名矣!”[45]知长在芦头上的条参(图 2),因药效差且价钱廉,故常被拿来鱼目混珠或制造泡丁。

传统医书中的许多药方,在使用人参时常强调要先除去芦头(所谓“去芦”),否则将造成呕吐,并直指“参条、参须不过得参之余气,危险之证断难倚仗”。[46] 这些部位的药效高低,亦显示在其售价上,如乾隆四十五年六月各类人参在南方每斤值银为:四等人参一千四百四十两,五等人参一千一百二十两,渣末四百四十两,泡丁四百两,芦须(芦头或参须)一百二十两,[47]其中“渣末”乃运参之箱底所留下的零星杂末,间亦包含一些参枝,[48]其与泡丁及芦须均为买卖人参时不同等级的品名。由于泡丁在市场上拥有公开价格,知其应非蓄意造假骗人,而只是将人参堪用的部位重新、包装成另一品项而已。

又,第十二回贾瑞病重需人参来配“独参汤”,此方乃用人参二两、枣十枚,加水煎服;或用参一两,加熟附(熟附子为毛茛科植物乌头的旁生块根)三分,煨生姜三片;亦有用人参一两,姜枣同煎。[49] 虽王夫人要凤姐尽量帮忙,但因贾瑞曾调戏凤姐,故蒙府本、己卯本、庚辰本、戚序本、舒序本、列藏本均记称她只将“渣末泡须”凑了几钱命人送去,[50]该词应指渣末、泡丁以及芦须这三种较差的人

---

[43] 《清仁宗实录》(北京:中华书局,1986,清代各朝实录均同此本),卷 226,第 39 页。

[44] 吴仪洛,《本草从新》(《续修四库全书》景印乾隆二十二年序刊本),卷 1,第 2 页。

[45] 黄叔灿,《参谱》,第 11 页。

[46] 滕弘,《神农本经会通》(北京:北京出版社,《四库未收书辑刊》景印万历四十四年刊本),卷 1,第 37 页;吴仪洛,《本草从新》,卷 1,第 2—3 页。

[47] 医方中常在使用黄连、当归、前胡、防风或羌活等根茎类药材时,提醒要“去芦须”,知芦须在描述人参时不应是“带芦、须的整参”。参见李澍田,《清代东北参务》(长春:吉林文史出版社,1991),第 116 页;朱橚等,《普济方》(《景印文渊阁四库全书》本),卷 103,第 30 页、卷 207,第 38 页、卷 225,第 29 页、卷 292,第 19 页、卷 382,第 24 页。

[48] 因《人参考》在描述渣末时有云:“间有落存大段于内,若到苏城,一经市商之手,大者、好者俱已拣去矣!”参见唐秉钧,《人参考》,第 6 页。

[49] 薛已,《薛氏医案》(《景印文渊阁四库全书》本),卷 3,第 53 页、卷 59,第 10 页、卷 71,第 54 页。

[50] 梦稿本误作“渣沫泡须”。

参等级。

惟甲辰本、程甲本及程乙本将“渣末泡须”略作“渣末”，由于程甲本摆印时似仅见到现存各脂本中的甲辰本或其同源之本，且“泡须”二字之连用，几乎不曾见于《红楼梦》以外的文本（此乃笔者耙梳大数据后的结果），故疑甲辰本的当事人很可能是因不知“泡须”之意而径自加以删削。此一状况恰可用来再度驳斥某些红学家所提出之“程前脂后”说（主张程高本出现于脂本之前），因蒙府本等这许多不同的脂本，在抄写时不应会无聊到皆额外增添罕用的“泡须”二字。[51]

虽然近百年来少有红迷正确理解“芦泡须枝”和“渣末泡须”乃用来描述渣末、泡丁、芦头、参须、参枝诸不同等级之人参品项，但《红楼梦》中包含收藏效期、计价行话与造假方法等在内的深厚人参知识，若对曾两度获内务府交办卖参的曹寅或李煦家而言，[52]则应属相当自然。事实上，李煦家于雍正元年之所以激怒皇帝而被抄没，即是因替王修德等内务府商人具奏采参一事。[53]

## 四、宝钗为何必须参加阅选

综前所述，从周瑞之妻送给姑娘们的精致宫花，到贾家需要的上等人参、珍贵牛黄以及高级樯木，都是出自薛家。小说第五十回亦记薛蟠的堂妹薛宝琴“他从小儿见的世面倒多，跟他父母四山五岳都走遍了。他父亲是好乐的，各处因有买卖，带着家眷，这一省逛一年，明年又往那一省逛半年，所以天下十停走了有五、六停了”，第五十二回宝琴又自叙“我八岁时节，跟我父亲到西海沿子上买洋货”，知薛家应是以担任“皇商”为主要的行当，其拥有的物质条件因此要较《红楼梦》中其他几大家族都要来得优越。

也无怪第五十七回薛姨妈求娶邢岫烟做侄媳妇时，贾母开玩笑说道：“我爱

---

[51] 其他以文本异同批判“程前脂后”说的案例，亦可参见黄一农、任晓辉，《从服饰叙述试探〈红楼梦〉的版本问题》，《红楼梦研究辑刊》，第12辑（2016），第138—168页。

[52] 故宫博物院明清档案部编，《关于江宁织造曹家档案史料》，第155—162页。

[53] 关孝廉等，《雍正朝满文朱批奏折全译》（合肥：黄山书社，1998），第4—5页。

管个闲事,今儿又管成了一件事,不知得多少谢媒钱?”薛姨妈回称:“纵抬了十万银子来,只怕不稀罕。”口气真是财大气粗。而第八十回夏金桂与丈夫薛蟠吵架时,亦说:“谁还不知道你薛家有钱,行动拿钱垫人。”

由于熟悉八旗事务的曹雪芹乃以清朝为其创作《红楼梦》的时代背景,[54]而当时的官商既有山西巨贾范毓馪等民人,也更多的是曹寅、李煦等内务府汉军(或称作上三旗包衣旗鼓人),[55]鉴于有清一代宫中女子的阅选依规矩是被限缩在旗人群体,故父兄为官商且赴京待选的宝钗(见第四回),应是出身旗籍的官商家庭。

小说在描述薛宝钗备选时有云:

> 近因今上崇诗尚礼,征采才能,降不世出之隆恩,除聘选妃嫔外,凡世宦名家之女,皆亲名达部,以备选择为公主、郡主入学陪侍,充为才人、赞善之职。

才人乃指宫中女官,而赞善原为唐代官名,在太子宫中掌侍从、讲授,清代亦于詹事府设有左、右赞善各二人。这段文字应反映的是八旗女子特有之阅选制度,故甲戌本侧批在前引文旁注曰:“一段称功颂德,千古小说中所无。”

宝钗这段待选的叙事,源出明代自太祖以来所建立的制度,当时为防止女宠外戚之祸,乃从民间选取良家女子入宫,让妃嫔的出身不再偏重豪门望族,而改重儒门单族。至于女官的遴选亦然,常由皇帝简派太监为钦差,至南方访求品行端庄、粗通文墨之女子,聘以银币且免除其家之徭役。亦即,明初女官大多出自良家且属自愿,任职期间给予俸禄,数年后可归家婚嫁。[56]

---

[54] 如第四回在介绍李纨的身世时有云:“故生了李氏时,便不十分令其读书,只不过将些《女四书》《列女传》《贤媛集》等三四种书,使他认得几个字,记得前朝这几个贤女罢了。”其中“女四书”一名起自王相于明天启四年编辑并笺注的《闺阁女四书集注》,包括东汉·班昭的《女诫》、明·仁孝文皇后的《内训》、唐·宋若昭的《女论语》以及王相母刘氏的《女范捷录》,清楚点出故事的时代背景就是以明代为前朝的清代。又,五十三回提到慧娘在屏上所绣之花卉,“皆仿的是唐、宋、元、明各名家的折枝花卉”,也间接以明代为前朝。

[55] 范毓馪家族是清前期崛起的八家晋商之一,先前学界多误以这些晋商均入旗,笔者将另文对官商进行详论页。

[56] 王云,《明代女官制度探析》,《齐鲁学刊》,1997 年第 1 期,第 101—107 页。

入清以后，宫中女子则多局限于八旗，其中选秀女通常是每三年一次，初要求外八旗年十三岁以上女子皆须参加，目的是“备内廷主位，或为皇子、皇孙拴婚，或为亲、郡王及亲、郡王之子指婚”。而内务府则每年引选一次，对象是其所属上三旗佐领和内管领下的女子，当中家庭地位较低下者，多充宫女或女官，至于文职六品以上、武职五品以上官员之女，则是作为秀女挑选。雍正七年六月还曾限定挑选宫女的范围，以避免官宦世家女子服侍答应、常在等低阶妃嫔的尴尬，谕曰：

> 嗣后凡挑选使令女子，在皇后、妃、嫔、贵人官内者，官员世家之女尚可挑入，如遇贵人以下挑选女子，不可挑入官员世家之女，若系拜唐阿、校尉、护军及披甲、闲散人等之女，均可挑入。[57]

而一在旗女子若未经阅看或已记名（指初选通过者）却私相聘嫁者，当事人以及相关人等均会受到严厉惩处。[58]

由于小说中安排宝钗家只有其祖父历官至七品的紫微舍人（中书舍人的别称），[59]知钗父非“文职六品以上、武职五品以上官员”，薛姨妈也因此不像贾母、邢夫人、王夫人以及尤氏等人是获有诰命的命妇。[60] 此故，依照我们对清初社会运作方式的理解，宝钗应无资格参与秀女的挑选，她只能被选为女官或宫女，且最后亦未能入选。

清承明制，顺治十五年十一月礼部等衙门曾议定宫闱的女官名数与品级，当时在乾清宫、慈宁宫、尚宫局、尚仪局、尚服局、尚食局、尚寝局、尚绩局以及宫正

---

[57] 鄂尔泰、张廷玉等编纂，《国朝宫史》（《景印文渊阁四库全书》本），卷 3，第 23 页。

[58] 此段参见定宜庄，《满族的妇女生活与婚姻制度研究》（北京：北京大学出版社，1999），第 221—247 页；王佩环，《清代后妃宫廷生活》（北京：故宫出版社，2014），第 25—45 页。

[59] 古人将北极附近的天空划分为紫微、太微和天市三垣，紫微乃“大帝之坐也，天子之常居也”。唐开元元年曾将中书舍人改称紫微舍人，指其在天子旁“掌侍进奏，参议表章。凡诏旨制敕、玺书册命，皆起草进画”，五年复名为中书舍人。参见王溥，《唐会要》（《景印文渊阁四库全书》本），卷 55，第 1 页；《晋书》（北京：中华书局，1974 年点校本），卷 11，第 290 页。

[60] 贾元春在第十八回返抵大观园省亲时，先见荣、宁二府的几位亲近女眷后，便问及：“薛姨妈、宝钗、黛玉因何不见？”王夫人启曰：“外眷无职，未敢擅入。”薛家虽为贾、史、王、薛四大家族之一，但因发迹自“皇商”，且其家少有人步入仕途，故薛姨妈只被归于“无职”之外眷。至于清代获赐诰命的规矩，可参见黄一农，《二重奏：红学与清史的对话》（新竹：清华大学出版社，2014），第 157—160 页。

司等处，共设约 45 名女官，其中位阶较低的六品女史即有 19 名。[61] 但女官之中并无小说内所提及担任“公主、郡主入学陪侍”的赞善，此官原本是设立来教育并辅佐太子的，作者很可能在此表达出他对男性本位社会的某种反弹，遂安排皇女身旁亦有相应之官职。[62] 前引宝钗待选的叙事，应是将清代八旗独有的阅选制度加以美化，高调点出八旗女子可以成为秀女和女官的状况，但将内务府包衣女子大多仅能被选为宫女的事实略去。

曹雪芹的大姑（曹寅长女）就是在前述制度之下于康熙四十五年被指婚给平郡王纳尔苏，成为有清以来头一位被册封为嫡福晋的包衣女子，其二姑（曹寅次女）也于四十八年嫁给某王之子（时任侍卫，稍后袭替王爵）。[63] 又，李煦的家里人（即奴才）郭氏尝被选入宫（从以其身份推判，初应非秀女），后因得到宠幸而受封为“内常在”，康熙帝曾于六十一年三月钦赐其母房屋三十三间，以便住京，其父郭茂由于曾深受李煦信赖，故当李煦被抄时即有疑他先前暗将部分财产藏于郭家。[64] 也就是说，在曹雪芹家族及其亲友当中，不乏参加阅选的事例。

至于贾家的迎春、探春和惜春等女子为何未被提及待选，则或因乾隆七年八月有谕旨称：

> 嗣后挑选秀女，遇有皇太后、皇后之姊妹、亲弟兄之女、亲姊妹之女记名者，着户部奏闻，撤去记名。至妃嫔等姊妹、亲弟兄之女、亲姊妹之女，有记名者，着内务府告知首领太监奏闻，永着为例。[65]

此旨除为避免后妃过于集中少数家族外，主要或希冀皇族间的辈分不致产生混乱，因秀女的选拔一是为了充填皇帝的后宫，另一则是指婚给近支宗室或其

---

[61] 《清世祖实录》，卷 121，第 939—940 页。
[62] 《汉语大词典》就引据非史料的《红楼梦》，而误称清代的赞善亦指宫中女官页。
[63] 黄一农，《二重奏：红学与清史的对话》，第 130、155 页。
[64] 黄一农，《二重奏：红学与清史的对话》，第 306—307 页。
[65] 《清高宗实录》，卷 172，第 192 页。

子孙。[66]

查清初时姊妹同侍一帝之例，有顺治朝的孝惠章皇后与淑惠妃（蒙古科尔沁贝勒绰尔济之女），康熙朝的孝懿仁皇后与悫惠皇贵妃（康熙帝生母孝康章皇后之幼弟佟国维女），孝昭仁皇后与温僖贵妃（康熙辅政大臣遏必隆女），孝诚仁皇后与平妃（康熙辅政大臣索尼之长子噶布喇女），这些原多具有政治笼络的作用，且均发生在康熙二十几年之前。雍正朝的后宫则无姊妹档，乾隆朝虽可见怡嫔柏氏与寿贵人同父，但她俩皆非经由选秀女的方式成为妃嫔的。

柏氏原本是江南民籍女子，入宫的途径及时间皆不详。乾隆六年二月由贵人诏封为嫔，同年十一月正式行册封礼，七年十二月怡嫔与父亲柏士彩等家人奉旨入旗，成为内务府正黄旗通源佐领下人，此一旗籍的转变极其罕见，应出自皇帝对她超乎寻常的恩宠，尤其她并不曾生儿育女。乾隆十年，怡嫔之妹应依例以内务府上三旗女子的身份通过阅选入宫，成为“愉妃位下学规矩女子”（此完全符合前引雍正和乾隆朝的相关谕旨），二十九年被从宫女封为那常在，惟其姊怡嫔已卒于二十二年，五十九年十月那常在更被晋封为寿贵人。[67]

当时对妃嫔之姊妹参加阅选的考虑，或令曹雪芹在小说中未提及迎春等人曾否参加挑选秀女之事，因若依规矩，贵妃贾元春的妹妹们虽亦能备挑，但通常不会入选。同样地，在小说中被赋予十分优越条件的宝钗，竟然还落选女官或宫女。情理上，作者很可以安排薛家是因不愿她辛苦当差而特意加以打点，但曹雪芹或因不想敷演这些部分，遂特意将之留白。

## 五、小结

《红楼梦》中薛蟠袭替的“皇商”，应就是可先支领帑金来经营获官方授权之

---

[66] 嘉庆五年虽曾下旨：“嗣后自嫔以上，其亲姊妹着加恩不必备挑。”但未久又回复先前规矩，惟嘉庆帝的后宫并无姊妹档。此段参见定宜庄，《满族的妇女生活与婚姻制度研究》，第 227—228 页。

[67] 赵玉敏，《乾隆帝后宫中的汉女妃嫔》，《兰台世界》，2011 年 10 月（下），第 24—25 页。

商业活动的官商,其中由内务府招募并加以管理者,就是所谓的内务府商人,他们除了少部分民人外,多是籍隶内务府各佐领或管领下的汉军,每年由内务府向皇帝奏报其清偿本利的情况,如有拖欠者常被罚以家产抵偿,甚至受到更严厉的惩处。[68] 我们从出身皇商家庭且又参加阅选的宝钗身上,即可清楚反映出薛家就是内务府籍的官商,此与真实世界中曹寅与李煦两家的身份相同,作者或因此在小说的故事铺陈中,得以做出较生动的叙事。

由于曹寅和李煦家所负责的江宁和苏州织造,亦是承办皇室用品采买及督造的重要机构,故小说中尝以精致宫花、高级樯木、上等人参、珍贵牛黄及四神散等特殊品项,凸显当时上层社会或官商群体所拥有的高端物质文化。惟先前红学界因少有人拥有相关背景知识,又欠缺足够研究工具与能力,以致对这些对象的珍稀性以及相应的专业术语,始终无法深刻掌握。

本文即通过考据之法以较精准且具策略的问题意识,首度具体厘清了前述品项的一些内涵(如宫花的价格、"樯木"为何、"芦泡须枝"及"渣末泡须"的意义,更发现四神散应与知名的安宫牛黄丸同源等)。此一新的研究结果伴同笔者先前对《红楼梦》中一些特殊对象(如暖香丸、戥子、温都里纳、汪恰洋烟、依弗哪、金心绿闪缎大坐褥、秋板貂鼠昭君套、凫靥裘、秋香色立蟒、黑狐皮等)的深入探讨,[69]让我们得以持续厚实对作者知识经验的了解。而从各早期版本描写前述品项时的文字异同,也提供了推判各本先后顺序的重要论据。

同时,经由对这些特殊品物的掌握,小说中的一些叙事,开始有机会从单调的平面转化成浮雕般生动的立体影像(Stereoscopic Images),并让我们得以窥见淡刷在文本之下的几抹水印(watermark),作者似乎有意无意地借此呈显出其独特的生命历程。亦即,此一物质文化史的新研究取径与作法,应有条件令我们阅

---

[68] 吴奇衍,《简论清前期内务府皇商的兴起:清代内务府皇商经济专题研究之一》,收入叶显恩主编,《清代区域社会经济研究》(北京:中华书局,1992),下册,第772—783页。

[69] 黄一农,《〈红楼梦〉中最珍贵的药方"暖香丸"新探〉;黄一农,《〈红楼梦〉中的戥子与计量单位"星"》;黄一农,《"温都里纳"、"汪恰洋烟"与"依弗哪"新考》,《曹雪芹研究》,2016年第4期,第33—46页;黄一农、任晓辉,《从服饰叙述试探〈红楼梦〉的版本问题》。

读《红楼梦》等古典文献的深度与感受进到前所未见的层次。[70]

本文受“曹雪芹的历史世界(106-2420-H-007-018-MY4)”计划之支持。

【黄一农　台湾清华大学历史研究所教授兼“中研院”院士】

原文刊于《中国文化》2018年02期

[70] 先前有关物质文化史研究的视野与深度,可略见于邓云乡,《红楼风俗谭》(北京:中华书局,1987);詹丹,《红楼梦的物质与非物质》(重庆:重庆出版社,2006);陈珏编,《超越文本:物质文化研究新视野》(新竹:清华大学出版社,2011);孙机,《中国古代物质文化》(北京:中华书局,2014);莫丽芸,《红楼梦里的衣食住行》(合肥:黄山书社,2015);扬之水,《物色:金瓶梅读“物”记》(北京:中华书局,2018)。

# 红楼梦辨序初稿

顾颉刚

记得有一回在一位乡先生的座上，谈起清代的著作，他说："有一个经学家说清代有两部决不朽的著作，你试猜猜是什么?"我说："经学家所说的不朽的著作，自然是《段注说文》《周礼正义》一类极浩博的书了。"他说："不对!"我说："那么，一定是《尚书古文疏证》《考信录》一类极精辟的书了。"他又是摇头。我说："我是猜不出了，请你告了我罢!"他说："这位经学家说：'清代的著作只有《随园诗话》和《红楼梦》是必传的，因为这两部书就是识字不多的人也都高兴看。'"他说出这两部书名时，真使我吃了一惊：我觉得传统的学界中向来没有这般的话，这真不是意想之内的事。这次的谈话已经过了五六年了，但我的印象依旧很深。我也知道这位经学家的意思原不过要挖苦识字不多的人的看书，和这辈通俗作家的著书，但他能看出通俗文学的势力之大，又能看出通俗文学书比经学专家的著作更能不朽，实在是很有识见的了。

《红楼梦》这部书传播的能力实在大极了。一部未完的稿本已经脍炙人口，彼此传抄，更在庙市里卖很大的价钱。自从程伟元印了出来，一年里就排印了两次。到如今，哪一家书铺里没有这部书？新近北京高等师范学校在开纪念会的时候施行民意测验，答复"你最欢喜读的中国旧小说是哪一本"的问题的有八百十九人，写最欢喜读《红楼梦》的有四百十九人，占了全数百分之五十一，可见这部书自从曹雪芹的稿本流传之后,直到今天,它的势力不曾一天衰息过。

它的势力既然这样大,读者对于它发生出来的著作就多了。著作可以分作两类:一是模仿,二是研究。

模仿的事绝没有大成就。像扬雄一般的竭了一生精力放在模仿上面,做了《法言》拟《论语》,做了《太玄》拟《易经》,因为他名望大,这些书幸能保存下来,但现在谁去读它?读了它又发生了什么观感?《红楼梦》的模仿作品多极了,像《红楼复梦》《红楼圆梦》之类,在艺术上可谓毫无价值,颠之倒之,总不过要使《红楼梦》里的人再过一番复沓的生活,得到一个美满的结果;否则就是换了几个人去过《红楼梦》里的生活。扬雄的模仿还不是自己全无宗旨,尚且觉得可厌;这一班人比扬雄还差得很远,所以只得听它们自生自灭了。

模仿而至于高鹗的后四十回,可谓十分体贴,所以从来读《红楼梦》的人都被他瞒过,以为百二十回是一气相承的。然而他的品格和环境究竟与曹雪芹不同,所以写宝玉入塾中举,写黛玉劝宝玉读时文,写宝玉成仙,大谬于曹雪芹的原意。平伯这部书里最重要的部分是辨高鹗的续作,这些地方,申说得畅快极了。平伯前次给我的信说:

> 续书没有好的,不是说续书的人才情必远逊于前人,乃因才性不同,正如其面,强而相从,反而两伤。譬如我做一文没有写完,兄替我写了下去,兄才虽胜于我,奈上下不称何!若兄矜心学做弟文,则必不如弟之原作明矣。此关于才性之异同,不关于才性之短长。所以高补《红楼梦》总是一种失败。

这话说得很对,模仿《红楼梦》的路简直可以打断。

研究的事情就不同了。模仿是自己够不上创造,借了别人的规模来敷衍成篇的;研究是有实在的事情作对象,用出一点功力就可得到一点成绩,所以他的价值是跟着功力而进步上去的。我们研究又可以分两种:一是用文学的眼光去批评的,如王希廉的评本之类;一是用历史的方法做考证的,如《红楼梦索隐》之类。批评文学的欢喜用深刻的诛心论,受的是《春秋》和《纲鉴》的影响,这暂且按住不说。考证历史的,始见于记载者是清道、咸间的徐柳泉,那时《红楼梦》不过传了六十余年。自此以后,用了他的方法而成的红学成了士大夫读《红楼梦》的唯一趋向。《红楼梦》的自身仅不过有了一百六十余年的历史,研究的人倒已有近一百年的历史,论理,应该弄得很明白,到今可以毫发无憾了。而孰知不然。

我要说《红楼梦》的研究,不得不先说从来学问的研究。我以为中国号称文化很早的国家,历来号称学者的人也很多,但研究学问实在没有上了轨道,所以有许多著作竟是劳而无功,学问上错误脱略的地方不知有多少。这学问上的弊病最显著的大约有两种:第一,他们看得各种东西都成了片段而没有统系没有比较,换句话说,就是:只看见“面”,不看见“线”;只看见个别,不看见同异。第二,他们对于各不相同的东西欢喜打得它们相同,心中想把它们怎么处置就怎么处置,换句话说,就是:随心所欲,不受事实的束缚。因为有了这两种观念,所以虽说研究事物,但只看见当前的事物,而它的来源和个性就弄不明白;他们不但不想明白,并且随了自己的心思支配它们,反而弄得它们更糊涂。

拿学者特别用功的经典来说罢。《十三经》的成为一集,实在是混乱极了:在时间方面,有西周时所作的(《诗经》《尚书》的一部分),有春秋时所作的(《诗经》《尚书》的一部分,《春秋》),有战国时所作的(战国前期:《论语》《尚书》的一部分;后期:《孟子》《左传》《礼记》的一部分,《易传》),有汉朝人所作的(《公羊传》《穀梁传》《周礼》《礼记》的一部分,《孝经》《尔雅》),甚至于有东晋人所作的(伪《古文尚书》);约有一千五百年的历史。在体例方面,有文诰的官书(《尚书》),有鲁史官编的大事记(《春秋》),有歌曲(《诗经》),有占卜的签诀(《易经》),有行礼的秩序单(《仪礼》),有学者的笔记(《论语》《礼记》的一部分,《公穀传》《孟子》),有词典(《尔雅》);是各有各的应用的。在宗旨方面,有教训弟子做君子人的(《论语》),有劝国君行仁政的(《孟子》),有治天下的理想政治(《尚书》中《尧典》等,《周礼》),有修身的理想人格(《礼记》中一部分,《孝经》),有表示阔绰的仪文(《仪礼》),有针砭阔绰的训诫(《论语》),也是各有各的主意。在稍有分析眼光的人看来,实在是杂乱极了。我们若是刻一部丛书,把古代的书放在一起,那是没有什么关系;若是尊它们为经,说这些都是周公的旧典,孔子的主张,实在觉得可笑了!

历来的学者因为有了第一项的痼弊，所以只会对于一部一部的经书，求得了解，不会对于这部那部的经书求它的来源，更不会把这部经书和那部经书比较，看它们的分别。他们因为儒家读《诗》《书》《易》《春秋》，就以为《诗》《书》《易》《春秋》是孔子的书；他们因为儒家欢喜讲礼乐，就以为礼乐是孔子的书；因为汉朝立《三传》《礼记》《孟子》《尔雅》的博士，就以为这些书也是孔子的书。这些书是本来不同的，但有了“孔子之书”的一个观念罩在上边，就不得不同了。有了相同的观念，于是他们眼睛里看见的《十三经》直是统辖于一个宗旨之下的书，近于一人一手所做出的，所以决没有矛盾的地方。越能讲得诸经相通，这人的学问就有根底。但这些书的来源既不一样，更哪里会没有矛盾。举个例罢。春秋时大家承认的中国实在很小，在现在直隶一带有白狄、赤狄，在陕西一带有犬戎、骊戎，在山东及江苏北部一带有淮夷、莱夷，江、汉之间是楚国，就是孟子所骂的南蛮鴃舌之人，吴、越的交通中国还是在春秋的后期。那时的中国能有多少大？在这能有多少大的中国之中，又有一两百个国，一个国又能有多少大？在这很小的国家中，交通又不便，哪得有很远的地理观念？到战国时，兼并攻伐的结果只剩得七八国了，边境上又新辟了许多地方，大家有很远的地理智识，又有统一天下的大希望，于是有“九州”之说，见于记载的是《禹贡》，又有“大九州”之说，主张的人是驺衍(《禹贡》的为战国著作，只要看“东渐于海，西被于流沙，朔、南暨，声教讫于四海”可知)。但这种的地域原是假定，随了作者的意想去说的，所以《禹贡》上的九州是“冀、兖、青、徐、扬、荆、豫、梁、雍”，《尔雅》上的九州没有了青和梁，却多出了幽和营，《周官》上的九州又没有《禹贡》上的徐和梁、《尔雅》上的营，却多出了一个并州。他们对于这个疑问，不去寻求九州之说的来源，也不去看看《诗经》《论语》诸书上有无九州之说，也不去查考《春秋》上的地域有没有九州这样大，只管说《禹贡》是《虞夏书》，这上的九州自然是虞、夏时的制度，《周官》是周代的书，这上的九州自然是周代的制度，剩下的《尔雅》九州跟两种都不相同，自然是商代的制度了。于是极矛盾的九州之名，经他们把“三代制度相因革”那么一解，就不矛盾了。然而又有一个困难起来，《尧典》记舜的政绩有“肇十有二州”的话，照书上说，禹是舜的臣子，如何舜正分十二州，禹却分成九州呢？照我们想，这又是一个打不通的问题了。但他们不去研究《尧典》的本身可靠不可靠(《尧典》本身很多可疑之点,说起来话太长了,后当详论),又不去研究舜与禹到底有没有君臣的关系,就毅然地解释道:“《禹贡》的九州,是尧的制度,到舜时,因为冀、青两州的地太广了,所以更分出三州;这三州的名目就是《尔雅》上多出来的幽营,《周官》上的并州。到禹做了皇帝之后,又把九州的原制改了过来。”这种的话,使得我们后学人读了要代他们羞惭,觉得他们说话的本领真太大了。

这般的用了“倒乱百家姓”的方法去讲学问,固然是牵强附会得可笑,但这还是书上的矛盾害他们的,并不是他们自己愿意这样讲;所以单像这般,为害犹浅。但是他们还不肯即此而止,更要进一步,使书上不害他们的,他们也直接造了害处出来,去害后世的人。上一事是被动,下一事是主动,被动之罪我们看了还可以恕他们的愚陋,主动的罪,乃是蓄意欺诈的行为,万无可恕之理了。譬如《诗经》这部书,原是春秋时通行的歌曲,后来人因为孔子欢喜讲它,就算做圣人之书,这固是不对,还是可恕之事。一直到了汉代人手里,就替它一篇一篇地造起序来,仿佛他们看见当时作诗之事。假使他们真有精细的眼光,能够达出诗人的原义,倒也罢了,无如他们看了篇名和前后的次序去定好坏,全没有顾及文义。《野有死麕》老实说“有女怀春,吉士诱之”,又说:“舒而脱脱兮,无感我帨兮,无使尨也吠”,正是歌谣中“轻轻到我家里来”的话语,何等的淫荡,但序上却说“被文王之化,虽当乱世,犹恶无礼”,就变了何等贞信。《大田》记丰年的样子“彼有遗秉,此有滞穗,伊寡妇之利”,说寡妇尚且可以得到许多谷,何等的丰厚。序上却说“言矜寡不能自存”,又何等的愁苦。这为什么呢?因为《野有死麕》在《召南》,《召南》是不应该有坏诗的。《大田》在《小雅》的末段,应当排着幽王,幽王时候是不当有好诗的,所以他们随心所欲,把坏的说成好的,好的说成坏的。甚至于同是思慕的诗,说未见时如何的想望,既见时如何的愉快,但序上会有“大夫妻以礼自防”,“乱世思君子不改其度”,“刺秦康公弃其贤臣”,“惧谗”,“长育人材”,种种的不同(见《小说月报》十四卷一号郑振铎先生《读毛诗序》)。所以我说,作序的人实是详签。详签有正有反:得上上签,正详是极好,反详是极坏;得下下签,正详是极坏,反详是极好。自有正反的详法,而签遂无所不准。自有汉人做的诗序,《诗经》就真成了各国的国史。

我前年读《诗经》,看得“后妃之化也”“刺幽王也”一类的序讨厌极了。我想,我们要打破他们的附会,须得拿附会的法子传承给别人看,我们尽可以把人家万不相信的事情附会出来。我于是就仿照了《毛诗序》去做《唐诗三百首》的序。我说:倘使唐代只传下这三百首诗,但没有题目,又不晓得作者,我们只知道是唐朝人所作的,若要硬代他作序,自然可就唐朝的事实去想,也就可说:

> 海上(海上生明月),杨妃思禄山也。禄山辞归范阳,杨妃念之而作是诗也。
>
> 烟笼(烟笼寒水月笼纱),伤陈也。陈之宫女离散,犹有暮年鬻歌于江上者,其遗民闻之而兴故国之思也。

倘使这三百首诗我们不能晓得它传下的时代,又不懂得诗体的变迁,我们又可以说:

> 寒山(寒山转苍翠),美接舆也。安贫乐道,不易其志焉。
>
> 吾爱(吾爱孟夫子),时人美孟轲也。梁襄王不似人君,孟子不肯仕于其朝,弃轩冕如敝屣也。

这样做去,在我已是极端的附会,但实在尚不能算错,因为确是有所根据。若照他们不近情理的乱说,更可以道:

> 寥落(寥落古行宫),好道也。国君好神仙之术,宫闱化之,遐龄相对,惟说玄宗(玄妙之义理)也。
>
> 今夜(今夜鄜州月),思治也。小人(小儿女)乱政(未能忆长安),大夫燕处忧谗,愿得明君而事之也。

倘使果有这种的书流传下来,请问嫉恶的感情应当兴奋到怎样程度!(以上均为旧稿)我做这一段文字,我以为只有汉代人才是这样胡闹,后来人解唐诗总不至于这样了,不料看到钱谦益注杜诗的“今夜鄜州月”一首,竟说“小儿女”是指肃宗,不觉吐舌惊骇,觉得学者思想的没有伦次,实在太厉害了。

中国学者的治学方法既经这样,所以研究《红楼梦》的人也免不了应用这一套家伙。他们不去寻《红楼梦》作者的历史,不去寻《红楼梦》本子的历史,只以为这书是古人传下来的,是有所为而作的。第一回上说得明明白白的“作者自云曾历过一番梦幻之后”的一段,他们撇去不看,以为作者是替别家写照。高鹗续作《红楼梦》,他和初认识的张问陶也曾说起,可见他自己并不讳言,他们也撇去不看,以为这确是鼓担上找着的完书。第五回宝玉看册子,“自从两地生孤木,致使香魂返故乡”,原是说香菱给夏金桂折磨死,但高氏没有留心,续作竟说夏金桂死了,香菱扶正:他们也是撇去不想,见不到这里的矛盾。他们只觉得,这一部书是说一种事情的,我们要研究它,只有寻适合的事,若能做圆满的解释,就是绝顶的研究工夫了。第一个人是徐柳泉,他想,书里的贾家何等的豪贵,书里的宝玉何等的才华,要寻出这样的豪贵之家,有这样的才华之子,只有纳兰性德是相近的,当得起(眉批平伯说,过于求深,反失之交臂)。但这里写的女人这等好,纳兰家里有这等的人吗?于是又想起那时纳兰很好客,高士奇、姜宸英……一辈人都是他家的上客,这十二金钗一定是影射这班名士了。这个解释一传出去,大家觉得他真会得想,于是照了他的思想方法一直想过去,成为“红学”。红学研究到近时,真是系统大备了,有王梦阮先生的《红楼梦索隐》,有蔡孑民先生的《石头记索隐》,有邓狂言先生的《红楼梦释真》,有孙□□先生的《石头记□□》(前在崔怀瑾先生处见过,名目已忘了),虽是解释《红楼梦》的暗射的人个个不同,但他们都能把《红楼梦》全部作一个解释。譬之《诗》学,战国间人说《诗》,虽是意义失真,但系统不曾完备,如孟子说“王者之迹熄而《诗》亡”,他自己原不曾做全部的解释。只经了他开头之后,大家解《诗》就拿这些话做标准了,有三家的《诗序》,有《毛诗》的《诗序》,虽是同一首《黍离》的诗,《韩诗序》解作伯封,《毛诗序》解作宗周大夫,所说的人各不同,但大家都秉着这个宗旨,把系统弄完备了。

我们对于《红楼梦索隐》一类的书虽是十分的不赞成,但我们并不愿攻击这一班作者。因为他们所处的环境中受到这种象征的暗示太多了。《诗经》是这般,《离骚》也是这般,后世的诗人又因了《诗经》与《离骚》而有意做得这般,如张籍的《节妇吟》,把自己当作有夫之妇,朱庆余的《近试上张水部》把自己当作新嫁娘,这都是引诱他们向着这方面走的动力。不幸而《红楼梦》不是影射某人某事的书,他们耗了很多的心力只落得受了古人的欺骗。

1921年3月下旬,适之先生的《红楼梦考证》初稿作成,但曹雪芹的事迹和他的家庭状况依然知道的很少。那时候,北京国立学校正在为着索薪罢课,使我有工夫常到京师图书馆里,做考查的事。果然,曹寅的著述找到了,曹家的世系也找到了。平伯向来欢喜读《红楼梦》,这时又正在北京,所以常到我的寓里,探询我们找到的材料,就把这些材料做谈话的材料。我同居的潘介泉先生是熟读《红楼梦》的人,我们有什么不晓得的地方,问了他,他总可以回答出来。我南旋的前几天,平伯、介泉和我到华乐园去看戏。我们到了园中,只管翻着《楝亭诗集》,杂讲《红楼梦》,几乎不曾看戏。坐在我们前面的人觉得讨厌了,屡屡回转头来,对我们瞧上几眼。介泉看见了,劝我们道:"不要讲了,还是看戏罢!"

适之先生的初稿里,因为程伟元序上说"原本目录一百二十卷,今所藏只八十卷,殊非全本",疑心后四十回的目录或者是原来有的。平伯对于这一点,自始就表示他的反对主张,那时的证据是:既有了"因麒麟伏白首双星"的回目,就不应当再有"薛宝钗出闺成大礼"的回目。我回南之后,平伯即来信道:

> 我日来翻阅《红楼梦》,愈看愈觉得后四十回不但本文是续补,即回目亦断非固有。前所谈论,固是一证;又如末了所谓"重沐天恩"等等,决非作者原意所在。况且雪芹书既未全,决无文字未具而四十回之目已条分缕析如此……
>
> 我想,《红楼梦》作者所要说的,无非始于荣华,终于憔悴,感慨身世,追缅古欢,绮梦既阑,穷愁毕世。宝玉如是,雪芹亦如是。出家一节,中举一节,咸非本旨矣。(四月二十七日)

这是他给我的第一封信。后来这些主张渐渐地推论出来,就成了这一部书的骨干。

从此以后,我们一星期必作一长信,适之先生和我也是常常通信。我对于《红楼梦》原来是不熟的,但处在适之先生和平伯的中间,就给他们逼上了这一条路。我一向希望的辩论学问的乐趣,到这时居然实现。我们三人的信件交错来往,各人见到了什么就互相传话,在几天内大家都知道了。适之先生常常有新的材料发现,但我和平伯都没找着历史上的材料,所以专在《红楼梦》的本文上用力,尤其注意的是高鹗的续书。平伯来信,屡屡对于高鹗不得曹雪芹原意之处痛加攻击,我因为受了阎若璩辨《古文尚书》的暗示,专想寻出高鹗续作的根据,看后四十回与八十回如何的联络。我的结论是:高氏续作之先,曾经对于本文用过一番功夫,因误会而弄错固是不免,但他决不敢自出主张,把曹雪芹的意思变换。平伯对于这点,很反对我,说我做高鹗的辩护士。他论到后来,说:

弟不敢菲薄兰墅。却认定他与雪芹的性格差得太远了,不适宜于续《红楼梦》。(六月十八日)

这是他进一步的观察,从作者的性格上剖析出来,眼光已超出于文字异同之上了。后来又说:

我向来对于兰墅深致不满,对于他假传圣旨这一点尤不满意;现在却不然了。那些社会上的糊涂虫,非拿原书孤本这类鬼话吓他们一下不可。不然,他们正发了团圆迷,高君所补不够他们的一骂呢!(八月八日)

这是他更进一步的观察,不但看出高鹗的个人,并且看出高鹗的环境了。他有了这一种的见解,所以他推论曹、高二家的地位可说是极正确的。

一个暑假里,我们把通信论《红楼梦》作为正式的功课,兴致高极了。平伯信中的话很可以见出这时的情状,他说:

弟感病累日,顷已略瘳;惟烦忧不解,故尚淹滞枕褥间;每厌吾身之赘,嗟坨弥日,不能自已。来信到时,已殆正午,弟犹昏昏然偃卧。发函雒诵,如

对良友,快何如之!推衾而起,索笔作答,病殆已霍然矣。吾兄此信真药石也,岂必杜老佳句方愈疟哉!(六月十八日)

又说:

京事一切沉闷(新华门军警打伤教职员),更无可道者;不如剧谈《红楼》为消夏神方,因每一执笔必奕奕如有神助也。日来与兄来往函件甚多,但除此以外竟鲜道及余事者,亦趣事也。(同上)

有了这样的兴致,所以不到四个月,我们的信稿已经装订了好几本。

末了,平伯又提议一个大计划,他想和我合办一个研究《红楼梦》的月刊,内容分论文、通信、遗著丛刊、版本校勘记等;论文与通信又分两类:(1)用历史的方法做考证的。(2)用文学的眼光做批评的。他愿意把许多《红楼梦》的本子聚集拢来校勘,以为校勘的结果一定可以得到许多新见解。假使我和他都是空闲者,这个月刊一定可以在前年秋间出版了,校勘的事到今也可有不少的成绩了。但一开了学,各有各的职务,不但月刊和校勘的事没有做,连通信也渐渐地疏了下来。

去年二月,蔡孑民先生发表他对于《红楼梦考证》的答辩。最奇怪的,这个答辩竟引不起旧红学的重兴,反而影响到平伯身上,使得他立刻回复以前的兴致,做成这部书。当时平伯看见了这篇,就在《时事新报》上发表一篇回驳的文字。同时,他又寄我一信,告我一点大概,并希望我和他合做《红楼梦》的辨证,就把当时的通信整理成为一部书,使得社会上对于《红楼梦》可以有正当的了解和想象。我三月中南旋,平伯就于四月中从杭州来看我。我因为自己太忙,而他在去美国之前尚有些空闲,劝他独立将这事担任了。他答应我回去后立刻起草,果然他再到苏州时已经做成一半了。

他第二次到苏州时,我邀了伯祥、圣陶和他同游石湖。他急于回杭,下午船到胥门,赶乘马车到车站。这稿件是他一个多月中的精力所寄,所以他不放在手提箱里而放在身边。马车行过阊门,他向身边摸着,忽然这一份稿子不见了。这一急真急得大家十分慌张。我说:“马车倒回去罢！看路上有没有纸包。”伯祥主意好,跳了下去,对准迎面来的人的手里看。他一路过去,忽然远远看见有一个乡下人,手里拿着报纸包着的东西,就上前问道:“这是什么?”拿来一看,果然就是平伯的稿子！于是他抢了回来,大声喊道:“找到了！找到了!”我们都上了马车,我笑着对平伯说:“你的稿子丢了,发急到这样,古人的著作失传的有多少,他们死而有知,在九泉之下不知如何的痛哭呢!”平伯道:“倘使我这稿子真的丢了,这件事我一定不做了。”我道:“那么你做成这部书真是伯祥的功劳了。你嘱我作序,一定把这件事记了上去,做这部书的历险的纪念。”

夏初,平伯到美国去,在上海候船,我去送他,那时他的全稿已完成了,交与我,嘱我代觅抄写的人,并切嘱我代他校勘。不幸我的祖母去世,悲痛之中,不复能顾及这些事情;虽是请人抄录,直等到年底时方始抄好,我一点也没有校过。这时,平伯又因病回国了,我就把全稿寄回北京,请他自校。现在出版有期,从此我们前年的工作就得到一个着落,平伯辨证《红楼梦》的志愿已经达到一部分了。平伯将来如有闲暇,《红楼梦》上可以着手的工作正多,集本校勘实在是最重要的一桩。从将来看现在,这一部书只算得他发表《红楼梦》研究的开头咧。

平伯在《自序》上说这书是我和他二人合做的,这话使我十分抱愧。我自知除了通信之外,没有一点地方帮过他。他嘱我作文,我没有工夫;他托我校稿子,我又没有工夫。甚至于嘱我作序,从去年四月说起,一直到了今年三月,才因为将要出版而不得不做;尚且给繁杂的职务逼住了,只得极草率地做成,不能把他的重要意思钩提出来。我对他真是抱歉到极步了。

我祝愿这部书的出版能够随出《红楼梦》的势力而传播得广远。我更祝颂由这部书而发生出来的影响能够依了我的三个愿望:

第一,红学研究了近一百年,没有什么成绩,适之先生做了《红楼梦考证》之后不过一年,就有这一部系统完备的著作:这并不是从前人特别糊涂,我们特别聪颖,只是研究的方法改过来了。从前人的研究方法,不注重于实际的材料而注重于猜度力的敏锐,所以他们专欢喜用冥想去求解释。猜度力的敏锐固然是好事体,但没有实际的材料供它的运用,也徒然成了神经过敏的病症;病症一天深似一天,眼睛里只看见憧憧往来的幻象,反自以为是实际的事物,这不是自欺欺人吗？这种研究的不能算做研究，正如海市蜃楼的不能算做建筑一样。所以红学的成立虽然有了很久的历史，究竟支持不起理性上的攻击。我们处处把实际的材料做前导，虽是知道的事实很不完备，但这些事实总是极确实的，别人打不掉的。我希望大家看着这旧红学的打倒，新红学的成立，从此悟得一个研究学问的方法，知道从前人做学问，所谓方法实不成为方法，所以根基不坚，为之百年而不足者，毁之一旦而有余。现在既有正确的科学方法可以应用了，比了古人真不知便宜了多少；我们正应当善保这一点便宜，赶紧把旧方法去了，用新方法去驾驭实际的材料，使得嘘气结成的仙山楼阁换作了砖石砌成的奇伟建筑。

第二，《红楼梦》是极普及的小说，但大家以为看小说是消闲的，所谓学问必然另有一种严肃的态度，和小说是无关的。这样看小说，很容易养成一种玩世的态度。他们不知道学问原没有限界，只要会做，无所往而不是学问；况且一个人若是肯定人生的，必然随处把学问的态度应用到行事上，所以这一点态度是不可少的。这部书出版之后，希望大家为了好读《红楼梦》而连带读它，为了连带读它而能感受到一点学问气息，知道小说中作者的品性，文字的异同，版本的先后，都是可以仔细研究的东西，无形之中，养成了他们的历史观念和科学方法。他们若是因为对于《红楼梦》有了正确的了解，引申出来，对于别种小说以至别种书，以至别种事物，都有了这种态度了，于是一切“知其当然”的智识都要使它变成“知其所以然”的智识，他们再不肯留下模糊的影像，做出盲从的行为，这是何等可喜的事。

第三，平伯这部书，大部分是根据于前年四月至八月我们的通信。若是那时我们只有口谈，不写长信，虽亦可以快意一时，究不容易整理出一个完备的系统来。平伯的了解高鹗续书的地位，差不多都出于我们的驳辩；若是我们只管互相附和，不立自己的主张，也不会逼得对方层层剥进。我们没有意气之私，为了学问，有一点疑惑的地方就毫不放过，非辩出一个大家信服的道理来总不放手，这是何等的快乐！辩论的结果，胜的人固是可喜，就是败的人也可以明白自己的误解，更得一个真确的智识，也何等的安慰呀！所以我希望大家做学问，也像我们一般的信札往来，尽管讨论下去，越是辩得凶，越有可信的道理出来。我们的工作只有四个月，成绩自然不多，但四个月已经有了这些成绩，若能继续研究至四年乃至四十年，试问可以有多少？这一点微意，希望读者采纳。我们自己晓得走的路很短，倘有人结了伴侣，就我们走到的地方再走过去，可以发现的新境界必然很多。发现了新境界，必然要推倒许多旧假定。我们时常可以听到诤言，自然是十分快幸；然而岂但是我们的快幸呢！

顾颉刚　一九二三年三月五日

【顾颉刚　中国社会科学院历史研究所研究员】

原文刊于《中国文化》1991 年 02 期

**【跋】**顾颉刚师的《红楼梦辨序初稿》是根据他的手稿整理的。这篇序的写作经过，在他的 1923 年的日记中有以下的记载：

三月三日上午作平伯《红楼梦辨序》一头。

三月四日终日作《红楼梦辨序》十五页，约四五千字。

三月五日修改《红楼梦辨序》。昨作《红楼梦辨序》，略完。今晨与圣陶看，他说说国故太多，而《红楼梦》太少，首尾不能相称。初拟加以修改，使之相称，后以无法使之相称，蓄意将原头删去。即于明日改作。

三月六日将《红楼梦辨序》重作一头，删去前日所作，抄毕寄平伯看。此序只三四千字。写平伯信。

这个记载和现存的手稿完全相符。初稿与修改稿的不同，主要就在“头”的不同。这个“头”指“一九二一年三月下旬，适之先生的《红楼梦考证》初稿作成”这句话以前的部分。就手稿来看，初稿的原头，共十三页，约五千字，修改稿重作的头不到二页。

顾师初稿的原头，就《红楼梦辨序》来看，确以叶圣陶先生所说，有“说国故太多，而《红楼梦》太少，首尾不能相称”的毛病，故顾师听从了叶先生的意见，改作了一个头。但就“说国故”来看，这一部分却是顾师早年的很重要的文字。这篇序写于他有名的《与钱玄同先生论古史书》以后一个星期，其中一些对古史的论述正是与钱玄同先生的信中没有谈到的，可以说是这封信的补充，而这一时期是顾师思想最活跃的时期，因此此序对全面了解顾师的学术思想有重要的价值。

如对《十三经》的论述，是他1921年与钱玄同《论孔子删述〈六经〉说及战国著作伪书书》（《古史辨》第一册上编）提出推翻“《六经》皆周公之旧典”“《六经》皆孔子之作品”说的进一步发展。又如关于春秋战国的地域和九州说由来的论述，则是他1926年的《秦汉统一的由来和战国人对于世界的想象》一文的前奏。再如《野有死麇》是一首情歌的论述，1925年他又作了系统的论述，并引起胡适、俞平伯、周作人、钱玄同等的兴趣，参与讨论（《古史辨》第三册下编），对《诗经》的研究起了重要的影响。

最后谈一些保存下来的手稿及整理的情况。这篇序的手稿是顾师自己草订的，封面上有他亲笔题签“《红楼梦序——杂稿》十二，三、七，颉刚订”，毛边纸蓝格，除封底外，共三十二页。第一至二页是修改稿重写的头，第三至十一页是尾，也就是说第一至十一页就是印本上的序。第十二至十五页是初稿原头的誊清稿，第十六至二十八页是初稿原头的草稿，第二十九页是修改稿重写的头的第一页抄誊清稿。第三十至三十二页，似是废弃不用的最初的草稿。

这次整理的初稿，用的是第十二至十五页，下接第十八至二十八页，即初稿原头，尾则仍用原来印本上的文字，以其后来经过润饰，反较手稿为优，但加上印本上删去的一段关于俞平伯先生《红楼梦辨》稿本失而复得的轶事。

王煦华　1990.8.12

# “以心相遇”

## 解析戴震治学的语用学维度

李畅然

戴震是清代考据学者的代表人物，其解经方法论鲜明、系统而凝练，在后世学界也最具争议性。一般都将其解经方法论解读为由实入虚、由部分到整体的单向方法，是一种脱离现实，特别是排斥读者主体性的纯文本主义，这就忽略了其“以心相遇”的体认面向，从而增加了今日“后续的汉宋之争”中一些无谓的争论。而且，如果批评戴震单向方法论和文本主义时自身却真的陷入了纯文本主义，则更加不利于戴学研究的深入。

## 一、戴震治学自身的语用学维度

戴震于乾隆十四或十五年[①]二十七八岁所作之《与是仲明论学书》（简称《论学书》）最早提出且完善阐发了“由字以通其辞[②]，由辞以通其道”的口号（载《戴

① 我们不取乾隆十八和二十二年之说，详钱穆《中国近三百年学术史》（简称钱《史》），商务印书馆 1997 年版，第 344 页。

② 原文作“词”，本文从初稿作“辞”（见王昶编《湖海文传》卷四四，第 13—15 页，道光十七年经训堂刻本），因为更符合社会习惯。

震全书》第六册,黄山书社 1995 年版,第 370 页[③]),因而在戴震文字中引用率最高。两语学界多视作同一个过程——“由字以通其辞”是由部分到相对的整体(大致相当于由字至句子),“由辞以通其道”接力似的从相对的整体暨相对的部分再到全文全书的整体(大致相当于由句子至语篇)。但笔者颇疑心“由辞以通其道”并非简单的归纳,而涉及言意之辨,属于语用学(pragmatics)性质的推理;相应地,“由字以通其辞”则属于语义学(semantics)解析的过程。

语用学是 20 世纪 60 年代英美哲学家格赖斯、奥斯汀和塞尔勒等提出并建立的一门学科,其基本观念是:“天何言哉”(《论语 · 阳货》),任何言辞都是作者具有特定目的的言语行为,所以庄子才说“言者所以在意”(《外物》),圣贤之经典亦不能外。为了达到目的,言语、会话尽管有时是直白的,有时却是曲折的,夸张、反问、委婉、隐讳等等表达手段造成作者心意、意图与言辞的语义存在一定的距离。《系辞》在指出“书不尽言,言不尽意”时即提出自己的解决方案——“系辞焉以尽其言”“立象以尽意”。“辞”特指圣人所书写之卦爻辞,故而优于凡夫笔录之“言”;“象”也出自圣人,不妨解读为(不限于上下文的广义)“语境”,这正是语用学涉足的范围。《孟子》最具语用学意味的是“说《诗》者不以文害辞,不以辞害志”,文 · 辞 · 志的架构与《论学书》字 · 辞 · 道的架构(以及《系辞》书 · 言 · 意的架构)非常相似;孟子的解决方案是以读者之意逆作者之志(《万章上》),而戴震的解决方案则是以读者之心与经典作者之心以经典为桥梁相遇相通。

乾隆三十四年《古经解钩沉序》(简称《钩沉序》)结尾与《论学书》提出“由字以通其辞,由辞以通其道”口号的一段逼似:“经之至者道也,所以明道者其词也,所以成词者未有能外小学文字者也。由文字以通乎语言,由语言以通乎古圣贤之心志,譬之适堂坛之必循其阶而不可以躐等。”(第 377 页)逐一比对,《论学书》“由辞以通其道”正相当于《钩沉序》“由语言以通乎古圣贤之心志”。

与圣贤心志相遇、相通、相接的观念在戴震的文章中反反复复地出现,而且

---

③ 以下引《戴震全书》,于第六册只注页码(段玉裁《戴东原先生年谱》加注“段《谱》”),余册加注“[册号]”。

总是作为文辞解析之后的一个课题。最早的见二十四年《郑学斋记》:“不见天地之心者不得己之心,不见圣人之心者不得天地之心,不求诸前古贤圣之言与事则无从探其心于千载下。是故由六书九数、制度名物能通乎其词,然后以心相遇。”(第407页)其由经书文辞得圣贤之心,因圣贤之心得天地之心,最终成为读者(安身立命)之心的架构,在十年后的《钩沉序》里同样出现:“古圣哲往矣,其心志与天地之心协而为斯民道义之心,是之谓道。”(第377页)读者、作者之心之所以可能通过经典相遇相通,先觉之所以能觉后觉,是因为皆出于天地之心,也即道。

介于二文间的《题惠定宇先生授经图》(简称《题授经图》)借助《孟子》“圣人先得我心之所同然”(《告子上》)将圣贤之心与天地之心合并为“贤人圣人之理义”,理义正是“我(读者)心之所同然者”(第505页),因此读者之心也正是《钩沉序》所谓“斯民道义之心”。[④]

三十六年的《沈学子文集序》(简称《沈集序》)则用另一套话语表述了与《论学书》同样的程式:“凡学始乎离词,中乎辨言,终乎闻道。离词则舍小学故训无所藉,辨言则舍其立言之体无从而相接以心。”(第393页)“离辞”即对文辞予以解码,离析出内部的结构——篇章和句子,[⑤]因此需要的知识是“小学故训”,服务于语义解读;“辨言”则是通过辨析文辞来揣摩作者之构思,因此需要的知识是“立言之体”,下文申说为“所以立言用相告语者”,也就是一个人支配其具体如何立论、表述之用心,服务于语用解读。十八年《毛诗补传序》“立言最难、用心独苦”对言(第[一]126页),则“立言之体”即是“用心”。[⑥]《孟子》有与《沈集序》“辨言”类似的“知言”,则全从反面论述:“诐辞知其所蔽,淫辞知其所陷,邪辞知其所离,遁辞知其所穷。”(《公孙丑上》)此外,与《论学书》口号对照,“离辞”相

④ 参章学诚《言公中》:“古人有言,先得我心之同然者即我之言也,何也?其道同也。”载《章学诚遗书》,文物出版社1985年版,第30页。

⑤ 《礼记·学记》“离经”郑注:“断句绝也。”这里之所以不提更小的结构——字,是因为文字相对于言语的语音流已经离散开来了,参索绪尔《普通语言学教程》(简称《教程》):“语言的符号可以说都是可以捉摸的,文字把它们固定……但……哪怕是一个很短的词的发音,都是无数肌肉运动的结果,是极难以认识和描绘的。”高名凯译,商务印书馆1985年版,第37页(4)。关于解码,似可参《教程》关于 language articulé 的论述,第31、158页。

⑥ 参二十五年《屈原赋目录序》“立言指要”、三十五年《辑五王先生墓志铭》“贤人圣人立言之心”、四十二年《与某书》“古贤圣立言之意”,第[三]611、433、495页。

当于“由字以通其辞”，“辨言”相当于“由辞以通其道”，故而“闻道”只是得到圣贤立言心意的结果，而非独立环节，否则《沈集序》不会不作相应的展开；参考前述《郑学斋记》圣人之心、天地之心、己之心的架构，读者与经典的作者“相接以心”即是“闻道”。

尽管凡涉及天地之心时语用学意味较淡(因此《系辞》的言象意之辨很少有人作语用学解读)，因为天地之心没有谈话、沟通的对象，“至大无外”的天地不需要取悦或取信于任何他者；然而经学中的天地之心毕竟出自圣贤之口，圣贤支配其口的心还是需要揣摩和猜测的，在儒经范围内，这以对《诗经》和《春秋》的解读尤为突出。而且从根本上说，经学诠释理论要想上升为一般诠释学，只有抛弃对天地之心、对哲学义理的执着。并非所有话语和文本都直接与道相关。因此，之所以上揭诸文中以《沈集序》的“辨言”最具语用学意味，是因为所序的著作非关经学；戴震卒年《与某书》也是从讨论彭绍升《二林居制义》过渡到治经的，[⑦]所以提出治经要“先考字义，次通文理”(第 494 页)，文理即布局谋篇和修辞，同语用学关系密切。早于《郑学斋记》四年的《与姚孝廉姬传书》已引《系辞》“书不尽言，言不尽意”作为学者必须“深思自得”的原因(第 372 页)，[⑧]上距《论学书》仅五六年，所以笔者不倾向于推测戴震写作《论学书》时缺乏这种意识。

戴震心相遇之说当出江永，因为戴震乾隆二十七年为江永写行状时特意拈出后者的心相遇说：“日用饮食之地，一动一言，好学者皆有以合于当然之则。循是而尚论古人，如身居其世睹其事，然后圣人之情见乎词者可以吾之精心遇之。”(第 413 页)江永后一句显然脱自《孟子》的“知人论世”(《万章下》)，但前一句拈出“当然之则”，鲜明地体现出心相遇之说与体认进路有深刻的联系。而且尽管知人论世一般是作为保证读者逆志之“意”不至流为“臆”的限制手段，与以意逆志存在对立；但也应看到二者同是对原典本文的背离，属于同一个过程——以本文为前提兼超越目标的语用学解读——的不同方面。尽管以意逆志强调相同性，知人论世提示时间距离造就的差异性，却无妨将知人论世视为以今证古、以己证彼之以意逆志

⑦ 《与某书》是写给彭绍升的，详蔡锦芳《戴震生平与作品考论》，广西师范大学出版社 2006 年版，第 259—264 页。

⑧ 参卒年《答彭进士允初书》“意言难尽”，第 362 页。在解经以外戴震也探讨过语用的话题，如四十一年《送巡抚毕公归西安序》从民生委曲的角度指出，有知人之责反难知人(第 392 页)。

的一个实施细则，正如针对经文难点的训诂考据是涉及全经每一个字之前理解的特例一样。[⑨] 戴震的语用学解释正是以知人论世为前提的。其现存文字只提心相遇，未提过以意逆志；知人论世则见十八年《毛诗补传序》："作诗之意前人既失其传者，非论其世、知其人，固难以臆见定也。"（第[一]126 页）

可以注意的是，戴震一般像孟子说"以意逆志"那样在诠释过程中把读者之心作为前提，把作者之心作为目标，如《郑学斋记》"以心相遇"、二十五年《屈原赋目录序》"睹其心"（第[三]611 页）、《钩沉序》"通乎古圣贤之心志"、三十五年《辑五王先生墓志铭》"造乎贤人圣人立言之心"（第 433 页）、《沈集序》"相接以心"、三十七年《尔雅注疏笺补序》"通其心志"（第 277 页）；可凡是阐发较多、点明了"闻道"者，则把读者之心作为诠释过程的终极标的暨落脚点，如《郑学斋记》"不见天地之心者不得已之心"、《题授经图》"我心之所同然者乃因之而明"、《钩沉序》"古圣哲……心志与天地之心协而为斯民道义之心"。读者之心既是起点，也是终点，前后的差别只在于是否通过读经获得了圣贤暨天地之心。由此也可看到戴震诠释学生机勃勃，最终着眼于现实，绝非食古不化。

## 二、戴震于语用学课题一带而过的原因

必须承认，戴震于"由辞以通其道"这一语用学解析的课题总是一带而过，终身未得认真、充分地展开。这大略有三点原因：

（一）经典作者的心志至纯无邪是一种公共信仰，结论是在语用分析之先的。所以戴震的心相遇与其说是终极目标，不如说近乎一个自然而然的结果。钱锺书先生曾正确地指出，在经学领域，戴震也有从整体到部分、以简驭繁的演绎法，如乾隆十八年《毛诗补传序》谓："《诗》之词不可知矣，得其志则可以通乎其词；作《诗》者之志愈不可知矣，断以'思无邪'之一言则可以通乎其志。"（第

---

⑨ 语用学知识同普通语文知识一样，通常在阅读经文前已准备好了；而相应的知人论世和训诂考据则往往指阅读经文时需要补的课。

[一]125页)唯钱锺书先生认为戴震的方法论只是“分见两边”,未能“通观一体”,[10]这是不成立的,因为“另一边”即在“由辞以通其道”中。早于《毛诗补传序》一年的《屈原赋注》之所以推屈赋为“经之亚”,也是因为其心其学及立言指要皆“至纯”,旧有研究却“弥失其所以著书之指”(第[三]611页)。

当然心志至纯无邪的根本性判断最多只能算《论学书》所谓“淹博难,识断难,精审难”(第371页)中的“识断”,只有完满地对全部经文建构起统一性方可称得上“精审”。所以《毛诗补传序》尽管开篇断定三百篇皆“思无邪”,随后却大篇幅感叹“说之难一”:“一诗而以为君臣朋友之词者,又或以为夫妇男女之词;以为刺讥之词者,又或以为称美之词;以为他人代为词者,又或以为己自为词。”其实这些细节更具语用学的研究价值,只不过既然根本答案已定,问题就相对好解决了,因此结文时又回过头来陈述了其想象力的底线:“其间有立言最难、用心独苦者,则大忠而托诸诡言逊词……必无取乎小人而邪僻者之秽言。”(第[一]125页)

(二)理论建构时的跨界难题。和语义解析主要依靠语文知识不同,语用解读需要远比文字训诂全面得多的百科知识,特别是社会阅历和修辞学,而《论学书》下文令人印象至为深刻,甚至是骇人的“至若经之难明尚有若干事”云云(第371页),包括语言文字、名物典制、天文地理、历算乐律等各科知识,已然触碰到语用学知识;三代之历法、地理、乐理等等特别是典章制度正是五经时代的游戏规则,不仅同字词有关,又与对语句、篇章的辨析、解读大有干系,是判断作者心意所在的重要根据。[11] 像戴震《诗生民解》之所以革命性地批驳了《大戴礼记·帝系篇》(及毛传)以帝喾配姜嫄作为周人始祖的无稽之谈,触碰到初民近乎“禽兽知母而不知父”(《仪礼·丧服》)的历史规律,从而完美解读了《生民》全诗,重要的根据就是礼制中禘祭与宗祖之祭不同,而周人宗祖之祭并不享帝喾。(第235—237页)[12]至于由此所得《生民》之意是否具有超越性,乃进一步的问

[10] 钱锺书《管锥编》第1册,中华书局1986年版,第172页。

[11] 龙鑫《戴震思想“分期说”评议》生动地将典章制度问题总结为“经典创制时的原始境遇”(载《北京大学研究生学志》2010年第2期,第76页),可参看。龙鑫《“通经以明道”如何可能》认为“若干事”正当“辨言”暨“由辞以通其道”的环节(载《儒家典籍与思想研究》第3辑,北京大学出版社2011年版,第408、411—412页),与本文的看法有异同。

[12] 详孙钦善《中国古文献学史》,中华书局1994年版,第975页;孙钦善《中国古文献学文选》,江苏教育出版社2008年版,第205—207页。类似的《诗摽有梅解》,详龙鑫《“通经以明道”如何可能》,第412—413页。

题，全在于读者的认识或信仰。[13] 可惜问题在于，要想把语义与语用两类知识、两个解释过程截然地剥离开来，又很难做到。

当然，《论学书》“若干事”与“语用学知识”也存在一定的差异，主要在于前者基本是后者的下位概念：（一）前者侧重古今不同者，后者无此限，包括社会阅历等古今基本通用的内容；（二）前者侧重“论世”中居后台地位的全社会共享的知识背景和游戏规则，后者无此限，还包括“论世”中居于前台的具体历史事件，以及更为具体特殊的“知人”。

（三）戴震毕生精力基本为语义学研究所占据，他有能力做到，并乐此不疲，[14]成为文本路径乐观主义的代表，既抑制了对体认路径的强调，又对文本路径中显然含有体认因素的语用学解读部分总是虚晃而过。现代语言学最成熟的是语音学，其次是语义学，而涉及人与人之博弈的语用学，则科学度最差。《论学书》虽然宣称“圣人之道如悬绳树臬，毫厘不可有差”（第 371 页），但语用解析并非如戴震宣称的那样容易达成唯一且公认的结论。戴震十足的解经乐观主义无疑是从科学性极强的等韵学、历算、乐律等领域扩散到不那么科学的领域，进而将后者覆盖的。从《论学书》已可看出盛年戴震的踌躇满志，何况如上条所言，其中所列关于古代典章制度的研究可直接服务于知人论世前提下的语用学解释，从加强了他关于语用学解释的乐观态度。既然在戴震看来语义、语用两个解析过程都十分可靠，令他乐观，他就无须时时费辞来区别、界说这两个过程。

至于何以唯独《论学书》没有像乾隆二十年以后的文章一样口头禅似的点出“心”或“意”，当是写信时戴震主要精力都在叙列“若干事”而不及照顾。戴震的诠释学论文中之所以《论学书》引用率最高，口号最早且响亮只是一个因素，但戴震一生都在不厌其烦地强调；更重要的在于骇人的“若干事”，后来的文章再没有这样系统、严谨、细致、完备地论列过达到完满性理解所必需的知识种类。

当然也不排除存在第二个因素——当时戴震年纪尚轻，于江永的义理学所

---

[13] 正因为历史性才存在主客对立、认知的可能性以及进一步的客观性要求；正因为超越性才使得摆脱自身的历史性，达到对历史性的他者（包括古人）的认知、理解得以发生。因此保守地看，了解古代已是超越性的体现，所以《沈集序》才骄傲地说：“治经之士得聆一话言可以通古，可以与几于道。”（第 393 页）

[14] 参段《谱》所载金榜与戴震关于后者一生能否完成《七经小记》之宏愿的对话，第 705 页。

得尚浅，则心相遇说属于《论学书》以后始出现的完善之论，《钩沉序》的逼似只属“借壳”。戴江初次会面的时间，尽管现代学界或以为在十五年，⑮或以为在十七八年，⑯然而蔡锦芳令人信服地证明确实当如段《谱》所记在七年，拜师当在十或十一年，自此开始学术交往，十八年至十九年江戴共馆，过从最密⑰。十四五年的《论学书》可为破除十五年和十七八年二说提供一佐证——其末段所谓治经有三难，如无意外，应该是来自江永。⑱ 戴震《论学书》明云“仆闻”，江永《古音标准》正云“余谓”：“余谓凡著述有三难：淹博难，识断难，精审难。”（例言第二条，乾隆间《贷园丛书》本）而十五年戴震《江慎修先生七十寿序》已称读过“《古音标准》《切韵考》”。⑲ 从概率上讲，比较浅近的“三难”说会比精致微妙的“心相遇”说更容易传到戴震的耳中眼中特别是留在心里。

至于为何三十七年以后戴震谈心谈意的材料较少，首先是因为次年戴震入四库馆后整个就很少写应酬文字；其次，他越来越膨胀的客观性文本路径或许对“以心相遇”这样具有主观体认意味的提法形成了一定的压制。

## 三、今人治戴震之学时的语用学维度

尽管戴震终身未及对“由辞以通其道”也即“辨言”的环节作充分的展开，但今人在解读戴学时却同样需要“以心相遇”。

---

⑮ 许承尧《戴东原先生全集序》，第［七］175页；钱《史》，第345页注；余英时《戴震与章学诚》，第204—206页。

⑯ 杨应芹《戴震与江永》定在十八年，载《安徽大学学报》1995年第4期；陈徽《戴震与江永关系的再探讨》定在十七年，载《安徽农业大学学报（社会科学版）》2004年第6期。

⑰ 蔡锦芳《戴震生平与作品考论》，第3—14页。黄曦《〈江慎修先生年谱〉补正》亦推测在十年，华东师范大学人文学院古籍所硕士论文，2005年4月，第34页。《戴震全书》2010年修订本《年谱订》已从其说，第［七］136页。

⑱ 孙钦善《中国古文献学文选》，第202页注20。

⑲ 漆永祥《新发现戴震〈江慎修先生七十寿序〉佚文一篇》，载《中国典籍与文化》2005年第1期，第122页。黄曦《〈江慎修先生年谱〉补正》据旧谱将二书系于乾隆二十四年（第43页），不过《寿序》当可信，因为其提到的江永著作在旧谱晚于乾隆十五年的尚有三种，均有此前已有初稿之证——十八年《圣祖仁皇帝推步法解》自不必论；二十五年《周礼（疑义）举要》初稿在五或六年，详戴震《江慎修先生事略状》，第413页；同年《礼记（训义）择言》是由程恂代为诠次而成，程最晚十五年去世（详蔡书第6—7页），《贩书偶记续编》甚至称有雍正九年刊本（上海古籍出版社2000年版，第341页）。

尽管自视高，个性强，戴震待人处世有圆融的一面。洪榜《戴先生行状》从肯定的角度加以记述："有所请，各如其量以答之。"（第[七]12页）章学诚《书朱陆篇后》则从指摘其"心术未醇"的角度将其口谈分为三种："与中朝显官负重望者，则多依违其说，间出己意，必度其人所可解者，略见锋颖，不肯竟其辞也；与及门之士，则授业解惑，实有资益；与钦风慕名而未能遽受教者，则多为慌惚无据，玄之又玄，使人无可捉摸，而疑天疑命，终莫能定。"[20]其实戴震临终前六天给段玉裁写信，正面阐述过自己"内刚外柔""与为委蛇"的处世原则，可谓夫子自道："君子难进而易退。自立于无过之地，然求全之毁犹不能免。是以内刚外柔，[21]谨慎谦逊，以与为委蛇可耳。"（第544页）正如章文第二种情况所云，戴震在教育学生时确不宽假，但也注重因材施教，如二十五年《与任孝廉幼植书》："震向病同学者多株守古人，今于幼植反是。"（第369页）因此无论信任戴震的为人与否，凡解读戴震的言论，都须考虑到语用的因素；更何况一般地说，古人写应用文特别是作序，总会照顾求文者的心理。

支持戴震于乾隆二十二年结识惠栋之后论学宗旨大变的主要证据是三十年《题授经图》、三十四年《钩沉序》（钱《史》第355—357页）。不过戴惠相会两年后的《郑学斋记》已斥"专守一师以精其业"和"好古以自名其学""皆偏曲之论，不足语学"（第407页），观点可谓与惠派针锋相对。尽管后来在撰写二文时主要观点无疑要向惠派的治学思想倾斜、靠拢，但"内刚外柔"的戴震，其保留态度仍溢于言表。如《题授经图》开头自愧"于前儒大师不能得所专主"（第505页），《钩沉序》在肯定汉人经说重要性后仍指出"其所训释复各持异解"（第377页），[22]结语又云："二三好古之儒知此学之不廑在故训，则以志乎闻道也，或庶几焉。"（第378页，参《答郑丈用牧书》，第374页）尽管二文标榜"贤人圣人之理义非它，存乎典章制度者是也"（第505页），戴震同时期还是能心安理得地直接撰作义理论著——至迟于乾隆二十八年写出《原善》三章，三十一年扩成三卷，三十四年作《孟子私淑录》。

---

[20] 《章学诚遗书》，第16—17页。参徐道彬《戴震学术地位的确立与"西学中源"论》，载《清史研究》2010年第3期，第57页。

[21] 参《与段茂堂等十一札》第十札"君子断乎主于中者，先求不失己"，第543页。

[22] 钱《史》留意到下条，于上条则恰恰略去此语，第365、355页。

可证明戴震撰写《题授经图》《钩沉序》言不由衷最戏剧化的一条材料是三十四年春，戴震对段玉裁谈到编纂《直隶河渠书》时说：“闻后莅事者请余君仲林（萧客）为之，恐其才不足。”（段《谱》第680页）这很显然是戴震读《古经解钩沉》时对余萧客学术能力的评估。[23]《国朝汉学师承记》更于余萧客传记载了戴震对《钩沉》的直接评价：“有钩而未沉者，有沉而未钩者。”[24]这些过于真实的想法（当然不排除有自负的因素）在《钩沉序》中都是不可能说的！

戴震自视极高，并世无匹。《国朝汉学师承记》于钱大昕传载戴震语云：“当代学者，吾以晓征为第二人。”江藩引申为“盖东原毅然以第一人自居”。（《笺释》，第321页）其实戴震正有自诩第一的言论，唯转借他人之口而已——乾隆三十五年代孙和相作《汾州府志序》：“今之治经之儒，咸首推戴君。”（第466页）戴震于江永尽管对外推介不遗余力，却极少透露自己与江永的师徒关系，[25]从《论学书》即可见一斑。《论学书》“仆自少时家贫，不获亲师”是钱穆推断戴江初会晚至乾隆十五年的证据，否则“背师之诮，又不俟于他日‘婺源老儒’之称矣”（钱《史》第345页注）。但是《论学书》末段“仆闻事于经学盖有三难”明明出江永，文章又恰写于徽州，仍然不揭江永之名。戴震口中无师并非专对江永。其少年之所以通《说文解字》，本是塾师介绍给他的，因为戴震读书“每一字必求其义，塾师略举传注训解之，先生意每不释然，师不胜其烦，因取汉许叔重《说文解字》十五卷授之”（洪榜《戴先生行状》，第[七]4页），但《论学书》只平淡地说“求所谓字……得许氏《说文解字》”（第370页）。尽管塾师意在应付，不提也罢（何况戴震成年后未必记得塾师之名）；可江永对拔高戴震的学术起点有重要贡献，[26]戴震仍不喜挂在嘴边。当然关于师生范畴，我们也注意到戴震自己不好为人师，屡屡提倡古之友道（参段《谱》第667、676—677页）。因此，其罕称江永为

---

㉓ 陈鸿森先生《余萧客编年事辑》（《中国经学》第十辑待刊）指余与修《河渠书》在戴前，段《谱》误记（见乾隆三十一年条）。即便如此，至少戴认为余“才不足”应该不会记错，除非连人名都记错了。

㉔ 江藩（纂）漆永祥（笺释）《国朝汉学师承记笺释》，上海古籍出版社2006年版，第231页，参笺释注10。不过笔者估计此出口说，非括自四库提要。

㉕ 详王惠荣《江永与戴震师生关系难定原因考》，载《历史档案》2009年第1期。

㉖ 参蔡锦芳《戴震生平与作品考论》，第8—10页。

师恐怕只出于自负，[27]认为他主要是自学成才；这种态度与同样自学成才的段玉裁自二十九岁初识戴震起，终生对只比他大十二三岁的戴震称弟子，形成对比。钱《史》正因为受到《论学书》“为学全出冥搜暗索”的这种暗示，才提出“江、戴乃规模暗合，非东原之必有待于江氏之启迪”（第347页）。戴震学术如此早熟，为人又如此自负，其治学是很难轻易跟着别人跑的。所以笔者不太相信戴震一晤惠栋，论学即大变，以为“所得尽在汉，所失尽在宋”，“即故训即典制而义理”（语出钱《史》第356页）。

关于汉宋问题，戴震终身指汉注未可尽凭，早在《经考》就已对汉注表达了不满——“汉人之书……有师承可据者，亦有失传傅会者”（又见《答江慎修先生论小学书》，第[二]359、[三]331页），特别是其卒年《与某书》在大讥宋人“恃胸臆为断”前，仍不忘以“汉儒故训有师承，亦有时傅会”起头，因为戴学宗旨一直是“空所依傍”（第495页）。[28] 而且戴震从未以宋儒之义理讥斥汉注，而是凭实打实的考核结果。戴震见惠后对宋儒亦未一概否定。《答江慎修先生论小学书》（不晚于二十七年）云：“如程子、朱子论中心为忠、如心为恕，犹失六书本法，歧惑学者。”（第[三]332页）虽是批评，然敬意居先。可见对于先贤，无分汉宋，戴震的基本态度是“空所依傍”，于读书“有会心”，“善补古人之缺”（三十四年《记洞过水》戴震评语，第520页注16），同时批评“依傍昔儒”和“掊击前人”两种倾向（《答郑丈用牧书》、四十二年《与某书》，第374、495页）。在实事求是的指导精神下，戴震晚年虽从抽象的哲学义理上批判程朱唯心论，却绝不全盘否定程朱具体的经说；他虽已在三十四年“打破宋儒家中太极图”（语出段玉裁《答程易田丈书》，第[七]143页），次年也仍旧像二十八年《凤仪书院碑》一样津津乐道于宋儒之“躬行道义”（《辑五王先生墓志铭》，第434页），这一点直到《孟子字义疏证》都未予否认。

---

[27] 戴震后来再未称述过“三难”而改提“由合而分，由分而合”（段《谱》第714页）、“以经考字，以字考经”（陈奂跋，载段玉裁《说文解字注》，上海古籍出版社1988年版，第789页），也是表现之一，恐怕他不想沿用别人的表述方式，除非是古人的。

[28] 此外参三十四年《钩沉序》，第377页；王小婷《重源慎流——从戴震对〈诗经国风〉的研究浅析其训诂学的主要倾向》，载《中国诠释学》第7辑，山东人民出版社2010年版，第114—115页。

戴震卒年始对外点名批评宋儒,[29]并且只标榜语言文字的绝对优先地位,[30]名物典制当初为《题授经图》《钩沉序》二文盛推,却被《孟子字义疏证》明确抛于次要地位——“言入人心深,祸于人大也,岂寻常一名一物之讹舛比哉”(末条,第215页),这显然是出于对《疏证》义理言说的强调,导致了其最为得意、反复矜夸之文本路径的非理性膨胀;典章制度尽管可以作为文本解读的前理解之一,然而若要直接由之体认、生发哲学意义,却不及解读《易传》、四书等哲学论著方便且有权威性。我们与其相信《题授经图》《钩沉序》的“即故训即典制而义理”是戴震中晚年唯一认可的经学方法暨学术形态,至卒年又作调整,不如相信二文存在着“与为委蛇”的情况,《疏证》看轻名物典制之言论也出于自身当时的需要。知人论世,“以心相遇”,均不必过分较真也。[31]

本文蒙甘祥满、沙志利指正,特此致谢!

本文是2011年度国家社科基金年度项目“《孟子》与清代学术研究”(项目批准号11CZX035)的阶段性成果。

【李畅然　北京大学儒藏编纂与研究中心副研究员】

原文刊于《中国文化》2015年01期

[29] 如《与段若膺论理书》:“宋儒讥训诂之学,轻语言文字,是犹渡江河而弃舟楫,欲登高而无阶梯也。”《与某书》言辞更激:“宋人则恃胸臆为断,故其袭取者多谬,而不谬者在其所弃。”可以对比的是乾隆三十四年《孟子私淑录》已在连篇累牍批判宋儒了,而《钩沉序》论凿空之弊却委婉地说“数百年已降”。第541、495、377页。

[30] 详《六书音均表序》《与段若膺论理书》《与某书》,第384、541、494页。

[31] 戴震治学终身未变,参徐道彬《论戴震对朱熹始终如一的态度》,载《河南师范大学学报(哲学社会科学版)》2006年第4期;龙鑫《戴震思想“分期说”评议》。唯毋庸讳言戴震自朱子学起家,反朱的另一位旗手王守仁亦然。

# 清代理学家方东树家训及其思想探析

黄爱平

**提　要:**本文聚焦于清代理学家方东树撰成于晚年的家训专著《大意尊闻》,在梳理作者生平经历和学术实践的基础上,详细分析了其书有关家教家风、做人立身、读书治学、修德任事、处世交友、齐家睦亲、治国安民等各个方面的内容,指出是书反映了方东树对社会现实的观察和思考,寄托了其对子孙以及世人的教诲和希望,也蕴涵了他毕生读经研史的心得体会。认为这部学界关注甚少的家训著述,实际上凝聚了作者一生的阅历、体验、思考和感悟,体现出方东树的思想主张和性格特征,其中不少观点和看法,至今仍有很强的借鉴意义,值得进一步深入研究。

**关键词:**方东树　家训　《大义尊闻》　思想性格

方东树(1772—1851),安徽桐城人,字植之,别号副墨子,又号歇庵、冷斋。晚年因慕春秋时期卫国大夫蘧瑗"五十知非",卫国国君卫武公"耄而好学"之意①,以"仪卫"名轩,自号"仪卫老人",亦署"仪卫主人",学者称仪卫先生。作为晚清时期著名的桐城派理学家,方东树能诗擅文,著述丰硕,其中,尤以一部激

---

① 郑福照:《方仪卫先生年谱》,乾隆三十七年条,见王云五主编《新编中国名人年谱集成》,台湾商务印书馆1978年版。

烈批评汉学的著述《汉学商兑》名噪一时，亦因其诗文创作及诗学理论著述《昭昧詹言》闻名于世，不仅在当时乃至后世都产生了极大的影响，而且迄今仍然是学界关注的重要问题。但是，方东树撰成于晚年的家训专著《大意尊闻》，却很少受到学者的注意。事实上，这部随笔札记体裁的著述，凝聚了作者一生的阅历、体验、思考和感悟，也反映了作者的思想主张和性格特征，是方东树本人颇为看重的一部专著。有鉴于此，本文拟从方东树的生平经历入手，探寻其著述内容，分析其思想主张，以期对推进方东树乃至清代学术思想文化的研究有所裨益。

## 一

方东树出生于安徽桐城著名的方氏家族中的一支。曾祖父方泽，字苎川，晚自号待庐，乾隆十二年(1747)优贡生，曾任八旗官学教习，主讲山西洪洞玉峰书院。能诗擅文，论学尊崇朱熹，论文宗尚明艾南英。祖父方训，字味书，未入仕。父方绩，字展卿，县学生，承桐城派大家刘大櫆、姚鼐之学，力倡古文词，著有《经史札记》《屈子正音》《鹤鸣集》。

受家族和家学的影响，方东树自幼向学，即喜为古文词，并显示出很高的文学天赋。11岁时，他仿效南朝齐、梁间诗人范云作《慎火树诗》，得到乡里前辈叹赏。其后，随着年龄的增长，他的读书范围日益广泛，兴趣也有所转移。据其自言："十八九时，读孟子书，怃然悟吾学之更有其大者切者，遂屏文章不为。性喜庄、老及程、朱、陆、王诸贤书，读之若其言皆如吾心之所发者。以观近时人文字，辄见其踳驳谬盭，为不当意"②。乾隆五十八年(1793)，方东树22岁，他与父亲方绩同拜著名学者、桐城派大家姚鼐为师，受业于江宁(今南京)钟山书院。在姚门诸弟子中，方东树不仅"随侍讲席最久"③，而且以其杰出的诗文才华和致力于程朱理学的学术趋向，深得姚鼐器重，与梅曾亮、管同、刘开并称为"姚

② 方东树：《考槃集文录》卷六，《答姚石甫书》，光绪二十年刻本，见《续修四库全书》，第1497册。
③ 郑福照：《方仪卫先生年谱》，乾隆五十八年条。

门四杰”。

在拜师姚鼐的同年，方东树亦入县学，补弟子员，数年后补增广生。与所有同时代的读书人一样，方东树也期冀走上读书做官、学以致用的坦途。然而，天不遂人愿，数十年间，他先后十次参加乡试，一次应考岁试，均未得中。直至道光八年(1828)，方东树年届57岁，始绝意仕途，不再应试。

科举多次受挫，迫于生计，方东树只得奔走四方，或教授弟子，或参赞幕府。他先后馆于江西新城陈用光侍郎、安徽桐城汪志伊尚书府邸，又辗转于安徽阜阳、六安、池州、宿州等地讲学。并应姚鼐之邀，长期在江宁书院课其长孙姚诵学业。期间还曾应江宁知府吕燕昭之请，参与纂修《江宁府志》。虽常年往来奔走，不遑宁处，但收入却极为微薄，方东树常常陷入衣食无着的窘境，甚至连其父亲、祖母去世，都未能回家奔丧。诚如其自言：“二十余年，颠沛失当，所至辄穷，忧患疾病，日与死迫。羁旅异地，每遇良辰会节，瞻望家园，凶祥莫卜，中夜推枕起叹，戚然不知涕之流落也。”④嘉庆二十四年(1819)，48岁的方东树应两广总督阮元之请赴广州，参与纂修《广东通志》。此后数年，除短暂主持廉州海门书院、韶州韶阳书院外，均客居阮元幕府，或协纂书籍，或教授经学。道光六年(1826)，阮元调任云贵总督，方东树遂自粤归里。其后，又先后主持安徽庐州庐阳书院、亳州泖湖书院、宿松松滋书院，佐理安徽巡抚邓廷桢幕府，客居武进县令姚莹官署。道光十七年(1837)，赴广东参赞两广总督邓廷桢幕府，次年应粤海关监督豫堃之请，参与纂修《粤海关志》。道光二十年(1840)归里，授徒论学，培养人才。桐城戴钧衡、方宗诚、苏惇元、文汉光、甘绍盘、郑福照等十余人均出其门下，各有所成。与此同时，他还致力著述，十年中，撰成《大意尊闻》等书凡十余种，并自编其文集、诗集。虽然生活依然艰困，但方东树甘之如饴，著述授徒，“益穷性命之归”⑤。惟对自己当年因漂泊在外，生计窘迫，未能归家为其父亲奔丧一事耿耿于怀，“誓宜没于外以自罚”⑥。咸丰元年(1851)，当新任安徽祁门县令唐治邀请他前去主持东山书院时，方东树不顾年高体弱，执意前往。未及数

④ 方东树：《考槃集文录》卷六，《答姚石甫书》。

⑤ 方宗诚：《仪卫先生行状》，载方东树《大意尊闻》卷首。

⑥ 郑福照：《方仪卫先生年谱》，咸丰元年条。

月，即因病卒于当地，享年80岁。

尽管终其一生，方东树只是一介书生，但他始终坚持传统儒学讲求经世致用的价值理念，在他看来，“礼乐、兵刑、河漕、水利、钱谷、关市，诸大经大法，皆安民之实用也。道德义理，所以用此之权衡也。圣人只从广大心中流出一以贯之，后世偏才僻儒分而不能合，则交相蔽，讲用者多遗体，讲体者又不能达用，致使世议儒术迂疏，此道术所以日衰，治政所以日敝也。”[⑦]故而方东树极为强调体用结合，明体达用，主张“立身为学，固以修德制行，内全天理为要，而于世间一切事理，必须讲明通贯以待用”[⑧]。道光十一年（1831），桐城发生水灾，县令杨大缙不但不加抚恤，反而一味贪赃婪索，导致民怨沸腾。而当地官府竟以民变上疏安徽巡抚邓廷桢，请求派兵镇压。当时方东树正客居邓廷桢幕府，闻讯后立即面见邓廷桢，详陈实际情形，并以身家性命担保，请求罢兵，终于使得一方百姓免遭涂炭。道光十八年（1838），方东树因参赞时任两广总督邓廷桢幕府，客居广州。目睹鸦片流毒天下，祸害百姓，他忧心如焚，深感“彼外夷之以此愚毒中国也，非独岁糜中国金钱数十百万而已也，其势将使中国人类日就澌灭也。此天地之大变也，自生民以来，其祸之柔且烈未有若此者也”[⑨]。因此，他作《化民正俗对》，力陈禁烟之道，提出：“欲令鸦片之害永绝，则莫若严治食者；欲严治食者，则莫若先治士大夫在上之人。”[⑩]又作《劝诫食鸦片文》，痛陈鸦片之害，力劝食者戒烟。鸦片战争爆发后，方东树虽然已因年老归乡居家，但仍心系国事。当他得知朝廷将帅面对英军进逼大多退守避让，不战而逃，东南数省丧师失地，百姓惨遭兵燹之祸时，极为痛心疾首。他不顾衰病在身，伏案疾书，撰成《病榻罪言》一文，纵横捭阖，鉴古论今，提出收服汉奸、申严军法、增修武备、禁断贸易等制敌之策，认为“谋国之道，不恃敌之不攻，惟恃我之不败。今日之事，及逆夷暂退，急需认真增修武备，倡勇敢，鼓士气，储蓄聚，习弓矢，镇静以安百姓，勿摇民心”，只要“朝廷诚威诚断，诸将诚勇诚谋，必可转败为功”[⑪]。道光三十年（1850），方

⑦ 方东树：《大意尊闻》卷二，同治五年刻本，见《四库未收书辑刊》陆辑第12册。
⑧ 方东树：《大意尊闻》卷二。
⑨ 方东树：《考槃集文录》卷二，《劝戒食鸦片文》。
⑩ 方东树：《考槃集文录》卷二，《化民正俗对》。
⑪ 方东树：《考槃集文录》卷二，《病榻罪言》。

东树已家居十年之久,年届 79 岁高龄,但当他读到魏源所著《海国图志》时,"甫尽卷首四条,不禁五体投地,拍案倾倒,以为此真良才济时切用要著,坐而言,可起而行,非迂儒影响耳食空谈也"⑫,忧国忧民之情,丝毫未减当年。诚如其弟子苏惇元所言:方东树一生,"身虽未仕,常怀天下忧。凡遇国家大事,忠愤之气见于颜色,或流涕如雨"⑬,典型地表现了一个传统知识分子的情怀。

当然,方东树对当时乃至后世影响最大的,还是他恪守程朱理学、捍卫儒学道统的思想主张和学术实践。尊崇朱子之学,历来是桐城方氏家族的传统,方东树也不例外。他"幼承家范",成年后师从姚鼐,奠定了深厚的理学根基。自谓"平生观书,不喜异说。少时亦尝泛滥百家,惟于朱子之言有独契,觉其言言当于人心,无毫发不合,直与孔、曾、思、孟无二"。故其立身处世,接物待人,乃至辨析学术,裁量人物,无不以朱子为宗,甚而"见后人著书,凡与朱子为难者,辄恚恨,以为人性何以若是其蔽也"⑭。对占据清代学术主流地位的汉学,方东树自然深为不满。他曾撰《辨道论》,指责汉学"以章句为本,以训诂为主,以博辨为门,以同异为攻,不概于道,不协于理,不顾其所安",其说"以文害辞,以辞害意,弃心而任目,刓敝精神而无益于世用。其言盈天下,其离经叛道过于杨、墨、佛、老"⑮。嘉庆年间,汉学风靡一时,不仅学术界群趋于文字、音韵、训诂、考据的研究,几乎"家家许、郑,人人贾、马",而且还出现了为汉学家立传,彰显汉学学术成就的总结性著作,即江藩的《汉学师承记》,在学术界产生了极大影响。当时,方东树与江藩同在两广总督阮元幕府,眼见"汉学大盛,新编林立,声气扇和,专与宋儒为水火,而其人类皆以鸿名博学,为士林所重,驰骋笔舌,贯穿百家,遂使数十年间承学之士耳目心思为之大障",本不欲置辩的方东树再也按捺不住,毅然决然,挺身而出,发愤著述,撰成《汉学商兑》3 卷⑯。他仿效朱熹当年为批评其他学人学派之说所著《杂学辨》的体例,首先摘录论敌原文,再"各为辨正

---

⑫ 方东树:《考槃集文录》卷六,《与魏默深书》。
⑬ 苏惇元:《仪卫方先生传》,载方东树《考槃集文录》卷首。
⑭ 方东树:《书林扬觯》卷下,《序纂》,同治十年望三益斋刻本,见《四库未收书辑刊》第九辑第 15 册。
⑮ 方东树:《考槃集文录》卷一,《辨道论》。
⑯ 按:《汉学商兑》凡分为上、中、下三卷,因中卷内容较多,又分为卷中之上、卷中之下二卷,故亦有称其书为四卷者。

于下”。凡引原文，皆注明某人某书；所作辨正，“特论其纲领宗旨”；若“援引事类，或推衍余意”，则“以类附注句下”。全书“本止一卷，首尾脉络相贯”，但因篇幅较多，分为3卷：“首溯其畔道罔说之源；次辨其依附经义小学，似是而非者；次为总论，辨其诋诬唐宋儒先，而非事实者。”[17]这部批评攻击汉学的著述于道光十一年刊行后[18]，把清初以来或隐或显的汉宋之争推向了一个极端，在当时以及后世都产生了极大的影响。

方东树恪守程朱理学，也极为重视立身制行。在他看来，“学之本事”在于“修己治人之方”[19]，士人“必也才当世用，卓乎实足济世，不幸不用，而修身立言足为天下后世法”[20]。他一生勤于读书著述，“每日鸡鸣起，至漏数十下始就寝，严寒酷暑，精进靡间”。虽迫于生计，经常奔走四方，但于“舟车尘土之间，忧戚病患之余”[21]，仍好学深思，刻苦自励，时时体验“身心性命之旨，修己接物之方”[22]，凡有所悟，皆随笔条记，积数十年之功，撰成《待定录》百余卷，“自天道、治法、物理、人情，修齐之教，格致之方，省察存养之旨，诸儒学术同异得失，以逮说经、考史、诗文、小学、浮屠、老子、杂家之说，罔不探赜抉微，析非审是”。惜其书未刊，后毁于兵燹。晚年家居课徒，方东树亦持身谨严，侃侃不阿，“遇事据理直论，或面折人非”，“凡以诗文就正者，既告之法，必进以古人务本之义”[23]。对晚辈要求尤为严格，他先后撰成《大意尊闻》《山天衣闻》等书，或记述“内省自讼”之所得，或择取古人相关之格言，以此警示儿孙后辈。又撰《猎较正簿》一书，略述科举制度、八股时文之源流得失，欲其孙辈“他日不为歧途懵暗不知而乱道者所误”[24]。

---

⑰ 方东树：《汉学商兑》卷首，《汉学商兑序例》，道光十一年刻本，见《续修四库全书》第951册。

⑱ 按：据郑福照：《方仪卫先生年谱》道光四年条“著《汉学商兑》四卷”之下按语称“此书刊于辛卯”，辛卯即道光十一年。但学者对《汉学商兑》的刊刻时间有不同看法。朱维铮认为道光十一年辛卯本系重刊本，初刻本应刊于道光六年丙戌（参见朱维铮：《导言》，载徐洪兴编校《汉学师承记》（外二种）卷前，中西书局2012年版）。漆永祥认为朱说不确，道光十一年辛卯本即为初刊本（参见漆永祥：《方东树〈汉学商兑〉新论》，载《文史哲》2013年第2期）。笔者亦认为《汉学商兑》刊刻于道光十一年辛卯。

⑲ 方东树：《考槃集文录》卷三，《待定录自序》。

⑳ 郑福照：《方仪卫先生年谱》，咸丰元年条。

㉑ 方宗诚：《仪卫先生行状》，载方东树《大意尊闻》卷首。

㉒ 郑福照：《方仪卫先生年谱》，道光四年条。

㉓ 方宗诚：《仪卫先生行状》，载方东树《大意尊闻》卷首。

㉔ 郑福照：《方仪卫先生年谱》，道光二十二年条。

方东树在文学上亦有相当造诣。他认为“文章如面,万有不同”,著书撰文,当“本之以经济,以求其大;本之以义理,以求其醇。表章纪事然后重,陶铸性情然后真”[25]。故其为文,“务尽其事之理,而足乎人之心”[26]。尽管因学术兴趣转移,方东树曾一度“屏文章不为”,甚至欲焚而弃之,但实际上仍笔耕不辍,自言“吾无用于世,而窃慕古之立言者,蕲与为不朽,故平生喜著书”[27]。所撰文章亦在其好友毛岳生、姚莹劝说及其弟子戴钧衡、方宗诚的协助下,得以编成《考槃集文录》12 卷并保存下来。其诗作亦先后编成《半字集》2 卷、《王余集》1 卷、《考槃集》3 卷等行世。尤其是他评点王士禛《古诗选》、姚鼐《今体诗钞》等读本,阐发其论诗见解,后汇编为《昭昧詹言》一书,成为桐城派以文论诗的代表作,在清代诗歌理论上占有一席之地。

方东树对佛、道思想也有研究,史载其“研极义理,于经史百家、浮屠、老子之说,罔不穷究”[28]。他曾著《老子章义》《考正感应篇畅隐》《语心证璞》《向果微言》《最后微言》等,讨论儒、佛、道三家心性之旨,亦自成一家之言。

方东树的著述,据其自言和弟子所述以及相关文献、书目记载,计有:《汉学商兑》3 卷、《待定录》100 余卷、《书林扬觯》2 卷、《未能录》2 卷、《进修谱》1 卷、《猎较正簿》1 卷、《山天衣闻》1 卷、《一得拳膺录》(卷数不详)、《思适居铃语》4 卷、《大意尊闻》3 卷、《老子章义》2 卷、《阴符经解》1 卷、《阴符经测义》(卷数不详)、《考正感应篇畅隐》3 卷、《语心证璞》1 卷、《向果微言》2 卷、《述旨》1 卷、《最后微言》10 余卷、《栎社杂篇》(无卷数)、《半字集》2 卷、《王余集》1 卷、《考槃集》3 卷、《考槃集文录》12 卷、《昭昧詹言》20 卷、《跋南雷文定》1 卷、《陶诗附考》1 卷、《解招魂》1 卷、《援鹑堂笔记刊误》1 卷补遗 1 卷、《刊误补义》2 卷(《汉学商兑刊误补义》1 卷、《书林扬觯刊误补义》1 卷),另辑有《金刚藏》10 种。同治年间,方宗诚编刊《仪卫轩全集》,收录其据方东树诗文重加编纂的《仪卫轩文集》12 卷《外集》1 卷、《仪卫轩诗集》5 卷,《大意尊闻》3 卷附录 1 卷,以及《未能录节录》《进修谱节录》《语心证璞节录》《感应篇畅隐节录》等数种。光绪年间

---

[25] 方东树:《考槃集文录》卷三,《姚石甫文集序》。

[26] 方东树:《考槃集文录·考槃集文录自序》。

[27] 方东树:《考槃集文录》卷二,《冷斋说》。

[28] 《清史列传》卷六七,《儒林传上二》,中华书局,1987。

刊行的《方植之全集》，则收录了方东树所著《考槃集文录》12卷、《半字集》2卷、《考槃集》3卷、《王余集》1卷、《仪卫轩遗诗》2卷、《书林扬觯》2卷、《汉学商兑》3卷、《陶诗附考》1卷《解招魂》1卷[29]、《跋南雷文定》1卷、《山天衣闻》1卷、《进修谱》1卷、《未能录》2卷、《大意尊闻》3卷、《向果微言》2卷、《述旨》1卷、《昭昧詹言》10卷、《续》8卷、《续录》2卷等10余种。此外，尚有《刊误补义》钞本及《汉学商兑刊误补义》刻本存世。

## 二

在方东树的诸多著述中，《大意尊闻》是其本人颇为看重的一种。该书初撰成于道光二十年(1840)，即方东树归乡的第一年。次年，方东树因年高体弱，恐来日无多，遂预作《终制》一篇，以交代后事。在这篇自我盖棺论定的文字中，方东树对自己的著述多否少可，有所肯定者，惟《待定录》与《大意尊闻》二书。他说："《大意尊闻》，家诫也，非以为著书，然于修己治人之方可得大略，用以教幼学，当不致差谬。"[30]或许正是由于方东树对此书的重视，在此后家居的十年中，他仍不断进行修改，直至道光三十年(1850)，即其去世的前一年，才最终定稿。之后其弟子方宗诚等人于同治五年(1866)将其校刻刊行，并收入《仪卫轩全集》。

作为家训专著，方东树的初衷是写给孙辈，他在书前的《述旨》中说："此篇之述，幸以耆艾年先而得经纬本末，皆日用操心虑患所宜知，无歧迷翳蔽、奢阔不切及一孔边见、虚诬失实之谈，故笔之于书，以贻吾孙。"[31]其从弟兼弟子方宗诚在咸丰九年为《大意尊闻》所作的序中亦谓："先生游历四方五十年，睹习俗之日颓，人才之日衰，而深忧乱之将起、变之将至也，故时时推其本实，极其流失，以教

---

[29] 按：后人将此两种合为一卷附入《昭昧詹言》后，成为《昭昧詹言》二十一卷本。

[30] 方东树：《考槃集文录》卷十一，《终制》。

[31] 方东树：《大意尊闻·大意尊闻述旨》。

戒诸孙,盖不啻大声疾呼,垂涕泣而道之也。”[32]但实际上,方东树不仅仅写给孙辈,更写给世人。他敏锐地认识到:“一家之所系,即世道之所关”[33],故而他在开篇第一条就明确说道:“世间不乏聪明子弟,只以父兄之教不先,不闻君子之大道,先圣之德言,‘靡圣管管,不实于亶’。及其长也,逞其私智习性,悉以佐其机械变诈长恶习非之用,日失忠信,遂至陷溺其心,而由恶终。吾见亦多矣,良可痛惜,故述此篇以当小学之义疏,与张杨园《近古录》《训子语》同为家范焉。天下之宝当与天下共惜之,人才者,天下之宝也,非徒私望一家之弟子也。”[34]可谓其教也谆谆,其情也殷殷,堪为方东树一生读书治学、观察思考的结晶。

《大意尊闻》一书共3卷,其中卷一收录札记92条,卷二亦为92条,卷三50条,合计234条。各条虽无标目,但细绎其内容,仍有内在的逻辑顺序,即大体依照家教家风、做人立身、读书治学、修德任事、处世交友、齐家睦亲、治国安民等方面依次展开。此择要述之如下:

**其一,关于家教家风。**

方东树极为重视家教,主张教育应从小做起,幼儿尤应从小培养良好的性格习惯。他说:“幼儿嬉戏,好伐蛰惊栖杀孩虫,了无恻隐不忍之念,过虽小,而即不仁之所见端。幼儿争食强夺,陵竞不让,或有蹉跌损败,止顾免己,推过于人,无分责之义,或遇小小劳事,辄巧避推诿不行,凡此皆不义之所见端。幼儿娇惯使性,啼哭怒骂,违逆尊长,此即无礼之所见端。幼儿好诞语诈欺,应对不实,谲诈多变,此即不信之所见端。凡此者,皆今之父母所夸以为聪敏可爱者也,而不知其为恶习也。幼儿读书不熟,写字不端,置器不牢,做事不慎,有始无终,长必虚浮无成。凡此皆孟子四端之反见,虽其发初若甚微,而其害于成德也甚大,故曰习与性成。由此类推,一切须早为喻教,以古人嘉言懿行,依类告戒之。如种树然,必培其根,如树谷然,必除其莠。”[35]在方东树看来,幼年的教育和良好习惯的养成极为重要,关系到人的成长和成材,他说:“人小时无恒心,好诳语,长大

---

[32] 方宗诚:《大意尊闻序》,载方东树《大意尊闻》卷首。

[33] 方东树:《大意尊闻》卷一。

[34] 方东树:《大意尊闻》卷一。

[35] 方东树:《大意尊闻》卷一,第2条。按:本文所注《大意尊闻》各卷条目顺序号,均为笔者所加。为简便起见,以下本文所引是书,均随文括注卷数及条目顺序号。

必不成材。若小时一言一事笃实，不自欺，不欺父兄师长，日后必成德器。此亦在父兄师长教之，若小时听其生事逃学，随口诳语，初不过避责，习与性成，长大必不能改，人皆以诈谖恶之，则一步不能行矣。”（卷一第 11 条）并且，人的举止仪节，也应从小培养，他说：“凡坐立之际，须如尸如齐，倾欹摇足，坐起不恒，皆轻薄相，非惟见薄正士，亦非贵相。试看有德贵人，无不风度端凝严重，望之俨然若贵人。而倾侧摇动轻佻者，必是邪人，否则必杀身失位，殃咎恶终，历历不爽。故九容之礼须自童幼讲之，戏容戏色，倾听噭应，喧哄嘶嚷，行同市井，皆君子所耻，正士所贱，张子《东铭》不可不亟省也。”（卷一第 47 条）

或许是由于长期在富贵官宦之家坐馆授徒的经历，目睹世事人情，方东树对世族大家的家风传承及其子弟教育有更深的体会。他说：“以一乡一邑验之，前此则世家世德犹及百年，数世而后衰，近则多及身而已不保者，其达也出人意料，其亡也已在有识者之意中，岂不由德太薄而致然耶？前此子弟无不驯谨率教，近则无不桀骜放僻，肆无忌惮，实由老成之失表率，父兄之教不先，故致此，其可惧也。”（卷一第 21 条）他批评说：“世之贵人，惟自己本末不立，故亦不知教子，姑息骄纵，不崇义方，不令讲习根本身心之学，不亲正人，不择交友，不敬师长，惟延庸师，以科举为绝业，以进取为先务，往古来今行坊言表绝不问津，而所延之师往往谄其主人，媚其弟子，或代作文字，夸誉欺蒙，甚者至无所不至，使其弟子日沦于僻，长其凶德，吾见亦多矣。未几而钻营关节得科第矣，未几而捐纳职衔登仕版矣，及此子得志，所以行身服官教子者又复如是，以此相禅如流水。又有一等父师，己未窥见天地方圆，但耳食浮慕，冒为有知，其教子弟不以根本立身为先，而教之以名士派，四书五经未尝全读，大义未明，而津津以著述相夸，或剿袭考证杂博，此其长傲习伪，害更百倍于科举。科举不过陋，此则有害于风教习俗也。人才之衰，学术之坏，岂不由父师卑陋虚浮，无真识所致也哉？”（卷一第 22 条）

**其二，关于做人立身。**

方东树认为，做人之根本在于伦理道德，而士子尤当践行道义。他说：“既生为人，当思所以异于禽兽者安在；又幸托为士人，当思所以异于凡民者安在。欲知人之所以异于禽兽，在能知五常之性，能别五伦之理；欲知士之所以异于凡民，在实能践是性、尽是理而已。”（卷一第 4 条）又说：“既为士人，只有读书立品，进德修业，勉强行道，坚守道义一条路，别无第二骑墙两行歧路。”（卷一第5条）故而方东树极为强调知耻、立志，认为：“人欲成学向上，立身扬名，无不先从立志始，有耻则立志。《孟子》曰：‘耻之于人大矣。不耻不若人，何若人有。’朱子曰：‘凡人他过犹可，唯有志不立，直是无法。’愚谓志不立由于无耻，无耻者甘为人下。佛氏曰慙者羞人，愧者羞天。若无惭愧，不名为人，是谓畜生。”（卷一第6条）。

在知耻、立志的基础上，为人还当戒慎恐惧，思患豫防，否则，既难以成才，亦难以成事。他说：“凡欲成人，无不从戒谨恐惧、战兢惕厉始。人不知畏惧，不知思患豫防则心粗，纵不放肆为恶，亦是悠忽过日，百事无成，何由自立自济。故曰操心危，虑患深故达。”（卷一第8条）又说：“圣人思患豫防，智者无败事，只是日用细微百务，事事防备到人所防备不到处，思量到人所思量不到处，庶无后悔。若卤莽粗心浮气，事事潦草苟且，不慎重子细，所谓将军举事数悔，事败而后悔，噬脐何及矣。古之任重道远、成务济艰者，无不意思深长，沉几慎密。成败虽有定数，而智略人事自不可忽。人所以配三才也，使皆委之于天命，而人事为无据矣。”（卷二第67条）

方东树尤为强调，人生在世，应有益于世用。他说：“凡人须足为人所赖，赖，恃也，犹谚言靠得住也。圣贤之人，立德、立功、立言，万世永赖矣。大人在一时，则为一时所赖，在天下则为天下所赖，其次在一邦一邑、一乡一官、一职一事皆然。杜公赠严武云‘公来雪山重，公去雪山轻’，足赖之谓也。乃至一家一身亦然，为人父，为人师，为人兄，为人夫，为人子，为人弟，为人友，为人主，为人仆，莫不各有当尽之分。能尽其分则足赖，不能则为无赖，无赖者，世俗詈人之辱名也。”（卷二第41条）在方东树看来，做人应当有责任感，他说：“圣贤之人，担荷万古名教学术。其次豪杰，担荷一世之安危治乱。其次才能智达之士，担荷一官一职。其次担荷一乡一方，其次担荷一家，其次担荷一身及其妻子。”（卷一第12条）反之，“若人之无用，则生为人所弃，死而人无惜者，可慨也。”（卷一第61条）或“人第供当时驱役而不能为法于后世，耻也；钻故纸，著书作文，冀传后世而不足膺世之用，亦耻也。必也才当世用，卓乎实能济世，不幸不用，而修身立言足为天下后世法，古之君子，未有不如此厉志力学而能成德者也。”

（卷一第 23 条）

**其三，关于读书治学。**

方东树十分重视读书立志，他说："人不读书，则古今是非邪正善恶得失之理皆不见，何由兴起其上达之志乎？而读书又在于立志。盖人之立身扬名，希贤希圣，非父师朋友所能督责之也，惟自己立志学好耳。知者，利仁勇进自修，望古思齐，不能自已。然非读书以启其知，知而信，信而笃好之者不能也。"（卷一第 31 条）在方东树看来，读书乃为做人立身之始基，不可或缺。他说："为学当以圣贤之心为心，为人子孙当以父祖之心为心，二者皆自能读书始。故尝谓人家子弟不可断读书根，断读书根则其祖宗志事血脉已绝，纵由他涂富贵，与绝世者无异。惟能读书，而后能兴起其志气；志气起，然后知念其祖而兴继序之思。如此虽贫贱，而其祖必享之，天必佑之，人必敬之。否则褒赠隆祀，其人全不与祖宗之气相接，其祖若贤而有知，能勿恫乎？"（卷一第 32 条）

方东树认为，"读一书，便当受此一书之益，收此一书之用。"（卷三第 25 条）在他看来，读书之功用就在于明古今治乱得失，以古鉴今，而以古鉴今又贵在善识通变，不可拘泥胶执。他说："古犹今也，人情事势一理不相远，苟深通古之情伪利害曲直，以之治今，无不有中。但僻儒不通，泥执古迹古事而不能参以时势，移步换形，则又必败，即不败，亦成无用。此如赵括徒读父书而不能合变，必善通变，乃中机会。或反而用之，如鲁男子之学柳下；或类而悟之，如弓冶箕裘。非夫微妙玄通之士，固未能也。其成迹皆在经史，古今人所以贵读书也。"（卷一第 75 条）

在读书方法上，方东树主张熟读精思。他说："读书不须多，只要精熟，读必二三百遍，字字句句须要分明。又每日须连前授通读成诵，不可一字放过。史书每日须阅一卷半卷，疑难处要问。"（卷三第 4 条）又说："读书之法，须沉潜抽绎其文字上下前后之蕴，少间义理自在行间迸出，所谓温故知新也。若卤莽一看，便下己意，论断是非，或妄疵短之，则恐昧其立言之指，曲折包蕴之精。以此看浅陋驳杂之书且不可，况可以窥圣贤之精蕴邪？"（卷三第 24 条）

在读书范围方面，方东树主张应有所别择。他说："子弟固于书无不当观，然须知择。学未知本而泛滥于百家，如入五都之市，眩目夺精，逐无涯而不知反，亦何益身心致用也。故读书虽第一善美之事,而不能知言择要,则终身障蔽如迷,非徒枉抛心力,抑且为害。”(卷三第 10 条)在方东树看来,读书最切要者莫过于儒家经典、理学著述,其次则为史书,他说:“大约读小学而实之以四子五经,则大意已明,天地方圆亦可见矣。次则教之读史,看《近思录》、程朱语录,益得讲贯之实。至于诸史志及通典、通考制度之书,必不可阙,虽非先务之急,亦不可缓。”(卷三第 7 条)

方东树尤为强调读书治学之根本在于做人,他说:“大约人之为人,必思前承先圣,后开来学,上承先祖,下翼子孙。天地之心,圣贤之教,只有此一条正路,学者学此而已。”(卷一第 19 条)

**其四,关于修德任事。**

方东树尊崇传统儒学的伦理道德,明确揭橥修德敦行之纲要,谓:“《大学》三纲领,曰明明德,曰新民,曰止至善,入德三纲领,曰知、仁、勇,进学三纲领,曰崇德、修慝、辨惑,其余四勿、三道、一言、行恕等,皆圣门切问近思之集验良方也,不知命三言尤为切要。为政亦有之,如恭、宽、信、敏、惠,尊五美、屏四恶,无欲速、无见小利,近说远来等,皆要道也。”(卷一第 79 条)又进一步阐发说:“修德之要,曰崇德、修慝、辨惑、博学、笃志、切问、近思。要之以毋不敬,惕之以不远复,圣门教学之大指尽矣。其余一部《论语》,皆集验方也,一部《孟子》,皆六经之传笺疏解发明大义也,《大学》《中庸》则如规矩权衡也。《大学》以修身为本,修身之实当日救过之不暇,视己常如负沉痼之疾而不忘寻医焉,战战兢兢,以至启手足方免。君子有终身之忧谓是已。”(卷三第 22 条)

在修身进德的方法途径上,方东树主张内敛自修,隐德用晦,不可标榜声气,骛名邀誉。他说:“君子之道,暗然而日章,‘衣锦尚絅’,有若亡,实若虚,若顾雍、魏舒,何等雅量高致,故学者知以表暴标著为深耻而中心恶之,则德器深厚,进于道矣。”(卷二第 63 条)在方东树看来,君子修德敦行,“必在暗然尚絅,切戒标揭名声,自表暴以求人知。此非但可耻,亦必事事浮虚徇外,而实行实德,一毫于己无分矣。”(卷二第 61 条)他告诫说:“君子暗修,不求人知,并不求鬼神知。但须慎宜,不可徒自信其心而失口失色失足于人,承羞纳侮,取轻辱贱恶厌斁。若是,则于道为未尽,可耻可辱。须作一件大事,下死功夫,提撕求免。”(卷二第

15条）

方东树还主张，做人做事应当尽心尽责，他说："凡人无论自为一事及受人之事，既为之，则必使密致坚固，无有后败，克尽此事之理而后为尽心，《诗经》曰：'王事靡盬'。盬，不坚固也。"（卷二第41条）又谓："凡为一事，须作此事毕仍有余力余情，非但足征其才与德，亦见厚福。若已做至八九分，忽乘以疏怠偷慢不谨，或轻心易之，自欺欺人，则必有后败。"（卷二第43条）他批评做事不尽心者，其根源在于一己之私心："凡为人任事不肯尽心而成为无赖者，多根于私心，以为吾此所为，但得谩蓦目前，便可了事，至于后日败坏，系他人之务。噫！此一点私心之萌，不顾人之大害，最为无良不忠。乃自士大夫居位供职，下至百工技艺，莫不皆然。夫古之佥壬奸邪，恐事竣则己失权位，往往养痈留患，以自固其权宠，如左良玉类是也，而士大夫何为效之也。"（卷二第44条）

**其五，关于处世交友。**

在处世接物方面，方东树主张谨言慎行，衷于理义。他说："君子谨言安雅，凡适众处会之际，一切鄙秽、市井、闺阃、僭贼、不经、无稽、诞妄、轻传、失实、误世之言，与夫伤时触忌、忤物犯怒、伤忠厚之言力戒出口，非惟安德，抑且免羞辱吝祸。"（卷一第46条）又说："不思义虑患而轻举妄动，未有不以之丧身亡家者也。古云思患豫防，无为祸首，极勤谨可以敌祸，祸不好不能为祸，皆言人理，如是则宜可免祸。朱子曰'思量到人所思量不到处，防备到人所防备不到处'，皆言思虑防患也。"（卷二第31条）他总结说："生人至德要道，莫如小心二字。《诗经》咏文王圣德曰'小心翼翼'，孙思邈曰'心欲小'，诸葛武侯自言平生惟是谨慎。历观生人悔吝灾祸之来，莫不由不小心之故。须是刻志书绅，念兹在兹，《易经》曰'敬慎不败'。"（卷二第36条）当然，小心谨慎不是畏葸怯懦，更非曲意逢迎，在方东树看来，"涉世应物，亢固召灾，若足恭启宠德有心，尤为邪佞，纳侮承羞，取轻辱贱恶。学者于此一节，须如履冰临渊，自省克之，方保无疚悔。"（卷二第14条）他特别强调："不论处常处变，在我者总宜尽之以理以义，既处置之后，其应之吉凶祸福，壹听之天命而不与焉可也，切不可为福尸先为祸攘首。"（卷二第16条）

在主张小心谨慎的同时，方东树还提倡自然恰好，措置得宜，他说："冠与履宽一分，窄一分，大一分，小一分，施之体皆不适，何独至于行身应物、治人处事、政理文章，而不思自然恰好，时措之宜乎？规矩，方圆之至；圣人，人伦之至。礼，时为大，顺次之，体次之，宜次之，称次之。晋王敦有一老兵，尝逮事诸葛武侯。敦问武侯为人，对曰：'不知其他，但见自诸葛公后，其所以处事皆未有若诸葛公之妥帖者。'嗟乎！此老兵不知道，而其言则至道所存也。天下至理，无不自然恰好者也，稍过不及即为病。"（卷二第 74 条）

至于交友，方东树认为："交道难言，古人最慎，不轻许如王丹可法。若其始不慎，苟合比匪，后日弃绝之则伤义，终始之则累于德。友者，友其德也。丽泽以取益，惟直谅多闻为益，损友宜远。"（卷三第 47 条）他以两汉之际生性高洁、交友谨慎的王丹为榜样，说明朋友交往首重人品，"君子择交，须察其人素行本末邪正，出于正矣，又观其心术之真伪，再观其坚持执守之不变，斯贤乎？大概人之爱好行义出于沽名钓誉要体面者，皆非真也，必不能久而不变，其败露亦易知，既知，便当慎以接之。"（卷一第 27 条）方东树还借用《庄子》之语告诫子孙及世人："君子之交淡如水，久而敬之。小人之交甘如醴，及名利之际，相倾相轧，凶终隙末矣。自古如此，可以鉴矣。"（卷三第 49 条）

或许因为方东树平生曾遭小人之祸，"受大横逆数事"，故而在处世交友方面极为强调明辨君子小人，他说："君子小人，邪正、善恶、理欲、敬肆、贞淫、雅俗、是非、公私、浅深、清浊、昏明、圣狂、真妄，无不事事相反。而君子这边常少常居不足，是以正人常危，不容于众。君子学以致其道，辛苦讲辨，危厉万端，只为要保正善这一边而恒难之。故君子常危，危者，欲使之平，故常操心虑患。"（卷一第 38 条）而如何明辨君子小人，方东树也从自身体悟出发，并稽考经书史事，明确提出："今须先讲知人之道，大约观其行己有耻，存心宽仁，为世道起见，处事顾大局大义者，君子也。行己贪鄙，存心只为一己，自私自利，不顾大局大义，无世道人心之志者，小人也。小人之使为国家菑害并至，自古圣人津津戒之，一部《易经》，陈其消长进退之机，至危至惕，可不念之哉！然莫谓人之易知也。世有论笃之伪君子，惟在人前做个无大破绽之人，则往往为其所欺。又有大奸，专事弥缝，如王莽，则又为其所欺。又有乡原，外貌似忠信无过，而大节不立，缓急不可恃，则又为其所欺。而知人之本，又在自家明德修己克治之严。余尝作诗曰:‘君看明镜成,光精宿百炼。’若自己本有所偏好偏恶,则小人即以此投之,堕其术而不悟,不但国事受其害,即己亦受其败矣。经明其义,史著其事,殷鉴不远也。”(卷二第79条)对那些便辟谄媚的卑鄙小人,方东树深恶痛绝,他反复告诫正人君子,若不得不与之交接,则既要明察秋毫,更要做好自身,以防微杜渐,不让他人有隙可乘。他说:“小人之始合于人也,非以大言夸之,则以谀言毗之,其继尝吾以情,非顺以媚之,必刁难以坚之,征验以信之。君子用人虽不逆诈,然不可不知此等情伪。要之,君子小人亦易辨,用八观之法察之于平日无事之时,大段必得也。凡中小人之祸,必由己心中先自有私妄故也。若自己真能正心诚意,力绝好名好胜、徇好恶、任偏私、积疑忌、存成见、贪功利、纵嗜欲、畔援歆羡一切私妄邪念,彼小人亦何隙之可乘哉?君子重袭,小人无由入,故克己之学为明明德之先功,吾镜果明,彼魑魅且不敢现形,况能骋其伎俩乎?”(卷一第53条)

**其六,关于齐家睦亲。**

方东树非常重视治家,在他看来,家国一体,理实相通,若能做到家齐,即可达于国治。他说:“家犹国也,人情事势,皆同一理,但有广狭耳。苟居家居乡,洞见人情物理,而事事应之以道,处之得宜,则以之处国无不效。故《大学》贵絜矩,吾执一尺之矩,而用之天下无穷。”(卷一第76条)而治家与做人同样,最根本的仍然是伦常理义。他说:“人有五常之道,然后有是身,不然,与土木、禽兽、虫豸等,与已死枯骸同,但行尸而已。家有五伦之道,然后有是家,不然,积怨毒,戈矛相伺,与蛇穴虎巢同处,危哉岌岌,苟保终日而不可必,安望其和乐昌炽也。”(卷二第18条)

方东树考量治国与治家之道,特别拈出“勤俭”二字,他说:“治国以理财用人为大纲先务之急,冢宰制国用,司马辨论官材,治家之道理亦同。然若不能经理,量入为出,势绌举赢,生计困乏,救死不赡,奚暇进德修业。陶公、许鲁斋、张杨园津津皆以为言,岂悖义猥鄙哉?陆梭山治家,以一人督家政,后世士大夫堕名堕行,皆由家以累之也。治家二字经,曰勤曰俭。每思天生一人,莫不各予以至足之生理,所以不足至于困死者,皆由不勤不俭。人事之悖也至于大坏,计无复之,以至于死绝,则天人皆不相管,此一定之理,古今同然。所贵有道,须未至于是,尽思患预防而早为区处,圣人无厄地,用此道也。”(卷三第30条)

在家庭成员关系上，方东树于兄弟之道主张效法儒家圣贤，以亲爱为主，他说："兄弟以亲爱为主，纵有不善，惟当忍受，终不得怨尤以替其亲爱。必以大舜为法，多看古人友于盛德事，惟孝友于兄弟，施于有政，此修齐治平一贯之本也。"（卷三第 46 条）

在长辈与晚辈关系上，方东树认为，晚辈对长辈应当诚实孝顺，恪尽事亲之道，否则，家无亲爱之谊、敬顺之风，何谈和睦昌盛。他指责"近世第一大恶，子、妇之于父母、舅姑，言语行事辄行欺瞒，不将以诚，不告以实。其始由于隐情避责，图便己私，自幼习惯，不知其非"，甚而"以隐瞒为正理要道，曾不自反，己或原有不是，乃惟怨父母之不应检察，久乃视父母如仇敌异类，不可与语，闻声见影，满腹憎嫌，家庭门内，常如欲溃之河隄，强者戴面反唇，公肆忤逆，懦者含冤负曲，阳事浮沉，亲爱之谊全无，敬顺之风罔识，充其很心，直欲离而畔之，然后快于心，但隐而未即发耳"。（卷二第 19 条）职此之故，方东树认同人言"天下无不是的父母"，人子之不孝，往往始于"见父母之不是"，因而强调人子之于父母，必当尽责尽孝。

在夫妇之道方面，受儒家传统观念的影响，方东树表现出对妇女很深的成见。他说："女德无极，妇怨无终，孔子亦以为难养，近之不孙，远之则怨，自古败国亡家，多由妇女。"（卷三第 44 条）甚至认为："天下祸之至险至深而不及防不可为者，莫如妇女，亡家丧邦，莫不由之。《诗经》首《关雎》，《易经》著《家人》，圣人之诫，深切著明。近世女教不修，在家无父母之教，既嫁而其夫又多庸愚懦惛不足刑于，自其生初至于为人妇而不知有妇道，为人母不知有母道，惟纵任习心，蔽锢莫解，不明大义，不崇德让，怀私见小，忮害憯妒，阴很悍毒，如火欲然，欺陵夫主，慢蔑翁姑，强压妯娌，而方自以为能，自以为当然，自以为得计。而不知其乖戾之气、阴憯之志，已自感召不祥，鬼神侧目，既不为身福，又殃及其子女，吾见亦多矣。故人家不幸而遭此妇，则其家之不昌也决矣。其所生之女习此恶行，嫁至夫家，又复如此。故妇女之不贤，非止败及一家，实天下人才根株蔓延之祸也，令人思之生怵惕战惧心。"（卷二第 23 条）基于根深蒂固的传统观念，方东树还毫不掩饰地说："天地大义，男子宜强，女子宜弱。近世大患，男弱女强。每见男子受制于不贤悍妇，有惛懦而甘奉之者，亦有不堪其虐，顾碍颜面，恐贻外人耻辱，委曲含忍之者。而此妇习非成惯，凶威日长，陵暴犯礼，积成天怒神怨，倾家覆宗绝嗣而莫之救，往往有殒其夫之命，而此妇犹僩然得意，绝若无事者，文姜是也。邻里亲族亦莫敢有言，令人发指。寻求其故，只由女教不修，七出之律又不行，而女族兄弟家长往往又多不肖，不崇德义，恃强无礼，不但不加教诫禁饬，且多怙恶助虐，动辄有抄劫人命狱讼之累。是以为其翁姑丈夫者，多畏缩忍受，含冤而不可如何也。齐桓诛哀姜，最合王道王法之正，而说《春秋》者，或犹议其非，则亦此辈之意识也。吾以为宜申严七出之条，兼宜特定科文，专治怙虐图诈之罪，庶有以夺悍妇之胆，止浇陵之习，而恶俗可以稍革，家门和顺，即天下福祥矣。呜呼！礼教不修而议刑，诚非治要，然法立而知畏忌，不愈于陵夷而酿世道之大忧，显虚名而受实败耶?”（卷二第 24 条）

不过，在方东树歧视、贬低妇女的言论中，也包含了一些值得重视的看法。比如，他认为“大约天下妇女之贤者，千百中不得一二”，而妇女之贤否，又直接关系到家庭教育、兄弟和睦等重要问题，因此方东树主张女教为先，他说：“欲天下多贤才，先在修女教，而后有贤妇，有贤妇而后有贤母，而天下福祥矣。故教女尤急于教男。”（卷二第 21 条）又如，在方东树看来，妇女之不贤多由父母不教、丈夫不德造成，他说：“女妇之不贤，总由父母、夫男不德无礼酿纵之故。若父母有严教，男子有刚德，修身刑家，一出以正，彼妇女欲逞其志，何处可容之也。无所容则无所恃，而不敢纵矣。”（卷二第 25 条）因此，方东树强调男子应当明道理，识大义，成主宰，做表率，只有这样，才能家门和顺，福泽绵长。

**其七，关于治国安民。**

方东树始终认为，君子不仅要修德制行，循理遵道，而且要通知世务，接于日用。他说：“君子以仁存心，以礼存心，以学吃亏存心，循理遵道，乐天知命，与世无争，全凭内心天理，原自宽然。但万事万物万变，粲然两间，接于日用，至纤至悉，匪同释氏但求之虚空已也。大而典礼政官、朝章掌故、前言往行、征献考文、舆地山川、人物氏族、风俗物产，细而日用所需、服食之节、百货之情、出门交际、见宾居官、使民莅众，皆必一一周知其故。古者九能为大夫，孔子多能鄙事，子产号博物，子太叔周知四国之为，古今无愚呆之圣贤，盖必通知世务，方能应世。若空执一理，百事不晓，以此应务，无一能当，亦何足比数于人也。矧末俗多故，动辄尤悔。今属吾孙,立身为学,固以修德制行,内全天理为要,而于世间一切事理,必须讲明通贯以待用,不可作不晓事之弃才也。大约立身应世致用,有本有末,必如明道程子,乃为得之。天下无道外之物,即无性外之事,此皆吾性分中所应有之事也。《大学》始教格物之功即此。但须知有本末先后之次而不可遍物以丧志劳心,致失其大者、远者耳。"(卷二第 52 条)

在方东树看来,君子修学进德的根本目的,就在于"成人而经世理物",他说:"君子之所以道学自修,非为一己欲成其德与名而已,将以成人而经世理物也。君子之欲成人经世而理物也,非出位愿外徇奢志也,以先觉自任正本分事也。天地之心、圣君贤相之治无他事,欲使天下相安而已。横渠《西铭》说得最亲切。孔子曰'修己以安人','修己以安百姓',无穷尽,无了期也。"(卷二第 76 条)故而方东树尤为强调经世致用,济世安民。他说:"圣人治天下,尧舜三代、汉唐盛王之所已行,孔孟之所有志而不得行,而谆谆垂诫者,不过安民而已。君子幼学壮行,展经猷,著才德,建功名,不过曰致君忠主,安国家利民人而已。必不得已而急所先,宁后国与君而先安民。盖民安而后国安,国安则君自安,一定之理。若夫徒知利国而不利民,不顾民之水火疾痛,而曰吾固以利国奉君也,譬掘根焦土而求种获,必不得矣,卒之民亡而国遂受其大败。《孟子》曰:'民为贵,社稷次之,君为轻。'此利害次第之实理也。"(卷二第 79 条)

方东树虽然未入仕途,但对为政之大纲大法却颇有见地,他说:"后世政治职掌分曹,千条万端,圣人只统之以富、教二纲。有志经世致用者,依此以施于政,则操之有要,而不疲厌苦杂矣。足食足兵民信,亦纲要也。深知其意,于从政乎何有。"(卷二第 78 条)对为臣之道,方东树也有自己的看法,他说:"忠臣之盛,在匡君之不逮,格君之非,不可则止,是谓大人。若随时俯仰,惟苟富贵,无所救补,是为庸臣误国。若阿世趋时,长君逢君,不顾世之将乱而惟欲保己之富贵,是为奸臣。又有一种,第执理道之常,而不晓时之所急所宜,不量其君之资能行与否,是为迂疏黯士。仕宦者当常以之发心内惕者也。"(卷二第 47 条)在方东树看来,为官者既要志于经世利民,又要善于审时度势,他说:"大约经猷要著,在救时之弊,而又必量其君之资能行与否与其时之可行与否,否则宁隐而不出可也。出而龃龉,非特功不能成,己必及祸。"(卷二第 46 条)

事实上，在《大意尊闻》一书中，方东树从各个方面所阐发的“修己治人之方”，归根结底，其核心观念仍然是传统儒学以及程朱理学的思想宗旨。他总结从正心、诚意、修身至治国平天下之要道，明确指出：“大道甚广，泛数之不能终其物，为举其要，曰仁、义、礼、智、信而已。日用小大之事，依此五者推类而行之，不可缺一端，不可偏一边，所谓率性也，须臾不可离也，离则失。道其类，则曰恻隐，曰羞恶，曰辞让，曰是非，曰诚笃，曰宽裕温柔，曰发强刚毅，曰恭敬齐庄，曰文理密察，曰诚信不欺。其造之之方，曰博学之，审问之，慎思之，明辨之，笃行之，曰知、仁、勇，曰尊德性而道问学，致广大而尽精微，极高明而道中庸，温故而知新，敦厚以崇礼。总之，知行而已。其切而实下功夫也，曰崇德、修慝、辨惑；曰义以为质，礼以行之，质直好义，察言观色，虑以下人；曰动容貌，远暴慢，正颜色，近信出辞气远鄙倍；曰信近义则言可复，恭近礼，远耻辱，因不失其亲乃可宗；曰恭则不侮，宽则得众，信则人任焉，敏则有功，惠则足以使人，公则说；曰无欲速，无见小利；曰不失足于人，不失色于人，不失口于人；曰宏以任重，毅以道远；曰战战兢兢，如临深渊，如履薄冰；曰惩忿，曰窒欲，曰慎独，曰诚意，曰敬以直内，义以方外，曰忠，曰恕，曰约，曰慎密，曰居处恭，执事敬，与人忠，曰非礼勿视、听、言、动；曰克己复礼，曰不远复，不贰过，不迁怒，无伐善，无施劳，有若无，实若虚，犯而不校；曰无虚假，无间断，曰不息不已，自戒慎不睹、恐惧不闻，及于位天地，育万物，皆所谓道也。得道者多助，失道者寡助。多助之至天下顺之，寡助之至亲戚畔之。存亡成败，兴丧荣辱，其几至危、至切、至明、至著，第观之耳目所接乡党邦国并世之人，历历不爽。又远览经史传记、古人已行成迹，究其终始，生其儆畏，斯为知道之君子，庶可免于悔败乎！”（卷二第 87 条）这些看法，在一些人看来不免迂阔，或贬之为不切实际的书生之见，但却实实在在是方东树发自内心的思想理念。他自幼年奠定理学根基之后，数十年间，虽亦浸淫佛老，但始终以传统儒学为根本，以程朱理学为准绳，且愈老弥笃，愈困弥坚。他曾经说道：“吾年六十然后知孔、孟、颜、曾为可学，或恶余言为夸而妄揭己也，要之，非夸也，更非妄也。吾学孔子，惟取好学不知老之将至、下学上达、言顾行行顾言、慥慥自勉等语；吾学颜子，惟取四勿之目以克己复礼、不迁怒不贰过不远复、无伐善施劳、若无若虚、犯而不校等语；吾学曾子，惟取慎独诚意、毋自欺、正心修身、战战兢兢如临深渊如履薄冰、十目所视十手所指、得正而毙等语；吾学孟子，惟取扩四端、严义利、知言集义养气等语。皆切近思也，非夸也妄也。”（卷一第35条）

## 三

与一般的家训著作相比，《大意尊闻》一书在从家教家风、做人立身、读书治学、修德任事、处世交友、齐家睦亲、治国安民等各个方面谆谆教诲训诫其子孙后代的同时，融入了更多作者对当时社会现实的关注、自身历经沧桑之后的感悟以及个人读经研史的心得。而正是这些观察、思考和体会，构成了《大意尊闻》的显著特色。

**其一，针砭现实，批评世风。**

方东树一生迫于生计，长年在外奔波，或坐馆授徒，或为人作幕，饱尝世态炎凉，人情冷暖，往往冷眼旁观，对社会现实、世俗风气，以及官场积习等弊端看得格外清楚，反映在《大意尊闻》一书中，就是随处可见的愤世嫉俗之言，针砭现实之语。

比如，方东树对为官者之尸位素餐颇为不满，他说：“为人在有名德行谊才美，不仅爵位。每见有高官显爵而阘茸无能，行谊不称于士口，政理不感于民心，须臾与草木同腐，孔子所以噫斗筲也。”（卷一第16条）在方东树看来，为官者贵能利泽天下，而非为己身安富尊荣，他说：“圣贤最重富贵，天亦最重之，以其得位有权，利泽足以及物，非为一人之身厚其尊荣也。若在位而专恣一己之欲恶，不思忠君报国，济世安人，又或阘茸无能，旷官尸位，则天下之恶亦无如富贵之人居最。”（卷一第20条）他指责官场弊端，说：“吾尝论世乏忠信，人习为欺。而在当位居职，其情愈甚，原其所由，皆由怀私不忠耳。利害之地，达命引疾，怀古人之风者不多有，于是不得不相率而出于欺矣。为欲邀功也则欺，为欲脱罪也则欺，为欲竞利也则欺，为欲避害也则欺。在庶务则以庶务欺，在兵间则以兵事欺，机关用之既熟，自虐毒民人，陷害忠良，极而指鹿为马，弥天祸国之不恤，皆起于私而不忠耳。”（卷一第25条）有鉴于此，方东树认为，士子入仕做官未必是好事,他说:“世人但期子弟为官,不知子弟才入仕途,即万罪万恶之根株萌芽,与之并长,多以之覆宗,可惧之甚。然则官遂不可为乎?非也。君子入仕之初与童蒙养正之初同一关头,古人志节器识已早讲明于始学之日,入仕之后又有许多修为节目,故上之可裨益于君国,下之亦不至辱其身家。今人只学一篇应试之文以博科第,其于显名大德、经世理物之道,茫乎莫之问津,且相戒以为不急之务而不讲,以为他日自能办之,而无待于学也。及其居官经事,则惟自逞其偏私习性,予知自是,好人所恶,恶人所好,而生民始病,王事靡不盬矣。其汙下者,则又惟纵志遂欲之图,卒之丧身覆宗,不顾不悔,又何知其他耶!”(卷二第 60 条)不仅如此,对一般人求之不得的官宦门荫世禄,方东树也清醒地觉察到其中潜藏的危机,他告诫说:“每见古今祖父辛勤积累,身未获报,子孙蒙休,勃兴贵达,乃全不念我之显贵由于父祖积累,愈思报答,更加培植,以期无愧天地,无愧圣贤,永保其世,益大其基。乃才入仕涂,骄奢淫佚,宫室妻妾,服食舆马,恣情任性。或刻薄寡恩,不顾亲旧,或肆虐贪婪,剥下殃民,罔念君国,专行残贼,取怨天人,不转瞬而恶终,遂至灭绝。吾见亦多矣。天道福善祸淫,毫末不爽,观古鉴今,无不由人事之惠逆为之。”据此,方东树认为,依靠“门荫”显达的官宦子弟,“当愈思本源之报,志存君国,以尽职守之当然,念切祖宗,倍感庇荫之所自,战兢恐惧,思患戒满,当百倍于平人。如是,则其宗必益昌大而免倾覆之虞矣。以周瑜之功名,士燮、房、杜之贤,皆不保其世。故人贵自立,不关门荫,而在门荫者更危,可不惧耶!”(卷一第 17 条)

又如,对当时富贵之家富而不教,富家子弟多不成才,以致骄奢淫逸,败坏世风的现象,方东树极为痛心疾首,他说:“唯有富贵失势子弟及虚浮无业之士,游手好闲,一事无能,惟纵欲妄想,求不可必得,犯义犯刑,无不为之。德既为天所厌,材又为人所弃,黠而无赖者必入于穿窬盗贼矣,懦而无能者将流于乞丐厮役矣。其有借父祖余势,怙惜体面,势绌举赢,势不久支,终亦潦倒困死而已。追寻其故,只由性行虚浮,不肯立志,克勤克俭,苦心执一业以自立也。昔人云:‘积财千万,不如薄技在身。’凉州歌曰:‘游子常苦贫,力子天所富。’然此亦存乎贤父兄之早喻教,尝见今之世家,其子弟不力于为学而即志于援例为官,其幸而为官者贤良甚尠,其不幸而不得官者率成败类,岂非贻谋之失道与?”(卷一第 14

条)又说:“大约子弟之不才,多由于富贵世禄之家骄淫矜侉服美于人,心不则德义,身不服忠信,口不道古昔。其风一扇,众士耳濡目染,一行百效,廉隅全毁,遂积成风俗而不可挽,上之人又不修道以教之,江河日下,则劫运成矣。”(卷一第10条)

对当世之人多为一己私利打算的现象,方东树也多有揭露,他说:“大抵世人喻利而不喻义,纵其小体之欲而弃其大体,全是私便一己,无克己利人公心,纯以我相胜心矜慢于人,不思孝,不念祖宗,不思敬畏天命及圣人之言,损人利己,圣己愚人,读书志不在圣贤,为官心不存君国,自在位者至于凡民,证多慰同,冥然不知其为非,口读《诗经》《尚书》,谈说是非,而曾无一念回光返照己身,夜气罔存,人形徒具,而方晏然自得,以为无过。吁!可叹也。”故而方东树寄希望于世人,“诚能将上所指一一悔改,不远而复,痛自鞭辟,一分不尽不得谓之人。愿天下道学自修者,以此立为课程,从事焉可也。无取侈谈道义,泛滥儒言,而于己分毫无愧悔之萌也。”(卷二第27条)

对学术界盛行一时的汉学风气,方东树也多所指责。本来,他曾专作《辨道论》《汉学商兑》等著述,集中批评攻击汉学。而在《大意尊闻》一书中,方东树对汉学仍未轻易放过,虽非实指明言,却不时有批评之语。如他在辨析读书有本末内外之别时,即批评汉学家邀名好博、惑世诬民之妄,他说:“志于本志于内者,其读书惟求明理诚身,事事反向己身上寻取,此正也。志于末志于外者,专以为邀名取富贵之具。取富贵者,得之则旋弃之,其失则为庸鄙,邀名者则其祸甚烈也。读书愈博,其气益高,其妄益甚,不深惟义理之真,俱资以长傲,灭德灾身,惑世诬民,坏乱圣贤成说,流毒莫堙。”(卷一第32条)在阐述读书致用之见时,也批评汉学家著书无用,谓:“人心中自有明镜、筹算、权衡、量斛、尺度,一一自备贮心中,此自古圣贤英豪所留以赠我者也,故事物至前,一无所逃遁。所谓明镜、筹算、权衡、量斛、尺度者何也,曰:理也。其义在四书五经,其事在廿四史,凡先哲之格言,具于载籍者皆是也。如此取用,方为能读书致用,否则,纵博雅著书能文,不过鄙俗小儒而已。而自古及今多蔽于此,由志量卑狭惛蔽,惟知自私一己,而不明理、不知学、不知道也。虽读破万卷,著书成名,于我何有哉,于古圣贤何学哉?于天地民物何益哉,其不可耻乎?”(卷二第83条)

凡此等等，可见方东树志存经世，对社会现实关注有加，对社会弊端痛下针砭，试图以一人之力，改善社会环境，扭转社会风气，典型地表现了一个传统知识分子身虽未仕，而常怀天下忧的情怀。

**其二，省察自我，警切他人。**

方东树一生坎坷困顿，科举不中，入仕无望，郁郁不得志，其思想主张又与当时风靡的汉学风气相悖，故而经常“犯笑侮，蒙齿舌”，“匪独无见收之人，乃至无一人可共语”[36]。然而，坎坷困顿、忧戚贫病的经历，成就了他愈挫愈奋、百折不挠的性格，多年夜不能寐的“幽忧之疾”，也养成了他清夜扪心，反躬自省的习惯。《大意尊闻》一书中，即多有方东树历经沧桑之后的感悟和自省提撕的心得。

比如，方东树经常自省，不讳言自己的短处和不足，他说：“吾生也贱，于人人所能鄙事，曾无一能，固由性愔愚不达物理，亦由太疏略粗心，浮躁不留心。行矣而不著，习矣而不察，不思天下无道外之物，日用细微莫不有当然之理，《大学》始教格物穷理，即谓是也。古人一物不知为耻，衣服在躬而不知其名为罔，推之日用饮食一切，一事一物之理有缺，即于吾性分中智之德有亏，是岂可忽？子夏言虽小道必有可观，但勿泥而忘其大者、远者耳，岂谓以无所知为可恕也。近尝于庭中种一树，屡种不得生，遂后悟为佣役所误，苟且毕事，宜其不生也。因思近日人家子弟，多无成不才，居官从政者，一切虚浮苟且，王事靡盬，皆若余之种树也已。谓是其力果绌与？为不用心焉耳。夫置器不慎，尚忧损败，况于教子弟经国事耶！”（卷二第68条）又反省自己生性耿直，往往口无遮拦，不顾及对方感受的性格缺陷，说：“打人莫打膝，道人莫道实。余性直口快，不能曲折，好直言，又窃好穷理，所道人之失偏中其深隐处，以此故尤取怨招恶于人，屡悔不能改。思之大惧，非但有人祸，亦恐太无含蓄，失之浅薄伤厚，殊非德福之相。”（卷二第30条）

又如，方东树在批评世俗风气之时，也不乏对自己的审视。以当时社会弥漫的虚浮风气为例，方东树对此痛下针砭，他说：“死病无药医，惟‘虚浮’二字尽

[36] 方东树：《考槃集文录》卷六，《答姚石甫书》。

之。自孩童入学,及于居位理物经世,中此病者无有一成,无有不败。多读史传,多阅历,世情自见。"(卷一第39条)在方东树看来:"万物皆是诚,不诚无物。故人第一戒虚浮,虚浮者,万无成就。圣人教弟子,先以谨信,谨者行之有恒,信者言之有实。"(卷一第11条)据此衡之,他对自身存在的浮躁弊端,也作了毫不留情的批评:"吾自检点,终是轻,所谓动佚也。气轻、言轻、貌轻、下笔轻,轻由于浮,气浮由用心浮,用心浮由好名一念,其根未拔也。自今当用力折节净改之。"(卷一第36条)

再如,方东树在说理论事之时,还常常结合自己的经历和体会,往往有感而发,借以警切他人。在方东树看来,人当慎欲恶,禀操持,为正人。但"古今世界,邪人多正人少,独正不能胜众邪,众邪不能容独正,始也咻之,继且忌之,继且恶之,继且怒之,至于怒则争欲杀之矣。如此而能独立不惧,百折不回,圣人所谓不忧不惑,不惧不闷,非知、仁、勇,达天知命,其孰能之?若夫知及而仁不能守,靡不有初,鲜克有终,一遭折挫而变其操,转疑己之是者为非矣,如马融、柳宗元、元稹者,不可屈指也。此屈子所以托而卜居颂橘也哉!"(卷一第30条)显然,方东树既是在训诫子孙,也是在剖白自己,不仅借古喻今,而且感同身受。

有时,在历经沧桑之后,方东树的一些看法前后有所变化,这种情形,在《大意尊闻》一书中也有反映。比如,自己的思想学术不为世所认同,方东树在坚持的同时,也一直在思考:"昔人言其人与天地侔者,其人必不祥,又曰道高一尺,魔高一丈。吾始甚非之,以为无理,中岁以后,遭困特甚,然后乃悟此言有故。盖举世皆同流合污,意同气合,一人独踽踽凉凉,则为众所不与,莫之与则伤之者至矣,理所必然,事所必至,不祥不亦宜乎?无足怪也。苟信道笃,自知明,事事遵道,尽理比义,如此而犹有意外横逆,可以理遣,可以归之于命,而无容动心,虽魔高一丈,何畏焉?守死善道,何不祥之有?孔子曰:'道二,仁与不仁而已。'仁义何常之有,蹈之则为君子,吾审仁矣,何所疑乎?岂有因不仁之多而中立骑墙,为君子小人两全之谋耶?"(卷二第26条)可以说,这段文字,真切地反映了方东树不从众、不虚伪、不改初衷、老而弥坚的性格特征,读来尤为感人。

**其三,博稽经史,借鉴昔贤。**

方东树精通经史,泛览百家,善于从昔贤言论、古人行迹中汲取思想资源,借以增长学识,修养身心。反映在《大意尊闻》一书中,就是在告诫子孙世人必当读书明理致用的同时,融入了自己多年读经研史的体会以及借古喻今的心得。他毕生向学,著述不辍,读书甚多,颇有心得。比如,在读书范围的选择方面,方东树从自己早年由醉心诗文到泛览百家,最终归于程朱理学的体会出发,主张以儒家经典、理学著述为重,在此基础上,多读史书,以博古通今,进德成才。他说:"须多看史传及名人文集传状志铭、书疏论说所载前贤议论行事,凡是非得失、兴丧成败之大,以兴起吾之志气而生其劝惩之念。见前人行事,反己近思,思齐内省,以自升济于高明远大,图三不朽,毋汩没于庸众以自安也。要在立志,吐弃凡近,盱衡今古,开拓心胸,以古人为必可师,以流俗为深可鄙,而行之又必在暗然尚絅,切戒标揭名声,自表暴以求人知。此非但可耻,亦必事事浮虚徇外,而实行实德,一毫于己无分矣。是故子弟先患不学,不成材,无所知,能幸而就学,稍有所成就,又患蓄之未厚,藏之不深。此际所关至切,大约有三患:一则浅露矜肆,为夜郎、河伯,贻笑大方;一则轻儇佻薄,矜骄满傲,取忌忤物,多致杀身之祸;一则得少自封,终于不闻至道。古之哲人切切以为大诫,经明其义,史胪其迹,不可不深长思也。"(卷二第 61 条)方东树还从自己的读书实践中,体会到读史易,读经难,他说:"读史得益较易于读经。盖经所陈义理精蕴深隐,人或难窥,史可骤触而动于心也。舜以好问察迩言为大知,《大雅》'询于刍荛',《皇华》五善以补不及,人皆读之而不悟。及引唐太宗之纳谏,诸葛恪之愎谏,则如聆新闻矣。忠信重禄所以劝士,《清人》之诗讥郑文公之弃高克,《北门》诗之悯贫窭,《东山》《驷牡》之劳归,士人皆读之而不悟,及观孙权之恤吕岱,有感激欲涕,思报愈奋者矣。凡此可以类推。然读史久,又易令人心粗,故又当先之以经,则酝酿深厚而不见其涯涘。"(卷三第 29 条)尽管在读经与读史二者的轻重权衡上,方东树仍沿袭了理学家的看法,认为读史"易令人心粗",但他所揭示的读书尤其是读史的功用,却是颇有见地的。

不仅如此,为讲明道理,增强说服力,方东树在《大意尊闻》一书中,还多借昔贤言论和古人行迹以为依据。比如,在读书方法上,方东树主张熟读精思,他引孔子、管子和朱子之言,强调思的重要性,谓:"格物须用学,学而思,思而悟,不学则无从著思,不思无由起悟,学与思,所以求悟也,悟思而得道也。孔子曰:

‘不思则罔。’管子曰：‘思之思之又重思之，思之而不通，鬼神将通之，非鬼神之力也，精气之极也。’朱子曰：‘思多在夜间，若读之非极熟，则夜间亦何由起思。’愚谓圣人恐人废思，故正唐棣之诗至于何思何虑，乃是化境，非学者此时事也。”（卷二第56条）又如，在经世实践上，方东树认为，必当出以公心，审时度势，措置得宜，方能收效。他举古人之例予以说明：“夫欲经世，必识时务之要，窥其时之失与其君之资而补救之，是为救时之才，贾生、诸葛是也。又有所陈，虽亦切要适其君，亦有可行之资，而其时有未可，而惟锐志于功名，不顾其害，则行之必不能善其终，如晁错、周威、王介甫、张魏公是也。至于不顾其事理之不可，惟顺其君之意旨，委曲阿世趋时，明知世之将乱而不以易己目前之富贵，李斯督责，许敬宗、李勣赞立武后，秦桧和议是也。千古小人，长君逢君其术皆同，其祸国祸身亦同，晏子所以辨和同也。”（卷二第45条）

诸如此类，凡经史大义、昔贤言论、历史事件、古人行迹，方东树皆随手拈来，随处阐发，可谓鉴古知今，发人深省。

综而观之，《大意尊闻》一书篇幅虽然不长，但内容却相当丰富，特色也非常鲜明，它反映了方东树对社会现实的观察和思考，寄托了其对子孙以及世人的教诲和希望，也蕴涵了他毕生读经研史的心得体会。诚如其弟子方宗诚所说：“是书先生之家训，所言自小学以至于大学之事，格致、省察、克制、存养以至于成德之功，居身、接物、齐家、训俗、教学以至于治平之业，无不有以探其原而穷其弊，笃实亲切，不阔不肤。”[37]其中不少观点和看法，至今读来仍有很强的现实借鉴意义，值得我们进一步深入研究。

【黄爱平　中国人民大学清史所教授】

原文刊于《中国文化》2016年02期

---

[37] 方宗诚：《大意尊闻序》，载方东树《大意尊闻》卷首。

# 朝鲜燕行使笔下的江南镜像与心理寄托

漆永祥

**提　要：**本文通过大量的事例，对中国与朝鲜半岛各自的行政区划、俗称与隐语等层面的“江南”“小江南”等做了详细的对比分析，充分证明在明清不同时期，“江南”在朝鲜半岛君臣心中的概念与寄托也在不断变化与纠结之中。尤其到了清代，“江南”不仅是富庶繁盛、人文渊薮之地，更是“大明”的代名词，是他们心中特殊的政治意象与未来寄望。朝鲜君臣这种不同而多变的“江南”镜像，说明了现实社会与山川景物，与人们心中的政治立场与固有理念相冲相撞时，立场与成见往往会占据上风，真实的景象与事实会被遮盖和异化，而满清与朝鲜就在这样遮盖与异化的交往过程中，共同走向了衰亡。

**关键词：**燕行录　燕行使　江南　镜像　寄托　异化

“江南”一词，在中国自古以来既是一个实有的行政区划名称，又是一个虚化的地理范畴、经济区域与文化标志，具有丰富的含义与象征。无独有偶，在朝鲜半岛历史上，“江南”在朝鲜君臣心中也别有一番镜像，增添了他们无限的神秘与向往，寄托了诸多的政治情结与未来期望。本文以明清时期朝鲜使臣所撰“燕行录”为例，试对此现象进行剖析。

## 一、何处是江南——朝鲜半岛的地理“江南”与特殊意象

### (一)中国概念中的地理江南与江南俗称

自魏晋南北朝以降,随着北方衣冠南渡与经济重心南移,“苏湖熟,天下足”的江南地区,已成为物宝天华、富庶繁盛与书香高第、人文渊薮的代名词。就行政区划沿革而言,唐设江南道,宋改江南路。元代以江北地属河南江北等处行中书省,又分置淮东道宣慰使司治扬州等处;江南地属江浙等处行中书省,隶杭州、湖州、嘉兴、平江、常州等地。但元人也常有“江南行省”与“江南三省”等俗称。明太祖起事,置江南行中书省并自总省事。洪武时,罢行中书省,以应天等府直隶中书省,改南京为京师。宣德年间,全国十三布政使司中的江西、浙江所属,大致含有江南诸地。

清顺治二年(1645),改南京为江南省,应天府为江宁府,并设置两江总督辖江南、江西。康熙时分设安徽布政使司,驻江宁;江苏布政使司,治苏州,统江宁、苏州、常州、松江、镇江、扬州、淮安七府与徐州直隶州。乾隆朝,移安徽布政使司于安庆,增江宁布政使司,析江宁、淮安、徐、扬四府,通、海二直隶州属之,与江苏布政使司对治。后仍变动不居,此出彼入,屡有更革。

但统观古今,无论从行政区划还是习惯称谓上,都很难将“江南”固定在某一区域。从大范围上来讲,“江南”甚至就是“南方”。如《元史》称“若元,则起朔漠,并西域,平西夏,灭女真,臣高丽,定南诏,遂下江南,而天下为一”①。此处的江南,显然就是指长江以南的广大地区。但就狭义范围的“江南”而言,明代将苏、松、常、嘉、湖五府视为“江南”。稍加扩大则有所谓“八府一州”,即包括苏州府、松江府、常州府、嘉兴府、湖州府、杭州府、镇江府、应天府与太仓州。如果再加上江北的扬州,就形成以京杭大运河为干线、又从太湖流域东西荡开的扇形地带。山川奇丽,园林绝胜,富甲全国,人文蔚兴,代有达人,直至今日。

---

① 《元史》卷五八“地理一”,中华书局1976年,第5册,第1345页。

**（二）朝鲜半岛行政区划中的江南道、江南坊（面）与俗称的“小江南”**

在今日韩国、朝鲜南北两国，都大力推行“去中国化”的国策，凡事无不与中国切割殆尽，表现在对待地名上，如韩国将“汉城”改为“首尔”就是最典型的体现。但古代朝鲜半岛，在政治、经济与文化诸方面深受中国濡染，以与中国相似相连为荣。体现在半岛各地的地名方面，就有不少与中国完全重叠。如广州、永平、南阳、富平、连山、洪州、泰安、大兴、新昌、丹阳、天安、安东、昌宁、河东、咸阳、南海、镇海、长兴、平昌、江陵、海州、延安、金川、黄州、会宁、江西、江东、宁远、定州、渭原以及扬州、泗川等，比比皆是。而且，朝鲜半岛也有关西、湖南、岭南、江南等大范围的区域地理称谓。无论是谁先谁后，两国地名之相重合者，比比皆是矣。

不仅如此，朝鲜半岛也有行政区划上的江南道、江南面（坊）与俗称的“江南”与“小江南”等。据朝鲜《世宗实录》载，高丽成宗十四年（宋太宗至道元年，995）：

> 以全州、瀛州、淳州、马州等州县为江南道，罗州、光州、静州、升州、具州、潭州、朗州等州县为海阳道。显宗九年（1018）戊午，改全罗道。今因之，都观察使，置司全州。②

此为朝鲜曾设过“江南道”之证。因为庆尚道富甲一方，朝鲜半岛亦以之喻为江南。如徐居正曰：

> 盖庆尚一道，新罗氏之故国。自岭而南，三面滨海，环其道方数千里，州若府，府若郡，郡若县，若大若小，计七十余。其地广，其民伙，又分为左、右二道。实我国家财赋之聚，人材之薮，犹中国之资江南也。③

朝鲜王朝时期，还有江南坊、江南面之小地名，在黄海道金川郡。如《承政院日

② 《世宗实录》卷一百五十一，《地理志·全罗道》高丽成宗十四年（宋太宗至道元年，995）条。

③ 徐居正：《四佳文集》卷五《送兵曹参判朴公楗出为庆尚道观察使诗序》，《韩国文集丛刊》，011/261。

记》英祖三十七年记曰：

今年军米、布、奴婢贡，特为蠲减，新还旧逋，限明秋停退。延安金岩坊、海州上平仓等四坊，新溪破幕坊、金川江南坊、平山方洞等三坊，新还旧逋，限明秋停退事，并请令庙堂禀处矣。④

至高宗朝，此江南坊又改为江南面。《高宗实录》曰：

议政府启：即见开城留守金寿铉所报，则本府塔岘青石洞曾已设镇置将，而旋又罢之，盖缘财力之不继也。特为复旧设镇，而以金川郡江南面属于此镇。又以大兴中军移住，使之桌衆饷谷，教练军卒为辞矣。今其复设之举，保障可以增重，而金川郡之江南面，实为此镇之喉隘也。⑤

不仅如此，朝鲜半岛还将顺天府俗称为“小江南”。如柳梦寅曰：

顺天岸海大府，佳丽冠湖左，俗号为“小江南”。⑥

为什么如此称呼？一则因顺天为富丽之乡，二则与中国江南相媲美。如洪奭周曰：

顺天，古升州也。唐以金陵为升州，后为江南，故顺天亦称“小江南”。城外之有燕子桥，亦仿金陵也。⑦

又李箕洪曰：

---

④ 《承政院日记》册1198，英祖三十七年(乾隆二十六年，1761)10月18日条。

⑤ 《高宗实录》卷三，高宗三年(同治五年，1866)11月27日壬午条。

⑥ 柳梦寅：《於于集》卷三《送表兄洪师古遵赴顺天任所序》，《韩国文集丛刊》，063/356。

⑦ 洪奭周：《渊泉先生文集》卷一《小江南》，《韩国文集丛刊》，293/032。

顺天，古升平郡也。山秀而蕴，水清而漪。西近碧骨之堤，南通燕子之桥。注海风帆，扑地烟户。世所称“小江南”者也。[8]

又鲜末时期的金允植曰：

顺天古称富丽，有粳稻、鱼盐之美，橘柚、竹箭之饶，山水、楼台之胜，邑人称之曰“小江南”。夫江南固佳丽之区，然去中州踔远，风土异常。江北宦游之士，每多失志迁逐，羁旅愁苦，以道其不平之怀。江南虽佳，未足为乐。[9]

这种称谓并非只行于民间，即朝鲜朝廷议事，亦如此称之。如正祖九年（乾隆五十年，1785），正祖与承政院承旨李亨元对话：

上曰：“尔新经阃任，顺天素称‘小江南’，凡百所见，果何如？”亨元曰：“山川俗习，别无可称，器具凡百，乍胜于他处。而南土人心，远近同然，无彼此之殊矣。”[10]

正祖二十二年，新溪生员郑锡猷上疏，将朝鲜多地与中国相比。其曰：

臣请先论我国之地利，次论我国之田土，次论之农器，后论不失时不失所之方，可乎？沃沮山多而滨海，土瘠而风寒；带方峡穷而川深，土确而野湿；乐浪西北背山，东南开野；三南水深土饶，山海参半；海西、畿甸，土薄而山峻，濒海者多斥卤，近山者多沙石。比之于中国，则山东饶桑麻，山西饶黍稷，江南饶稻粱，河北饶菽粟，风气之所异，地利之所宜，概可知也。我国之三南，即中国之江南也；沃沮，即中国之河北也；乐浪，即中国之山西也；带

⑧ 李箕洪：《直斋集》卷八《唤仙亭记》，《韩国文集丛刊》，149/443。

⑨ 金允植：《云养集》卷十《琴鹤轩记》，《韩国文集丛刊》，328/409。

⑩ 《承政院日记》册 1578，正祖九年（乾隆五十年，1785）3 月 10 日条。

方，即中国之山东；畿甸，即中国之冀州也；海西，即中国之兖州也。[11]

不仅地名，这种比喻几乎渗透到朝鲜半岛的方方面面。朝鲜诗家，更多有歌咏“小江南”者。如洪贵达诗曰：

才子驭风归海上，严君作宰小江南。
青山影里朝炊饭，绿树阴中午系骖。
竹立千家森碧玉，花开百日正红酣。
北堂六月凉如水，万寿瑶杯献者三。[12]

又金宗直诗曰：

海滨千骑正骖驔，百济风烟略已谙。
雀鼠倦来欹枕睡，不知身在小江南。[13]

又黄玹诗曰：

唤仙亭畔柳毵毵，燕子楼前水似蓝。
锦瑟华灯新乐府，春风长在小江南。

（顺天谓之“小江南”）[14]

又据李夏坤记载，中国人以朝鲜南原府为“小江南”。其曰：

自此为南原界。往□村家依山带溪，松篱竹扉，幽澹如画，前辈亟称南

[11] 《承政院日记》册 1802，正祖二十二年（嘉庆三年，1798）12 月 29 日条。
[12] 洪贵达：《虚白亭文集》卷一《送金进士粹洪觐亲于顺天府》，《韩国文集丛刊》，014/025。
[13] 金宗直：《占毕斋集》卷二一《顺天府二首》其二，《韩国文集丛刊》，012/370。
[14] 黄玹：《梅泉集》卷二《戊戌稿 · 题金孝灿龙城吟稿》其四，《韩国文集丛刊》，348/441。

原风土佳丽，唐人至谓之“小江南”，其言信不虚也。⑮

据此可知，即使在朝鲜半岛，“江南”也既是历史上实有的一级行政区划“江南道”，又是一个郡属“江南坊（面）”，也泛指“财赋之聚，人材之薮”的庆尚道；而“小江南”，则指山清水秀而经济发达的顺天府、南原府等。

**（三）“江南”即“大明”**

明末清初，随着明朝的衰亡与清朝的崛起，在朝鲜半岛，“江南”又成为“大明”的隐讳语与代名词。如仁祖二十四年（1646）岁杪，朝鲜遣译官李亨男、韩相国，随倭使慰问对马岛主，对方问以“丙子之乱”时朝鲜王子情状，又谓“鞑靼以顺治纪元云，朝鲜今用何年号”。这完全是恶意的挑衅，朝鲜人闵应协是如何应对呢？《仁祖实录》载：

> 应协等曰：“当初漂倭入送时，我国书契中，以清国所送为言。而回答书契中，有‘鞑靼’二字，方以为怪。今番又问‘鞑靼’，所谓‘鞑靼’，曾所未闻，未知指何国而言乎？”倭曰：“大明或称‘江南’，朝鲜或称‘高丽’，此亦互相称号之语也。”⑯

日本人明知朝鲜已经投降清朝，称臣纳贡，却仍如此发问，以为羞辱与嘲讽。虽然朝鲜也称清人为“鞑虏”“鞑子”，但在日本人面前，碍于国体与面子，仍称“清国”。

明崇祯十七年甲申（清顺治元年，1644），清军占领北京，明亡。时朝鲜大臣金堉正奉元孙在沈阳为质，闻燕京陷，不胜悲愤，遂作《哀江南赋》，以寓《匪风》之意。其序曰：

---

⑮ 李夏坤：《头陀草》第18册《南游录二》，《韩国文集丛刊》，191/551。

⑯ 《仁祖实录》卷四十七，正祖二十四年（顺治三年，1646）12月22日甲午条。

大明太祖都南京，我国越海朝聘，谓天朝为"江南"；太宗迁于北京，而仍以"江南"称，盖狃于旧也。今而哀之，作此赋。[17]

同时，在清初清廷也称明朝为"江南"。如孝宗五年(1654)七月，孝宗率群臣在南别宫，与清朝使者同查朝鲜李敬舆等三臣之罪。双方对质曰：

清使曰："李敬舆、李景奭、赵絅等，以罪废锢，俾勿收用，而本国咨文有曰'为馨长、命守所构'。有若无罪而被诬者然，故皇帝特遣大臣查问。"上曰："三臣非曰无罪，命守亦从中构毁，故咨文中及之。而且累经大赦，敢以愚见，有此请矣。"清使曰："敬舆交通江南，违拒本朝之罪也；絅漂到汉人，解送倭国之罪也；景奭此等罪名，皆自当之，何敢复请收用乎？"上及诸臣力救，而清使不答。[18]

此所谓"江南"即指当时垂死挣扎的南明永历小朝廷。正因为"江南"在朝鲜有如此众多而复杂的地理实指与虚化概念，所以到了明清易代之后，"江南"对于朝鲜君臣便有了更为丰富的象征意义与情怀寄托。"江南"既是深深的怀念与满腔的悲愤，又是梦寐的幻想与无穷的寄望。

## 二、我亦乘查至，宛如天上行[19]——高丽、朝鲜使臣笔下的江南实景

### (一)乘海槎跨长江而至南京朝天的高丽、朝鲜使臣

中国自汉唐以来，与朝鲜半岛即交流密切，而汉、唐与辽、金，首都皆在北方，朝鲜使臣无由得达江南。南宋都杭州，与朝鲜海路有往还，但高丽使臣并未留下

---

⑰ 金埫：《潜谷先生遗稿》卷一《哀江南赋》，《韩国文集丛刊》，086/006。
⑱ 《孝宗实录》卷十三，孝宗五年(顺治十一年，1654)7月16日癸卯条。
⑲ 郑梦周：《赴南诗·入京》，《燕行录全集》，001/081。

纪行录。自元末至明永乐间,渡过长江而往江南的使臣不少,但所撰奉使录留存于今的仅有李齐贤、金九容、郑梦周、郑道传、李崇仁、李穑、权近、赵浚、李檐、张子忠等十人,现依其出使时间、出使身份、出使成员(正副使与书状官)、所撰奉使录名称等列表如下:

最早跨过长江的是李齐贤(1287—1367)。高丽忠烈王与其子忠宣王(蒙古名益智礼普化)不合,让位于宣王,宣王锐意更革,得罪元廷,忠烈王经元朝干涉复位,忠宣王入元。忠烈王卒,宣王归国,无复治国之趣,遂再入元,其在大都,召李齐贤为文学侍从。延祐三年(1316),奉使西蜀。六年,忠宣王降香江南,齐贤侍其左右。后宣王入西蕃,齐贤复自高丽往西域省谒,李齐贤是朝鲜半岛唯一到过中国东西南北的使臣与学者。

**(二)高丽、朝鲜使臣笔下的江南景象与故国忧伤**

李齐贤随忠宣王降香江南时,路经金山寺、焦山、多景楼、吴江、姑苏台、临安、虎丘寺等地,所至楼台风物,辄即兴遣怀。其诗咏焦山有"海吞吴地尽,山控楚天遥"之句,[20]气象颇为豪迈。又其《多景楼雪后》曰:

楼高正喜雪漫空,晴后奇观更不同。
万里天围银色界,六朝山拥水精宫。
光摇翠眼沧溟日,清透诗肠草木风。
却笑区区何事业,十年挥汗九街中。[21]

**高丽、朝鲜使臣入江南且有奉使录存世者排列表**

| 序号 | 使臣姓名 | 出使时间 | 出使身份 | 出使成员 | 奉使录名称 |
|---|---|---|---|---|---|
| 1 | 李齐贤 | 1372 | 忠宣王侍臣 | 忠宣王、李齐贤等 | 清游稿 |
| 2 | 金九容 | 1372 | 圣节使 | 同知密直司事成元揆、书状官总部议郎金九容等 | 奉使诗 |
|  |  | 1384 | 礼咨行 | 金九容等 | 流云南 |

[20] 李齐贤:《益斋乱稿》卷一《焦山》,《韩国文集丛刊》,002/508。
[21] 李齐贤:《益斋乱稿》卷一《多景楼雪后》,《韩国文集丛刊》,002/512。

续表

| 序号 | 使臣姓名 | 出使时间 | 出使身份 | 出使成员 | 奉使录名称 |
|---|---|---|---|---|---|
| 3 | 郑梦周 | 1372 | 庆贺使 | 知密直司事洪师范、书状官密直副使郑梦周等 | 赴南诗 |
| | | 1384 | 圣节使 | 正使政堂文学郑梦周、书状官典校副令郑道传等 | |
| | | 1386 | 奏请使 | 评理郑梦周、书状官韩尚质等 | |
| 4 | 郑道传 | 1372 | 庆贺使 | 知密直司事洪师范、书状官密直副使郑梦周等 | 奉使录 |
| | | 1389 | 圣节使 | 圣节使政堂文学郑道传、千秋使艺文馆提学韩尚质等 | |
| | | 1392 | 谢恩兼贺正使 | 门下侍郎赞成事郑道传等 | |
| 5 | 李崇仁 | 1386 | 贺正使 | 门下评理金凑、书状官同知密直司事李崇仁等 | 奉使录 |
| | | 1388 | 贺正使 | 正使门下侍中李穑、副使佥书密直李崇仁、书状官李远芳等 | |
| 6 | 李　穑 | 1388 | 贺正使 | 正使门下侍中李穑、副使佥书密直李崇仁、书状官李远芳等 | 使行录 |
| 7 | 权　近 | 1389 | 奏请使 | 佥书密直司事权近、副使门下评理尹承顺等 | 奉使录 |
| | | 1396 | 奏请使 | 都评议使司事权近等 | |
| 8 | 赵　浚 | 1391 | 圣节使 | 门下赞成事赵浚、千秋使判密直司事金立坚等 | 朝天诗 |
| 9 | 李　檐 | 1400 | 启禀使 | 中枢院学士李檐等 | 观光录 |
| | | 1402 | 贺登极使 | 左政丞河仑、副使知议政府事李檐、书状官赵末生等 | |
| 10 | 张子忠 | 1419 | 谢恩使 | 正使敬宁君李裶、副使刑曹参判洪汝方、随侍官张子忠等 | 判书公朝天日记 |

李氏从王江南，虽饱览清游，然终非经国之业，故末联云云。李穑谓其"奉使川属，从王吴会，往返万余里，山河之壮，风俗之异，古圣贤之遗迹，凡所谓闳博绝特之观，既已包括而无余，则其疏荡奇气，殆不在子长下矣"。[22] 虽有溢美之嫌，但亦颇为实录。

前表所列出使十人中，除郑道传第三次、权近（1352—1409）第二次、李檐两次出使与张子忠出使外，其余都是在高丽末期。当时丽廷衰微不振，李氏行将代之，半岛局势鬼魅迷离。而高丽在和明朝来往的同时，与漠北蒙古尚有联系，引起朱元璋极度不满，故对待高丽、朝鲜使臣，持打压态势。金九容第二次以礼咨官身份入南京，就因贡马不到而被流配云南，卒于中道。而郑梦周也因为效忠高丽，不事朝鲜，被刺死于开城善竹桥。因此，这一时期的使臣，在国内戒慎小心，危如累卵；而出使明朝，虽到江南，但大朝震怒，王事鞅掌，"时方事严，日夜驰驱"[23]。故攒程而行，无暇游览风光，赵浚诗谓"此行不是观周乐，要使吾民见太平"[24]，堪为当时之两国紧张情势与使臣心态之真实写照。

对于这些越过长江，抵达江南的使臣，当然面对美景，也不可能无动于衷，他们也创作了不少或壮丽或清新的诗歌，来描摹江南风光。郑梦周初渡长江，其诗曰：

贯楚吞吴气象雄，如今四海此朝宗。
溯流若问江源去，直到峨眉第一峰。[25]

此诗雄浑雅健，奔放峻洁。又金九容初渡长江，其《夜泊杨子江》诗曰：

月满长江秋夜清，系船南岸待潮生。
篷窗睡觉知何处，五色云深是帝城。[26]

---

[22] 李齐贤：《益斋乱稿》卷首李穑《益斋先生乱稿序》，《韩国文集丛刊》，002/497。
[23] 李檐：《双梅堂箧藏文集》卷二《投辽东大人诗并序》，《韩国文集丛刊》，006/325。
[24] 赵浚：《松堂集》卷一《辛未六月二十日奉使大明道过黄州赠尹观察》，《韩国文集丛刊》，006/409。
[25] 郑梦周：《赴南诗·杨子江》，《燕行录全集》，001/092。
[26] 金九容：《惕若斋学吟集》卷上《夜泊杨子江》，《韩国文集丛刊》，006/018。

作者喜幸不已，热盼到帝都一览风采。又其《金山寺》曰：

屹立江心万丈余，却颖天阙跨清虚。
粼粼塔影潮生后，隐隐钟声日落初。
北固楼高云终绕，中原路远树扶疏。
扁舟几度门前过，未得窗僧顷刻居。[27]

金氏诗造语平淡，而用意精深，郑道传谓其诗“清新雅丽”[28]，端是不虚。郑梦周将自己的出使诗册取名为《江南纪行诗稿》，李穑序谓“至于歌咏大朝闲暇之气象，陈述小邦倾向之精诚，所谓诗史也。其余咏物遣兴杂篇，咀嚼有余味”[29]。又梦周《杨子江船上》曰：

身随海舶贺王正，路入江南眼忽明。
地辟天开新建极，龙盘虎踞旧闻名。[30]

与金九容一样，郑梦周也是在渡江的船上，充满了对大明政权的寄望和对江南文物的怀想，这已是他再到江南。又其《四月十九日渡江至龙潭驿二绝》曰：

雪落来过鸭绿，花飞始到龙潭。
隐约钟山苍翠，白头又踏江南。（其一）
地势中分吴楚，江源上接湘潭。
紫绶来趋阙下，青山却望淮南。（其二）[31]

郑氏又有《江南柳》曰：

---

㉗ 金九容：《惕若斋学吟集》卷上《金山寺》，《韩国文集丛刊》，006/018。
㉘ 金九容：《惕若斋学吟集》卷首郑道传《惕若斋学吟集序》，《韩国文集丛刊》，006/004。
㉙ 郑梦周：《圃隐先生集》附录李穑《书江南纪行诗稿后》，《韩国文集丛刊》，005/613。
㉚ 郑梦周：《圃隐先生文集》卷一《杨子江船上》，《韩国文集丛刊》，005/579。
㉛ 郑梦周：《赴南诗·四月十九日渡江至龙潭驿二绝》，《燕行录全集》，001/081。

江南柳，江南柳，春风袅袅黄金丝。江南柳色年年好，江南行客归何时。苍海茫茫万丈波，家山远在天之涯。天涯之人日夜望归舟，坐对落花空长叹。空长叹，但识相思苦，肯识此间行路难。人生莫作远游客，少年两鬓如雪白。㉜

如果说真正饱览江南美景的，当数崔溥(1454—1504)。崔氏于成宗十八年(成化二十三年，1487)以济州三邑推刷敬差官往济州。翌年正月底，因奔父丧提前返陆，但所乘之船被海风漂向大洋，后至宁波上岸，经中国遣送平安返国。崔氏不是朝天使臣，但对江南诸地，记载綦详。其总论江南曰：

大抵百里之间，尚且风殊俗异，况乎天下风俗，不可以一概论之。然其大概，以杨子一江分南北，而观其人烟盛衰，则江以南诸府城县卫之中，繁华壮丽，言不可悉。至若镇、若巡检司、若千户所、若寨、若驿、若铺、若里、若坝所，在附近或三四里，或七八里，或十余里，多或至二十余里间，闾阎扑地，市肆夹路，楼台相望，舳舻接缆。珠玉、金银、宝贝之产，稻粱、盐铁、鱼蟹之富，羔羊、鹅鸭、鸡豚、驴牛之畜，松篁、籐棕、龙眼、荔枝、橘柚之物，甲于天下，古人以江南为佳丽地者以此。江以北若扬州、淮安，及淮河以北若徐州、济宁、临清，繁华丰阜，无异江南。㉝

又其描述杭州之繁华曰：

杭即东南一都会，接屋成廊，连衽成帷，市积金银，人拥锦绣，蛮樯海舶，栉立街衢，酒帘歌楼，咫尺相望。四时有不谢之花，八节有常春之景。真所谓别作天地也。㉞

---

㉜ 郑梦周：《圃隐先生文集》卷一《江南柳》，《韩国文集丛刊》，005/579。
㉝ 崔溥：《锦南先生漂海录》卷三，《燕行录全集》，001/595—597。
㉞ 崔溥：《锦南先生漂海录》卷三，二月十二日条，《燕行录全集》，001/414。

又其铺叙苏州之奢华曰：

苏州古称吴会，东濒于海，控三江，带五湖，沃野千里。士夫渊薮，海陆珍宝，若纱罗绫段，金银珠玉，百工技艺，富商大贾，皆萃于此。自古天下以江南为佳丽地，而江南之中，以苏、杭为第一州，此城尤最。乐桥在城中，界吴、长洲两县治间，市坊星布，江湖众流，通贯吐纳乎其中。人物奢侈，楼台联络。又如阊门马头之间，楚商闽舶，辐辏云集。又湖山明媚，景致万状。㉟

崔溥将江南尤其是杭州、苏州之繁富翠丽，描摹殆尽，虽略带夸张，但一幅奢华绚丽的江南繁盛图，已跃然纸上。

崔溥只是一名五品低级别官员，一介落难的漂民，美景玉食，是其所好。而朝天使臣虽身在江南，但似乎江南美景并未能让他们兴奋莫名，反而总是有一股淡淡的忧愁和伤感。如郑道传《过高邮》曰：

数堞危城傍水斜，客来停棹为咨嗟。
可怜胜广成何事，输与刘郎作汉家。㊱

又赵浚《江都夜泊》曰：

岳色江声共寂寥，朱楼何处夜吹箫。
月明淮水霜初落，秋尽江头柳未凋。
去国频惊佳节过，系舟还忆故国遥。
可怜炀帝春游处，一色芦花欲晚潮。㊲

㉟ 崔溥：《锦南先生漂海录》卷三，二月十七日条，《燕行录全集》，001/428—429。
㊱ 郑道传：《三峰集》卷二《过高邮》，《韩国文集丛刊》，005/309。
㊲ 赵浚：《松堂集》卷二《江都夜泊》，《韩国文集丛刊》，006/415。

又赵氏《高邮城北怀古》曰：

天低水国云笼树，霜落寒湖拍浪空。
千古英雄无限恨，只今衰草起秋风。[38]

使臣来到江南，拜谒金陵古都，凭吊楚汉战场，触景伤情，慨叹莫名，他们想到更多的是对高丽衰微的担忧，以及后来对高丽失国的悲悼，所谓“百年荣辱身将第，六代兴亡鸟没空”，“一望前朝仍拭泪，都忘万事独登楼”，[39]这才是他们伤感的真正缘由。

### （三）诚心事大——朝鲜使臣对明朝的衷心赞美与颂扬

好在无论怎么说，明朝是朝鲜半岛在面对蒙元肆虐之后又一个汉族王朝，因此朝天使臣仍然感到激动与兴奋。如郑道传（1342—1398）随郑梦周至南京，记在奉天殿朝贺情景曰：

阊阖天开，仗仪云簇，乐奏于两阶之间。一个书生，得与百辟卿士，周旋广庭，躬睹穆穆之光，俯伏拜兴，呼万岁者三，何其幸也。是则圣天子再造之恩，亦二三大臣赞道之赐也。[40]

又金九容《上礼部陶尚书》诗曰：

圣主龙兴第五春，独将儒术作词臣。
从容礼乐清仪盛，游戏诗书宠命新。
毳服毡车争入贡，卉衣椎髻总为宾。
只缘箕子遗风在，班列还升绝域人。[41]

---

[38] 赵浚：《松堂集》卷一《高邮城北怀古》，《韩国文集丛刊》，006/409。
[39] 赵浚：《松堂集》卷二《题日月寺壁上》，《韩国文集丛刊》，006/415。
[40] 郑道传：《三峰集》卷三《上辽东诸位大人书》，《韩国文集丛刊》，005/330。
[41] 金九容：《惕若斋学吟集》卷上《上礼部陶尚书》，《韩国文集丛刊》，006/018。

又郑梦周《皇都四首》其二曰：

内人日午忽传宣，走上龙墀向御筵。
圣训近闻天咫尺，宽恩远及海东边。
退来不觉流双涕，感激唯知祝万年。
从此三韩蒙帝力，耕田凿井总安眠。㊷

又其《会同馆柳》曰：

洪武初年种，亭亭接上林……我来歌圣德，绕树一沉吟。㊸

又《蒙赐朝服行贺礼》曰：

上国崇文治，藩邦贺太平。
圣恩荣贱介，朝服拜明庭。
日照添袍色，风清送佩声。
小臣何以报，亿载祝皇龄。㊹

朝鲜王朝初立，明太祖赐以"朝鲜"国号，更让使臣涕零不已，感恩戴德，所以歌颂圣明的诗歌便喷涌而出。如权近在南京，深得朱元璋所宠，赐诗三章，权氏有和诗，且奉命撰制甚伙。如《奉朝鲜命至京》曰：

圣主龙兴抚万方，远人来贡有梯航。
郁葱佳气皇居壮，焕赫文章帝业昌。
晓雾收开仙仗日，天风吹送御炉香。

---

㊷ 郑梦周：《赴南诗・皇都四首》其二，《燕行录全集》，001/082—083。
㊸ 郑梦周：《赴南诗・会同馆柳》，《燕行录全集》，001/099。
㊹ 郑梦周：《赴南诗・蒙赐朝服行贺礼》，《燕行录全集》，001/099。

小臣获被恩荣渥，入侍丹墀近耿光。[45]

李檐（1346—1405）入南京，其诗也有“盛德将何报，惟知颂太平”，“万国如星拱，咸知北极尊”等谀颂之语。[46] 又张子忠《侍宴奉天殿》曰：

吾王诚款格苍穹，奉使观光更抚躬。
四海会同三夜后，九重阊阖五云中。
华筵秩秩朝初罢，仙乐锵锵日正烘。
共沐恩波争献寿，于皇万岁代天工。[47]

又《谢恩退朝》曰：

灯花连天喜，梦兆袭休祥。
浃骨恩愈重，浑身宠更光。
幸瞻尧日月，复睹舜衣裳。
顾乏丝毫报，惟祈圣寿长。[48]

时明成祖赐以《性理大全》“四书”、佛经与金银细马锦、五彩罗绮服靴各有差，张氏《谢恩》诗曰：

道学渊源纂大全，皇明亿载永相传。
执中建极参天地，奥旨微言集圣贤。
已感经书多宠锡，仍承训戒更昭宣。
兼将细马几三五，又致绵羊过半千。

---

[45] 权近：《阳村文集》卷一《奉朝鲜命至京》，《韩国文集丛刊》，007/014。
[46] 李檐：《双梅堂箧藏集》卷二《次浩亭奉天门元日早朝》《次十三日帝祀南郊迎驾正阳门外》，《韩国文集丛刊》，006/340。
[47] 张子忠：《判书公朝天日记·侍宴奉天殿》，《燕行录续集》，101/083。
[48] 张子忠：《判书公朝天日记·谢恩退朝》，《燕行录续集》，101/055。

罗绮盈筐加服饰，金银颒案尚缗钱。
恩垂王子延臣等，蹈舞欢欣祝万年。[49]

朝鲜半岛新经内乱禅位，国是初定，而与明朝的关系也趋向和缓，开启了双方关系史上新的一页，使臣满心欢忭，庆贺新生，其诗出自至诚，非虚委周旋之辞。对于使臣而言，“游遍江南诗似玉，肩舆倒处看青山”[50]，固然适闲雅淡，颇具情趣。如张子忠自称“奉使非吾分，观光幸此生”[51]，因为他未担任正、副使等重要职责，所以相对潇洒一些。但对大多数使臣来说，毕竟他们不是无事闲逛的游客，奉王命，应专对，是第一要务，故“汲汲惟奔命，区区敢有身”[52]，难以悠游赏景，品鉴歌咏。同时，离家久长，思亲不已，所谓“为客八千里，思亲十二时”[53]，“此行剩被天工笑，才到江南忆故乡”[54]。对于他们来说，江南虽好，终非故园，不负王命，平安返国，才是最重要的。

然而，从另一个角度讲，就像今天的诸多游客一样，对于高丽、朝鲜的朝天使臣而言，“到此一游”的标志性远大于其他，他们脚下眼中的江南，也并没有特别奇炫陆离、神秘莫测之处，但对他们永远也无法跨过长江的后裔来说，江南却是充满了神奇与幻想，并且寄予了无限的哀愁和殷殷的期望。

## 三、桑蓬真愧我，不得到江南[55]——未到江南的朝鲜使臣的憾恨与失落

明永乐十八年(1420)十一月，成祖以迁都北京诏告天下。翌年正月，明朝正式迁都北京，以南京为陪都。而清朝初都沈阳，后都北京。此后的朝鲜使臣，

---

[49] 张子忠:《判书公朝天日记 · 谢恩》,《燕行录续集》,101/087。
[50] 李檐:《双梅堂箧藏集》卷二《盖州路上口号为浩亭公作》,《韩国文集丛刊》,006/342。
[51] 张子忠:《判书公朝天日记 · 道过芦峰驿次壁上韵二首》其一,《燕行录续集》,101/078。
[52] 张子忠:《判书公朝天日记 · 庚东轩阳村韵》《燕行录续集》,101/104。
[53] 权近:《奉使录 · 晓雨作》,《燕行录全集》,001/207。
[54] 郑梦周:《圃隐先生文集》卷一《在杨子江路上》,《韩国文集丛刊》,005/580。
[55] 朴齐家:《贞蕤阁初集 · 分谈字赠金科豫》,《韩国文集丛刊》,261/475。

便再难跨过长江踏上江南半步,江南就只能永远留存在他们的想象与梦幻之中。

无论在天朝的明代还是在视为蛮夷之敌的清朝,朝鲜半岛使臣都把入中国视为人生罕遇的幸事,尽管有些使臣表面上抗拒出使,百般不愿,但终是少数,因为出使是观光、升擢与发财一举三得的美差,当然也是冒险之旅甚至有丧命的危险。如李谷谓“山林无处着幽栖,恨不身生鸭水西”㊻,又郑诵称“我欲随君游上国,安能郁郁在荒陬”㊼。李民宬更谓“古人云:一乐生中国”㊽。朴趾源甚至说“东方慕华,即其天性也”㊾。但北京并不完全代表着中国或者说中华。尤其入清以后,在朝鲜使臣看来北京已沦陷,为“胡皇”所居,无论从地理的角度还是政治的层面来看,就更不能代表中国了。如李民宬曰:

> 燕于天下,亦一弹丸也。其形胜之佳丽,不敌于江南;风土之浑厚,不逮于关洛。兹所见者,直泰山之毫芒耳。㊿

燕京不过是中国之一隅,若不能入关洛,下江南,达西蜀,出陇关,则不能夸示自己到过中国。正祖二年(乾隆四十三年,1778),随谢恩兼陈奏行使团入中国的朴齐家诗曰:

> 人言万里道,仅到中华边。
> 未及益斋半,空惭鲁认先。[61]

李齐贤曾入西蜀,下江南;鲁认在“壬辰倭乱”中被俘,逃至福建,后自西南至东北,穿中国而行,从陆路还国。他们的所经所历,让朴齐家充满了艳羡之情。纯祖二十八年(道光八年,1828),随谢恩兼冬至等三节年贡行使团入燕的朴思浩,

---

㊻ 李谷:《稼亭先生文集》卷八《寄仲始思补兼呈朴判事》,《韩国文集丛刊》,003/196。

㊼ 郑诵:《雪谷集》卷上《送中父李翰林还朝》,《韩国文集丛刊》,003/253。

㊽ 李民宬:《敬亭集续集》卷四《题壬寅朝天录后》,《韩国文集丛刊》,076/523。

㊾ 朴趾源:《热河日记》卷二十《忘羊录》,《燕行录全集》,055/080。

㊿ 李民宬:《敬亭集续集》卷四《题壬寅朝天录后》,《韩国文集丛刊》,076/523。

[61] 朴齐家:《贞蕤阁集四集·燕京杂绝赠别任恩叟姊兄追忆信笔凡得一百四十首》其二十,《韩国文集丛刊》,261/550。

持有和朴齐家同样的心情与感受。其曰：

昔李益斋齐贤、崔孤云致远，皆入仕中朝，遍观巴蜀、江南，亦东人之罕有也。今燕京，北方一隅也。有入燕者，辄曰吾尽观天下之大，岂不夸哉。苏辙，蜀人也。于水见黄河，于山见嵩岳，于人见欧阳公，自以为幸，况不见河、不见嵩、不见欧公者乎！[62]

英祖三年（雍正五年，1727），以谢恩兼冬至等三节年贡行副使军官身份到北京的姜浩溥，在离馆发行之日，称自己有"三大恨"。其曰：

余于此行有三大恨焉：足迹所及，才踏古燕京之半，不得渡易水，逾韩魏，入洛阳、长安，遍踏中州，举目于江南佳丽之地，以阔我心胸，此一恨也；吾生世不及崔致远、李牧隐之时，不得参嵬科于中国，以衣锦于东方，此二恨也；我生又不及皇明之时，随白沙、简易诸贤之后，目见天朝礼乐文物之盛，以洗我眼目，以大我文章，此三恨也。因念当时偏方扶桑之影，西连金台；皇都太液之波，东流青邱。生于其时者，何其荣也。吾生苦晚，恨何可涯，马上怀此想，俯昂慷慨，不觉涕淫淫盈两眦矣。[63]

如果要在中国广袤大地上选择一个去处，那么江南山水的诱惑力仍然最大。如柳梦寅即称"焉得青骓白卫去，纵观山水入江南"[64]。朴思浩也称"愿生中华国，一见江南好"[65]。纯祖十一年（嘉庆十六年，1811），随冬至等三节年贡兼谢恩行出使的书状伴倘李鼎受，甚至曾希望有好风把他吹到江南去，他于返途中在中右所与中后所之间路上望着大海，想起了他当年的美好愿望。其曰：

江南者，世所称天下佳丽处，则为此行者，不亦大观矣乎！……〔曾因

[62] 朴思浩：《心田稿·留馆杂录·大树庵夜话》，《燕行录全集》，085/520—521。
[63] 姜浩溥：《桑蓬录》卷九，《燕行录续集》，114/065—066。
[64] 柳梦寅：《於于集》卷三《别冬至副使睦汤卿大钦诗序》，《韩国文集丛刊》，063/352。
[65] 朴思浩：《心田稿·春树清谭》，《燕行录全集》，086/035。

他事入海醉饮〕余饮醉乐甚,叩舷而唱曰:“若把荆吴为眼界,何难诗敌洞庭雄。”是夜,遂欲出海门,众咸止之曰:“海门如壶口,一出则茫茫无涯,且多风,不可造次。”余嘻曰:“顾何伤也!倘遇好风,吹到江南,固所愿也。”然亦竟未果焉。[66]

正祖十五年(乾隆五十六年,1791)随冬至等三节年贡兼谢恩行使臣入燕的正使军官穷书生金正中,在翌年正月十五日,品尝到工部尚书朝鲜人后裔金简所送生鲤一双,柑橘、枇杷、石榴、甘荠各一函,色味俱佳,品如新摘。遂感叹“余以海东一穷生,观海甸灯戏、吃江南西万里土产,自顾自思,恍若春梦也”[67]。

能品尝到江南特产,即恍若春梦。金载瓒诗谓“君在江南第几州,江南吾向梦中游”[68],则江南真在梦中。又光海君十二年(万历四十八年,1620),奏闻行正使黄中允诗曰:

天涯坐井几年曾,一见江南恨未能。
闻说潮通杨子去,扬帆直欲向金陵。[69]

燕行使到不了江南,引以为憾。但并不意味着所有朝鲜人都到不了江南,其中朝鲜漂民在海上遇难,漂往浙江、福建甚至台湾者,屡屡有之,他们由中国各地官府补给接济,由陆路遣返归国,而往往经行江南。如金景善就记载,纯祖三十一年(道光十一年,1831)十一月,济州 33 人乘船漂至琉球,只余 26 人,随琉球使臣送至中国,曾至钱塘观西湖。又曰:

大抵景物之供奇,沿路初见,不可以言语形容其万一也。遂相顾嗟叹曰:人生见此,死亦无恨……且其所言,多与史牒所记差爽,必是得于传闻者多,而未免浮夸而然耳。曾闻南中诸岛间,多故漂到他国供给之厚云。今见

[66] 李鼎受:《游燕录》卷七《日记三 · 渡江下》,《燕行录续集》,125/050。
[67] 金正中(原题金士龙):《燕行录》,《燕行录全集》,074/234。
[68] 金载瓒:《海石遗稿》卷四《赠江苏贡士徐承绪》其一,《韩国文集丛刊》,259/397。
[69] 黄中允:《东溟先生文集》卷一《通州纪事三首》,《韩国文集丛书》,303/129。

此人形貌言辞，狡猾浏利，全无诚朴之意，安知不亦故漂者流欤？[70]

金景善怀疑这些漂民言语浮夸，且有故意漂往他国的嫌疑。但无论如何，漂民到过江南是事实，以至于让使臣羡慕嫉妒。纯祖二十九年（道光九年），问安行书状官朴来谦一行，在渡鸭绿江前，与回还上使徐能辅等相见，有济州漂民四人同为顺付而来。二人闲聊曰：

徐台言漂人盛道苏、杭州之胜，曰沿江左右，丹楼彩阁，接屋而居，连亘二百里。江上画舫，笙歌不绝，繁华佳丽，难以形容。先观苏、杭，而后观燕京，则如先观燕京而后观凤城也云。仍言："兄之出疆，意在一遭壮观，而只观沈阳，未观燕京之胜，可叹也。"余曰："大监虽嘲我之未观燕京，而漂人之视大监，必当如大监之视我矣。"仍相与大笑。[71]

朴来谦问安使一行，只到沈阳，故徐能辅嘲笑他不能观燕京之胜；朴来谦认为相对漂民所到之地而言，徐氏到过燕京，也不过尔尔，五十步笑百步而已。

正因为去不了见不到，而且越是去不了见不到，就越想访谈打听，因此朝鲜使臣无论在途在馆，逢人便问的话题之一便是江南。如李景奭诗曰：

十里烟波总是愁，乌樯何事集河洲。
舟中倘有江南客，欲问金陵古帝州。[72]

英祖三十六年（乾隆二十五年，1760），冬至兼三节年贡行书状率带子弟李商凤，行到东关驿，遇苏州人吴山源，双方笔谈曰：

问："仙乡有文士么？"曰："太宗伯沈德潜其人也，皇帝不时寄诗律到苏

[70] 金景善：《燕辕直指》卷三《留馆录上·济州漂人问答记》，《燕行录全集》，071/282—285。
[71] 朴来谦：《沈槎日记》，《燕行录全集》，069/025—026。
[72] 李景奭：《燕行录·三河》，《燕行录全集》，018/118。

州，常谕改正，算渠有名望也。”曰：“苏之山川形胜楼观台榭，为俺陈之。”曰：“皇帝南巡所幸名胜，即虎邱山、灵岩山、观音山、白云峰，梅花盛开则名曰雪海，多行宫。”⑬

诸家“燕行录”中，此类记载，指不胜屈。就是朝鲜君臣在科考与议事之中，也常提到中国江南风景。如中宗二十三年（嘉靖七年，1528）四月，中宗御宣政殿，亲试文臣，廷试题目即为桃源暮春、赤壁泛舟、西湖玩月、洞庭秋晚、洛阳咏雪等。⑭又中宗三十二年春，明朝钦差正使龚用卿、副使吴希孟等返国途中，与朝鲜伴送使郑判书士龙、观察使李龟龄等同游平壤，双方问答云：

臣又问曰：“西湖之广几何？”天使曰：“其广几二十里。”臣曰：“其间多植松植花云，果然乎？”天使曰：“然。”臣曰：“黄河、大江，其广几许？水性何如？”天使曰：“黄河为天下恶水，波浪鼓荡，其边百里之间，皆为所害，不得耕种也；大江则其源从天上而出，其广几八九十里。”⑮

又如英祖五十二年（乾隆四十一年，1776）二月十二日，英祖御集庆堂药房入诊入侍时，都提调李溵、提调蔡济恭、副提调徐浩修等，以次进伏。英祖问及江原道、平壤等地风景，蔡济恭对以平壤练光亭、浮碧楼“眼界之广阔，水色之佳丽，可比于西湖、钱塘”，引起了英祖的兴趣。君臣对曰：

上曰：“西湖果何如？”济恭曰：“臣得见《西湖志》，则盖其江山景物，与我国平壤相等，而唐使朱之蕃，亦称之以‘小金陵’矣。”溵曰：“江山之胜，人物之盛，宝贝之多，未有如我国者矣。”⑯

李溵并未到过江南，此不过谀词以谄英祖而已。在朝鲜君臣心中，“江南”总如

⑬ 李商凤：《北辕录》卷二，《燕行录续集》，117/142。
⑭ 《中宗实录》卷六一，中宗二十三年（嘉靖七年，1528）4月23日甲子条。
⑮ 《中宗实录》卷八四，中宗三十二年（嘉靖十六年，1537）4月3日辛亥条。
⑯ 《承政院日记》册1375，英祖五十二年（乾隆四十一年，1776）2月12日条。

梦境，时显时隐，朴齐家诗谓“桑蓬真愧我，不得到江南”[77]，是他们心情的真实写照。

## 四、鞠为茂草，沦为饮马池？——清初燕行使笔下的江南镜像

明清易代，彻底改变了东北亚的政治格局，这是明、清、朝鲜与日本诸国皆未曾料想的意外结果。从视满洲为“野人”藩隶，到平等之国，再至签城下之盟，被迫交出明朝印信，改而藩属清朝。这种巨大而崩塌式的心理落差，让朝鲜使臣在通往沈阳、北京的路途中，羞愤咒詈，悲不能胜。蔡济恭记其伯高祖裕后（1599—1660），“以宫官陪沈阳质馆，尝于月夜醉诵《哀江南》，仍放声哭，虏闻之大怒，遂至窜配”[78]。蔡裕后所诵者即庾信《哀江南赋》，“哀江南”即哀大明。金堉于甲申（1644）明亡时，所作《哀江南赋》，是对明朝历史的回顾，对明朝在“壬辰倭乱”期间襄助朝鲜的感恩，对明朝丧亡的悲痛，以及对清朝篡位的愤恨，最后作者谈到了江南。其辞曰：

> 望东南之佳气，想龙凤之天属。森旧物之犹在，
> 岂重恢之无略。地佳丽于江南，势龙蟠而虎伏。
> 初定鼎而宅兹，等周家之卜洛。苟得贤而养民，
> 鉴前车之既覆。按旧都而改辙，复何难于禹绩。
> 山东西之将相，燕赵鲁之才淑。多慷慨而悲歌，
> 亦习礼而知学。讵甘心而屈膝，再尊主乎奇渥。
> 日夜望于官军，思一洒乎耻辱。抑天定之如何，
> 仰苍苍而漠漠。揽余涕而抒哀，窃敷衽而精祝。[79]

---

⑦ 朴齐家：《贞蕤阁初集·分谈字赠金科豫》，《韩国文集丛刊》，261/475。

⑧ 蔡济恭：《含忍录》卷上《沈阳感怀》注，《燕行录全集》，040/346。

⑨ 金堉：《潜谷先生遗稿》卷一《哀江南赋》，《韩国文集丛刊》，086/006。

金氏寄望天运逆转,大明光复。而朝鲜半岛用以课儿的背诵篇目中,庾信《哀江南赋》是常见的一篇,车天辂还曾注《哀江南赋》。李宜显谓"庾信文章气格不高,《哀江南赋》,比之六朝诸赋载《昭明文选》者,大不及,而我东极尚之,人无不惯诵,凡此皆由偏邦见闻狭陋而然也"[80]。此篇流行,盖不仅为蒙童讽诵而已,其中隐含的深意,李氏尚未悟及矣。

彼时微如残烛的南明王朝,究竟能否有一线生机?这是朝鲜君臣最为关心的事体。孝宗五年(顺治十一年,1654),以进贺谢恩兼三节年贡行副使入燕的李一相,在出汉阳城发碧蹄馆时,发出"万里驱驰催白发,中原消息问苍天"[81]之叹。他们打探得到的消息是,"洪承畴经略湖广、两浙、两广、江南、福建等地,主南方之战;吴三桂驻扎汉中府总督潼关以西秦陇、泗川、甘肃等地,主西方之战。永历兵势,只依湖广险阻,与清人相争,累获战胜。清兵诱出大野,然后以铁骑蹂躏。故大明全师丧败,而清国又发八旗精甲万余,与其妻子南下,为镇守两广之计云"[82]。朝鲜君臣本冀望于南明政权,能扫清复明,今眼见其无望,其绝望闷郁之情,可想而知。随着南明小朝廷的覆亡,"三藩之乱"的平定与台湾收复,清朝一统河山。在清兵践踏蹂躏下的江南,究竟会是一幅什么景象呢?

朝鲜肃宗六年(康熙十九年,1680),谢恩兼陈奏行副使申晸一行,经过丰润县时,书状官睦林儒于榛子店壁上见一诗,其诗曰:

> 椎髻空怜昔日妆,征裙换尽越罗裳。
> 爷娘生死知何处,痛杀春风上沈阳。

其诗下又书曰:

> 奴江州虞尚卿秀才妻也,夫被戮,奴被虏,今为王章京所买,戊午正月念一日洒涕挥壁书此。惟望天下有心人见此怜而见拯,奴亦不自惭其鄙谚也。

---

[80] 李宜显:《陶谷集》卷二八《杂著·陶峡丛说》,《韩国文集丛刊》,181/457。
[81] 李一相:《燕行诗·碧蹄馆口号》,《燕行录全集》,021/268—269。
[82] 《孝宗实录》卷十四,孝宗六年(顺治十二年,1655)3月1日条。

吁嗟！伤哉伤哉。奴年二十有一，父季某，秀才，母陈氏，兄名国，府学秀才。季文兰书。

睦林儒将此事告知申晸，申氏闻而悲之，以为“此是闺秀中能诗者所为也。海内丧乱，生民罹毒，闺中兰蕙之质，亦未免沦没异域。千古怨恨，不独蔡文姬一人而已。为赋一绝，以咏其事”。其诗曰：

壁上新诗掩泪题，天涯归梦楚云西。
春风无限伤心事，欲奏琵琶响转凄。[83]

申晸之诗，并没有引起反响。肃宗八年（康熙二十一年，1682），以谢恩兼冬至等三节年贡使入清的金锡胄，也在榛子店主人壁上见季文兰诗，览之凄然，为步其韵曰：

绰约云鬟罢旧妆，胡笳几拍泪盈裳。
谁能更有曹公力，迎取文姬入洛阳。[84]

经金锡胄题咏后，“季文兰”与“榛子店壁”遂成为朝鲜使臣前往北京途中必诗以吊之的“季文兰情结”或者说“季文兰现象”。

景宗即位年（康熙五十九年，1720），冬至等三节年贡行正使李宜显记载，曾问店主媪，媪称“五六年前，改墁其壁，仍致泯灭云”[85]。但实际在肃宗十六年（康熙二十九年，1690），谢恩兼冬至等三节年贡行副使徐文重经过榛子店时，已称“江右女子季文兰诗，今漫灭无存”[86]。此时距申晸发现季文兰诗，已有十年之久。但燕行使的笔下，虽然见不到原诗店壁，却愈传愈奇，“或言乾隆帝嘉其诗，

[83] 申晸：《汾厓遗稿》卷五《燕行诗·书状睦君则……以咏其事》，《韩国文集丛刊》，129/424。
[84] 金锡胄：《息庵先生遗稿》卷六《捣椒录上·榛子店主人……步其韵》，《韩国文集丛刊》，145/206。
[85] 李宜显：《庚子燕行杂识》卷上，《燕行录全集》，035/362。
[86] 徐文重：《燕行日录》，《燕行录全集》，024/191。

特命立碑在此二十里许云，而今无知者”[87]。或称“其后使行过此，见有短碑在路傍，题曰‘季文兰所过处’，必因我国人闻而为此，其好事有如此，而今不见”[88]。以至于金照出使时称有“九恨”，而“榛子店不见季文兰题诗处”，正是其第九恨。[89] 尽管壁间诗早已了无痕迹，但燕行使咏季文兰的诗歌，却长盛不衰，直到清季如姜玮、李裕元、金允植等人，尚吟咏不绝。

但在传说与吟诵的过程中，季文兰这个明明白白的“江州虞尚卿”之妻，却逐渐幻化成了多重身份，如“南京苏学士女”[90]、“江南女子”[91]、“南国佳人”[92]、“江南才女”[93]、“明季江南女子”[94]、“江南女士”，[95]等于是就和大明与江南有了瓜葛。李坤甚至明言曰：

> 此店有江南女人季文兰壁上所题诗，即悼念皇明，有慷慨语云，而今已泯灭无迹，欲寻不得，只诵天下有心人，见此之句而为之兴感。[96]

季文兰已演变成为“明季江南女子”，其诗悼念皇明，有慷慨语。季文兰不仅成了“江南名姝”在明末清初落难受害的典型，而且俨然成为明遗民的代表，李氏还希望天下人诵其诗而感兴，最好是起而造反，反清复明。

此后的使行中，金景善在新民屯壁间，还发现了题名桂香的诗。其曰：

> 〔新民屯〕中火后，副、正使先行，余与圣申将踵发，忽见壁间有题诗曰：

---

[87] 李基宪：《燕行日记》卷上，《燕行录全集》，065/128。
[88] 金景善：《燕辕直指》卷二《出疆录·榛子店记》，《燕行录全集》，071/134。
[89] 金照（原题未详）：《观海录》（原题“燕行录”），《燕行录全集》，070/074。
[90] 李喆辅：《燕槎录》，《燕行录全集》，037/345。关于季文兰事迹相关论文，可参葛兆光《想象异域悲情》，《读书》2005年第7期，第91—101页；又《想象异域悲情——朝鲜使者关于季文兰题诗的两百年遐想》，载《中国文化》第22期，第138—145页；又杨海英《朝鲜士大夫的“季文兰情结”和清初被掳妇女的命运》，《清史论丛》（2007年号），中国广播电视出版社2006年版，第235—267页。
[91] 金昌业：《燕行埙篪录·榛子店次季文兰韵》，《燕行录全集》，034/037。
[92] 佚名：《燕行记著·榛子店次季文兰韵》，《燕行录全集日本所藏编》，001/323。
[93] 李基宪：《燕行诗轴》，《燕行录全集》，064/413。
[94] 姜浚钦：《燕行录》，《燕行录全集》，067/046。
[95] 朴思浩：《心田稿·榛子店咏季文兰》其二，《燕行录全集》，085/379。
[96] 李坤：《燕行记事》，《燕行录全集》，052/394。

"天涯沦落又惊秋,欲抱琵琶诉旧愁。谁是多情白司马,夜深灯火到江州。"其下书"桂香题"云。辞语凄惋,笔体亦妍妙,究其景像,亦一季文兰之流也。遂戏次其韵三首,圣申亦和之,一行诸人亦多追和。[97]

又哲宗六年(咸丰五年,1855),陈慰进香兼谢恩行正使随从徐庆淳称,在玉田城外店壁上见一诗。其曰:

店壁上有七律一则,墨痕淋漓,余时病腕,不能把笔移写,诵在心中,因病思之,怱怱未免遗忘,只记得末句之"痛哭红颜误自身",其下书曰"乙卯四月锦州樊云题"。其诗盖追悔没身青楼之意也,辞旨凄婉,音调艳华,恨未记得全篇,而与季文兰诗大略相似。[98]

季文兰诗早已湮没无存,而燕行使仍在执拗地找寻替代者,于是凡见到相类的题诗就想到了与"季文兰相似",不可谓不执着。在"季文兰情绪"弥漫开来的同时,金锡胄还在玉田与汉人王公濯笔谈,"王生备言西湖今作饮马池,六桥花柳尽供樵苏"。金氏闻此,诗以悲之曰:

闻说西湖阅劫灰,江南何处不堪哀。
销金锅里洗兵去,放鹤屿边饮马回。
花柳六桥无旧树,烟霞三竺有空台。
施家昔日倾城色,争及无盐刻画来。[99]

在此之前的显宗十年(康熙八年,1669),以冬至等三节年贡行正使身份出使的闵镇远,曾与王秀才问答曰:

---

[97] 金景善:《燕辕直指》卷二《出疆录》,《燕行录全集》,071/023—024。
[98] 徐庆淳:《梦经堂日史》卷二《五花沿笔》,《燕行录全集》,094/297—298。
[99] 金锡胄:《捣椒录》卷下《玉田赠别王公濯仍次扇头韵》,《燕行录全集》,024/129—130。

“中国有‘便把杭州作满州’之句云,可闻其全篇耶?”“此乃时人戏改古诗,云‘山外青山楼外楼,西湖歌舞此时休。腥膻熏得游人醉,只把杭州作满州’”。[100]

由此而言,把江南推向鞠为茂草、沦为饮马池境地的主要人物,是金锡胄。经过这些诗文的传诵,在朝鲜人眼中,江南经清兵血洗,繁华不再,仕女被掳,家破人亡,腥膻臊臭,化为蛮夷,这就是朝鲜使臣想象中明末清初的江南镜像。

## 五、江南风俗竞繁华——燕行使笔下的富庶江南与图画江南

朝鲜孝宗在位时(1650—1659),义理派大占上风,反清复明,甚嚣尘上。孝宗曾“躬涉丙丁之耻,寤寐英豪,将以北伐清。草野读书之士,延之托心膂;樽俎折冲之士,命之为干城”[101]。但随着孝宗的驾崩,这场政治作秀与心理自慰终告结束,朝鲜君臣唯一的寄托,就是千年古训“胡无百年之运”,他们寄望上天覆灭清朝。然而,令他们最不愿意看到的却是一个日新月异、蒸蒸向上的清王朝,政治日趋安定,经济逐渐繁荣,而他们想象中的江南,也出现了另一番景象。

虽然无法踏足江南,但江南在朝鲜人心中,仍是名胜之首。如朴思浩即称“曾于东坡诸名人纪迹,夙知苏、杭之景物,东国人于天下名胜首称江南,所以然也”[102]。使臣渡鸭绿江后,经夜露营,然后经中国方面检验后入栅,此为入中国初眼,但他们接触到印象最深刻的,就是“江南物货”。如赵凤夏曰:

栅内左右,市肆物货蓄聚,非但我国之交易,江南之富商大贾,浮海洋而

---

[100] 闵鼎重:《燕行录》,《燕行录全集》,022/385。又见未详《燕辕日录》卷二《沿路事实》,称“辞语凄惋,笔体妍妙,亦一季文兰之类,而今无存焉”。见《燕行录全集》,095/313。

[101] 成海应:《研经斋全集》卷三一《风泉录一·李贞翼甲胄记》,《韩国文集丛刊》,274/188。

[102] 朴思浩:《心田稿·春树清谭》,《燕行录全集》,086/028。

来百货交易云,栅亦燕界一大都会。[103]

然后就到凤凰城停宿,也是满眼江南商贾,令人嗟嗟。如赵荣顺赞曰:

吾行无处不咨嗟,物色中州眼忽加。
蓟北楼台红锦牓,江南商贾翠毡车。
村风敬客频呼草,衙礼留人强劝茶。
十字街头聊一宿,王三平是主人家。[104]

再往前走,就是辽阳。元在明记一行抵辽阳城曰:

从东门入,群儿呼叫随马后。闾市人物,已非凤城之可比。旗牌相映,物货堆积,其中多江南、蜀西商旅之店榜,左右眩晃,目不假接,有若眈罗人初入王城之钟街上也。[105]

实际此类记载,沿途皆是。而能让燕行使动辄即联想到江南的有主要有两个地方:一个是通州,一个是卢沟桥。因为通州是大运河尽头,商贾云集之地。如黄琎谓通州最为繁华,"行到潞河,则南方漕运,相继而来,舳舻帆樯,充斥弥满于极目之地"[106]。正所谓"千防列阛阓,百里迷舟楫"。又李宜显记通州之印象曰:

岸上闾阎,皆临水而居,望之如画,往往以白灰涂其屋上。河水冰合,百余艘舸舰,泊在上下,亦有江南商舶之留著者,若比我国三江之船泊,则不啻倍之。而曾闻通州船樯,有如万木之森立,为天下壮观云,今来见之,不尽如此。由东城而入,街路之上,往来行人,及商胡之驱车乘马者,填街溢巷,肩

---

[103] 赵凤夏:《燕蓟纪略》卷一,《燕行录全集日本所藏编》,002/117。
[104] 赵荣顺:《退轩集》卷三《宿凤城》,《韩国文集丛刊续》,089/295。
[105] 元在明:《芝汀燕记》,《增补燕行录丛刊》网络版,第 35 页。
[106] 黄琎:《朝天行录》,《燕行录续集》,102/113—114。

磨毂击，市肆丰侈，杂货云委，处处旗榜，左右罗列，如绒裘、皮鞡、红帽子、画磁器、米、谷、羊、猪、姜葫、葱、白菜、胡萝卜之属，或聚置廛上，或积在路边，车运担负，不可尽数。至如壕堑之深广，城壁之坚致，楼榭台观之壮丽，署宇仓厂之宏大，非如沈阳之比，真畿辅之襟喉，水陆之要会也。[107]

又申厚命记到通州所见曰：

初四日，到通州。南方舟楫迷漫于河边，不知其几千只，簇簇帆竹之立者，上下几至数十里遥，望海口则帆席之随风而来者，阵阵然又不知其几百数，州城内市廛及人物，比沈阳犹逾，皇都规模之壮大，此可见矣。[108]

又姜浩溥不无夸张地赞叹通州曰：

城周回不知为几里，而似大于我国都城，世谓燕京以北，比诸江南，极萧条零星云，而尚如此云，益见中国之富，天下之大矣。[109]

燕行使至通州，无不诗以记之。如黄汝一《通州纪事》曰：

沿江十里集商帆，照水明妆露半帘。
月白轻裁大梁锦，霜黄娇掷洞庭柑。（其一）
城下长江城上楼，月明楼影落江流。
楼中谁唱江南曲，一夜舟人忆润州。（其二）[110]

又申晸《通州盛时歌》曰：

---

[107] 李宜显：《庚子燕行杂识》卷上，《燕行录全集》，035/372—373。
[108] 申厚命：《燕行日记》，《燕行录全集》，028/127。
[109] 姜浩溥：《桑蓬录》卷六，《燕行录续集》，113/259。
[110] 黄汝一：《银槎录诗・通州纪事》，《燕行录全集》，008/233。

通州自古盛繁华，扑地间阎十万家。
日出市门堆锦绣，满城光艳绚朝霞。（其一）
通衢遥接蓟门长，表里山河护帝乡。
日夜江南常转粟，百年红腐海陵霞。（其二）
楼观参差扬锦标，绿杨低拂赤栏桥。
东南贾客纷相集，白日车尘涨碧霄。（其三）
青山如黛水如天，粉堞周遭带晚烟。
日暮帆樯齐泊岸，胡姬争迓浙江船。（其四）
旗亭百队夹途傍，处处游人典鹔鹴。
日暮歌钟喧四里，夜深灯火烂星光。（其五）[111]

这些诗歌，与其说赞美通州，还不如说称颂江南。燕行使在北京留馆期间，都会找隙出游，卢沟桥是他们喜欢游玩的景点之一。如李颐命诗曰：

晓月桑干道，长桥送别亭。
江南从此去，柳色几回青。
碎影随流水，清光夺曙星。
东方看欲白，车马咽郊坰。[112]

又朴永元《卢沟桥》诗曰：

石栏一百五十头，路冲江南为亢喉。
浮虹可容艨艟舰，襟带河水此中流。
图贡万区梯山至，戴辙嵌凹不胜筹。
控引委凑皇都壮，斲削磨砻匠心优。

---

[111] 申晸：《燕行录・通州盛时歌》，《燕行录全集》，022/467。
[112] 李颐命：《疏斋集》卷一《燕京次杜工部秦州杂诗・卢沟晓月》，《韩国文集丛刊》，172/066。

北顾南指穷大观，我谓于桥见芦沟。[113]

为什么使臣会在卢沟桥上想到江南呢？因为此地为通向江南的孔道，桥边多杨柳，为南北行人送别之所，故使臣有如此联想。入清后到此地的使臣，还有格外的一份心思，我们后面再表。

在想象中的江南风俗究竟如何呢？光海君八年（万历四十四年，1616）入明的冬至副使睦大钦诗曰：

江南风俗竞繁华，处处逢春买彩花。
怊怅此身归未得，客窗无日不思家。[114]
江南风俗重才华，争掷蛮笺索笔花。
到处忘疲挥醉墨，不知留壁几人家。[115]

肃宗十三年（康熙二十六年，1678），谢恩兼三节年贡行副使任相元诗曰：

桑柘等草木，衣褐所根源。敬无栽艺功，岂识绵纩温。东人鲜树桑，蚕蛾不得蕃……织成一匹缯，经纬不掩痕。物贵又粗劣，虚教女工烦。我观吴楚锦，北走车连辕。舆抬矜照耀，绮缟飘缤翻。传闻大江南，尽是蚕桑村。其利及四表，绿缛被田原。谁能将此风，与我济黎元。[116]

任相元是在朴趾源等人之前，大声倡喝向清朝学习的前辈，开“北学派”之先风。朴趾源曰：

臣趾源尝闻中国人，江山杭州为胜，繁华苏州为胜。又曰妇人首髻，当

[113] 朴永元：《梧野燕槎录・卢沟桥》，《燕行录续集》，138/478。
[114] 睦大钦：《茶山集》卷一《卖花》，《韩国文集丛刊》，083/016。
[115] 睦大钦：《茶山集》卷一《华人多求诗及笔迹戏题壁上》，《韩国文集丛刊》，083/017。
[116] 任相元：《燕行诗・河馆漫录》其三十四，《燕行录全集》，028/076—077。

以苏州为善。盖以苏州一州赋税观之,比他郡常十倍,则苏州为天下财富所出可知矣。[117]

正祖四年(乾隆四十五年,1780),进贺兼谢恩行副使郑元始一行归国,正祖问以“漕输之制何如”。元始曰:

自通州河,凿入都城,舟楫舳舵,直泊门外。臣亦见千樯簇列,一望迷津,而舟人相告曰江南贡税初泊云矣。[118]

江南既是贡税重地,又是奢华腐丽之地。如朝鲜君臣以为,“中国之西湖,即食饮游宴之地,俗以西湖谓‘消金锅’”[119]。

但不论江南如何繁华富丽,朝鲜使臣都只能在于中国人的叙述中,想象江南美景,所谓“闻说西湖胜,繁华自古传……凭君问仔细,来往有诗笺”[120]。另外,还有一种间接的办法,就是通过图画也欣赏江南美景。如徐居正《题画》曰:

总说江南好,景物天下无。
不得去江南,空见江南图。[121]

洪大容也曾给潘庭筠写信,希望给他绘西湖诸胜,以为卧游。其曰:

容平生颇喜游览山水,惟局于疆域,不免坐井观天,如西湖诸胜,徒凭传记,寤寐怀想,而自遭逢诸公以来,爬搔益不自禁,顾此心不知几回来往于雷峰、断桥之间矣。若赖诸公之力,摹得数十诸景,竟成卧游,则奚啻百朋之赐也。此不须画格工拙,只务细密逼真,因各题其古迹梗概于其上,且因此并

[117] 朴趾源:《燕岩集》卷六《书李邦翼事》,《韩国文集丛刊》,252/105。
[118] 《正祖实录》卷十,正祖四年(乾隆四十五年,1780)11月27日辛丑条。
[119] 《承政院日记》册830,英祖十二年(乾隆元年,1730)7月16日条。
[120] 赵荣顺:《退轩集》卷三《吴翰林震起送诗求和遂走次以赠》,《韩国文集丛刊续》,089/298。
[121] 徐居正:《四佳诗集》卷四十四《题画十首》其十,《韩国文集丛刊》,011/039。

得见诸公第宅位置，斋居规模，使之随意披览，恍然若追奉杖履于其间，则岂不奇且幸耶。[122]

正祖二十三年（嘉庆四年，1799），进贺兼冬至等三节年贡行正使金载瓒，曾赠诗给刘大观之婿徐承绪曰：

曾见西湖春晓图，苏堤月落有啼乌。
最怜荷桂三秋景，留醉南朝几大夫。[123]

然则金载瓒较洪大容为幸，好歹是欣赏过《西湖春晓图》。他们的先辈中，若郑士龙曾收到钝庵沈光彦寄送的《杭州西湖图》《雪拥蓝关图》《商山四皓图》等[124]。李好闵、申琓也有《杭州西湖图》诗[125]，洪世泰、朴永元诸人，曾有"西湖十景"诗。如洪氏诗曰：

漠漠柳梢月，轻云弄春晓。
已闻踏歌声，花底翻宿鸟。（苏堤春晓）
平湖一万顷，秋色浸空阔。
遥看雁拖去，天际半明灭。（平湖秋色）
水暖花港深，群鱼争出戏。
宜观不宜纶，须识放生意。（花港观鱼）
维舟柳岸侧，上有黄鹂语。
只得隔树闻，不知在何处。（柳浪闻莺）
一片水中月，三潭照处同。
谁知印无迹，非色亦非空。（三潭印月）
壁立几千仞，双峰云雾连。

---

[122] 洪大容：《湛轩书外集》卷一《杭传尺牍·与铁桥书》，《韩国文集丛刊》，248/106。
[123] 金载瓒：《海石遗稿》卷四《赠江苏贡士徐承绪》其二，《韩国文集丛刊》，259/397。
[124] 郑士龙：《湘阴杂稿》卷五《杂记日录·钝庵寄送……杂记一律博笑》，《韩国文集丛刊》，025/165。
[125] 李好闵：《五峰先生集》卷三《杭州西湖图》，《韩国文集丛刊》，059/357。

不缘深着地，何得便攀天。（两峰插云）
南屏月欲落，钟响出禅房。
唤起孤舟梦，渔樵亦自忙。（南屏晓钟）
夕阳有远意，挂在西峰杪。
孤霞一边开，鸟没天更杳。（雷峰夕照）
十里铺一色，荷花高下红。
香风吹不断，偏入棹歌中。（曲院风荷）
危桥横一水，半带残雪白。
山僧时往来，犹得见行迹。（断桥残雪）[126]

这些诗歌，或即景想象，或见物抒情，或对画描摹，或遥相寄托，就是朝鲜半岛士大夫梦寐中的江南景色。

## 六、燕行使笔下的江南文士与贫窭之子

### （一）一揖可知圣人家孙子——燕行笔下的名贤后裔与江南文士

燕行使自行走在辽东大地上，即与中国人多有接触，斗酒吟诗，笔谈亹亹，但沿路所见，总不能惬意称意。如洪大容谓“渡江以西，庶几遇逸士奇人，访问甚勤，而燕云数千里，南濒海，北界㺚子，风俗椎鲁少文，高者习弓马，下者竞刀锥，至直隶殆甚焉。其读六经、为时文、以秀才称，类多自南来者，若抱道自蕴，不求人知者，盖有之而无自以见焉”[127]。朴齐家甚至称“嗟乎！吾东三百年使价相接，不见一名士而归耳”[128]。对于辽东和北京所交所遇人士，他们感到非常失望。

正祖二年（乾隆四十三年，1778）七月，谢恩兼陈奏行书状官沈念祖一行返

---

[126] 洪世泰：《柳下集》卷五《西湖十景》，《韩国文集丛刊》，167/401。
[127] 洪大容：《湛轩燕记》卷五《干净笔谭上》，《燕行录全集》，043/012。
[128] 朴齐家：《贞蕤阁文集》卷四《与徐观轩》，《韩国文集丛刊》，261/661。

国,君臣有一番对话云:

> 上曰:“中州之文物何如?”念祖曰:“万里中土,尽入腥膻。所尚者城池甲兵,所重者浮屠货利,华夏文物,荡然扫地,甚至大成殿廊,便作街童游戏之场。檐庑荒颓,庭草芜没,而未见一介青衿之在傍守护,见之不觉于悒。而或逢江南士人之能文者,则虽在剃发左衽之中,识见赡博,辞令端雅,江南之素称文明,尽非过语也。”[129]

“万里中土,尽入腥膻”,唯江南或许尚保存一点文明种子。因此,燕行使在与中国士人的接触中,有两类人便成为他们有意接触与尊重的对象:一是历代名贤之后,一是江南人士。如果两者身份重迭,则更为青眼有加,礼敬不已。

如英祖十五年(乾隆四年,1739),以冬至等三节年贡副使身份入燕的李匡德,自谓其在海东,“乐闻大江以南山川人物之美,梦想欣慕者久矣,及来燕都,偶游太学,得乡进士杏轩张君伟烈,风流博雅,真江南人也。相与问隋宫吴苑之遗迹,论苏台钟阜之胜概,倾困倒廪,弥日忘疲”[130]。又遇朱熹后裔进士朱沄,工画能诗,年过五十尚不官,“一揖可知圣人家孙子也”[131]。遂与张、朱二氏及其他中国士大夫相唱酬,诗谓“万里何妨一肝胆,秦淮月出照辽关”[132]。遇江南贤士,圣贤后裔,故酬唱笔谈,以寄兴慨而不能已。

燕行使广结中土人士的风气,是从洪大容、朴齐家、朴趾源等人入燕以后。英祖四十一年(乾隆三十年,1765),洪大容随冬至等三节年贡兼谢恩行使团至北京,在馆期间,正使裨将李基成因买眼镜往琉璃厂,遇严诚、潘庭筠,归言其人可交。然洪大容初以为严、潘二氏,自浙江而至北京,不过“四千里而趋名利,其志可知,何足与语哉”[133]。及晤面笔谈,知严诚乃严光之后代,潘庭筠乃潘岳之苗属,陆飞为陆贽之裔孙,洪氏慨叹“三人者,虽断发胡服,与满洲无别,乃中华故

---

[129] 《正祖实录》卷六,正祖二年(乾隆四十三年,1778)7月9日丙申条。
[130] 李匡德:《冠阳集》卷一《仆在海东……因用留别》,《韩国文集丛刊》,207352。
[131] 李匡德:《冠阳集》卷一《考亭夫子后孙朱君进士沄……题诗二首见赠》,《韩国文集丛刊》,207/352。
[132] 李匡德:《冠阳集》卷一《仆在海东……因用留别》,《韩国文集丛刊》,207/352。
[133] 洪大容:《湛轩燕记》卷五《干净笔谭上》,《燕行录全集》,043/013。

家之裔也。吾辈虽阔袖大冠,沾沾然自喜,乃海上之夷人也。其贵贱之相距也,何可以尺寸计哉!以吾辈习气,苟易地而处之,则其鄙贱而蝼蛛之,岂啻如奴仆而已哉!然则三人者之数面如旧,倾心输肠,呼兄称弟,如恐不及者,即此气味,已非吾辈所及也”。不仅如此,“此三人者,其资性虽不同,才学有短长,要其内外一致,心口相应,无世儒龊龌粉饰之态则一也”。言及三人之品格秉性,洪氏言“筱饮,豪旷决烈,如秋江泛舟,月白风清;铁桥,奇健遒劲,如寒松特操,雪竹清标;秋庳,风流恺悌,如春风紫陌,桃柳争媚”。洪大容得交三人,喜不能禁,他给朱文藻的信中曰:

> 呜呼!九峰,铁桥之兄也,吾以为兄;朗斋,铁桥之弟也,吾以为弟,不亦宜乎!友朋之交,一则在志,一则在道,其志同,其道合,尚或友古人于千载,况生并此世,万里一心,遥相印订,是道义之交也,是性命之交也,亦何必区区于形面之隔而疆域之拘哉!……向来日下之游,实欲求之于京华人文之林,幸得西湖三君子,一见订交,信誓皦皦,七日雅会,几乎乐死,此岂人谋之攸及,实是天禄之凑巧。[134]

“七日雅会,几乎乐死”,天涯知己,结为兄弟,风流文墨,极其翩翩,足见洪大容极喜之态。洪氏甚至爱屋及乌,甚至倡言“中国之人才,多出于南方;南方之人才,多出于江浙。盖山川之明秀,地理有不可诬也”。[135] 至此,开启了朝鲜燕行史上一段最为温馨感人的生死之交,至今令人称羡而回想不已。

洪大容与严诚诸人的交往与友谊,为后来燕行使与中国士人友好往来起到了推波助澜的作用,成为使臣到北京后争相模仿的样板。前文提到的正祖十五年(1791)入燕的金正中,于翌年正月初四日,访庶常馆。其曰:

> 俄而二人自外而入,此亦访翰林而来者,即与之笔语。一人晦庵二十二世孙,号砥斋,一人姓章,皆浙江人也,应举来京云。余曰:“朱夫子牖后之

[134] 洪大容:《湛轩书外集》卷一《杭传尺牍·答朱朗斋文藻书》,《韩国文集丛刊》,248/123。
[135] 洪大容:《湛轩书外集》卷二《杭传尺牍·干净录后语》,《韩国文集丛刊》,248/173—174。

功，不下于孔圣，吾东之士，读其书服其行，恨生世之晚，未及抠衣于沧洲门下矣，今邂逅足下，典礼犹存，仆之壮观，到足下尽矣，岂不喜幸也欤。”曰：“吾先夫子手书及小像在浙江敝舍，不得对足下奉玩，可叹……”还馆所，遍诧行中诸人曰：“吾今日见朱夫子之孙也。”[136]

见到朱熹后裔，令金氏狂喜如此。又如署名“简山”的作者，于道光元年（纯祖二十一年，1821），随进贺谢恩兼陈奏行使团入北京，见到江南松江县举人周达，为濂溪先生二十八世孙，“赍刺来访，为人端雅，文翰极佳，与之笔谈，亹亹不已，古人所谓‘白头如新，倾盖如故’者，正谓此也。始知千里之外，有此神交矣”[137]。又交肃清王子、郭普通、翰林学士徐思庄、御史陈用光等，访问笔谈，文酒高会，周氏赠以《江南志》六编，并送往通州，依依惜别，简山赠周氏诗曰：

旅烛通州夜，故人惜别心。
山当辽塞远，雪掩朔天深。
万里欣倾盖，三旬与盍簪。
驿亭梅发夕，请寄北来音。[138]

诗中所咏，皆为纪实之言。如果未遇到可接谈之人，或者由于自身的原因，未能达到目的，则会颇感失望。如哲宗元年（道光三十年，1850），随进贺谢恩兼冬至等三节年贡行使团入北京的权时亨，在返国之前曰：

余初不知观光法，入城后虚费车贳，空然随后于使行，虚度四十日强半。可恨可恨！若于入燕馆之日，以交友求知为心，则西蜀、江南气节文章之士，奚翅若而人而已乎。若再图此行，决不如是浪过也。[139]

---

[136] 金正中：《燕行录》，《燕行录全集》，074/207。
[137] 简山（原题未详）：《简山北游录》，《燕行录续集》，127/321。
[138] 简山（原题未详）：《简山北游录・赠周菊人（诗题为笔者所加）》，《燕行录续集》，127/354。
[139] 权时亨：《石湍燕记》卷三，《燕行录全集》，091/281。

权时亨未能结交名士，颇为憾恨。燕行使之对待所接交的中国人士，凡名贤后裔与江南士子，无不称心如意。甚至遇到凡姓周、张、朱之人，即问是否周敦颐、张载、朱熹之后裔，中国人也往往虚为应付。但他们是戴着有色眼镜的，如果遇到贫窭之人，即使隶籍江南，也很难获得他们的青睐。

**（二）面形尖薄，轻佻狡诈——燕行使笔下的江南贫窭之人**

燕行使在沿途与在馆期间，所交接的尚有不少江南人，但多为俗吏下士，贫困无依。他们往往将这些人与北方人、满洲人相比较，以评其高下。如景宗即位年（康熙五十九年，1720），随告讣兼请谥请承袭奏请行入燕的李器之，记十一月初九日，在法华寺见侍卫英桂，乃康熙帝之侄。李氏记曰：

> 为人极纯朴，少文多质，言语多天真。大抵清人多质，汉人多诈。汉人之中，北京人犹宽厚，南方人个个伶俐而巧诈，知文字者其诈尤甚。[140]

又景宗即位年（1720），冬至等三节年贡行正使李宜显，记其所观察到的情状曰：

> 清人大抵丰伟长大，而间有面目极可憎者，膻臭每多袭人，言辞举止，全无温逊底气象。汉人则颇加敛饬，外貌亦稍端正。而南方人轻佻狡诈，面形尖薄，气禀然也。语操南音，与寻常汉人绝异，虽于自中言语，亦不能尽通，如我国所谓遐方使土俚矣。[141]

朝鲜使臣在馆期间，日受序班等欺凌，极感厌恶，而他们认为这些人大多数是南方人。如正祖四年（乾隆四十五年，1780），随进贺兼谢恩行使团入北京的朴趾源曰：

> 北京卑流，解字者甚鲜。所谓笔帖式、序班，多是南方窭人子，颜貌憔悴尖削，无一厖厚者。虽有廪食，极为凉薄，万里羁旅，生理萧条，艰难贫窘之

---

[140] 李器之：《一庵燕记》卷四，《燕行录续集》，111/449。

[141] 李宜显：《庚子燕行杂识》卷下，《燕行录全集》，35/460—461。

色,达于面目。[142]

又纯祖十一年(1811),随冬至等三节年贡兼谢恩行入北京的李鼎受记载曰:

清人貌丰傅,为人少文;少文,故多淳实。汉人反是,南方人尤轻薄狡诈,然或不尽然。清人亦入中国久,康熙、乾隆以来,连事右文,故其俗亦寖衰。蒙古人特蠢顽。[143]

使臣也经常打听当代学术,北方与江南孰优孰劣。如正祖二年(乾隆四十三年,1778),沈阳问安行书状官南鹤闻记载清朝当代学人曰:

理学以李光地、陆陇其为宗;文章在宗人府丞窦光鼐、侍郎刘墉,皆馆阁巨公;藏书家则徐氏传是楼、朱氏曝书楼,今皆散逸,范氏天一阁所藏,尽入禁中。江南人朱筠,方为翰林编修,博学多著述,藏书最天下云。[144]

案此处记载有误,朱筠为直隶大兴人,非江南人。使臣可能心中只觉得江南人才有学问,故将朱氏隶籍于江南。又如正祖十年(1785),告讣赍咨官沈乐洙在留馆期间,与国子监助教浙江钱塘人陈木,及江苏金坛人虞友光等往还甚多,友光乃南宋虞允文十八世孙。沈氏问陈氏江南有何学问文章第一人,答以浙江赵佑、山东窦光鼐,所谓"南赵北窦",时赵为山东学政,窦为浙江学政。[145] 又纯祖七年(1807),随谢恩兼冬至等三节年贡行使团入燕,著有《中州偶录》的佚名作者,于翌年正月初七日,在琉璃厂五柳居,遇户部主事浙江人李林崧,问以礼乐、服制、缠足等事[146]。又初九日,在阅武楼见二人,貌甚疏朗,一为吏部主事万彻,江西人;一为吏部员外郎蔡炯,杭州人。俱进士及第。问苏杭优劣何如? 炯答曰:山

[142] 朴趾源:《燕岩集》卷十四《热河日记·口外异闻》,《韩国文集丛刊》,252/291。
[143] 李鼎受:《游燕录》卷三下《异观实闻总纪上·风俗人物》,《燕行录续集》,124/101。
[144] 佚名:《沈行录》,《燕行录全集日本所藏编》,001/120—121。
[145] 沈乐洙:《燕行日乘》,《燕行录全集》,057/048—049。
[146] 佚名:《中州偶录》,《燕行录全集日本所藏编》,001/457。

川秀丽，杭胜于苏；闾阎繁庶，苏胜于杭。[147]

此类记载，举不枚书。在燕行使所交接的中国人中，若是古代名贤后裔，或江南才俊，或学界名流，则青眼为开；而遇到下吏级别的贫窭之士，即便为江南人，也白眼相加。可谓两般对待，爱憎分明，这其中除了部分他们所载列的事实外，名人癖好与江南名士，是他们选择交接与攀附的两大名牌与标识。

## 七、燕行使对江南的寄望与反清复明方式的想象

### （一）清秀萎弱，无武健者——燕行使对江南士人的寄望与绝望

明社既屋之后，朝鲜不得不臣服于清朝，皮币之行，络绎于道，让朝鲜君臣深感耻辱，而以金尚宪、宋时烈为代表的义理派，仍高举"尊周"旗帜，歆动朝野。宋时烈曾经做过凤林大君即后来孝宗国王的师傅，后隐居在忠清北道魁山郡华阳洞，他反复强调中华大地，已是胡虏的天下，而朝鲜事清，也非干净土地，唯有华阳寸土，仍是清白之地，即宋氏诗称"客到试看千仞壁，腥膻天地别人寰"[148]。"华阳"之"华"，即"华夏文明"。宋氏死后，其弟子权尚夏等在当地建万东庙，并创设华阳书院，仿朱熹"武夷九曲"设"华阳九曲"，栽值"大明桃""大明竹""大明稻""大明梅""大明红"等，所谓"主人新卜开三径，与子同为大明族"[149]。直到鲜末，兴盛不绝。蔡之洪记曰：

> 皇朝屋社，已百余年。九有腥膻，无一片干净地，而惟兹一洞天，依然是大明乾坤。仰瞻崖碑，宝墨交辉；回望皇庙，仙驭若临。呜呼！我神、毅两皇上真游不于此，而将安适乎？缁徒之发愿守护，其亦出于秉彝者欤。[150]

---

[147] 佚名：《中州偶录》，《燕行录全集日本所藏编》，001/458。

[148] 成海应：《研经斋全集外集》卷三一尊攘类《华阳洞志·诗文上》宋时烈《华阳洞》，《韩国文集丛刊》，276/467。

[149] 金平默：《重庵先生文集》卷一《自朝宗岩移种大明竹》，《韩国文集丛刊》，319/036。

[150] 蔡之洪：《凤岩集》卷十二《彩云庵记》，《韩国文集丛刊》，205/428。

在朝鲜君臣看来,中国既已是腥臊膻臭之域,大明何时恢复,他们寄望"胡无百年之运",清廷自然崩亡;或有豪杰之士,振臂一呼,天下群雄回应,攻而灭之。如洪命夏诗曰:

> 中国封疆环九区,江南直北是燕都。关防表里金汤固,梯航东西玉帛输。今古忽从桑海变,衣冠还与语言殊。汉中消息君休问,天下英雄未必无。[151]

又柳命天诗曰:

> 红云影里望神京,城郭衣冠触眼惊。
> 喻蜀非才惭使事,观周太晚恨吾生。
> 万年枝上昏鸦集,十字街头牧马鸣。
> 天道人心宁久否,金台从古有豪杰。[152]

天下英雄,究竟在何?燕行使首先想到的是"燕赵之士"。显宗元年(顺治十七年,1660),以冬至等三节年贡行副使入燕的姜柏年,极其遗憾地吟诵曰:

> 燕赵从前志士多,今无一介丈夫何。
> 诸州猛将争投甲,四代元戎亦倒戈。
> 楚士偏陵秦吏卒,周生空泣晋山河。
> 凄凉古堞余三户,抚剑沉吟为咄嗟。[153]

此时清廷立北京尚不足二十年,直到正祖十五年(乾隆五十六年,1791),金正中在与中国人程嘉贤笔谈时,还在找燕赵悲歌之士。双方对话曰:

---

[151] 洪命夏:《甲辰燕行录·次书状韵》,《燕行录全集》,020/405。
[152] 柳命天:《退堂集》卷三《燕行录·通州望皇京》,《韩国文集丛刊续》,040/410。
[153] 姜柏年:《燕京录·途中偶吟》,《燕行录全集》19/432

余曰："燕市古称多慷慨悲歌之士，而吾未之见，足下居此久矣，见之而不吾告，何也？"少伯曰："今圣明在上，复何有悲歌之士乎？勿复言。"……〔金又谈服制等〕少伯曰："今夕只可谈风月。"⑭

朝鲜君臣就这样眼睁睁地看着清朝江山强固，稳度百年，遂极感失望，高呼"百年满州运，豪杰太寥寥"⑮。又李器之《送人赴燕》曰：

闻说胡皇鬓已斑，中原豪杰百年闲。
《车攻》《吉日》今无望，傥有真人起草间。⑯

鬓斑的不只是"胡皇"，还有朝鲜君臣。真人不起，胡运无疆。纯祖元年（嘉庆六年，1801），进贺兼谢恩行副使吴载绍，在双阳驿逢重阳节。吴氏感叹曰：

是日即重阳，双阳重阳，偶相符合，正宜泛菊一醉，而闾里荒凉，无种菊家，行厨萧洒，亦未及煎糕，与诸从官翦烛相对，俱是天涯羁旅，朔山千迭，辽河万里，日夕啁啾，无非椎髻毡褐之俗。而一入栅门，音信断绝，恋国怀乡，百感交集，况神州陆沉，且二百年，天道深远，无以测群阴剥复之会，尤有感于重阳之名矣。⑰

纯祖二十一年（道光元年，1821），进贺兼谢恩行正使李肇源再度出使，其有诗曰：

使乎今再来，风物较看前。
生齿增夷夏，工商凑越燕。
村新多大户，土辟尽良田。

---

⑭ 金正中：《燕行录》，《燕行录全集》，074/203—204。
⑮ 吴瑗：《月谷燕行诗·宜叔见寄四律次韵答之》其二，《燕行录全集日本所藏编》，001/208。
⑯ 李器之：《燕行诗·送人赴燕三首》其三，《燕行录全集》，037/292—293。
⑰ 吴载绍：《燕行日记》，《燕行录全集日本所藏编》，001/375。

运气方隆盛，谁言无百年。[158]

真是奇怪，这个“胡虏之国”，竟然越咒越旺，让李肇源气急败坏，詈天咒地了。天不开眼，燕赵无望，那么江南之地，是否会有真人拔剑而起呢？英祖四年（乾隆二十九年，1764），参核使金种正到沈阳，根据他的观察，议论曰：

盖勤力役，耻游食，固是胡人之所长，而生利之外，更不知有他，饮食寝处，相混犬豕，言语动作，作没模样。上下无章，男女无别，穹庐本种，固宜如此，而独怪夫中华旧民，熏染膻羯，不但化其身，并与其心而化焉，可胜痛恨。岂以天下之大，百年之久，而英雄豪杰，不一作于其间乎？虽或有循发扼腕，饮泣慷慨者，而天醉未醒，只手难容，遂不能以自见耶？抑天地东南，已有真人消息，而余未及闻知耶？思之及此，发为之竖云。[159]

江南既是大明发迹起事之地，又是富庶繁盛之区，想来能保文明之种，有真人隐于屠夫狗市之间，故燕行使怀想江南，遥望西湖，以寄其所托。纯祖三年（嘉庆八年，1803），以奏请谢恩兼冬至等三节年贡行书状官身份入燕的洪奭周，曾有过丰富的联想。其曰：

由燕京出正阳门，西南行七十里，而至良乡县，又南行三百六十里，而至河间府，此走齐、鲁、吴、越道也；由良乡县，西南行五百九十里，而至真定县，又西行五十里，而出井陉关，此走秦、晋、巴蜀道也；由真定县，南行百里而至赵州，此走洛阳、梁、宋、荆楚道也；出崇文门或朝阳门，东南行二百五十里，而至天津府，此遵海以趋齐、鲁道也；出宣武或西直门，西北行七十五里，而至昌平州，此入天寿山，拜皇明诸陵道也；出德胜门，东北行一百三十里，而至密云县，此出古北口，以逐匈奴道也。盖余尝游燕都，登卢沟桥上，周视四

---

[158] 李肇源：《黄梁吟》卷下《干河》，《燕行录全集》，061/417。
[159] 金种正：《沈阳日录》，《燕行录全集》，041/222—223。

> 达之衢，慨然太息，有周流八极之思，而知不可得也。姑书之于此。或曰：甚矣！子之不能忘情于游也。曰：否否！有真天子作，不都秦洛则都江南，此余所以志也。[160]

洪氏如此详细地列出自北京向东南西北的交通要道，是寄望有“真人”从这些路途杀向北京，自古北口驱逐“胡虏”，以复大明，以光神京。姜浩溥在馆时，也曾颇有想法。其曰：

> 余又思之，昔释迦生于西方，今耶苏又生于西方。盖东方、南方即天地文明之地也，钟其间气生出人杰，竟为休美之方。[161]

释迦、耶稣皆是异端，生于西方。则东方、南方为天地文明之地，姜氏举例说如箕子在朝鲜，泰伯在越南、福建等处即是，那么南方也或许就是希望之所在。然而无论燕赵、秦洛、西蜀还是江南，皆真人不现。李器之曾做对比较研究后，充满绝望地说道：

> 清人及北土人，身材皆长大，气貌劲健；南方之人，多明朗清秀，而无武健者。盖以北方劲健质朴之人，骑壮大胡马，又兼以中原之机巧技击，其势固已难当。而即今江淮南，专事文字，家置万卷书，评文论诗，朱墨涂乙，写画作字，笔翰淋漓。凡北京所卖书册、笔墨、纸砚、书画、绵缎、器玩之属，皆自南方来。文明巧丽如此，可知其萎弱，此后天下虽有事，南方兵力决不能抗北人，恐难再如元末明初也。[162]

清秀萎弱的江南，无法抗衡气貌劲健的北方，希望如同朱元璋当年那样自南方起事，“驱除鞑虏，恢复中华”，几乎就成痴心妄想矣。

---

[160] 洪奭周：《渊泉先生文集》卷二十《书北游录后》，《韩国文集丛刊》，293/460—461。

[161] 姜浩溥：《桑蓬录》卷七，《燕行录续集》，113/331。

[162] 李器之：《一庵燕记》卷四，《燕行录续集》，111/449—450。

### (二)自海上捣腹心,由辽东下北京——燕行使对反清复明方式的想象

中国无人起兵,那么朝鲜是否可以代之复仇兴明呢?朝鲜君臣也时刻不忘渡过鸭江,反清复明。孝宗时即有人提议,可航海自登州等地登陆,一战而胜。其曰:

> 由辽野鼓行而进,则是谋非某所当闻也。若由海道出登莱,以捣中州之腹心,功可八九成,愿为之前驱以效死。呜呼!审如是也,山东、江南忠义之士,翕然响应,群起而逐之,满洲之众溃决分崩,可不血刃而下,其尚据皇极之尊哉![163]

吴道一根据自己在辽东半岛沿途对清朝军力布置与装备情况的观察,认为清兵并不可怕,而是有机可乘,可越鸭江,渡辽河,战而胜之。其曰:

> 盖自凤凰城至山海关,一千数百余里,每站虽各置千总一人,而沈阳一处外,别无养兵储粮、城池防守之所,所谓设站置千总处,不过一大店落也,边疆疏虞极矣。盖清人不但专意南方,不以我国为虑,以弓马驰突为能事,至于关防城守等事,不甚致力,盖其习俗使然也。海边诸站颇有储置兵粮之处云,非直路,故不得目见,其制规画则不可详知,而盖以海贼为虑云……诚得精兵数万,一渡辽河,则关以外千余里,庶有长驱破竹之势,而一任其据有神器,肆然称帝,直欲发一恸也。[164]

想象力最为丰富的是姜浩溥,姜氏是以副使军官的身份随团出使,军容军装,身佩宝剑,因此他在去往北京途中,行至高桥堡至塔山间时,俨然如将军统帅,突发联想曰:

> 身着戎衣,乘骏马,长驱大道,而前后车马簇拥,络绎向北京而驰。依然

---

[163] 成海应:《研经斋全集》卷三一《风泉录一·李贞翼甲胄记》,《韩国文集丛刊》,274/188。

[164] 吴道一:《丙寅燕行日乘》,《燕行录全集》,029/163—165。

> 若成我孝庙遗志，驱千兵万骑，已攘复辽东，蹴破沈阳，今又往征燕京者然。虽设意妄想，而颇若爽快矣。[165]

此不过狂徒措大，妄臆痴念，而快意于心者而已。朝鲜君臣对清朝的这种敌意，直到清季鲜末，才想到可依仗清朝的保护而免于被侵略，但清王朝已经自身难保，经“甲午战争”后，清朝战败，对于朝鲜这个属国，就只能眼睁睁看着落入日本之口而无可奈何了。

以上笔者通过大量的事例，对朝鲜燕行使笔下的江南镜像与心理寄托做了详细的分析与论述，从中可以了解到朝鲜君臣足踏目验的“江南”与他们想象梦寐中的“江南”，所呈现出的不同镜像。究其实，无论到过还是未到过江南，江南在他们心中的政治含义与心理寄托，要远大于或者说远重富庶繁华、人文蔚兴的真实江南。这也充分说明，现实社会现象与山川景物，和人们心中的政治立场与理念成见相遇相撞时，立场与成见往往会占据上风，而真实的景象会被遮盖和异化。从这一角度讲，陆九渊所讲的“宇宙便是吾心，吾心即是宇宙”，其实是极有道理的！

【漆永祥　北京大学中文系、北京大学古文献研究中心教授】

原文刊于《中国文化》2019 年 02 期

[165] 姜浩溥：《桑蓬录》卷三，《燕行录续集》，113/052。

# 《朴园越议》与中法战争时之清廷

孔祥吉

光绪十年（农历甲申）是中国近代史上的多事之秋。这一年里，除了发生中法军事冲突之外，在清廷内部还有和战之争，甲申易枢，恭王下台，醇王执政，内政外交，事变迭出，真令人目不暇接。以至于当事人回首这段往事时，得出了"由是而有甲午朝局之变，由甲午而有戊戌政局之变，由戊戌而有庚子拳匪之变，由庚子而有辛亥革命之变，因果相乘，昭然明白"①。可见，甲申年乃是晚清历史上发生转折的重要时刻。

然而，这许多重大事变的内幕背景，对于我们这些研读近代史的学人来说，至今仍是扑朔迷离，难识庐山真面目。最近，笔者承美国新罕布辛州学者翁万戈先生惠示其高祖翁同龢所辑《朴园越议》原稿两册，反复披阅，颇觉其内容至为重要，对于研究中法战争以及晚清历史有着不可或缺之意义。

朴园越议题签

① 张謇：《自订年谱》。

## 一、《朴园越议》之作者

《朴园越议》实际上是翁同龢精心选编并贴裱，大体上按照时间顺序排列的书信集。自光绪九年五月二十九日(1883年7月3日)始，至光绪十一年三月二十一日(1885年5月5日)，即自慈禧下令，着醇亲王奕譞会同军机总署筹办法越事宜始，至中法战争结束，议约亦略具规模为止，凡一百二十五封，绝大部分是奕譞、张荫桓等写给翁同龢的，也有几封是翁写给奕譞等复信的底稿。此外，还包括一些随信所附的中外电讯、廷臣奏议、说帖照会等文献。

翁同龢(1830—1904)，江苏常熟人，字声甫，号叔平，晚号松禅，咸丰六年中状元，先后担任过户部侍郎、都察院左都御史，暨工、刑、户诸部尚书，两度入值军机，兼总理各国事务衙门大臣，并曾在弘德殿、毓庆宫行走，故时人称其为“两朝师傅，十载枢臣”[②]。翁氏学问优长，人品端正，自光绪二年(1876年)奉慈禧之命，在毓庆宫授读长达二十年之久，故光绪帝“每事必问同龢，眷倚尤重”，而翁氏则在相当长时期内“周旋帝后，同见宠信”[③]，可谓晚清历史上一关键人物，故许多达官贵人，文人学士都与翁氏书信往还，频通音讯。这些私人函札有的是互通情报，有的是臧否人物，因此，它们比起那些冠冕堂皇的奏折来，更能揭示历史真相，宦海背景。《朴园越议》正是翁同龢本人在为数众多的信函中挑选出来最有价值的一部分。

《朴园越议》顾名思义，应是醇亲王奕譞关于中法越南交涉的议论。该书上卷全部为奕譞书信五十二封，下卷二十二封，凡七十四封。

奕譞(1840—1891)，号朴庵，道光帝第七子，慈禧之妹婿，咸丰元年(1851年)封醇郡王，后奉旨在内廷行走。咸丰帝病故后，奕譞参与了使慈禧得以垂帘听政的祺祥政变，颇蒙宠信，迭授都统、御前大臣、领侍卫内大臣，掌管神机营，以畅晓军事而自鸣得意。同治十一年(1872年)晋封醇亲王，两年后同治帝病故，由慈禧一手作主，选立其子载湉承继帝泣。奕譞为人“谦卑谨慎，翼翼小心”，为

---

② 恽毓鼎:《澄斋日记》(稿本)，第四函。

③ 金梁:《四朝轶闻》。

避猜嫌计，他于光绪继位后，恳请免去一切职任，仅仅在毓庆宫常川行走，照料小皇帝读书，因此有机会与同龢频繁交往。奕譞既佩服翁氏之学问，又敬重翁氏之为人，屈尊往还，频赠食物；而翁氏则爱屋及乌，将这位小皇帝之生父视若知己，故对晚清历史具有深刻见解之金梁指出："同光朝局，翁久师保，罔不预闻：恭、醇二王，隐争政柄，翁初善恭，而后附醇。"④金氏所言，殆系实录。

当然，奕譞与翁同龢过从密切，关系融洽，与他们当时趋向保守，对外敌持强硬态度亦有渊源。这方面奕譞比翁氏走得更远。奕譞对洋人有否无可，认为"不能使彼不来，要在虽来而不惧；不能使彼不战，要在虽战而不虞。"他对奕䜣等洋务派官僚"汲汲以曲循夷心为务"的做法深恶痛绝，以为朝事败坏，"委因办夷之臣，即柄政之臣，诸事有可无否所致，此格不破，将来皇上之前，忠谏不闻，闻亦不行，甚可畏也。"奕譞的这种立场在《朴园越议》中亦有体现。

特别引人注目的是，在《朴园越议》下卷中还保留了未署名的密札二十七封，由笔迹和内容判断，其中四封是张荫桓之亲笔，其余二十三封则出自张氏在总理衙门之同僚。这些信件全部集中在自光绪十年闰五月二十三日(1884 年 7 月 15 日)至七月十八日(9 月 7 日)，这段时间正是中法交涉最紧张的阶段，而翁氏已于甲申易枢后退出了军机处，于是，张荫桓等或登门造访，或投递密信，源源不绝地向翁氏提供最新消息。尤其是张荫桓之信函，通篇皆用暗语，非局中之人，即使得到信函，亦不知其所云，密札作者之喜用心计，于此可略见一斑。张氏字樵野，广东南海县人，纳赀为知县，由于才华出众，深得丁日昌、阎敬铭之赏识，很快由道员而迁按察使，甲申易枢后由阎氏援引，以徽宁池太广道赏三品衔，入值总理衙门。张荫桓为人机敏，豪放善饮，虽非科班出身，却文采斐然，深通外情，与翁同龢过从密切。时人谓："翁常熟当国时，倚之直如左右手，凡事必咨而后行，每日手函往复，动至三五次……当时之亲密可想。每至晚间，翁以专足送一巨封来，凡是日经办奏疏文牍，均在其内。必一一经其寓目审定，而后发布，张公好押宝之戏，每晚间饭罢，则召集亲知幕僚，围坐合局而自为囊主，置匣于案，听人下注……翁宅封包往往此时送达，有时宝匣已出，则以手作势令勿开，即就

④ 金梁：《近世人物志·序》。

案角启封检阅，封中文件杂者，多或至数十通。一家人秉烛侍其左，一人自右进濡笔，随阅随改，涂抹勾勒……如疾风扫叶，顷刻都尽，亟推付左右曰：开宝开宝……适才处分如许大事，似毫不置之胸中……而当时众目环视，但见其手挥目送，意到笔随，毫不觉其有惨淡经营之迹，此真所谓举重若轻，才大心细者，宜常熟之服膺之不置也。"⑤

上文所述，生动传神，倘非作者身临其境，耳闻目睹，大约是写不出此等文字的。然而，该文所描述的应是甲午至戊戌间翁、张交往之情形，而《朴园越议》所辑的张氏信函，乃是翁张初交之实证也。

翁同龢、奕谖与张荫桓均为中法战争期间清廷之重要人物。光绪九年(1883年)五月，慈禧要奕谖会同军机、总署，筹划对法交涉，然而，奕谖既非军机大臣，又非在总署行走，因此，对越事"毫无所闻，闷煞闷煞"，只能依靠"硕画深远"的军机大臣翁同龢来了解奕䜣诸人之"通盘打算"；至次年三月十三日(4月8日)甲申易枢事件发生后，翁同龢与奕䜣等人全部退出军机处，而中枢大权归于奕谖之手。奕谖为处理好政务，频频向翁氏求教，欲其献匡时之策，于是翁同龢又不得不求助于张荫桓等人。搞清楚他们之间的复杂关系，对于了解《朴园越议》之背景及清廷在中法战争期间之政策演变，具有十分重要的意义。

## 二、慈禧对和战的态度

《朴园越议》所涉及的一个很重要的问题，即是慈禧对和战的态度。以往的许多著作，大多都是指责慈禧一味主和，出卖前线军民浴血奋战之果实。现在看来，这样解释未免有些简单偏颇，难以说明历史的本来面目。

中法战争是近代中国在反抗外来列强侵略中唯一取得部分胜利的战争。这个胜利毫无疑问应归功于广大军民之奋起抗战，但是，它与清朝统治集团所奉行之政策，尤其是最高决策者慈禧对和战的态度，不能说没有关系。《朴园越议》

⑤ 吴永：《庚子西狩丛谈》卷一。

的重要价值之一,就在于它将慈禧对和战的态度描绘了一个真实可信的轮廓。尽管这些函件大多出自奕譞之手,但它所反映的则是慈禧之心声,因为奕譞畏惧小心,唯慈禧之言是听,几乎没有自己的独特见解。大体说来,慈禧对和战之态度,有两方面值得注意:

其一,在甲申易枢之前,慈禧态度比较强硬,她不满意奕䜣等长期奉行的"委曲求全""妥协退让"政策,颇欲与法一战,但碍于实力,不敢大举,故奕譞给翁同龢的信中,反复申诉"以极力备战为经,以觇越向背为权"[⑥],其备战办法则是实行"清野民团"。奕譞写道:

> 夷怕民,民怕官,官怕总,总怕夷。此外间自来俗论。此关打破,百事可成。我之不振,在乎悠忽于平日,仓卒于临时,而以俯就为妙策,以发愤为盲谈,廿载驹光,因循浪掷,实为可惜。[⑦]

这些言论实际上反映了慈禧等人对奕䜣、文祥自同治初年以来所奉行的妥协退让政策的不满,颇欲振作。但是,如何备战,如何制敌,无论是慈禧,还是奕譞,由于对外情知之甚少,终究提不出切实可行措施。奕譞曾建议:

> 设舍炮台而讲清野,舍船费(此指铁甲)而练民团,彼以整,我以散,头头设伏,处处邀截,彼之火药有尽,我之刀矛无穷,加以炸器惊其马,水军抢其船,进无所获,退无所归,似乎一两仗后,彼气自馁矣。[⑧]

奕譞的这番议论,反映了他思想守旧,对近代军事科学的无知,其见识是无法同奕䜣、文祥辈相提并论的。然而,他的备战计划竟然得到慈禧的首肯与采纳。据翁同龢日记记载:

---

⑥ 奕譞《致翁同龢》,见《朴园越议》卷上,第32页。
⑦ 奕譞《致翁同龢》,见《朴园越议》卷上,第26页。
⑧ 《朴园越议》卷上,第26页。

> 醇邸致书恭邸，海防三条：一炮台用土兼避开花炮法，一沿海买地一条，挖坑设伏与陆战，一津郡乡团，皆寄北洋令赶办，廷寄未言何人所陈也。[9]

奕譞致翁氏之信件亦谓：

> 日前呈件得达帘前，敬悉民团果成，声势自壮，第恐狃于专恃淮军及水师耳。丹崖（按，指李凤苞）之论，固无足重轻，悉心揣测，似有承人衣钵之迹，果尔，则此念不泯，壮气早颓，所谓防者，不过铺张门面，未必誓死敌忾，殊可忧也。[10]

可见，慈禧和奕譞虽然力图振作，极力备战，但是囿于见识与才干，他们的备战是盲目的，因而也很难有成效。

其二，自甲申易枢之后，到上海谈判破裂，慈禧虽主张议和，但是反对无条件地退让。

在罢黜奕䜣之后，慈禧和奕譞调兵遣将，欲图大举，他们将左宗棠、张之洞、彭玉麟等主战派官员，或委以重任，或派往前沿，并下令吴大澂会办北洋，陈宝琛会办南洋，张佩纶会办福建军务，主战派空前活跃，但由于出现了李、福和谈之契机，慈禧之策略亦随之改变，此中曲折，奕譞在写给翁氏信中亦有透露：

> 越事连蹶，愤极。法舰由厦门北来，停泊烟台，正虞其内犯，昨合肥电来，彼中有福禄诺者，与李有旧，愿从中调处，划界通商不索费……揆度边防之不尽可靠，华军之屡败难支，不得不姑允此举。前已饬李统筹全局，既不别贻后患，亦不稍损国体云云，系不才添写，恐难字字作到。[11]

正是在这种思想主导下，签署了中法《天津简约》。但是，欲壑难填的法国

---

⑨ 《翁文恭公日记》，光绪九年十月二十六日。
⑩ 《朴园越议》卷上，第29页。
⑪ 《朴园越议》卷下，第75页。

侵略者，并不满意于津约，“必动兵以索巨款”[12]，在谅山与清军冲突，并以增兵相胁迫，以外交相周旋，企图迫清廷就范。两江总督曾国荃与法使巴德诺的上海会谈在剑拔弩张的气氛下拉开序幕。当时主持对外交涉的军机大臣阎敬铭，总理衙门大臣张荫桓，及北洋李鸿章，南洋曾国荃，甚至包括著名的主战派、在沪上参与会谈的陈宝琛均主张在不同程度上对法让步，以求息事宁人，但是却被慈禧一次一次地顶了回去。这些罕为人知的史料，均在《朴园越议》中有所反映。当时争议的焦点是赔偿法国兵费与中国撤兵，即张荫桓闰五月二十七日（7 月 19 日）致翁氏密函中所谓“须补而后发散”[13]，但却遭到慈禧之抵制。据总署闰五月二十三日（7 月 15 日）之函称：

> 沪信云，孤拔铁舰放行，有启衅之意。赫（德）信云：撤兵、偿费二者缺一不可，如未允许，准于二十七日自取押抵……翘野欲献酌赔之说，众心鄙之，何不学无术耶，王意不欲宣示，托疾不出。[14]

上文中翘野，指张荫桓，王则指奕譞。六月初二日（7 月 23 日）总署之密函又称：

> 诸君拟将与费之意，极力一碰。及至其时，上预禁偿项，即减亦不可，字字严切，诸君均不敢自呈其说。贱亦不露锋棱，所对皆讲解细事，然诸君巧计设施，终出于给费之一途，恐拂上情而滋下议也……南丰、元龙赴沪……五条以外之事，南丰亦有商议之权。此中含有妙义，南丰未必不碰。[15]

南丰者，曾国荃之谓也；元龙者，陈宝琛之谓也。上，当指慈禧，以光绪尚未亲政也。“五条以外之事”，与“妙义”均指赔款妥协。

当时上海谈判气氛极度紧张，而慈禧“坚定不移，中间有略露转圜之意以示

---

⑫ 邵循正等编：《中国近代史资料丛刊 · 中法战争》第四册，第 16 页。
⑬ 《朴园越议》卷下，第 98 页。
⑭ 《朴园越议》卷下，第 91 页。
⑮ 《朴园越议》卷下，第 101 页。

外间者”,但臣僚们莫测高深。面对法军步步进逼,日益严重的战争威胁,无论是总理衙门官员,还是参与上海和谈之代表,均主稍稍对法赔款,以图缓解局势,但却未得慈禧首肯。六月初八日(7月29日)总署官员致翁氏密函曰:

南丰昨午与前途面谈。渠乞三事:一褫梦得职,拒与联络;二索重资,较旧额减五分之一;一定偿价地方、日期。其愿太奢,恐难就范。第名目及数尚可通融……南丰不敢轻诺,刻已答复,微露机缄,转圜间不容发……大局至此,曷胜愤懑!贾长沙之哭,不足言也。[16]

前途,指法使巴德诺;梦得,指刘永福。可见局面之紧急已是一发千钧,密函中“微露机缄”即指总署暗示酌赔。但是,总署的有限让步却遭到慈禧的严厉申斥。六月十二日(8月2日)醇王致翁氏之信件表明了慈禧的态度:

连日纷咖杂陈,恼闷难堪。日前,曾、陈、许遽许五十万,为夷讪笑,已奉严旨申饬。盖庙算以多讲一次,多占一层理,为开仗文章内添料耳,外间遂疑为非和不可,致有此误。

愚意:张挞伐,收越南为上策;允美调处,藉作收帆为中策……坚持之际,忽许恤数,先许五十万,昨又欲添至诵诗之数,是为最下之策[17]。

奕譞的信函,表明了慈禧的态度。翁氏接奉此函后当即回复曰:

第一策恐作不到,第二策是好转半,第三则直无策矣。合群奸为此骗局,情事毕露。南中轻许衅款,大是诧事。闻译署致函邵道,曾示此意。然欤,否欤?[18]

邵道,指邵友濂,亦奉旨参与上海会谈者。可见,翁氏之看法比奕譞要实际得多。

---

[16] 《朴园越议》卷下,第105页。
[17] 《朴园越议》卷下,第109页。
[18] 《朴园越议》卷下,第112页。

再检阅翁氏日记,更可以看清楚慈禧之立场:

> 甲申六月初二日,今日许君奏事,略提恤款,上意大不为然。邵电:巴展限十二日必须赔费,谢照会同,语尤硬。

文中许君,应是总署大臣许庚身;谢则指法使谢满禄。

> 甲申六月初七日,上意坚定,不允赔款……闽口到船十一只,幼樵求援甚急……北洋电:数十万金亦可……
>
> 甲申六月初九日,昨见巴,因无成说,拂衣去……丹老致邸书:筹百万作为边界费,盖变去赔偿抚恤之名也,邸言可许……
>
> 甲申六月初十日,昨曾允五十万,巴拒之甚决:曾、陈、许皆以擅许申饬。
>
> 甲申六月十五日,北洋电:德璀琳云,须偿巡边费一千万,分十年付清……
>
> 甲申六月十八日,总署请认三分之一边费,上不允:又请交北洋讲说,亦不允。[19]

翁氏日记的记载,与《朴园越议》完全相符,说明慈禧面对法军的张牙舞爪,虽曾一度游移,但终究未被吓倒;她顶住朝廷内外的压力,拒不向法赔款。正是由于慈禧的强硬态度,使上海会谈陷入僵局,随之而来的是战争升级。

应该说,慈禧严拒法使婪索巨款的无理要求,批驳总署及和谈代表的妥协让步,是有其合理性的。在关键时刻,她不为众议所左右,坚持与法针锋相对的立场,在一定程度上维护了民族权益与国家尊严,这无疑是应予以肯定的。她的缺点在于缺乏外交常识,过分依赖美使调停,致使清军在马尾海战中贻误战机。翁氏于战后赞叹曰:“朝廷一震之战,已足化中原积弱之习”是不无道理的。[20]

---

⑲ 均见《中国近代史资料丛刊·中法战争》第二册,第19—21页。

⑳ 《朴园越议》卷下,第164页。

## 三、关于清流问题

清流问题是研究中法战争和晚清政治史的一个重要侧面，长期以来存在一些错误观念，而这些问题大都可以在《朴园越议》中找到答案。

所谓清流，是晚清一个特殊的社会集团，大多由不当权的知识分子构成，其中主要是翰林院和台谏官员。这些人社会地位较低，但却有能力左右社会舆论。他们遇事敢言，议论风生，即使对朝廷要员亦不留情面；尤其是在中外矛盾尖锐时，他们联章入奏，争相弹击，常使柄政者难堪。清流们大多居住在宣武门外南横街一带，故时人亦称之为“南横党”。史学界长期流行着慈禧最恨清流的说法。

晚近以来的掌故大家黄濬，曾多次论及：人才消长，国运隆替所系。光宣朝局变迁，与所谓清流党之兴替，殊有关。“而始终深恶诸名士者。则那拉后一人也。”㉑黄先生并进而断言：

> 清流尽于甲申者，始于谏臣悉外放为三会办，终于滥保唐炯、徐延旭一案……西后久恶清流，故使书生典戎，以速其败。㉒

上述观点流传颇广，但仔细斟酌《朴园越议》所辑各函，却不能不提出疑问：

首先，慈禧并非“始终恶清流”，相反，清流之兴起，与慈禧之支持殊有关。

同光之交，奕䜣柄枢权，慈禧正是靠清流之舆论，牵制奕䜣集团。伊犁交涉事起，俄人穷凶极恶，从军机、总署，到主持外交的北洋大臣李鸿章无不主对俄让步。清流党群起反对，张之洞提出伊犁条约十不可许，并上练兵、筹饷、用人策，力主先备战，后讲和。慈禧览疏动容，召见张之洞，并“敕随时赴总理各国事务衙门，以备资询”㉓。张氏仅为翰林院洗马，蒙此殊遇，清流们为之扬眉吐气。

---

㉑ 黄濬：《花随人圣庵摭忆》第 63 页。
㉒ 黄濬：《花随人圣庵摭忆》第 70 页。
㉓ 胡钧编：《张文襄公年谱》卷一。

甲申易枢之前，奕谖给翁同龢信札中，多次询及"言者近有高论否"㉔？"言官议论蜂起，有何嘉猷可采，亦甚系念者也"㉕。他在评论清流派的舆论所起作用时指出："言战者不审时势，固多孟浪，然合肥大刀阔斧办法，因之消沮，未始非默夺之效也。"㉖奕谖的赞颂之词，并非矫揉造作，虚情假意，因为他们在主战这一点上是相通的。

其次，关于把慈禧任命张佩纶、陈宝琛、吴大澂等为会办说成是"使书生典戎，以速其败"的观点也是难于成立的。

如上所述，慈禧对清流派有利用的一面，亦有真诚信任的一面。具体到中法战争初起，慈禧主要是想让张之洞及"三会办"这些著名的主战派人物效命疆场，监督牵制地方督抚，以取得战争的胜利，而不是相反。即以张佩纶而论，慈禧最初是很欣赏他的才干的，因而才于光绪九年十一月下旬，将其派往天津劝说李鸿章主战，临行之前，奕谖致函翁氏谓："张既赴津，可否以鄙见向彼一商，或望有济。"㉗又谓："张行神速，壮甚，第不知有无成竹，所论若何？"㉘翁氏日记亦谓：

> 右樵呼余，告以将赴天津，与李相言事。忽忽入。慈谕：张某自请与李某谈论，鼓舞其气。此人奋勇能办事，汝等有所见，不妨告之，令与李鸿章商酌也。㉙

不难看出慈禧与奕谖是对张佩纶寄予厚望的。正因为如此张氏才被派往形势最严峻、海防最软弱的福州充当会办。陈宝琛、吴大澂、张之洞的情形大都与此类似。奕谖在任命陈氏之后，专门向翁氏透露原委云："伯潜向持异议，予以会办之责。"㉚慈禧与奕谖作为当国者，似不会以战争为儿戏，即为了加速清流之失败，而将他们派往前沿。罗惇曧之《中法兵事本末》谓：

---

㉔ 《朴园越议》卷上，第 47 页。
㉕ 《朴园越议》卷上，第 49 页。
㉖ 《朴园越议》卷上，第 48 页。
㉗ 《朴园越议》卷上，第 50 页。
㉘ 《朴园越议》卷上，第 49 页。
㉙ 《翁文恭公日记》，光绪九年十一月二十五日。
㉚ 《朴园越议》卷下，第 95 页。

当时朝士以谈兵为能，每战事起，恒交章论兵事，朝廷亦不专依阃外，得封章付将帅筹议，或径采行之。盖士大夫慕曾、左之功名，恒思因事自效，或空言以搏时名。朝廷亦喜用书生，故张之洞、张佩纶、陈宝琛、吴大澂同时并出也。㉛

罗氏所论，自有其道理，比起“使书生典戎，以速其败”来，更符合历史的事实。

至于“清流尽于甲申”，管见亦不敢苟同。因为张佩纶与陈宝琛之悲剧，不能代表整个清流。诚然，甲申易枢之后，奕谖对清流之态度已大有改变，已将“放言各疏，只好高置之矣”。但其对清流尚能容忍。如他明知崔国因请开上、下议院之奏疏，事关“国体”，但亦致函翁氏表示不宜“苛求”，故而在中法战争之后，诸如屠仁守、盛昱、王仁堪、张之洞、吴大澂等清流派人物，依然活跃于政治舞台。清廷大规模整治清流，是光绪皇帝亲政前后的事。当时奕谖曾向慈禧呈递密折谓：

溯自法越构难，军事遽兴，我皇太后赫然震怒，立罢枢臣，重申军律，臣以菲材，受命于多事之际，情形既非素悉，时势复极迫促，设非慈虑深远，乘胜允和，兵连祸结，饷竭防单，大局何堪设想。烽燧既息，圣意安不忘危，于召见微臣，切实训饬，命筹长策，彼时臣即奏云：“外敌之窥伺易防，局外之浮嚣难靖。”盖言路近年庞杂已极，辩论者深文曲笔，恣意所为；庸暗者随波逐流，联衔沽誉。自甲申以来，圣明独断，甄别整饬，浇风为之顿敛；乃因太和门不戒于火，交章言事，又有倒峡燎原之势……㉜

奕谖所谓“圣明独断，甄别整饬”，即是甲申年对张佩纶、陈宝琛等的处置；然而，清流势力仍然不小，故而数年后“又有倒峡燎原”之势，足见其并未“尽于甲申”。

## 余　论

《朴园越议》的重要价值，还在于为我们解开历史疑团，提供线索，指点迷

---

㉛ 《中国近代史资料丛刊・中法战争》第一册，第23页。

㉜ 奕谖《归政在迩，时局方艰，敬陈管见折》，参阅拙著《康有为变法奏议研究》，第54页。

津,对于了解那个时代的人物,提供可靠的依据。

一个突出的例子,是翁同龢与甲申易枢之关系。翁氏在这次事变中,亦被牵连出局,退出枢垣。他于甲申三月十三日(4月8日)日记中写道:

> 闻昨日内阁大学士、尚书递牌,即知必非寻常。御前大臣、六部等满汉尚书一起,军机无起,余即退。始闻有朱谕一道。钦奉懿旨:恭亲王奕䜣、大学士宝鋆入值最久,责备宜严,奕䜣开去一切差使,并撤去恩加双俸,家居养病;宝鋆着原品休致;李鸿藻、景廉均着开去一切差使,降二级调用;翁同龢甫直枢廷,适当多事,惟既别无建白,亦有应得之咎,着加恩革职留任,退出军机处,仍在毓庆宫行走,以示区别等因。钦此。退后由小军机送谕旨,前后数百字,真洞目怵心矣。焚香敬告祠堂,省衍念咎,无地自容。[33]

甲申易枢是关系到清王朝命运的重大举措,当时和事后都有人对此事进行讥评。此事完全由慈禧、奕䜣长期密谋策划的结果。《朴园越议》所载之第一封信件,即慈禧命奕䜣参与筹划中法有关越南的交涉事宜,即是一个重要的信号,是为甲申易枢拉开了序幕。后来的盛昱弹劾军机只不过是导火线,为慈禧提供了借口而已。翁氏并无过失,却同样被免去军机大臣。然而,与奕䜣诸人相较处分又最轻,故时人颇有说,在事变爆发之前,翁氏已是知情人。

祁景颐在分析晚清枢垣更迭,派系斗争时曾谓:

> 甲申三月事,实起于清流……时法越事起,唐徐败退,华奎乃草一疏底,且词连高阳,因王仁堪达于盛祭酒昱。祭酒乃更易其词,严劾全枢。正值慈宁不惬恭邸,与醇邸议,而有大处分之下,外传孙济宁预其事……常熟同罢,而留书房,亦颇有人言,翁亦知其事也。

上文中华奎,系张树声之子,向附清流;孙济宁,则指孙毓汶也。祁景颐为祁世长

---

[33] 参阅《翁文恭公日记》。

之孙,颇知掌故。其所谓“翁亦知其事”盖得诸传闻之词。然仔细玩味奕譞甲申三月十六日(4 月 11 日)致翁氏手函,更觉传闻不无道理。其函曰:

> 日来瞢腾惛恍,如在云雾。昔有拙句谓:天如四时备,人以一身当。竟成今日之谶。昨谒北城,得悉讲筵握留之况,不禁感而泪下。目前仅资启沃,异日仍赖匡勷也……宏才未竟,遽被牵连,局外静观,眼光益明。万望随时随事,示我南针,俾免滥竽伴食之诮。拜恳,拜恳。少暇当躬候请教[34]。

奕譞信函态度诚恳,对翁氏深情厚谊已跃然纸上,故时人谓其预知甲申易枢事并非空穴来风。尤其值得注意的是《朴园越议》卷上所收录的奕譞函札,自甲申二月二十九日(3 月 26 日)至三月十六日(4 月 11 日)之间尽付阙如。而这一时期正是前线败讯传来,清廷内部矛盾已达白热化的程度,平时奕譞书札络绎不绝,而到紧要关头却突然中止,其中必有奥妙。翁氏很可能将一些涉及人事变更的重要函件弃而不录。这是阅读《朴园越议》应予注意的。

一般说来,在中国近代史研究领域里,中法战争史的研究与太平天国、甲午战争、戊戌变法、义和团、辛亥革命等专题比较,是薄弱的,尤其是对统治阶级上层的斗争的研究更是如此。造成这种状况的一个重要原因,是史料的匮乏,尤其是当事人的信件更属罕见,因此《朴园越议》的问世,毫无疑问会加深对这段历史之了解。

《朴园越议》从翁同龢收存时算起,到现在已是一百一十个年头了。风雨兵火所未损,颠沛流离而未伤,凝结着翁家几代人的心血。尤其是万戈先生视若家珍,精心存护已逾半个多世纪,可谓对得起先人后代矣。

一九九二年仲秋写于剑桥

---

㉞ 《朴园越议》卷上,第 72 页。

# 附:《朴园越议》摘抄

## (1)醇亲王致翁同龢

(光绪九年五月二十九日)

连日湿热上冲项颊,头右偏痛,不成寐,午服菊芎等味,稍解。正拥被睡去,总署知会至,敬悉懿旨命赴枢府商办事件。法越欤?抑另有何政欤?心中忐忑,谨谘左右,余俟面叙。此启,顺候晡安。

醇亲王启　申正[①]

注:①应为光绪九年五月二十九日。是日实录记曰:"钦奉慈禧端佑康颐昭豫庄诚皇太后懿旨:现在办理法越事宜,着醇亲王奕譞会同筹办。"是为罢恭王所采取的重要步骤。

## (26)醇亲王致翁同龢

手覆阅之增愧。夷怕民,民怕官,官怕总[①],总怕夷。此外间自来俗论,此关打破,百事可成。我之不振,在乎悠忽于平日,仓卒于临时,而以俯就为妙策,以发愤为盲谈,廿载驹光,因循浪掷,实为可惜。设舍炮台而讲清野,舍船费(此指铁甲)而练民团;彼以整,我以散,头头设伏,处处邀截;彼之火药有尽,我之刀矛无穷,加以炸器惊其马,水军抢其船。进无所获,退无所归,似乎一两仗后,彼气自馁矣。然有治法须待治人,津绅中自曹克忠外,王无所知,若能得数人提倡,事有济矣。京兵则未敢恃也。

小疾初愈,仍不耐劳,缘呕吐两昼夜,元气大伤,只得静养一室,与书卷、盆菊相盘桓耳。外间消息,专赖示知,以释闷怀,此启,敬候道安。家馔聊佐笋厨,附希莞纳。

醇亲王启

注:①总,指决理各国事务衙门,简称总署或译署。

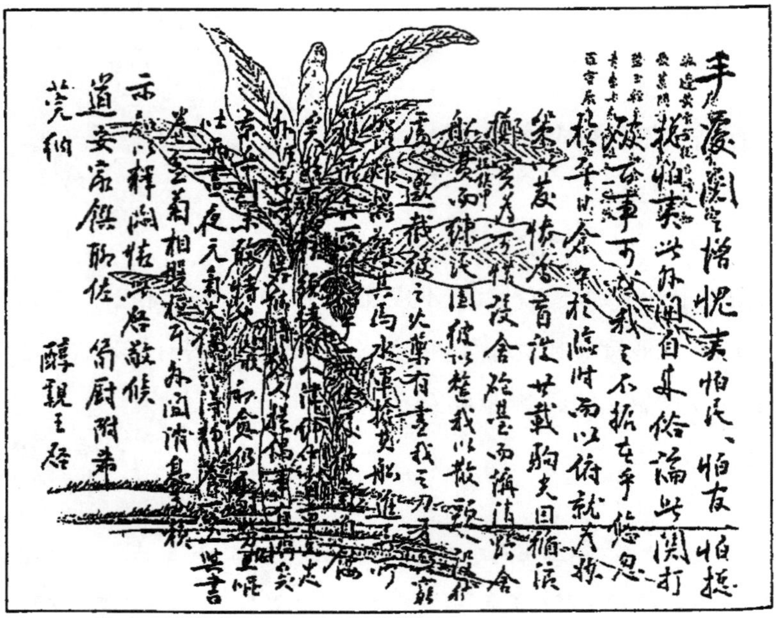

醇亲王致翁同龢函

## (32)醇亲王致翁同龢(光绪九年十一月初六日)

昨函甫发,载澂旋来。①得读公函,备悉见机而作,不禁为之距踊。今已函复首座,②大致以翻全局,立异姓为一端;立阮裔,毁前约为一端;仅诛乱党,不问其他,为最下云云。索居枯想,囿于见闻,自知无当,惟望南针频示也。

张②固久经行阵,未必肆应裕如;吴④不深知,谅正在有志之时,或较彼差胜,但历练又似弗如耳。局面非昔,猛则有济,稍一夷犹,法之狡谋又作矣。粤督既行,摄篆之任最重,念念。彭⑤之猛浪,予人以口实,可惜,可惜。不然,使彼代张行,威望自当益盛耳。此启,敬候道安。公务纷如,请勿劳临视,书札往来,足抒衷曲也。

醇亲王启　十一月初六日⑥

注:①载澂,恭亲王奕䜣之长子。

②首座,指军机首辅恭亲王奕䜣。

③张,指张树声,字振轩,安徽合肥人,时任两广总督。

④吴大澂,字清卿,号恒轩,江苏吴县人。

⑤彭玉麟,字雪琴,湖南衡阳人。

⑥应为光绪九年,下同。

## (53)醇亲王致翁同龢(光绪九年十一月廿八日)

屡劳示函,复承枉顾,幸昨暖趋谒北城,否则益增悚仄,不成事矣。拙见难行之处备悉。姑置勿论。刻下大致以电曾候覆为一端,李、[①]张[②]复音为一端。首座谓当照会法人辩理,行当拟底,此亦可谓一端。愚意以为,问岑[③]或徐[①],我军护越,越能感激相助否?刘军[⑤]能助我否?若不感不助,踽踽凉凉,何谓?亟宜变计,撤保边境。而首座又以然则弃之乎相诘。此语非率尔所能答也。乱丝一团,解之不得,斩之不能,闷煞!即昨得晤诸公,所谈无非尔尔也。

尘中回旋半日,头晕肢冷,何孱态之可嗤也。此启申谢,虔候荩安。

昨伻来持有手书,未得捧读,仍望示知。

醇亲王启　十一月廿八日

注:①李鸿章,字少荃,安徽合肥人,时为北洋总督兼北洋通商大臣。

②张,指张树声,见前。

③岑,指岑毓英,字彦卿,号匡国,时任云贵总督。

④徐,指徐延旭,字晓山,山东临清人,时任广西巡抚。

⑤指刘永福所领导之黑旗军,刘字渊亭,广西钦州人。

## (72)醇亲王致翁同龢(光绪十年三月十六日)

日来懵腾惛恍,如在云雾。昔有拙句谓:天如四时备,人以一身当。竟成今日之谶。昨谒北城,得悉讲筵握留之况,不禁感而泪下。目前仅资启沃,异日仍赖匡勷也。阎[①]初谋面朴而不华，论亦甚当。昨与诸君约三事：一谓和而不流；一谓不可求速草率；一谓共戒文饰，佥谓不谬。枢廷、总署，分为两家，亦以为然。第麟[②]岂胜此任，是以请加暂行字样。

宏才未竟，遽被牵连。[③]局外静观，眼光益明，万望随时随事，示我南针，俾免滥竽伴食之诮。拜恳，拜恳。少暇当躬候请教。此启，谨候道安。

醇亲王启　三月十六日[④]

注：①阎敬铭，字丹初，陕西朝邑人，曾为户部尚书，甲申易枢后出任军机大臣。

②麟书，字芝荞，正蓝旗人，工部尚书兼值总署，旋被解职。

③光绪十年三月十三日，慈禧下令罢黜全班军机大臣，翁同龢亦被牵涉在内，但处分最轻；革职留任，退出军机处，仍在毓庆宫行走。

④应为光绪十年三月十六日，下同。

## (74)醇亲王致翁同龢(光绪十年四月廿七日)

越事连蹶，愤极。法舰由厦门北来，停泊烟台，正虞其内犯。昨合肥电来，彼中有福禄诺者(兵官)[①]，与李有旧，愿从中调处。划界通商不索费，盖彼亦自料持久不易，故装一引而不发之态，藉福转圜，得利即下场耳。揆度边防之不尽可靠，华军之屡败难支，不得不姑允此举。前(廿五日)已饬李统筹全局，既不别贻后患，亦不稍损国体云云，系不才添写，恐难字字作到。俟日内折到，即请交廷议，或从此暂定全局(今日到，明日议，大后日复奏，皆奉朝旨)，徐图养锐，真无聊之极思耳。边军不撤，海防益修，位置黑旗，皆要务也。子房初识，乃一孟浪少年，少按即塌，须大加历练，始克负荷。日前译署一疏，奉有措词过当，迹近要挟申斥之旨，至今伏而不出，其嫩可知。肝痛头晕，匆匆布臆，虔候道安，并祈指迷是示。

醇亲王启　廿七戌正

注：①福禄诺，法国海军将领，居津多年，与李鸿章多有往还。

## (79)醇亲王致翁同龢(光绪十年六月十二日)

连日纷呶杂陈,恼闷难堪。日前曾[①]、陈[②]、许[③]遽许五十万,为夷讪笑,已奉严旨申饬。盖庙算以多讲一次,多占一层理,为开仗文章内添料耳。外间遂疑为非和不可,致有此误。愚意:张挞伐,收越南为上策。允美调处,藉作收帆为中策。此亦可云上策。惟黑旗不能说出,仍伏饶舌之案,故列之次等。坚持之际,忽许恤数,先许五十万,昨又欲添至诵诗之数,是为最下之策。刻下美出调停,巴[④]遂夺气。但能由美说出,福酋之荒唐,合肥之疏漏。守边巡边,各尽其职,两国兵丁之死伤无辜,即无不可就绪之事矣。已嘱总署,以此意商之美使。

治标不易,澄本尤难,竭蹶赞画,徒自恨不才耳。此启,虔候道安。附件祈见还。

醇亲王　六月十二戌刻

注:①曾国荃,字沅甫,号叔纯,时署两江总督兼南洋通商大臣。

②陈宝琛,字伯潜,弢庵,福建闽侯人,时为会办大臣。

③许星澄,字竹筼,浙江嘉兴人,时为会办大臣。

④巴特纳,时为法国驻京使臣。

## (94)张荫桓致翁同龢(光绪十年闰五月廿三日)

昨论之症,[①]本系伤寒复感。医家方药杂投,愈难奏效。今日消息尤恶,卢扁[②]乃不肯出而会商,若汗吐下三者兼之,恐元气弥损,曾越境请医评量,旧方亦多为口惠,甚或借此恐吓,奈何? 此承,晚安不庄。

名心叩　廿三日

注:①此信多用暗语,此处似指中法在上海之交涉。

②似指法使拒不出席会谈。

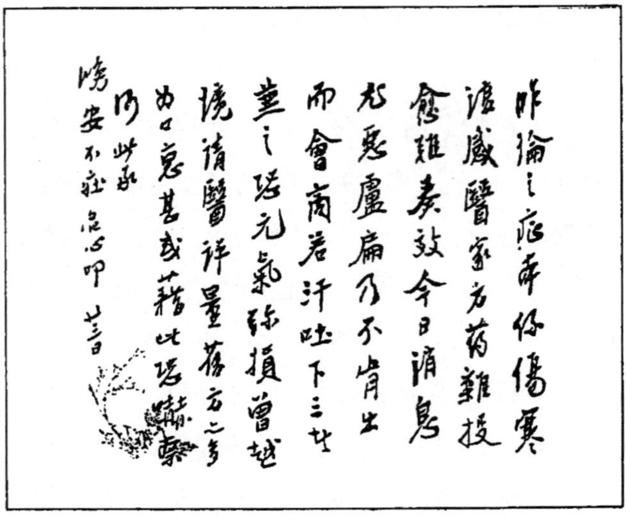

光绪十五闰五月廿三日张荫桓致翁同龢函

## (95a)醇亲王致翁同龢(光绪十年闰五月廿六日)

明诏既下,占理之事已毕,专俟彼衅,作大文章矣。乃赫[①]电又谓,巴[②]可在沪与江督商云云。巴佯厌赫调处,而此举又由赫说,狼狈为奸,可恨极矣。省三[③]未到,藉此稍延,计亦良得,已电邵道,[④]赫税与巴订明,以便饬沅[⑤]前往。与沅五条之权,其兵费一节,彼一开口,即归布告办理。伯潜向持异议,予以会办之责。邵友濂熟习洋事,刘麒祥住法有年,均在随同之列。巴不愿来津与合肥议,因思即使来津,而合肥左右,无非与马[⑥]、德[⑦]之类,所言可知,且再兵轮列泊,势等要盟,情尤难堪;转不若姑试此举,成否均无足论也。孤拔直抵福州,利酋与之合队,一船少损,余无恙。孤乘小轮赴台,盖俟巴之信,即动手占地。而巴亦借此兵势,不提五条,先讲索费,为藉端开衅之由耳。

幼樵[⑧]连电甚为焦急,衅不开不能截击,衅既开彼已深入。和之误事,有如此者。总署日不暇给,却鲜奇策,丹劳愤交加,亦抱恙矣。止泐候教,并颂近祉。

醇亲王启　闰五月廿六早

注:①赫德,英国人,任海关总税务司,参与中法调停事宜,时在沪上。

②指法使巴特纳。

③刘铭传,字省三,安徽合肥人,时奉命督办台湾军务。

④邵友濂,字小村,浙江余姚人。

⑤曾国荃,字沅甫。

⑥马建忠,字眉叔,江苏丹徒人。

⑦德催琳,德国人,时在海关任职,参与中法调停。

⑧张佩纶,字幼樵,直隶丰润人。

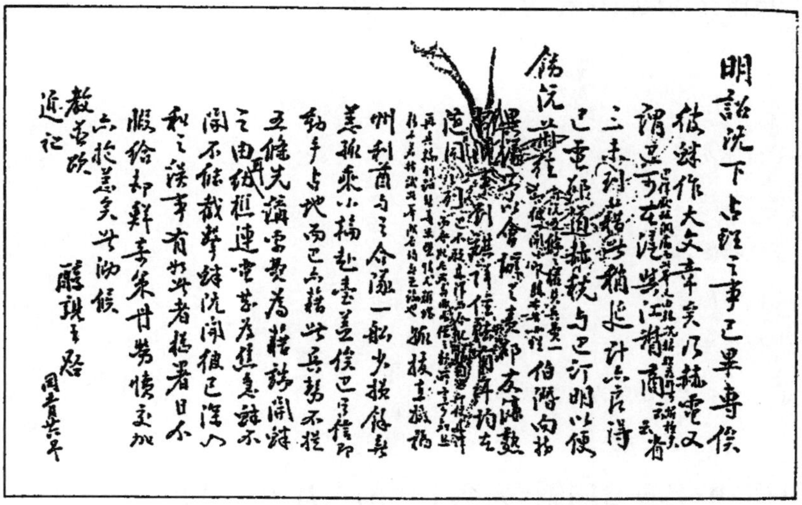

光绪十年闰五月廿六日醇亲王致翁同龢函

## (98)张荫桓致翁同龢(光绪十年闰五月廿七日)

顷奉谒未遇,归寓知蒙枉顾,何相左也。所事见证恐在明日。范志药炉,窃虞嗔闹。救急之法,须补而后发散,雅非卢扁所愿。晨起订方,诸未中肯,徒增一脉案耳。机局至此,同深焦灼,率布,敬承晚安。

名心叩　廿七日

闰五月①

注:①此处为翁氏手笔。

## (99)匿名致翁同龢(光绪十年闰五月廿八日)

今日南北来笺共十余纸,催促款项甚急:有邵[1]、赫[2]再三缓颊。今日虽期满,允暂缓听信,南丰[3]、元龙[4]均借故力辞,不肯往议。福州四轮入口,茶市停止。沪上商船,亦无出入者。宣城[5]行李已运回上海,如失和即下旗驰归。主持者,外面仍不放松,而内气实馁,俟待旁面迎其意旨,勉强转圜,一切布置皆留讲解地步,遂命外人气焰日张,此后情形,不堪设想矣。谨上。

闰五月廿八夜[6]

注:①指邵友濂。

②指赫德。

③似指曾国荃。

④似指陈宝琛。

⑤似指法使巴特纳。

⑥此信匿名,日期为翁氏所加。

## (116)匿名致翁同龢(光绪十年闰六月十七日)

高处[1]语气亦渐摇动,未直露耳。窃念旬月以来,内外布置,虚应故事,目盼神凝,专待调停,安能重新振作?势必仍走入疲软一路。况环而相劝者,哓哓不已耶。录请钧安。谨复。

六月十七夜[2]

注:①高处似指慈禧与奕譞。

②此函匿名,日期为翁氏手笔。

## (118)匿名致翁同龢(光绪十年闰六月廿日)

见后语亦镇静,而意实游移。有郁滞不宣之态,秉钧者无以辞其咎也。刻下办法仍是中立,毫无决断。朝邑[①]倡收束之议。候日下群僚会商。戌刻接梦得书,望日小挫,次日大捷,真快事也。

六月廿日夜[②]

注:①指阎敬铭。

②此函匿名,日期为翁氏手笔。

## (125)匿名致翁同龢(光绪十年七月初四日)

渠诈云四日相角[①],昨日即先发,樵[②]为所愚。渠舰毁其三,我舰毁其七,厂亦灰烬,惟酋伏诛,差快意耳。

高处[③]屡训斥,切勿落人后着,此又一落后着也。谨上。

注:①指法人孤拔偷袭马尾之通牒。

②张佩纶,字幼樵,直隶丰润人。

③高处系指慈禧、奕譞诸人。

## (129)翁同龢索要情报便条(光绪十年七月十一日)

今日有何消息?乞批数字于纸尾,南望眇然。知名[①]。梅告吴松云:有三艘送信,请勿误会轰击。此诈也。沅云:今日孤[②]舟必到吴松,要务吃紧,而宋[③]樵[④]均无来笺,未知其果出否也。沅布置周密,似非樵比。

七月十一日

注:①以上为翁同龢手迹。翁氏为打探消息,经常以此种格式向张荫桓等军机、总署官员索要情报。

②孤拔,法国海军将领,时率战舰在南部海面窜挠。

③何璟,字伯玉,号小宋,广东香山人,时为闽浙总督。

④张佩纶,字幼樵,直隶丰润人。时在闽帮办军务。

## (130)匿名致翁同龢(光绪十年七月十三日)

四路均报出口确矣。津、台、松、东,未知所向,惟戒严耳。详报共计马江毁其四艘,伤亡(寇)三百余人;长门毁其二艘,伤亡百余人。孤逆已毙,副督亦亡,众口一词谅非虚传。厂伤而机器未失。长门台破而炮身犹存,由此观之,胜负尚属相当。粤兵直进谅山以南,寇船转退,因后路空虚。滇军未来姑业坚牢。敌在闽者将救越耶?

七月十三日

## (132)醇亲王致翁同龢(光绪十年八月初三日)

时局困人,久未聆教,比维康强迪吉为颂。法已三次扬言北犯,又浼美使游说一切,此何时尚能援津约耶?在沪洋商,闻有耸动英德劝和之谣。英倭公然援济煤药。俄以保护法人自任,尤为不驯。顷知驻京各使,公议调处之举,已见端倪,明日杨使[①]仍赴总署。此时言和,固非下策,第恐各国擅以条约来渎,则允拒两难,故商诸同事,拟乘美使来说,先出条约,俾可畅所欲言。译署尚未拟定何词,兹将拙见三条渎阅,无当之处,祈详示之。第一条乃钦遵者,势未必能行,正可将人情送与美使,以抵它事。原底仍见还是荷。嘉谋素裕,更望另示南针,曷胜心祷,此泐,即候道安。

醇亲王启,付丙,八月初三日

注:①杨使指美国驻华公使杨约翰。

## (159)醇亲王致翁同龢(光绪十年十二月十九日)

赫拟三条,盖即茹意。日前命王与枢垣酌拟,总署答语,大致驳其踞基隆,待详约,并添谅山保胜新界一条。赫颇作难。庆邸[1]亦坚持甚力。伊又云携回细想,似乎可有了结之机。特此奉闻,用慰荩念。此时各路颇称得手,乘胜允和,和乃可固。第恐局将定时,高论复出耳。此泐,虔候道安。蔬笋等物伴函,哂收是荷。

醇亲王泐　腊月十九日

注:①指庆亲王奕劻。

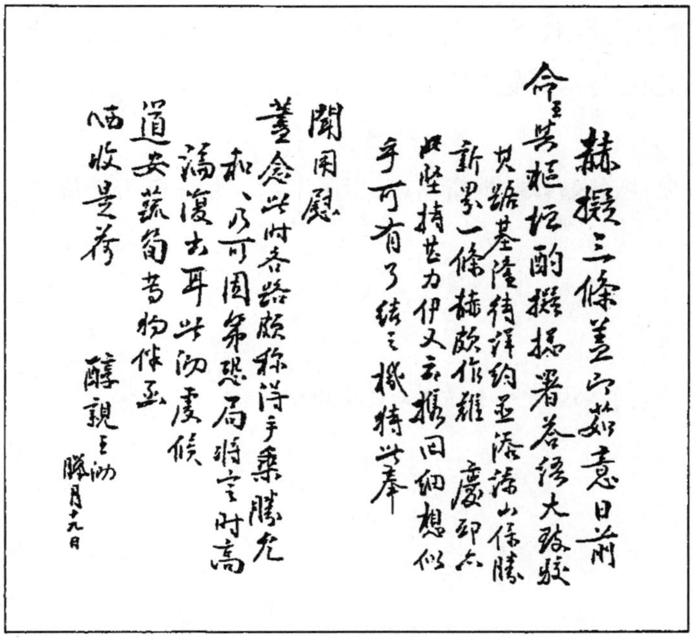
赫擬三條蓋即茹意日前
命王與樞垣酌擬總署答語大致駁
其踞基隆待詳約並添諒山保勝
新界一條赫頗作難　慶邸亦
堅持甚力伊又云攜回細想似
乎可有了結之機特此奉
聞用慰
荩念此時各路頗稱得手乘勝允
和乃可固第恐局將定時高
論復出耳此泐虔候
道安蔬筍等物伴函
哂收是荷
醇親王泐
臘月十九日

光绪十年十二月十九日醇亲王致翁同龢函

## (165)翁同龢致醇亲王(光绪十一年二月二十日)

北郊之行,不免劳顿,极驰仰。同龢即日于役遵化,未遑伏谒,想尊体益复康健。谅山大捷,讲事尚在一迎一拒之间,深机难测。澎湖之信,深虑台北牵动淮湘不和,必误事机。拨饷渐有搪塞之意,尤可虑耳。迫行急促,敬请钧安不次。

二月二十日

## (168)醇亲王致翁同龢(光绪十一年二月廿一日)

春寒行役,劳绩可想,比维增庥为颂。法局已定善后,顺否未可知。倭极饶舌。昨又请旨授北洋机宜。彼意撇开朝鲜,专难中国,未卜能就范否?

香涛①始因挫败,议守疆圉,现又因胜放言高论,不思此两番胜仗,只可为收来全局张本,岂能恃为撑支全局安危,谅和局舍全权而由内断,责成益重,慈怀宏远,钦畏实深。

兹将各要件封送台端,惟望嘉谟,用匡不逮。原件仍祈交价携回。此启,虔候道安。

醇亲王启　廿一日

注:①张之洞,字孝达,号香涛,直隶南皮人,时调任两广总督。

【孔祥吉　中国人民大学清史研究所兼职教授】

原文刊于《中国文化》1993年01期

# 清代士人狎优蓄童风气叙略

吴存存

如果尽可能客观地审视明清时期社会上曾经流行的性爱风气，蓦然回首的现代人可能都会惊诧不已：在清代，狎优蓄童——在性质上接近于现代社会争论不休的男性同性恋问题——竟然曾是一种非常普遍的士人包括官员的行乐方式，一直到清末民初，这种风气都还在社会上盛行，并且士人往往以此风流自命，沉溺而不能自觉，以致京城娱乐界出现了“有歌童而无名妓”的状况——同性恋在一定程度上威胁了两性关系。这是一段已被现代人从记忆中抹去的历史，但是，要全面地认识我们的性史，它们存在应是不容回避的。

清代士人的狎优蓄童习气是直接从晚明社会盛行男风的潮流中延续而来的，但清人比明人更为投入，改朝换代的政治巨变没有打断这方兴未艾的行乐风气，它反而更加活跃热烈。处于明清之交的小说家李渔，曾对当时社会上的这种风气表示了极大的关注：

> 南风一事，不知起于何代，创自何人，沿流至今，竟与天造地设的男女一道争锋起来。①

① 《无声戏》第六回《男孟母教合三迁》，《李渔全集》卷八，浙江古籍出版社 1992 年版，第 107 页。

> 如今世上的人，一百个之中，九十九个有这件毛病。②

李渔本人就是以一种十分平常的态度来看待同性恋的，视之为性爱中的自然现象，《笠翁偶集》卷六甚至提出："或为娇妻美妾。或为狎客娈童，或系至亲密友，思之弗得，或得而弗亲，皆可以致疾。"因此他认为娈童也可以被视作为一味"一心钟爱之药"而用来治心病。狎客娈童在他看来如同娇妻美妾一样平常，这种观点当然是以其社会风气为背景的。

清代狎优蓄童风气比之前代的一个最突出现象是士人们投入得更多也更深了。清初一些身历两朝的士人，尽管国破家亡痛哭流涕，却难以中辍自己业已形成的蓄伎狎优的习惯爱好，有些士人更把沉溺男风作为一种消极抵抗和摆脱痛苦的手段。《清稗类钞·优伶类》在谈到清初名伶王紫稼时，指出当时名士"如王文简公、钱牧斋、龚芝麓、吴梅村辈，诗酒流连，皆眷王紫稼"③，"既入都，诸贵人皆惑之"，吴梅村写过一首传颂一时的《王郎曲》，其中有句云：

> 五陵侠少豪华子，甘心欲为王郎死。宁失尚书期，恐见王郎迟；宁犯金吾夜，难得王郎暇。坐中莫禁狂呼客，王郎一声声顿息。移床敧坐看王郎，都似与郎不相识。④

金埴《不下带编》卷五亦曰：

> 钱牧斋狎一歌童，甚爱之，一日有诗送其入燕，而洒泪为别。熊侍郎文举次韵以讥之云："金台玉峡总沧桑，细雨梨花枉断肠。惆怅虞山老宗伯，浪垂清泪送王郎。"⑤

---

② 《无声戏》第八回《鬼输钱活人还赌债》，《李渔全集》卷八，第 157 页。

③ 《清稗类钞》第三十八册，《优伶类·像姑》，商务印书馆民国排印本，第 1 页。

④ 同上书，《优伶类·王紫稼风流儇巧》，第 15 页。

⑤ 《不下带编》卷五，中华书局 1982 年版，第 99 页。

这里的“歌童”即指王紫稼，钱牧斋曾为他写作《送行十四绝句》以惜别，而“赠别之外，杂有寄托”。《清稗类钞》收录了这十四首绝句，离情别绪与故国之痛交融，读来分外深情：

> 江南才子杜秋诗，垂老心情故国悲。
> 《金缕》歌残休怅恨，铜人泪下已多时。
> 春风作态楝花飞，清醥盈觞照别衣。
> 我欲覆巾施梵咒，要他才去便思归。[6]

在这些诗作里，对伶旦的眷恋是与对故国的怀念纠结在一起的，令士人追忆不已的故国繁华中，狎优蓄童似乎是其中必不可少的一项内容。

清初士人同性恋风气中特别值得一提的是明末四大公子之一冒辟疆的如皋水绘园。冒氏乃如皋大家，其水绘园为江南名园，亭台楼阁，引人入胜，而冒辟疆性喜结交天下名士，因此在明末清初，这里有相当长的一段时间都是江南骚人才士聚会的重要场所，“四方宾至如归，若东林、几社、复社故人子弟，下逮方伎、隐逸、缁羽之伦，来未尝不留，留未尝辄去，去亦未尝不复来。征君投辖开尊，辄出家伶娱坐客”[7]。当时社会蓄优狎伶的风气在这里表现得很充分。水绘园里的歌童杨枝、紫云、灵雏、秦箫诸人都是艺冠一时的伶童，据载：

> 徐郎(紫云)善歌；杨枝善舞。有秦箫者，解作哀音，每一发喉，必缓其声以激之，悲凉仓况，一座欷歔。[8]

《觚剩》卷二亦曰：

> 如皋冒辟疆，家有园亭声伎之胜，歌者杨枝，态极妍媚，知名之士，题

⑥ 《清稗类钞》第三十八册，《优伶类·王紫稼风流儇巧》，第14—15页。
⑦ 《云郎小史》，见《清代燕都梨园史料》，中国戏剧出版社1991年版，第958页。
⑧ 同上书，第961页。

赠盈卷。⑨

检点当时诗人名士题赠杨枝的诗词，数目确实相当可观，据《云郎小史》统计，有龚芝麓《定山堂集》中九首，王阮亭《渔洋诗集》中一首，程周量《海日堂集》中三首，陈其年《湖海楼集》中五首。此外，这些名士集子中题赠灵雏、秦箫的诗词也非常多，他们与歌童都有十分亲密的交往。

在水绘园的这些歌童中，徐紫云（字九青）是最为著名的，当时名士瞿有仲曾有诗赞道："汉宫若得徐郎人，不把河山禅董贤。""秦箫为歌杨枝舞，就中紫云尤妩媚。"⑩紫云与著名词人陈维崧（其年）的一段生死缠绵情事，曾使无数的清代士人为之倾倒。据《觚剩》及《云郎小史》载，陈维崧未遇时，曾游水绘园，冒辟疆爱其才，延致梅花别墅，并让"儇丽善歌"的紫云执役书堂。陈维崧对紫云"一见神移"。当时正值别墅中梅花盛开，他就天天"偕紫云徘徊于暗香疏影间"，从此开始了两人长期的形影相随的同性恋生活。陈维崧为紫云写作了大量的诗词，其中《怊怅词二十首·别云郎》首首深情，满是"旅愁若少云郎伴，海角寒更倍许长""独坐待君归未归，不归独坐到天明"这样的痴语。他与紫云的每一次小别，都是"检点行装，泪滴珍珠，叠满箱"。他的一首《又别紫云》写道：

三度牵衣送我行，并州才唱泪纵横。
生憎一片江南月，不是离筵不肯明。

陈维崧还请名画家为紫云作肖像，遍求题咏，得当时名士如冒辟疆、龚芝麓、王士祯等人的热烈响应，其中仅《紫云出浴图卷》就有名士七十四人共题诗一百五十三首、词一首及断句二，为一时盛事，以致当时的不少诗话都记载了这件事。后人将之编成《九青图咏》一卷，今图与诗皆存，可以看到卷中充斥着如"莫怪君王

⑨ 《觚剩》卷二《吴觚中·小杨枝》，《笔记小说大观》本。
⑩ 《云郎小史》，见《清代燕都梨园史料》，第961页。

勤割袖,漫同罗苧浣春纱”“江南红豆相思苦,岁岁花前一忆君”等同性恋倾向显然的诗句。

大约在康熙三年,紫云成年娶亲,陈维崧心情十分复杂。在中国古代的“不孝有三,无后为大”的原则之下,婚姻是人生的必尽义务,陈维崧本人亦有妻妾子女,但他还是难以压抑自己沉重的失落感,他在紫云洞房花烛夜写了一首《贺新凉》相赠,词的下片云:

> 六年孤馆相依傍,最难忘,红蕤枕畔,泪花轻飏。了尔一生花烛事,宛转妇随夫唱,努力做藁砧模样。只我罗衾浑似铁,拥桃笙,难得纱窗亮。休为我,再惆怅。

他们的感情当然没有因为紫云的婚事画上句号,两人依然有很亲密的来往。康熙七年,陈携紫云离开如皋抵京,紫云在京中名声大噪,士人趋之若鹜。后陈维崧得龚芝麓的推荐,入史省斋学使幕,又带紫云到豫州。三年后,偕紫云归宜兴老家。康熙十四年清明时节,紫云病逝于宜兴,陈维崧十分悲伤以至“睹物辄悲,若不自胜者”,他写作了大量的非常动情的怀念紫云的感伤诗词,直至七年后(康熙二十一年)逝世,陈维崧与紫云的情事,给当时的士人留下了太深刻的印象,所以清人在怀念清初的这位杰出的词人时,往往会情不自禁地提到紫云,似乎这已成为士人心目中理想情爱的标志。

陈维崧和紫云死后,水绘园里的盛事却还在继续,《觚剩》提到:

> 杨枝老矣,其子亦玉人也,因呼小杨枝。

一次水绘园中燕集时,有人拿出陈维崧的情词传诵,于是名士邵青门即席赋诗曰:

> 唱出陈髯绝妙词,灯前认取小杨枝。天公不断销魂种,又值春风二

月时。[11]

时序荏苒，此风不减。据载紫云之侄人称“小徐郎”，此外水绘园中又新有歌童徐雏和金菊，也都名擅一时。这种盛况似乎一直持续到乾隆初年。实际上，明末清初名士与歌童聚集的水绘园可以说是当时社会风气的一个缩影，投身其中的士人虽然未必都是严格意义上的同性恋者，却普遍地对同性恋持一种欣赏的态度。

随着清代政权的稳固和经济的发达，世风日趋侈靡，士人之狎优蓄童之风比明代有过之而无不及，许多官员士绅乐此不疲，金埴《不下带编》卷六：

康熙初间，海宁查孝廉伊璜继佐，家伶独胜，虽吴下弗逮也。娇童十辈，容并如姝，咸以“些”名。有“十些班”之目，小生曰“风些”，小旦曰“月些”，二乐色尤蕴妙绝伦，伊璜酷怜爱之，数以花舲载往大江南北诸胜区，与贵达名流歌宴赋诗以为娱，诸家文集多纪咏其事。至今南北勾栏部必有“风月生”“风月旦”者，其名自查氏始也，伊璜下世已久，十些无一存者。庚寅秋，查太史德尹嗣瑮，偕予饮烟雨楼，述之啧啧，因作八绝句以追艳之，兹录两首：“查氏勾栏第一家，十些新变楚词耶？骚翁独绝歌郎绝，魂宕风些与月些。”“生魂蚤为艳歌招，十色花曹双领曹。睨杀月些钩乍吐，风些香到郑樱桃。”[12]

所谓“郑樱桃”，是东晋时石虎的一个以善妒著称的嬖童，清人爱用此典故形容男宠。如《不下带编》卷四又有一例曰：

宝应乔侍读石林莱有家伶管六郎以姿伎称，己巳春，车驾南巡，召至行在，曾蒙天赐，自此益矜宠。后侍读下世，六郎踪迹不可问矣。查夏仲慎行再见于都门筵会，有诗云：“一群浓艳领花曹，头白尚书兴最豪。记得送春筵畔立，酒痕红到郑樱桃。”诵之魂销矣。[13]

⑪ 《觚剩》卷二《吴觚中 · 小杨枝》，《笔记小说大观》本。
⑫ 《不下带编》卷六，中华书局 1982 年版，第 116—117 页。
⑬ 《不下带编》卷四，中华书局 1982 年版，第 69 页。

官员的行乐总是离不开娈童的陪伴，甚至把这作为一种自己身份显赫的标志。《词余丛话》言当时士人王文治“行无远近，必以歌伶一部自随”。写作于雍正年间的汪景祺《读书堂西征随笔》谈到当时福建蒲城令汪元仕“穷奢极欲，食则山珍海错也；姬妾则粉白黛绿也；僮仆则宋朝子都也。”“宋朝”“子都”都是上古著名的娈童，这里指汪玩弄男色。乾隆时期曾出现过一个名倾南北的秦腔花旦魏长生，俗称魏三，“名动京师，一时不得识交魏三者，无以为人矣”。据载他与当时朝廷的显要人物和珅“有断袖之宠”，“车骑若列卿出入和珅府第”。[14] 魏长生之徒陈银官，亦为名伶，曾与名士李载园交好，为时人所艳羡。当时士绅豪贵们聚会，侍宴的绝对少不了娈童，王晫《今世说》中有一则曰：

> 翁逢春游临安，挚囊中金二千于寓庑下。一日，被酒归，蹴金，伤其趾，遽怒呼曰：“吾明日用汝不尽，不复称侠。”遂遍召故人游士及妖童艳唱之属，期诘旦集湖上，是日舣舫西泠桥，合数十百人，置酒高会，所赠遗缠头无算。抵暮间问守奴余金几何，则已告尽矣。[15]

士人且以与优伶交好为风流，这类事总是颇使时人艳羡，为士人笔记所乐于记载。如袁枚《随园诗话》卷四第三九条曰：

> 雍正间京师伶人刘三，色艺冠时，独与翰林李玉渊先生交好……但闻先生未第时，甚贫，刘爱其才，以身事之。余疑而不信。偶过剃发铺，壁上无名氏题云：“欲得刘三一片心，明珠十斛万黄金。一钱不费偏倾倒，妒杀江南李翰林。”[16]

无论是这个无名的诗人还是袁枚，他们都认为这是一件风雅的事，羡慕李玉渊和刘三的一片真情。当时不少名流都有这类韵事，而这在社会上的效果往往是抬

---

⑭ 华胥大夫：《金台残泪记》卷三，《清代燕都梨园史料》，中国戏剧出版社 1988 年版，第 250 页。

⑮ 《丛书集成初编》第 2825 册，中华书局 1985 年版。

⑯ 《随园诗话》卷四，人民文学出版社 1960 年版，第 116 页。

高了他们的身份。《花间笑语》列举清中期之前名人的同性恋轶事曰：

国初王紫稼与合肥龚芝麓宗伯交好，事载梅村集《本事诗》；雍正间刘三侍李玉洲太史，助张少仪观察救父；乾隆间李秀章识毕秋帆尚书于风尘，约同居处，报捷鼎元，都人以"碧岑夫人"呼之，事载《随园集》《燕兰小谱》。此外如庆成部唐玉林任侠侍方毓川中丞，方兰如识庄本醇殿撰于未第。⑰

这其中乾隆十五年左右的二位被称为"状元夫人"的伶童尤其轰动一时，赵翼《檐曝杂志》卷二曰：

京师梨园中有色艺者，士大夫往与相狎，庚午、辛未间，庆成班有方俊官，颇韶靓，为吾乡庄本淳舍人所昵，本淳旋得大魁。后宝和班有李桂官者，亦波俏可喜，毕秋帆舍人狎之，亦得修撰。故方、李皆有状元夫人之目。二人故不俗，亦不徒以色艺称也。本淳殁后，方为之服期年之丧。而秋帆未第时颇窘，李且时周其乏，以是两人皆有声缙绅间。⑱

《阅微草堂笔记》亦曾提到这两位"状元夫人"。其中李桂官（字秀章）的情事尤为名闻遐迩，《随园诗话》详细记载毕、李两人情事曰：

李桂官与毕秋帆尚书交好，毕未第时，李服侍最殷，病则秤药量水，出则授辔随车。毕中庚辰进士，李为购素册界乌丝，劝习殿试卷子，果大魁天下。溧阳相公康熙前庚辰进士也，重赴樱桃之宴，闻桂郎在座，笑曰："我揩老眼，要一见状元夫人。"其名重如此。⑲

毕氏考中状元后到外地做官，李亦停止了自己的演艺生涯而前往陪伴。这是清

---

⑰ 《北京梨园掌故长编》，《清代燕都梨园史料》下册，中国戏剧出版社1988年版，第889—890页。

⑱ 《檐曝杂志》卷二《梨园色艺》，中华书局1982年版，第37页。

⑲ 《随园诗话》卷四第四十一条，人民文学出版社1960年版，第117页。

代官场中一段著名的风流韵事,“举世艳称之”[20],士人笔记中提到这件事总是艳羡不已,它后来成为小说《品花宝鉴》里田春航和苏慧芳的故事原型。袁枚写了一首长达八十四行的七言歌行《李郎歌》,详述事情本末和他的向往之情,其中有句云:

一言从此定心交,孤馆寒灯伴寂寥。为界乌丝教习字,为熏宫锦替焚椒。延医秤水春风冷,嘘背分凉夜月高。但愿登科居上上,敢辞礼佛拜朝朝。果然胪唱半天中,人在金鳌第一峰。贺客尽携郎手揖,泥笺翻向李家红。若从内助论勋伐,合使夫人让诰封。溧阳相公闲置酒,口称欲见状元妇。揩眼将花雾里看,白发荷荷时点首。君卿何处最勾留,毕蒋熊姜当五侯。四子非为讲德论,三生同上一钟楼。郎名此际虽风动。郎心镇日如山重。一诺从无隔宿期,千金只为多情用。岳岳高冠士大夫,乔松都要女萝扶。[21]

这首歌行写得酣畅淋漓,深得当时士人的喜爱和推重。同时期的著名诗人和学者赵翼也曾写过一首《李郎曲》。收录于《瓯北诗抄》:

李郎昔在长安见,高馆张灯文酒宴。乌云斜绾出场来,满堂动色惊绝艳。得郎一盼眼波留,千人万人共生羡。人方爱看郎颜红,郎亦看人广座中。一个状元犹未遇,被郎瞥睹识英雄。每当舞散歌阑后,来伴书帏琢句工。毕竟瓮头扶醉起,鄂君被底把香烘。但申啮臂盟言切,并解缠头旅食供。明年对策金门射,果然榜发魁天下。从此鸡鸣内助功,不属中闺属外舍。

袁枚认为士大夫如乔木苍松,需要伶童如女萝般的扶持陪衬方觉完美,而赵翼更

---

⑳ 梁绍壬:《两般秋雨庵随笔》卷四《李郎》,上海古籍出版社 1982 年版,第 224 页。
㉑ 《小仓山房诗文集》卷二一,上海古籍出版社 1988 年版,第 500—501 页。

认为伶童可以代替女性起内助的作用。从这两首诗中可以发现,伶童在士人的感情生活里已占有越大的比重。

曾经做过毕秋帆幕客的钱泳著《履园丛话》,其中也记载了种种与毕秋帆有关的男风故事:

> 五云者,丹徒王梦楼太守所蓄,素云、宝云、轻云、绿云、鲜云也。年俱十二三,垂髫纤足,善歌舞。余时年二十五六,犹及见之。越数年,五云渐长成矣。太守惟以轻云、绿云、鲜云遣嫁。携素云、宝云至湖北送毕秋帆制府。审视之,则男子也。制府大笑,乃谓两云曰:“吾为汝开释之。”乃剃其头,放其足,为僮仆云。[22]

这个事件说明毕秋帆的好男风已是名声在外,故人多以童归之。同时也表明当时士人普遍有蓄童的习惯,并挖空心思地玩一些新花样。而毕氏幕下,或受其风之渐,或物以类聚,南风之盛使毕氏自己亦颇为不安:

> 毕秋帆先生为陕西巡抚,幕中宾客大半有断袖之癖。入其室者,美丽盈前。笙歌既叶,欢情亦畅。一日先生忽语云:“快传中军参将,要鸟枪兵弓箭手各五百名,进署伺候。”或问:“何为?”曰:“将署中所有兔子俱打出去。”
>
> 后先生移镇河南,幕客之好如故。先生又作此语。余适在座中,正色谓先生曰:“不可打也。”问:“何故?”曰:“此处本梁孝王兔园也。”先生复大笑。[23]

这些记载使我们看到的,都不仅仅是毕秋帆个人的性倾向,而是表现了那个时代对同性恋的普遍的狂热。

乾隆时期的大文学家袁枚,向以风流放诞著称于世。但过去人们多只注意他收女弟子,称扬闺阁诗词等与众不同的行止。其实,袁枚在两性关系上并不特

---

[22] 《履园丛话》卷二三,《杂记上·五云》,中华书局 1979 年版,第 623 页。

[23] 《履图丛话》卷二一,《笑柄·打兔子》,第 55 页。

别轻狂，与晚明风流名士不同的是，袁枚对歌妓几乎没有什么兴趣，他明确地表示过自己厌恶有妓者陪座的宴席。[24] 他的女弟子的身份大多是朋友的姬妾，从史料上看，来往也都很正常，只不过当时没有人敢收女弟子，因而颇遭时议。但他对伶童却十分钟情，并以此自命风流。袁枚长寿，他一生的各个时期，都有过不同的歌郎伶旦陪侍左右。据载在袁枚的青壮年时期的生活中，曾与张郎、袁郎、张彬、李郎、许云亭等伶童有过异乎寻常的亲密关系，其中许云亭为京师名伶，他与袁枚的交往浪漫得像一篇小说：

> （许）名冠一时，群翰林慕之。纠金演出，许声价自高，颇自矜贵。先生虽年少，而服御朴素，敝车羸马，料无足动许者。讵许登台时，流盼送笑，目注先生，若将昵焉。先生心疑之，未敢问也。次日侵晨，许竟叩门至，情叹绸缪。先生忻喜过望，引许为生平知己。[25]

袁枚一直为这件事感到很得意，曾赠诗许云亭曰：

> 笙清簧暖小排当，绝对飞琼最擅场。
> 底事一泓秋水剪，曲终人反顾周郎。

并将之载入《随园诗话》[26]，以后《品花宝鉴》中男主角梅子玉与杜琴言的一见钟情的场面，似乎就是取材于此，很可能它在当时士人中曾传为美谈。

袁枚在京中时，还与两位著名的苏州籍歌郎吴文安、陆才官情密意洽，“两人时来先生寓中，时人目为双璧”。据载吴文安年少美风姿，“供奉大内，声名籍甚”，他与袁枚似乎感情很深：

> 每遇考试，吴为吮笔磨墨，摒当周至。及先生成进士，入词林，吴为之欣

---

[24] 参见蒋敦复《随园轶事》，江苏广陵古籍刻印社 1991 年版，第 13、65 页等。

[25] 蒋敦复：《随园轶事》，《许云亭》，第 16 页。

[26] 《随园诗话》卷四第 40 条，人民文学出版社 1960 年版，第 116 页。

喜者累日。嗣后先生以知县出都，吴送至紫竹林而别。河梁携手，不尽依依，所谓“桃花潭水深千尺，不及汪伦送我情”也。㉗

因此当时士人常“此之李玉桂之于毕制军”。案，吴、陆两人均为较纯粹的同性恋者，吴文安“取妻一夕即离”，陆才官虽有一妻二妾，但他的愿望却是携妻妾同侍袁枚，“流连风景，颇有终焉之志”，后因袁枚母亲的反对而未能遂愿。三十多年后，三人偶然在苏州虎丘重逢，当时袁枚已六十多岁，吴、陆两人亦届知命之年，“握手欷歔，回首前尘，不胜故人何戡之感”㉘。

袁枚的仕宦生涯很短，但为官期间，他竟也不避嫌疑，与歌郎过从甚密，一次还曾“手书小札贻郎，自明其相慕之意”㉙，并赠诗二首（后收入《小仓山房诗文集》卷五）。以后这位歌郎“出入衙署，习以为常”。有意思的是，时人对袁枚此举的反应竟然是“不愧风流令尹也”。在这段时间，袁枚还与尹文端公的侍童李郎关系亲密：

公督两江时，与先生唱和，每一诗成，必为郎所持来。积日既久，始而稔熟，继而狎昵。盖李郎年轻而貌俊，为先生刮目也。㉚

阔别多年之后，李郎与袁枚重遇于白下，于是他仍在随园住了数月，“感触前情，相与于邑不已”。

甚至晚年，袁枚的生活中仍有桂官、华官、曹玉田、金凤等歌伶不一而足，自称“不肯离花过一宵者”㉛。每出门，必有歌童陪伴，据目击者记录：

先生时年六十余，行市中不扶杖，而桂为之挽手，市中人观而羡之，目为

㉗ 《随园轶事》，《歌郎送别》，第 47 页。
㉘ 《随园轶事》，《吴下重逢两供奉》，第 47 页。
㉙ 同上书，《手札召歌郎》，第 5 页。
㉚ 同上书，《尹文端公侍者李郎》，第 15—16 页。
㉛ 《吴门返棹曹郎玉田仿桂生故事送余京口》《，小仓山房诗文集》，上海古籍出版社 1988 年版，第 563 页。

神仙焉。[32]

这位桂官姓钱，袁枚曾赠诗云：

小字桂枝仙，钱郎剧可怜。肯歌周史曲，同泛鄂君船。挽手胜扶杖，吹箫屡拍肩。妙莲花不染，恰是并头眠。[33]

所用的几乎全是同性恋典故。桂官善歌，一次他伴随袁枚到扬州寻春，舟中袁枚度曲，而桂官洞箫和之。事后袁枚自称颇得姜白石"小红低唱我吹箫"之趣。后来桂官因故离开，袁枚甚感孤凄，曾写诗道：

春未归时花已归，落花那识晚春悲。
分明一样灯前坐，斗觉寒生恰为谁。
浮生聚散苦情多，五日缠绵奈汝何？
今夜江城月如雪，玉人何处一声歌。[34]

在此同时，他还非常喜爱吴门名伶华官，观剧之余，重赏缠头，而华官"亦以先生为知己，愿随之归，后居随园数年"[35]。

袁枚的《小仓山房诗文集》中收有大量的赠给歌童的诗作，有些还附序道其始末。今检点其目录，亦差可见其一生酷好南风之踪迹。如卷二《赠歌郎许云亭》；卷三《颜郎》；卷五《秦淮小集，座有歌郎，上元许令目慑之，郎亟引去，余迂令怜郎而调以诗》《挽施曼郎》；卷七《闰五月二十八日买舟渡江，吴下主人沈云卓、江两峰招两歌郎为余祖道》；卷一一《王郎诗》，其序云：

---

[32] 《随园轶事》，《桂官》，第64页。
[33] 《同桂郎寻春仪征，泊舟燕子矶有怀四首》，《小仓山房诗文集》，第561页。
[34] 《桂郎归后，是夕客寓，抚然不能成寐二首》，《小仓山房诗文集》，第563页。
[35] 《随园轶事》，《华官》，第64页。

温皆山吏部爱歌者王郎，嫌贤弟宰上元，关防拘阂，其同年庄念农僦河房近郎，戏曰："从我朝少君。"温喜甚，邀余与吴兰臣、汪秋畬等称娖前行且饮，申且后止温书诗册如蚕眠，纳王郎袖，诸公酬之。㊱

卷一七《题树斋赠别胡郎诗后》；卷一九《十一月十三日韦畴五副戎率公子虎丘饯别，遣歌者张郎送归白下，别后却寄四首》；卷二一《李郎歌》；卷二三《赠李郎三首》；卷二四《同桂郎寻春仪征，泊舟燕子矶有怀四首》《桂郎归后，是夕客寓，抚然不能成寐二首》《吴门返棹曹郎玉田仿桂生故事送余京口》《吴下歌郎吴文安、陆才官供奉大内已有年余，今春为葬亲故乞假南归，相遇虎丘，略说天上光景，且云此会又了一生，余亦惘惘情深，凄然成咏三首》；卷二五《赠庆郎四首》《再赠庆郎四首》；卷二六《景阳阁席上题扇赠歌者曹郎六首》；卷三一《袁郎诗为霞裳补作》。又《小仓山房诗集补遗》卷一《丹阳道上留别双郎六首》《许郎席上追和庄念农刺史景阳阁韵》。这些只是很初步的罗列，远非全面的统计，但数量已相当可观。总观之，其晚年的赠郎之作尤多于早年。我们还应该注意的是，袁枚与歌郎们狎游往往多与士大夫共而非个人的偏嗜。

袁枚《子不语》亦载有一些颇值得注意的同性恋故事，其中较有代表性的如"兔儿神"一则：

国初御史某，年少科第，巡按福建。有胡天保者爱其貌美。每升舆坐堂，必伺而睨之，巡按心以为疑，卒不解其故，胥吏亦不敢言。居亡何，巡按巡他邑，胡皆偕往，阴伏厕所，窥其臀。巡按愈疑，召问之，初犹不言，加以三木，乃云："实见大人美貌，心不能忘，明知天上桂，岂为凡鸟所集，然神魂飘荡，不觉无礼至此。"巡按大怒，毙其命于枯木之下。逾月，胡托梦于其里人曰："我以非礼之心，干犯贵人，死固当。然毕竟是一片爱心，一时痴想，与寻常害人者不同，冥间官吏，俱笑我揶揄我，无怒我者。今阴官封我为兔儿神，专司人间男悦男之事。可为我立庙，招香火。"闽俗原有聘男子为契弟

㊱ 《小仓山房诗文集》卷一一，第252页。

之说，闻里人述梦中语，争醵钱立庙，果灵应如响。凡偷期密约，有所求而不得者，咸往祷焉。

程鱼门曰：此巡按未读《晏子春秋》劝勿诛羽人事，故下手太重。若狄伟人先生颇不然。相传先生为编修时，年少貌美。有车夫某亦少年，投身入府，为先生推车，甚勤谨，与雇值钱不受。先生亦爱之。未几病危，诸医不效，将断气矣，请主人至曰："奴既死，不得不言，奴之所以病至死者，为爱爷貌美故也。"先生大笑，拍其肩曰："痴奴子，果有此心，何不早说耶？"厚葬之[37]

这则笔记以两人不同的故事表现了袁枚一贯的尊重人情，宽容同性恋的态度。他认为某御史因尊严不可侵犯而致胡天保于死命的态度是很不可取的，所以冥间之神也认为胡"毕竟是一片爱心，一时痴想"，非但不处罚他，反封他为兔儿神来"专司人间男悦男之事"。而狄伟人的旷达通情也正是袁枚本人的态度和主张。同时我们还需要注意的是，这则笔记还谈到了当时同性恋宗教迷信活动，"兔儿神"之说显然不是袁枚的杜撰而是以传说为基础的。类似的记载，我们在其他的清人笔记中也时有发现，如梁绍壬《两般秋雨庵随笔》提到"汲县有纣王庙，凡龙阳胥祷于是"[38]。俞蛟《梦厂杂著》亦言及"直隶河间府献县城隍庙，泥塑皂隶，昂首注目，状若倾耳而听。相传隶两耳无闻，喜为人作龙阳之媒。焚楮镪，附耳私语者，实繁有徒。""岭南潮州揭阳城隍庙，亦有聋隶，人俱呼为'三官'。有调娈童不得者，焚香隶前，以指抉其耳窍，吻近窍，密祷之，事无不谐。谐后，酬以牲醴。肩摩踵接，日夕不休。"[39]其实，对于当时日趋深入的男性同性恋风气来说，这些宗教迷信活动的产生也是必然的。

袁枚《续新齐谐》卷六还载有一篇较长的同性恋故事《多官》，内容叙闽莆田有美少年名多官，一日于路上偶遇来闽探兄的江西举人陈仲韶。陈一见神移，遂修厚资拜于多官之塾师门下，两人成为同窗。陈百般殷勤，多官病，药价昂，陈倾

[37] 《子不语》卷一九，《兔儿神》，文明书局藏版，第 4 页。
[38] 梁绍壬：《两般秋雨庵随笔》卷一《世俗诞妄》，上海古籍出版社 1982 年版，第 12—13 页。
[39] 俞蛟：《梦厂杂著》卷二，《春明丛说卷上 · 聋隶》，上海古籍出版社 1988 年版，第 31—32 页。

金救之，两人终成狎昵。有恶人见多官而生色心，以计断绝他与陈的关系。然多官专一，以刀自刎。陈感其义，誓不再娶。这个故事与明末小说《弁而钗》里的《情贞记》相近，惟人物姓名、官职及结局稍异，可能是这两个故事都有其一定的事实基础，屡经传说，因生变异。

《随园诗话》中亦载有多则关于同性恋的轶事，大多为袁枚所耳闻目睹，因而相对来说是比较可靠的。如其中一则曰：

春江公子，戊午孝廉，貌如美妇人，而性倜傥。与妾不睦，好与少俊游，或同卧起，不知乌之雌雄。尝赋诗云："人各有性情，树各有枝叶。与为无盐夫，宁做子都妾。"其父中丞公见而怒之。公子又赋诗云："古圣所制礼，立意何深妙。但有烈女祠，而无贞童庙。"

尝观剧于天禄居。有参领某，误认作伶人而调之，公子笑而避之。人为不平，公子曰："夫狎我者，爱我也，子独不见《春秋》谏诛圉人章乎？惜彼非吾偶耳，怒则俗矣。"㊵

这位春江公子实有其人，曾与袁枚诗词唱和。他的同性恋自觉意识很强，而袁枚的字里行间，对春江公子的行止做派有很深的知己感。

大约是情趣相投吧，在袁枚的周围，有一批好男风的士人，而其中最突出的要数他的弟子刘霞裳。刘恃才傲物，生活非常放纵，以致"礼法之士，飞言如雨"，但他与袁枚关系甚契，曾随袁枚云游四方。其间且不断穿插一些与娈童的情感纠葛。《小仓山房诗文集》卷三一有《袁郎诗为霞裳补作有序》曰：

在粤东时，袁郎师晋年十七，明慧善歌，为吴明府司阍。乍见霞裳，推襟送抱，苦不得一沾接，再三谋得私约。某日两情可申，忽主人奉大府檄，火速凿行。郎不得留，与霞裳别江上，涕如绠縻。

㊵ 《随园诗话》卷四第63条，人民文学出版社1960年版，第125—126页。

袁枚的这首诗写得很轻狂,其中有句云:“珠江吹断少男风,珠泪离离堕水红。缘浅变能生顷刻,情深谁复识雌雄。鄂君翠被床才叠,荀令香炉座忽空。”㊶有时袁枚兴之所至,还让自己的嬖童与弟子同宿:

先生好男色,如桂官、华官、曹玉田辈,不一而足。有名金凤者,其最昵爱也。先生出门,必与凤俱。某年游天台,凤亦同行。刘霞裳秀才,先生弟子也。时刘亦在舟中,一见凤而悦之。刘年少,美风姿,亦颇属意也。先生揣知两人意,许刘与凤宿,作诗有“成就野鸳鸯,诸天色欢喜”之句。㊷

郑板桥是乾隆时期的书画大师,大约是文人相轻吧,袁枚对他不以为然,认为板桥诗多率直语,而其书法乃野狐禅,两人相互攻讦自矜。但他们在酷好男色这一点上却非常一致:

惟板桥多外宠,则与先生有同嗜,余桃断袖中,自无不可为引知己。板桥尝欲改律文笞臀为笞背,闻者皆笑之。先生语人曰:“郑大有此意,惜断不能办到。然其所以爱护金臀者,则真实获我心矣。”㊸

乾隆年间书画家曾七如在其笔记《小豆棚》里亦记载了郑板桥的这方面轶事:

郑素有余桃癖,一日听事,见阶下一小皂隶执板遥立,带红牙帽,面白衣黑,颇觉动人,遂见爱孌。有友戏问曰:“侮人者恒受侮于人,使其反噬之,谋倒戈而相向焉,何以御之?”郑曰:“斯受之耳,亦未必其血流漂杵也。”㊹

稍晚于袁枚的著名学者纪昀,对于当时社会上流行的同性恋风气亦颇为关注。这位四库全书的总纂官在公余热衷于“追录旧闻”,今计《阅微草堂笔记》中

㊶ 《小仓山房诗文集》卷三一,上海古籍出版社1988年版,第857页。
㊷ 《随园轶事》,《金凤》,江苏广陵古籍刻印社1991年版,第63页。
㊸ 《随园轶事》,《郑板桥》,第17页。
㊹ 《小豆棚》卷一六《杂记·郑板桥》,荆楚书社1989年版,第297页。

有同性恋故事数十则，大抵皆为与同性恋纠葛有关的狐鬼神怪、因果报应的传闻，但它们都在相当程度上反映了当时的性爱风气和趣味，有些篇章非常值得注意。如传统的女子狐媚模式在清代严重的男性同性恋风气之下，狐媚者的性别也随之复杂起来，大约是为了适应环境吧，妖怪不再光以美女的形象惑人，他们也时常现形为娈童：

有书生僦住京师云居寺，见小童年十四五，时来往寺中。书生故荡子，诱与狎，因留共宿。天晓，有客排闼入，书生窘愧，而客若无睹。俄僧送茶入，亦若无睹。书生疑有异，客去，拥而固问之，童曰："公勿怖，我实杏花之精也。"㊺

而那些本来好渔猎女色的积年老狐，在清代的传说中便也往往为娈童的美色所动：

族祖黄图公言，尝访友至北峰，夏夜散布村外，不觉稍远，闻秋田中有呻吟声，寻声往视，乃一童子裸体卧。询其所苦，言薄暮过此，遇垂髫艳女，招与语，悦其韶秀，就与调谑。女言父母皆外出，邀到家小坐，出瓜果共食。笑言既洽，弛衣登榻。比拥之就枕，则女忽变形为男子，状貌狰狞，横施强暴，怖不敢拒，竟受其污，蹂躏楚毒，至于晕绝。久而渐苏，则身卧烟蔓荒草间，并室庐失所在矣。盖魅悦此童之色，幻女形以诱之也。㊻

狐之媚人，为采补计耳，非渔色也。然渔色者亦偶有之。表兄安濬北言：有人夜宿深林中，闻草间人语曰："君爱某家小童，事已谐否？此事亢阳薰烁，销蚀真阴，极能败道，君何忽动此念耶？"又闻一人答曰："劳君规戒，实缘爱其美秀，遂不能忘情……"其人觉有异，潜往窥视，有二狐跳踉去。㊼

---

㊺ 《阅微草堂笔记》卷八，上海古籍出版社 1984 年版，第 168 页。

㊻ 《阅微草堂笔记》卷九，上海古籍出版社 1984 年版，第 177 页。

㊼ 同上书卷九，第 183 页。

尤其值得注意的是,《阅微草堂笔记》中的一些材料还表明了当时的某些士大夫为了纵男色之好,不但狎优蓄童,而且有意识地培养年幼童子熟习同性恋行为,促其就范,其卷六云:

王兰洲尝于舟次买一童,年十三四。甚秀雅,亦粗知字义。云父殁,家中落,与母兄投亲不遇,附舟南还。行李典卖尽,故鬻身为道路费。与之语,羞涩如新妇,固已怪之,比就寝,竟弛服横陈。王本买供使令,无他念,然宛转相就,亦意不自持。已而童伏枕暗泣,问:"汝不愿乎?"曰:"不愿。"问:"不愿何先就我?"曰:"我父在时,所蓄小奴数人,无不荐枕席。有初来愧拒者,辄加鞭笞曰:'思买汝何为? 愦愦乃尔!'知奴事主人,分当如是,不如是则当捶楚,故不敢不自献也。"㊽

又其卷一二载曰:

相传某巨室喜狎娈童,而患其或愧拒,乃多买端丽小儿未过十岁者,与诸童媟戏时,使执烛侍侧,种种淫状,久而见惯,视若当然。过三数年,稍长可御,皆顺流之舟矣。

纪昀对这种行为很不以为然,他的观点是:

凡女子淫佚,发乎情欲之自然。娈童则本无是心,皆幼而受绐,或势劫利饵言。㊾

用这种理论来解释同性恋的本质或许未确,但他却犀利地道出了当时普遍的好男风形势下这些不幸的娈童的被动和屈辱,道出了当时社会为追求男色而迷失了人性的狂热。自有其深刻之处。

㊽ 《阅微草堂笔记》卷六,第117页。
㊾ 同上书卷一二,第275页。

到清中期,男性同性恋风气愈趋深入,尤其是在全国的政治文化中心的北京,士人普遍的好男风的习气在相当程度上影响了传统的两性关系,以至京师娱乐界呈现了一种"有歌童而无名妓"的状况,京城妓院较为集中的地点如金鱼池等处,气象潦倒,生意萧条,《燕京杂记》曰:

> 京师娼妓虽多,较之吴门白下,邈然莫逮。豪商富官,多蛊惑于优童,鲜有暇及者。至金鱼池、青草厂等处,连居比屋,当户倚门,过而狎者,尤为下流无耻。[50]

咸同间士人黄钧宰《金壶遁墨》描写当时士风曰:

> 京师宴集,非优伶不欢,而甚鄙女妓。士有出入妓馆者,众皆讪之。结纳雏伶,征歌侑酒则扬扬得意,自鸣于人,以为某郎负盛名,乃独厚我。[51]

《清稗类钞》亦曰:

> 道光以前,京师最重像姑,绝少妓寮,金鱼池等处,特舆隶溷集耳。[52]

所谓"像姑",即相公,指陪酒的伶童。何刚德《春明梦录》下卷也谈到晚清京城的妓院很难揽到体面的客人:

> 妓寮在前门外八大胡同,麇集一隅,地极湫秽,稍自爱者绝不敢往。

写作于道光年间的小说《品花宝鉴》第十二回写风流才子田春航在南方时本来酷爱女色,赴京时尚是"妓女饯行,狎客祖道",但他一到京城,就发现这里没有

[50] 《燕京杂记》,北京古籍出版社 1986 年版,第 129 页。
[51] 《金壶遁墨》卷二,《伶人》,《笔记小说大观·金壶七墨》本。
[52] 徐珂:《清稗类钞》第三十八册,《娼妓类·京师之妓》,商务印书馆民国排印本,第 9 页。

看得上的妓女,“此地妓女生得不好,扎着两条裤腿,插着满头纸花,挺着胸脯,肠肥脑满,粉面油头,吃葱蒜,喝烧刀”。因此把田春航的“女色之心,收得干干净净”,但他同时却不无惊喜地发现,“京中唱戏的相公,却好似南方”。于是他风流放纵的生活内容也就变为狎伶了。这可以说是表现京中性爱风气和这种风气对人性兴趣的影响的一个最生动的例子。所以蒋士铨曾以词句指出当时京城娱乐生活中的这一特殊之处是“官妓居然是男子”![53]

柴桑《京师偶记》对于当时娈童盛行的状况谈得颇为具体:

> 泣童割袖之风盛行于今,执役无俊仆,皆以为不韵;侑酒无歌童,便为不欢。内府之雕鞍骏马,锦衣绣被,下逮优伶章服,可谓扫地矣。近亦曾禁其服饰,未几而僭侈如故。[54]

与京城邻近的天津,当时的情况也大致相同,都以歌童代替女妓:

> 凡张宴请客,有以清宴不欢者,必书小红纸,传唤歌童来侑觞,曰“叫局”。童子应命赴局,谓之“赶条子”。来则执壶劝酒,情致缠绵,大有“翠袖殷勤捧玉钟”之概。[55]

《津门杂记》还提到这些陪酒的歌童“供人狎昵,任所欲为。后庭一曲,真个魂销。其命薄无奈如此”。

浸淫于这样的社会氛围中,几乎绝大部分的士人都会有或多或少的同性恋纠葛。伶旦与士人交好竟然成了人们心目中自然而然的性爱关系,正如蒋士铨所描绘的当时官员们的娱乐生活的状态是“人前狎昵千万状,一客自持众客嗔。酒阑客散壶签促,笑伴官人花底宿”[56]。士人与优伶须臾难离,无论是清谈闲游、吟诗作赋,还是豪华宴会、假日聚饮,他们都少不了要有相公们陪酒,有人甚至认

---

[53] 《忠雅堂集校笺》卷八,《京师乐府词十六首》,上海古籍出版社 1993 年版,第 707 页。

[54] 《京师偶记》,《北京风土丛书》第一辑。

[55] 张焘:《津门杂记》卷中《下处》,《笔记小说大观》,第 24 册。

[56] 《忠雅堂集校笺》卷八,《京师乐府词十六首》,上海古籍出版社 1993 年版,第 707 页。

为,下酒馆而不叫一个相公,“叫走堂的也瞧不起”[57],清中期的名士梁绍壬自称平日对诸伶陪酒“往往漠然”,于是“人或以矫情讥,或以木石诮”。但其实他也曾为一名伶童而“颇难自持”,为他写过“愿作鸳鸯申后约,化作蝴蝶梦前身”“不沾情处惹情魔,如此相思可奈何”这样缠绵的诗句。他如此多情,尚被人讥为“矫情”“木石”,那么其余士人对男风的狂热程度,也就可想而知了。因此,梁绍壬曾以诗句对时风作了这样的概括:

> 软红十丈春风酣,不重美女重美男。
> 宛转歌喉袅《金缕》,美男妆成如美女。[58]

确实,当时使举国若狂的领风骚者都是年少的优童,女妓则相当寂寞。这四个诗句,也可以说是对清代京城性爱风气的最准确生动的概括。我们知道,明末时虽也有严重的男性同性恋风气,但在社会上领风骚的毕竟还是马湘兰、李香君、柳如是、董小宛等一代名妓。而清代士人所热衷于谈论的、全身心倾慕的却只有美貌的小旦,妓女似乎完全被忽略了。有清一代,名妓寥寥,几至于绝迹,这当然不是因为清代的数百年间没有灵慧美貌的女妓,也不仅仅是因为清代的禁妓(明代也禁妓),而是因为她们已不再是性兴趣的中心,伶童取代了她们的位置。风流士人们捧的是名旦而不再是名妓。捧伶狎伶之风如火如荼,京城中伶童蜂起,名旦代出,王公贵族争纳宠童,各种品伶捧伶的书刊如雨后春笋般地涌现,名流才士粉纷以与名旦交游为荣事。风气至此,士人的性兴趣似乎完全转移到同性方面来了。

在这种风气之下,过去在同性恋小说里出现过的男扮女装作侍妾的情节在现实生活中也真的发生了,《清稗类钞·优伶类》载曰:

> 五九为光绪时京师美伶,张樵野侍郎嬖之甚。尝招之至家,使改妇人

---

[57] 《品花宝鉴》第十九回,上海古籍出版社1990年版,第270页。

[58] 《两般秋雨庵随笔》卷六《燕台小乐府》,上海古籍出版社1982年版,第322页。

妆，侍左右，日酬以五十金。令家人仆役呼之为少奶奶。久之，亦遂视之为少主妇也。[59]

有人甚至因为在同性恋风气中渔色过度而殁：

咸丰己未，长沙有某庶常者，父逝祖存，家无次丁。弱冠登第，喜渔色，宿优宿娼，榜后不百日而亡矣。亡时，汗血淋漓，脱阳于骡车中，怀中犹抱一伶。[60]

太平天国曾以妇女解放等开明政策令人耳目一新，但太平天国革命正值清代男风盛期，这种风气同样大大地影响了起义的领袖们，据《金壶遁墨》载：

贼虏幼童十二三岁者六千余人，尽行阉割，而误去外肾死者十六七。秀清选其姿色秀丽者，敷粉裹足，着绣花衣，号为男妾。如侯裕宽、李寿春、钟启芳、王俊良等，皆极妍美，有巧思，能以侧媚得诸逆欢。[61]

身处其中、为时代风气所裹挟的清代士人当然不会察觉到这种性爱风气的特异之处，我们现在从浩瀚的清人文献里虽然不是没有发现对它的怀疑、否定、谴责，但这种声音太微弱了，几乎总是被时代潮流所淹没。但是，中国社会上男风盛行的状况在当时性观念迥异的西方人士中激起了强烈的反映，1806 年，一位英国旅游者义愤填膺地记录下了他的所见：

这种极其令人憎恶的犯罪和非自然的行为在他们看来却那么地没有羞耻感。甚至这个国家中的一些高级官员也都肆无忌惮地谈论此事而不觉得有什么难堪。并且几乎每个官员都会有一个俊美的孌童，他们大都在十四

---

[59] 徐珂：《清稗类钞》第三十八册，《优伶类・五九为张樵野侍郎所眷》，商务印书馆民国排印本，第 56 页。
[60] 同上书《某庶常渔色而殒》，第 23 页。
[61] 《金壶遁墨》卷二，《男妾》，《笔记小说大观・金壶七墨》本。

至十八岁左右，衣着入时。[62]

一份出版于1835年的西方杂志中有一篇文章写道：

它（指中国的男性同性恋）的存在范围很广，几乎遍及整个帝国，尤其是在那些为民父母和作为道德表率的官员中同样存在。[63]

当时的西方正处于极端歧视和仇视同性恋的时期，因此只要是一位有教养的绅士，通常都要对同性恋表现出极大的羞耻感并进行义正词严的谴责。但我们应该承认，这些文章里所描写的现象，都是当时中国社会上存在的客观事实。

作为一种社会风气和时代性意识的反映，清代小说中大量充斥男性同性恋内容，名著如《儒林外史》《红楼梦》《聊斋志异》对此亦皆有深浅不同的表现。尤其值得提的是《品花宝鉴》，这部长达六十回的通俗小说专写清代士人狎优蓄童的故事，集中地反映了士人狎优蓄童风气的内容和他们的追求，堪称清代男性同性恋风气的百科全书，在清代一直被视为"言情"巨作而受到读者的普遍欢迎。由于清代小说中有关内容非常丰富，三言两语难以概括，只能另起题目论述，这里不赘。

正如同性恋是一种在任何时代、任何文化中都存在的性爱现象一样，狎优蓄童行为如果作为个例来看，在中国社会史上可能并不罕见，我们在每一个朝代的文献里都可以找到。但它成为一种社会风气，情况便大不一样，因为同性恋在人类性行为中通常是处于次要位置的。考察清代士人的狎优蓄童风气，我们不能不感叹于风气的力量。当一种性爱风气形成时，个人的意志和趣味往往会为时代潮流所裹挟而变得狂热，把一切在另一个时代的人看来可能是非自然、非理性、非人性的现象视为理所当然，甚而作为一种审美境界加以推崇，个体的独立性和理智思考受到极大程度的破坏。风气所至，完全可能导致令后人感到不可

---

[62] Sir John Barrow, *Travels in China*(London, 1860), pp.100-102.

[63] "Journal of Occurrerces," *China Repository* 5(June1835):104.案：以上两条材料均转引自Bret Hinsch"*Passions of the cut sleeve*"p.141. University of California press,1990.笔者译。

思议的集体性意识变异。关于清代士人的狎优蓄童风气的缘起,人们有不同的解释,其中最多的是认为由于清代的官方禁妓的政策所致。但考察清代的实际状况,我们可以发现,清代政府不仅禁妓,而且也禁止狎优蓄童。从康熙到光绪,中央政府发过大量的禁止狎优蓄童的禁令。如嘉庆年间狎伶之风极盛,而这个时期的政府禁令也发得最多[64]——情况似乎是,朝廷越禁,倒越是激起了士人的兴趣。而从清人笔记及小说诗文来看正如我们在上文里引用的史料所显示的,士人的狎优蓄童行为更多的也是出于一种热烈的兴趣而不是禁妓之后无奈地寻找一种替代品。这是一种时代性趣味的变异,从风气的角度切入无疑是更有利于我们对它的把握的,其中有大量的性心理、性观念、审美意识以及文化背景的问题有待于我们作进一步的深入考察和分析。

1997 年 4 月 5 日沽上清明无雨

【吴存存　香港大学中文学院教授】

原文刊于《中国文化》1997 年 Z1 期

---

[64] 参见王利器《元明清三代禁毁小说戏曲史料》的“中央法令”部分,上海古籍出版社 1981 年版。

# 开放过程中的文化：从龚自珍到洋务派

王富仁

梁启超说："晚清思想之解放，自珍确与有功焉。光绪间所谓新学家者，大率人人皆经过崇拜龚氏之一时期。初读《定庵文集》，若受电然……"①也就是说，龚自珍在中国文化从封闭走向开放的过程中，是发挥极大作用的。

在这里，我们首先遇到了一个似乎令人费解的问题：龚自珍自身并没有受到西方文化的多大影响，就其本质而言他还是中国传统文化孕育产生的一个杰出学人，并且主要是一个儒家知识分子，他在晚清思想解放和文化开放的过程中的积极作用是怎样发生的呢？

这也就牵涉到了如何具体分析中国传统文化和它的占统治地位的儒家文化的问题。

在过去，我们往往笼统地讲中国传统文化暨儒家文化的开放性或封闭性，这当然有它的作用和意义，但一进入具体的历史分析，这种笼统的整体把握就不够了。在这时，我们便应进入更细致的分析过程。所谓分析，就是对一个事物的各个组成部分及其独立职能、独立发展趋向的分别考察。

我曾经认为，中国儒家文化是中国传统文化中封闭性能最强的一个文化系

① 梁启超：《清代学术概论》，《梁启超论清学史二种》，复旦大学出版社1985年版，第61页。

统,[②]但这毫不妨碍我得出下列一个结论:在中国传统文化于鸦片战争前后重新走向开放的过程中,恰恰是儒家文化起到了最具关键性质的作用。它之所以能够起到这样的作用,又恰恰在于它是中国传统文化中占统治地位的文化,在于它是入世的且入仕的,亦即在于它的社会的、政治的性质。中国传统文化在近代重新走向开放的过程,是与中华民族的整体的民族危机同时进行的,正是严重的民族危机促使中国的先进人士把救亡图存同向西方学习结合起来。在中国传统文化中,道家文化和佛家文化关心的只是个体自我的精神追求,它们认为这种追求与整个外部世界的变化和社会政治的状态是没有多大关系的,佛家文化的出世和道家文化的出仕使它们没有可能对吸收外来文化有主观上的积极性。墨家文化在先秦曾是一门显学,但后来在中国知识分子,特别是在官僚阶层失去了自己的强大影响,它的向下的渗透使它与道教文化一样远离了上层社会,同时也对西方文化的存在不可能做出敏捷的反应。在中国,具有社会、政治性质的主要是儒、法两家,而儒家文化又占着压倒的优势。可以说,如果在儒家文化中没有任何可以导致开放的因素,中国文化走向开放几乎是不可能的。

在我们试图对儒家文化进行分析的时候,我们首先遇到的是它的这样一个不可克服的内部矛盾:作为一个文化学说的儒家文化与作为为历代封建王朝的政治统治者所利用的儒家文化的矛盾。这种矛盾归根到底仍然导源于儒家文化学说的内部。就其建构基础而言,儒家文化学说绝不仅仅是为了便利政治统治者的统治而建立起来的,我们过去常常这么说,但这是不符合基本的历史事实的。孔子之所以周游列国而非谋取一个诸侯国的强盛,恰恰因为他有自己独立的社会理想,有他自己独立的社会追求,他的社会追求便是建立一个和谐安定的社会。但他这个和谐安定的社会,是在等级制的关系中建立起来的,他的对个体人的道德要求,他所提出的思想、行为规范,对维护社会等级关系下的社会稳定是有利的。只是由于这种原因,一切已经建立了自己统治地位的封建统治集团,乐于也能够利用儒家文化学说为自己服务。但在这时,儒家文化也便由一种理想的社会学说转化成了统治者“治国、平天下”的一种统治方策,它的社会理想

② 参看拙作《中国传统文化对其他文化系统的封闭性》,载《学术月刊》1989年第7期。

的性质被无形中淡化了、削弱了，而它的对个体人的道德要求，特别是对被统治者的道德要求的内容则在无形中加强了、突出了。也就是说，这时实际上有了两种儒家文化：作为抽象的、一般的文化学说的儒家文化和作为统治者的治国方略的儒家文化。但这是由统一的儒家文化分裂而成的，前者反映了儒家文化的理想性，后者反映了它的直接实践性的品格。

正是儒家文化这种自身的分裂，几乎每个历史时代都同时造就出两类儒家知识分子。一类儒家知识分子是自觉或不自觉维护现实封建统治的知识分子，他们致力的重点是维护现实的社会关系，并且是以现实统治者的需要加强社会统治秩序的。显而易见，这种社会秩序的加强，恰恰给权势者提供了更大的自由活动的空间，为他们的随意性提供了方便的条件，因为儒家的伦理道德的重要内容便是敬上、事上的要求，而一当统治阶层趋于腐败，整个社会关系也便失去了有序性，社会的矛盾便加剧了。第二类知识分子是更重视儒家社会理想的知识分子，他们看到的是现实社会关系与儒家社会理想的差距，特别是在封建社会统治秩序陷于混乱，统治阶层日趋腐败的时候，他们的不满情绪也就表现得更为强烈，他们希望现实的变革，正是这种希求变革现实的欲望和情绪，使他们的思想和学说中蓄积着向外开放的潜能。他们能否实际地走向开放，取决于实际的环境条件和其他偶然的因素，但至少这种潜能始终存在在这类儒家知识分子及其思想学说之中的。

不难看出，龚自珍就是这类的儒家知识分子。

> 吾闻深于《春秋》者，其论史也，曰：书契以降，世有三等。三等之世，皆观其才。才之差，治世为一等，乱世为一等，衰世别为一等。衰世者，文类治世，名类治世，声音笑貌类治世。黑白杂而五色可废也，似治世之太素；宫羽淆而五声可铄也，似治世之希声；道路芜而畔岸隳也，似治世之荡荡平平；人心混混而口无过也，似治世之不议。左无才相，右无才史，阃无才将，庠序无才士，陇无才民，廛无才工，衢无才商，巷无才偷，市无才驵，薮泽无才盗。当彼其世也，而才士孤根以升，则百不才督之缚之，以至于戮之。戮之非刀非锯非水火，文亦戮之，名亦戮之，声音笑貌亦戮之。戮之权，不告于君，不告

于大夫,不宣于司市。君大夫亦不任受,其法亦不及要领,徒戮其心,戮其能忧心,能愤心,能思虑心,能担荷心,能有廉耻心,能无渣滓心。又非一日而戮之,乃以渐,或三岁而戮之,十年而戮之,百年而戮之。才者自度将见戮,则早夜号以求治。求治而不得,悖悍者则早夜号以求乱。夫悖悍,且睊然眮然,以思世之一便己。才不可问矣。向之伦憩有辞矣。然而起视其世,乱亦竟不远矣。③

在龚自珍这篇为人熟知的文章里,我们只看到他对当时社会的揭露是远远不够的,我们更应该看到儒家文化的自身分裂。在这里,龚自珍怀抱的仍是儒家的“治世”理想,而对儒家伦理道德造成的社会精神的萎靡则有着深刻的感受,我们甚至可以感到其中有与后来鲁迅所发挥了的改造国民性的思想极为相似的思想因素和情感体验。

至于说到像龚自珍这样的儒家知识分子,为什么能够站在儒家文化学说的立场上,对维护现实封建统治的儒家文化进行尖锐的批判,这也就使我们能够更深入地分析中国儒家文化自身的内部矛盾。如前所言,儒家文化的建构基础并不仅仅为了当权的统治者的政治统治,而是为了调整社会人与人之间的关系,实现社会的稳定和平衡。简括言之,它是一种社会关系学。正像所有的关系学一样,它的基点并不是一个,而是有着关系各方的各种不同的基点,因为只有如此,各自的妥协和和解才有可能。就整个社会的关系而言,在儒家学说的整体的上下等级关系中,至少包含着下列三种不同的基点:“君”的基点、“士”的基点和“民”的基点。在儒家文化的研究中,有的强调了它为统治者服务的一面,有的则认为它代表人民的利益,有的则认为它反映了知识分子的要求,并各自以不同的侧面概括它的本质,我认为这都不完全符合它的固有面貌。它的特点是三个基点在封建等级关系中的统一和协调。毫无疑义,儒家文化是充分考虑到了政治统治者的现实需要的,它的一切事上、敬上的要求从根本上体现了政治统治者的需要,但这并不意味着孔子、孟子同意为政治统治者可以牺牲掉其他的一切,

③ 龚自珍:《塾议》。

这表现在他们同时也对政治统治者提出了限制性的要求。就其自身,孔子、孟子都属于“士”这个阶层,“士”的立场仍然体现在他们的学说中,选贤任能的要求便是他们为获得参与国家管理而提出的具体要求。在儒家文化中,“民”的基点也具有独立的意义。“民为贵,社稷次之,君为轻。”④这是儒家文化的创始者以“民”为基点并以此作为制约政治统治者的行为的理论命题。儒家学说甚至把整个社会的混乱、人民的贫穷痛苦的责任都放在政治统治者的身上,将之喻为“率兽而食人”⑤的行为。儒家文化学说的目的是显而易见的,它企图通过三者彼此限制的力量维系社会秩序的和谐和安定。但不难看出,在脱离开社会整体发展的条件下,儒家文化所寻求的现实条件下的和谐和平衡恰恰不利于社会整体的发展,这三个基点是不可能完全统一在一起的。此消彼长、此长彼消是它们的客观情势,特别是在社会矛盾公开化、激烈化的时期,这三个基点的分裂便成了不可避免的事情。那些维护现实统治秩序的儒家知识分子可以用“君”的基点和“民”的名义压迫不满现实的“士”,亦可以“君”的基点和“士”的名义压制人民的反抗。但与此同时,那些不满现实政治统治的知识分子又可以“士”的基点和“民”的名义批判现实政治统治。人民群众则可以站在自己的立场上以“君”压“士”或以“士”制“君”。总之,绝不是只有一种社会势力或思想势力可以从儒家文化学说中找到自己的理论立足点,这也就进一步加深了儒家文化自身的分裂。从这个意义上,儒家文化的封闭性主要来源于那些消极维护现实政治统治及其统治者本人利益的儒家知识分子。“秋气不惊堂前燕,夕阳还恋路旁鸦。”⑥这是龚自珍对他们的形象写照。而直诚站在“民”和“士”的立场上的儒家知识分子,则往往是那些不满现实政治统治、要求变革的儒家知识分子,他们的变革要求使他们具有开放的潜能。“九州生气恃风雷,万马齐喑究可哀。我劝天公重抖擞,不拘一格降人才。”⑦后来的改革者都以龚自珍这首诗作为自己的座右铭,这是不难理解的。龚自珍的思想特点是他较历代儒家知识分子都加强了“士”的基点的独立性,反庸俗,反犬儒主义,反奴性,反精神阳痿,并且又

---

④ 《孟子·尽心下》。

⑤ 《孟子·梁惠王上》。

⑥ 龚自珍:《逆旅题壁次周伯恬原韵》。

⑦ 龚自珍:《己亥杂诗(第125首)》。

不是以道家的出世观念反对这些,这使我们感到有与“五四”后现代个性主义相近的思想气息。这说明在中国传统儒家文化中,也是有能够同现代个性主义思潮相连接的东西的。

但以上分析仍然不能改变儒家文化在整体上是一个封闭性能很强的文化系统的结论,因为它内部具有开放性能的因素极难上升到在儒家文化中占统治地位的因素,因而也很难使儒家文化带有整体上的开放性。儒家文化从整体上是以追求静态的关系和谐和社会平衡的文化系统,只要整体的社会危机没有出现,或人们还没有感到这种危机的出现,儒家的社会理想和现实的伦理道德的要求便处于基本的一致状态,在这时儒家知识分子便是要以调整个人思想行为的方式维系固有的社会相对平衡,儒家知识分子的内部分裂往往还是个人或集团间的权力之争,不具有更明显的文化意义。因而,仅仅在儒家文化内部,要求改变现状、具有开放性能的文化因素及其知识分子,极难得到更充分的发展而改变整个儒家文化的封闭状态。“避席畏闻文字狱,著书还为稻粱谋。”[⑧]龚自珍这种具体的文化处境使他始终没有成为一个实践的改革家,他始终主要是一个诗人。他的价值主要还是情感的价值,他储足了开放的势能和改革的欲望但没有实际地实行改革和走向开放。他像历代同类的儒家知识分子一样,是个悲剧性的人物。

儒家文化不仅限制了龚自珍的行动,同时也限制了他的思想。我们应当注意中国儒家文化这样一个特点,即它的社会理想与社会现实的同构性。像龚自珍这样的知识分子,是首先有一个儒家的社会理想,然后才能够产生或具体抨击现实的政治统治。不难看出,当他产生了对现实的不满的时候,立即便有儒家固有的社会理想将其思想封闭了起来,使他再也难以从更根本的意义上思考社会的改造,并从而产生或纳入新的社会思想学说。魏源在谈到龚自珍时说:“其道常主于逆,小者逆谣俗、逆风土,大者逆运会。所逆愈甚,则所复愈大,大者复于古,古者复于本。若君之学,谓能复于本乎,所不敢知,要其复于古也决矣。”[⑨]这种复古倾向使他在理想学说上没有做出有较大价值的新贡献,《平均篇》《农宗》

---

⑧ 龚自珍:《咏史》。

⑨ 魏源:《定庵文录叙》。

等文章重复的只是儒家古已有之的政治经济主张,他的今文经学也只是启发了后代改革者,具有开拓价值但没有融入新的思想学说。"何敢自矜医国手,药方只贩古时丹。"[⑩]但"古时丹"已经不适合新时代的要求了。

在近代中国,具有实际开放意识和开放行动的,林则徐应为第一人。我认为,较之他在输入外来文化的具体成果来,他自身所能体现的文化意义对我们更加重要。

就其原本的意义,林则徐也是一个儒家知识分子,但较之龚自珍,他却有一个显著的特点,即在他的活动中,具有更鲜明的法家文化的色彩,这突出表现在他更重视政绩事功,关心国计民生,"经他主持与修过的工程,计有江苏的浏河、白茆河、七浦河,宝山海塘,徒阳运河,桃源、江都等处的河道闸坝,福州的小西湖,两湖的江汉堤坝,等等。在谪戍期间,又在新疆推广灌溉工程,'共垦田万亩'"[⑪]。翻开《林则徐集》的三卷奏稿,人们立即会感到林则徐是沉浸在具体政绩事功中的那类国家官僚。大概也正是由于这种素质,禁鸦片运动的实际领导责任落在了他的身上。

林则徐在禁烟运动中的表现,完全是以平等竞争的姿态面对西方列强的,他并不瞻前顾后,不怕破坏与西方列强的关系,为维护民族的实际利益,他完全着眼于禁烟运动的成败。但也正因为如此,他感到了切实理解西方的必要。他在广州禁烟期间,"日日使人刺探西事,翻译西书,又购其新闻纸"[⑫],"公独设间得其新闻报及外洋记载,通以重译,能中其窾要,而洋人旦夕所为,纤悉必获闻,,西酋骇为神助"。在《附奏东西各洋越窜夷船严行惩办片》里,林则徐申述了西方商船与鸦片走私船的不同,肯定西方正常对外贸易的合法性和严格的程序规则;在《复奏曾望颜条陈封关禁海事宜疏》中,林则徐婉转陈请了应对不同国家采取不同的贸易政策的意见;实际否定了断绝一切对外贸易、全面封关禁海的做法;在《密陈夷务不能歇手片》里,他除再一次主张坚持中外贸易往来之外,还进一步指出了对外贸易对中国经济、军事建设的重要性,在现在看来,这些意见似乎

⑩ 龚自珍:《己亥杂诗(第44首)》。

⑪ 《林则徐集(奏稿)·前言》,中华书局1965年版,第6—7页。

⑫ 魏源:《圣武记》。

没有什么新奇的地方,但只要注意到他同时是一个始终坚持反侵略斗争的爱国志士并实际肩负着反对西方鸦片走私贸易重责的“钦差大臣”,我们便会看到其中有一种异常宝贵的态度。它说明中国先进的人士已经开始对西方进行具体的分析。在这里,启蒙与救亡,鲜明的民族主义、爱国主义同坚定的文化开放是有机的并且合理地结合在一起的。

如果说龚自珍是中国不得志的那类知识分子,林则徐则属于得志的知识分子之列,但他们二人的命运却没有本质的区别:都是悲剧性的历史人物。鸦片战争爆发后,林则徐以“误国误民,办理不善”的罪名被革职查办,后又被充军新疆。他的悲剧的直接原因,历史家们已有明确的结论,我认为还有文化上的原因。儒家文化上升到统治地位之后,法家文化所致力的目标不再是国家政治、经济和军事力的强盛,不再是与其他政治实体的外部竞争,而成了以政治的手段维护儒家思想道德的手段,成了国家内部斗争的武器。如果说从商鞅到秦始皇这些法家代表人物都以卓著的政治业绩充塞在他们严峻乃至残酷的形式中,使他们以令人畏惧但又崇敬的英雄人物的面目出现在中国历史的舞台上,那么,后来封建王朝中那些严刑酷法的官吏和玩弄权术的政客则只是中华民族的蛀虫。这种儒法互补的形式,以法家的形式破坏了儒家文化作为道德学说的本质特征,以儒家的形式破坏了法家文化作为政治学说的本质特征,是一种对中华民族为害最大的文化现象。在先秦的列国纷争的局面中,诸侯国国君本人便更多地注重于事功,因为这关系着国家的存亡和自己的成败,注重事功的法家知识分子在君主的支持下可以更自由地发挥自己的才干,但当儒家文化成为封闭的统一的封建王朝的统治文化,人的价值再也不主要以事功为标准,而是以儒家的礼即上下等级关系的处理为标准了。所以实际情形是这样:追求事功的知识分子即使成功,也往往因儒家文化和法家文化有迥不相同的价值标准,极易被做出否定性的价值判断。大多数的官僚知识分子,是那些沉沦在现实人伦关系的处理和维系中的人,他们在儒家文化价值观念的覆盖下,可以不干任何具体的实际事业,但同时又可以以儒家的伦理道德标准对从事实际事功的官僚知识分子评头品足,并随时可以毁掉他们的事业或前程。而他们自己,因不做事也便极少过错可被人利用,即使有了更严重的违法乱纪行为,也因平时营就的人情权力集团而受到更多的保护。不难看出,这种干事的人被整、不干事的人整人的现象,是中国传统封建政治缺乏活力、缺乏效率、涣散无力的重要原因,而这是由不具有政治文化特质的儒家文化被错误地作为政治文化利用之后的必然结果。林则徐的失败并不是失败在外国侵略者的手里,而是失败在清朝官僚集团的手里,失败在占统治地位的儒家文化观念手里。当时的琦善就把林则徐刺探西事、翻译西书、阅读西报的行动认为有失体统,重要的是这里的文化价值标准的歧异:林则徐注重事功,因而他感到了解西方是必要的;琦善根本不考虑事功的问题,他有一套先定的"体统",因而认为林则徐的行为是不轨的,不能忍受的。可悲的是琦善的价值观念在当时的社会中是占统治地位的、具有实际力量的,中国文化的开放也便成了极艰难的事情。

林则徐的失败还有一个非常明显的原因,即他以极微薄的力量却担负着极巨大的历史责任,他以极浅薄的西方文化知识却开始了与具有高度发达的西方文化的西方列强进行直接的、正面的斗争。显而易见,这个责任是不应由林则徐来负的,我们应从中国文化的整体状况来寻找更根本的原因。

我国春秋战国时期是列国纷争的历史时期,当时创造文化学说的主要阶层是"士",接受和运用文化学说的是各诸侯国的君主,而国家的兴亡则是这两个阶层关注的重心。这就造成了中国传统文化的一个重要特点:文化的政治实用性。国家的生存,政治的安定以及在列国纷争条件下个人的人生选择和道德选择成了春秋战国时期各种文化学说的中心议题。这种文化观念是有一个严重的弱点的,因为并不是所有的文化现象都与现实政治和国家兴亡有着直接的利害关系,也并不是任何与国家现实政治没有或极少直接现实性联系的文化现象都不重要。人类文化发展的最基本的动力是人类智慧的表现和储存的欲望,它是人类各种现实需要的备用库,而不应是对现实需要的被动应付。中国古代只着眼社会政治作用的文化价值观念,对大量非政治性文化的正面价值大大降低了,而对它们不利于政治实用性的侧面则大大夸张了,这不但使中国传统文化的自身发展有一种偏枯现象,而且严重影响了我们走向开放的顺序和过程。

这种文化观念还内在地决定了中国文化向开放过程转化时起重要作用的人物的阶级归属。不论是儒家文化还是法家文化,都是与中国封建专制政治联系在一起的,法家文化比儒家文化的开放性能更大,但它的独裁专制的倾向也更强烈,这决定了整个洋务派文化思想的特点及其二重性。中国近代的文化开放始终处在这样一种二律背反的困境中,不借助儒家文化和法家文化的经世致用的文化思想,中国文化便没有走向开放的文化启机,而一当以经世致用的儒家文化和法家文化思想走向开放的道路,他们便只能是站在维护清朝专制政治统治立场上的官僚知识分子,因而他们的文化开放便是有限的、局部的。“中学为体,西学为用”的口号虽然提出得较晚,但就其体现的文化思想的特征来说,林则徐实际也属于其中的。

在对洋务派,特别是对曾国藩、李鸿章一类人物的评价上,我们遇到了似乎难以解决的矛盾。从他们自身的阶级归属来说,他们都是维拥清朝专制政治统治的封建官僚;从他们对人民的态度而言,他们都是反人民的,曾国藩更是镇压太平天国农民起义运动的首凶;从他们的历史作用而言,他们是中国走向开放过程中做出重大贡献的人物,在当时几乎还没有人比他们的实际贡献更大;就他们所体现的方向的性质而言,我们又认为他们反映了中国资产阶级的利益。实际上,这在形式上看来相互矛盾的东西都统一在一个根本之点上:中国传统文化在近代的重新开放,是那些具有法家和儒家入世精神和经世致用文化思想、从维护以清朝封建专制政治统治所具体体现着的国家和民族的利益出发、开始学习西方科学技术的官僚知识分子首先实现的。他们自觉代表的是清朝政治统治的利益,而不是资产阶级工商业的利益。只是为了增强国力,他们才开始重视在中国发展资本主义工商业。严格说来,是他们产生或曰壮大了中国近代资本主义工商业,而不是中国资本主义工商业产生了他们。也正是因为如此,他们对农民起义的态度与中国古代儒家和法家官僚知识分子的态度并没有任何区别。

较之徐光启、李之藻、方以智这些更早接受西方文化的人物,林则徐的具体成果似乎还要少得多,但林则徐却已经与他们有了一个根本的不同点。如果说徐光启等人对西方文化的态度体现的是“可以学”“应该学”,林则徐的态度所体现的则是“必须学”“不学不行”;如果说徐光启等人的行动体现的还只是个人的文化选择,因而并不代表一个新的文化历史时代的开始,林则徐的行动体现的则是时代历史的要求,因而他代表的是一个新的文化历史时代的开始。

龚自珍的思想中储满了改革的欲望和开放的势能,但没有实际地实行改革和走向开放;林则徐领导了反侵略的实际斗争并开始了解西方、吸收西方文化,但却没有正式揭出文化开放的旗帜,提出文化开放的思想。具有开放欲望并正式揭出了开放旗帜的是魏源。⑬

何以异于昔人海图之书?曰:彼皆以中土人谭西洋,此则以西洋人谭西洋也。是书何以作?曰:为以夷攻夷而作,为师夷长技以制夷而作。《易》曰:爱恶相攻,而吉凶生;远近相取,而悔吝生;情伪相感,而利害生。故同一御敌,而知其形与不知其形,利害相百焉;同一款敌,而知其情与不知其情,利害相百焉。古之驭外夷者,诹以敌形,形同几席;诹以敌情,情同寝馈。然则,执此书即可驭外夷乎?曰:唯唯否否。此兵机也,非兵本也。有形之兵也,非无形之兵也。明臣有言:欲平海上之倭患,先平人心之积患。人心之积患如之何?非水非火非刃非金,非沿海之奸民,非吸烟贩烟之莠民。故君子读《云汉》《车攻》,先于《常武》《江汉》,而知二雅诗人之所发愤;玩卦爻内外消息,而知《大易》作者之所忧患。愤与忧,天道所以倾否而之泰也,人心所以远寐而之觉也,人才之所以革虚而之实也……去伪,去饰,去畏难,去养痈,去营窟,则人心之寐患去其一;以实事程实功,以实功程实事,艾三年而蓄之,网临渊而结之,毋冯河,毋画饼,则人材之虚患祛其二。寐患去而天日昌,虚患去而风雷行。《传》曰:孰荒于门,孰治于田?四海既均,越裳是臣。⑭

在过去,我们已经充分注意到魏源在这里提出的“师夷长技以制夷”的思想主张,但从整个文化思想来看,魏源却是从两个方向上提出中国的振兴的:一是师夷长技而增强实力,二是振奋精神而增强心力。前者属于物质的、外部世界的和形而下的,以益智为前提;后者属于精神的、内部世界的和形而上的,以益情为前提。不难看到,这两个方向实际是直至今日中国知识分子追求的方向,它不但

⑬ 金安清:《林文忠公传》。

⑭ 魏源:《海国图志叙》。

表现在每个不同的历史潮流之间的区别上,甚至也表现在同一历史潮流的不同思想家的倾向间。洋务派重视物质实力,维新派和革命派更重社会制度和政体形式的变革,也是外在的社会形式;“五四”新文化运动的重点更是形而上的精神追求。但同是维新派的梁启超和谭嗣同,前者较谭嗣同对外部的社会变革关心得更多些,谭嗣同则更重内在的精神品格;同是“五四”新文化运动的主将,胡适较鲁迅更多地关注外在社会的改造,鲁迅则更多地注重于国民内在精神的改造。我认为,我们应当注意中国近现代文化追求的这个显著特点,即它是同时建筑在中国先进知识分子的两种不同的现实感受之上的:一是中国贫穷、落后的经济政治等外在现实的痛苦感受,一是对愚昧、委顿的内在精神现实的痛苦感受。这带来了中国近现代文化发展的艰难性和摇摆性。它与法国的启蒙运动不同,法国启蒙主义者并不感到自己的民族在世界上是贫穷落后的,他们主要追求思想和精神的启蒙;它与美国的独立战争也不一样,他们并不感到自己国家的人民是愚昧的、委顿的,他们主要追求的是民族的解放、社会的独立这些客观的、社会的目标。不论魏源对二者的具体论述如何,他的文化思想却同时是建立在这两种不同的感受之上的。如果我们从它们的文化传承关系上来观察,魏源分明同时继承了龚自珍和林则徐两个人的传统,是对他们二人的综合。

从龚自珍到魏源,这个中国文化逐渐向外开放的过程,同时也是中国传统文化系统自身进行自我调整的过程。这种调整过程不是自行进行的,而是在外部强大的打击力之下进行的,但其势能却储存于中国传统文化内部。这个自我调整的意义是:由于中国被迫介入了世界联系,它又一次面临着与西方列强的竞争,中国先进知识分子的文化思想逐渐发生着由儒家文化向法家文化思想的转变。龚自珍的思想就其总体还是对儒家社会理想的追求,但也表现出了法家思想的某些倾向。他的“言富”“言私”,呼唤精神之力,强调才士的重要性,本质上层于法家思想。到了林则徐,使他成为先进人士的思想基础便已不是儒家文化思想,而是法家的实践精神和现实主义态度。魏源则是龚自珍和林则徐两种倾向的结合,实际是要把袭自珍不满现实、呼唤精神振拔的精神要求汇入林则徐的实践精神中去,以达到振拔国威的总目标。

龚自珍→林则徐→魏源由儒家文化向法家文化的转变的实质在于现实关系

要求中国官僚统治阶级应当像董仲舒宣布“罢黜百家、独尊儒术”一样实现由儒家文化向法家文化的统治思想的迅速转变，但两千余年的儒家文化的统治地位使这种转变已经成为不可能的事情，整个官僚统治集团乃至整个社会像使用统一货币交换商品一样使用着儒家的价值观念，使它成了中华民族，特别是官僚统治集团内部唯一有效的对话基础，法家文化再也不可能像在战国时期的秦国一样顺利地获得统治地位。甚至龚自珍、林则徐、魏源这些知识分子自己，也难以意识到自己这种变化的实质，这使他们还只能以儒家文化的价值标准与整个社会对话。但也正因为如此，他们在理论上根本不可能获得自己的优势地位，这种优势倒是在他们的论敌手中。“孟子首戒言利，率由旧章。今之人好言利而轻改旧章，专与孟子相反，何其戾也！”⑮“昔者圣王之世，服饰有定章制，而作奇技淫巧者有诛。夫使中国之人被服纨绮玩弄金玉，其财固流通于中国之中，而圣王必加之厉禁者，为其坏人心而财势偏积也。”⑯假若仅从儒家的文化价值标准立论，这些言论较之当时的改革派有更加强大的理论说服力，忠诚维护儒家思想传统的自信心为他们所据有。

如果说中国的精神文化在这时不再有可能取得实质性的进展，物质文化却张开了饕餮的大口，这是由在这方面的开放意识带来的。西方从工业革命以来在物质文化发展上做出的一切，给中国改革派带来几代或几十代人都难餍足的巨大欲望。而不论他们还是他们的论敌，在精神文化上的胃口却小得可怜。中国文化从此走上了不平衡发展的道路，同一时期的巨大偏重和历史发展中的剧烈摇摆构成了整个中国近现代文化发展的特征。

中国近代物质文化的开放，是从“船坚炮利”的现代军事武器的要求开始的。在这里，我们需要总结的是文化开放的基本思维形式。任何的文化开放，其需求都产生在本民族固有文化的内部。有比现实固有条件更高的文化需求，是一个文化系统有无开放性能的主要标志。正是依靠这种需求，中外两种不同的文化现象或成品被组织在同一个概念之中，中外的差别消失了或淡化了，成为一个民族可以自由选择的对象。当本民族文化无法完全代替外来文化，自觉吸收

---

⑮ 丁晏：《书包倦弱安吴四种后》。

⑯ 管同：《禁用洋货议》。

外来文化便有了可能。中国增强军事实力的需要,把中国古代的长枪大刀与洋枪洋炮都作为克敌制胜的军事武器,这里有优劣的差别,而没有中外的隔阂,我们选择的是武器,而不是外国。在现在,这几乎已是一个常识,但这个常识却是中华民族用无数鲜血换来的。

中国近代输入西方物质文化的具体过程我们不必重达,这里需要指出的是,我们最初的目的是实现西方的船坚炮利。但西方的船坚炮利自身却要求与古代的长枪大刀迥然不同的物质文化系统,这也就造成了中国文化持续开放的启机。曾国藩在《轮船工竣并陈机器局情形疏》中,讲述了中国由购买轮船到自造轮船、由购买洋枪到自造洋枪的经过:以及由自造轮船和洋枪所需要的现代技术的扩大,“至洋枪一项,需用机器尤多,如碾卷枪筒,车剖外光,钻挖内膛;镟造斜棱等事,各有精器,巧式百出”。他还指出:“翻译一事,系制造之根本。洋人制造,出于算学,其中奥妙,皆有图说……本年局中委员,于翻译甚为究心。”在《拟选聪颖子弟出洋习艺疏》中,曾国藩进一步指出:“如舆图、算法、步天、测海、造船、制器等事,无一不与用兵相表里。”同时他又提出了普及西学教育的必要:“西人学求实济,无论为士为工为兵,无不入塾读书,共明其理,习见其器,躬亲其事,各致其心思巧力,递相师授,期于月异而岁不同。中国欲取其长,一旦遽图尽购其器,不惟力有不逮,且此中奥秘苟非遍览久习,则本原无由洞彻,而曲折无以自明。”他建议要在同文馆、广方言馆延西方教师教授中国学生外,另派留学生出国学习。左宗棠在《请拓增船炮大厂疏》中说:“惟制炮之铁,与常用铁器炼法不同,必须另开大矿,添机炼治,始免向外洋购铁。”曾国荃在《统筹闽粤浙三省防务片》中提出:“至近日西人陆战,皆用炮队当先,而以后膛洋枪继之……是陆兵从前专练洋枪,以后更宜加练炮队。所需后膛枪炮,尤为最要之军械。”李鸿章在《选派闽厂生徒出洋习艺并酌议章程疏》中,提出了出洋学习驾驶技术的建议,他说:“窃谓西洋制造之精,实源本于测算格致之学,奇才迭出,月异日新。即如造船一事,近时轮机铁胁,一变前模,船身愈坚,用煤愈省,而行驶愈速。若不前赴西厂观摩考索,终难探制作之源。至如驾驶之法,近日华员亦能自行管驾,涉历风涛。惟测量天文沙线,遇风保险等事,仍未得其深际。其驾驶铁甲兵船,于大洋狂风巨浪中,布阵应敌,离合变化之奇,华员皆未经见……”在《津沪电线办成有成效请招商接办推广疏》中，李鸿章奏闻从天津到上海设立陆路电报的情形，并提出设立电报学堂、教习生徒的意见；沈葆桢在《复奏洋务事宜疏》中提出了“以西法练兵不得不先以西法练将”的问题，他写道：“将所不知而兵欺之，将所不屑而兵效之。今之名将皆剿发捻立功者也。习故蹈常则无从精进，而中年以外，百战之余，使舍其所长，折节于西学，非其所愿亦非其所长……”刘铭传在《请开铁路以图自强疏》中强调了修筑铁路的必要性。他说：“自强之道，练兵造器固宜次第举行，然其机括则在于急造铁路。”钟天纬在《扩充商务十条》中更提出了扩充商务的一系列问题，如建议设商会、合公司、借国债、铸银币、广轮船、设民厂、颁牙帖、保海险、设信局、赛工艺等。总之，每一种对新事物的真诚的追求，其中包括对外来文化的吸收，要求的都是一整个环绕着它组成的文化系统，而绝不仅仅是它自己。从此，中国有了两个不同的物质文化的系统：一个是中国固有的物质文化系统，一个是近代新产生的现代的物质文化系统，这两个物质文化系统共同组成了中国近现代的中国物质文化的大系统。这两个物质文化系统的矛盾和斗争，直接影响到中国近现代物质文化发展的状况。

洋务派的务实倾向使他们在中国思想的发展史上没有做出独立的贡献，但中国近现代的比较文化却始于洋务派。冯桂芬在《制洋器议》中写道：

> 有天地开辟以来未有之奇愤，凡有心知血气莫不冲冠发上指者，则今日之以广运万里，地球中第一大国而受制于小夷也……如耻之莫如自强。夫所谓不如，实不如也。忌嫉之无益，文饰之不能，勉强之无庸。向时中国积习长技俱无所施，道在实不知其不如之所在。彼何以小而强？我何以大而弱？必求何以如之，仍亦存乎人而已矣。以今论之，约有数端：人无弃材不如夷，地无遗利不如夷，君民不隔不如夷，名实必符不如夷……⑰

从中国文化思想的演变而言，这里需要注意的有下列几点：一、洋务派开始把比较方法运用到东西方文化的比较中来。比较文化要求对两种或两种不同的

---

⑰ 冯桂芬：《制洋器议》。

民族文化的了解和理解,这种了解和理解本身就意味着文化价值观念的不同程度的变化。它还要求在两种民族文化之间建立一个统一的价值标准,这种价值标准的建立使简单地排外或简单地抛弃民族文化成为不可能,并在不同民族文化间架起了互相过渡的桥梁。二、冯桂芬在东西方文化的比较中开始具有了对民族文化的反思意识。"必求何以如之"的因果联系,帮助他由现象的、现实的比较有可能进入普遍的、文化的层次,重新审视本民族的文化。严格说来,中国近现代文化就是比较文化的产物,这是它不同于中国传统文化和西方文化的一种特质。从这个意义上讲,洋务派的基本文化倾向是代表着中国近现代文化的方向的。

具体摧毁了儒家这种封闭性的价值标准的,不是洋务派的理论学说,而是现实事实本身,是当时那些守旧派官僚自己。物质文化的直接使用性使任何除白痴之外的人都容易对它进行优劣的价值判断。在这时,那些坚持儒家文化固有价值观念的人已经不同于从孔子到韩愈这类传统的儒学大师,在他们那里这种价值观念得到了现实判断的证实,而这类人却基本失去了现实性和公正性。郭嵩焘就曾愤懑地揭露道:"窃谓中国之人心有万不可解者。西洋为害之烈莫甚于鸦片烟,英国士绅亦自耻其害人者,为构衅中国之具也,方谋所以禁绝之。中国士大夫甘心陷溺,恬不为悔。数十年国家之耻,耗竭财力,毒害民生,无一人引为疚心。钟表玩具,家皆有之;呢绒洋布之属,遍及穷乡僻壤。江浙风俗至于舍国家钱帑而专行使洋钱,且昂其值,漠然无知其非者。一闻修造铁路电报,痛心疾首,群起阻难,至有以见洋人机器为公愤者……"[18]自强的需要,西方物质文化对国家强盛所起的作用,都使儒家封闭性的价值观念受到了冲击。

但是,洋务派自身的矛盾也是深刻的,他们的整个思想基础仍然是从中国传统文化中取得的,整体上还不能不是一种新的儒法互补的形式。在精神文化上,他们始终仍然坚持着儒家文化的正统观念,从冯桂芬的"以中国之伦常名教为原本,辅以诸国富强之术"[19],到张之洞的"中学为内学,西学为外学;中学治身

---

⑱ 郭嵩焘:《上合肥伯相书》。

⑲ 冯桂芬:《采西学议》。

心,西学应世事”[20]的“中学为体、西学为用”,是一脉相承的。曾国藩更被称为一代大儒,他的维护儒家的伦理道德,比孔子本人还要“厉害”得多:“君至尊也,父至尊也,夫至尊也。君虽不仁,臣不可以不忠;父虽不慈,子不可以不孝;夫虽不贤,妻不可以不顺。”[21]实际上,这已不是儒家伦理道德的整体面貌,而是法家专制主义的翻版,但就其伦常道德标准而言,却是儒家文化范围之内的东西。真正把洋务派自身发展方向推至极端者,则是曾国藩和胡林翼极为赏识的汪士铎。他公开诅咒孔孟程朱,批判儒家文化和理学道德,但他不是站在自由、民主、平等、个性解放的立场上反对儒家文化,而是站在法家专制主义和极权主义的立场上反对儒家的软弱无力和迂腐宽厚。他说:“民之畏威也,甚于归仁”,主张“以多杀为贵”。[22] 在这里我们可以看到,洋务派和当时的官僚知识分子还不能不在中国传统文化的圈子中打转:他们或者坚持传统的占统治地位的儒家文化的价值观念拒绝外来文化,安弱守雌、固守封闭状态;或者借助传统法家文化精神变法图强,“师夷长技以制夷”,走向物质文化的开放以富国强兵,但这样他们也便等于更努力地维护封建专制主义,走向比儒家文化更加强毅的专制道路。他们在当时还别无选择。但我们不能忘记:

中国现代物质文化的最初的基础是他们奠定的;

中国文化重新走向开放的第一步是他们迈出的。

【王富仁　北京师范大学中文系教授】

原文刊于《中国文化》1990 年 02 期

---

[20] 张之洞:《初学篇外篇 · 变法第七》。

[21] 曾国藩:《家训卷下 · 谕纪泽》。

[22] 汪士铎:《乙丙日记》。

# 清代“经今文学”与康有为的变法运动

顾颉刚

康有为先生是南海县人,去年才死。但是到了现在还没有人为他做一篇好好的传,这是很不该的。你们是广东人——尤其广州人——应当不放弃这个责任才是!

关于康有为,我本想写些东西的,可是时间不许我,终于没有动笔。今天还是请你们帮我记一下,将来就把你们所记中比较详细的一篇拿去油印,发给你们,就当作本课的讲义。

康有为这个人,想来大家都很耳熟的。他生于清朝同治年间。那时欧洲帝国主义来到中国不久,中国人因为受了它的压迫,忍不住起了“变法运动”。这种“变法运动”可算是帝国主义的反应,而康有为就是这个运动中的中心人物。

康有为之所以为康有为,变法运动的潮流固然造成了他的思想,激起了他的行动,但他同时还受着一种运动的支配,这种运动可名为“经今文学运动”。这种运动是清朝中叶起来的,是经学上的一派,但到这时竟成了变法运动的根据,加增了变法运动的力量。

受了帝国主义的压迫而起的变法运动,这点大家明白,可以不讲。但是“经今文学运动”是研究古书的,为什么成为变法运动的根据呢?这一点不能不加以说明。

什么叫作“今文”呢？这是很简单的，只是用了汉代的字写成的六经。它是用来与“古文”——用了“所谓”古代的字写成的六经——相对称的。然而名义上虽如此简单，内容却复杂得很。

今文问题在西汉初叶以至中叶是没有的。因为那时只有这一种经，所以不会发生什么问题。到了西汉末期，新学派起来，他们以“古文经”为标识，以古鸣高，想夺取今文经的正统地位，于是今文、古文的问题便开端了。其实，这两派都是不足信的，不过今文假在西汉初期，古文假在西汉末期而已。

今古文的问题在西汉末大闹了一下，后来渐渐忘记了，古文学已在无形中占了正统的地位了，大家又觉得没有问题。清代学者精研经学，处处还它们一个本来面目，他们分析经学书籍的结果，使得今文、古文学派之分别重行显明。

古代学派虽同发源于六经，但终随时代而递变。战国时的学说到了西汉时便加上了西汉人的思想色彩，成了今文学。到东汉时，又加上了东汉人的思想色彩，成了古文学。由魏至唐也加上了那时的思想色彩，成了注疏学。而由宋到明却也自有宋明的理学。关于这点可以用简图示之如下：

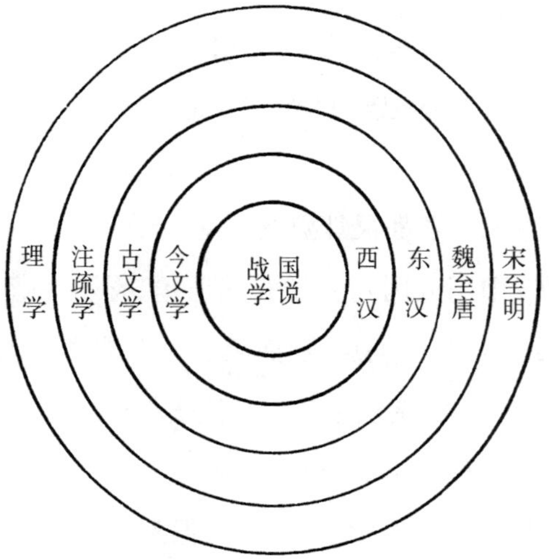


到清朝时，学问又要变了，于是劈头打破最在外层的宋明理学，这是顾炎武、毛奇龄们的功绩。他们用的工具是在内一层的注疏学。过了些时候，学术界中见到的东西又深一层了，于是他们觉得注疏学靠不住，要打破它，其中心人物是惠栋、戴震等,他们的工具是古文学——即许、郑之学。又过了些时候,他们走到的境界更深了,于是他们想打破第三层壁垒,古文学,他们用的工具是西汉今文学,这便是刘逢禄、魏源及康有为们的工作了。他们一层一层地逼近,二千年来造成的偶像便一个一个的跌翻。

但为什么他们要一层一层地去打破呢?这是因为他们的时代不同,旧偶像既倒,就亟欲求得一个信仰的标准的缘故。可是用了我们现在的眼光来看,这已不成问题了。我们现在并不需要一个信仰的标准;我们只是要求表现出各时代人的本来面目。我们的看法是用横剖的,要从断面上看出其生长的轮廓。而他们的看法是用直剖的,只能打破了外一层才看见里一层。

为什么所有的争论都在六经呢?说也可怜,几千年来的学者都以天书的眼光来看六经,他们把实用的道德、学术、政治,要全由经学里引申出来。然而他们到底在六经里见到了什么大道理呢?实在也没有找到什么万世不变的真理,依旧是跟着一时代的风气走。他们虽然跟了一时代的风气走而却自谓信守六经的法典,于是六经中便夹杂着各时代的意识,而号称“天不变,道亦不变”的六经,实际上却成了变得最快的东西。康有为生当“以文载道”的时候,自然不能免掉这种思想;所以他就利用了当时的经学主张来做自己的变法的根据。

康有为是研究《春秋》学的;但是《春秋》学与变法的关系是怎么样呢?试引孟子的话来说,他说:

> 春秋,天子之事也。

他又说:

> 其事则齐桓晋文;其文则史。孔子曰:其义则丘窃取之矣。

孟子的意思是说春秋是天子的威权,其义是超出文与事的。这就是说你们在文与事上是看不出春秋的事的。这里面很有神秘的意味,使得人捉摸不住。究竟孔子窃取的义最重要的是什么呢?据公羊家说是:

张三世,通三统。

这是他们治学的标语,也就算是孔子著《春秋》的大义。

什么叫做“张三世”?《春秋》记的是鲁国的十二公——隐、桓、庄、闵、僖、文、宣、成、襄、昭、定、哀。董仲舒著《春秋繁露》时就分为三世以定孔子对于这十二公的关系:

1.所传闻五世:隐、桓、庄、闵、僖;
2.所闻四世:文、宣、成、襄;
3.所见三世:昭、定、哀。

但后来何休《公羊解诂》又不是那样说法,而谓:

1.据乱世:隐、桓、庄、闵、僖;
2.升平世:文、宣、成、襄;
3.太平世:昭、定、哀,

为三世。他说孔子用了这三种眼光,这三种记载事实的法则去作《春秋》的。实际上是愈后愈乱,但他偏要说得愈后愈治。孔子为什么有这颠倒黑白的权力呢?因为那是天命,孔子是端门受命,代天立言的。《礼记・礼运》篇中的小康大同之说,本和春秋不生关系,到了康有为,又把这两说拼合了起来,以小康即升平,大同即太平。如此,则《礼运》中所举的事例便可又算为孔子在《春秋》中所标举的理想境界了。有了这个意思,于是用《春秋》来说时代进化就很方便。

“通三统”又是怎么一回事呢?“通三统”就是说三代——夏、商、周——受命改制,改制的符号是颜色的变。夏为黑统,商为白统,周为赤统;三统循环不绝。到了春秋,就是孔子为王,他在《春秋经》中另成一种制度,他的统是又转到黑统。列图如下:

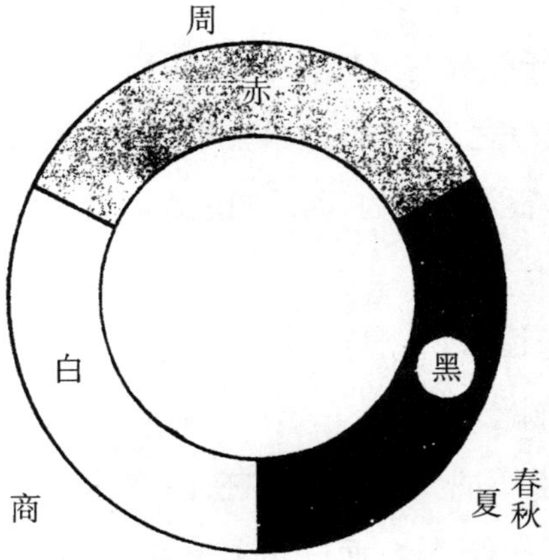


这是孔子作《春秋》新周故宋以春秋作当新王的缘故。

以上都是很不通的话,而他们偏相信不过。他们的意思,以为三代制度各个不同,每易一代都应该改制;《春秋》之义是改制的,所以欲变法者应通《春秋》。这么一来,变法与《春秋》就有密切的关系了:变法离不得《春秋》,则《春秋》也离不开变法了。

这种问题在现在的眼光看来,固然不能成立,但在当时确是一种信条。因此康有为一帮人就利用这信条以相号召了!

康有为生在变法时代,刚刚今文问题发生,于是他就借今文来发表他的政治主张。

关于康有为的一生,可以分做四期来述:

1.少年时代——从出生到二十七岁:

他是广东南海县人。他很聪明,七岁能文;十八岁受业于朱次琦。朱居于九江乡,为学不分派别,学者亦称九江先生。

受学六年,朱死,他一人就住在西樵山,凡四年;在山兼读佛,故他的思想很受佛经影响。

2.变法运动时代——从二十八岁到四十三岁:

三十二岁,以诸生伏阙上书请变法,格不达。

三十四岁,讲学于广州长兴里,从游者有梁启超等;有《长兴学记》可考。

《新学伪经考》出版——新是王莽朝号,伪经是指王莽、刘歆所伪造之古文经。这书就是以今文学攻击古文学的。

三十(?)岁，讲学于桂林，有《桂林学记》可考。

三十八岁，中日战争之后，首设强学会于北京。在现在看来，这种集会结社是平常的，而在当时是很足倾动的，因此闻风而起者有湘学会，南学会，苏学会等等不下百余。

四年之间，凡七上书请变法，皆不行。

四十岁，《孔子改制考》出版。

《新学伪经考》是揭发古文经作伪之迹，使许、郑之学不再存势力。《孔子改制考》是揭发战国诸子作伪之迹，而以孔学与诸子学等量齐观，使人知战国秦汉托古改制之迹。这部书影响最大，连孔子都加以攻击。他说孔子著《春秋》就是改制(此书曾被清廷烧毁，现在很少见)。所以《孟子》里说的"有为神农之言者许行"及"孟子道性善，言必称尧舜"，都是托古改制的一种方术。又《礼记》有几句话说，"毋剿说，毋雷同，必则古音，称先王"。这说得矛盾了，既言"毋剿说"而又言"称先王"，然而这就成了他们托古改制的护符了。四十一岁——戊戌，这是他做实际的工作的一年。清德宗用他变法，但不久即为西太后所阻，而他的弟弟广仁、门人谭嗣同等竟被她杀死。

四十三岁——庚子，其党唐才常发难于汉口，不成身死。这事据梁启超说是图革命，其实否不可知，因其发难的意义，不甚明了。

3.保皇运动时代——从四十四岁到五十四岁：

立保皇党，游历欧洲；并无什么事业可述。

4.复辟运动时代

立孔教会。

刊《不忍杂志》宣传复辟主张。

民国六年，六十岁，实行复辟，七日而败。

民国十六年，六十九岁，立天游学院于上海，宣传其荒谬思想。

拿他的生平来看，第三第四两个时代可以说完全是反动时代，如果他能早死几年，名誉一定很好；可惜他命长一点。但说也奇怪，他自己并不想他的思想、学问进步，他说，"三十岁无进步，亦不须进步"，所以他就一天退化一天了。

他所著的书，以《新学伪经考》及《孔子改制考》为有价值。但他所以作《新学伪经考》是想夺学术之正统；他所以作《孔子改制考》是想取教主之地位。总之，他一生都是野心罢了。

他这种思想是不对的，一个人只能做学术界部分的工夫，那能统一一切的学术而自居最高位呢？所以他政治的主张失败，做教主的希望也失败了。

然而，他治学的方法及成绩尚算不小，现在受他的影响最大的却有一个人，那就是崔适。崔适用他的方法著有《春秋复始》及《史记探源》，这二部书确也有价值。

如果我们不理他的政治的思想、行为怎样，而只就那《新学伪经考》及《孔子改制考》的书来看，的确值得称许的。这两部书都可算是学术史，前者是王莽时代的学术史，后者是战国秦汉时代的学术史。

这学期末我应出的本课题目，现在就出了四个，请大家选做一题，于年底交来，那么我学期末也就不再出了。三个题目是：1.《康有为传》；2.《康有为年谱》；3.《康有为……》。

关于康有为所著的书，就我现在所晓的开列如下：

《新学伪经考》

《孔子改制考》

《春秋笔削大义微言考》

《春秋董氏学》

《春秋三世义》

《重定国语》（依据其主张将《左传》归入《国语》）

《春秋公羊传注》

《孟子公羊礼运考》

《孟子大义述》

《礼运注》

《大学注》

《中庸注》

《大易微言》

《大同书》

《欧洲十一国游记》

《官制议》

《长兴学记》

《桂学答问》

《不忍杂志》

《广艺舟双楫》

【顾颉刚讲　魏应麒、石兆棠笔记】

【顾颉刚(1893—1980)　中国社会科学院历史研究所研究员】

原文刊于《中国文化》1990 年 02 期

**【后记】**这是顾颉刚师 1927 年至 1928 年间,在广州中山大学讲授《三百年来思想史》的讲稿。1928 年 11 月 24 日下午他讲康有为,这天的日记写道:"到校,上三百年思想史课,讲康有为两小时"。后来在 1929 年 1 月 28 日写的《致中山大学选修三百年来思想史诸同学书——桂学答问序》中又说:

> 本学期的三百年来思想史,我讲的是康有为。当时因为很忙,没有编讲义。过后虽有魏应麒、石兆棠两君将听讲笔记交给我,但我仍因牵于事务,到今还没有改好。

现在据以缮清的底本,就是由魏、石两君所记的听讲笔记,封面题作《康有为笔记》,上面有顾师亲笔的修改,改到"孔子作春秋新周故宋以春秋作当新王的缘故"而中辍,这和《桂学答问序》所说相符。

在此之前,顾师在中山大学讲授中国上古史,所编《中国上古史讲义》丁种之十六《新学伪经考序目》的按语,论述了康有为辨伪之成绩,后来即以《论康有为辨伪之成绩》为题,发表于《国立中山大学语言历史学研究所周刊》第十一集,第 123、124 期,是此文的滥觞,可参阅。为了使读者一览题目即知其内容,我加上了这个题目。

王煦华　1989 年 4 月 4 日于中国

社会科学院历史研究所

# 覆水不收:科举停废百年再思

戴海斌

**提　要**:关于科举制度及其停废问题的研究,中外学界已经积累了大量成果,也为后来者树立了高起点和高门槛。近一二年,国内学界陆续出版了多部由年轻学人撰著、从不同角度讨论晚清科举相关问题的专书或论文集,新一批(代)研究者逐渐崛起,并初步展现其眼光、格局与功力。2017 年 7 月 9 日,复旦大学历史学系召集举行了主题为“覆水不收:科举停废百年再思”的学术工作坊,邀约活跃在相关研究第一线的青年学者展开讨论,以会议论文为基础编成《近代中国研究集刊》之同主题专辑,可以反映最近研究进展与动态。

**关键词**:科举制　科举停废　文廷式　后科举时代

光绪二十七年(1901),即震荡中外人心的庚子事变发生后第二年,清廷于七月十六日颁布上谕,规定自下年始,凡乡试、会试头、二场均试以策论,用“中国政治、史事”与“各国政治、艺学”命题,一律“不准用八股文程式”。由此谕旨而奏定的详细章程,后人称之为“辛丑科举新章”。作为清季科举改制历次方案之集大成者,这一纸章程不仅牵动了当时万千应试士子的神经,也深刻影响了清朝社会政治的走向。其时已削籍在野的清朝名士文廷式(1856—1904),旁观了壬寅(1902)、癸卯(1903)等年按照科举新章所举行的乡、会试,有感而发,作有

《科举变制，戏题人试卷后》一诗：

何人真出一头地？此际须成八面锋。
我较晦翁评饮如，三淋笮酒味犹醲。①

其一、二句直接质疑科举新制果能发掘人才否？按“八面锋”者，为《永嘉八面锋》一书的省称，据传为南宋陈傅良或叶适所作，系取浙东“事功”之学，预拟科场程式，供士子应试揣摩之用，言能应对各种策论，如锋出八面，面面相当，故无往而不利，为“场屋救钝之药”。文廷式用此典故比拟策论考试之程式化，语含讥嘲，又反用欧阳修《与梅圣俞书》中赞赏苏轼语，怀疑这类因循应试之卷如何拔取“出人头地”之真才？无独有偶，章太炎（1869—1936）作于1906年的《箴新党论》，批评新党之“竞名死利”，也用了“八面锋”一典，指出新党之“一族”专习于“求之古人以定是非，而对策《八面锋》贵于当世”，“彼新党者，犹初习程墨者也”，而“新党之对于旧党，犹新进士之对于旧进士，未有以相过也”。②

其三、四句引《朱子语类》中语，原话为“人读书，如人饮酒相似，若似爱饮酒人，一盏了，又要一盏吃。若不爱吃，勉强一盏便休”，借以饮酒喻读书。“三淋”者，指酒熟后，多次压榨过滤去糟。制酒以头榨酒为最浓厚醇正，经多次滤榨，味道便薄。此处以读好文章犹如饮“三淋”酒，余味尚浓，实则暗讽“变制”后之应试文章好比反复榨过的薄酒，已是乏味不堪。此诗虽曰“戏题”，似属即兴游戏之笔，但文廷式对于“科举变制”的真实态度，已可见一斑。废八股、改策论之科举新章，用后视目光衡之，可谓影响清末社会变动的一大关节，而在诗人眼中，却不过是换汤不换药的把戏。

从文廷式本人的前半生履历来看，其实也算是老于“制艺”之人，有过相当丰富而且不算平坦的科场经历。同治十二年（1873），十八岁“初入都，应顺天乡试，不售”。光绪八年（1882），二十七岁应秋闱，“以附监生领顺天乡荐，中式第

① 文廷式：《科举变制，戏题人试卷后》，汪叔子编：《文廷式集》下册，中华书局1993年，第1390页。
② 章太炎：《箴新党论》（一九〇六年十二月二十日），汤志钧编：《章太炎政论选集》，中华书局1977年，第332、337页。

三名”。光绪十五年(1889),三十四岁,赴春闱,“应礼部试,不第”,五月复战,考取内阁中书第一名。翌年(1890)春,再入都,应礼部恩科会试,中式第二百六十一名贡士,由户部带引见,复试一等第一名,殿试第一甲第二名,赐进士及第,授职翰林院编修。③

由初应乡试碰壁,步步为营,一路攀爬,最终殿试钦定榜眼,一飞冲天,文廷式也有差不多十七八年的黄金年华曾困于场屋。初次会试失捷后,他在致友人于式枚(1853—1916)书中,慨言科举之制,“千余年来,以此耗士人精力,风会既成,人争趋之,得丧之间,动关身世,我辈生此,亦何能不鹜?”④言下对闱墨取士不以为然,但语及己身,犹且恋战,谓“今时盖仍当复战之时”,意欲再试,心态颇为纠结。不过,世事无常,他的科场命运不久即峰回路转。同年再战,考试内阁中书,夺占魁首,翌年连试连捷,金殿传胪,如其自诩“向来飞动意,平蹴九天高”⑤,由此受知于光绪帝,开启如日中天的政治生涯。这一切,当然最大得力于翁同龢、汪鸣銮诸座、房师的青眼,更脱不开德宗的宠眷。只是,因为殿试策内的一个偶然笔误(“闾阎”误书“闾面”),文廷式之殿试获隽大遭外间物议,以致有御史上疏纠弹,谕命调查原卷,继查属实,诸读卷大臣均奉旨交部议处。文氏本人虽得保全,但受此意外风波连累,从此有了“驴面榜眼”的谑称,也为后世留下了晚清史上最为著名的一段科场掌故。⑥

文廷式从科举考试中脱颖而出,同时又屡遭科场文化的压抑,可以说他既是科举制的受益者、维护者,也是它的质疑者、批评者。光绪十八年(1892),文廷式代会试正主考翁同龢撰《壬辰会试录序稿》进呈御览,曾列举康熙、乾隆、道光三朝诸实例,指出“国家养士二百余年,魁儒实彦,咸出科目”。⑦ 十九年(1893)夏,他受光绪帝“特简”,派为本年恩科江南乡试副考官,内心喜忧交集,致于式枚信中称,“(六月)二十二日命下,典江南试,菲才重任,惶悚异常,又不得与兄

③ 文廷式履历参据钱仲联:《文廷式年谱》,《中华文史论丛》1982年第4辑,上海古籍出版社1982年,第173、275、277、283—284页;汪叔子:《文廷式年表稿》,《文廷式集》下册,第1485—1491页。

④ 文廷式:《致于式枚书(四)》(光绪十四年四月十四日),《文廷式集》下册,第1179页。

⑤ 文廷式:《鹰》,《文廷式集》下册,第1293页。

⑥ 关于此事,近代笔记载述颇夥,有代表性者可参徐凌霄、徐一士著,徐泽昱编辑,刘悦斌、韩策校订:《凌霄一士随笔》下册,“驴面榜眼”条,中华书局2018年,第1638—1639页。

⑦ 文廷式:《代翁同龢草撰〈壬辰会试录〉序稿》,《文廷式集》上册,第106页。

商酌,有所祗承,必有负乘之诮矣”。[8] 其出京之际,作七律一首,题曰《奉命典试江南出都门作》:

九朝文献重三吴,常譬人材海孕珠。
况是明时须黼黻,要令奇士出菰芦。
不才恐负文章责,经乱庶几民物苏。
雨后西山添爽气,山灵知我素心无。[9]

按《建康实录》载,东吴殷礼与张温使蜀,诸葛亮见而叹曰:“江东菰芦中,生此奇才”。菰芦,水生植物,即茭白和芦苇,江东水乡之地,多生菰芦,故用作比。文廷式化用此语,以主持南闱、拔取“奇才”自任,可见对科考的重视与倚仗,然而言下并无实在把握,不免“不才恐负文章责”的隐忧。当时作有《光绪癸巳恩科江南乡试策问拟答稿》,亲拟第三场策问题,共五大类,每类九、十题不等,总计约七千余字。[10] 由京赴宁一行中,撰有《南轺日记》,记录沿途日程及闱中事,据载这次应试“实到一万七千九百余人”,其自谓“忙不可解,凡阅三场卷至千余,而不自以为倦”。[11] 在江宁府署阅卷时,文廷式发现近十年科场文风变化,“自道光朝专尚墨卷”,历咸、同、光诸朝,时有所变,“十年以来,又复一变,不拘格律,是风气之佳处,而不能切题,渐流于芜与杂;而文理不清,则亦士人心术之忧也”,又忧心于“近时八股风气最杂”。[12] 在与同行友人赠诗唱和之际,他也有“人才恐岁差”之句,并自注:“龚定庵诗云:‘一代人才有岁差。’今年典试,恒恐有不及戊子(光绪十四年,1888)、辛卯(光绪十七年,1891)之虑。”[13]

检核文廷式作于甲午前后的笔记文字,有多处猛烈抨击八股文,愤慨其愚

---

⑧ 文廷式:《致于式枚书(四十三)》(光绪十四年六月廿五日),《文廷式集》下册,第 1218 页。
⑨ 文廷式:《奉命典试江南出都门作》,《文廷式集》下册,第 1317 页;此诗又见《南轺日记》,《文廷式集》下册,第 1144 页。
⑩ 文廷式:《光绪癸巳恩科江南乡试策问拟答稿》,《文廷式集》上册,第 107—120 页。
⑪ 文廷式:《南轺日记》,《文廷式集》下册,第 1151、1153 页。
⑫ 文廷式:《南轺日记》,《文廷式集》下册,第 1152 页。
⑬ 文廷式:《龙砚仙(璋)、郑德夫(葆清)、戴秉召(朝普)、孙花楼(友萼)诸君皆有和章,仍次前韵答之》,《文廷式集》下册,第 1299—1300 页。

民、弱国之害。如《闻尘偶记》中径直言“八股之文,非经非史,以学究之陋识而大言曰‘代圣贤立言’,至今日而人人知其无用矣。然即以八股论之,其荒谬可入《笑林》者,亦不可胜数……如斯之类,指不胜屈,每科有之,千百之中,不能记其一二。犹复因循不废,盖愚民之术,莫秘于斯。朝野相蒙,不至于率兽食人不止也。”[14]这一思路一直到他遭弹劾贬职后,并未稍易,甚而更趋向激烈,如《罗霄山人醉语》揭露历代统治者愚民之术,至谓:“一愚之以焚书坑儒,再愚之以诗赋策论,三愚之以八股试帖,而中国之土荒民惰,器窳兵疲。驯至今日而愚之极,不可收拾矣。”[15]不过,文廷式虽然不满于八股取士的“荒谬”形式,但对于作为考试内容的儒家经典,却仍作恕词。针对当时“日本人讥中国中六经之毒”的说法,他反驳道:

> 夫六经为盛治之文,大中之道,即今日泰西之富强,岂能出六经之外哉?中国所中者,帖括之毒,其读六经,不过备考试之用而已。大义日湮,微言愈绝,酿成人心风俗之害,而交侵之祸不可胜究。以此归咎六经,不任受也。[16]

在“六经”与“帖括”之间,文廷式做了明确的区隔。前者为“大义”所在,且尚能够统括“富强”之术,后者则蠹国病民,百无一用,因此经义不可废,八股必在革除之列。他说:“八股虽不成文字,而自古以来文字之体皆参用焉,各视其时事之所尚而改易之。此所以人人知其无用,而又未尝不乐其可以售欺也。然囿人聪明,束人议论,使天下民智不开,民力不奋者,咿唔暖姝之有害于家国也。欲变中国之弊端,其必始此也夫。”[17]

光绪二十二年(1896),文廷式被劾罢职,驱逐回籍,为其政治生涯的一大转捩。在野期间,清廷经历了戊戌(1898)、辛丑(1901)两次科举改制。两次均以废八股程式、主试策论为基调,旨在通过考试内容与场次的调整,革除科场积弊、遏制空疏学风。如果说前一次刚刚启动即戛然而止,主要归咎于高层政治斗争

---

⑭ 文廷式:《闻尘偶记》,《文廷式集》下册,第736—737页。
⑮ 文廷式:《罗霄山人醉语》,《文廷式集》下册,第801页。
⑯ 文廷式:《罗霄山人醉语》,《文廷式集》下册,第808页。
⑰ 文廷式:《罗霄山人醉语》,《文廷式集》下册,第810—811页。

震荡的破坏作用,那么后一次旧调重弹而致乱象重生,则不得不承认势随境迁,朝野观念的分裂与清廷权威的失堕,已造成了一种“交互激进”的氛围,很难为稳健、从容的科举制改革提供宽裕空间了。晚年文廷式对于清朝已几无认同,当“科举变制”风风火火进行之际,他只抱有旁观者的漠然与嘲讽,前引作于癸卯年(1903)的《戏题》一诗,便流露了这种无所留恋、心灰意懒的情态。在他看来,改试策论之后的科考,不过是一种新的依样画葫芦的文字游戏而已,无论经史实学、还是西学时务,一旦纳入考试轨则,其肤浅、乏味如同经过“三淋”的薄酒,并无异于八股时文,至于选取真才、挽救世局,更是瞎马临池,茫如捕风。

光绪三十一年(1905)九月二日,由直隶总督袁世凯、两江总督张之洞等六位地方督抚联衔奏请立停科举,以便推广学堂,咸趋实学,清廷诏准自1906年开始,所有乡、会试一律停止,各省岁科考试亦即停止,并令学务大臣迅速颁发各种教科书,责成各督抚实力通筹,严饬府厅州县赶紧于乡城各处遍设蒙小学堂。自隋炀帝大业元年(605)设进士科开始,绵延了一千三百多年的科举制,至此正式终结。文廷式已无缘见证这一切,他在前一年(1904)病卒于江西萍乡故里。他的这首《戏题》小诗,不啻为一阕预言性的挽歌。

科举制作为一种“考试取士制度”,而具有的超越于此的历史价值,尤其对于维系中国传统社会与政治的重大意义,业已获得中外学界的一致公认。按照钱穆(1895—1990)的说法,这一制度长期来主要发挥了“用客观标准挑选人才,使之参预政治”“消融社会阶级”“促进政治统一”的三层作用,故“自唐以下一千年来,成为中国政治社会一条主要骨干”。[18] 十八世纪的西方启蒙思想家对于科举制的至高赞美和推崇,一直是有关“东学西渐”的热门话题,直至今天,还有国人顺着这个话头,津津乐道于诸如“中国赠与西方的最珍贵的知识礼物”“西方人眼中的‘中国第五大发明’”这些朗朗上口、但史源不甚明了的说法,使已经“送入博物馆”的科举制持续发挥着动员民族自豪感的余热。最近,日本学者宫崎市定(1901—1995)在半个多世纪前出版的小册子《科挙:中国の试験地狱》

---

⑱ 钱穆:《中国历史上之考试制度》(1951),《国史新论》,生活·读书·新知三联书店2005年,第292—293页。

(1946),也被翻译,引入国内。[19] 不过有意思的是,中文版书名中原来的副标题,不知何故被去掉了。出版方对于这本书的定位未必那么“学术”,而意图吸引更多身处当代考试社会、并对古代“科举”抱有一丝好奇的一般读者,但似乎完全忽略了宫崎市定写这本书的目的,虽然讲的是中国历史,其实也在提醒同样身为“考试炼狱”的日本,在教育上应当避免的问题。

1905年,科举制一朝废除,多数时人弃若敝帚,或无动于衷,社会表面似波澜不惊。但实际上,这一历史事件的意义,将在更深层次、更长时段显现出来。思想敏锐如严复(1854—1921)者,便意识到“此事乃吾国数千年中莫大之举动,言其重要,直无异古者之废封建、开阡陌”,并感言“造因如此,结果何如,非吾党浅学微识者所敢妄言”。[20] 几乎同时期,夏曾佑(1863—1924)也指出,“此等之事,关系于社会至深,社会行科举之法千有余年,其他之事无不与科举相连,今一旦举而废之,则社会必有大不便之缘”。[21] 后来美国学者吉尔伯特·罗兹曼(Gilbert Rozman)主编《中国的现代化》一书,就将废除科举视为中国现代化的起点,指出“1905年是新旧中国的分水岭;它标志着一个时代的结束和另一个时代的开始,必须把它看作是比辛亥革命更加重要的转折点”,甚至,这一变革对于政治结构的重要意义“与1949年共产党人的胜利难分高下”。[22]

科举制度及其停废问题如此重要,也无怪长时期以来为数众多的研究者前赴后继投入其中,甚至已有学人倡导成立一门“以科举制及其运作的历史为研究对象”的所谓“科举学”的专学。[23] 相关研究成果,层累至今,可谓堆山积海,极为丰硕。钱穆、邓嗣禹、宫崎市定、张仲礼、商衍鎏、傅吾康、刘兆璸、黄光亮、王德昭、李世愉、何炳棣、余英时、艾尔曼(Benjamin A. Elman)、周振鹤、杨国强、罗志田、王先明、刘海峰、何怀宏、关晓红、章清、刘龙心、杨齐福等几代学者产出的标

---

[19] (日)宫崎市定:《科举》,宋宇航译,浙江大学出版社2019年。

[20] 严复:《论教育与国家之关系》(1906),王栻主编:《严复集》第一册,中华书局1986年,第166页。

[21] 夏曾佑:《论废科举后补救之法》(原载《中外日报》光绪三十一年八月十二日至十三日),杨琥编:《夏曾佑集》上册,上海古籍出版社2011年,第368页。

[22] (美)吉尔伯特·罗兹曼主编:《中国的现代化》,国家社会科学基金“比较现代化”课题组译,江苏人民出版社2010年,第229—230页。

[23] 参阅刘海峰:《科举制与科举学》,贵州教育出版社2004年;《科举学导论》,华中师范大学出版社2005年。

志性著述,不断提升着这一领域的研究程度,也为后来者树立了高起点和高门槛。不过,学术发展,譬如积薪,后来者居上,或不敢言必,新一批(代)研究者逐渐崛起,并初步展现其眼光、格局与功力,却已是不争的事实。尤其近一二年,国内学界陆续出版了多部由年轻学人撰著、从不同角度讨论晚清科举相关问题的专书或论文集,包括安东强《清代学政规制与皇权体制》(社会科学文献出版社,2017 年)、韩策《科举改制与最后的进士》(社会科学文献出版社,2017 年)、李林《最后的天子门生——晚清进士馆及其进士群体研究》(商务印书馆,2017 年)、左松涛《近代中国的私塾与学堂之争》(生活·读书·新知三联书店,2017 年)、曹南屏《阅读变迁与知识转型——晚清科举考试用书研究》(社会科学文献出版社,2018 年)、卜永坚、李林编著《科场·八股·世变——光绪十二年丙戌科进士群体研究》(香港中华书局,2015 年)、卜永坚、徐世博编著《政变时期的八股:光绪二十四年戊戌科会试试卷分析》(香港中华书局,2017 年),等等。从这些新鲜的成果,我们可以看到学术研究上诸多可喜的具体推进,也明显感受到学界新生力量的活力与努力。

2017 年 7 月 9 日,复旦大学历史学系召集举行了主题为"覆水不收:科举停废百年再思"的学术工作坊,与会者多是活跃在相关问题研究第一线的青年学者,而且来自历史学、教育学、社会学等不同的学科,他们运用档案、报纸、日记、书信、课卷、试卷、新式教科书、考试用书等多种材料,从各个方向切入,围绕会议主题展开讨论,从中也可以窥见一些略具共识、并已付诸实践的研究取向。比如注重在制度史的基础上还原"活生生的参与者",挖掘科举改制、科举停废过程背后的"人事"因素,避免以"后见之明"倒推原因,而能兼顾实力督抚与朝内重臣"两条脉络",揭示其方案主张、权力运作及互动。癸卯、甲辰两科会试产生的进士群体,即受到由中枢、翰林院、礼部主导的科举制变革路线(区别于主张改、废科举的趋新督抚)的长期型塑,而他们的教育、仕宦经历以及清亡后的出处、流动与浮沉,也成为"转型时代"的一个缩影。至"后科举时代",传统士人的出路问题一直是研究者的关注热点,不过侧重偏在"野"一方的反应,对在"朝"一方采取的旨在"宽筹出路"的一系列善后措施则较忽略,有关举贡、生员考职与优拔贡考试的史事还原,呈现出政府政策的过渡场景以及地方士人对于旧时科举制度的惯性依赖,这提示我们清廷所谓"立停科举"并非一个瞬间完成的动作,而由此造成的"社会影响"其实有着更为丰富的层次。近年来,关于清代科举研究有一个显著趋向是研究者越来越注重对科举考试内容(如试题与答卷)、与科举考试相关的各类出版物(如策问类出版物、西学汇编类出版物等)及其所承载的各种知识等进行深入的研究,此处借用某与会学者的一个总结,即"转向文本、书籍与知识"。[24] 这一类研究,当然首先建立于"文本"细读与深描的基础之上,但其趋向并非是向内的,除了用来测量和评估这个时代的"一般知识"水平,上述文本也可以与制度史研究结合,更加细致地分析科举改章的具体措置及因应,解决诸如应试文体、策论题目、场次分布等问题,如果将"文本"还原到更加广阔的"语境",则我们对于围绕"新政的生意"而孕育、兴盛的出版市场、考场经济与政治文化,势必会有更加深刻的理解。总括而言,虽然只是短短一天的会议,但因有水准整齐的高质量论文打底,会场讨论充分而且有效,并提出了许多富有价值而未尽的课题。这一辑《近代中国研究集刊》即大致以此次与会论文为基础,又邀约了一些新的作者,共收入"专题论文"十一篇,"史料整理"两篇,"研究综述""研究书目"各一篇,自信尚可以反映最近研究进展与动态。

本集刊很荣幸地邀请到前辈学者杨国强先生的长文《科举制度的历史思考》,作为起首统领之篇。此文以鸟瞰式的视野,通观千余年来科举"取士"并且"造士"的脉络,揭橥悬系于此的中国人"以文化维系政治"的古老理想,至浸润其间的传统儒学理路,尤再三致意焉。然而,"经义取士之通过万千读书人以影响'世道人心',从而通过万千读书人实现以教化为治理的过程",可行之于治世,却对付不了乱世。降及近世,科举制受到捐纳、保举等异途的冲击,更兼外力压迫下,国人习惯以"中西交冲"为尺度,来审视科举和非议科举,其本身弊端被不断放大,而无涉于"身心"的策论但讲实用、利害,不讲是非、义理,士林受"追求富强"风气驱使,进入持续的激进化。文后附录《科举停置及其对中国社会的影响》,由 2018 年 10 月 12 日杨国强先生在北京大学人文社会科学研究院主办之"北大文研讲座"上的讲演稿整理而成,正可谓前文的续篇。文中提纲挈领式

---

[24] 参阅曹南屏:《阅读变迁与知识转型——晚清科举考试用书研究》,社会科学文献出版社 2018 年,第 19 页。

地描述了科举制在晚清遭遇的多重危机,对“异途淹没科举”“学堂推倒科举”的过程予以扼要说明,并辩证地解释了科举制缺位以后中国社会、政治所蒙受的长久影响。值得特别一提的是,文中出现的“停置”一词,不同于一般所用“停废”“停罢”“废止”等语,这不是杨先生的刻意立异,实出于当时张之洞奏折原文。

关于科举与社会流动的关系,是中外学界长期关注且聚讼纷纭的一个经典课题。蒋勤(上海交通大学历史学系)《清代石仓阙氏的科举参与和文武之道》一文,实际也在回应何炳棣等人提出的问题,并对清代商人家庭鼓励天资高的成员读书以朝向“精英”发展,即“弃商从儒”的社会流动方向有所质疑与修正。作者以浙南石仓的科举账簿为主体材料,较之前人倚重的方志、人物传记、年谱、小说,表现鲜明的特色,而社会学出身的学科背景,帮助他能更为有效地利用计量方法,对石仓阙氏的科举参与采取其所谓的“在地”(将科举参与活动放回到村庄社会经济变迁中)与“有机”(通过人物关系,将各种文书资料,如契约、账簿、分家书等都匹配起来)的分析,从而立体地展示阙氏“文武并举”的科举转型。文中指出尽管有少数科举痴迷者陷入向上流动的陷阱中,但乡村小商人阶层参与科举过程,更多会基于“理性”(即“分散风险的考虑”),从不同结构和资源条件出发,在不同科举学轨中顺时顺势而为,此类近似“教育投资”的行为呈现给人的印象,与其说是在追求“向上流动”,毋宁以顾炎武(1613—1682)所言“保身家”为主,实际出于民众自我调适的结果。

胡适(1891—1962)晚年在台湾,有一位当地朋友送书给他,题签曰“适之年兄惠存”。按旧科举时代,同时登科者以“年兄”相称,而这位朋友却把“年兄”当作同年龄的意思了。胡适因而发了一番感慨:“我常说,凡是边远地方的文化,越保守、越粗浅。台湾正是中国文化边远的地方。”㉕胡适说这些话的时候,已经是1960年代初,台湾文化尚给他以“保守”“粗浅”的印象,而这个“文化边远”的岛屿实际上为中原文教所及的时代,则不得不追溯至清初随郑成功渡台的士人立圣庙、设学堂之创举,以及康熙年间清廷收复台湾后,大力兴办学校、设立书院、实施科举,培育人才,发展学术。杨齐福(浙江工商大学历史学系)《清代台

㉕ 胡颂平编著:《胡适之先生晚年谈话录》,新星出版社2006年,第239页。

湾学术与科举》一文专门考察了科举考试在台湾的展开进程,并爬梳深受其影响的台湾学术在史学、经学和方志等领域的诸多发展成就,而对当地学术何以“与内地相比较为滞后”的潜在原因,文中也有所检讨。

如果说,清代科举制在横向角度有一个从中心到边陲的辐射效应,那么就纵向角度而言,这一制度也演成了自上而下的完备层级,体现出鲜明的“阶级”色彩。不过,对于乡、会试以下的地方性科举考试,目前研究尚多止于典章制度层面的简要梳理,无法深论学政主持的“三年两考”,即每三年两轮院试(童生试)与考试生员的岁、科试实态及其选拔的具体机制。这当然不仅因为范进一类故事提示的考“相公”(秀才)和考“老爷”(举人)之间天堑般的差别,使得研究者也暗存抑扬倾向,更直接的客观原因,实在于史料匮乏。徐世博(暨南大学历史学系)《清末江苏学政的考试与选拔:以经古考试和南菁书院为中心》一文则挖掘、利用《申报》刊载的大量与学政考试相关之记录,包括不同省份、不同地方科场的题、案以及新闻、评论等资料,聚焦光绪时期几位江苏学政的工作,为理解清末学政考试提供了一个从“一时一地”出发的精彩个案。文中特别突出了以往被忽略的正场前的“经古”考试的意义,指出学政巧妙利用这一古已有之的考试形式,拔擢己所赏识之“实学”人才,无异于在四书题、八股文以外开辟另一条上进捷径,准此而论,学政考试在清末科举体制中最为“与时俱进”,而“经古场”恰是学政考试与选拔中最具活力那一部分。当然,这一观察主要针对江苏一地而言,作为“经古场”延伸的南菁书院也有其特殊性,而且学政毕竟只有授予相对低阶功名的权力,因此,“他们虽然有以经史实学、西学时务转移学术风气、造就人材之功,却也难免囿于科举制度的局限,影响收效”。

自鸦片战争至“癸卯学制”颁行的长达六十年间,朝野议改科举,基本以“纳新学于科目”为大方向,所提主张可划为两大类:一是在科举或特科中增入实科科目;二是改变科举考试的内容和方式。前者最终以算学列入科考及开“经济特科”,部分得到采纳;后者直至 1898 年才以废除八股、改试策论有所体现。[26]在“常科”(常规科举考试)范畴内,清季变制包含内容、场次、文体诸大端,总体

[26] 关晓红:《科举停废与近代中国社会》,社会科学文献出版社 2013 年,第 321 页。

以“实学”为导向。按照韩策的研究,从戊戌变法开始,这一变革实包含两条相辅相成的改制脉络:一是以废八股、改策论为基调的“科举考试新章脉络”,二是“从整饬翰林院到诏开进士馆的脉络”。[27] 借闱河南开封贡院的癸卯科(1903)和甲辰恩科(1904)会试,既是中国历史上最后的两科会试,亦是清季科举改制的重要实践,恰处在上述两条脉络的交叉线上。韩策(北京大学历史学系)《科名到此天亦贱:最后两科会试借闱河南的缘由和影响》一文,综合档案、报纸、诗文集、日记、笔记等材料,检讨诸旧说,重新解释清廷决定顺天乡试和礼部会试借闱河南的缘由,更从考官、举子与地方官的多重视角还原“考试现场”,在慎重研判科举改章利弊得失的同时,也传达给读者厚重而鲜活的历史感。

1904年进士馆正式开馆,近百名新进士入馆肄习法政、理财等新学。在科举、学堂此消彼长的转型时代,进士的选择和趋向业已多元,进士馆及其后留学的背景使得他们中的许多人成为特殊的一代:“科举知名士”“学堂肄业生”。李林(华东师范大学教育学系)《易代沧桑——末代粤籍进士的流动与出处论考》一文,追踪末代两榜(癸卯、甲辰)粤籍进士的清末经历,以及辛亥鼎革之际,这一群体的选择与动向。该文特别留心于岭南地域文化的传承,以及省、港之间声气相通的地缘关系,标举岭南士人于“易代之际”的特出气节与追寻政治、文化认同的努力。将停废科举与辛亥革命通盘考虑,进而将视线拉长至1949年后,显示出作者以长时段观察历史的不俗眼光,癸、甲两榜进士作为中国选士史上“最后的天子门生”,也是“近代中国转型社会中特殊的转型群体”,其政治生命所包孕的象征性与丰富性,足堪后世体味。文末附录“癸卯、甲辰两科粤籍(含驻防)进士基本信息汇总”,集腋成裘,蔚为大观,具有相当高的参考价值。

所谓“经济特科”,为清代“制科”之一种,盖与“常科”相对,由最高统治者下诏不定期举行特殊考试,旨在擢拔经世济民、通达时务之才。晚清以降,仿康熙、乾隆年间“博学鸿词”旧制,于戊戌(1898)、癸卯(1903)两次诏举经济特科,堪称科举变制历程中的一大节目。孟森(1869—1937)尝言“清一代之科目,与国运

---

[27] 参阅韩策:《科举改制与最后的进士》,社会科学文献出版社2017年,第360—361页。

相关者,莫如制科。”[28]宫崎市定在《科举》一书中也专门介绍“制科”,称之为“比科举标准更高的考试制度”,可以网罗隐士高材,而颇惋惜于它的衰微。惜因资料所限,世人对于清末影响“国运”的两届“经济特科”的了解,或限于勾勒大致面目,或拘泥于个别人物、细节,尚无法描绘清晰的全貌。张海荣(中国社会科学院近代史研究所)《清季的经济特科》一文可谓迄今为止对于这一问题最为彻底的研究,不仅全面清理了两次经济特科的发起背景、展开过程、参与人员及结果、反响,并通过纵向的比较分析,触及“各派政治势力之浮沉”“区域文运之迁转”“社会人心之向背”等更为深层次的问题。文中一一具列“戊戌特科保举表”“癸卯特科保举员名单”“癸卯特科复试取列人员履历及分等名单”诸表,搜罗繁富,排比详晰,在编者看来,或为全文最见功力、也最有价值的部分,必将为后来研究者所重。

上世纪 90 年代以来,科举停废之“社会影响”问题受到学界持续关注和热烈讨论。科举制的废除是否导致“四民社会的解体”,抑或“知识分子的边缘化”的大哉问,在正、反两方面都激起了浪花,至今余波未息。今人在重新解释“社会”一面的反应时,有一个持续的思路,即注意相应的清朝一面的立意与主动作为,以为参照。如周振鹤指出由于“奖励学堂出身”的制度衔接,“废科举有了最广泛的社会基础,消除了士绅阶层的疑虑,成为官绅之间新的一种默契”;关晓红则认为废科举后,“多种渠道同时并存,使得清末最后的几年,旧学出身者大都能够保持科举时代的出路,前景甚至更加宽阔”。[29] 张仲民(复旦大学历史学系)《“不科举之科举”——支恒荣与清末浙江优拔考》一文也从制度史层面关注到废科举后清廷在官吏选拔方面的补救性举措——优拔贡考试、生员考职、保送举贡,认为“它们实际替代了被废除的乡会试的作用”,减缓了对科场中人的实际冲击,甚而重新激发了学堂中人对于科举功名的渴望,故可谓“不科举之科举”。文章并未急于对科举善后措施给出否定或肯定的评价,而是重点讨论丙午(1906)、己酉(1909)两科浙江优贡、优拔考试的现实反响,厘清提学使支恒荣

[28] 孟森:《己未词科录外录》,《明清史论著集刊》下册,中华书局 2006 年,第 484 页。

[29] 周振鹤:《官绅新一轮默契的成立——论清末的废科举兴学堂的社会文化背景》;《复旦学报(社会科学版)》,1998 年第 4 期;关晓红:《科举停废与近代中国社会》,第 217 页。

所扮演的真实角色，进而揭露上海趋新媒体在此过程中表露出“抨击”“嘲讽”与“纵容”“鼓励”并存的两面性质，即所谓“自身的吊诡”（批评者其实也是推波助澜者），对于理解清季新舆论环境下的朝野互动模式，尤具提示性。

在“后科举”时期一度风行的优拔考试，直观展现了科举文化、官本位思想的持续影响与巨大形塑力，也暗示官方设想的“并科举于学堂”的转型之路绝不平坦。沈洁（上海社会科学院历史研究所）《“功名道断”——科举停废与功名意识的现代流变》一文，同样注意到由科举衍生而来的“功名意识”，至1905年废科举后，“在士人与社会中依然广有市场，并没有因制度停废而发生根本动摇”的事实，清廷推出的带有“权宜性质”的一系列学堂奖励政策，尽管为制度转轨提供了缓冲，但受到趋新人士的强烈不满与群起攻击。不过，作者有意“剔除一种后设的自明性”，即努力超越废科举的当事人那种时不我待的求富求强心理和以西为公的认知尺度，对科举作为一种“养士制度”造就的多方面影响，如读书人学优则仕的追求、经国的抱负，由此产生的对学问、道德以及政治与社会的责任、一般社会对庙堂之事的敬畏等等，予以含有“温度”的理解。在此意义上，由“士”到“国民”直线进化式的概念置换，是否能够涵养“功名”所牵萦的“明道救世之责”，也便变得可疑起来。近代中国历史上反复重演的“播下龙种、收获跳蚤”的悲喜剧，当然不能由停罢科举尽任其咎，但上述“价值”取向的反思性论述，有助于我们认知百年来制度变革与道德文化重建所面临的多重困境及可能的出路。

读过刘大鹏（1857—1942）《退想斋日记》的人，大概都会对他在清廷诏停科考后精神上巨大的幻灭（“心如死灰”），以及迫于失馆失学、谋食无路的现实生计压力（“生业已绝”），印象深刻。科举停废，对辛亥革命之前的中国社会造成直接冲击，对更长远之国运、国势也有不可估量的影响，故而当下流行的近代史叙事往往突出其划时代的意义。不过值得追问的是，当时身处地方或边缘的“士”，是否都如刘大鹏那般“敏感”和产生强烈的逆反，在地士绅何以能动地因应新旧之“学”与新旧之“制”？徐佳贵（上海社会科学院历史研究所）《科举停废的地方理解——以晚清浙江温州府士人为中心》一文主要利用温州地方士人日记，着力呈现他们对于“停废科举这一在后世看来意义重大的制度变革”的即时观察,指出废科举、兴学堂在晚清大致表现为一种“水到渠成”的递嬗过程。文中特别说明所析论之“地方理解”,不同于单纯的“回应”,而涵盖时人对于“八股”“策论”一类科举文体之变的看法,也涉及其对于“科举”整体与“学堂”之关系的理解及其变化。然而,情随境迁,科举废后新学制一旦落实在地方层面,学堂运营与育才实效在在触及“利益”,很快引起士人的不满与失望,曾被认为“水到渠成”的变革在当地产生“深远”的震荡,为地方与国家的未来关系投下了阴影。

钱穆先生论史,专门强调“历史意见”和“时代意见”之别,提示“我们不该单凭时代意见来抹杀以往的历史意见”[30]。收入本集刊诸专论,论点相异,各擅胜场,但在总体研究取向上,均十分注意对于“时代意见”的还原与反思。在史料层面,注重厘清史料的文献属性,区分各类文献记载的层次;在观念层面,检讨近代反(废)科举话语谱系及由此生成的历史叙事,辨析时论、舆论背后的预设立场。左松涛(武汉大学历史学院)《后科举时代基层社会文教之显与隐(1905—1927年)》一文便相当充分地贯彻了这一取向。针对科举停废兹事体大、而当时社会反应却波澜不惊这一诡论性现象,作者重新检视史料,揭出“表面的平静之下,蕴涵着相当激烈的反对意见,也连带产生严重后果”,“后科举时代”的基层旧式读书人并非真正失语,而是通过腹诽、口说、书信甚至炮制若干通俗文艺小册子等手段施加影响,相对于来势汹汹的新式学堂,标榜保存固有文化传统的“私塾”实际仍大行其道,甚而占有某种优势。也就是说,在近代文化教育领域的显著变化背后,实际存在着“另一个几乎不变,甚至是故意立异的平行世界”,作者提醒我们回到“历史语境”去理解这种“显与隐的辩证关系”。

科举考试创于中国,其制度影响则广及传统东亚乃至近代欧西。关于科举制度及其停废问题的研究,也从来不是中国学者的专利。借用傅斯年的语言,科举研究可能是极少数属于“全汉”性质、但洋人也做出了相当可观成绩的“中国

[30] 钱穆:《中国历代政治得失·前言》,生活·读书·新知三联书店,第5—7页。

史之重要问题”。[31] 从研究现状来看,今日涉猎科举研究的学者已遍布寰宇,俨然成为一门“专学”“显学”。本次工作坊及集刊邀约的作者,均为本土学者(个别人有海外游学的经历),尽管自信可以代表目前国内研究的前沿,但或不免学术视野的局限。所幸牟晨(上海交通大学历史学系)、李林(华东师范大学教育学系)两位学者分别撰述的《近十年关于科举的量化研究述评》《最近二十年海外科举研究著作类目(1999—2018)》二文,可以在一定程度上弥补上述缺憾。前者梳理了海外有关科举的量化研究本身的学术史脉络,围绕“科举与社会流动”“科举与政治稳定”“科举的长期文化效应”三个研究热点,对近十年来主要英文文献进行了精要的述评。该文传达的立足社会科学、以量化方法开展科举研究的海外学术消息,也为国内学界“偏重制度史与社会史”的科举史研究打开了新的窗户,当然,社会科学家与历史学家如何对话与合作、在当下数字人文热潮中如何更有效率、更有针对性地运用电子数据库资源,尚存许多有待继续探索的空间。后者则全面整理了最近二十年间海外所刊科举研究论著类目,内容包括正式出版的学术专著、论集,兼及工具书和史料译解、校诠,范围覆盖中文、英文、日文、韩文、越南文各部,具见整理者在此学术领域长期浸淫的心得与锱积铢累、广采博收的辛劳付出。陈垣(1880—1971)在《中西回史日历》一书“叙”中谈到资料工作和工具书,尝言:“兹事甚细,智者不为,然不为终不能得其用。”[32]这样基础性的工作,使古人所谓“予任其劳,人受其逸”落在实处,嘉惠学界诚多,作为编者先要表达十二分的感谢。

光绪十九年(1893),中日甲午战争前一年,文廷式为一位他所尊敬的、“天资颖异”而长年“困踬场屋”的乡先辈作传状文,记述了传主对待科举的矛盾:“年甫壮”,便不顾友朋劝勉,毅然“勇退”,终身不履场屋;然却心有不甘,“雄心勃郁,藏刀隐耀,终未一发其硎”。文廷式慨叹“国家设科取士,岁不下千人,萍

---

[31] 傅斯年的原话是:“一个人思想的路途,总受其环境之影响,而其成绩正是靠其特有之凭借。请看西洋人治中国史,最注意的是汉籍中的中外关系,经几部成经典的旅行记,其所发明者也躲在这些‘半汉’的事情上。……同时我们也觉得中国史之重要问题更有些‘全汉’的,而这些问题更大更多,更是建造中国史学知识之骨架。中国学人易于在这些问题上启发,而把这些问题推阐出巨重的结果来,又是中国学人用其凭借较易办到的。”参见傅斯年:《〈城子崖〉序》(1934),《史料论略及其他》,辽宁教育出版社1997年,第80页。

[32] 陈垣:《中西回史日历·叙》,中华书局1962年,第1页。

邑岁科,三载亦数十百人”,传主竟“劳苦困踬,不得阶前尺地,稍为吐气扬眉”,而后话锋一转,论赞曰:“先生养其根而俟其实,加其膏而希其光。殆其所留者大,而所贻者远也。”[33]文氏理解传主以退为进的抉择,与其将大好年华困于场屋,不如回里课子,传薪后辈,此处“实”“光”借指功名、业绩,“根”“膏”则暗喻科举文化精神与滋养源泉,传主虽无奈地“藏刀隐耀”,却要让这种科举文化精神薪火相传,子孙永保,在他看来,当然是“所留者大,所贻者远”。文廷式生前对于八股取士、科举变制,多有犀利的批评,但正如他笔下的这一位乡先贤,由科举文化精神造就的科举心理、科举情结,仍旧根深蒂固,无法解脱。在他的年代,尚可以将“根”“膏”与“实”“光”加以区隔,保留一份守先待后的从容心态。1905年科举制度正式停罢,悠悠百年一瞬息,风流俱往,覆水不收。科举制在物理层面已成永逝的过去,对于它的形式、内涵、价值、功过的追问与求索,只能由天真并执著的历史学家来完成了。如同余英时所论现代儒学的困境,正在于儒学赖以存在的“社会化”建制基础全面崩溃,近代以来儒学“死”去之后已成为一个找不到也不可能找到附体的“游魂”了。儒学的出路不在于重新寻求建制化的“上行路线”,那么今人重新检讨科举制历史及其停废缘由与影响,肯定也非由单纯的怀旧情怀或复古企图使然,如何真正理解这一段历史,并且对现代人的生存状态有所启示,仍然是一个开放的课题。

按此文为本人执行主编之《近代中国研究集刊》第9辑《覆水不收:科举停废百年再思》(上海古籍出版社即出)的导言。

【戴海斌　复旦大学历史学系教授】

原文刊于《中国文化》2019年02期

[33] 文廷式:《敕赠儒林郎彭公晓沧传》(光绪十九年七月),汪叔子编:《文廷式集(增订本)》第一册,中华书局2018年,第186—187页。关于文廷式撰写此文的独特经历、传主的人事特色、彭氏家族与文氏盘根错节的关系,以及由此反映的科举制的大背景,曾文斌已有很好的论述。参其《一篇佚文重大的文化内涵——评文廷式〈敕赠儒林郎彭公晓沧传〉兼纪念废除科举百年祭》,《萍乡高等专科学校学报》2005年第3期,第32—38页。

# 杨文会与清末佛教革新运动

唐文权

世界宗教史反复表明，历史上的伟大转折点往往有宗教变迁相伴随。在辛亥革命准备时期动荡流转交光驳杂的社会场景中，传统的佛教也在固有的轨道上发生震颤和位移。一批具有慧眼远识的佛教界人士奋起振衰祛弊，从而逐渐形成了一个革新佛教的运动。它与同时期政治、经济、文化、教育诸领域的变动，发生程度不等的碰撞交融，从而成为历史转折点上的一个耀眼之处，成为清末民初一股比较重要的社会思潮。

生于鸦片战争前三年，卒于武昌首义前二天的杨文会居士(1837—1911)，则是这一运动最著名的代表人物。他首开风气，在40余年的从佛生涯中，解行并持，精进不殆，不懈谋求复兴佛学和革新佛教，深刻影响了一至二代的中国思想文化界。梁启超在《清代学术概论》中确认他"横心内典，学问博而道行高……故晚清所谓新学家者，殆无一不与佛学有关系。而凡有真信仰者，率皈依文会"。研究杨文会及其主倡的佛教革新运动，无疑是认识清末思想文化全貌不可或缺的部分，也是探讨中国和世界佛教史不可跳越的章节。

## 一

杨文会，号仁山，安徽石埭人。生长于仕宦之家，其父杨朴庵与曾国藩为同年进士，彼此志行相得，湘军东下安徽与太平军作战时，曾国藩曾倚之办粮台。在战乱中，居士全家屡濒于危，转徙徽、赣、江、浙间达 10 年之久。事定后，其父去世，家道中落，从宦绅之门跌入家无担石之储的困境。1864 年，居士感染时疫，缠绵颇久。病愈后，展读案头诸书都不称意，唯有翻阅《大乘起信论》却不能释手，连续五遍，颇多领悟。继读《楞严经》《法华经》《华严经》和《唯识论》等，对佛学逐渐产生浓厚兴趣。从此，“一心学佛，悉废弃向所为学”。①

按照宗教心理学的说法，在人类的正常心理结构中，普遍存在着一种追求信仰的倾向。这种倾向平时一般处于人的潜意识中，而在社会环境作用下造成心理危机或心理失调时，它就会表现为表象意识。所以，每当社会动乱之际，通常有大批人信教的“宗教热”出现，而每当个人身心受到重大挫折之时，不少人也因此皈信宗教。因此，杨文会在国与家与个人遭际巨变之后转向佛门，一心从中寻求一条达到个人心理平衡、自我抚慰的出路，是非常具有典型意义的，它深刻反映了清末佛教重兴的社会历史根源和心理根源。

在皈佛之后，杨文会虽常闭户诵经，却绝非一名知见闭塞哞唵修度的自了汉。他的生平经历使他较一般人的视野宽广，对世情有更广更深的了解。据《事略》称，他年轻时“好读奇书”“不喜举子业”，而唐宋诗词、驰射击刺以及音韵历算、天文舆地等经世致用之学，均为他所涉猎爱好。在六十年代初兴起的洋务新政中，他那广泛的兴趣很容易转向极具吸引力和新鲜感的西方新学。而杨家与湘系淮系的密切关系，又为他提供了涉足洋务新政和外交的机会。他先后被委董理金陵工程局、江宁筹防局和汉口盐局工程，以谨慎周密干练著称，所以曾国藩、李鸿章等“咸以国士目之”，使他因缘时会，在后来，得以两度跟随出使英

① 徐文霨《杨仁山居士事略》，《杨仁山居士遗著》第一册。以下分别简称《事略》和《遗著》。

法等国。1878 年 7 月,曾国藩之子曾纪泽奉派出使,杨文会以"亲信友朋素日深知底蕴"之故,被选为随员赴任[②]。1886 年春,淮系人物刘瑞芬奉使英俄,杨氏再度以随员同行。刘氏后兼驻法、意、比国大使,直至 1889 年 2 月改任粤抚,杨氏方随同归国。

杨氏有幸成为中国较早的一批外交人员,前后在欧洲生活了六七年,得以就近观察那个新奇的外部世界。他两度至欧之时,正值英、法等国资本主义发展到极为兴盛时期。它们那蓬勃外铄的经济和军事力量,发达的文教事业和开明的政治制度,以及如群星闪烁的一批思想家(达尔文、赫胥黎、孟德斯鸠、卢梭、亚当·斯密、边沁、穆勒等),对于刚从闭塞的东方过来的好学深思者来说,无疑是一片神妙的绿洲。同时,作为与两任大使朝夕相处的参密勿的僚属,他有机会更多地了解中外大势,并广泛参观考察西方各种文教设施和工商实业、科学技术、军械制造等领域。[③] 外交工作的有利条件,使他对西方的了解就像当年的严复(1877—1879 在英国留学)一样,无疑处在同时代中国人的先进行列,称得上是一位洞明中外的人物。

对国情和世情的了解,使他认识到在激烈的国际竞争中,政治、军事、经济诸方面的竞争,归根到底是人才和知识的竞争,是国民素质的竞争。"斯世竞争,无非学问。欧洲各国政教工商,莫不有学。吾国仿效西法,不从切实处入手,乃徒袭其皮毛。方今上下相蒙,人各自私自利,欲兴国,其可得乎?"[④]对佛教的皈信,又使他很自然地把提高国民素质的希望寄托于佛教。"地球各国,皆以宗教维持世道人心,使人人深信善恶果报,毫发不爽,则改恶迁善之心,自然从本性发现。人人感化,便成太平世矣。"而在各宗教中,"佛教所以胜于他教者,在倡明真性不灭",导人"不造恶因,免受苦果,渐渐增进,以至成佛……此乃佛教济世

② 据曾纪泽《出使英法俄国日记》所载,在召对陛见时,慈禧训饬严选"随行员弁",而曾氏奏对则称:"现在能通洋务而深可信任之人,未易找寻……只好择臣素识之读书人中,择其心中明白、遇事皆留心者用之。"另据日记表明,曾、杨一行于 1878 年 11 月 21 日在沪登轮启程,1879 年 1 月 2 日到达巴黎,随赴伦敦。杨氏分工"管支应"。1882 年 3 月底 4 月初杨氏携子先行归国。

③ 杨氏经常随同出席重大外交场合,如莅法之初,即随曾纪泽赴爱丽舍宫接受法国总统接见,并一一拜会各内阁大臣。见《出使英法俄国日记》第 161、163 页。曾氏日记中有时几乎间日有与杨氏"一谈"或"久谈"的记载。

④ 《事略》。

之方，与世间法相辅而行，非虚无寂灭之谈也”。[⑤] “设有人焉，欲以宗教传于各国，当以何为先？统地球大势论之，能通行而无悖者，莫如佛教”[⑥]。

由此可见，杨氏求助佛教以谋改善人心改良人性，并非一种维持封建意识形态的保守态度，而已具有一定的近代观念。在同光时期朝野人士有关“道”和“器”、“体”和“用”的争歧中，他的立足点并不在守旧的那方。较之以议会制度为西方富强之本的早期改良思想，杨氏思想还相对显得深刻一点。严复后来在甲午战败之后倡导“鼓民力”“开民智”“新民德”三大著名口号，其出发点仍在民智和民德的开新上。从着意于改造国民精神世界而言，杨和严这两位同沐欧洲新思想的思想家并无二致。

那么，又从何入手振兴佛教呢？佛教素以佛、法、僧为三宝。佛即释迦牟尼，也泛指一切佛；法即佛教教义和学说；僧即直接负有继承并宣扬佛法之责的僧众。在作为构成佛教整体的三大支柱中，杨文会紧紧扣住法宝和僧宝，作为振兴佛教的两大下手目标。

鉴于自身在学佛过程中，每每苦于搜觅佛经之不易，例如《嘉兴藏》当时已毁于兵火，《龙藏》也徒为大寺院藏经楼内的点缀品，普通人很难寓目，因此，他深感弘扬佛教教义和学说的关键和基础在于佛教经典的广泛流通。“末法世界全赖流通经典，普济众生”[⑦]。同时，他又认为普遍提高僧众质量的根本在于发展教育，培养僧才，造就一代新人。其具体办法，“唯有开设释氏学堂，始有转机”[⑧]。

为了流通经典，他创办了金陵刻经处。1866 年，他在南京结识一批佛学同好，如邵阳魏刚己、阳湖赵惠甫、武进刘开生、湘乡曹镜初等，彼此经常讨论切磋佛学，共同发愿刻经弘法。杨文会亲拟章程，募款集资，开始了主持刻经处事务 40 余年的巨繁工作。在他的带动下，志同道合者此呼彼应，郑学川在扬州创立江北刻经处，曹镜初在长沙创立长沙刻经处，常州和江西等地也闻风踵起。这几

⑤ 《南洋劝业会演说》，《等不等观杂录》卷一，《遗著》。
⑥ 《支那佛教振兴策二》，《等不等观杂录》卷一。
⑦ 《事略》。
⑧ 《般若波罗蜜多会演说一》，《等不等观杂录》卷一。

处刻经处都以金陵刻经处马首是瞻,根据统一的刻经版式和校点体例,互相分工合作,在清末形成了一股引人注目的刻经热。

他全身心地投入刻经事业,捐出家宅作为存放经版及流通经典之所。他自称,“苦心孤诣流通经典,为烦恼海中设一慈航,普度含灵”⑨。应该说,他惨淡经营而又硕果累累。他曾发愿要校刻《大藏辑要》一部,为初学者选刻《大藏辑要》一部,并选编藏外重要遗著若干种。虽因经济原因,未能全部如愿,但就已刻印出版的《大藏辑要》即达3320卷,共460部。它们广泛包括各宗各派的重要经论及注疏,历代古德重要著述及宋元以后的重要佚著,也都在刻印之列。⑩ 杨氏刻经选择校勘异常精审,版式上也由原先的梵夹本改为方册本,便利阅读。据统计,在他有生之年,共校刻经版4万多片,印刷流通经典著作100余万卷,印造佛像10余万张。佛经广泛流布,使往日求而难得之佛典变成得之不难。丛林之中既有新本可诵,而对于一批处在新旧思想文化冲突交接点上而又好佛的知识者来说,新刻的佛经为他们提供了一份丰厚的精神食粮。有如下文将要论及的,全心全意从各自的解义出发,宣扬种种涵容佛理在内的新思想新学说。就此而言,刻经事业对佛教的振兴和思想文化界的激荡作用决不能小视。

值得一提的是,杨文会还把刻经事业发展成为国际性的学术友好往来。1879年他在伦敦与日本佛学家南条文雄博士订交。南条返国后为他在日本、朝鲜等访得中国久佚的重要典籍约二三百种。而当日本藏经书院编汇《续藏经》时,他也积极为之在中土广事搜罗,先后供应典籍也达数百种之多。彼此互助互惠,成为近代中日佛教文化交流史上的一段佳话。

为了培育僧才,他大力倡导佛教教育。1895年,他在上海与锡兰佛教学者达磨波罗相晤,得知对方有意创立大菩提会以兴复印度佛教,引起同识共鸣。由此因缘,“居士于是提倡僧学,手订课程,著《初学课本》,俾便诵读,一以振兴佛学,一以西行传教,庶末世佛法有普及之一日”⑪。

---

⑨ 《等不等观杂录》卷六,《与李质卿□□书》。

⑩ 据统计,它们是:华严32部,净土57部,般若23部,涅槃13部,密教56部,方等66部,法相25部,法华16部,小乘经16部,大乘律15部,小乘律7部,大乘论23部,小乘论4部,西土撰集16部,禅宗30部,台宗14部,传记11部,纂集9部,宏护13部,旁通10部,导俗4部。

⑪ 《事略》。

所谓“手订课程”，指的便是杨氏所撰《释氏学堂内班课程刍议》。刍议主张“由各省择名胜大刹，开设释氏学堂，经费由庵观寺院田产提充，教习公同选举”。其课程则酌定为初等、中等和高等三级，“仿照小学、中学、大学之例，能令天下僧尼，人人讲求如来教法”。初等者，先令其学习文理，然后教以浅近佛典，约需三年，学成者准其受沙弥戒；中等者，学习稍深经律论，三年学成准其受比丘戒，给牒；高等者，应学深奥佛典及教律禅净专门之学，三年后能通大意讲解如流者，准其受菩萨戒，换牒。刍议强调，唯有受过这种严格宗教教育的僧人，“方能作方丈，开堂说法，升座讲经，登坛传戒，始得称为大和尚”[12]。

所谓编定课本，指的是杨氏亲撰《佛教初学课本》。课本采用“三字经”形式，简要介绍佛教基本教义与教史。虽然以“三字经”形式传播佛学并非倡自杨氏，如明末有吹万老人之作，同时稍前有印光法师之作，但他仍着意更新改进，明显胜于前作，“事略而法备，言简而义周”[13]。他还专门为课本作注，用浅近的语言诠释有关内容，帮助初学者入门，使该书成为一部出色的佛教普及读物。

需要指出，杨氏倡导佛教教育并没有局限于单纯的宗教内容。对时代风云的真切感受，使他十分重视当时逐渐流行的“新学”。因而，在他计划中的教育内容，既包括出世的佛教教义，也安排入世的新学课程。“为今之计，莫若请政务处立一新章，令通国僧道之有财产者，以其半开设学堂分教内教外二班。外班以普通学为主，兼读佛书半时，讲论教义半时，如西人堂内兼习耶稣教之例。内班以学佛为本，兼习普通学，如印度古时学五明之例。如是，则佛教渐兴，新学日盛，世出世法，相辅而行。”[14]

尽管杨氏为创立佛教学校做了很多准备，却一直法缘未全，好事多磨。直到1907年秋，他才在金陵刻经处设立“祇洹精舍”，招收僧俗学生20余人。有关课程设置，基本按他原定方案。在佛学课程外，普通课程有本国文理、史地、算法、梵文、英文、日文等。有关培养目标，他悬格甚高，以振兴中印两国佛教的弘法使者相望。“冀学者兼通中西文，以为将来驰往天竺振兴佛教之用”[15]。为此，他不

[12] 《等不等观杂录》卷一。
[13] 《佛教初学课本序》，《遗著》第四册。
[14] 《支那佛教振兴策一》，《等不等观杂录》卷一。
[15] 《事略》。

但自任《大乘起信论》讲授，还聘请一批著名佛学家担任讲席，如谛闲法师主讲台宗教观，李晓暾教国文，苏曼殊教英文和梵文。日后在佛教革新运动中有杰出建树的太虚法师便在此时入学。可惜经费短缺，祇洹精舍办了两年就无法维持了。1910 年，他又发起组织佛学研究会，继续弘法育才。他自任会长，负责主讲，每周讲经一次，四方来学者甚多。近代著名居士欧阳渐即在此时归侍门下。

在《佛教初学课本》中，他告诫学人道："学佛者，首在信。信而解，解而行。由解行，至于证。"可以说，刻经弘法和设学育才，正是他自身由信解进入行持的主要表现，也是他对复兴佛学振兴佛教的重大贡献。随后太虚倡导"佛教复兴运动"，创建武昌佛学院（1922），奔走国内外宣讲佛学；欧阳渐受嘱在他身后主持金陵刻经处，后又倡办支那内学院（1922），培养了一批卓异的佛学人才（如汤用彤、吕澂、熊十力、刘定权、王恩洋、黄忏华等）。他们分别作为杨氏在僧俗两界的法嗣代表，活跃在二十世纪前半叶的佛教界，使得杨氏首倡的佛教革新运动从清末一直延续到民国时期，在整整半个多世纪中成为中国佛教发展运动的一条主脉。

## 二

如果说，杨文会在刻经和办学方面的突出贡献，足以奠定他在清末佛教革新运动中的领袖地位，那么，他在佛教的学理学说方面自成一家的重要建树，更足以保证他成为运动无可置疑的导师。

总而观之，杨文会在阐发佛理佛学方面主要有三大基本特色，以下试分述之。

特色之一，表现为对佛教内部各派学说的摄融性。

他认为，中国佛教各宗各派长期分歧，到得近代已是"门户之见，牢不可破"。这对于振兴佛教是一大障碍。革新佛教就必须在教理上有所抉择，以便把长期分歧不一的各宗各派学说融会调和贯通一致。清代佛教宗派，继承明代遗绪，仍以禅宗为最盛，净土次之，天台、华严、律宗、法相等又次之。在深入研究仔细衡量之后,他断定自宋明以来长期流行的禅宗教理并不可取。该宗强调见性成佛和顿悟成佛,虽具简易明快的特点,因常获得学佛者的信从,杨氏自称在学佛之初“亦复如是”。但是,随着他“用心既久,阅历较深,始知旧日之非,幡然改悔”。[16] 从而批评“禅宗一派,空腹高心,西来大意,几成画饼”[17]。他甚至认为禅宗长期流行是中国佛教衰落的主要原因之一。因而当有人称“佛教之衰,实由禅宗”,他以“支那固然”大表赞同。[18] 对于在隋唐以来极有影响且远播日本的天台宗,他也未持赞可态度。尽管该宗讲求定慧双修和诸法实相,具有究心名相、圆融三谛等特点,该宗著名法师幻人(1828—1910)与他通信论学,累数万言,但他还是认为该宗有所缺陷,不足以当调摄各宗各派学说之任。“台教一派,尚能讲经,唯泥于名相,亦非古法。”[19]法海浩渺,在经历一番探航之后,他终于认定华严宗和净土宗最具兼容并蓄融贯调摄之功效。

他有一学佛由净土而华严,而宗法马鸣、龙树的思想发展自述:“鄙人初学佛法,私淑莲池、憨山,推而上之,宗贤首、清凉,再溯其源,则宗马鸣、龙树。”[20]莲池袾宏(1535—1615)和憨山德清(1546—1623)都是明代归心净土的高僧。贤首法藏(643—712)和清凉澄观(738—839)则是唐代华严宗的创始人和中兴者,分别被尊为该宗的三祖和四祖。马鸣(约一二世纪)和龙树(约三世纪)都是古印度大乘佛教著名论师。对上述大师的宗仰顶礼,使他在教理上推尊华严学说,在修持上笃行净土法门。用他自己的话来说,便是“教宗贤首,行在弥陀”。

对华严的倾心,使他特别注重该宗尤其是贤首著述的刊行。在唐武宗毁佛之后,贤首著述大量散失,仅余藏内 10 余卷。但经过杨氏一再搜求于日本和朝鲜,使所谓“贤首十疏”十得五六。他手辑《贤首法集》一百数十卷和《华严著述辑要》,为研究华严教理提供了系统资料。

他自身对于华严教理深造有得,颇多发挥。华严学说以融合宇宙间一切万物的差别境界,宣扬普遍和谐性为特征。他对此十分赞赏,并以之观照各宗学

---

⑯ 《代陈栖莲答黄掇焦书一》,《等不等观杂录》卷六。

⑰ 《阐教刍言》,《遗著》第十一册。

⑱ 《与夏穗卿曾佑书》,《等不等观杂录》卷六。

⑲ 《阐教刍言》,《遗著》第十一册。

⑳ 《与某君书》,《等不等观杂录》卷六。

说。他曾称《华严经》为“经中之王”，特作《十宗略说》发挥贤首“五教十宗”的判教说法，[21]认定以《华严经》为归旨的“圆教”和“圆明具德宗”为佛教中最完满的教宗。对于假托马鸣所作的《大宗地玄文本论》，他也推崇不已，认为此论所建立的金刚五位判教，“为佛法之总纲，摄尽一切破障法门，该括一切称性法门，纤毫无遗。若明此义，则谈宗谈教，说空说有，皆不相妨。何有分河饮水，互相是非之弊哉”[22]。他在阐发华严教理方面的特色，使得《事略》特为强调：他“于其他经说，与夫儒家道家言，悉以华严真俗圆融、理事无碍、事事无碍之旨通之”，也使得近代佛教史研究者称道他为“晚近中兴华严宗之人，殆无愧也”。[23]

对净土的归心，也使他在刻经时未曾轻忽了这方面的经论。他先后汇刻了《净土经论十四种》《古逸净土十书》，并重刻魏源所辑《净土四经》等重要经论。

他归心净土法门主要出于两方面的考虑。一方面，因其为学佛之方便法门。该宗主旨以行者的念佛行业为内因，以弥陀的愿力为外缘，内外相应，往生极乐国土。“净土一门，不假勤修，不废俗谛，一念净信，顿超彼岸，可谓方便中之大方便，直捷中之最直捷者。”[24]不过，对于该宗以念佛作为实践修行的主要法门，他又有自己的看法。念佛法门原有三种，长期以来净土宗大师每以“观想念佛”等“钝根难入”，故偏重于“持名念佛”，主张日诵佛号 7 万—10 万声，便可得到佛的接引他力往生净土。对此，他表示异议，主张持名念佛与观想念佛二者兼修，也即认为除仰仗佛的接引他力，还须仗恃自力。[25]

他之归心净土法门，另一方面还因该宗具有很强的摄融功能。他认为，中国佛教十宗唯有净土宗“普摄群机”，其他九宗则“分摄群机”。所以，净土宗与九宗的关系为“九宗入一宗”，“一宗入九宗”，“随修何法，皆作净土资粮”。[26]“净

---

[21] “五教”指：小乘教、大乘始教、大乘终教、顿教和圆教。“十宗”指：我法俱有宗、法有我无宗、法无去来宗、现通假实宗、俗妄真实宗、诸法单名宗、一切皆空宗、真德不空宗、相想俱绝宗、圆明具德宗。

[22] 《大宗地玄文本论略注》，《遗著》第二册。金刚五位为：无超次第渐转位，无余究竟总持位，周遍圆满广大位，一切诸法俱非位，一切诸法俱是位。

[23] 蒋维乔：《中国佛教史》卷四，上海书店 1989 年影印本，第 44 页。

[24] 《三身义》，《等不等观杂录》卷一。

[25] 《观无量寿佛经略论》，《遗著》第五册。三种念佛法门为：持名念佛，即口称佛名（如“南无阿弥陀佛”）念诵不已；观想念佛，即静坐入定，专心思念佛相及佛土；实相念佛，即观佛的法相非有非空中道实相之理。

[26] 《十宗略论》，《遗著》第四册。

土一门，括尽一切法门，一切法门，皆趋净土一门。”[27]“以一切佛法，入念佛一门，即《华严经》融摄无碍之旨也。”[28]

在华严学说和净土法门的关系上，他又是如此调合的：华严宗的《大乘起信论》被他称为“入道之门”，而净土宗的三经一论（《无量寿经》《十六观经》《阿弥陀经》和《往生论》）则被称之为学佛的“津梁”。学佛者只要精勤修习华严净土二宗的“深妙经论”，便能“消去妄情，策励志气，勇锐直前”，[29]求得自他二力并生，“如车两轮，如鸟两翼”，保证顺利往生净土。[30]

特色之二，表现为对中国传统思想文化的批判性。

杨文会早年攻习儒学。后又博览群籍，“黄老庄列，靡不领会”，然后究心佛学。这一思想积淀的层次、程序和结构，必然深刻地影响他对佛学和传统思想文化的态度。因此，当他归宗佛学之后，返身观照往昔——亲历的有关传统思想文化，便常能别有会心，慧眼独见。在他的遗著中，有一组取名“发隐”的系列论著，先后作于 19 世纪 90 年代和 20 世纪初，以佛学为本，分别对孔、孟、老、庄、列诸家加以评骘，以与佛说的离合疏近程度，区别等差，诠解发挥。这一对传统思想文化系统评判工作，从出世的立场上反映了他当时在佛理佛学方面的认识水平，也反映了破旧迎新的时代思潮的一个侧面。

对于儒家，他特别推重孔子及《论语》。读《论语》，他感佩异常，乃至“合掌高声唱曰‘南无大空王如来’”。有人问何以如此敬礼，他回答说：佛与孔相与一致，“设有二致，则佛不得为三界尊，孔子不得为万世师”。《论语》中有孔子与子贡的一段对话，言及子贡闻一而知二，颜回则能闻一而知十。他即以华严之理为之“发隐”，指出颜回造诣独深“乃证华严法门”，与《华严经》中凡举一法，即具十门，重重无尽，名为“圆融法界”之义谛相印证。《论语》中有曾子临终要门弟子立身行事如临如履的一番著名告诫，他复以佛教戒律为之“发隐”，肯定曾子的“修己”功夫，为“菩萨现身人道，欲护持在家律仪”。《论语》中有“克己复礼而

㉗ 《与李澹缘书》，《等不等观杂录》卷六。
㉘ 《与陈仲培书》，《等不等观杂录》卷五。
㉙ 《学佛浅说》，《等不等观杂录》卷一。
㉚ 《般若波罗蜜多会演说三》，《等不等观杂录》卷一。

归仁”之语,他又为之解曰:己即七识我执,礼即平等性智,仁即性净本觉。一切众生本自具仁,只因七识染污,造成我执,妄见种种障暗。因此,孔子所言正是一种破除我执,求取平等性智,而归于性净本觉的“修习之方”。㉛

《阴符经》世传黄帝所著,全书仅446字,古来解此经者,常以兵机或丹诀视之。经“悉心研究”后,他发现此经“无一语蹈袭佛经,而寻其意义,如出一辙”,“直与佛经相为表里”。该经全篇以“机”字为用,上篇曰心机,中篇曰盗机,下篇曰目机。他以佛法分别为之作解,指出心机属佛说之第八识即阿赖耶识,唯上等根器者方能见之,此机一转,立登圣位;盗机属第七识即末那识,内执见分为我,外执相分为我所,中等根器尚能见之,得此机者,趣大则入贤位,向下则取灭度;目机属前五识,即眼、耳、鼻、舌、身五识,下等根器者纵能悟入,也多在信位,尚有未入信位者。㉜

老子《道德经》五千言,历代以佛解之者不乏其人,如杨氏素来尊崇的憨山德清便曾以15年之力从事此事。杨氏则专以华严之义相释,因而新意迭出。该经首章有“道可道,非常道;名可名,非常名”之句,他即论证与华严事事无碍的本旨完全一致。经中有“谷神不死,是谓玄牝”之说,他复以华严所持如来藏缘起说为之作解,认为“此二句与释典佛说如来藏以谓阿赖耶同意”。对“出生入死”章,他更以华严十世法门之说释之。经中所谓“生之徒十有三”,他释之为十世法门中的“三世未来”(未来过去、未来现在、未来未来);“死之徒十有三”,他释之为十世法门中的“三世过去”(过去过去、过去现在、过去未来);“人之生动之死地者亦十有三”,他释之为十世法门中的“三世现在”(现在过去、现在现在、现在未来)。以上九世,再加上摄归无念之念、不生不灭,元清净体之一念,则为十世。上述解释,他深欣为前人所未发,故特在卷首叙言中以“似觉出人意表”之语标出。㉝

《庄子》素有《南华经》之称。其《逍遥游》开篇“北冥有鱼,其名为鲲”那节文字,二千年来疏释者不知几何。杨氏则以“十大”(具大因、证大果、居大处、翔

---

㉛ 以上均见《论语发隐》,《遗著》第五册。

㉜ 《阴符经发隐》,《遗著》第六册。

㉝ 《道德经发隐》,《遗著》第六册。

大路、御大风、享大年、游大道、忘大我、泯大功、隐大名）概释之，并以佛说为之诠解，他自信这一解释“为《南华》别开生面，阐《逍遥游》之奥旨”。《人间世》中有孔子为颜回解释“心斋”的一段话：“若一志，无听之以耳而听之于心，无听之以心而听之以气。耳止于听，心止于符。气也者，虚而待物者也。唯道集虚。虚者，心斋也。”[34]他认为，孔子所说“耳止于听”是“先破浮尘根”；“心止于符”是“次破分别识”；“气也者，虚而待物者也”，是“后显遍界不藏之闻性”。故颜回未闻此训时，犹“忘执为我”，既闻此训，方明白“本来无我”“自性真空”之意。《大宗师》中有女偊与南伯子葵论道的文字，他复以佛教修持过程为之作解。他把女偊所说的“依教进修”的七层意思，按佛教的说法分为渐、顿二阶：前三层为“渐修渐证”过程，后四层则为“一时顿证”过程。接着他又把女偊“自叙闻道”的经历，按佛说解之为由“闻慧”“思慧”“修慧”和“证道”组成的“九转功成”的修持过程。[35]

《列子》一书，在唐代被尊为《冲虚经》，与《道德经》《南华经》并重。杨氏深感此经“妙义显发”，“实与佛经相表里”。该经《黄帝篇》中有“商丘开信伪章”，杨氏认为其中“彼我皆诚”一语，“能作念佛往生之实证”。他一本自他二力并重往生净土之意为之作解：“弥陀大愿，接引众生，是彼诚；众生念佛，求生净土，是我诚。彼我皆诚，安有不生净土者乎？”《仲尼篇》中有“西方圣人章”，他认为孔子极口所赞的“西方圣人”，即“指释迦牟尼而言”。《力命篇》有“力不胜命章”，他复以佛家因果之说解之：力为现世所用之才智，命为过去所作之业因。“业因为种，存于八识田中，强弱不齐，生熟不等，先后发现，即为果报”。列子作此，即为诠释果报之义，“劝人安命”。[36]

特色之三，表现为援用西方新学证释或衬托佛说。

较长时期处身欧洲，以及对西方近代自然科学和人文科学的较多了解，[37]无

---

[34] 这一段话，今人陈鼓应《庄子今注今译》将它译为：“你心志专一，不用耳去听而用心去体会；不用心去体会而用气去感应。耳的作用止于聆听外物，心的作用止于感应现象。气乃是空明而能容纳外物的。只要你到达空明的心境，道理自然与你相合。‘虚’（空明的心境），就是‘心斋’。”见该书 121 页，中华书局 1983 年版。

[35] 《南华经发隐》，《遗著》第六册。

[36] 《冲虚经发隐》，《遗著》第六册。

[37] 1897 年 5 月，杨氏与谭嗣同等还倡设金陵测量会，筹划购置仪器，学习西方科技。

疑使杨文会的认知结构明显优胜于当时一般的佛学家。故而在诠释佛经过程中,常常带来一股新风。

佛经有“风金相摩,故有火光,为变化性”之说,他为之作解,便用上了有关电学和极光、地裂、火山等地学知识“此相摩而生之电气,遍于寰宇,激则现出火光。近北极处,有时见半圆光彩,照耀空中,名北方晓,最为奇观。变化性者,以电气最能变化物质故也。此非上蒸之火,盖上蒸之火在地内,有时地裂而出,则为火山,声震天地,烬灰漫空而下,热汁奋迅而流,埋没城市,毙人无算。古时发现者,火焰至今不息,近时又有几处发现矣”。

佛经有“三千大千世界无量无数”之说,他便用近代天文学知识为之作解。“近时天文家所测者,可以比量而知,其说以日为宗,有多数行星,绕日而转,地球其一也。自体无光,仗日光以为明照。即以此绕日之多数地球,作为一小千世界。空中之恒星,与日相同,每一恒星,有多数地球绕之,即是中千世界。推而至于大千世界,莫不皆然。凡地上之人目所能见者,通为娑婆大千世界,西人谓之一星林。用最大天文镜窥之,空中有无数星林,即是无数大千世界。又有镜中但见白迹,不能察知星点者,西人谓之星气。更有极大天文镜所不能见者,尤不可思议。经中所谓十方微尘数大千世界,可于凡夫眼中略见端倪矣。”

关于地球形状,他肯定近代科学所证与佛说相一致。“今时环游地球之人,向东而去,则从西归。向西而去,则从东归。是地形果为圆球矣,始知罗汉天眼,早已见之。”㊳

《列子·汤问篇》载有两小儿相辩事。一儿以日初出时大如车盖,及日中则如盘盂,因远者小而近者大,故断定日始出时去人近而日中时去人远。一儿以日初出时凉爽,及日中则如探汤,因近者热而远者凉,故断定日始出时去人远而日中时去人近。对此千百年来引人兴味的慧辩,他除以佛说“皆是六识妄缘”,与佛典中“二僧论风幡”之动静“相似”,以破其迷误,复以西方自然科学知识相助诠解。他指出,“依天文格致家之理,亦甚易解。地球为圆体,半径一万二千里。日初时远半径,日中时近半径。晨光横射而来,故凉,午景直射而下,故热。又依

㊳ 以上均见《佛教初学课本注》,《遗著》第四册。

视学,凡见远物,平视大于仰视。如将纸鸢之线撒尽,执于远处,则见其大,放至空中,则见其小。此实证也。日初出时,蒙气厚,故显大,日渐高,蒙气渐薄,故显小。”总之,依据西方有关天文、物理、光学等知识,两儿所持各有其理。虽然他认为这些西学均为“俗谛”“无关大道”,但仍能有助于“破两儿之愚迷”,以显佛说之“真谛”。[39]

对于西方人文科学,他便与以上引用西方自然科学诠释印证佛学的做法不同。他每每站在佛家的立场上对之加以批评。“近时讲求心理学者,每以佛法与哲学的立场相提并论”,对此他断然予以否定。他认为哲学与佛法根本不可同日而语。前者是“世俗知见”,后者却是引导世人破妄显真的出世妙道。深奥的佛学“三身四智,五眼六通,非哲学家所能企及也”,“西洋哲学家数千年来精思妙想,不能入其堂奥。盖因所用之思想,是生灭妄心,与不生不灭常住真心,全不相应。”[40]

对于西方宗教史学者以印度婆罗门教为佛教本源的说法,他坚决表示不能接受,认为这是西方学者“但求形迹”不作深究所致,是一种“不明”学理的武断结论。在他看来,婆罗门教虽较佛教发展为早,但它以“大梵天为主”,“皆从人道而修天道,不出六凡之表”,因而教理每多不圆满之处,致使教中如马鸣、龙树等有识者转而皈依后起的佛教。“佛教兴,而婆罗门之明哲者,多从佛教。利根上智,现证阿罗汉果,即出六凡而为四圣之初门,可见佛教非出于婆罗门也。”[41]

人们熟知,依靠传译和讲习为媒介的中国佛教学说来源极为混杂,大小乘不同派别的佛教理论常有互相分歧冲突或前后抵牾之处。为了自圆其说,乃有判教。所谓判教,即各宗派为调和佛教内部的不同说法,树立本派的正统和权威,对佛所说各类经典加以判别或判定,用以确立本宗为佛的最完满说教。因此,判教者自身所理解的本宗理论体系及固有的思想文化结构,显然在这一特殊的思想文化价值判定过程中占有至关重要的地位。反观杨氏,在佛教内部,他极度推崇华严净土学说,并以之融摄其他各宗各派的学说,清晰地表明了一种全摄并

---

[39] 《阴符经发隐》。

[40] 《佛法大旨》。

[41] 《与夏穗卿曾佑书》。

收、圆融无碍的宗风。在佛教外部,他以佛理佛说为本,观照评定中国传统思想文化和西方新学,分别采取或可或否或取或予的态度,基本同中国近代社会思潮的趋新方向相一致。可以认为,杨氏在上述教理阐发方面,承袭了前人的思想文化遗产,又得力于时代风会因缘所至。它大大丰富了近代中国佛学研究的内容,同时又必将为下文将要述及的佛学复兴和佛教革新的新局面奠定基础。

## 三

清末佛学流行及其成为思想界一大"伏流"的原因,梁启超在《清代学术概论》中作过扼要论述。其中除杨文会刻经为佛学研习提供方便之外,他还指出如下几点:(一)今文学家的提倡,素为今文学家推奖的龚自珍、魏源都皈信佛教,"故今文学家多兼治佛学",开学佛风气之先。(二)由西洋哲学的输入,而对佛学"引起连带的兴趣"。(三)社会屡经丧乱,厌世思想极易流行,"稍有根器者,则必遁逃而入于佛"。以上诸端,梁氏从学术发展趋势和社会心理变迁入手剖析,固然在理,因此,我们既可把它们释之为清末佛学流行的原因,也可视为佛教振兴的背景。

不过,本文认为,只要把眼光推广开来,那就不难发现梁氏所书犹未尽意。清末佛学流行佛教振兴,还别有原因或背景在。

就国际环境而言,它是对欧美佛学流行和日本佛教振兴的一种积极回应。

虽然欧洲人对佛教的了解可以上溯到公元前希腊亚历山大大帝侵入印度河流域时期,而17、18世纪欧洲一些著名哲学家如斯宾诺莎、康德等人也都论及佛教。但是,真正比较系统地开展佛学研究,则在18世纪末英法等国向亚洲进行殖民扩张之后。为了殖民统治的需要,英法等国当局鼓励对东方宗教特别是佛教进行研究。欧洲佛学研究的推进正是当时东方学发展的重要标志。

在英国,1788年成立的皇家亚洲学会以研究印度巴利文和梵文为主要目标。接着,传教士克拉夫和斯宾塞先后发表《巴利语文法和语言》(1824)和《东方僧门》(1850),后者还从僧伽罗文译出了《现代佛教手册》(1853)。

1833年英国驻尼泊尔公使霍格森在驻在地收集到大量梵文贝叶经佛教文献,分赠伦敦大学和牛津大学。1881年,英国佛学家李斯·达维斯夫妇建立了巴利圣典协会,把浩瀚的巴利语三藏和注疏用罗马字刊出,并将其中一部分译成英文。这些资料和著作的发表,引起了西方学者对佛教的兴趣,从而为欧洲小乘佛学研究打开了大门。

在法国,东方学家鲍诺夫与人合著《巴利语论集》(1826),把梵文《妙法莲华经》等译成法文,并据霍格森的文献资料整理出版了《印度佛教史导论》(1845)。他还在巴黎倡立法亚协会。他的门下马克斯·缪勒受英国皇家学会委托,编译出版了有49册的《东方圣书》,内含不少佛教大、小乘经典。与此同时,列维长期研究汉藏和梵文佛典,校勘《中边论颂》,法译《大乘庄严经论》。列维的弟子普桑更把龙树的《中论颂》、世亲的《俱舍论》和玄奘的《成唯识论》都译为法文。列维等人的活动为欧洲大乘佛学的研究奠定了基础。

在德国,最初弘扬佛法的是奥登堡(1854—1920),他所著《佛陀生涯·教义·教团》一书曾被译为14种文字,风行于世。与他同时代的威柏、纽曼、盖格、格拉泽纳普、瓦勒泽尔等,或以研究巴利文经典见长,或以研究梵文经典闻名,其中有些人还兼通汉文、藏文等。在奥登堡和纽曼等合作下,规模颇巨的巴利文《阿含经》全部译成德文。19世纪德国的佛学研究以翻译和校勘巴利文佛典、阐述小乘佛教教义著称于世。

在西欧和日本的影响下,美国的佛学研究进步很快。1893年在芝加哥举行世界宗教会议后,哈佛大学首先发起《东方丛书》的编译工作。华仑译出了几部佛经,巴庇特译注了《法句经》,卡洛斯写作了《佛陀的教说》,华特发表了《禅道》。特别是日本佛学家铃木大拙在会后留美弘法14年(1893—1907),完成了《大乘起信论》的英译,出版了《大乘佛教概论》。他有关禅宗的一系列传译、讲演和著作更在美国引起不小的影响。[42]

如果说在19世纪的欧美是佛学研究促进了佛教传播,那么,在同时代的日本则是佛教复兴推动了佛学研究。

---

[42] 以上材料参用黄心川《欧美的佛教与佛学研究》,《世界宗教资料》1987年第2期。

众所周知，明治维新之后，世俗政权重归天皇，宣扬君权神授的神道教遂为官方所推重。1868年当局希图禁绝佛教，独尊神道教为日本国教。不久又敕令将佛像和佛家法物移出神社，将神、佛两教截然分离。为此各地曾发生烧毁佛像、经卷、法具和废止寺院的事件。当此所谓“废佛毁释”运动发生之际，基督教在日本发展也异常迅猛，各地遍设的教会学校吸引了大批向往西学的青年。一斥一吸，顿使日本佛教面临困境。

为奋起护教护法，日本各宗各派人士经过反省反思，遂纷纷致力于创设佛教学校，以期培育僧才，抵拒来自内外的压力。这类佛教学校初创时属专门学校性质，以后渐升格为大学，亦称宗门大学。从70年代末到80年代，次第创立的著名宗门大学有：龙谷大学（1879）、种智院大学（1881）、大谷大学（1882）、驹泽大学（1882）、东洋大学（1887）、高野山大学（1886）等。与此同时，日本佛教界又积极派遣优秀人才赴欧学习。南条文雄和笠原研寿1876年首赴英国师事牛津大学米勒教授，80和90年代继踵前往欧洲留学的还有井上哲次郎、松本文三郎和高楠顺次郎等后来蜚声一时的学者。他们同19世纪末20世纪初日本佛学界涌现的一批中坚人物，如村上专精（1851—1929）、井上圆了（1858—1919）、织田得能（1860—1911）、铃木大拙（1870—1966）、木村泰贤（1881—1930）、宇井伯寿（1882—1953）、羽溪了谛（1883—？）等人，齐心合力，或绛帐授徒撰写论著，或编印佛刊纂辑续藏，共同把日本的佛学研究扇扬得光焰四射，辉煌一时，造成了日本佛教的一派兴旺气象。

必须指出，对于发生在欧美和日本的佛学研究及佛教振兴情况，杨文会因为亲践欧土和订交南条，所以知之颇详，容易发生感应。故而当南条在80年代初将《明藏目录》（通称《南条目录》）译成英文出版后，他会欣喜于中土佛学之西渐，把南条称之为可与当初从印度来华传法的摩腾、竺法兰“并称”的传法先驱。[43] 也可以说，1894年杨文会同英国著名传教士李提摩太合作，将《大乘起信论》译为英文，正是他积极参与国际交流的具体行动。虽因李提摩太穿凿私见，使译文有欠忠实，致令杨氏颇感不安，故在其后另有西人邀译《楞严经》时，他不

---

㊸ 《与日本南条文雄书六》，《等不等观杂录》卷七。

得不认真考虑而予以拒绝。但在近代西方佛学研究取向于小乘佛教的情况下，《大乘起信论》的译出无疑是佛学西渐过程中的一大贡献。所以在他去世不几天就有人评论道："比年欧美佛学倔（崛）兴，讨论之丛刊，时流中土，虽其间尚多小乘家言，然假以因缘时会，不难一变而为大乘。溯厥原始，居士固与有劳也。"㊹

不难理解，日本大力推行僧教育培养人才足令杨文会歆羡不已。所以，当他发意倡导佛教学堂时，效法日本的成功经验便是必至之事。他曾致书南条，要求对方代为搜求日本"佛教各宗大小学校种种章程"，"以备参考"。㊺ 可以认为，如同中国在本世纪（二十世纪）初兴起的普通教育改革深受日本影响一样，以杨文会为代表的中国僧教育的兴起，也深受日本影响。近代中国佛教教育的革新无愧为佛教国际交流过程中的一枚善果。

对国际上出现的佛教热的了解，使杨文会曾乐观地预言：只要高明特达之士致力于佛教振兴工作，必能收功见效，使佛教成为"全球第一宗教"。㊻ 他的追随者也大多能以全球性的眼光看待佛教的现状和发展前途。如谭嗣同就对欧美日本的佛教振兴心向往之，在《上欧阳中鹄书》和《仁学》中一再津津乐道：英人韦廉臣《古教汇参》中如何赞叹佛为真圣人，美人阿尔格特如何创学会于印度，不数年而欧美各国设立分会达40余处，法之信佛者又如何预言他日地球上佛教将取代耶教，日本明治维新"唯佛教隐为助力"。㊼ 无独有偶，康有为、梁启超和章太炎等人，也都有感于佛教在国际上流行的态势，乐观地预言将来佛教必定通行全球取代耶教。

就国内环境而言，清末佛学流行和佛教振兴又是有关政治、经济、文化种种业缘的和合反激使然。

太平天国革命曾给佛教以严重打击。洪秀全反对孔孟，也反对神佛，儒家经籍固在焚删之列，而毁寺烧佛也在必行之中。以苏州府所辖吴县、长洲和元和三

---

㊹ 《杨仁山神栖净土》，《民立报》1911年10月11日。

㊺ 《与日本南条文雄书二十七》，《等不等观杂录》卷八。

㊻ 《支那佛教振兴策二》。

㊼ 《谭嗣同全集》，中华书局1981年版，第352页。

县为例,战前共有佛寺 400 余所,战后仅存 100 余所,被毁 3/4。[48] 在太平天国势力或战乱所及的十余省中,寺庙被毁和僧人流离的情况都是普遍存在的。

源源而来的西方传教士也给佛教以严重挑战。第二次鸦片战争后,于 1858 和 1860 年签订的《中法条约》规定传教士可以入内地自由传教并建造教堂,为传教运动的空前大发展提供了合法前提。数千名传教士深入中国城乡,数千座教堂、学校和慈善机构星罗棋布于各地,不但使统治当局深感不安,更使佛教感受到一种强大的异端力量。僧众知识程度普遍低下,[49]固然难以同具有相当知识能力的西方传教士相抗,而专以接受檀越布施维持自身的佛教,面对广行"布施"的基督教,其窘迫之情又何以堪之?

虽然传统的民族观念和牢固的文化习俗仍能保证佛教在上述冲击下退处固守地位,但是,当日本净土真宗的传教士一来中国,同文同种同教的宣传很快又在那道民族宗教心理防线上撕开了一个缺口。从 70 年代开始,日本净土真宗中强大有力的东本愿寺派和西本愿寺派在上海、苏州、杭州和南京等地先后设寺兴学。进入 20 世纪初,一批自称"开教使者"的日僧更极力扩大在华传教范围。他们的布教足迹除江浙闽粤外,还进入鄂豫和直隶、东北等地。相当一部分日僧一如其西方同行一样,广开教堂,滥收教徒,干预中国内政,致使日本宗教局长斯波也不得不下谕"严饬",谕文承认日僧在华每"干预地方之诉讼事务,致生种种纷议,且惹起无谓之交涉,此实逸于宗教家职分之外"。[50] 对此,中国地方大吏和许多爱国忧教的僧人当然更易产生一种深刻的危机感。他们担心如任日本佛教在华传播,"将来必有中佛教,有日佛教,如天主、耶稣之分两派,两派相争相轧,乐祸好事之徒再构煽其间,祸且无及"[51]。

不过,最大的危机还来自佛教内部。虽然清初开国诸帝出自多种原因都对佛教颇加保护扶植,但政治力量仍无法挽回佛教自明代以来日趋衰落的大势。

---

[48] 作者据《民国吴县志》卷 36—38 统计。战后苏州经济渐次恢复,修复寺庙 60 余处,但仍未能复旧观。

[49] 多数丛林寺院的僧徒都没有受过正式教育,连一般书信都不会写。如东南名刹镇江金山寺内有僧众三四百人,据"新僧派"首领仁山断言,能写 300 字以上通达书信者则无多。

[50] 《东方杂志》第三卷第七期"各国教务汇志",1906 年 8 月 14 日。

[51] 《署两江总督周因日僧传教复外务部函》,原载《外交报》第 119 期,1904 年 8 月 25 日,引自《东方杂志》第二卷第十期,1905 年 11 月 21 日。

在学理方面,除禅宗和净土宗略有成绩,其余各宗都呈疲颓之状。在僧众质量方面,窳滥退堕的情况也十分突出。乾隆年间正式废除度牒制度后,僧尼数量大增(据有人统计,到清末已达80余万),而质量则更加下降。翻检清末有关文献资料,常可见及许多佛寺戒律废弛,僧尼秽行的记载。随着近代通讯和报纸等大众传播媒介的流行,此类丑闻常常不胫而走,腾布国内,严重影响佛门形象。至于另一种名利之心炽热的"出家魔子",一不通宗,二不通教,三无学问,却妄充得道,欺世惑众,也大有损圣教光辉。所以,精心虔修的佛子为之深叹,"佛法至今,衰残实甚。茫茫众生,如盲无导"[52]。杨文会感慨尤多,"近世以来,僧徒安于固陋,不学无术,为佛法入支那后第一隳坏之时"[53]。"近时宗门学者,目不识丁,辄自比于六祖……于经律论毫无所知,居然作方丈开期传戒。与之谈论,庸俗不堪。"[54]此等僧人有名无实,谤负佛祖,误尽众生,真是狮子身上的蛆虫。

以上诸端,都是反激清末佛学流行和佛教振兴的原因或背景。然而,使清末佛教受到冲击更深远剧烈,并因此成为反激佛教革新的一大动力,还应首推所谓废寺兴学风潮。

有关寺院财产情况,中国历来缺乏具体统计。但长期累积的结果,清末各地占有成千上万亩土地的寺院并不少见。有见于庙产之丰和兴学之难,1898年张之洞在其《劝学篇·设学》中,提出了改寺院为校舍和取寺财为学费的主张:"大率每一县之寺观,取十之七以改学堂,留十之三以处僧道。其改为学堂之田产,学堂用七,僧道仍食其三。"同年维新变法期间,康有为复上《请饬各省书院淫祠为学堂折》,奉旨批准。变法失败后,新政措施几乎全被取消。但进入20世纪初,在清政府推行"废科举,兴学堂"的新政过程中,地方官绅旧事重提。作者目前所见最早发意推行改寺为学的是江苏。1902年秋,兴化县令禀请将该县庙产"酌提三成作学校之用",得江督"大加奖许",该县遂"提出一万亩充公",继而泰兴、盛城两县也有此类举动。[55]

应该指出,在国穷民困无力负担浩大的教育经费之时,酌调部分寺产兴办地

---

[52] 印光:《与泰顺林枝芬居士书二》,《增广印光法师文钞》卷一。

[53] 《般若波罗蜜多会演说一》。

[54] 《释氏学堂内班课程刍议》,《等不等观杂录》卷一。

[55] 《兴学有款》,《大公报》1902年9月10日。

方教育，只要措置得宜，固不失为一利国福民的权宜之计。此举与佛家普济众生的本旨相应，也理宜得到佛教界有识之士的支持同情。无奈难逃天下公理：一个业已彻底腐朽了的政权之下，即有善政也通常会在施行过程中变质走样，成为贪官劣绅借端扰民之具。因此，一时之间，各地普遍出现驱僧、毁像、占庙、提产诸种恶相，搞得佛界人心惶惶，全国骚然。尽管清政府对此也有禁饬，如 1905 年 4 月12 日明谕保护，“凡有大小寺院，及一切僧众产业，一律由官保护……不得勒捐庙产，以端政体”[56]。但在律法废弛中央威令难行的局面下，薄薄一纸官书又怎能抵挡厚利的诱惑？所以官样文书归官样文书，阳谋阴夺照常不误。接着在筹备立宪自治过程中，各地再度出现占夺寺产风潮。地方官绅或向寺庙提款勒索以为自治经费，或以各种名义指拨寺庙以为办事机构所在。佛教界痛心疾首者甚至认为，占寺夺产之祸，不但为基督教等外来威胁所无法比拟，往昔所谓“三武一宗”（北魏太武帝、北周武帝、唐武宗和后周世宗）毁佛之灾也莫此为甚。

面对官绅占夺寺产，佛教界全力以谋抵御。强硬不屈者奋起抗争，奔走当道乃至上控京朝。情急而又猾黠者援请日僧来寺保护，如浙江普陀山等 36 寺联合邀请日僧伊藤贤道以传教为名出面护持，[57]开封僧界有在庙门榜书“大日本国”字样，也有求取日本当道之信为护符者。[58] 温和自重者则极力主张僧界自办教育，即以其人之道还杜觊觎者之口。对于最高当局来说，强硬抗争直揭政治不纲，徒增难堪；情急请援平添外交纠纷，徒乱人意；唯有自办教育，最为相宜得体。因而在谕禁官绅勒索寺产和援请日僧为护的同时，很快支持佛教界自办教育的做法。1905 年来自北京的消息说，“僧人觉先曾游日本，遍览彼国佛教徒所设各种学校。回华后因至京师，具禀学务处，请设中国佛教学务公所，并集款开办学校及工艺院等事”。对此，学务处深表赞可，称该僧所请为“知本之论”，“殊堪嘉许”。[59] 在当局的鼓励下，各地次第成立佛教公所，旋又遵饬改称僧教育会。僧教育会每会设会长二人，僧绅各一。一般有条件者均能注意到把兴办僧学堂和扶助俗学堂的工作同时肩起，从而把兴佛法与兴世法二者统一在兴学问题上。

---

[56] 《光绪朝东华录》（五）总 5321 页。
[57] 见《东方杂志》第二卷第七期“各省教务汇志”。
[58] 见《和尚有了洋护法》，《天铎报》1911 年 7 月 19 日。
[59] 《东方杂志》第二卷第七期“各省教务汇志”。

怎样估量这一僧徒办学之举呢？应该承认，不少僧徒是见及僧界兴学与救国护教之间的密切关系的。他们身在佛门，心萦家国，他们的目光已从青灯之下的黄卷兼及动荡不安的神州大地。如在宁波积极致力于僧民教育的高僧寄禅敬安，1906 年在欢迎前来天童山采集植物标本的宁波师范生时，疾呼要“富国强兵，兴利除弊”，“热心教育，共矢忠诚”。[60] 在此对教育救国的认识，显然同这位诗僧“我虽学佛未忘世”，“国仇未报老僧羞”等充满爱国热情的胸怀相一致的。广州六榕寺僧铁禅等捐洋近 2 万元，资助选派学生出国学习军事，禀文内有“虽在世外之身，常怀处堂之忧。欲求护法，端丈国威”等句。[61] 在这里，慷慨助款的动机更清晰地表明与忧国忧教相联系。

佛教界善知识者积极兴学，是谋求应变自保的自救行动。它遥应了 10 年前杨文会鼓吹僧教育的主张，也是对清末教育改革诸新政的一种顺向呼应。杨文会在《支那佛教振兴策一》中所言，可说是道出了革新者的共同心声：“我国佛教衰坏久矣，若不及时整顿，不但贻笑邻邦，亦恐为本国权势所夺，将历代尊崇之教，一旦举而废之，岂不令度世一脉，后人无从沾益乎？”对“贻笑邻邦”和“为本国权势所夺”的深刻忧虑，以及强调“及时整顿”的必要性，刚好反映了中国佛教革新运动在国际国内双重推力下艰难起步的实际情况。

必须指出，在兴办僧教育过程中，顽固保守者曾坚决与改革僧教育者为敌。矛盾激化之时，在慈悲为本的佛门之内也会酿发杀机。杭州白衣寺住持松风因开办僧学堂，“为顽学辈深嫉”，1908 年遭哑羊僧谋害而惨死。在中国佛教史上，以身殉教者难以胜数，但为振兴僧学而死，松风却确实无愧为近代佛教革新的烈士。所以敬安为诗痛悼：“可怜流血开风气，师是僧中第一人。”[62]

众所周知，封建宗教制度曾深刻影响中国佛教的传承制度。仿照世俗宗法继承关系，中国佛教建立了一套特有的法嗣制度和寺院财产继承法规。各宗派的师徒关系，严如父子，代代相传，形成世袭的传法系统。同时，一个寺院既是一个传教据点，又是一个接受各界施舍捐赠、经营土地、商业等的经济单位。所以，

---

[60] 《八指头陀诗文集》，岳麓书社 1984 年版，第 489 页。

[61] 《署两广总督岑奏寺僧报效田产充作游学经费请赐给扁额片》，《东方杂志》第一卷第四期，1904 年 6 月 8 日。

[62] 《八指头陀诗文集》，第 370 页。

佛教法嗣制度和寺院财产继承法规，其实是封建宗法制度庞大系统的特殊组成部分。故而各地废寺兴学风潮，无论参与者主观动机如何，在客观上却是对寺院财产继承法规的沉重打击。而因缘相生的僧教育兴起，则在推进近代僧学进步的同时，有利于突破世袭的法嗣制度。它们都与辛亥革命准备时期挣脱封建宗法制度束缚的时代大运会相应不悖。

这是必然的：近代中国社会经济生活和政治生活的加速流转变迁，使得反映它们种种实相虚相的文化思想和宗教哲学等等意识形态也相应偕变。清末佛教在受到内外多种力量强烈冲撞下被推入近代社会的门槛，这是佛教传华近两千年来从未有过的“变局”。它深刻表明，清末佛教革新运动与中国及欧美日本诸国社会制度的变动和统治力量的兴替，存在着一定的联系。它们或直接或间接，交相影现，隐映互彰，有如佛经所喻“因陀罗网”，交络涉入，重重无尽。观照杨文会及其所倡佛教革新事业，正宜置于这个特定的历史大背景大网络中。

## 四

杨文会在佛理佛学方面的研求和发明，对于清末乃至民初的佛学复兴和佛教革新的影响极为深远。

第一，他推进了各宗各派佛理佛学在近代的发展。

在他之前，清代佛教虽然表面上仍是各宗并传，但也仅是不绝如缕。从杨氏开始重新宏布佛理佛学，缁素两界均有响应，就此开一新局。

以佛教各派“共宗”姿态活动的净土而言，清初以来虽也不乏以净土名家者，但比较重要的还只是初中叶的省庵、梦东二僧和周梦颜、彭绍升二居士。自杨文会大倡净土并汇刻该宗重要经论后，古昆、省元和印光三法师相继而起，专力提倡净土，使该宗声势大振。尤其是印光（1860—1941），皈依弟子几遍海内，《印光法师文钞》发明净土义谛，自民初刊印后，风行全国，修净业者无不奉为准则。

华严宗在清初曾一度隐有中兴之望，有续法和通理诸僧著名于时，但不久复衰。自杨氏大力倡导并刻印此宗重要佚经后，踵继而起者颇有人在。居士中以承教门下的谭嗣同和章太炎最为有名。谭“治佛教之唯识宗、华严宗，用以为思想之基础”，[63]章主张“改良”佛教，华严无尽缘起之说即是他当时哲学体系的基础，该宗“普度众生，头目脑髓，都可施舍于人”的教理复被他视为“在道德上最为有益”。[64] 僧界中以月霞法师(1858—1917)最有影响。他对华严诸祖如杜顺之法界观和贤首、澄观的疏钞，均极有契悟。他到处讲经说法，足迹遍至日本、暹罗、缅甸、锡兰、印度，晚年在杭州海潮寺创办华严大学，三年后复移常熟兴福寺续办，对于光大该宗贡献颇大。

法相唯识宗自唐武宗毁佛后，重要经论在中土散失，故宋明以来该宗即缺乏传人，即有宣扬宗义也难免讹舛。自杨氏重刊从日本取回的该宗重要经论，如窥基《成唯识论述记》《成唯识论枢要》等，使中衰数百年之久的该宗得以复兴。该宗因逻辑严密，极富思辨哲学，故近代沙门中研究者较少，而一部分知名学者则纷纷走向该宗大门。如谭嗣同以华严和法相唯识为研佛主要内容，章太炎鼓吹以唯识为宗的新宗教。但杨氏门下最有成就者当推欧阳渐。他创办支那内学院主讲《唯识抉择谈》，开办研究部试学班及法相大学特科，大畅厥宗。[65] 与之相应，北京有韩德清创三时学会，也以研讨该宗为己任，著有《唯识三十颂略解》《十义量》等书行世，“南欧北韩”遂成为20世纪20年代以来居士佛学两大代表。

三论宗宏传中土最早，但该宗中衰情况与法相唯识宗相似。武宗毁佛后，该宗嘉祥大师吉藏(549—623)为“三论”所作之疏久佚，宗明以来“三论”奥义几乎无人能晓。杨氏从日本取回三疏(《中观论疏》《百论疏》《十二门论疏》)后，由是该宗般若第一义空之旨，即诸法性空的中道实相论，得以复明。在杨氏门下，黎端甫于此宗研究颇深，著《八不十门义释》。后复有蒋维乔著《三论宗之宇宙观》，研讨此宗教义。

密宗也因唐末经疏销毁，在中土渐至绝响。清末佛教界鉴于日本密教盛行，

---

[63] 梁启超：《清代学术概论》。

[64] 章太炎：《东京留学生欢迎会演说辞》，《民报》第6号，1906年7月。

[65] 吕澂：《亲教师欧阳先生事略》。

颇有重兴此宗愿望。杨氏首开风气之先，遣弟子桂伯华东渡留学，从云照、庆淳诸阿者黎游，专求此法。民国后沙门又有显荫、大勇、持松等，居士中有王弘愿、程宅安等相继前往，均得传法灌顶以归。归来设坛授徒，不乏从学者。密宗重兴，当记杨氏始基之功。

第二，他加深了近代佛学与传统文化的会通。

需要指出，杨文会会通佛儒老庄并非首倡。佛教自进入中国后，经与本土文化一段碰撞，彼此便逐渐调和沟通。为适应时世和自身发展的需要，他们或在阳憎阴取的状况下，或在佛儒道分工的名号下（以儒治国治世，以佛道治心治出世），互摄互融，不断衍化。如莲池袾宏和憨山德清便是其中健者。前者以为佛儒道三家"理无二致"，"想是同根生，血脉原无间"，后者则把孔子和老子都称为佛，并有以佛学释《大学》和《老子》之作。从近代中国佛学发展历史来说，上述杨氏以佛学为孔老庄列诸家阐微发隐工作，可称为一个重要的中介环节：它继承并发展了前人的会通工作，又为此后文化学术界新人准备了一方据以前进的基地。

于是，我们可以清楚地看到，杨氏佛儒相会的学理研讨，被他的响应者推衍发挥，别开生面。康有为把佛学、儒学和西学打成一片，构创其大同理想。他自称"合经子之奥言，探儒佛之微旨，参中西之新理，穷天地之赜变"，然后才手定大同之制。[66] 在他意下，孔佛二教恰好阴阳互辅，"舍孔教无佛教"，"是二教者终始相乘，有无相生，东西上下，迭相为经也。"[67]梁启超一本乃师所言，力证华严之菩萨行与大同之义，相宗的唯识义与三世之说，彼此只是说法不一，而于实法则毫无二致。"大乘之法，悲智双修，与孔子必仁且智之义，如两爪之相印。"在这些维新志士的心目中，佛家之法同孔子"为大同小康之制，千条万绪，皆为世界也，为众生也"的本旨密合无间，[68]都是利国利民的无上大法。

但踵继杨氏以佛解孔老庄列诸家，从而在学理研讨方面有所深入者，还当首推章太炎。杨氏以佛学为诸家"发隐"，他则致力于以佛学诠释诸家，发为"微

---

[66] 《康南海自编年谱》，丛刊本《戊戌变法》（四），第 117 页。

[67] 《性学篇》，见汤志钧编《康有为政论集》，中华书局 1981 年版，第 13 页。

[68] 梁启超：《谭嗣同传》，《饮冰室合集·专集之一》。

言”,探其奥言,辑集在民国初年所作的《菿汉微言》一书中。如《论语》“逝者如斯夫,不舍昼夜”一言,他用“阿赖耶识恒转如瀑流之说”为释;孔子“绝四”之说,他用佛家的“断惑”为解:“无意”即末那不见,“无必”即恒审思量不见,“无固”即法执、我执不见,“无我”即人我、法我不见。南梁经学家皇侃疏释《论语》“传之佛典”,说孔子“几与释迦同科”,他对之欣表同意,“其言信有美者”,断定孔佛相比,“孔子固应是地上菩萨”。[69] 后来他更断书《论语》所阐“无我无知”“克己复礼”诸义,“已正趣佛家大乘”。[70] 对于老庄,他倾倒备至,曾全力以佛说为之印证。《庄子·大宗师》有“坐忘”之说,他以为与佛家遣除“我爱”“我见”“我痴”之意一致。[71] 对《庄子·齐物论》,他更予以全新诠发。“《齐物》大旨,多契佛经。”[72]为此,他“端居深观而释《齐物》,乃与《瑜伽》《华严》相会”。他对这部1910年修治出版复于1912年修改重定的《齐物论释》自视甚高,“千载之秘,睹于一曙”。[73]

在此特别值得一提的是,章氏在《菿汉微言》中对杨氏“发隐”的评论。杨氏在《南华经发隐叙》中批评前代沙门将老庄列三子判为“通明禅”或“天乘止观”,是“局于一途”之见,“终不能尽三大士之蕴奥”。他认定“老庄列三子,皆从萨婆若海逆流而出,和光混俗,说五乘法,能令众生随根获益”。章氏认为,“杨氏此言,最为通达”。但是为什么三大士要“和光混俗,说五乘法”呢?他代为补充作解:因为“大士说法,唯在应机”,“持世善俗之谈”,适应“政俗风会迁变”。所以在他们那里,世间与出世间法相杂,“天人大小糅在一篇,固其所也”。[74] 对于杨氏以“十大”释《逍遥游》他批评为不明庄子本旨。他认为庄子此文只在发明“至人无待”之意,其本旨则“纯是常、乐、我、净一语”。“杨氏不憭,猥以‘十大’缴绕,亦其蔽也。”[75]不过,最能表明章氏扬弃杨氏之说的,还在于彼此评论孟子和

---

[69] 《菿汉微言》,第 34 页。见《章氏丛书》浙江图书馆本。

[70] 《与孙思昉论学书》,《制言》第 46 期。

[71] 《菿汉微言》,第 32 页。萨婆若:佛智名称之一,一般意译为“一切智”。五乘法:指人乘、无乘、声闻乘、菩萨乘,佛乘,即五种修行道路。

[72] 《菿汉微言》,第 73 页。

[73] 《菿汉微言》,第 26—27 页。

[74] 《齐物论释定本》,第 3 页,见《章氏丛书》。

[75] 《菿汉微言》,第 23—24 页。

宋儒的分歧上。在《孟子发隐》中,杨氏批评孟子"说大人则藐之"的态度是为佛家不容的"轻慢心"的表现。章氏不以为然,反认为孟子轻藐那些"大人",是一种高尚的风骨气概,为"高贤持世""扶偏救弊"之举,有利于攻治世间对权势的卑谄。[76] 杨氏批评宋儒性理之学"将佛家实效,尽行抹杀……非赞佛也,实毁佛也",因而死后必堕那落迦(地狱)。[77] 章氏认为,"宋儒之见,谓其执着有边,不窥真谛"则可,但即使"谤佛"亦应宽待,如印度小乘诸师未尝不谤大乘,也未必死后即堕那落迦。[78]

在杨氏左右,那些活跃在戊戌和辛亥时期的思想文化界头面人物,纷纷效法杨氏对比观照佛孔老庄诸家,寻找它们之间的联系,发现它们的异同得失。但不论是应和,还是辩难,杨氏始终是他们的价值坐标,是他们的接引导师。可以说,正是杨氏及其左右这一批思想文化界的俊彦之士,加深加宽了近代佛学与传统文化的会通,为辛亥时期交迸异彩的思想文化领域增添了新采。

第三,他沟通了近代佛学与西学的联系。

杨文会以西学援助佛学的做法,在近代中国佛学界激起的回响迅速而又热烈。最先做出反应的是谭嗣同。1896 年秋,他在金陵刻经处奉杨氏为第二学佛导师后,所撰《仁学》开章第一篇就模仿并发挥杨氏所称,描绘了一个由无量数的星团星林星云星气所组成的浩茫无涯的三千大千世界,把一个由佛学、儒学和西学拼构的哲学框架展现在读者面前。在他笔下,"以太"即西学谓之声光热电,即孔谓之"仁""元",亦即佛谓之"性海""慈悲"。他热情洋溢地把佛学和西学的基本关系作了如下规定:"西学皆源于佛学,亦唯西学,而佛学可复明于世"。在他意中,佛学远胜于西学。从对象而言,自然科学研究的是有限的空间,而佛学以无限的大千世界和微尘世界为研究对象;从方法而言,自然科学有赖器械实验推理方能求得诸理,佛学则唯心唯识简捷明快;从内容而言,自然科学所发明的种种新事新理,大至宇宙小至菌尘,佛书均早已言之。

数年之后,梁启超复因严复所译《天演论》的启发,在《余之死生观》一文中,

---

[76] 《蓟汉微言》,第 40 页。

[77] 《蓟汉微言》,第 9—10 页。

[78] 《评方植之向果微言》,《等不等观杂录》卷四。

借助达尔文进化论来诠发佛家因果思想。《天演论》内《佛释》和《种业》两节颇以遗传学理(种性之说)与佛家因果轮回交相为释。梁氏则进而发挥道,进化论中有关行为习性的遗传之说与佛家因果业报理论"若合符契"。他指出佛书中早有行为习性遗传的说法:"佛说一切万象,悉皆无常,刹那生灭,去而不留。独于其中有一物焉,因果连续,一能生他,他复生一,前波后波,相续不断。"此物为何？他说即是性格,即是行为习性的遗传。直到辛亥革命前夕,他还以物质不灭与佛说互相"吻合""发明","近世科学日昌,而在在皆足以证佛说之不诬"。[79]

杨文会以佛学批评西方人文科学的做法,同样引来呼应。梁启超极称西方哲学在理论上远不及佛学精奥。古代希腊与近代欧洲哲学,其"论理之圆满,犹不及佛说十之一"。在他眼中,流行一时的斯宾塞哲学把事物分为"可知"与"不可知"二大部,而佛学则在不可知中,终必求其可知。所以斯宾塞哲学仅可称为"学界之过渡义",佛学才是"学界之究竟义"。[80] 倡导功利主义哲学的边沁,擅长计算道德伦理及相关善恶苦乐。但他"虽能知其术,而未能尽其用",在"最精算学"的佛前,总不过是一名小巫而已。[81] 即令是被誉为"近世第一大哲"的康德,虽然其"直搜讨诸智慧之本原,穷其性质及其作用"的批判哲学,"大近佛学",足与佛家唯识之学"相印证",但毕竟犹有未及,不能与精奥之佛学相提并论。[82]

较梁氏尤为深入地从佛理佛学上批评西方哲学的是章太炎。他在《无神论》和《建立宗教论》这两篇重要论著中,分别借助佛教的因明逻辑和唯识义谛,批评了费希特、孔德、叔本华等近代欧洲哲学家,也批评了基督教的神造万物论,斯宾诺沙的泛神论,哈特曼的神即精神论,康德的不可知论。在他眼中,这些西方哲学如用佛学相"格",便能"霍然察其利病,识其流变",[83]显示出它们浅薄粗疏的底板和有欠圆融自在的本色。

尽管如此,在辛亥革命准备时期,相当一部分西学却就是经由与佛学观照对比的特殊途径来到中国知识界面前,这不能不说是近代中西文化交流的特点之

[79] 《国家运命说》,《饮冰室合集 · 文集之二十三》。

[80] 《佛教与群治之关系》,《饮冰室合集 · 文集之九》。

[81] 《乐利主义泰斗边沁之学说》,《饮冰室合集 · 文集之十三》。

[82] 《近世第一大哲康德之学说》,《饮冰室合集 · 文集之十三》。

[83] 《蓟汉微言》,第 73 页。

一。而杨文会及其追随者融摄西学的做法,又为随后佛学与西学的进一步交会作了极其重要的启导。特别在20年代后,不少人从西方近代非理性主义哲学流派中,找到并吸取了很多与佛学相通的内容。他们常常运用西方哲学中本体论、认识论、人生论、宇宙论等等来解释和区划佛学中的有关内容,还常常以感觉、知觉、现象、本质、意识、心理等等名词来比附有关佛家名相。这样,新一代的佛学研究普遍带有近代哲学的气息,而在所谓"新儒家"一派学者的哲学思想中,又时可见到佛学的成分。所以,任继愈先生把民国以后的佛教称之为"欧亚现代思潮汇合时期的佛教",[84]诚为确论。但如果追寻这一"汇合"之始初,那么,杨文会及其追随者便赫然在兹。

## 五

杨文会在行持实践方面所作的种种努力,对于清末民初佛教和社会改革的影响同样十分深远。

首先,杨文会倡导佛教入世救众以挽回国运的主张,激起一批崇信佛学的新学家们的同情共鸣。

这些新学家们在锐意从事社会政治的改良或革命过程中,大胆地把经过改造制作或重新解释的佛家思想作为工具,服务于自己的社会改革事业。"以己意进退佛说"[85],与其说是康有为的个人特色,倒毋宁视为这些新学家们的共同特征。因此,佛家思想或被他们说成为与西方"自由""平等""博爱"之说完全一致,或与民权论、国权论等相通。他们用充满时代精神的语言,较杨文会更大胆而直白地宣称:"佛教之信仰也,必以为教徒之智慧,必可与教主相平等","其立教之目的,则在使人人皆与佛平等而已";[86]佛教以为"一切众生,皆转于物。若

---

[84] 任继愈主编:《中国佛教史》第一卷,中国社会科学出版社1981年版,第12页。
[85] 梁启超:《清代学术概论》。
[86] 梁启超:《佛教与群治之关系》。

能转物,即同如来”,“能转物者,即是真自由”;[87]佛教“最恨君权”,“与恢复民权的话相合”。[88] 同时,佛家思想又被说成是激励道德、开启民智的利器。佛家力破“我执”,有助于激励自我牺牲精神,发扬勇猛无畏气概。“善学佛者,未有不震动奋厉而雄强刚猛者也。”[89]对于克服根治中华国民道德的痼疾,克服迷恋物欲的偏向,佛家思想都是一服很有效的清凉解毒散,是塑造一代具有崭新民德和民智的新人所不可少的添加剂。

这些新学家们热烈地贴近当代社会政治生活,大胆地使封建主义的佛教异化,转变为本阶级思想政治斗争的武器。无怪乎他们或以“应用佛学”相称,或以中国的宗教改革家马丁·路德自居。从一定意义上说,是杨文会和这些新学家们共同使中国佛教从“变局”进入“创局”,共同使中国佛学跨出传统的藩篱迈入近代的门槛。

其次,杨文会倡导佛教入世救众以挽回国运的主张,还激起教内一部分关心世事的僧众的同情共鸣。

一部分觉悟在先的僧徒把佛教陵夷退堕归咎于世间政治的腐败,因而他们出家而不出世,勇敢投身革命活动,以济世救国自任。他们中最著名者,当推以乌目山僧闻名于世的黄宗仰(1865—1921)。1903年春,山僧因“出资刊行”章太炎《驳康有为论革命书》和邹容《革命军》,从而引发了震动一时的《苏报》案。案发后亡命日本,他又积极为革命从事宣传和募款工作,成为与孙中山关系最深切的一位方外人士,直可视为一名披着袈裟的革命和尚。与山僧齐名的是苏曼殊。这位亦僧亦俗的曼殊上人正是在宣传革命和交结党人的过程中,才使自身传奇式的生平和诗画文三绝名满天下的。据有关史料称,辛亥时期还有一批与革命有深缘的僧人。杭州白云庵智亮、意周师徒对革命极表同情,遂使其庵成为浙江三大革命秘密机关之一,浙江同盟会和光复会多次在此密商大事。[90] 亚髡法师“光宣之际,云游江浙诸地,鼓吹革新佛教,常以同盟会的宣传品,介绍僧众阅

[87] 严复:《群己权界论·译凡例》,商务印书馆1981年版。

[88] 章太炎:《东方留学生欢迎会演说辞》。

[89] 《谭嗣同全集》,第321页。

[90] 张任天《西湖白云庵与辛亥革命》,《浙江辛亥革命回忆录》,浙江人民出版社1981年版,第193页。

读”。华山法师和栖云法师也都正式参加同盟会，“经常以革命宣传品介绍给青年僧侣”。[91]

在辛亥时期，但凡留意世务的僧界人士，大都对于急速变动的社会生活做出积极反应。当拒借外款、商办铁路的自保路权运动如火如荼展开之时，远在方外的僧界也大有热心保路者。武昌有僧人晓岚遍发传单，邀请各丛林方丈执事集会商议，为川粤汉铁路“公同认股，以保利权”。[92] 在辛亥革命前夕，江苏僧教育会松属事务所召开过一次会议，会议商讨了开办释氏医院的计划，有演说“振兴实业，补助社会”，有演说“提倡办佛学报，以期广传教旨”，也有演说僧界“宜结团体，谋兴公益”。[93]

潮流滚滚，应时而进，虽在方外，未能例外。所以，当各地高举义旗响应武昌首义之时，一批热血僧众闻风而起。他们组织僧军，应和学界、工界和女界等组织决死队、敢死队的义举，一起投入壮丽的光复之役。在浙江有铁岩法师，以拍卖庙产所得，组织了一支有500余人200余枪的僧军，誓师光复杭州。在上海有玉皇法师组织了一支700余人枪械齐全的僧军，归陈其美指挥，参加了光复上海宝山和南京之役。在长沙有僧人救护队，在西安也有僧众协同革命军参加光复之役。[94] 还有一批僧人未能从戎，则出力帮助民军筹集饷款。如上海清凉寺住持清海（江苏僧教育会代表）召集各寺僧众设建水陆道场，以礼佛香火之资捐作军饷。[95]

杨文会生前对于缁素两界入世救众的革命者极表同情赞助。在他门下，孙毓筠和余同伯都是同盟会员，孙被捕后，家属即隐藏在金陵刻经处。杨氏不但礼聘苏曼殊任教祇洹精舍，当亚髡法师被当局追捕时，他也不畏风险将其隐藏在刻经处。因此，对于上述激进的僧众积极变革国运之举，他地下有知，也当欣慰不已。

---

[91] 东初：《开国时期的佛教与教徒》，见张曼涛《民国佛教篇》，台湾大乘佛教文化出版社1978年印行，第4—6页。

[92] 《僧界之热心路事》，《天铎报》1910年4月18日。

[93] 《僧界开联合会》，《天铎报》1911年7月4日。

[94] 东初：《开国时期的佛教与教徒》，见张曼涛《民国佛教篇》，台湾大乘佛教文化出版社1978年印行，第6—7页。

[95] 《时报》1912年1月22日。

第三，杨文会亲手编织的中外佛教联系的纽带，不断加宽加固，成为20世纪中外文化交流的一条重要渠道。

杨氏与南条文雄在长达30余年的交往中，结成亲密情谊。只要稍微浏览一下杨氏遗著中留下的致南条等日本友人的30余件信函，便可了然。南条等在梵文和英文翻译佛经方面热情帮助杨氏，并慨然接受中国幼童赴日本学习梵文的要求。[96] 当日本藏经书院要求将杨氏佛学论著收入《续藏经》之时，杨氏以“均可听许，不论版税”慨然相许，并允为《续藏》撰序。[97] 当锡兰僧人达摩波罗邀请东方僧人赴印度弘法时，他又力荐南条等日本高僧前往。[98] 在他意中，中日佛教互相扶持护掖，是佛教振兴并普及全球的根本。为此，他曾多次向南条表示，拟赴日本求法，认为只要中日两国佛理一明，“导欧美而归诸净土，易于反掌耳”[99]。

所以，事势的发展十分自然。在他身后，中日佛教界的来往更加密切。一苇相渡，各宗各派的人员往来和学理交流都出现了一个新局面。双方重要论著的译介工作也以一种很高的热情持续进行。到20年代，以中日佛教界为主体的世界佛教联合会（1923）和远东佛教大会（1925），更是两国佛教界共同致力于国际宏教事业的标志。

在他身后，中国同欧美的佛教交往也有长足进步。随着敦煌、云冈、龙门、大足等地的藏经或石刻的次第发现，随着欧战之后社会动荡激起西方学者的忧患反思，都促发一部分欧美学者东来。如20年代初俄国学者钢和泰在北京大学教授梵文，并从事梵、汉、巴利、蒙、藏佛学研究，德国学者杜里舒在南京讲学，都是其中著名者，至于欧美僧尼来华求法受戒，也是不绝于途。而中国方面欧阳渐之唯识法相研究和熊十力《新唯识论》，都以其博学精思而蜚声海内外，20年代末太虚赴英、法、德、荷、比、美等国宣传佛学，并应法国佛学家建议，在巴黎筹组世界佛学苑，更为近代中国僧人赴欧美传播佛教之始。

杨文会遽归道山之后二天，武昌首义的枪声响了。很快，孙中山在上海吴淞

---

[96] 《与日本南条文雄书四》，《等不等观杂录》卷七。杨氏原有遣三，四二子往学梵文的打算，因二子早逝，未能如愿。

[97] 《与日本藏经书院书二》，《等不等观杂录》卷八。

[98] 《与日本南条文雄书十三》，《与日本南条文雄书二》，《等不等观杂录》卷七。

[99] 《与日本南条文雄书十三》，《与日本南条文雄书二》，《等不等观杂录》卷七。

踏上国门，由乌目山僧延至爱俪园下榻。随着南京临时政府成立，杨文会在世时未能见及的一个佛教革新运动新场面出现了。然而，只要稍加审视，人们就不难发现他的身影重重映现在这一新场景中。

民初全国统一的僧界组织之成立，可视为杨文会的一大遗业。

以刻经处欧阳渐、李政纲、桂伯华、黎端甫等为首的俗界弟子，在临时政府成立不久，就率先组织近代中国第一个全国性的佛教组织“中国佛教会”。他们拟订会章大纲，以“求世界永久和平及众生完全之幸福”为宗旨，并晋见孙中山，要求承认与支持。孙中山在接见后，迅令教育部批准该会立案。[100] 该会成立后，创办月刊，鼓吹改革佛教，批评佛门积弊。他们以激烈的口吻指摘出家僧尼无知短见，不能适应共和国的新生活，主张今后佛教徒要不分僧俗，能者为上。这一激进态度引起僧界不满，保守的诸山长老奋与辩论，从而在民初佛教界掀起了第一阵波澜。

接着，以祇洹精舍太虚、仁山等为首的僧界弟子，组织发起“中华佛教协进会”。他们很快设立筹备处，拟订会章宣言，并晋见孙中山，具呈临时政府立案获准。他们一方面与欧阳渐等展开论战，一面又在镇江金山寺召开成立大会，公布开展教理、教制和教产三大革命的主张。在同保守的僧众发生冲突斗殴的过程中，他们成功地树起了一面“新僧派”的大旗，从而在佛教界内掀起了一阵更大的波澜。与之鼎峙，还有谢无量在扬州成立的“佛教大同会”。该会以折中并容为号召，在佛教界新旧两派斗争中保持超然中立的态度。章太炎、陈三立、狄葆贤等在上海组有佛学研究会，对“新僧派”持批评态度。[101]

共和初奠，法海生波。为了平息内争，苏南浙北诸山长老推举名满四海的诗僧敬安出山，号召各地僧教育会联合起来，筹组“中华佛教总会”。在有力人物劝说下，欧阳渐和谢无量各自解散组织，“新僧派”也暂被压服。1912 年 4 月，中华佛教总会在上海留云寺召开成立大会，全国各大丛林均有代表参加。总会乃依各省县原有僧教育会改组为分支部，共拥有省支部 20 余及县分支部 400 余，成为中国佛教史上首次出现的全国性的统一组织。

---

[100] 《令教育部准佛教会立案文》，《孙中山全集》第二卷第 277 页。

[101] 章等曾有“乞保护”金山寺函电，批评太虚等“不法恣肆”，见《民立报》1912 年 2 月 29 日“公电”。

民初各地居士组织如萌芽之怒长，则可视为杨文会的又一遗业。

进入民国以后，同五光十色政党社团纷纷林立的情状相应一致，各地居士所立讲习之社和念诵之林不期而同时并兴，蓬蓬勃勃遍及黄河、长江、珠江三流域，成立民国佛教振兴的一大标志。各大城市中实力雄厚的居士组织，积极刊行杂志，出版书籍，搞得很有声色。著名者如狄葆贤、濮一乘等在上海继创设佛学流通处，1912 年 10 月又创办《佛学丛报》；丁福保历时 8 年（1912—1919）编成《佛学大辞典》，词条 3 万余，字数 3000 余万，可谓洋洋大观。丁氏同时编有《翻译名义集新编》和《一切经音义汇编》，与之相辅而行。这些铅印的工具书问世，在普及近代佛学知识方面作用很大。1918 年上海复有居士组织觉社（章太炎、王一亭等）创办《觉社丛书》，次年改名为《海潮音》月刊，成为历时 30 余年影响深广的大型佛刊。进入 20 年代后，南京支那内学院的《内学》和上海佛教净业社之《净业月刊》，也都是佼佼有名者。大量居士书刊的发行，使得教理交流增一大法门，使得佛教宏化添一大法力。

在刻经事业方面，民初各地居士也多有继承杨文会遗愿而努力者。最著者为北京刻经处和天津刻经处，所刊经典之版式装订，皆遵金陵刻经处原式。1913 年，由黄宗仰、黎端甫主持，得罗迦陵居士之助，依日本弘教书院《缩刷大藏经》加以校印，由频伽精舍刊行的《频伽大藏经》出版。在此之后，商务印书馆影印日本之《续藏经》及《汉满蒙藏四体大藏全咒》。迨至 1931 年，更有名居士朱庆澜、叶恭绰等在上海集合团体影印《宋碛砂版大藏经》。

民初居士的活跃状况是前所未有的，难怪有人赞叹此时居士弘法大有“风发云涌”之概。[102] 推原溯始，则此风云之起，还与杨文会辛勤作育以身作则有关。

不过，民初“新僧派”大倡佛教三大革命，则可视为杨文会的更大遗业。

1913 年 2 月，太虚在敬安大师的追悼会上发表演说，进一步申述前已提出的佛教三大革命主张，号召重视人生和社会，以期复兴佛教。他力言，所谓教理革命，即革除充当帝王愚民工具的旧佛理，以大乘佛教自利利他的精神去改善国家社会，进德增善美化人生；所谓教产革命，即摆脱宗法社会的思想影响，反对子

---

[102] 蒋维乔：《中国佛教史》卷四，第 12 页。

孙庙，主张改传承制为选贤制，建立合理的现代僧伽制度；所谓教产革命，即要求消灭教产私占私有现象，以教产兴办教育和慈善事业。三大革命以教理、制度和经济三者并重，清晰表露出受到孙中山民族、民权和民生思想的影响。因而，我们不妨把太虚的佛教革新主张视为辛亥时期三民主义思想在佛教界的积极回响。此后，太虚凭借自身深邃的佛理佛学和卓越的弘法能力，脱颖而出，逐渐成为佛界公认的新领袖。他高扬“人生佛教”的旗幡，确实握住了近代佛教革新的重要枢纽，成为杨文会佛教革新事业继续推进的基本标志。

通过上述考察，本文确认：处在迅速解体过程中的封建社会政治经济生活，以及波涌而入的外来政治和文化力量，在很大程度上规范了杨文会一生解行并持的从佛生涯，并决定了清末佛教革新运动的内容、形式、方向、轨道及其影响。杨文会及清末佛教革新运动的出现，深刻地表明，思想意识是一定社会的产物，社会有兴衰，相与伴随的有关宗教也必然有起落。黑格尔有一名言，“每个人都是他那时代的产儿。哲学也是这样，它是被它把握在思想中的它的时代”[103]。就此而言，杨文会与清末佛教革新运动确确实实是那个时代的产儿，准确地反映了自身所赖以存在并孕育了伟大的辛亥革命的那个时代。

**【编者附记】**唐文权先生此文写于1992年，当年秋天寄给本刊，因顾及篇幅，在编辑部压了一些时间，后与他联系，不意唐先生已成古人，实令人感到意外。兹特将全篇一字不易地刊出，以资追念。

【唐文权　华中师范大学历史研究所教授】

原文刊于《中国文化》1995年01期

[103] 黑格尔：《法哲学原理》，商务印书馆1961年版，第12页。

# 清末的不缠足与女学堂

夏晓虹

## 上篇　不缠足

妇女缠足,在中国已是历史悠久。前人作过不少溯源的工作,或寻踪到齐东昏侯,或远究至“郁郁乎文哉”的周朝,而大体以南唐后主为罪魁祸首。[①] 缠足自然是由男性统治者畸形的审美观所造成,一如梁启超所愤慨言之的,“其必起于污君独夫民贼贱丈夫”[②]。此风虽沿袭千年而不改,历代却也不乏抗议之声,尽管见诸文字的往往是男子代言人。贾伸作《中华妇女缠足考》,引证宋代车若水《脚气集》中语:“妇人缠足,不知始于何时。小儿未四五岁,无罪无辜,而使之受无限之苦。缠得小束,不知何用?”以之为“中国反对缠足的第一声”[③]。直到清代的李汝珍、俞正燮,主流传统以外的别种声音始终存在。不过,这毕竟是个别先觉者的一己之见,对大众生活并不发生影响。

从鉴赏“三寸金莲”到鄙视小脚,观念的转变与事实的矫正,均在晚清短短

① 参见俞正燮:《癸巳类稿》卷十三《书旧唐书舆服志后》,曾继辉《不缠足会驳议》,《湘报》151号,1898年9月10日。

② 《戒缠足会叙》,《时务报》16册,1897年1月。

③ 《史地学报》3卷3期,1924年9月。

几十年间成形，不可不谓之奇功。自清初顺治皇帝开始，清朝君主即不断发布禁止缠足令，并怖之以严刑峻法，却只成为一纸具文。汉族女子缠足的禁而不止，与男子的强迫剃发，“留头不留发，留发不留头”的普遍推行，恰好形成鲜明对比，以致梁启超会有“强男之头，不如弱女之足”④的感叹。可见事情的成功，大不容易。其间，西方传教士不无微劳。

明代以来开始进入中国的传教士，到晚清人数已相当可观。异域见闻，其对于中国妇女生活状态中最觉不可思议的，便是缠足。革除裹足陋俗，因此成为来华传教士所办中文报刊的一项重要话题。1874 年 9 月，《教会新报》改刊为《万国公报》，次年 1 月，即转载了《郇山使者报》刊发的《保师母与年会议论缠足信》，一批由中国基督徒与外国传教士撰写的反对缠足的文章，随后陆续在该刊发表。如英国传教士秀耀春（F.Huberty James）作《缠足论衍义》一文，云：“上帝生人，不分男女，各予两足，原以使之健步……令任女子缠足，竟将重用之肢归于无用之地，辜天恩，悖天理，逆天命，罪恶丛生。”⑤缠足既与教义相背，中国最早的不缠足组织产生于厦门的信教女子中，于是毫不足怪。

《万国公报》对晚清维新派的影响已是公认的事实，而考察康有为反缠足思想的来源，当亦与之有关。《康南海自编年谱》光绪九年（1883 年）条下，既有“购《万国公报》”的记录，也有“时坚不为同薇裹足”的叙述，⑥未必不是《万国公报》中的议论发生了效应。实际上，晚清文人往往引证西人之言，作为反对缠足的根据。谭嗣同的老师欧阳中鹄即称说：

> 西人论中国三弊：曰鸦片烟；曰女子缠足；曰时文。⑦

接受西人的说法的中国知识者，也自然地把男子的抽大烟与女子的裹小脚，并列视为国人的可耻陋习。而 1896 年由久居重庆的英国立德夫人（Mrs. Archibald Little）发起成立的“天足会”，参加者尽为西方人士，尤给予中国先进分

---

④ 《变法通议·论女学》，《时务报》25 册，1897 年 5 月。

⑤ 《万国公报》4 册，1889 年 5 月。

⑥ 中国史学会主编《戊戌变法》（四），上海人民出版社 1957 年版。

⑦ 谭嗣同《兴算学议·上欧阳中鹄书》之批跋，《谭嗣同全集》（上），中华书局 1981 年版。

子以莫大刺激,“在彼以普度众生为名,使我增独为君子之耻”[⑧]。不缠足运动因而逐渐兴起,并成为中国妇女解放最先显示出实绩的一部分。

如前所述,不缠足运动的阻力并非来自清廷,而是社会习惯势力。一般说来,作为中间阶层的文人士大夫的总体取向,在很大程度上决定了一个社会的发展方向。晚清不缠足运动即提供了最佳范例。正是由于文人的觉醒,起而大声疾呼,从分散的抨击与小团体的活动,汇聚为具有强大冲击力的时代潮流,才最终改变了大众生活。

当1883年康有为坚持不为长女同薇缠足时,因感势单力微,“独立甚难”,曾和游美归来、家人亦不缠足的乡邻区谔良相商,共同创立了不裹足会,由康草拟条例,撰写序文,据说一时“来者甚多”。康氏自称其“实为中国不缠足会之始”[⑨],并不准确,起码厦门戒缠足会1875年便已成立,1879年在《万国公报》上也有相关报道。[⑩] 不过,即便如此,康有为当年创办不裹足会仍需要很大勇气,同为发起人的区氏即“以会名虑犯禁”,怕触犯众怒而退出,使该会未久散去。然而,康氏仍抱持理想,不放弃努力,至光绪二十一年(1895年),他又同其弟康广仁共创粤中不裹足会。此后更推广到上海,1897年不缠足会在上海正式成立时,已是“合士大夫为大会”[⑪]。出面组织者为梁启超、汪康年、康广仁等,时任湖广总督的张之洞也表示赞许,其《戒缠足会章程叙》即刊载于梁、汪主持的《时务报》上。以上海不缠足会为总会,各地的分会竞相设立。“近而沪、苏,远而闽、广,以小生巨,异步同趋,行之未及一年,入会已逾万众。”[⑫]《时务报》为此特辟“不缠足会博议”专题,集中发表各地读者的来函,以及湖南、嘉定、福州等处不缠足会章程。其他维新派重要报刊,如《知新报》《湘报》也合力鼓吹,刊登论说、草例,公布入会人题名录,使不缠足运动形成热潮。

创办不缠足会,自然是为了革去陋俗。黄遵宪更列举“废天理”“伤人伦”“削人权”“害家事”“损生命”“败风俗”“戕种族”七大罪状,畅论缠足之弊。曾历任出

---

⑧ 《述天足会缘起》,《申报》,1899年10月21日;黄遵宪:《臬宪告示》,《湘报》55号,1898年5月9日。

⑨ 《康南海自编年谱》光绪九年条。

⑩ 抱拙子:《厦门戒缠足会》,《万国公报》11年531卷,1879年3月。

⑪ 《康南海自编年谱》光绪九年条。

⑫ 黄遵宪:《臬宪告示》。

使日、美、英诸国之职的黄氏，讲起域外见闻及他国人的鄙薄缠足，自是言之痛切：

本署司早岁随槎环游四国，先往东海，后至西方，或作文身，或束细腰，虽属异形，尚无大害。若非洲之压首使扁，印度之雕题饰观，虽有耳闻，并未目睹。惟华人缠足，则万国同讥。星轺贵人，聚观而取笑；画图新报，描摹以形容。博物之院，陈列弓鞋；说法之场，指为蛮俗。欲辩不能，深以为辱。

既为国耻，便当废弃。黄遵宪故殷殷为士民告：

所望不缠足一事，父诏而兄勉，家喻而户晓；早除一日，即早脱一日之厄，多救一人，即多得一人之用；以存天理，以教人伦，以保人权，以修家事，以全生命，以厚风俗，以葆种族。⑬

放足一事，正是关系重大。此前，郑观应于 1880 年出版的《易言》中，尚须引证《孝经》之"身体发肤，受之父母，不敢毁伤"，而要求"以十载为期，严行禁止"⑭；到戊戌变法的前夕，时势推移，废除缠足已刻不容缓，保国保种便成为解放女足最过硬的理由。

此外，成立不缠足会也有颇为实际的考虑，即为了解决天足或放足女子的婚姻问题。谭嗣同撰写的《湖南不缠足会嫁娶章程》，题目中已带出此意。同人公拟而由梁启超执笔的《试办不缠足会简明章程》，曾经作为各地不缠足会发凡起例的范本，广为流行，其说明"立会大意"的第一条便声明：

此会之设，原为缠足之风，本非人情所乐，徒以习俗既久，苟不如此，即难以择婚。故特创此会，使会中同志，可以互通婚姻，无所顾虑。庶几流风渐广，革此浇风。⑮

---

⑬ 黄遵宪：《臬宪告示》。

⑭ 《论裹足》，《易言》，中华印务总局 1880 年版。

⑮ 《时务报》25 册，1897 年 5 月。

关于不缠足女子择婚难的情况,可从康有为的描述窥见一斑:“吾乡无有不裹足者,亦以不裹足,则人贱为妾婢,富贵家无娶之者也。”[16]因此,贫家女子缠不缠足尚无大碍,若是有地位的人家,不裹足便成自贬身份,少有人敢来攀亲。有鉴于此,梁启超所撰章程不只详细规定了“凡入会人所生女子,不得缠足”,“其已经缠足者,如在八岁以下,须一律放解”(此条比宋恕所说“年未满十六者悉勒解”[17]又保守得多);并与谭嗣同一样,要求入会人在今后为子女择婚时,不能娶缠足女子,无论同会人互婚或是求之于会外,皆当如此。谭作章程因只虑及入会人“不致以不缠足之故,为世俗所弃”[18],故执律严格;梁启超则更为周到,又补充规定了入会前所生男子如年龄已大,无适当之不缠足女可论婚,亦允许破例。而所有这些章程,无一例外,都以下代人的婚姻为主要着眼点。登记会员的姓名、年龄、籍贯、住址、履历、妻子与子女的名氏,也是为会中人通婚提供方便。这套程式,康有为当年在家乡创办不裹足会时即已使用,应当也有联姻的用意。

戊戌变法的高潮中,康有为又上《请禁妇女裹足折》,光绪皇帝亦下发了准令各省劝诱推行禁止妇女缠足的谕旨,也是基于戒缠足已成为士大夫阶层普遍接受的共识,在社会上具有了相当的基础。这从各地同类组织的会名繁复,如不缠足会、不裹足会、戒缠足会、天足会、卫足会等,已可见一斑。各种有关不缠足的宣传品也大为流行,广泛印送的《不缠足歌》[19],湖南不缠足会发给每个会员以为入会凭据的《戒缠足歌》[20],林纾的《闽中新乐府》被各刊转载次数最多的《小脚妇·伤缠足之害》三首[21],均属此类。武昌的不缠足会还出版了专门的刊物《不缠足会画报》(1905 年),坚持数年;上海的中国天足会所办《天足会报》(1907 年)则影响更广。小说作者也不甘落后,程宗启 1906 年面世的白话小说

---

⑯ 《康南海自编年谱》光绪九年条。

⑰ 《六字课斋卑议》(初稿)之《女学章》,《宋恕集》(上),中华书局 1993 年版。后梁启超本人说法也有改变。1900 年 5 月 24 日《与蕙仙书》中,即询问夫人“已放缠足否? 宜速为之,勿令人笑维新党首领之夫人尚有此恶习也”(丁文江、赵丰田编《梁启超年谱长编》,上海人民出版社 1983 年版,第 252 页)。当年李端蕙为三十二岁。

⑱ 《湖南不缠足会嫁娶章程》,《时务报》45 册,1897 年 11 月。

⑲ 见《湘报》39 号(1898 年 4 月 20 日)起不断刊登的广告《印送不缠足歌(凡欲阅者请至南正街俞宅领取)》。

⑳ 见《湖南不缠足总会简明章程》,《湘报》30 号,1898 年 4 月 9 日。

㉑ 分见《时务报》49、50 册(1897 年 12 月、1898 年 1 月)、《知新报》46、47 册(1898 年 3 月)、《女报》9 期(1902 年 12 月)。

《天足引》,书前《序例》即明言:"我这部书,是想把中国女人缠足的苦处,都慢慢的救他起来。"故"连每回目录都用白话",以便女先生可以在课堂上"说与小女学生听","乡村人家,照书念念,也容易懂了"。[22] 程氏关于课堂宣讲的想法并非无稽之谈,翰墨林书局印行的《劝不裹足浅说》,便在同一年经清廷学部审查,规定为各省通行的讲课应用书。[23] 如此大张旗鼓地倡行不缠足,已与康有为最初创立不裹足会时的情形迥然不同,而时间仅相差十几二十年。

自然,清朝政府的表态也产生了作用,民间活动得以官方为后援。对于民众来说,解缠足乃是遵旨办事,题目正大,因而当时报刊上不乏"奉旨放脚"的说法。[24] 读书人宣讲起不缠足之义,更觉理直气壮。上述刊物、小说的大批涌现,即与1902年2月慈禧太后、光绪皇帝发布的劝谕有关。宋恕在谕旨公布之年,便不失时机地写作了《遵旨婉切劝谕解放妇女脚缠白话》。其"开宗明义"一节,即声言此作本是奉旨撰文,皇太后,皇上既"责成我们绅士人家,婉切劝谕诸色人家解放了妇女的脚缠。我因此来劝你们遵旨,你们听清记牢要紧"。文中不仅讲述了中国古代自孔夫子以来不缠足的历史、缠足恶习的发生,并且列举出最强有力的事实:

> 你们要晓得目今皇太后、皇后、皇妃、公主都是不缠脚的呢。你们还要晓得宗室、八旗人家许多老太太、太太、少奶奶、小姐,个个都是不缠脚的呢……这是大清第一等高贵的人家呢。你们想一想:他们这等高贵,个个不缠脚,你们反说不缠脚是贱,难道你们种田、做手艺、做买卖的人家比他们王爷、相爷、制台、抚台的人家还高贵么?

汉族的重臣中,李鸿章的老太太、两广总督陶模的小姐"亦是不缠脚的呢"。即论时兴,"目今城里新式是放脚了"。种种例证,都表明放足是"取法乎上"的选择。何况,解去脚缠还有诸多好处:血脉流通,可以减少心口疼、小产、难产的发病率;跑得快,"兵灾易免""火灾易免""水灾易免";站得稳,"风灾易免"。据

---

[22] 《天足引》,上海鸿文书局1906年版。

[23] 《通行各省宣讲所应讲各书文》附《学部采择宣讲所应用书目表》,《学部官报》4期,1906年10月。

[24] 如《女报》1期《新闻》栏《奉旨放脚》(1902年5月)。

此，所有反对放足的说法，理所当然地遭到宋恕合乎情理的驳斥。[25] 这类宣传之详细明备，可举《女子世界》第二期刘孟扬的《劝诫缠足》各节题目为例：

缠脚的妇女多受脚的累
以后缠足的女子不容易得好婿
不缠足妇女的装束可以随便
指明妇女缠足不是正道的凭据
请遵谕劝戒缠足
妇女不缠足不是学外国人
爱小脚的真是怪事

言尽于此，明理之人不难作出判断与抉择。

放足虽是明智之举，也要讲究科学方法。一日之间尽数解去固然痛快，却非人体所能承受。故许多宣传品，如宋恕的白话文后，即附有《放脚法门》，不缠足会中，亦有此类咨询服务。[26] 为方便普及，歌诀无疑是最有效的手段，以下所引的《放脚歌》可备一例：

放脚乐，乐如何？请君听我放脚歌。
棉花塞脚缝，走路要平过。
酸醋同水洗，裹脚勿要多。
七日剪一尺，一月细工夫。
夜间赤脚睡，血脉好调和。
放了一只脚，就勿怕风波。

---

㉕ 《宋恕集》（上），中华书局 1993 年版。关于诸灾易免之说，林纾的《闽中新乐府·小脚妇》三首已开其端。其二吟小脚妇遇水灾、火灾之困苦；其三则述兵灾中被凌辱，与大脚健妇之抱儿负米、“蓝布包头男子装”得以幸免于难，适成对照。

㉖ 如《黎里不缠足会缘起》第九条云：“欲知放足之法及靴鞋样者，请至本会所问取。”（《女子世界》3 期，1904 年 3 月）。

放脚乐，乐如何？请君同唱放脚歌。[27]

其实，放脚要诀只在一“渐”字。长沙 1897 年结成的不缠足会便使用此法，“初时履稍加长，宽其束缚，勤于洗濯，一月之间，而趾趺(跌)平满如故矣”[28]。因特登报报告，以利推广。

放足后，穿何等样鞋，又是连带而起必须虑及的现实问题。原来的小鞋已不能再穿，鞋样的变化势不可免。谭嗣同所撰《湖南不缠足会嫁娶章程》对此细节亦未遗漏，而详加规定为：

不缠足之女，其衣饰仍可用时制，惟着鞋袜与男装同式。

这自然是最方便的解决办法。不过，“阴阳混淆”，总令许多女子心中不安。因此有女士建议“仿古”，“男子方头，妇人圆头”，“以别男女”[29]。一些地方的不缠足会也置备了不同于男式的靴鞋样，供人取索。[30] 或许更有意味的是，关心此事的不只是放足的倡导者，还有眼光敏锐的商人。在不缠足运动声势盛大的湖南，新式鞋履的需求量激增。长沙李复泰鞋铺的老板即看准时机，在发行量不俗的《湘报》连续刊登广告，以醒目大字标出“定做不缠足云头方式鞋”，小字注明“赐顾者请先交长短宽窄底式，不拘何等杂色，随人所喜”，最末才用小字写出“并售京、卫、汉式各种靴鞋”[31]。原本居为奇货的大都市时髦鞋，反让位于不缠足用鞋，可见后者的生意更好做。如此上下合力，不缠足才有望成功。

不过，放足在各地并非一帆风顺、一呼百应，甚至有女子为之付出生命代价。当时广泛报道的江苏沭阳胡仿兰“以身殉足”事，即为骇人听闻的一例。胡平日以振兴女学为己任，尝谓：“欲兴女学，必除女害；除害必自放足始，放足必自躬

---

㉗ 《放足纪念》，《女子世界》11 期，1904 年(？)。

㉘ 《卫足述闻》，《湘报》43 号，1898 年 4 月 25 日。

㉙ 刘曾鉴：《论女学塾及不缠足会未得遍行之故》，《湘报》101 号，1898 年 7 月 2 日。

㉚ 如《黎里不缠足会缘起》第九条云：“欲知放足之法及靴鞋样者，请至本会所问取。”(《女子世界》3 期，1904 年 3 月)。

㉛ 此广告自《湘报》80 号(1898 年 6 月 7 日)起开始刊登。

行始。”其夫徐家女眷受其影响，亦一并解去缠足。胡之公婆痛心疾首，因以暴力干涉。先是命奴仆强行复缠其足，“继则以为缠其足无以缠其口，缠其身未能缠其心”，又将胡锁闭房中，四日不给饮食，迫令服生鸦片自尽。以致胡家前去接人，徐母亦不放行，声言：“只能抬死的回，休想要活的返。”必欲置之死地而后快。更可悲的是，胡毙命后，当地人“非独不以妇之死为无辜冤，乃反以因放足而死，有应得之咎”[32]，而其时已是1907年4月！

如胡仿兰所遇之残酷行径虽未绝迹，放足带给广大妇女的毕竟多是好音。肢体的解放乃是人格独立的开端，何况自此还可以成为于国有用之人。广州女子崔慕莲即为此赋诗志喜。崔氏原不缠足，嫁到湖南，迫于习俗，“莲钩是束”。当1898年不缠足运动推行湖南之际，崔偶于案头拾得《湘报》，“略为翻阅，泣感成珠”。所刊不缠足会章程及黄遵宪告示，对崔氏而言，“洵瓶中杨柳，大地回春；座生莲花，慈航渡世”。不禁庆幸“得一切解脱，抛掷云霄”，而不再为“羞见公婆羞作妇，误人毕竟是弓鞋”所苦恼。其诗亦语调兴奋：

人生不幸女儿身，缚束筋骸苦莫伸；
会结菩提逢解脱，馨香愿祝赤趺人。（其一）
国富人强石勒勋，援桴助战约章焚。
倘教再恣鲸吞虐，相继柴家娘子军。（其四）[33]

诗作颇能表出一般有识女子的心情。而即使不具备崔氏这等觉悟，健步如飞也足令放足者欢欣舒畅。

就中观念的改变最关键。三寸金莲已不是女性美的标志，反代表着畸形、废疾。于此亦不难明白1903年发生在日本大阪世界博览会的“人类学馆事件”，为何会激起极为强烈的反应。“日人竟拟于其中置一中国人，摭拾我一二旧俗，模肖其腐败之态，以代表我全国”的报道一出，居留日本的华人一致视为莫大侮辱，群起抗议。神户领事蔡勋前往大阪力争，留东学界及华商也致函国内，要求

---

[32] 怀馨：《以身殉足》，《中国新女界杂志》5期，1907年6月；同时《申报》亦有报道。
[33] 《卫足诗并序》，《湘报》66号，1898年5月21日。

拒绝赴会。此议虽因日本政府干涉而取消,却改为在台湾馆(台湾时为日本殖民地)安排一小脚女人。湖南留学生同乡会仍紧追不放,特派专人前去调查,表示愤慨。[34] 以致次年成立的广东香山女学校,在规定学生不准缠足时,亦援引"野蛮人类,馆列大阪,腾笑五洲"之事,以为"不可不戒"的理由。所谓"我实痛之,我实耻之"[35],表明经过数年不缠足运动的推行,在一般有觉悟的国人意识中,缠足显然已从国粹变为国耻。而柳亚子所称引之生理学家言,"人类者兽类之进化也,进化愈早者,足愈大而发达愈强"[36],又有力地证明大脚为文明开化的标志。缠足的废止,于是获得了最充足的根据与最坚实的根基。逆流反动,因此不能改变历史主潮。

## 下篇　女学堂

不缠足与兴女学,今日分述为两事,晚清人却每合成一体。宋恕 1892 年写作《六字课斋卑议》时,《女学章》末尾,即已附论缠足之弊。而绝大多数不缠足会章程中,都有关于设立女学塾的规定。如梁启超所拟《试办不缠足会简明章程》,除声明每年收入的会费及捐款余资,当用以"设女学校"或举办其他妇女事业,还明订"赠《劝女学歌》一本",作为"入会之据"。反对缠足与提倡女学,在同一批人那里总是密切相关。

英国传教士李提摩太(Timothy Richard)有关分利生利之说,曾被广泛地运用于不缠足与兴女学的讨论中。[37] 社会人群既可区划为生利者(即生产者)与分利者(即消费者)两类,缠足女子与不学女子便理当一并归入后项。解缠足不过是使妇女成为有用之人的第一步,继之而起的必然为知识的扩充。宋恕因而要

---

[34] 《日人侮我太甚(敬告东京留学生)》《博览会人类学馆事件》,《新民丛报》25、27 号,1903 年 2 月、3 月;《湖南同乡会调查大阪博览会人类馆台湾女子事件》,《游学译编》6 册,1903 年 4 月;《日本大阪博览会中国福建出品移出台湾馆始末记》,《江苏》1 期,1903 年 4 月。

[35] 《香山女学校学约》,《女子世界》7 期,1904 年 7 月。

[36] 《黎里不缠足会缘起》。

[37] 见《论生利分利之别》,《万国公报》52 册,1893 年 5 月。

求将“省下来的缠脚工夫”用于识字。[38] 郑观应更早已预言，“易裹足之功改而就学，罄十年之力率以读书”，则“天下女子之才力聪明”必不在男子下。[39] 缠足妨害女学，不只在损耗精力，其“毁人肢体，溃人血肉，一以人为废疾，一以人为刑僇”，也使得女性无法“从事于学”。梁启超于是以极端的表述方式强调，“缠足一日不变，则女学一日不立”[40]，直视缠足为女学的大敌。

缠足之外，女学堂的建立还有诸多障碍。即使将办学需要充足的经费置之不论，单从观念习俗考虑，也必得做出重大改变。女子出门就学，一改有身份人家“养在深闺人未识”的旧规矩，阻力亦随之而来。清廷1904年颁发的《奏定蒙养院章程及家庭教育法章程》，常被引用作封闭女学堂的法律依据，即是因其中明文规定，“少年女子断不宜令其结队入学，游行街市”。女学便只能限于家庭，“或受母教，或受保姆之教”，所谓“以家庭教育包括女学”[41]，要义在此。其次，由于女子教育创办之初，女教员不足，往往须请男教师兼课，这又与“男女授受不亲”的礼教训条相悖。1906年，常州粹化女学被江苏学务处勒令辞退男教师，理由便是巡抚陆元鼎曾札示，“如有开设女学，谬以男教习杂厕其间者，务即严行谕禁，毋任蠹害风俗”[42]。女学堂的创建，因此意味着与传统势力的剧烈冲突，注定其一发端便举步维艰。

虽然如此，新式教育仍一往无前地排除层层阻碍，顽强地在中国生根繁衍。令后人惭愧的是，中国最早的女学堂，也是由西方人创办的。1844年，英国传教士亚尔德西（Miss Alderseey）在宁波开设的女塾，通常被认作是中国大陆第一所女学堂，该校次年已有学生15名。[43] 此后，外国传教士又陆续在允许通商的五个沿海城市广州、福州、厦门、上海、宁波开办了不少女子学校。据《中国基督教

---

[38] 《遵旨婉切劝谕解放妇女脚缠白话》。

[39] 《女教》，《盛世危言》，宏道堂，1894年。

[40] 《变法通议·论女学》，《时务报》25册，1897年5月。

[41] 《奏定学堂章程》，学校司排印局。

[42] 《江苏学务处批女学不能延男教习》，《顺天时报》，1906年4月3日。

[43] 中国基督教教育调查会《中国基督教教育事业》卷三第十二章《妇女教育》，商务印书馆1922年版；褚季能《女学先声》，《东方杂志》31卷7号，1934年4月。又，中国大陆以外地区，如澳门，起码在1834年已有英国传教士古特拉富夫人（Mrs.Gutz laff）所办专教女生的学校，见容闳《西学东渐记》第一章（商务印书馆1915年版）。

教育事业》卷三所言："于一八四四年至一八六〇年之间，又有十一教会女学校，设立于此通商之五埠焉。"这一事实，使日后倡导女学的维新人士深以为耻：

> 彼士来游，悯吾窘溺，倡建义学，求我童蒙，教会所至，女塾接轨……譬犹有子弗鞠，乃仰哺于邻室；有田弗芸，乃假手于比耦。匪惟先民之恫，抑亦中国之羞也。[44]

兴办女学，因而成为有识之士的一项急务。并且，女子教育也必由国人自办，才可持久推广。

1897年4、5月，梁启超在《时务报》连载《变法通议》的《论女学》一章，畅说女子教育的重要性。文中极而言之，将"女子不学"，认定为中国衰弱的根源，即"天下积弱之本"，援以为据的重要理论，正是生利分利之说。正面的表述则为：

> 故曰国何以强？民富斯国强矣。民何以富？使人人足以自养，而不必以一人养数人，斯民富矣。[45]

女子学有所长，可以自养，中国便能够逐渐富强，这就是以梁启超为代表的维新派在女学问题上的基本观点。文章刊发仅仅半年之后，梁氏与同人已迫不及待地从理论的倡导转向实际的操作。先是发表《倡设女学堂启》，随即又公布了《上海新设中国女学堂章程》，中国人自办的第一所女子学校——中国女学堂（又名"经正女学"）的筹备工作由此正式展开。

幸亏有提议兴办并总其成的经元善细心保留了草创之初的原始记录，使我们得以历历在目地回顾近一个世纪前中国教育史上一项创举发生的全过程。1897年11月15日，《倡设女学堂启》在《时务报》首要位置刊出。当日，诸位发起及赞助人便举行了第一次筹备会议。[46] 此后，在不到一个月的时间里，又连续

---

[44] 梁启超：《倡设女学堂启》，《时务报》45册，1897年11月。

[45] 《变法通议·论女学》，《时务报》23册，1897年4月。

[46] 梁启超因赴湖南，出任长沙时务学堂中文总教习，未参与其后的筹备工作，由夫人李端蕙代表。

开会三次，商讨各项事宜，足见其认真程度。根据现存的四次会议纪要，可知订立章程为最中心的议题。第一次会即提出，要约请参加者的女眷与“西国各女塾教习、提调”会商，“博采师法，择善而从”。但这并非意味着照抄西法。因此，第二次会上，陈季同提及其法国夫人、“外国女学堂出身”的赖妈懿正在草拟日课章程，经元善便及时提醒：“嫂夫人所拟，大约全是西国学派。今中国创设女学，不能不中西合参者，地势然也。”陈氏亦表示同意，“不宜全用西法”㊼。11月28日，中国女学堂章程开始在陈季同主办的《求是报》连续刊登，《时务报》则于12月5日出版的47册上一次推出。这自然是集思广益的结果，不过，在参与者心目中，并未将其视为定规。12月6日举行的有122人参加的第四次会上，即有女学堂聘请的华提调沈瑛与其侄媳章兰提交了内办章程七则，供出席会议的中外女士评议。陈季同也请弟妇、陈寿彭之妻薛绍徽就已订章程发表意见。当中国女学堂正式开学的前夕，华提调沈瑛又与西提调赖妈懿共同署名，拟定了《中国女学会书塾章程》，内称“因地因时，于原章不能不小有变通”㊽，并以此作为日后办学的实行规则。

《上海新设中国女学堂章程》最特殊的内容，为课程设置的“中文西文各半”，故提调亦分聘华妇、西妇各一。从重视外文，科目分算学、医学、法学、师范四类，以及“仿照西国书院章程略为减收”学费，援引“西国义举，多有认年捐月捐之例”定捐款办法，㊾其间分明显示出西方的影响。即使是学校的建筑布局，也不例外。第一次集会，校舍尚未有蓝图，诸人已在考虑于“屋之东隅，再辟草园一区，凿池种树为诸生游息之地”。沈瑛与章兰关于为教员、学生建一饭厅的计划，后来自然也是付诸实行。㊿ 餐厅之外，建成使用的校园里还有会客房，“亦外国格式”。而照英国立德夫人的考察，“塾内什物，半系西制”。学生因分住校、走读两类，宿舍的设施也堪称完备：“每房安置四床，床皆有帐；床前有茶几、

㊼ 《光绪二十三年十月二十一日沪上创办中国女学一品香会议第一集》及《光绪二十三年十月二十七日沪南桂墅里池上草堂会议第二集》，经元善辑《中国女学集议初编》，引自朱有瓛主编《中国近代学制史料》第一辑下册，华东师范大学出版社1986年版。

㊽ 《湘报》64号，1898年5月19日。

㊾ 《时务报》47册。

㊿ 分见《沪上创办中国女学一品香会议第一集》及《光绪二十三年十一月十三日内董事张园安垲第公宴中西官绅女客会议第四集》，《中国女学集议初编》。

靠椅各一；每房有公用衣橱一，面架一。”[51]如此布置，自与发起人的西学背景不无关系。陈季同的留法学历，经元善的上海电报局总办资格，为中国女学堂的西化色彩提供了合理的解释。加以女学堂原本是西方事物，国人自办之初，不可避免地会留下模仿的痕迹。

不过，中国女学堂的创办者，仍然有意识地努力突出本国特色。章程第一条所规定的“学堂之设，悉遵吾儒圣教，堂中亦供奉至圣先师牌位”，即力图予人延续传统的先入为主印象。这一规条在同人看来也是天经地义，并不感觉孔子牌位与新式学校之间有什么不协调。即使发表异议的薛绍徽，也只是鉴于女子学堂自身的特点，而认为应以女先贤班昭替换孔子，“祀于堂中，以为妇女模楷”，内中仍“隐寓尊孔之意”[52]。正是由于中国女学堂这种明确的尊孔倾向，章程中已公之于众的聘请留美归来的康爱德、石美玉为西文教习之约，最终并未实现，二女士以受洗为基督教徒、宗教信仰不合的理由，拒绝合作。[53]

能够体现传统影响的另一规定，即是严守男女之别。第一次集议，办学细则尚未论及。已先有“议此堂之设，章程第一条，堂中一切皆用妇人为之”[54]的定见。嗣后，章程正式公布，果然于堂规之首明订：

> 凡堂中执事，上自教习、提调，下至服役人等，一切皆用妇人。严别内外，自堂门以内，永远不准男子闯入。

从办女子学堂的角度考虑，以女性为主本是正途，或应视为创举；然而在当事人做来，多半只是免人非议的预防措施，实系对旧势力的一种让步。这一规矩，到蔡元培等人 1902 年创办爱国女学校时，即已打破。一班爱国学社的男教员，因女校师资不足，便义务兼课，蒋维乔、叶瀚等人均其选。[55] 虽然，直到 1907 年清廷学部颁布的《奏定女子小学堂章程》与《奏定女子师范学堂章程》中仍然规定，

---

[51] 《女学先声》，《湘报》124 号，1898 年 8 月 10 日。
[52] 《创设女学堂条议并叙》，《求是报》9 册，1897 年 12 月。
[53] 见褚季能：《第一次自办女学堂》，《东方杂志》32 卷 3 号，1935 年 2 月。
[54] 《沪上创办中国女学一品香会议第一集》。
[55] 见蔡元培：《我在教育界的经验》，《宇宙风》55 期，1927 年 12 月。

“女子初等高等学堂堂长、教习，均须以女子年岁较长、素有学识、在学堂有经验者充之”，师范学堂则“仆役亦须用端正守礼之妇女”[56]，但并不能真正范围经济来源不同的各式女学堂。女子教育事业的进步，此为一端。

毕竟作为近代女学探路者的中国女学堂，在时人眼中以及倡办者心中，仍是趋新多于守旧。故章程中设定的“堂中功课，中文西文各半”，已大大超出传统妇学的范围，而体现了以梁启超为代表的晚清先进知识者的妇女教育思想，希望女子“知有万古，有五洲，与夫生人所以相处之道，万国所以强弱之理”[57]，即具备作为现代人必须拥有的基本知识。尽管其课程中也保留了与古来相传的“女工”内容相似的缝纫、烹饪科目，科学常识的传授仍居主导地位。于是，中国女学堂实际存留的形象，恰如其建筑设计思想，“外盖华屋，内用西式装饰，庶几中西合璧”[58]，在儒学传统的包裹下，已尽可能多地输入西方文化，即使管理办法也不例外。补充修订后的《中国女学会书塾章程》因此承认，其学校建制乃“采仿泰西、东瀛师范，以开风气之先，而复上古妇学宏观”[59]。在当时的环境中，人们看重的自然是前者。

中国女学堂的出现，在旧教育体制中打开了一个缺口，标志着中国女子社会化教育的从无到有。经过半年多的紧张筹备，校舍落成，女学堂于 1898 年 5 月 31 日开学，这在中国教育史上也是值得铭记的一日。由于办学诸人的努力，学生人数从最初的二十余人，一年后增至七十多名，并开办了分校，[60]本是事业兴旺，可惜受到迅速来临的戊戌变法失败的牵连，学堂虽勉力维持，终因压力巨大，而在 1900 年关闭。其存在时间虽短，并不减损首开风气之意义。无怪乎远在天津的严复与时留福州的林纾，会在动议提出后兴奋不已，一撰《论沪上创兴女学堂事》文，一作《兴女学·美盛举也》诗，表现出对这一新生事物的热切期望。

女子教育作为妇女解放的一部分，与不缠足本是同体连枝。因而，几乎所有的女学堂都明文反对缠足。中国女学堂初次公布的章程中已声明：

---

[56] 《奏陈详议女学堂章程折》，《学部官报》15 期，1907 年 3 月。

[57] 《变法通议·论女学》，《时务报》23 册，1897 年 4 月。

[58] 《沪上创办中国女学一品香会议第一集》。

[59] 《湘报》64 号，1898 年 5 月 19 日。

[60] 见广学会书记：《上海创设中国女学堂记》，《万国公报》125 册，1899 年 6 月。

兹暂拟有志来学者，无论已缠足未缠足，一律俱收。待数年以后，始划定界限，凡缠足者皆不收入学。

次年刊出的修正章程，更强调、简省作“尤以不缠足为第一要义”。爱国女学校也规定学生“不得缠足（已缠足者，入校后须渐解放）”[61]。这一规约甚至为日后清朝学部颁发的女学堂章程所采纳，对小学堂的要求是“一律禁除”，师范生则因年龄较大，故措辞为“劝令逐渐解除”。至此，不缠足与女学堂已真正密不可分。

而在清廷的女学章程草定之前，由于民间人士矢志不渝的努力，中国的女子教育事业已初具规模。这里有两组数字可供比较：林乐知（Young John Allen）统计1902年前后中国基督教教会学校的女生人数为4373名（初等蒙学堂情况不详，未计入；又，其中应包括男女同校的女生）；清朝学部1907年调查的结果是，女学堂已有428所，学生15496人（其中湖北未详；又，数字未必准确，但可资参考）。[62] 虽然这不是两组对应的数字，女子教育进步的足迹仍清晰可见。只要将在学人数最多的江苏省3395人，与1902年的基督教教会学校女生之总和比较，二者的比例约为3.5∶4.5，即是明证。江苏之外，直隶、四川的女学也颇可观。学生均达二千余人。这自是地方绅商热心推导的结果。

潮流所向，1904年尚持“中国此时情形，若设女学，其间流弊甚多，断不相宜”[63]立场的清廷学部，到1907年3月也只好顺应时势，发布《奏定女子小学堂章程》与《奏定女子师范学堂章程》，承认了女学堂的合法性，将其纳入正规的教育系统中。三年之间官方态度的巨大变化，只能以民间办学的成功与时论的压力来解释。尽管在清朝政府，女学堂章程的制订不过是顺水推舟，但对于各地女子教育的发展，仍有实际推动作用，因为它总算提供了一种允诺的法律保障。两个章程都明确规定：“开办之后，倘有劣绅地棍造谣诬蔑、借端生事者，地方官有保护之责。”另一点也很明白，这不等于干涉、压力的荡然无存。女学堂数目的增长，则从1909年学部

---

[61] 《爱国女学校甲辰秋季补订章程》，《警钟日报》1904年8月1日。

[62] 林乐知《全地五大洲女俗通考》第十集第十七章《论中国传教通商关系》，上海广学会，1903年；《光绪三十三年分第一次教育统计图表》，学部总务司。

[63] 《奏定蒙养院章程及家庭教育法章程》。

的统计表撷取数例可见一斑:奉天46所2358人(1907年时12所695人),黑龙江14所549人(1907年时2所90人)。云南33所1468人(1907年时18所1027人)[64]。各地情况虽不均衡,女子教育的状况确实在改善,也是事实。

政府一方容纳了女学堂,但不表示与民间办学思想毫无二致。各式学校当然并非铁板一块,难求一律,主流倾向则明显与官方有相当大的差异。维新派人士所办的中国女学堂,其"立学大意"的核心是,"为大开民智张本,必使妇人各得其自有之权"[65];革命派志士创立的爱国女学校,政治色彩更鲜明,故"以增进女子之智、德、体力,使有以副其爱国心为宗旨"[66]。两校的立意均在培养现代国民,已无疑义。而广东香山女学校的学约,在各地女校中颇具代表性,不妨抄录一段以为示例。

> 同具神经,同负肢体;神明之裔,国民之母。天赋之权利,尔当享之;人类之义务,尔当尽之。尔当勉为世界之女豪,尔毋复作人间之奴隶。[67]

育人目标极其远大,不只期望为一国造就合格的女国民,更要求其人能争胜于世界。

反观学部章程,则限制防范唯恐不周。先时既力图"以家庭教育包括女学",标举"所谓教者,教以为女为妇为母之道也",故"不宜多读西书,误学外国习俗,致开自行择配之渐,长蔑视父母夫婿之风"[68];三年过后,自不会全行改过。新规范中因而处处留下了旧疤痕。《奏定女子师范学堂章程》将"期于裨补家计,有益家庭教育"订为立学宗旨,毫无国民意识,正是因仍旧惯,虽然已变在家自学为集中授课。而"教育总要"最重视者为传统妇德,两个女学章程均有"中国女德,历代崇重"之言。师范章程更详释其义,"勉以贞静、顺良、慈淑、端俭诸美德,总期不背中国向来之礼教,与懿嫩之风俗",强调"女子之对父母夫婿,总

---

[64] 《宣统元年分教育统计图表》,学部总务司。
[65] 《上海新设中国女学堂章程》。
[66] 《爱国女学校甲辰秋季补订章程》,《警钟日报》1904年8月1日。
[67] 《香山女学校学约》,《女子世界》7期,1904年7月。
[68] 《奏定蒙养院章程及家庭教育法章程》。

以服从为主”。至于“不谨男女之辨”“自行择配”“为政治上之集会演说”便都归入“放纵自由之僻说”，在“务须严切屏除”之列。修身课读本更是了无新意，须根据经训及荟萃《列女传》《女诫》《女训》《女孝经》等陈腐女德范本而成，虽也声言兼采西方，却以“不悖中国风教者”为准则。因此，清廷厘定的女学课程中，尽管设置了格致、算学等科目，仍与前述中西合璧的中国女学堂精神全然两样。顽固势力表面上容许了新式女学堂的存在及若干西方自然科学知识的传授，实质上则力图偷梁换柱，将其纳入灌输三从四德的传统妇学范围内，成为旧教育系统的一部分，正所谓新瓶装旧酒。

清朝官方的做法不可轻视之处，在于其代表了相当一部分社会力量。兴办女学堂的势头既无法遏抑，改变性质、为我所用便不失为反败为胜的高招。早在学部章程拟定之前，已有人实际奉行此道。激烈派人士柳亚子，因此痛诋以“愿得贤母良妻之一资格”为女子教育的唯一目的，乃是教育界腐败的特征，疾呼：

> 呜呼！由今之道，无变今之俗，虽教育普及于女界，亦徒为男子造高等之奴隶而已。[69]

一语揭破了以家庭教育取代社会教育、以培养贤母取代培养国民者的真实动机。基于此种考虑，柳氏甚至不能容忍如爱国女学校章程中出现的下列禁约，“不得倩人代作文字，流布外间，猎取虚名”，“不得常骛游观，即集会演说之场，非监督率领，亦不参与”、“不得以闻有女权自由之说，而径情直行，致为家族、乡里所不容”[70]；以为女学生应用“言论自由”，得参与“国家之大事，民党之机关”，不为“今日家庭、社会之黑暗”所束缚。[71] 就爱国女学办校的实绩看，其实正与柳亚子抨击的贤母良妻主义相反对：前则1903年，曾由校长蔡元培带领学生参加在张园举行的拒俄大会；[72]继有1904年秋季开学后的蔡氏重掌女校，革命气氛日益浓厚，“讲法国革命史，俄国虚无党主义等，且尤注重化学”，制造炸药，“乃欲造成

---

[69] 《论女界之前途》，《女子世界》1期，1905年。

[70] 《爱国女学校甲辰秋季补订章程》，《警钟日报》1904年8月1日。

[71] 《论女界之前途》，《女子世界》1期，1905年。

[72] 见《译西报纪张园会议事》，《苏报》1903年5月8日。

虚无党一派之女子”。[73] 两方面倒该算是真正的同道人。

值得一提的是，晚清女子为争取入学与办学权利，进行过艰巨甚至可以说是悲壮的斗争。无锡十七岁女子杨晴瑛的经历为人传说，即是因其显示了求学者的坚韧不拔。杨氏思想开通，先已解放缠足，又欲入无锡竞志女学校读书。家人力加阻挠，其长兄至谓：“汝乃专学下流耶？”杨氏愤而服鸦片自杀，救转后，毅然伺机逃走，独行至上海，入天足会女学堂。事在1906年。[74] 办学一方所遭遇的困阻则分两种：恶势力的压迫与资金的匮乏。前者以广州铁争女学堂的被封闭最典型。该校校长陈翰华、教员张蕙贞，由广东提学司发文，“饬其夫家、母家严加管束”。而二人的品德，即使以官方标准衡量，也并无过失。故所下考语为“人格名誉，甚属平常”。所以封杀的理由，只在“倡言自由”[75]。此事恰好发生在女学堂章程发布前一两月。并且类似的干扰时见报端，官方与劣绅联手的把戏一再重演，使女校存在的毫无保障昭然于天下，尤令晚清教育界人士痛愤不已。后者可举杭州贞文女学校为例。民间办学，往往热心有余，财力不足，倘无当地官员或绅商的鼎力支持，便难逃旋起旋灭的命运。而贞文校长惠馨女士为了实践一年前女校成立之日的割臂誓众之辞——“如此校中止者，妾必以身殉之”，于1905年秋经费将尽、求助无效的情况下，服毒自尽。临终留下禀帖，要家人呈送地方官，曰：“此禀呈上，有长年经费矣。”[76]其以身殉学之举，在当时曾引起相当大的震动。在如此困难的条件下，民间知识者砥柱中流，勉力支撑，才打开了一片天地，为中国女子教育事业奠定了最初的基业。

不缠足与女学堂在清末联袂而生，相互提携，最终使中国妇女的身心一并得到解放。回顾历史，对先贤们的奋斗精神于是不胜感佩。

【夏晓虹　北京大学中文系教授】

原文刊于《中国文化》1995年01期

---

[73] 黄世晖记：《蔡孑民》，新潮社编《蔡孑民先生言行录》上册，北京大学出版部，1920年。

[74] PC生《记杨寿梅女士事》，《复报》6期，1906年11月；又，《女子世界》6期（1907年7月）亦转载此文。

[75] 《封闭女学之牌示》，《中国日报》1907年2月20日。

[76] 《惠馨女士殉学记》，《东方杂志》5期，1906年6月。

# 关于“皕宋楼事件”罪责之我见

来新夏

皕宋楼主人陆心源(1834—1894),字刚父,号存斋,晚称潜园老人。浙江归安人(今属湖州市)。他存世的年代正是中国封建社会末期即将进入近代的时候,是从鸦片战争到甲午战争历史发生巨变,清廷已日渐走向衰弱的时候。他在咸丰九年(1859)获取举人身份后,即在大吏的提携下,从军功的渠道走向仕途。曾任广东知府、南韶兵备道、福建盐法道等中层官员。去官后,即归隐于归安城东莲花庄北,自辟小园,取名“潜园”,以示摆脱仕途之立意,专事藏书、校书工作,立志读尽天下书。凡遇异书,必倾囊采购。成为晚清四大藏书家之一。

陆心源不仅是著名的藏书家,而且在学术著述上也极有成就,尤其在古典目录学方面产生了很大影响。陆心源凭借自己丰富的藏书,刊校古籍,专心致力于这方面的著述,共著书940余卷,合称《潜园总集》,其中《皕宋楼藏书志》120卷、《皕宋楼藏书续志》4卷、《仪顾堂题跋》16卷和《仪顾堂续跋》16卷等四部书目和题跋之作,在近代目录学史上,具有重要的学术价值。其题名“仪顾”者,为表示心仪清初顾炎武之学术,而以好古学、藏古籍自矜。陆心源特别关注搜集散佚文献,尤因癖好唐文,曾搜集旧文,增补新出金石文字,辑《唐文拾遗》80卷、《唐文续拾》16卷。又在厉鹗《宋诗纪事》的基础上,辑增3000余人,诗8000首,撰《宋诗纪事补遗》100卷,并为厉书中的人物小传补其不足,成《小传补正》4卷。

其他尚有《群书校补》100 卷、《吴兴诗存》40 卷、《吴兴金石记》16 卷及《归安县志》52 卷等多种著作。

陆心源是清代藏书家中无藏书世家背景的藏书家。他是从自身开始大量藏书购书的。当时正值太平天国运动和第二次鸦片战争，江南遭受兵燹之灾最烈。一些有名的藏书家在动乱中无力自保，藏书纷纷散出。陆心源则惜此时机，大力搜罗宋元旧椠，各家名藏多集于陆氏之藏，聚书成家，终跻身于大藏书家之列。

皕宋楼的大部分藏书得自上海郁氏宜稼堂旧藏。宜稼堂是上海著名藏书家郁万枝（松年）的藏书楼名。郁万枝几乎尽收当时著名藏书楼的藏书，如艺芸书舍、水月亭、小读书堆、五研楼等处旧藏，其中有许多珍籍。日人岛田翰在其所著《皕宋楼藏书源流考》中说：“心源皕宋之书，大半出于郁氏”，多“明后佚书，人间未经见”者。这是陆氏一次大规模的聚书，共计购得郁氏旧藏 48791 册。这批书奠定了陆氏藏书的基础。其后，陆心源又购得同县严氏芳菽堂、刘氏眠琴山馆、长洲蒋氏心矩斋、福州陈氏带经堂、归安韩子蘧、江都范笙、吴县黄荛圃、杭州平甫季、言二劳、吴县周谢庵、归安杨秋室、德清许周生、归安丁兆庆、乌镇温铁华等家遗藏。加上陆氏旧藏，总数共达 15 万卷，成为江南首屈一指的大藏书家。光绪十四年（1888），国子监征书，陆氏一次进呈旧刻旧钞 150 种，2400 余卷，并附所刻丛书 300 余种，受到清廷的嘉奖，其子树藩、树屏两人，皆着钤国子监正衔。陆氏还为这批赠书专刻两枚印章，一曰：“光绪戊子湖州陆心源捐送国子监之书匮藏南学”，二曰：“前分巡广东高廉道归安陆心源捐送国子监书籍”，从此也可略见陆氏藏书之富。这批书早已散失，至今仅有少量存国家图书馆古籍部。

陆氏藏书楼初名为“守先阁”，后改称“皕宋楼”，另于潜园建“守先阁”。皕宋楼后又分出别室为“十万卷楼”。皕宋楼专储宋元旧椠，十万卷楼收明以后秘刻、名人手校手钞及近儒著作，守先阁则藏一般刻本和钞本。守先阁藏书按四分法分类排架。光绪八年（1882），陆心源曾禀请归安地方官员将守先阁藏书归公，供人阅读。这是先于古越藏书楼向社会开放的义举。

关于皕宋楼的历史地位，许多文章曾有过评论。皕宋楼无论从所藏宋元刊本之珍贵，还是从藏书规模之宏伟，列于晚清四大藏书家之列，是名副其实的。但四大家各有特色，难分轩轾，而极力推崇皕宋楼者，则是《皕宋楼藏书志》的实际编纂者李宗莲。光绪八年，李宗莲在《皕宋楼藏书志》的序中，将明天一阁与皕宋楼相比，认为天一阁不如皕楼者有五，即：

> 天一书目，卷只五万，皕宋则两倍之，一也。天一宋刊不过十余种、元刊仅百余种，皕宋后三四百年，宋刊至二百余种、元刊四百余种，二也。天一所藏，丹经道箓，阴阳卜筮，不经之书，著录甚多，皕宋则非圣之书不敢滥储，三也。范氏封扃甚严，非子孙齐至，不开锁，皕宋则宁先别储，读者不禁，私诸子孙，何如公诸士林，四也。范氏所藏，本之丰学士万卷楼，承平时举而有之犹易，若皕宋则掇拾于兵火幸存，搜罗于蟫断蠹朽，精粗既别，难易悬殊，五也。

李氏所言，虽多参感情成分，尚有可议之处，但所言皆为事实，可存一说。惟日人岛田翰在所著《皕宋楼藏书源流考》中对李宗莲进行人身攻击，称“宗莲委巷小生，不足论”，还极力贬低皕宋楼的价值说：

> 原皕宋所以名楼，谓储宋本二百种。今合并原目所载，分析一书为数种，以充二百种。《十三经注疏》、《七书》、《玉海》附刻、《百川学海》之类，以检其宋元本，实不过宋本百十部，元本百五十五部，四千余册。而更严汰其假宋版、仿本、修本，当减其三之一。宗莲序藏书志，俞荫甫作心源墓志铭，云所得宋本二百余种，元本四百余种者，夸甚矣！

合刻、类书，分计各书，固无可厚非。仿、假之说，亦并无实指，尚难凭信。藏者误判，亦贤者难免。至若《皕宋楼藏书源流考》国人颇多信其说，其记源流虽可资参考，而迹其著述用心，于陆氏所藏挑疵摘瑕，实为掩盖其诱骗豪夺之真面目。故判其所著为皕宋之“谤书”，亦未为不可。以余观之，皕宋楼藏书特点约有三端：

1.藏书多名家旧藏本，其中包括钱曾、毛晋、徐乾学、季振宜、黄丕烈等大藏书家的传藏本。

2.藏书中有许多《四库全书》未著录本或不同版本。

3.藏书不仅注重宋、元旧椠,而且注重藏书的“足本”和“全本”。

历代藏书家虽总期望其藏书为子孙宝之,但往往事与愿违,不数世即因种种原因散出,陆氏藏书亦未能免此厄运。光绪二十年(1894 年 11 月 9 日)陆心源逝世,终年六十一岁。子陆树藩即未能善守所藏,甫经十年,即于清光绪三十一、二年(1905—1906)间,在日人岛田翰怂恿下,将皕宋楼藏书卖给日本。当时正值陆氏家道中落,亏欠甚巨,急需售书还债,而国人无力承购,于是窥伺觊觎已久的日人岛田翰乘人之危,千方百计诱使树藩落入陷阱。树藩首先索价 50 万元,经一番讨价还价后减到 35 万元,后又减到 25 万元。光绪三十三年(1907)三月,经一再谈判,四月,最后议定以十万两价格,将皕宋楼、十万卷楼、守先阁的全部藏书售与日本,计有 4000 多部,4.4 万余册。宋椠精品 40 余种。六月,全部舶载渡海东去,归于日本财阀岩崎氏的静嘉堂文库,成为日本“国宝”和“重要文化财”。该文库曾将陆氏旧藏编为《静嘉堂秘籍志》,于 1917 年出版。

当皕宋楼藏书被捆载东渡而去的消息传出后,国内学术界、文化界无不扼腕痛惜。汾阳王仪通氏曾为《皕宋楼藏书源流考》题词十二首,其第十一首有句云:“三岛于今有酉山,海涛东去待西还,愁闻白发谈天宝,望赎文姬反汉关。”这首诗表达了一种激愤与无奈,以及企盼故物归赵的心情。武进藏书家董康在刻行《皕宋楼藏书源流考》之题识中,对此亦深致感慨:“陆氏《藏书志》所收,俱江浙诸名家旧本。古芬未坠,异域言归,反不如台城之炬,绛云之烬,魂魄犹长守故都也。为太息者累日。”并担心此风之续起说:“往事已矣,目见日本书估之辈,重金来都下者,未有穷也。海内藏书家与皕宋楼埒者,如铁琴铜剑楼、如海源阁、如八千卷楼、如长白某氏、某氏等,安知不为皕宋之续,前车可鉴,思之能无惧与?”张元济不仅痛惜陆氏藏书之外流,更忧虑到所有旧藏的散失,曾致函缪荃孙说:“难得之旧本,若无公家为之保存,将来终归澌灭。近且悔之无及,每一追思,为之心痛!”(《张元济书札》)而更多的指责多集中于陆树藩之未能善守家藏。各种著述论文每有涉及皕宋之藏时,无不谴责陆树藩。皕宋楼藏书为日人捆载而去,陆树藩有其一定的责任,但细察具体情节,若悉归咎于陆树藩,似有不公。敢陈三义以释疑。

一曰岛田翰蓄谋已久之掠取阴谋。自从日本在中日甲午战争幸获胜利,使得日本举国上下普遍加强了对中国的“关注”，而日本学人的访书活动也是这种“关注”的重要文化现象之一。钱婉约女士在辑译《日本学人中国访书记》时所写的《近代日本学人中国访书述论》中曾一针见血地指出：

> 访书活动是近代中日文化交流中一个涵盖面宽泛的文化现象，它既是日本关注中国，渗透中国，殖民中国的社会思潮在文化学术领域的折射，又构成近代日本中国学的一个有机组成部分。

国人对日本学人在华访书，多从中日文化交流一面着眼，而忽略其渗透与殖民具有实质性的另一面。钱女士更在其所著文之最后结语中，直揭日本学人之真实用心说：

> 日本近代的来华访书是一个值得深入研究的课题。它既是中日学术关系史、文化交流史上重要的一页，也是近代中日两国从合作到战争的社会政治的一个缩影。从中国方面说，秘籍被盗，珍本外流，无论用气愤、悔恨、屈辱等词汇，都难以表达历史留给我们的回味与启示。（《日本学人中国访书记》中华书局 2006 年 1 月）

“回味与启示”是多么沉重的一声棒喝，从中也确实启示我们对皕宋楼藏书外流责任之重新审视。日本学人之觊觎皕宋之藏，已非一日。岛田翰于光绪三十一二年之际，曾数次登楼，见皕宋楼管理不善而所藏又极合日本需要，顿萌掠取之心。在《皕宋楼藏书源流考》中，岛田翰于志得意满之余，曾自我供述说：“顾使此书在我邦，其补益文献非鲜少，遂怂恿其子纯伯观察树藩，必欲致之于我邦”，其贪婪垂涎之态昭然。中国俗语有云：“不怕贼偷，只怕贼想”，于是岛田翰积极奔走于日本政客、军阀之间，力促其成，而一旦成交，复以小船偷渡，转装于沪上日轮，扬帆而东，使国人猝不及防。此等行径直若穿窬者流，其卑劣无耻可见。而岛田翰不以为耻，得手后复狂言云：“何意当我世而见之，不亦人世之大快事乎！”皕宋楼藏书外流之罪责，岛田翰无疑当为魁首。日本学人于此事件亦从无愧怍异辞，反予岛田翰以充分赞许与肯定，如神田喜一郎在其所著《中国书籍记事》中曾借前辈学者之口誉岛田翰为“天才少年”，而对中国学界对皕宋楼事件的愤懑却作了极其荒谬的评说道：

> 陆心源文库的丧失，对中国来说，无疑是一次惨痛的经历，但如果立足于全局考虑，它对日本的影响绝对不少，使日本的有识之士能再度领略中国文化的深厚，我相信这足以弥补它所造成的损失。可见在此之前的想法、议论，都不免目光短浅了吧！我想我们应该将文化交流的大义，深深镌刻于心间。

这段话真值得我们久久地“回味”，这纯粹是一种小偷哲学，明明偷了邻居的珍宝，也知道给主人造成“一次惨痛的经历”，但还要求失主要“立足于全局考虑”。如果失主有想法和议论，那就是“目光短浅”，如果小偷赏玩这些偷来的珍宝价值，那就是对失主的一种补偿，并且还“教导”失主要“深明大义”。这难道是自我标榜为深明文化交流大义的所谓学者该想和该说的吗？这不免欺人忒甚！有小偷必有大盗，先踩道，后抢劫，这也证明日本军国主义者的处心积虑了吧！因此可以断言：岛田翰只是一个从邻居家偷珍宝来充实自己家当的窃贼而已。皕宋楼藏书的外流，岛田翰应负主要罪责。

二曰陆树藩处境之艰难无奈。皕宋楼藏书外流事件中的责任，历来大都归罪于陆树藩，直到近年来，由于有关史料的逐渐出现，渐渐有人从陆树藩所处的社会背景予以分析论说。老友顾志兴先生是根据丰富资料比较全面分析陆树藩在此事件中具体情况而公允地论述了他的功过是非，论定“陆树藩因救济善会而负债，是出售家藏书的重要原因之一”，那就是说，陆树藩的售书是被逼无奈的行为，是有可曲谅的地方，不能把罪责全部加给他。我认为论定一个人物不能不顾他当时所处的社会背景以及造成后果的细节。所谓“救济善会”是陆树藩为解救在八国联军进侵京津地区所造成的灾难而成立的慈善机构，陆树藩在获悉京津灾情后，即联合在沪绅商，劝募捐款，组织人员，并以善会董事长身份亲自带队北上，营救灾民。他冒着相当风险，设法与瓦德西及李鸿章等高层中外要员接触，仅仅得到某些微弱的资助与关照而已，远远不能满足救灾的需要。他前后营救了在京津被灾人员六千余人，其中有相当一部分平民；运回棺木二百余具，其中包括因抗击外敌殉难的聂士成和因进谏而遭慈禧处死的徐景澄、袁昶、徐用仪等四人。陆树藩在营救活动中的见闻在《京津救济善会图说》这本小书中，以图文体按日作了详细的记载。《京津救济善会图说》是一本线装石印小书，有插图二十八幅，先图后说。编者署名孙乐园，生平不详。专记八国联军入侵京津后的悲惨见闻。顾志兴先生在写《浙江藏书史》时未见此书，经我向各有关图书馆查询，此书国家图书馆有藏。在张廷银和苏品红两先生的协助下，我获读《图记》，得悉陆氏救灾概貌，的确艰难。不久，又得湖州王增清先生见赠陆树藩自撰之《救济日记》复印件一册。《救济日记》为光绪庚子仲冬上海石印本，内容与《京津救济善会图说》相同而更详，两相比照，《图说》似为《日记》简本，乃陆树藩向社会报告救灾简况者。以此推测，《图说》所署“北平孙乐园编辑”，可能为陆氏假托之名，所谓孙乐园者固一子虚先生。据二书所记，当时京津灾情确实严重，而陆树藩毅然挺身，各方筹款，不惜借贷，身入险境，其情可敬。及灾后负债累累，各方逼债日甚，于是先后处理家藏古玩珍宝，厂店亦相继破产，而从陆树藩遗存下来的信札中可以看到，前此陆树藩曾向端方、上海工部局和《燕都报》等有关方面呼吁：“愿将先人所藏之书，全数捐入藏书楼，以垂久远”（致端方书），但亦未获结果。最后方在呼救无门的无奈情况下为岛田翰所诱骗，出售藏书，其情亦可悯。如将皕宋楼藏书外流之首罪完全加于陆树藩，则未免不公。当然，陆树藩在此事件中有其应负的责任。陆氏第五世玄外孙徐桢基先生在《潜园遗事》一书内，对陆树藩的责任曾有所评述云：

> 藏书售日之首要责任在于清廷的无能，但是树藩公从保持全部书完整出售的思想出发和急于筹款还债，却忽视了使大量古书流入他邦所生的影响，则是他的一个错误。至于对他的一些其他批评，往往由于不同的缘由而使他人产生错觉，将会随着各种史料的发掘而逐步认清的。（《潜园遗事》第 115 页，三联书店 1996 年 6 月版）

徐氏于陆树藩之责任，有所曲谅。而将首要罪责加于清廷的无能，则不免为岛田翰卸责。

三曰社会对文化事业的不够重视。皕宋楼事件发生时间为庚子大变乱之后，清廷方流亡归来，惊魂未定。巨额赔款的重压和国势的日趋衰弱，于保护古籍、兴办公共图书馆等重要先进文化事务，一无所知。无论朝廷还是地方大员对文化事业几无力顾及。对涉外事务尤有所避讳。陆树藩售书前的种种呼吁皆未能引起注意，坐视岛田翰为所欲为，致使国宝外流，清廷应负不作为的政府行政责任。至于社会人士，固无力全部承购，亦难过分苛责，其间如张元济诸先辈之努力与事件后社会舆论之同声声讨，则足以见民心之所在。

陈此三义，则皕宋楼事件之主次罪责，当如泾渭之分明。日人对我皕宋楼藏书，久怀觊觎之心，时思以我之宝藏补彼邦之不足。岛田翰一本日本夺他人之所藏，盈一己之库存之国策，处心积虑，凭借庚子奇变之后，清廷心有余悸的背景，乘陆树藩经营失败，救灾负债之危，使用诱骗诡秘之卑鄙行为，掠我珍籍，舶载东去，赢得其国人之赞誉，而置陆树藩于千夫所指之窘境，谓岛田翰之为首罪，谁曰不宜？清廷及各地政府，未能及时制止挽回，过不能逭，但事件影响所及，致使两江总督端方能尽力维护保存八千卷楼丁氏藏书，亦可谓亡羊补牢之所得。至若陆树藩虽情出无奈，但终有配合岛田翰行为之过错，实难辞其咎，而各方谴责，亦使其心有愧悔。后人当以知人论世之心谅其过错，不能置为首罪。辛亥之际，陆树藩终归佛门，并创办救济贫苦儿童之“苦儿园”，曾自题小像云：“佞佛不持斋，何必守三戒：世态本炎凉，人情尤险恶，穰富以济贫，此心无愧怍，魂魄若返真，坦然对天日”。其自赎前愆之至意，已昭然于世。愿后之论其事者，能曲谅其心迹，给以恰当评说。

2007年6月写于南开大学邃谷，时年八十五岁。

## 参考书目

①《皕宋楼藏书志》,陆心源编,清光绪八年刻本。

②《救济日记》,陆树藩撰,清光绪庚子仲冬上海石印本。

③《京津救济善会图说》,孙乐园编辑,石印本。

④《潜园遗事》,徐桢基著,三联书店 1996 年 6 月版。

⑤《浙江藏书史》,顾志兴,杭州出版社 2006 年 10 月版。

⑥《日本学人中国访书记》,钱婉约辑译,中华书局 2006 年 1 月版。

⑦《皕宋楼藏书源流考》,(日)岛田翰,古典文学出版社 1957 年 12 月版。

⑧ 陆树藩致端方濮兰德和燕都报主笔等函件(藏湖州师范学院图书馆)。

【来新夏　南开大学历史系教授、图书馆馆长】

原文刊于《中国文化》2007 年 02 期

# 帝国被慈禧终结

朱维铮

## 由咸丰到慈禧

清咸丰十一年辛酉七月十七，当公元 1861 年 8 月 22 日，大清帝国七世皇帝，病死于热河行宫，享年三十一岁。

于是，满洲皇室爱新觉罗氏失去了大家长，满蒙汉八旗失去了部落联盟共主，外人所称中华帝国失去了最后一名独裁皇帝。

那以后，这个帝国不是还延续两世三帝五十年吗？怎么说咸丰帝是最后一名独裁皇帝呢？

确实的，这个帝国的体制似乎没变，继立的年号分别为同治、光绪和宣统的三名皇帝，血统仍属爱新觉罗氏族，体制还是持续已达二百二十年的君主专制主义。

可是，同样确实的，是咸丰帝"龙驭上宾"仅七十天，他临终前布下的继统权力格局，便为一场宫廷政变所否定。

原来，庙号文宗的咸丰帝，在位十一年有余。他假冒为善，骗过昏庸的道光帝，得立储君，却甫即帝位，便露出纨绔本性，大选“秀女”，封了多少个贵人、常在、答应①，连他自己也闹不清，还因召妓入宫，与臣子争风吃醋②。惜他生殖力太差，做皇帝七年，始得二子，而次子随殇。于是，当他咯血夭亡，年方六岁的皇子载淳，便成为皇太子的唯一候选人，接着成为帝国八世天子。

不待说，母以子贵，小皇帝的生母叶赫那拉氏，就在咸丰咽气次日，晋位“圣母皇太后”，与先帝遗孀、中宫皇后钮祜禄氏，已称“母后皇太后”者并尊。随即加徽号，中宫太后称慈安，原居西宫的那拉氏称慈禧。

这个西太后，父惠征是满洲镶蓝旗人，曾官徽宁池广太道，有二女二子，她居长。她早年生涯，有种种含糊的或离奇的传说。可以肯定的是她随父到过江南，家贫，出入市井，会唱江浙俚曲，却不识满文，“国语”即满语也讲得很差。咸丰元年(1961)，她十七岁，入京选“秀女”，被选中，充宫女子，在圆明园景观之一“桐荫深处”服役。以唱南曲撩逗咸丰召幸，获封懿贵人，晋懿嫔，竟为皇帝生下首子，即封懿妃，再进封懿贵妃，成了皇帝的二等妾。相传咸丰病危时，已担忧此人在他死后会闹事，曾写密谕给皇后，说那拉氏“如恃子为帝，骄纵不法，卿即可按祖宗家法治之”③。

不宁唯是，咸丰临终前遗命，立载淳为皇太子的同时，又特谕：“兹派载垣、端华、景寿、肃顺、穆荫、杜翰、匡源、焦佑瀛，尽心辅弼，赞襄一切政务。”④自从顺治十八年(1661)清世祖死前，任命“顾命四大臣”以辅佐年幼的康熙帝，二百年来重演此举的，只有这一回。

当年顺治任命的辅政四大臣，虽是满人，却没有一名诸王贝勒，也没人是顺治生母(蒙军旗人)、康熙生母(汉军旗人)的戚属。不知咸丰帝是否模仿不祧之祖？他任命的顾命大臣，三汉人均为跟他跑到热河的军机大臣，而五满人中两亲王一近支，一远支，肃顺则是宗室疏属，景寿只是道光第六女的额驸。相反，道咸二朝的近支诸王贝勒，尤其是咸丰诸弟，都不预其列。恭亲王虽在北京主持英法

---

① 清制，皇后以外，皇帝之妾分七等，“皇贵妃一，贵妃二，妃四，嫔六，贵人、常在、答应无定数，分居东西十二宫”，见《清史稿》后妃传序。

② 参看《清朝野史大观》卷一清宫选秀女等则。

③ 见《清朝野史大观》卷一。

④ 转引自吴相湘《晚清宫廷实纪》。

联军退出的善后,醇郡王虽久在内廷行走,但一被咸丰帝所忌,一是那拉氏的妹夫,他们被排斥在顾命大臣之外,至少也是咸丰与肃顺等共谋的结果。

然而,咸丰此举,效应却更惨。当年鳌拜等满大臣专政八年,被康熙帝发动宫廷政变推翻。而肃顺等八大臣"赞襄政务",政令未出热河行宫,仅七十天就被慈禧和恭亲王合谋捉拿治罪,肃顺被杀头,怡、郑二王被迫自尽,余人都被罢官流放。那过程,犹如一场闹剧。

这场闹剧,史称"辛酉政变"。关于它的密谋的种种情节,百余年来相关史料迭出,研究讨论也随之深化细化。以考史见长的吴相湘《晚清宫廷实纪》,以讲史擅长的高阳《清朝的皇帝》"文宗"章,以及《剑桥中国晚清史》由刘广京撰稿的"清代的中兴"章的简要剖析,都很值得一看。

当然,关于这场事变,仍有问题需要讨论。本篇开头已经提出,咸丰之死,以及随之发生的"辛酉政变",过程很短暂,事件本身的始末也相对平和,但从历史效应来看,则意味着满清帝国已历七世的统治形态告终。以后至清亡五十年,这个帝国形式依旧,但权力格局已在重新洗牌。单看现象,便有五点可说。

第一,那五十年,如清末章太炎诗云,"专制依然属爱新",却只徒具形式。

咸丰死后先后在位的三名皇帝,同治、光绪和宣统,没有一个不是傀儡,表明爱新觉罗家族的统治,到"辛酉政变"已经实际结束。

第二,那五十年,帝国的权力核心,已被"辛酉政变"置换。新的核心是史称慈禧太后或西太后为首的集团。这个咸丰帝的遗妾,晋位"圣母皇太后",年方二十六岁,却在宫廷历练十年之后,纵横捭阖的本领越来越精。没有一个盟友,不是她预设的清除对象。慈安太后,恭亲王奕䜣,号称清流的"翰林四谏",主办"洋务"的湘淮军头,支持义和团"扶清灭洋"的满洲权贵,讲理学的蒙汉旗人大臣,乃至她的妹夫醇亲王奕譞等等,无不边利用边挫抑,乃至弃之若敝屣。

直到她七十四岁死去,在帝国内部集权于一身,已长达四十七年,打破了中世纪中国所有女皇如汉代吕后、唐代武则天等专权的历史纪录。

第三,那五十年,慈禧也打破了晚清激发内乱外患而丧权辱国的纪录。她三度"垂帘听政",就打输了三次对外战争。首度她与慈安共同垂帘听政,既用湘淮军头攻灭太平军、捻军,又用北人为主的"清流"打击南人为主的"洋务"活动。

二度她垂帘听政，在慈安不明不白地骤逝之后，即将不懂军事的“清流君子”派往清法战争前线，以南洋舰队毁灭为代价，保护她的个人独裁不受批评。她随即为六十大寿，挪用海军军费构筑颐和园，结局是中日战争大败，北洋舰队全军覆灭，朝鲜沦为日本殖民地，还割让台湾。日本由此成为现代化的暴发户，而清帝国由此沦为“东亚病夫”。她绞杀戊戌维新，三度垂帘听政，不到两年便招来八国联军侵华。这回她输得更惨，如不是挟持傀儡皇帝跑得快，便差点成为联军战俘，却已与亡夫咸丰帝共创了首都两度沦陷的纪录。

第四，那五十年，最后阶段慈禧为求侵华列强饶恕，不惜强迫中国四亿五千万人，每人出银一两，换取她回銮北京充当女皇的地位，还道是“量中华之物力，结与国之欢心”。从此帝国真成了欧美列强的共同殖民地。而她居然冒充戊戌维新的遗嘱执行人，宣称“预备立宪”，跟着列强指挥棒跳舞。

第五，那五十年，慈禧的最后杰作是“官制改革”。她至死与养子光绪作对。在临死的床上，还指定光绪的接班人。岂知她与光绪陈尸大殿，不过三年，她的帝国便完蛋了。

相传努尔哈赤征服满洲各部，曾将叶赫部男丁杀光。其酋长临死诅咒：“吾子孙虽存一女子，亦必复满洲。”不想慈禧当权，真将满清帝国引向灭亡。倘说诅咒在三百年后应验，当然荒诞，但这个叶赫那拉氏，篡取爱新觉罗氏的世袭政权，君临帝国近半世纪，她给中国造成怎样的恶果，难道不需要从历史本身予以说明吗？

## 慈禧垂帘的合法性

相传由孔子删定的《今文尚书》，内有《牧誓》一篇，说周武王誓师讨伐殷纣王，历数商王罪状，头一条就是“惟妇言是用”，之前还引古语：“牝鸡无晨；牝鸡之晨，惟家之索。”意谓母鸡是不能报晓的；如果母鸡报晓，家就败尽了。自从汉武帝宣布“儒术独尊”以后，列朝所谓儒者们设计制国良法，便为防范妇人干政，绞尽脑汁，可惜多不成功。因为相传也是孔子接受天启，“为汉制法”，又强调做儿子必须孝顺父母。皇帝也是人子,假如母后在世,岂能不听她的话?况且皇帝即位年幼,更难不听母后摆布。自汉至明,太后干政乃至临朝称制,史不绝书。正表明孔子的统治术,早就二律背反,只能与时俱变,用来指导从政,非见风使舵不可。

满清“祖制”,不许太后干政,另有历史缘故,这里不拟讨论。然而它在满洲统治全国二百年后,忽然被“两宫垂帘”所打破,出现两个太后共同“垂帘听政”的新奇局面。这局面之新,在于它在“本朝故事”找不出先例,而它之奇,更在于“大行皇帝”的一名遗妾,竟依仗“母以子贵”的《春秋》故训,与先帝明媒正娶的正宫娘娘,并列太后而听政,这在满清诸帝关于孔子朱熹遗经的钦定解说里,也找不出踪影。固然时过百年,最高指示已有新解,说是“先有事实,后有概念”,套用到所谓近代史的这件新奇事上,也觉凿枘。因为那段“两宫垂帘”的信史表明,它恰是概念争论于前,再出现辛酉政变,而两宫垂帘听政,正是政变造成的事实。

对于满清咸同之际(1850年秋冬)出现的新奇局面,我们的清史或近代史论著,大都非避而不谈,即含糊带过,尤其不从古典的或满清的“儒术”传统角度,直面它的历史合法性问题。这里不妨重述一点当年历史实相。

咸丰帝于临终前遗命“赞襄政务王大臣”八人共同辅政。咸丰及其亲信,似已看出在他们远离帝都年余中间,政府的权力运作由恭亲王等操纵,形成了实际执政的核心。为防大权旁落,他们将恭亲王排斥在辅政圈子之外,并对野心勃勃的储君生母那拉氏进行防范。不料恭亲王与那拉氏早在暗通消息。待皇帝易人,那拉氏“母以子贵”,而肃顺等却因失去龙首而被迫承认那拉氏为“圣母皇太后”,权力较量的态势便发生逆转。恭王集团率先打出“正名”牌,由御史董元醇上疏,说是“皇上冲龄,未能亲政,天步方艰,军国事重,暂请皇太后垂帘听决,并派近支亲王一二人辅政”。理由好像很充足,年幼的新帝离不开两宫皇太后(他们已知那拉氏成功地挑起新帝嫡母“母后皇太后”钮祜禄氏对肃顺等八大臣的疑忌)的呵护,而满洲皇族内部向来严分亲疏,作为先帝亲弟的恭亲王显然应居辅政首位,于是肃顺们“赞襄政务”的合法性就有疑问了。肃顺们能打的,只有“祖制”牌,宣称“本朝无太后垂帘故事”。

然而,在专制体制内的权力对决,首重实力。英法联军退出北京以后,恭亲王得宝鋆、文祥等帮助,恢复帝都秩序,而咸丰帝躲在热河不肯“回銮”,已使恭亲王获得僭主式的权威。他在咸丰死时遭到肃顺等排斥,反而使他赢得朝野舆论同情。《清史稿》肃顺传论,分析肃顺等何以变成辛酉政变的输家,以为毛病出在他不能与恭亲王“和衷共济”,暗示这矛盾终为慈禧利用,话虽不中,亦不远。

前述董元醇首请两太后垂帘,无疑是恭亲王要夺取辅政权的一块问路石。而肃顺等借上谕予以否定,强调两点:一是“我朝圣圣相承,向无皇太后垂帘听政之礼”,“何敢更易祖宗旧制?”二是说咸丰帝临终特召载垣等八人指为辅弼,“朕仰体圣心,自有深意,又何敢显违遗训,轻议增添?”如辛酉政变史的众多论著所说,这一驳,效应就是促使恭亲王决意支持慈禧先发制人,用突袭手段抓捕肃顺和怡、郑二亲王。

不过肃顺等抬出“祖宗旧制”,否定太后垂帘听政的合法性,却对两太后和恭亲王实施夺权密谋带来压力,它很可能歆动满洲宗室与八旗疏属反对变更祖制的太后干政。

于是,在两太后借送咸丰灵柩回京之际,恭亲王指使胜保和在京大学士周祖培等连上二疏,为太后垂帘听政的合理性辩护。胜保代表满洲军方实力派向肃顺等施压,另篇再说。周祖培是董元醇的座师,可能即董疏的捉刀人,如今由恭亲王授意,与大学士贾桢,户刑二部汉尚书沈兆霖、赵光联名上疏,则分明是利用肃顺轻满人重汉臣的弱点,证明太后垂帘的合理性与必要性。

周祖培等合疏,首先承认肃顺等驳太后垂帘议违反祖制,接着笔锋一转,宣称赞襄政务王大臣的设置,也非本朝祖制,说它不过是昔日军机大臣的异名,而肃顺等将其职能佐助皇上行事,变作主持国政,先犯太阿之柄不可假人的祖训。而后追述自汉晋辽太后临朝,到宋明太后护佑幼主的圣明史,大讲“政治”由太后裁决施行,对于君主大权不旁落的好处。当然,“我皇上聪明天亶,正宜涵泳《诗》《书》,不数年即可亲政。而此数年间,外而贼匪未平,内而奸人逼处,何以拯时艰?何以饬法度?固结人心,最为紧要。倘大权无所专属,以致人心惊疑,是则目前大可忧者。”所谓贼匪指太平天国和捻军。“奸人”呢?显然谁反对太后垂帘就指谁。不过,作于同年九月二十九日的这道公疏,赞襄政务八大臣可能未见,因为次日两宫太后便令恭亲王传旨,将顾命王大臣载垣、端华、肃顺三人"革去爵职拿问"。再过一天,即十月初一,恭亲王便授议政王,兼领军机大臣。不过五天,已定凌迟处死的怡亲王载垣、郑亲王端华,依照"国家本有议亲议贵之条","著加恩赐令自尽";"至肃顺之悖逆狂谬",本应凌迟,"以伸国法而快人心","惟朕心究有所不忍,肃顺着加恩改为斩立决。"

于是政变成功,有"三凶"下场警示,无论满汉权贵官民,谁还敢反对两太后垂帘听政?但慈禧太后满意了吗?不然,听政不等于专政,帘内坐着名分在右的慈安太后,帘外站着领袖群臣的议政王。她要在幼子同治帝成人亲政前过把女皇瘾,能不继续战斗吗?

## 胜保与慈禧

慈禧在同治元年(1862)"垂帘听政",与之前的满洲将军胜保的跳踉叫嚣,很有关系。

这个胜保,满洲镶白旗人,瓜尔佳氏。据《清史稿》本传,他于道光二十年(1840)中举,便循满洲八旗子弟做官优先的老例,仅十年就做到国子监满祭酒,即国立大学满人校长,又升副部级的内阁学士。咸丰二年(1852),他因太平天国造反,上书说皇帝没能"先天下之忧而忧",被降级,于是自荐有"办贼方略",被派往河南帮办军务,从此弃文就武。他很会讳败夸胜,没几年即任钦差大臣,却由于挡不住北伐的太平军逼近京畿,吹牛露馅,遭清廷革职治罪,免死充军新疆。咸丰六年赦还,派往安徽剿捻,改用招降纳叛办法,冒充战功,又被发觉降职回京。

但他运气不错,回京正逢英法联军攻来,慌乱的皇帝起用他统领八旗禁军,协助僧格林沁、瑞麟抗击。他初上阵就被流弹所伤,先是杀害联军和谈人员泄愤,接着将负伤当成闻敌即躲的借口,同时将京郊战败的责任推给僧、瑞。于是咸丰帝在北逃中将僧、瑞革职,授予胜保钦差大臣、头品顶戴,而留京议和的恭亲王又一再奏称守京三将中唯胜保忠勇可用。这样在咸丰流亡热河期间，胜保就跃居都城驻军的统帅，成为恭亲王最倚重的满洲军头。

胜保神气活现了。咸丰帝病死，他正在京东指挥剿捻。显然经过事先策划，于恭亲王抵达热河吊丧次日（辛酉八月初二），他就上奏要求赴热河"叩谒梓宫，俾得跪求圣训，并与赞襄政务王大臣熟商南剿一切机要"，在奏折末特别声明："至奴才现统各军，已饬分布直东要隘，派令文武大员管带驻扎，操防镇抚。"直东即紧邻热河的直隶东部，原非剿捻战区。他说已在各要隘紧急布防，又说赴热河一大目的是与赞襄政务王大臣"熟商"军事机要，而且另有两折"请皇太后圣躬懿安"，那不是分明摆出要向肃顺们兴师问罪的架势吗？

《清史稿》称，咸丰十一年七月"文宗崩于行在，穆宗嗣位，肃顺、载垣、端华等辅政专擅，胜保昌言将入清君侧，肃顺等颇忌惮之"。西汉景帝下诏"削藩"，吴楚七国起兵造反，借口即"请诛晁错以清君侧"。此策曾为中世纪列朝的割据军阀发动反中央战争所反复利用。但满清开国二百多年，还没有这样的先例。据我寡闻所及，尚未见胜保"昌言入清君侧"的原始史料记载，然而由现存胜保的上述奏折，堪称其人确有此意的明证。

因此，肃顺们得到胜保奏折，一面发"上谕"准许胜保前来行在"叩谒梓宫，叩谒后即赴军营"，一面又发"内阁奉上谕"，指责胜保署"钦差大臣、兵部侍郎"衔，具折向皇太后请安，"实属有违体制"，着交部议处，也彰显了他们面对这个满洲军事实力派代表的惧恨交加心态。

胜保不防被肃顺们抓住把柄，指他竟敢违反本朝"臣工无具折请皇太后安之例"，只好再上奏折认错，"叩谢'交部议处'天恩"。或因又与恭亲王们密商，于是到热河谒灵即返，似乎很老实。但他大约得知恭亲王与慈禧要抓捕肃顺等密谋，至少出于对"山雨欲来"的政治敏感，在慈禧违拗肃顺们意向，坚持借送咸丰棺材安葬为名回京之际，又抢先上长篇奏折，声称他坚决拥护御史董元醇关于请求两太后"垂帘听政"的建议。这道奏折，发在前述内阁汉大学士周祖培等公疏的前一天，而内容与周祖培等公疏如出一辙，虽对引用史证申诉皇太后临朝的必要性太过简略，却点名指斥载垣等王大臣均非近支，明白指出："为今之计，非皇太后躬理万机，召对群臣，无以通下情而正国体；非另简近支亲王佐理庶务，尽心匡弼，不足以振纲纪而顺人心。”无论他的奏折，是否出于恭亲王的授意，但他的权位，既是满洲军头，又手握卫戍京畿的重兵，如此公开声明支持慈禧与恭亲王夺权，即使在满汉亲贵中的“祖制”守护者中间，也极有威慑性，谁敢不噤声？

倘说辛酉政变，没有胜保的跳踉叫嚣，便不能实现，或者说虽暂时成功也未必持久，大约不算过度推论。

不过胜保也如传统谚谓，小人得志，利令智昏。作为满洲下五旗的世仆，他出身卑微，被满洲宗室权贵所贱视。他发迹变泰的资本唯在军功，而他先前的军功多属假冒虚报，早为识者不齿。他在辛酉政变前后居功骄横，却不悟在恭亲王们眼里无非“功狗”，早已注定兔死狗烹的宿命。辛酉政变得逞，议政王奕䜣给他的奖赏，是镶黄旗满洲都统兼正蓝旗护军统领，一身充当八旗两军统帅，地位够高了，却随即打发他去主持剿捻。他以为这是再造帝国的重任，欣然就职，却只会一招，即用官禄收买捻军头目就“抚”。不想捻军头目苗沛霖，比他更狡诈，在诱擒太平天国英王陈玉成而受重赏之后，随即倒戈，以致“中外交章，劾胜保骄纵贪淫，冒饷纳贿，拥兵纵寇，欺罔贻误”。于是恭亲王获得垂帘听政的慈禧太后同意，下令查办。而委派查办的首席大臣不是别人，正是胜保借英法联军火烧圆明园事件而夺取其帅权的僧格林沁亲王。当然僧王对胜保的罪状，件件“查实”。议政王政府唯恐胜保狗急跳墙，在先已将他调往陕西剿捻，密令僧王“监制”，这时又密诏多隆阿率重兵到陕西传旨，“宣布胜保罪状，褫职逮京，交刑部治罪，籍其家”。同治二年(1863)，北京三堂会审，胜保仅承认“携妾随营”一条有罪，而相反要求惩办对他诬告之罪。但虎已入柙，岂可宽纵？

于是恭亲王与两宫太后假借同治帝名义下诏，“斥其贪污欺罔，天下共知。苗沛霖已戕官城，宋景诗反复背叛，皆其养痈遗患，不得谓无挟制朝廷之意，念其战功足录，从宽赐自尽”，并逮其从官论罪有差。

就这样，胜保被迫自杀了。他活了四十岁，后半生都为拯救满洲统治权力而战斗。他很卑鄙，不择手段地追求权力。他很荒淫，贪污纳贿买妾样样都干。他很投机，总瞄准中枢权势的未来取向下注。但他弃文从武之后，对于造反的太平军和捻军，一意主“抚”，在个人权力所及之内，能和就不战，招降纳叛固然应受谴责，效应呢？却是动乱地区得到安定，由民不聊生转而民可聊生。因而，胜保为彰显个人“剿匪”业绩，尽可能避免武力冲突，对沦为匪徒的平民，以软性的招抚措施，缓和他们与朝廷的对抗情绪，是否只有否定意义？

据说胜保被逮后，被他招抚的前捻军首领李世忠，愿以提督官位替他赎罪。而胜保一位幕宾之兄，时任御史，也不避嫌疑，上疏说胜保“有克敌御侮之功，无失地丧师之罪”。他们的尺度相异，见解相近，都以为胜保对清朝功大于过，甚至有功无过。但这样的辩护，可称历史如实而与现状不合，反而促使胜保非死不可。

## 胜保非死不可？

还在清世祖亲政初期，他到内三院即后称内阁阅史，与满汉大学士有这样的对话：“问汉高、文、光武，及唐太宗、宋太祖、明太祖，孰优？陈名夏曰：‘唐太宗似过之。’上曰：‘不然，明太祖立法周详，可垂永久，历代之君皆不能及也。’”由蒋良骐《东华录》顺治十年（1653）二月保存的这段实录，可谓满洲君主入主北京后将朱元璋开创的明朝体制奉作圭臬的首次表述。

所谓明太祖的立法，焦点就在集权于君主个人。洪武晚年借口丞相胡惟庸、大将蓝玉企图谋反，屠戮开国功臣，株连杀害列侯以下朝臣约一万五千人，随之废除君相共治体制，正是实现君主独裁的手段。

不过由于满洲八旗的军事民主传统，以及满洲征服全国过程面对的复杂矛盾，以致时历三世，直到雍正帝夺取帝位，总算实现祖训。只是这个世宗的手段更诡诈，先勾结掌军权的汉军皇亲，因其妹为康熙皇后而改隶满洲镶黄旗的步军统领隆科多，因其妹早为雍亲王侧福晋并握西南军权的汉军镶黄旗人年羹尧，内外呼应，打掉势力强大的兄弟诸党，然后掉头囚杀隆、年等功臣，实现大权独揽。特别对付年大将军的恶辣策略⑤，可看作慈禧处理胜保的先例。

前篇《胜保与慈禧》，已略述胜保之死。其实，在辛酉政变中，由恭亲王与慈

⑤ 参拙作《年羹尧与汪景祺》，《走出中世纪》1987 初版。

安、慈禧叔嫂结盟，对肃顺等顾命八大臣发动突然袭击而能得手，假如没有胜保凭借兵权威迫肃顺等就范，那结局便很难说。关于这位“大将军”于政变后怎样走上死路？以《清代野记》的记述，较诸《清史稿》的胜保传要详尽得多，不妨据它对前篇稍作补充。

《清代野记》作者张祖翼，其父（名不详，书中但称“先君子”）于辛酉政变后入胜保幕府任文案，至胜保被逮共十六个月，携子随胜保从安徽、河南至陕西，因而书中《胜保事类记》篇长事详。书初刊于民国三年，在清亡以后，因而很少避忌（现所见中华书局2007年4月排印本，整理说明却说做了“必要的删节”）。

有趣的是《胜保事类记》，说胜保“生平慕年羹尧之为人，故收局亦如之”。乍看似荒唐，难道胜保不知年大将军被雍正安上罪名达九十二款而强令自杀的下场？他应该是知道的，但仍以当代年大将军自居，唯一的解释只能是他认定时无雍正，自己与当国的恭亲王有深交，而垂帘的两太后乃女流，莫奈我何。他也确实有实力，任剿捻钦差大臣，除原统官兵一万五千人，又收编捻军苗沛霖、宋景诗、李世忠诸部及山东大刀会等共一万五千余人，后者的帮会积习，知“大帅”而不知朝廷，使他有恃无恐。因而他神气得很，自刻二印，一镌“我战则克”，一镌“十五入泮宫，二十入词林，三十为大将”，对所驻行省巡抚发文，都用红笔札示，并向劝阻的幕僚宣称：“尔辈何知？钦差大臣者，即昔之大将军也；大将军与督抚例用札，不以品级论也。”

这位“大将军”在同治初的最大战功，无疑是通过苗沛霖，诱捕了太平天国英王陈玉成。正如陈玉成所说：“我死，我朝（太平天国）不振矣！”胜保不顾陈玉成痛骂他是自己“手中败将”，向清廷报功，要求入京举行“献俘大典”，不料曾国荃早向清廷表功，声称是他把陈玉成打得全军覆没。

但胜保显然不明兔死狗烹的古训。据《胜保事类记》：“胜之章奏往往自属草，动辄曰‘先皇帝曾奖臣以“忠勇性成，赤心报国”’，盖指咸丰间与英人战八里桥事也。又曰‘古语有云，阃以外将军治之，非朝廷所能遥制’。又曰‘汉周亚夫壁细柳时，军中但闻将军令，不闻天子诏’。此三语时时用之，意以为太后妇人，同治幼稚，恐其牵掣耳，而不知致死之由，即伏于此矣。”

末语判断是不错的。胜保既奏捻军主力降，陈玉成部太平军败，便给慈禧行调虎离山计的口实,命胜保移师陕西镇压回民造反。恭亲王知晓要害,通过军机处发密书,要他抵陕后“日内切勿上言触怒”,因为他一调动,他的政敌便看出风向变了,纷纷上书弹劾。曾被他札示侮辱的河南巡抚,弹章甚至说较诸回捻粤寇,“惟胜保为腹心大患,观其平日奏章,不臣之心已可概见,至其冒功侵饷渔色害民,犹其余事。”

胜保呢?却不顾恭亲王密书告诫,抵陕数日便上书大发牢骚,说是“凡治军非本省大吏即呼应不灵”,“臣以客官办西北军务,协饷仰给于各省,又不能按数以济,兵力不敷,又无从招募,以致事事竭蹶,难奏厥功。若欲使臣专顾西北,则非得一实缺封疆,不足集事。”在慈禧看来,这不分明是拥军要挟吗?恰好证明此人确有“不臣之心”。于是急调原随僧格林沁起家的满洲悍将多隆阿,率军入陕,怀揣密诏,乘胜保不备,一举将他擒拿解京。

昔读雍正三年(1725)四月清世宗给已降为杭州将军的内兄年羹尧的一道朱批谕旨,曾说:“朕想你若自称帝号,乃天定数也,朕亦难挽;若你自不肯为,有你统朕此数个兵,你断不容三江口令人称帝也。”由此得知雍正帝“怀疑诛忠”,年大将军非死不可的奥妙。时逾百年,胜保自居年大将军,从地位、战功、威望等任何方面,都只配称作东施效颦,照说绝无帝制自为的野心或可能。但慈禧尚未成为一人独裁的僭主,便对胜保疑忌如此之深,以致胜保也非死不可。

《胜保事类记》讨论胜保是否罪有应得,说:“惟曾文正公有言,胜克斋有克复保卫之功,无失地丧师之过,虽有私罪而无公罪。人皆服其公允云。”曾国藩的评论“公允”与否,是另一问题,但他暗讽慈禧的心态与雍正毫无二致,倒给怎么看待慈禧的权力取向,颇有启迪。

## 慈禧破清室惯例

在前诸文已述,清同治元年(1862)正式登场的“两宫垂帘”,在政变事实之前曾受到咸丰帝临终时委派的顾命八大臣的抵制。肃顺们抵制的理由很正当,说她们违反“祖制”,没有清室列祖列宗“圣圣相传”的体制合法性。但他们终于成了输家,除了恭亲王已在北京拥有政军实权,使他们猝不及防,在后者突然袭击时失去抵抗能力,还因为他们忘记了同样曾由本朝祖宗不断示范的惯例。

那惯例,前明万历时名剧《牡丹亭》的作者汤显祖已经道破:“万里江山万里尘,一朝天子一朝臣。”所谓清沿明制,清初列帝对明初二祖(朱元璋、朱棣)不择手段夺权弄权的帝王术都很钦仰。顺治帝才亲政,就将已故“皇父”摄政王多尔衮打成逆党首领。康熙帝刚成年,便将顺治临终委任的顾命大臣鳌拜及其党擒拿下狱。雍正帝更厉害,靠“舅舅隆科多”、内兄年羹尧搞宫廷政变,残害手足,转身就杀功臣。乾隆帝搞文字狱,有一个大案就是杀掉劝他建储、立后的言者,从此不准外臣干预皇帝“家事”也成祖训。近例还有嘉庆帝在太上皇尚陈尸大殿,即出手捕杀当国首辅和珅。君位更迭,新主集团必用阴谋暴力清除旧主辅弼,既成本朝惯例,当然也算清朝体制的一种不成文法。肃顺们似乎至死未悟。

更可注意的是慈禧善于利用惯例破惯例。满洲原属中国北疆的少数族群,至早在明初才脱离母系氏族社会,妇女对生产和生活都保留较大发言权,社交也相对开放。努尔哈赤及其子孙,通过与满蒙各族联姻以增强后称爱新觉罗氏的皇族实力,又不得不防后妃依仗各自氏族或部落的实力干政。清史论著每每好说清室没有后妃干政传统,那是以假当真。正如谁害什么病,谁就老谈什么病,满洲顺康雍乾诸帝,无不警惕后妃氏族干政,早从反面递送了真信息,即宫廷内部后妃争风吃醋,其实映现与列帝联姻的满蒙汉八旗诸氏族的钩心斗角。

慈禧是满洲镶蓝旗人,母家属于叶赫那拉氏。但其父这一支显然已经没落,由慈禧被选秀女,起初分发至圆明园“桐荫深处”做宫女可知,所以她得咸丰帝临幸,由贵人而妃,即使生子后晋贵妃,也只是二等妾。有的史著已注意,肃顺正是清初第一代镶蓝旗主郑亲王济尔哈朗的后裔,就是说与慈禧同旗。他在慈禧已成懿贵妃之后,仍表示藐视,也可反证慈禧母家在本旗内地位式微。

或说卑贱者最聪明,不知有什么历史统计学的依据?但在等级森严的满洲八旗内部,慈禧由宫廷女奴爬到贵妃地位,除了色相,必定心计过人。近人费行简《慈禧传信录》、恽毓鼎《崇陵传信录》、许指严《十叶野闻》等,都记有慈禧如何媚主固宠的传闻,有的传闻只可视作荒唐言。有一点众说相同,即咸丰帝死前两年,已不满慈禧恃宠干政。这可说明咸丰帝何以至死不给独子的这位生母晋封皇贵妃,也不给她的母家“抬旗”(镶蓝旗属下五旗,储君之母未来必称皇太后,照清室惯例应将其家族抬入镶黄旗,即皇帝直辖的上三旗之首旗),决非无因。

正像那些不择手段向上爬的阴谋家,慈禧很懂得利用他人权势以达个人目的。她本来恃子而骄,觊觎皇后地位,却被咸丰帝识破,反被疏远。于是掉头巴结后称慈安太后的中宫钮祜禄氏。

慈安在其夫还是皇子时已为侧福晋,值嫡福晋早逝,于咸丰二年(1852)立为皇后。她比慈禧小两岁,少年入宫,唯知恪守传统妇道,不妒咸丰多内宠,相反常劝皇帝以国事为重,颇得咸丰敬重。据熟悉晚清宫闱官场掌故的张祖翼所作《清代野记》,咸丰帝在热河行宫临终前,“密授朱谕一纸与慈安后,谓某(引注,指慈禧)如恃子为帝,骄纵不法,卿即可按祖宗家法治之。及文宗崩,慈安以之示慈禧,殆警之也。”显然慈禧被镇住了,却转而拉慈安共同对付受咸丰遗诏襄政务的顾命八大臣。慈安不知是计,于是充当慈禧篡权所利用的第一个出头鸟。

慈禧入宫前已随其父备历官场沉浮,颇知权术成败在于实力。她早就相中在北京的恭亲王,通过心腹太监安得海,与恭亲王暗通消息,密谋于皇帝身后夺权。

据早与恭亲王打交道的清廷英籍雇员赫德说,这位亲王智商不高。不过在清室宫廷政争中,起决定作用的因素,并非智商,而是权益。恭亲王于道光末与其兄咸丰帝争夺储位失败,终咸丰朝遭忌。然而咸丰帝出逃热河前,命他留京主持和战,却因英法联军在逼出新一轮不平等和约后退出北京,使他人望骤升,化身为帝国中枢的实际执政。

清室“祖制”,其实忌讳皇子亲王干预政事。例外的只有雍正兄弟相残,用十三弟怡亲王充当打手。往后仅有嘉庆帝用其弟成亲王主持军机处,但在打掉和珅集团后即将其免职。因而前揭张祖翼《清代野史》说:“当文宗崩,穆宗孩提,天下又不靖,慈安柔顺不敢负重任,慈禧位卑又恐不孚人望,思得一重望之亲贵佐理之,于是廷议推奕䜣为议政王、总理军机大臣。此本为权宜之计,非永远定制也。”

可见恭亲王位居议政王,与两宫太后垂帘听政一样,都不合顺治、康熙亲新政后改立的“祖制”,当然更背离雍正、乾隆极权于君主个人的传统。慈禧把慈安、恭亲王当作走向个人独裁的影身草，直白地说就是实现权力转移的工具。她成功了，终于成为人莫予毒的晚清大独裁者。但归根结底，她失败了，因为她走向个人独裁时，大清帝国却走向灭亡。

## 女主慈禧

古典中国早行一夫一妻多妾制，形成分别嫡庶的体制，君位世袭也通行嫡长子继承制。相传孔子晚年接受天启，为汉朝帝王预制的“礼”经，即《仪礼》，便规定天子的嫡妻为“女君”，也就是汉人所称的皇后。而法定储君必为皇后之子。所谓孔子“为汉制法”，纯属鬼话，但好自我作古的汉高祖至汉武帝四世，都没能打破《春秋公羊传》所谓“子以母贵，母以子贵”的古旧规则，根由就在他们无不热衷于多妻制。因而，当皇帝死去，在位皇后升格为皇太后，乃至在儿皇帝死去又升格为太皇太后，把持操纵政权，也成惯例。汉武帝年轻时备受祖母窦太后控御，中年又历父子兵戎相见的宫廷恶斗，晚年立少子为储君，采用留犊去母的手段，逼迫未来的汉昭帝生母钩弋夫人自杀。他的策略没能遏阻其后两百多年成为女主专权的频发时期，却成为之后列朝，特别是北国所建王朝常引的历史先例。

满洲入关前，号称清太祖的努尔哈赤，在与北国诸族群联姻以扩张权力的同时，已警惕妻妾家族染指政权。这由他的子孙变成国策，因而从顺治历经六朝，至咸丰帝即位，满清也出现过主少国疑问题，过渡方案则是权臣辅政，尽管结局也是皇帝搞政变夺取专制权力，却没有太后临朝的先例。

破除满洲九世传统的，就是慈禧太后。她的远祖为老满洲的叶赫那拉部族酋长，曾献女给努尔哈赤以结“和亲”，却终于不免被努尔哈赤吞并，余部编入满洲镶蓝旗。但到清道光间，那拉氏这一支，早已破落。据《清史稿》的后妃传，述慈禧履历，劈头便谓她是“安徽徽宁池广太道惠征女”。惠征是旗人，通过怎样的途径，恩荫呢，科举呢，还是纳资即花钱买官，得以入仕？无信史可考。我们仅知他官终皖南徽宁池广太道，为主管地区税务兼防务的分守道，列正四品，相当于后世的地区专员，但没有人事权。他没有爵位，绝非满洲贵族。咸丰初由太平天国引发的内战,波及皖南,他以守土无方,被革职,旋病死。可知清末多种记载,均谓慈禧姐妹,奉母扶柩返京,并应咸丰帝选秀女,并非空穴来风。

慈禧于咸丰元年(1851)如愿被选入宫,虚龄十八(她生于1835年11月),一说她被选秀女在咸丰二年,被分配在圆明园"桐荫深处"做宫女。她如何博取好色的青年皇帝注目,上床后被封为兰贵人,有种种传说,不必罗列。贵人是非贵族出身的皇帝小妾初阶,可知慈禧出身卑微。她似乎很会讨皇帝欢心,不久便跳过常在、答应的阶段,被封懿嫔,即皇帝的四等妾。渴求得子的咸丰帝,同时有两个小妾生男。玫嫔徐佳氏所生男未及命名便夭逝,而咸丰六年(1856)三月懿嫔产下的麟儿,居然无恙,命名载淳。于是那拉氏也由嫔晋妃,成为皇帝的三等庶妻。那时咸丰帝年未"而立",无疑期待其他妃嫔生子,因而迟至独子周岁,才进封其母为二等妾,号懿贵妃。很奇怪,到咸丰十一年(1861)他的独子已虚龄七岁了,他本人也病入膏肓,却不按理出牌,即不肯遵循"母以子贵"的老例,晋封懿贵妃为皇贵妃,充当皇后治理中馈的副手。旁证还有懿贵妃家族抬旗,即由下三旗的镶蓝旗,抬入上三旗的镶黄旗,已是同治初年之事。

问题不止于此。据清末的野史笔记盛行的一种传说,谓咸丰帝在热河的最后岁月,担忧的正是在他身后,懿贵妃"母以子贵",以太后身份篡夺政权。因而他与亲信大臣肃顺等,密议过是否仿照汉武帝处置钩弋夫人的先例,清除懿贵妃?不知因为皇帝软弱还是肃顺等轻敌,此策未行。有个传说似乎属实,即咸丰帝曾手书密诏赐予皇后钮祜禄氏,大意谓他死后,那拉氏如恃子为帝而闹事,即可按"祖宗家法"处置。

中世纪的专制政权,无论古今中外,在同朝易代之际,必定是政治阴谋藉军事政变相辅而行。作为咸丰帝的遗妾,当年慈禧向亡夫授权的顾命八大臣发难,她凭借什么呢?首先当然是"母以子贵",她已跃居"圣母皇太后"。其次她已说服亡夫嫡妻慈安太后出面,迫使顾命八大臣承认两宫太后垂帘听政,从"权"即随机应变,确有先例可循。其三即肃顺等顾命八大臣,愚昧地放弃了京师卫戍部队的指挥权,以致面对政变,无兵可用,束手就擒。再次慈禧利用君位更迭之际达官显宦的危机感,散布肃顺等当权必导致朝廷清洗的谣言,迅即纠结北京"清议",猛攻肃顺等危害帝国,而肃顺等却蒙在鼓里。

慈禧由此当权了。她“母以子贵”,且逃脱立子杀母的命运,相继在儿皇帝、侄皇帝,实则在东亚专制体制下修补老例。

那个号称慈禧太后的女主,在位四十七年,接受尊号达八次。据《清史稿》,她累加的尊号曰:慈禧端佑康颐昭豫庄诚寿恭钦献崇熙皇太后。

犹忆五十多年前,我初读近代史,见到清代官方记载的如此冗长的尊号,总嗤之以鼻,以为那不过是满汉无耻文人舔臀拍马的谀词,不值一顾。岂知后来偶读英人濮兰德、白克好司的《清室外纪》,不禁大吃一惊。原来晚清早将荣誉称号与经济利益挂钩。

原来,那拉氏接受尊号,虽然每回仅加两个字,却每字值十万两白银。就是说,她每接受两字尊号,满清国库便要每年增拨二十万两白银,作为皇太后的个人津贴。她受尊号,或者说清廷专攻马屁精的权贵发起给她上尊号,总在她逢五逢十的生辰,或在她虚情假意地表示要归政儿皇帝之际。这样到她七十岁再接受一个尊号,她的个人“年金”已达一百六十万两白银,还不计她作为皇太后的日常开支。据说在八国联军侵占清宫,清查她的私蓄,已达白银一千八百万两之多,堪称帝国第一巨富。

辛丑和约迫使四亿五千万中国人,每人出一两白银,替这个专横狡诈的老太婆煽惑义和团排外的行径赎罪,外加利息达九亿多两。哪知这个老太婆依然在晚年通过谀臣上尊号,给自己增加年金,再在全国纳税人身上扒一层皮。可知清末的新政,有识之士纷纷斥作假立宪假改革,单就它的策划者慈禧太后通过上尊号,给帝国权贵,各级官吏,提供如何在当时体制下合法贪污的一个范例,而且她盗窃国库,广收贿赂的手段绝不止这一招,就已证明这个帝国从头到脚已经腐烂到不可救药。

## 谁是甲午战败的权首?

清室入主北京以后,经历了九世十帝。它的最后三朝,两世三帝的年号,依次是同治、光绪和宣统。

这三朝开端于帝国第七个皇帝在咸丰十一年七月十七(1861年8月22日)死去,终结于宣统三年十一月初十(1911年12月29日),宣布反清独立的十七省代表,在南京选出中华民国临时政府元首,历时四十九年四个月七天。

在这近半个世纪中间,有一个人始终坐镇在帝国权力核心,就是慈禧太后。

不必再述说迄今仍未破解的慈禧发迹之谜。无论她是否假冒的满洲叶赫那拉氏的旗女,但她在咸丰六年(1856)三月生下皇长子,并在玫嫔徐佳氏生子即殇而使其子成为别无选择的储君之后,她就连跳两级,由皇帝的四等妾(懿嫔),而封三等妃、二等贵妃。只是咸丰帝死前,尽管独子载淳六岁了,仍不晋升其生母为皇贵妃,即助理皇后主管后宫的副手。

因此,清末盛传咸丰帝在热河行宫病中虑及身后事,一是曾与心腹大臣肃顺策划,要效法汉武帝欲立幼子为储君,先杀昭帝生母钩弋夫人的故事,除掉懿贵妃;二是其计未售,于病危密授皇后钮祜禄氏一道手谕,谓那拉氏"如恃子为帝,骄纵不法,卿即可按祖宗家法治之"[6]。这都应说并非空穴来风。

咸丰死时委任的顾命大臣达八名,均为随他流亡热河的满汉亲信,并对肃顺言听计从。肃顺恪守满洲族制,于咸丰驾崩次日,即尊小皇帝的嫡母、先帝遗孀钮祜禄氏为"母后皇太后",其生母那拉氏为"圣母皇太后"。那拉氏"母以子贵",由先帝的二等遗妾,骤居为今上的两太后次席,却更诱发了她被压抑的政治野心。她时年二十六岁,岂止不甘居于小她两岁的"母后"之下,更不甘受"祖宗家法"规定严防外戚宦官干政,实为严防后妃篡权的祖制束缚,要趁子幼国乱,君临天下。

由于肃顺等顾命王大臣,不久接受在京大学士九卿会议的意见,上两太后徽号,"母后"曰慈安,"圣母"曰慈禧,这里不妨照称。

没有证据表明慈禧读过老子韩非著作,但她特别留心自汉至明列女主专权的历史,却有据可查。她从历代女主临朝史中间学到的,无疑一是为达目的,不择手段;二是以柔克刚,后发制人;三是见机突袭,除敌务尽。她不爱读书,却好看戏,终生沉迷于其中的三国演义、辽金制宋之类张扬阴谋诡计得胜的戏曲,显

---

⑥ 见《清朝野史大观》卷一文宗密谕。

然是她以妾妇致高位的启迪。

所以,从咸丰刚咽气,慈禧立即如《红楼梦》中的王熙凤,自居看穿贾府婢仆的"全褂子本领",费尽心机,纵横捭阖,不过三个多月,便相继挑动慈安憎恶肃顺,继而通过妹夫醇王密结恭亲王,再用护送咸丰棺材入京的堂皇借口分割顾命八大臣,随即趁肃顺不备,将他逮捕处死,并将顾命八大臣一网打尽。然后呢?轮到恭亲王一伙了。

由于恭亲王出面与英法俄美四国订立屈辱和约,意外地使英法侵略军退出京津,又由于恭亲王没有否定肃顺重用汉臣的政策,使太平天国终于败在曾、左、李纠集的湘淮军手中,因而慈禧必须借嫂叔亲谊拉住恭亲王,通过他重建北京政府,实现国内政局的暂时稳态,即所谓"同治中兴"。

年号同治的清帝国第八名皇帝,名载淳,六岁即帝位,在位十三年,患梅毒于十九岁死去(当公元 1875 年 1 月 12 日)。

同治帝个人在位期间仅留下荒淫记录,但同治朝的帝国社会,却似乎由动乱重趋稳定。

中世纪中国的儒家学者,有个牢不可破的观念,即认定动乱是变态,无论以怎样手段实现稳定总值得称道,所谓"宁为太平犬,勿做乱离人"。

咸丰帝死,同治帝立,仅三年太平天国亡,又三年捻军灭,继而左宗棠西征,通过多年政军相辅的努力,相继稳定了帝国在西北边疆的统治,并导致新疆设行省,令沙俄、英国勾结域内外分裂中国的图谋,受致命挫折。因而从对外关系的角度来看,清廷支持湘军收复帝国在大西北的主权,可谓"同治中兴"。

对内呢?所谓"同治中兴",无非表征一种暂时的稳态。这稳态,首先由于湘淮地方军阀战胜太平天国而实现,继而体现于南国各省督抚类似汉唐的侯王藩镇。

历史现象不等于历史实相。力求复原历史实相,也未必意味着揭示历史本质。

"同治中兴",由于美国芮玛丽(Mary C. Wright,1917—1970)发表于 1957 年的同名著作,在新世纪出现中文译本,被论者赞赏。她从传统儒家学说如何影响中国现代化进程的角度,力证"同治中兴"的内在驱力,就是所谓儒家文化。其说可资晚清政治史研究参照。尤其结论提出“同治中兴的失败异常清楚地表明：即使在最有利的形势下，也不存在把一个有效的近代国家移植到儒家社会之上的途径。”⑦这话颇可视作他山之石。

问题是芮玛丽界定晚清中国仍属“儒家社会”，是否合乎历史实相？岂止仍持“半殖民地半封建社会”教旨的学人不可能同意，即如坚称传统儒教必能“开出”中国特色现代化的新儒家也不会正面苟同。这里不拟对此探讨。就《同治中兴》全书来看，不难发现芮玛丽虽注目于那个“中兴”岁月的满清政局，却对帝国权力运作的实际过程显得隔膜，其书很少提及慈禧太后的名氏徽号，便是例证。

慈禧原来籍属满洲镶蓝旗，因母以子贵，做了皇太后，母家被抬入满洲镶黄旗。但她虽为皇家第一旗人，却不通满语，不识满文。那么她的汉语文化程度呢？于清咸丰二年(1852)被选“秀女”入宫，得到皇帝临幸生子而晋贵妃，相传曾代纨绔皇帝批答过奏折，表明她略通文墨。但可证她接受过传统文化教育的，只有同治元年(1862)与共同垂帘听政的慈安太后同读《治平宝鉴》一事。

据《东华续录》同治元年三月丁未，《治平宝鉴》编成，内容是“历代帝王政治及前史垂帘事迹，择其可为法戒者”，抄撮原文并作简明注释。以后便由指定的讲官，定期向两太后讲授。可知这是专为太后“垂帘”作参考的政治史读物。看来主导“进讲”的慈禧太后，不比她那个顽劣儿皇帝用功。同治四年十一月翁同龢被派“进讲《治平宝鉴》”，成为这年在养心殿隔帘向两太后跪讲此书的第七人。由翁氏日记可知“进讲”每月三次，每次讲课约二刻，余待太后垂询。他所讲为该书法编的南宋孝宗至明崇祯帝凡二十段，却屡次辍讲。除了慈安庆辰而中断两月以外，别的“毋庸进讲”都不说理由。拖了一年，同治五年十月初二，翁氏记曰：

> 是日进讲“明庄烈帝诛客、魏”一段，因推阐案语中“去邪不尽，任贤不笃”二语，援引古今，剀切言之，太后垂问数语即退。《治平宝鉴》法编至此

⑦ 《同治中兴：中国保守主义的最后抵抗》中译本，中国社会科学出版社 2002 年版，第 377 页。

而终，以后进讲与否且候进止。

当然再也没有“以后进讲”。这一则因为慈禧对历史无知，连明朝有多少年都闹不清，偶尔发问总是某帝“贤”否，犹如看戏必问那是好人还是坏人，怎能对古史有兴趣？二则翁同龢讲到导致明亡的宦官僭权，“援引古今”，说得越诚恳，就越使慈禧觉得刺耳，尽管她宠信太监安德海所造成的丑闻要待三年后才发生。清室的专制者从来不会“以史为鉴”，慈禧岂会例外？

《治平宝鉴》是清廷专为慈安、慈禧“垂帘听政”编写的教科书。翁同龢只在被派进讲前一天，才由徐桐借给抄本。经查《清史稿》艺文志，也未见著录，或许从未刊行。但它是慈禧毕生唯一通过“耳食”学过的帝王术著作，而照翁氏日记，即如这部浅薄作品，她也仅断续听讲过半部，可与宋初赵普所谓“半部《论语》治天下”媲美。然而北宋太祖太宗兄弟借《论语》粉饰阴谋，欺负后周的孤儿寡妇，终究成为“开国之君”。慈禧呢？她由咸丰帝小妾，不断耍阴谋，搞政变，从两度“垂帘听政”，变成一人“训政”，结果绞杀了帝国仅存的生机，在与亡夫共创两度丢失首都的纪录之后，终于化作“洋人的朝廷”的傀儡，岂止将清室闹完，更使中国所有民众跟着遭殃。从这一点来看她学过的半部《治平宝鉴》，对她作为独裁者所应用的帝王术，起过怎样的影响，又似乎不可小觑。惜迄今未见专门研究。

光绪二十年甲午七月一日（1894 年 8 月 1 日），清廷向日本宣战，而在前一天，日本外务大臣已照会驻日外国公使，声称日清之间存在战争状态。其实，还在一周前，日本军舰对中国援朝的运兵船发动突然袭击，便首开战衅。

关于清日甲午战争，它的起因，它的过程，它的结局，两国文献及各国人士目击记录无比庞杂，但由矛盾的历史陈述中间清理出来的历史实相，无不证明日本军政当局，是处心积虑地挑起战争的罪魁祸首。日本通过这场战争，迫使清政府割让中国领土台湾，承认朝鲜为日本属国，赔偿给日本发动侵略战争的军费白银二亿两，并为“赎回”清室发祥地辽东半岛又增银三千万两，从而使日本成为 19 世纪世界最大的暴发户，用中国人民的血汗实现“现代化”，并变成 20 世纪亚洲乃至全球的腥风血雨的制造者之一。

至于大清帝国，尽管历经两次鸦片战争和清法战争的挫败，但由于太平天国和捻军相继被镇压，国内出现相对稳定。哪知稳定只是假象，清日兵戎相见，结果清室竟被中国的千年学生日本打败，招致前明抗倭三百年来从未有过的奇耻大辱。因而光绪二十年黄海大战，北洋舰队几乎全军覆没以后，举国愤怒，就不奇怪了。

愤怒由于清光绪二十一年三月二十三（1895 年 4 月 27 日）朝廷赋予全权的大臣李鸿章，与日本首相伊藤博文，签订《马关条约》，而达于极致。

按照《马关条约》，清廷割地赔款，都达到半世纪前清英江宁条约以来从未有过的程度。消息传来，正值北京为慈禧六十寿辰举行恩科会试，云集首都的十八省举人，由广东的康有为、梁启超等牵头，发动“公车上书”，提出“拒和、迁都、变法”三项主张。这是清室建立全国统治二百五十年来在北京发生的首次学生运动，当时的实际政治影响没有近代史论者想象得那么大，却表征帝国文化精英对清廷已由失望而愤慨。三年后出现的戊戌百日维新，瞬间站上舞台中心的，正是此辈，那是后话。

关于清日甲午战争，百年来中外研究论著可谓汗牛充栋，但包括卖力为曾国藩、李鸿章等倡导的“洋务运动”辩护的论者，也多以为李鸿章应为清日战争失败负责，很少有人指出，他其实在替清帝国整体腐朽的体制充当替罪羊。

因而，遍索甲午战争前后清室的官史私乘，有一个人实为战争惨败的权首，却受到中外论者的最少关注。这个人，就是慈禧太后。

## 帝国被慈禧终结

### 僭主的追求

慈禧太后生于清道光十五年（1835），夏历的乙未年。按照六十年周而复始的干支纪年传统，清日战争发生的清光绪二十年，夏历甲午年十月初十（1894 年 11 月 7 日），已经两度垂帘听政，并在光绪十五年乙丑二月举行过“归政”典礼的皇太后，正好“花甲初周”。

这可是清室的国家大事。清室列帝向来强调“国”与“家”一体。康熙以来的皇帝,无不标榜“孝治”,唯恐臣民不知他们对于太皇太后或者皇太后多么尽“孝”。

不过对于慈禧来说,有一个遗憾,即她只是亡夫咸丰帝的侧室,虽然在同治、光绪二朝都被尊为“圣母皇太后”,但论名分,总不及咸丰的遗孀、所谓“母后皇太后”的慈安太后。所以,同治三年甲子她三十岁,朝廷没有举行庆典,倒是次年慈安“三旬万寿”,北京很热闹了一番。然后是甲戌年(1874),她四十岁,遭遇同治死,她串通慈安立醇郡王的四岁儿子作为咸丰的继嗣。如此破坏清廷祖制,变父死子继为兄终弟及,置亲子绝嗣于不顾,在清廷引发轩然大波,连慈安的四旬寿辰也被冷落。扰攘数年,“继统”问题淡出,接着是光绪七年(1881)慈安突然死去,相传吃了慈禧敬送的糕点就倒地不起。

这年慈禧四十七岁。此前二十年,她已屡次证明自己是玩弄权术的能手。她青年寡居,性心理由压抑而变态,有施虐狂的取向,倘若限于家庭,还可谅解。但政治环境既然家国不分,早在剥夺恭亲王“议政”权之后,她利用慈安无知软弱,处理政务已日益显得凶悍偏执。及至慈安暴崩,她越发无忌惮,所谓实至名归,熬成清廷史无前例的女独裁者。

用不着重述中外史著曾经千百次揭露的慈禧专政的实相。只消一瞥郭廷以编著的《近代中国史事日志》,便可知光绪七年及前后,被俄英法日德美四面环伺的清帝国,处境多么险恶。这时的帝国内部,自上而下的普遍权力腐败,更达到只能比较谁算不更坏一点的地步。

据清宫记载,咸丰十一年(1861)十月九日同治帝在京举行登基大典,第二天就是慈禧的二十六岁生日。宫廷御膳房给她准备的寿宴,菜肴点心恰好二十六道,四个大碗菜摆设成“福寿万年”四字。有人说从这顿宴会起,慈禧才真正尝到做女主的滋味。但作为垂帘听政的两太后中的西宫,她终究位居东宫之次,也碍于祖制,不能将自己生日定为正式节日。等到慈安死了,满洲亲贵也早就无人敢于挑战她的独裁权威,于是她迫不及待地把自己生日定为“万寿节”,与皇帝生辰同等,公开接受满汉王大臣庆贺。

**她的“五旬万寿”**

正所谓形势比人强吧。清光绪十年甲申(1884),值慈禧“五旬万寿”。岂料清法战争越打越烈,侵占越南的法国,扬言将攻闽台。然而这年三月初,前线败报频传,领军机大臣恭亲王,却恳求慈禧接受宗令惇亲王的建议,于十月寿辰广收内外群下贺礼。慈禧早对恭王阻挠她修复圆明园和三海“工程”窝火,这时借机发作,说是“边方不靖,疆臣因循,国用空虚,海防粉饰,不可以对祖宗”云云。随即突然宣布罢免全体军机大臣,将恭亲王等满汉元老重臣驱出政府,命她妹夫醇亲王控制军机处。

事实证明慈禧多么狡诈。她把军机大臣换成顺从的奴才,并且用请君入瓮的伎俩,明知对法主战的“清流”张佩纶、陈宝琛等都不通军事,却把他们分别派往海防前线主持对法作战。效应就是这年七月福州海战,清朝南洋舰队毁灭,台湾危急。日本又在朝鲜煽起叛乱。但慈禧反而因朝廷的潜在政敌和可厌“清流”双双去除而满意,从这年九月下旬到十月下旬,为五十生辰举行祝寿庆典。据户部尚书翁同龢记载,典礼费用耗银六十万两,仅演戏月余,戏场张灯结彩,便用掉十一万两。

慈禧不是承认“国用空虚,海防粉饰”吗?那也是话藏机锋。原来,从恭亲王倒台,慈禧去掉满洲亲贵中对她追求奢侈无度生活的阻力之后,修建供她淫佚方便的豪华园林,再度提上日程。这回决定重修西苑,即后来著名的颐和园。经费何出?正好朝野重提外战吃亏,在于缺乏可与“西夷”匹敌的海军。当国的醇亲王,力赞李鸿章订购洋舰以建海军议。谁知慈禧竟然批准,以后方知她从中发现了生财之道,可以借此内责满汉王公大臣及富商豪绅“报效”,外向各国银行借款,挪用来兴修颐和园。醇王本是满洲奴才班头,李鸿章也是以办“洋务”而备受朝野攻讦的汉臣首领。因而海军捐借诸款,大半化作颐和园兴修费用,据说先后挪用二千二百万两之多。当时掌握帝国财政的翁同龢,明知是海军建设经费,为满足慈禧贪欲被移花接木,却与另一帝师李鸿藻相结,打着“清流”后起领袖旗号,以迎合慈禧旨意,阻遏李鸿章避免与日本正面冲突的外交策略为能事。

因此,清光绪二十年(1894),清日甲午战争,清军陆战屡败,海战更导致北洋海军全军覆没,中外论者多归咎于李鸿章,不知祸首是慈禧。

**《老残游记》解构慈禧**

这里不妨插说清末民间对慈禧的一则舆论。它见于清末著名小说《老残游记》。

《老残游记》始刊于清光绪二十二年(1906),作者署名洪都百炼生。经罗振玉介绍,人们始知作者真名刘鹗,字铁云,江苏丹徒人,捐班同知,治河有功,晋衔知府。但因力主用洋人开铁路煤矿,又在庚子(1900)义和团战争中,跑到北京以贱价收购沙俄侵略军控制的太仓大米,散发给北京贫民,故在慈禧"回銮"后,被袁世凯奏请查处,以"汉奸"罪名流放新疆,死于清宣统二年(1910)。

鲁迅、胡适都曾肯定《老残游记》的文学价值,但该书第十一回,说到老残托申子平入深山访求异人,借隐士黄龙子之口,从同、光朝的过去,说到"北拳南革"的现状,从而预言未来,那段话似乎尚可发其覆。不妨引述如次:

黄龙子道:"三元甲子之说,阁下是晓得的。同治三年甲子,是上元甲子第一年,阁下想必也是晓得的。"

子平答应一声道:"是。"

黄龙子又道:"此一个甲子,与以前三个甲子不同。此名'转关甲子'。此甲子,六十年中要将以前的事全行改变。同治十三年甲戌,为第一变。光绪十年甲申,为第二变;甲午,为第三变;甲辰,为第四变;甲寅,为第五变。五变之后,诸事俱定。若是咸丰甲寅年生人的人,活到八十岁,这六甲变态都是亲身阅历,倒也是个极有意味的事。"

子平道:"前三甲的变动,不才大概也都见过了。大约甲戌穆宗毅皇帝上升,大局为之一变;甲申为法兰西福建之役、安南之役,大局又为之一变;甲午为日本侵我东三省,俄德出为调停,借收渔翁之利,大局又为之一变。此都已知道了。请问后三甲的变动如何?"

黄龙子道:"这就是北拳南革了,北拳之乱,起于戊子,成于甲午,至庚子,子午一冲而爆发。其兴也勃然,其灭也忽然,北方之强也。其信从者,上自宫闱,下至将相而止,主义为压汉。南革之乱,起于戊戌,成于甲辰,至庚戌,辰戌一冲而爆发,然其兴也渐进,其灭也潜消,南方之强也。其信从者,下自士大夫,上亦至将相而止,主义为逐满。此二乱党,皆所以酿劫运,亦皆所以开文明也……"

所谓三元甲子，是以干支纪年配六宫，以每六十年一甲子，分别称作上元、中元、下元。照术数家推论，清同治三年(1864)，太平天国灭，满清“中兴”，表征满清进入又一轮的上元甲子周期，所谓“转关甲子”，固然可谓堕入神秘主义的历史循环论，但用以解释在《老残游记》写成时仍在持续的慈禧独裁史，却不能说信口胡柴。

中世纪中国不乏太后临朝的史例，也出现过女性皇帝。但像慈禧与慈安两太后“同治”，并像慈禧那样由西宫压了东宫，又进而实现个人独裁的女性僭主，则由汉唐至元明清，仅此一例。

原因无疑很复杂，有一点似无可疑，即慈禧钻了满清君主传承体制的空子。清史学者大都肯定雍正建立的秘密立储制度，以为满清从此结束了皇帝诸子争夺储位所造成的政局动荡。殊不知雍正的设计，有两点是他始料不及的，一是在位皇帝仅为父子单传，立储别无选择，二是在位皇帝死而绝嗣。不幸这两种例外，在咸、同父子易代之际接踵出现。更不幸的是满洲列祖列宗都忌惮的后妃及其家族僭权，这时竟成事实。

《老残游记》成稿于清光绪三十年甲辰(1904)，正是作者刘鹗描绘的“六甲变态”第四变的开端。他在同治三年“转关甲子”，年已八岁，所述这年以后“前三甲的变动”，得自所见所闻。因而他称这个上元甲子“六十年中要将以前的事全行改变”，至少有一半的时事来自亲历。他称“北拳”即义和团“起于戊子，成于甲午”，以为从慈禧太后宣布“归政”，到清日战争发生的七年间，其运动已由慈禧及其满洲将相策划定型，“主义为压汉”，也就是排外是假，压制汉人是真。他又称“南革”起于戊戌变法被镇压，到甲辰即成书当年，已成气候，暗示慈禧这时极力宣示改官制、废科举之类，旨在对付“主义为逐满”的革命党人。他把“北拳南革”都叫作乱党，但认为二者效应都在“逼出变法”。这看法颇有趣。

对于《老残游记》第十一回的“三元甲子之说”，历来的小说史家有不同解释，或说它体现刘鹗的三教合一思想，或说它体现刘鹗要改良不要革命的政见。不过只要与晚清咸丰、同治、光绪三朝中间，慈禧太后从背叛满清祖制到形成僭主政治的过程，稍加对照，便可发现那是刘鹗晚年对亲历的历史提供的一种解释。刘鹗的历史观，至少着眼于“变”，并宣称“变”有阶段，期盼越变越接近“文明结实之世”。从这一点来看,他的历史观虽属循环论,神秘主义气息很浓,但不见得比什么国粹论更反历史。

**“慈禧逢甲皆不利”?**

在台湾历史小说家高阳的名著《清朝的皇帝》中,曾这样嘲讽慈禧太后:

> 同治甲子平洪杨,以女主勘定大乱,五千年史中一奇;但诚如苏州人打话:“秀气拔尽”,故以后慈禧逢甲皆不利。同治十三年甲戌四十岁,独子夭折,清朝帝系竟绝;光绪十年甲申五十岁,有中法之役;二十年甲午六十岁、三十年甲辰七十岁皆大杀风景,苍苍者天,始终不让她称心如意过一个整生日。莫谓天道无知,真如俗话所说:“善有善报,恶有恶报,倘若不报,时辰未到。”⑧

有人说,历史(书)里只有名字是真的,小说里只有名字是假的。这话在历史学者听来当然很不舒服。不过看高阳的历史小说,尤其是他写的有关晚清人物传记,倘说他对历史实相的考订辨伪,那缜密程度胜过此岸某些所谓主流国学家,也难以否认。即如《清朝的皇帝》一书,对慈禧由咸丰的一名小妾,怎样因缘时会,弄权营私竟然在晚清变成“人莫予毒”的大独裁者,那四十七年的历史过程的生动描述,就值得一阅。

只是高阳此书,虽常常引证种种史著,以示言必有据,却在上述“慈禧逢甲皆不利”的综论内,没有交代早在他著成此书(1986)以前八十二年,刘鹗化名洪都百炼生的名著《老残游记》,就已从术数论角度,提出过“莫谓天道无知”的既神秘又合乎历史现象的系统见解。以高阳的渊博,不可能没有读过《老残游记》。作为标榜时地人事都无一字无来历的历史作品,如此关键性的遗漏,终究是个纰漏。

**暴发户的慈禧**

回到慈禧“逢甲不利”的话题。

---

⑧ 《清朝的皇帝》下册,广西师范大学出版社 2008 年版,第 833 页。

如前已述，慈禧于咸丰十一年辛酉九月末政变成功以后十天，才初尝作为“圣母皇太后”庆辰的尊贵滋味。但以后她三十岁、四十岁的整寿，仍因咸丰中宫慈安尚在，庆典不越出宫廷。及至慈安死，恭亲王逐，而至光绪十年甲申，她已独自垂帘听政，恰逢五十整寿，不想“普天同庆”的大典，竟被法国“鬼子”和绰号“鬼子六”的恭亲王搅乱。她在这年十月初十生辰前，尽管用冠冕堂皇的借口罢斥了全体军机大臣，将权力中枢变成唯她马首是瞻的奴才政府，甚至不准恭亲王入宫向她拜寿，但她挥霍国帑六十万两举行的庆典，只以宫廷唱戏显示热闹，在她终感遗憾。

因此，还在光绪十九年(1893)新正刚过，清廷便发布上谕，要求中央政府和外省督抚总动员，为次年十月初十慈禧六旬“万寿”作准备。慈禧随即发布“懿旨”，说是难拂皇帝和满汉王大臣盛情，同意为她“六旬初度”举行庆典，但要节俭办事云云。何谓“正言若反”？慈禧的懿旨就是楷模。一瞥《光绪朝东华录》，从光绪二十年甲午(1894)初春起，便抄录皇帝上谕复述的慈禧太后懿旨，连篇累牍，昭示皇太后对朝野上下普施甘霖，从奖赏满汉王公大臣到赐予民间耆老银两，一切人都没被遗漏。受恩的举国官民，必须加倍报偿皇太后的关怀，更必须通过祝嘏礼品价值，比谁更忠于皇太后，还用说吗？

怎奈人算不如天算。就在甲午年举国上下竞相迎接慈禧花甲大庆之际，东邻日本正磨刀霍霍，首先利用朝鲜内乱出兵，要代替满清的宗主地位。清廷顿分主战与主和两派，目光共同投向慈禧，看她的脸色，决定对日本要不要兵戎相见。

慈禧早已养成暴发户心态。她出身卑贱，靠偶然机遇，骤然跃居国母，又成唯一国母。她对中外态势无知，更对日本崛起过程无知。她对“法夷”搅乱自己五十寿辰庆典已很恼火，及至听说倭人乘她六旬“万寿”捣乱，第一反应就是应战，否则“中国的面子何在”，就是说她等于中国，她的“面子”如被“倭寇”打掉，岂非奇耻大辱？

暴发户心态总体现为大起大落。光绪甲午年日本入侵中国，引发慈禧怒火，为“面子”派翁同龢赴天津，逼迫北洋军头李鸿章应战。不想陆战海战都令李鸿章输光老本，而慈禧的“面子”，也失却“夹里”。她登时变脸，由督战而乞和，令李鸿章代她在日本签订《马关条约》而丧权辱国达于空前程度，但她最感遗憾的，却是甲午战败扫了她欢庆六十生日的雅兴。

昔人评“陈叔宝全无心肝”。看来南朝末帝陈叔宝的表现，还不如慈禧在清日甲午战争惨败之际那么无耻。陈叔宝兵败被俘，以昏醉求速死。可是慈禧竟不顾割台湾，丧辽东，被日本勒索赔款二亿三千万两，创造了清英鸦片战争以来丧权辱国的空前纪录，仍然借六十生日广收贿赂。这令帝师翁同龢也大感意外，不得已在慈禧“六旬万寿”前夕，请内务府总管立山代办贡物，“每人如意九枝，大缎九联”，连小费共出银五百二十四两（见翁氏甲午日记）。此前满清对日战争，陆海接连惨败，慈禧被迫将原定在颐和园举行的盛大祝寿典礼，改在宫内举行。但原已明令禁止的祝寿纳贡，在庆典前夕突然宣布恢复，使亲贵大臣也急忙赶办贡物。帝国危难，而慈禧仍借此纳贿亿万，适足以暴露帝国腐败已经深入骨髓。

晚清史论著每将甲午战争失败，归罪于李鸿章在前对日主和。的确，作为淮军和北洋海军的首领，时以直隶总督兼北洋大臣的李鸿章，身居对日战争的前敌总指挥，对战争失败，罪无可逭。但李鸿章应称祸首吗？不然。尽管湘淮军相继镇压太平天国和捻军以后，清廷不得不承认他们的军事实力，但他们帮助恢复帝国的体制权威，也使自身成为体制的俘虏，在事实上充当体制的鹰犬。

**慈禧与帝国偕亡**

不必再重复甲午海战的故事。清日的海军近代化，几乎同时起步，连舰船来源和军官训练都同样依赖西欧诸国。但双方竞争二十年，面对清廷不断督战，李鸿章却力避北洋舰队与日本海军较量。他的理由是北洋舰队陈旧，不是日舰的对手。这是怯敌，又是实情。因为海军经费成为慈禧个人享乐而营造颐和园的财源；主管财政的帝师翁同龢，又以抑阻海军添购军火为能事，得到慈禧支持。所以甲午战前，北洋两艘主力舰请求增购德国克鲁伯快炮十二尊以制敌，“部议以孝钦六十万寿，急需巨款，力不逮而未果。”（见《花随人圣庵摭忆》引《甲午战纪》）可知户部尚书翁同龢，为慈禧庆辰搜刮巨款，而置迫在眉睫的对日战争胜负于度外。

这就表明，甲午战争海陆皆败，李鸿章的淮军腐败与北洋海军落后，无疑是直接原因，但根本原因在于满清专制体制已经从上到下烂透了。高踞这个体制顶端的慈禧太后，集专横、狡诈、愚昧、淫佚、无耻等等独裁者品格于一身。她自甲申以后更以无敌女皇自居。然而她的全部本事，只在精通宫廷阴谋权术。比如她虽宣布“归政”光绪，实际上对光绪的监控更严。光绪每回赴颐和园向她请安，不给李莲英手下太监送五十两银子的门包，那班奴才就拒不向慈禧报告皇帝在门外等候朝见，慈禧不知吗？光绪的宠妃学婆母的样，在光绪“亲政”后卖官鬻职，而慈禧竟在光绪极力替她“六旬万寿”制造欢乐祥和的氛围之际，突然命李莲英搜查珍妃寝室，随即以受贿罪将珍妃痛打并降级打入冷宫，岂非宣示她“归政”仅属独裁的拙劣掩饰吗？

甲午战争失败，日本强迫清廷限时批准《马关条约》，慈禧反而装病，拒见政府大臣，声称皇帝说了算，就是要求傀儡光绪帝出面刷新道咸同光四朝对外战争失败的丧权辱国纪录。可是满清帝国还有一项资源可用，那就是人心，由四民之首的士人在北京发动的政治请愿，所谓“公车上书”而体现。

广东举人康有为因“公车上书”而暴得大名，从此成为鼓吹“变法”的民间首领。被推出来替慈禧受过的光绪帝，因年轻人特有的冲动，虽每见慈禧仍然发抖，却声称不愿为“亡国之君”，不意适中慈禧惯于“后发制人”的圈套，又有康有为明知今上无权仍孤注一掷的“处士横议”推动，冒昧“诏定国是”，只过一百零三天，便被慈禧一句话，变成瀛台囚徒。

可是晚清史家回溯戊戌百日维新，多半以为那是满清帝国续命的关节点。慈禧绞杀戊戌变法，而后欲废光绪，遭到内外反对，急怒中越发倒行逆施，支持满洲权贵利用“北拳”，借排外而“压汉”。不想搬起石头砸了己脚，招来争夺在华权益的列强结成八国联军，迅即逼迫她化装村妇出逃，从而与亡夫咸丰帝共创了大清帝国首都两度丢失给“西夷”的历史纪录。

早在20世纪60年代初金冲及、胡绳武先生便著论断言，八国联军侵占北京，意味着清朝名存实亡。我以为这判断较合历史，满清实亡于庚子。

清日甲午战争表征慈禧跌下独裁权力顶峰的开端，那以后由她控制的大清帝国，就彰显病入膏肓，无药可医，而甲午后的慈禧本人也成僵尸，与帝国偕亡，不是吗？

【朱维铮　复旦大学历史系教授】

原文刊于《中国文化》2011年01期